阅读日本
书 系

中央省厅的政策形成过程（上）
剖析日本官僚制

〔日〕城山英明　铃木宽　细野助博/编著

刘晓慧　　刘　星/译

北京大学出版社
PEKING UNIVERSITY PRESS

著作权合同登记号　图字:01-2012-1819
图书在版编目(CIP)数据

中央省厅的政策形成过程.上:剖析日本官僚制/(日)城山英明,(日)铃木宽,(日)细野助博编著;刘晓慧,刘星译.—北京:北京大学出版社,2014.3
(阅读日本书系)
ISBN 978-7-301-24033-5

Ⅰ.①中… Ⅱ.①城…②铃…③细…④刘…⑤刘… Ⅲ.①政策体系-研究-日本 Ⅳ.①D731.3

中国版本图书馆 CIP 数据核字(2014)第 057320 号

CHUOU SHOCHO NO SEISAKU KEISEIKATEI-NIHON KANRYOSEI NO KAIBOU
Edited by Hideaki Shiroyama, Hiroshi Suzuki and Sukehiro Hosono
Copyright © Hideaki Shiroyama, Hiroshi Suzuki and Sukehiro Hosono 1999
All rights reserved
Simplified Chinese translation copyright © Peking University Press 2014

First original Japanese edition published by Chuo University Press
Simplified Chinese translation rights arranged with Chuo University Press through Nishikawa Communications Co., Ltd.

书　　　　名：	中央省厅的政策形成过程(上)——剖析日本官僚制
著作责任者：	〔日〕城山英明　铃木宽　细野助博　编著
	刘晓慧　刘星　译
责　任　编　辑：	陈相宜
标　准　书　号：	ISBN 978-7-301-24033-5/C·0994
出　版　发　行：	北京大学出版社
地　　　　址：	北京市海淀区成府路 205 号　100871
网　　　　址：	http://www.pup.cn　新浪官方微博:@北京大学出版社
电　子　信　箱：	ss@pup.pku.edu.cn
电　　　　话：	邮购部 62752015　发行部 62750672　编辑部 62753121
	出版部 62754962
印　　　刷　者：	北京大学印刷厂
经　　销　　者：	新华书店
	650 毫米×980 毫米　16 开本　20.5 印张　285 千字
	2014 年 3 月第 1 版　2014 年 3 月第 1 次印刷
定　　　　价：	130.00 元(全二册)

未经许可,不得以任何方式复制或抄袭本书之部分或全部内容。
版权所有,侵权必究
举报电话:010-62752024　电子信箱:fd@pup.pku.edu.cn

阅读日本书系编辑委员名单

委员长 谢寿光 社会科学文献出版社社长

委　员 潘振平 三联书店（北京）副总编辑
　　　　　张凤珠 北京大学出版社副总编辑
　　　　　谢　刚 新星出版社社长
　　　　　章少红 世界知识出版社副总编辑
　　　　　金鑫荣 南京大学出版社总编辑

事务局组成人员
　　　　　杨　群 社会科学文献出版社
　　　　　胡　亮 社会科学文献出版社
　　　　　梁艳玲 社会科学文献出版社
　　　　　祝得彬 社会科学文献出版社

前　言

如何评价日本中央省厅（中央政府各部委——译者）的政策形成能力，对此可谓众说纷纭。在日本经济良好之际，往往被认为是成功的一个重要因素。一旦经济恶化，人们又会对此加以否定，将其视为失败的罪魁祸首之一。尽管众多研究从各自的角度对中央省厅的政策形成结果进行了各种分析和评价，可是对中央省厅政策形成的具体过程，即各个省厅如何认识出现的问题、如何提出政策议案、如何在省厅内外（特别是省厅内）寻求共识的过程等课题进行叙述、分析的研究却并不多。此外，省厅的行政官员是在何种人事体系下培养、在何种激励机制下工作的，对这方面的论述尽管为数不少，但多是对日本的组织或官僚制度的一般性论述，而结合某个省厅的具体环境与政策形成之间关系进行的分析却少之又少。

根据上述认识，本书将通过不同领域的研究者和行政官员的携手努力，对日本各省厅政策形成的具体过程、培养各省厅行政官员的具体的人事管理系统、形成行政官员行动环境的激励体系等问题进行具体的叙述与分析。在分析中，将力图根据各省厅的多样性（并不仅限于经常成为研究对象的经济相关省厅，建设省、外务省等也被列为研究对象），尽可能在逻辑上理解各省厅间的差异及其形成原因。进而言之，如果将来国会的作用进一步扩大，本书还将对不可或缺的立法辅助机关的现状进行叙述与分析。我们希望,这些叙述与分析可以成为本领域研究者的基础资料之一。

今天,社会各个领域都认为日本正处于战后体系的转折点,并呼吁进行改革。日本中央政府各省厅的体系也受到了多方面的批评或肯定,而政府对中央省厅的组织改革实际上也在进行之中。但是,正因为处于这一时刻,就更有必要全面解析现有体系究竟是什么、实际上如何运作。特别是今后,即使对行政的作用重新进行界定,其作用本身也不会消失。考虑到这一点,如何通过构建适当的信息反馈通路、向行政官员提供适当的激励体系,来确保行政工作的质量就成为最大的课题,为此,不仅组织结构,包括信息收集制度、会议制度、人事制度等在内的总体运用也十分重要。本书即尝试对这些问题,特别是包括制度运作在内的各个方面进行总结。因为只有对具体问题进行概括总结,才可以使国民等省厅外部行为者与行政官员之间的建设性对话成为可能。

1998 年 7 月

目 录

序　章　本书的目的与方法　城山英明　铃木宽 / 1

　　第一节　目　的 / 1
　　第二节　方　法 / 3
　　第三节　全书构成 / 9

第一部分　理论探讨

第一章　政治学中的官僚制　马尔加利塔·艾斯德比斯 / 13

　　第一节　序　言 / 13
　　第二节　政治学中的官僚制研究 / 14
　　第三节　日本的官僚研究 / 16
　　第四节　本书的价值与今后的课题 / 27

第二章　经济学中的官僚制　细野助博 / 35

　　第一节　经济学中政府的定位 / 35
　　第二节　官僚制的行动原理——公共选择理论的视角 / 36
　　第三节　官僚制的内部结构——组织信息结构与管理机制 / 42
　　第四节　激励机制与人事管理系统 / 44
　　第五节　评估体系 / 49
　　第六节　补充概念 / 51
　　第七节　结束语 / 52

第三章　行政学中的中央省厅决策研究　城山英明 / 56

　　第一节　概　述 / 56

　　第二节　原型——辻清明的禀议制理论 / 57

　　第三节　批判——井上诚一的理论 / 58

　　第四节　其他观点——理论的发展 / 64

　　第五节　结束语——对本书的意义 / 72

第二部分　省厅的政策形成过程——计划型

第四章　通产省的政策形成过程　铃木宽　城山英明 / 77

　　第一节　通产省政策形成过程的一般特点 / 77

　　第二节　通产省的组织、人事、会议 / 78

　　第三节　通产省政策形成的基本过程——以新政策制度为中心 / 86

　　第四节　个案研究 / 89

　　第五节　通产省政策形成各阶段的具体特征 / 97

　　第六节　通产行政的课题与展望 / 105

第五章　国土厅的政策形成过程　斋藤荣 / 109

　　第一节　国土厅的职能与组织 / 109

　　第二节　国土规划的历史以及国土厅成立的经过 / 112

　　第三节　国土厅业务的特征 / 114

　　第四节　国土厅的创发与共鸣 / 116

　　第五节　国土行政的课题与展望 / 119

第三部分　省厅的政策形成过程——基层型

第六章　建设省的政策形成过程　天野雄介　城山英明 / 123

　　第一节　建设省的组织与职能 / 123

　　第二节　实施公共事业的基本过程 / 131

　　第三节　个案研究 / 135

第四节 建设省政策形成各阶段的特点 / 142

第五节 公共事业行政决策的问题 / 145

第七章 厚生省的政策形成过程　榎本健太郎　藤原朋子 / 152

第一节 厚生省的组织与职能 / 152

第二节 社会援护局（援护行政）的政策形成过程 / 157

第三节 保健医疗局国立病院部的政策形成过程 / 160

第四部分　省厅的政策形成过程——审定型

第八章 总务厅、行革审议机构的政策形成过程　木方幸久 / 169

第一节 总务厅的概要及分析视角 / 169

第二节 行政管理局的政策形成过程 / 171

第三节 行革审议机构的诞生 / 182

第四节 行革审议机构的政策形成过程 / 187

第五节 结束语 / 199

第九章 大藏省的政策形成过程　足立伸　城山英明 / 201

第一节 概　要 / 201

第二节 主计局的政策形成过程 / 201

第三节 国际金融局的政策形成过程 / 207

第四节 大藏省的全省性政策形成机制——"有局无省" / 209

第五节 结束语——大藏省的行动理念是什么 / 212

第五部分　省厅的政策形成过程——涉外型

第十章 外务省的政策形成过程　城山英明　坪内淳 / 217

第一节 外交的行政性质 / 217

第二节 外务省的组织 / 218

第三节 外务省的人事管理系统 / 220

第四节 外务省政策形成的制度与运用 / 222

第五节 补充事例——决定日程 / 229

第六节　结束语——"冷战后"的变化 / 231

第六部分　非省厅行为体的政策形成过程

第十一章　国会的政策形成过程与立法辅助机构　广濑淳子 / 235

第一节　国会与政策形成过程 / 235

第二节　立法辅助机构的沿革、组织与功能 / 238

第三节　工作的基本方式 / 249

第四节　美国、英国、德国议会的立法辅助机构 / 253

第五节　立法辅助机构的现状与课题 / 263

终　章　比较、评价、课题　城山英明　细野助博 / 266

第一节　创发、共鸣中行为模式的比较 / 266

第二节　制度与运用的比较 / 273

第三节　评　价 / 279

第四节　课　题 / 283

资　料 / 291

作者简介 / 317

序　章　本书的目的与方法

城山英明　铃木宽

第一节　目　的

　　长期以来,对于外人而言,日本各省厅内部的决策过程如同黑箱一般。特别是在一般市民看来,政府的官僚制度如同一个整体,无法理解其内部的各种逻辑和过程。结果导致了无论是支持还是批判政府、官僚制度,市民都不会关心政府内部各种官僚制度之间的不同,而对其一视同仁。

　　实际上各省厅内部决策过程的黑箱状态,不仅对于政府外部的市民,对于政府内部的行政官员而言也经常如此。当然,各省厅的行政官员通过日常工作会在一定程度上对其所在省厅决策的实质方式有所了解。但这些方式并不是经由明文规定的,而是在工作中掌握的。同样,这也不意味着行政官员就充分了解其他省厅决策过程中的做法以及与其相对应的行动范式。各省厅的行政官员通过各种各样的协商、合议与其他省厅进行联系、交往,在这之中,经常会苦恼于无法理解其他省厅决策过程的做法与行动范式。结果在很多情况下会对其他省厅产生否定性的看法。本书写作之前的研究会中有来自各省厅的行政官员,研究会之所以坚持了下来,很大原因就在于各省厅行政官员对其他省厅决策过程的做法与行动范式的好奇心,以及"发现"的乐趣。这个现象也告诉我们,行政官员相互间对各省厅内部的决策过程也不是十分了解。

在学者的研究领域里,各省厅内部的决策过程也可谓黑箱状态。尽管政治学、经济学及行政学等都会对这一研究提供各自的学术视角,也为本书各章节提供了重要线索,但不得不说以往的研究对各省厅内部的具体决策过程的分析并不充分。在政治学中,基本上将官僚制度这一行为体作为研究对象(比如将政治家与官僚之间的权力关系作为分析对象),分析的单位是整体性的官僚制度,即省厅(或局)。也就是说,这一级别之下的单位特别是局或课的内部决策过程基本上就处于黑箱状态了。行政学的确关注省厅内部的决策过程,但关注对象主要是作为正式制度的禀议制等,而包括会议在内的垂直性、水平性协调的重要性却只停留在一般性叙述,尚未达到对具体协调方式的多样性进行动态分析的阶段。在经济学中,如公共选择理论既重视了个人激励,也对省厅内部微观过程进行了分析。但是,分析的层面依然抽象,尚没有对官僚制中各省厅的内部动力进行具体分析的学术论述。

综上所述,对市民、行政官员和研究者而言,各省厅内部的决策过程可谓黑箱,就如同密教一般,只有各省厅共同体(各省厅及其相关业界)中拥有较高职位者方可理解。因此,本书最大的目的就在于将各省厅不成文的各种做法叙述为明文化的语言和逻辑。

将省厅这个黑箱内部的逻辑变成语言,使其成为可以理解的分析对象,这也是成为任何行政组织改革之前提的基础工作。最近,对行政组织改革的关心再次高涨,并逐步走向实践。为了就组织改革展开讨论,对既存组织管理中的生理与病理,即组织的动力及其局限性进行具体总结就应成为前提。但是,现在的行政组织改革论的前提中,尽管存在着诸如"制度性疲劳"及"僵化"等一般性认识,可是否存在着基于对各省厅管理进行的自下至上之总结的具体认识值得怀疑。此外,组织改革并不是到这一步就算完结,还必须伴随着管理的改革。因此,本书的次要目的就是通过实证研究明确既存行政组织的动力及其局限性,以为组织改革及之后的管理改革提供探讨的基础。

第二节 方 法

一、视角与方法

如上所述,本书的基本目的是理解各省厅的决策过程。为此,本书的分析视角将具有以下两个特点。

首先,本书采用了"政策形成"的视角。① 由于本书的探讨焦点并不在于行政中的一般性意向(日常性的许可、认可以及内部的出差决定等),而在于行政旨在改变其所处环境条件及行政对象的行动的主导性(发起新活动等的动议),因此不使用"意向"而是用"政策"这一概念。此外,为了强调政策并不是在"真空"中经认真思考后加以决定的结果,而是形成于各种社会、组织性力量的交错之中,故没有采用"决定",而使用"形成"这一概念。但是,强调各种势力的存在并不是要完全否定行政官员发起动议的余地,本书关注的是在受到限制的条件下各种战略的可能性。

其次,政策形成的循环,即政策的制定、决策、实施这一循环中,本书将政策的制定,即如何认识问题、如何对此问题形成共识、如何制定政策方案作为研究重点。以往的研究中,由于资料方面的限制,决策和政策实施是研究的焦点,而对政策的制定进行实证研究基本上没有受到重视。此外,在实务层面上,包括认识问题在内的政策制定决定了官僚制度对环境变化的适应性,对这一问题的实际情况加以认识是极为重要的。

此外,本书在关于各省厅的分析中,除了一部分之外,均采用各省厅行政官员在学者的帮助下执笔的形式。因此,并不是单纯地将写作任务派给各有关行政官员,而是在旨在促进行政官员间相互理解的研究会上进行讨论,并以此为基础,学者充当助产士的角色,帮助行政官

---

① 本书的日文书名直译为《中央省厅的政策形成过程》,为了便于读者理解,中文版译为决策过程,仅在本段区别使用"形成"与"决定",以体现原文"形成"的具体含义。此外,在全书中均采用政策形成过程,以尽量符合原著之含义。——译者

员发现可以相互理解的表达方式。在研究会上，行政官员之间也进行了积极的讨论。而在本书那些没有采用行政官员执笔形式的章节中，基本上也是以行政官员理解写作意图后进行议论为基础的。

以下将对政策形成过程的各阶段和政策形成过程中行为模式的类型作一简单概括，以之为线索用于本书提到的各省厅的事例分析中。

二、各省厅政策形成过程的各阶段

如上所述，本书关注决策循环中通常所说的政策制定，即各省厅是如何认识问题、如何对此问题形成共识、如何制定政策方案的。为此，本书将通过以下模型分析各省厅决策过程的各个阶段。

各省厅的决策过程由创发、共鸣、批准、实施与评估等四个阶段构成。即各省厅的决策由某种创发性行为（认识到问题以及提出动议）开始，由此获得省内外各方面一定程度的共鸣，通过各种反馈不断改进提案（这可以被认为是政策提案的修正过程），最后提案在该组织中获得批准（这里的批准主要是指各省厅或内阁会议的批准，并不一定包括在国会上通过的政治性批准），并成为政策。此外，根据具体情况，经政治决定形成的政策也会再次成为行政实施与评估的对象，并引发新一轮的创发与反馈。因此，对于将决策过程作为主要研究视角的本书而言，创发与共鸣机制尤其重要。此外，在各阶段中，各行政官员得到什么样的激励也是研究的重点。具体而言，在各阶段中，将主要探讨以下事项。

1. 创发

第一，谁进行创发。创发可以分为内部的自发性创发（大臣、干部、青年官员、官房及政策横向分割局、基层事务所、派驻各地方的机构等进行的创发）、来自外部指示、压力而进行的被动性创发（首相官邸、地方公共团体、其他省厅、族议员[①]、媒体、压力集团等），制度性创

[①] 族议员：对某些省厅的政策了解透彻、拥有人际关系，因而拥有政策的决定权，并在对保护相关利益集团等问题上拥有一定影响力的国会议员或国会议员的团体。——译者

发以及义务性创发(根据法律、计划等制度而将创发内嵌于工作业务之中)等。

第二,如何进行创发。是单独创发还是共同创发,被动创发时对外部状况的敏感程度如何,是自上而下还是自下而上的创发,创发的自由度如何(比如负责部门以外者对其他部门的业务拥有多大的发言权)等。

2. 共鸣

第一,拥有什么样的信息共享结构。比如定期召开的法令审查委员会、首席事务官会议、总务课长会议、省议、局议或者文件传阅制度、省内LAN等均可作为这种结构的一部分。

第二,是否拥有便于省厅内众多官员提出建议、意见的结构。这种反馈具备磨练政策提案的功能,但过度反应亦可能会将新创发的萌芽扼杀在摇篮里。

第三,省厅针对外部的反馈结构如何、这些结构的开放程度如何。这样的机制可以包括委托外部机构进行调查、审议会、私人性质的研究会、各省之间的磋商制度、对议员的游说工作、党的部会①、业界听证会、陈诉等。

3. 批准

第一,各省厅的正式批准制度是如何构成的。在各种级别(课长助理级别、课长级别、局长级别、次官级别、大臣级别)的正式批准制度中,哪一级别更为重要,各级别之间形成了何种分工关系。

第二,除了正式批准制度外,每个议题所必要的实际批准者的范围是不是限定的,在受到限定时其范围是如何确定的。

4. 实施与评估

第一,作出的决定是否能得到认真的实施,或者说是否存在决定

---

① "部会"是指某组织(政党、团体、机关等)被分为若干专业部门,这些部门称为"部会",此处指各政党针对某一政策领域(如农业、教育等)组成的专业性党内组织。——译者

的事务却没有实施的情况,如果有这种情况,其出现的频度如何。或者,什么类型的决定会被无视,无视是否会受到制裁等。

第二,如何对正在实施的政策进行内部评估。内部评估是形成了制度,还是仅凭相关者的经验或默示性知识进行。在形成制度的情况下谁来进行评估。

第三,由谁及如何进行外部评估。外部评估的例子可以包括会计检查院、行政监察局的评估,媒体的反应,业界团体、有关方面的陈诉,国会审议等。

三、各省厅政策形成过程中行为模式的分类

为了对应问题的多样性以及组织的特性,省厅内推进决策的过程也是多样的。作为理解这种多样性的线索,本书将各省厅决策过程归纳为计划型、基层型、审定型及涉外型四种类型的行为模式。

以上四种类型按照两个轴线排列就可看到如图序-1 的结果。第一个轴表明行动是能动性(攻势)的还是被动性(守势)的。被动性与以广义的组织间关系为对象有很密切的关系。第二个轴表明官房系统组织或上层组织的管理是否经常有效,还是根据直接负责者的临时性意见调整决定对策。在前者的情况里,由于统一管理多与预算相关联,因此以每年一次为主的定期应对就会增加(也可以称为根据计划中长期循环)。而后者的应对则多为不定期的。

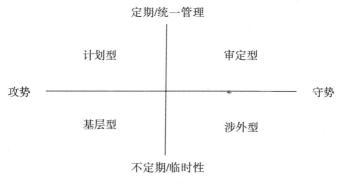

图序-1 省厅行为模式的类型

这些类型是关于决策过程中行为模式的类型,并不意味着某个省

厅的所有行为模式都可以按类予以划分（同一个省厅中可能会同时存在几种类型）。此外，在现实中还可以看到这些行为模式的折中型。另外，在前述决策过程的各阶段中，特别是在这些阶段的前半段即创发与共鸣阶段，多可观察到这些类型的行为模式。下文将分别概述这四种类型。

1. 计划型

第一种类型为计划型。

在计划型中，不仅纵向分割的负责局、课进行创发活动，官房系统组织即官房、横向管理的政策局及各局总务课视具体情况也会主导新的思路和方案，并传达至负责局、课。此外，官房系统组织还会对责任局、课的创发提出意见，并进行修正（即官房系统组织发挥了共振器的作用）。总而言之，官房系统组织尽管是直线型组织（line organization），却同时发挥着参谋的功能。反过来说，官房系统组织尽管不是责任局、课的上级组织（比如，总务课与其他各课在局长的领导下是平级的），却通过预算、人事等方面的资源在横向上进行统管，确保了其对责任局、课的参谋功能。

在计划型中，最重要的问题就是如何维持官房系统组织参谋功能的敏感度。时至今日，官房系统组织之所以能发挥参谋功能，其主要资源就是与媒体、政治家的关系网。像天线一样，官房对通过媒体与政治家表达出来的"舆论"十分敏感，即使是为了维系组织也会主导革新。但这些现有天线接收的"舆论"是否真正代表民意，的确是个问题。此外，在使用作为参谋功能之保证的预算时，往往只有一年的预算周期，因此时间过短也是问题之一。

2. 基层型

第二种类型为基层型。

在基层型中，负责局、课等基层工作单位（基层事务所、派驻各地方的机构、省机构具体负责官员）主导新方案的创发活动。对于基层进行的各种尝试，上司（省机构各责任局的局长、各主管课的课长等）比较宽容，基本持允许态度。这种得到允许的尝试经过实施及各方面评估后幸存者无几,但幸存者一旦更为成熟,并达到与现存制度之矛盾的临界点时,就会出现以负责局、主管课为主,以尝试为基础的新的制度革新尝试(以上也可被称为共鸣阶段)。在判断这种临界点的问题上,负责局的局长、主管课的课长等纵向系列的判断十分重要。

基层型中官房系统组织的批准在形式上是必要的,但其实质的影响力却很小。此外,处理问题的时间间隔尽管是不定期的,但一般均为长期。在基层型中,政策的实施与政策的制定由同一组织担任,尽管这可被称为有助于形成基于基层实施的回馈机制,但也存在着政策实施引导政策制定的可能性。

3. 审定型

第三种类型为审定型。

在审定型中,一般而言并不是自发进行创发,而是被动进行创发,即思路、方案通常是由被审定方提供,而审定方始终发挥共振器的功能。作为判断基础的信息基本上也依赖于对方提供,很多情况下审定方并不会自行搜集信息,而是对各方提供的大量信息进行谈论后再作一定的判断。此时判断的重要标准是整体"状态",即平衡。在组织内部,承担各个工作的负责者(大藏省为主计官、主查等)尽管被赋予了一定的裁量权,但官房系统组织、上级组织(大藏省为计划负责主计官、总务课长、主计局长)稳固地控制着整体"状态"。此外,处理周期也与预算周期相对应,均为一年。

审定的主体在形式上拥有单方面的决定权,但在现实中行使这种单方面决定权是不可能的。审定方由于在信息、实务处理能力上存在的局限性,因此有必要与被审定方的负责人(各省厅会计课)进行"切磋"(进行周详的事前调整),从而存在着决定的内容会不断增加的倾向。

4. 涉外型

第四种类型是涉外型。

在涉外型中,将与自律性很强的各种其他外部主体进行调整。为此,判断状况将是重要的基础工作,为了减少状况判断中的错误,组织内部的信息通路会进行多重设计。在涉外型的创发中,对来自对方组织的输入必须敏感（亦可称为某种被动接受）。因此，创发将在各个层面上，针对基于输入的状况判断分散进行。与此同时，共鸣与最终批准则在组织内的高层集中进行。这是由于有必要根据各种信息情报，在考虑与其他政府部门的全局性关系的情况下进行判断。

涉外型中组织关系纵向系列的共识十分重要，而官房系统组织并非十分强劲。但是，为了减少状况判断中的错误，会预留一些保证横向意见的机制。另外，因为既有可以瞬间处理问题的危机管理机制，也有必须考虑长期关系的情况，因此时间间隔是不定期的。

第三节　全书构成

本书主要由以下几部分组成。首先，在第一部分，将通过对政治学、经济学、行政学等学术领域中研究官僚制度、日本中央政府的现有成果进行概括，进而探讨是否可为分析日本省厅内决策过程提供新的视角。同时，本书还将探讨省厅内决策过程分析对各有关学术领域的意义。

从第二部分开始，本书将探讨各省厅的决策过程。在这一部分，作为明确各省厅存在的差异的线索，将运用本章第二节所提及的类型，将各省厅分为以计划型行为模式为基础、基层型行为模式为基础、审定型行为模式为基础、涉外型行为模式为基础的四组进行分析（如前所述，各省厅的行为模式并不必然与这些类型一一对应，同一省厅可能同时存在几种行为模式，此外，还有多种形式的折中型，在此仅暂定为这四组）。这些行为模式适用的范围也多种多样，包括省厅层面、政府（整体）层面以及政府间层面等。在第二部分中，以计划型为基础的省厅包括通产省（省厅层面）、国土厅（政府层面）；第三部分以基层型为基础的包括建设省（省厅层面）、厚生省（省厅层面）；第四部分以审定型为基础的包括总务厅（政府层面）、大藏省（政府层面）；第五部分以涉外型为基础的包括外务省（政府间层面）。最后，在第六部分将论及不属于上述任何一种类型的事例，即非省厅行为体，例如国会辅助机构。

本书的终章将更为详尽地进行比较，分析各省厅共同之处以及今后的课题等。

第一部分　理论探讨

第一章　政治学中的官僚制

马尔加利塔·艾斯德比斯

第一节　序　言

经济学、行政学、政治学从各自的学术角度研究官僚制度具有何种意义。首先,这三个学术领域之间并非像其名称那样具有明确的界限,相互之间界限暧昧且互相渗透。特别是行政学与政治学,在日本甚至可以说后者是前者的派生物,有许多共享的研究成果和人际关系网络。但是,如果进一步细分的话,可以说行政学侧重于探讨基于法律的更为静态的制度论及程序论等,而政治学则偏向起源于美国的现代政治学,更重视动态的政治过程。政治学学者不仅研究战争、革命、民主化等宏观的政治现象,还会进行政策过程的研究。在日本的政策研究领域,政治学与行政学有所重叠,在日本的官僚行为模式及其影响力的研究方面积累了不少研究成果。另一方面,经济学原本只涉及市场行为的领域,但其中研究公共选择理论的学者却运用经济人(homo economics)行为模型尝试将官僚的行为模式模型化。特别是博弈论、代理人理论都被用作分析框架,今天,关于理性理论模型也不断被塑造得更具现实性。经济学的研究方式是以微观的个人或集团行为为分析单位,以说明个人、集体追求利益是如何归结到政治与社会上的。在政治学中,理性选择理论学派也采取这一研究方式(Ramseyer, Rosenbluth 1993, Cowhey, McCubbins 1996)[①]。

---

① 经济学的详细方法参见第二章。

下面将主要从政治学领域介绍以往有关官僚的研究动向,并在政治学的研究脉络中明确各省厅研究的意义。

第二节 政治学中的官僚制研究

日本的政治学研究动向很大程度上受到美国政治学的影响。由于美国政治制度的历史背景,其政治、政策分析主流是议会研究、投票行为以及各种利益集团的影响力研究。在美国,人们认为政治家代表民意制定并决定政策,行政官员则是政策的执行者,而"国家"则是各种利益集团为了政府的资源而相互博弈的"场所"。其结果就是美国政治学并不重视长期追求独自利益的政治行为体——官僚制。

但是,随着政府涵盖范围的扩大以及工作内容的复杂化,美国也出现了认为专业性强、掌握政策信息的行政官员的影响力正在增加的观点(Aberbach, Putman, Rockman 1981, Putman 1977, Suleiman 1974)。政府内部决策过程的研究表明,就连最需要政治家决断的国家安全方面,在出现危机时行政官员也拥有相当的影响力(Allison 1962)。此外,还有观点认为官僚也会认识到与政党、社会内部各集团利益所不同的自身利益,并为实现目的采取行动(Krasner 1978)。因此,美国的政策研究也逐渐开始重视官僚的行为。进入20世纪80年代后,美国将官僚行为作为重要因素加以认识的趋势明显,特别是在比较政治的领域,不同国家中议会与官僚制的关系以及官僚制度的性质本身不尽相同,这一事实已逐渐明朗,人们开始研究其政治及经济根源(Aberbach, Krauss, Muramatsu, Rockman 1990, Lodge, Vogel eds. 1987, Suleiman 1984)。与社会压力完全不同的国家行为体(即官僚制)的政策取向受到了重视(Skocpol 1985)。

在实际政策过程研究中,对作为主要行为体的官僚制的研究,集中于官僚制的政策取向以及官僚制的政治能力等问题上。也就是说,从政治能力的侧面看,官僚制能否、或者说多大程度上可以能动性地控制社会性行为体(特别是企业等)的行为或者政治家的行为,从官僚制的取向的侧面看,官僚制的组织性质或构成成员的特征、官僚制的自律性，这些都成为了研究对象。此外，甚至还出现了被称为"透视"的研究方法，即以并不一定伴随着"能动性"的形式、以国家的制度性特征为独立变数的新制度论研究（比如 Hall 1986，Steinmo，Thelen，Longstreth eds. 1992，Weaver，Rockman eds. 1993）①。

可以说，与在进行政策分析时经常以官僚制为中心的日本不同，在美国的比较政治学中，对官僚的认识可谓"国家的再发现"②。在政策过程研究中，比起官僚制的作用，研究者共同的问题意识更集中于官僚制对民主主义与经济增长可能产生的影响上。也就是说，一方面是对政治家与官僚的关系、官僚的行为模式等进行的研究（Aberbach，Putnam，Rockman 1981，Suleiman 1974，Muramatsu，Krauss，1984，村松 1981 等），认为以官僚制的专业性为基础的影响力以及组织的自律性会使得政治家的代议制民主主义形同虚设。另一方面，有的理论认为，基于目的合理性的官僚所制定的政策，对于经济增长而言，要比交由市场或政治家更可能起到积极作用，并进行了国家主导模型与市场主导模型的比较研究。③ 在与经济增长的关系这一研究领域，格申克龙（Gerschenkron）在经济发展的后发性与国家形态之间的关系上进行了极具影响力的研究，国家将经济增长作为国家利益并加以推动的现象受到了广泛关注（Amsden 1989，Gerschenkron 1966，Zysman 1983，Wade 1990）。

以前者的问题意识为基础进行的研究，主要在对某项政策进行研究的基础上，分析官僚的自律性范围、行为模式、设定目的、影响力等。后者则不仅局限于作为官僚制的制度框架内，而多是通过对每个国家的国家制度建设进行比较，分析哪个国家制度可以最有效地获得经济收益等，特别是将被认为是国家主导型的法国及日本等国作为重要的研究领域而进行了各种研究。

---

① 合理选择与新制度论之间的争论详见下文（Hall，Taylor 1996，Kato 1996）。
② 这究竟是"再发现"还是"发现"，参见下文（Almond 1988）。
③ 在政策分析中对官僚制的关注以前即认识到国家的经济作用（Shonfield 1969，Gerschenkron 1966）。

第三节　日本的官僚研究

在美国政治学界的"国家论"兴起之前,日本的政策研究即已将官僚行为作为必然的分析对象(辻 1969 等)。可以说在对官僚重要性的认识上,日本走到了美国的前面。同时,在政策过程中官僚的作用、影响力、其资源的概念化以及官僚制、国家制度的研究等方面,日本与美国政治学界的动向联动的部分很多。

同美国一样,日本的研究中,官僚制在经济增长中发挥的作用、代表民意的政治家与官僚的博弈关系以及日本的民主主义也是重要的议题。官僚主导的日本政治体系在民主化后多大程度上发生了变化,还是没有发生变化,这种"断绝、连续"的争论成为战后日本政治研究的一大主题。① 近年来,比起"断绝、连续"的争论,有关政策过程中政治家与官僚的相对实力对比关系的争论经久不衰。此外,在经济增长与国家之间的关系问题上,战后实现了世人瞩目的经济增长的日本也成为极好的分析材料。

结果,日本官僚研究的主要动向就是从经济增长的角度研究市场与官僚制的关系,从验证决策过程中的民主主义的角度研究政党与官僚的关系等,并取得了众多的成果。另外,在将官僚制作为行为主体时,主要的研究包括官僚自律性如何产生以及何为决定官僚取向及政治能力的官僚组织等内容。以下将分市场与官僚制、政党与官僚制、官僚制的自律性以及组织研究等四个方面进行简单阐述。

一、市场与官僚制

"日本的经济发展是官僚主导还是民间主导?"这是一个备受国内外关注的问题。首先,有些研究认为国家决定产业政策以及选择性的资金分配,并由此牵引着日本的经济增长。一部分学者通过产业政策

---

①　战前、战后的连续性与断绝性即是长期以来的争论,又有众多的文献参考,故本章不予详述。

等日本的产业结构、国际竞争力的历史分析得出了日本国家(state)即意味着官僚制的结论。由于这些研究都是以通产省官僚为研究对象,因此最初对国家能力进行争论时,"通产省"与"国家"基本上是同义词。约翰逊论证了日本的高级官僚是如何渴望经济增长,并通过基于自身描绘的实现国家利益的蓝图指导民营企业,实现了高速增长,这一论断引发了围绕日本国家主导型经济发展的争论。约翰逊的观点现在在日本也成了热门话题,他特别关注日本的政策过程中官僚的优势地位以及与英美完全不同的国家介入方式,认为英美等国是通过法律来介入,与此相比,日本是国家设定经济增长的目的,为了实现这一目的,国家随时通过认可权、资源分配等手段介入民营企业的活动(Johnson 1982)。在这项研究之后,很多研究者都通过研究分析了在汽车、石油、高科技等各种产业领域中,通产省对企业行为的影响力。在官僚制的问题上,这类研究侧重于高级官僚的存在以及官僚与有关产业界的紧密关系,通过被称为行政指导的手法所表现出来的官僚的处理方法,认为日本的国家介入比其他国家的国家介入更"适合市场"(Okimoto 1989 等)。

与认为国家牵引增长的约翰逊等学者的主张相比,萨缪尔斯以能源政策为例,认为日本的官僚(这里也是指通产省官僚)并非必然对市场施加影响力,而是在企业与官僚之间存在一定程度的共识事项,双方决定可相互干涉的领域,官僚只是在"相互同意"的范围内拥有影响力(Samuels 1987)。弗里德曼也认为官僚的影响力并不是日本经济增长的原动力(Friedman 1988)。

如上所述,研究日本政治的学者以通产省为案例来论证国家主导市场的程度,而主要研究欧洲政治的扎伊斯曼则关注以大藏省为中心的金融行政,认为存在着法国、日本的国家主导资源分配体系以及英美等以发达的直接金融为特征的市场性资源分配体系,而前者在二战后的经济增长中更为优越(Zysman 1983)。扎伊斯曼的研究表明,即使在共享民主主义与资本主义的发达国家之间,由于制度上的不同,也会产生不同的经济表现。这一结论也为制度比较研究作出了贡献。真渊在扎伊斯曼研究的基础上进一步认为,尽管与法国同为国家主导性质强的国家,但与法国不同的是,日本由通产省与大藏省共同管理对产业的资金分配。但正是因为一个省的资金分配能力受到了限制,反而提高了制约平衡(check and balance)的有效性,可以更为有效地对资金进行分配(Mabuchi 1995)。

官僚的影响力或者说对经济增长的贡献度的议论中,一般都以通产省为中心,大藏省只是偶尔会被提及。而官僚与企业的关系中则以对官僚"下凡"的研究为主,这也是间接证明官僚对日本企业的优秀表现所作贡献的研究。这些研究认为下凡就是将优秀人才输送到民间团体的体系,同时也是连接国家与市场的紧密的人际关系网络(Calder 1989, Inoki 1995, Schaede 1995)。

不可否认,随着研究的深化,在经济增长与官僚制的贡献之间的因果关系上,对官僚行为持否定或中立性解释的结论逐渐占据上风(Noble 1988)。原因之一就是现在国家介入较少的国家经济较为景气,国家主导型模式的有效性本身遭到了怀疑。一般认为官僚"下凡"①尽管可以说明官僚的影响力,但这与官僚对经济的贡献无关。进而言之,尽管认为在日本,国家的强势有赖于许可、认可权及资金分配,但很明显,对新加入者的限制等是出于保护既得利益的目的,如同特定产业的审议会制度所显示的,行政与企业齐心协力的侧面非常强(Schwartz 1993, Sone 1993)。换而言之,行政组织就像其管辖下的特定企业及产业利益的代理人,很难说就必定会考虑国家利益而不是社会中各团体的利益,也很难说官僚就拥有那么强的影响力。海利以土地政策为例,认为实际上日本官僚制在强制力方面非常弱,因此只能采取基于共识的行政模式,这种见解颇具新意(Haley 1991)。对此饭尾认为,设立参加这种政策过程的产业团体本身就说明并非社会主导,而是行政主导,因此也反映了国家的影响力(饭尾 1995)。但是,不可否认的是,"强国日本"这一彼时家喻户晓的说法已经不再得到认可了(Kernell ed. 1991, Mckean 1993, Noble 1988,村松 1991)。

在最近从对经济贡献的观点否定官僚作用的潮流中,村松与彭佩

---

① 官僚"下凡"是指公务员退职(退休)后在与其工作过的行政部门有密切关系的民营企业或政府有关机构、公益法人组织等再次出任高层干部的现象。——译者

尔(Pempel)的最新著书可谓先行研究。该书的写作目的就是对所谓的市场与国家的对立构图进行批判,而研究日本的官僚制哪些方面适合或不适合经济增长。在村松与彭佩尔看来,论证官僚制度对经济增长的直接贡献是没有意义的,日本值得肯定之处在于,存在着在持续保持较小组织规模以及市场竞争环境下,高级官僚之间、省之间在切磋交流的同时形成的较高创造能力且没有压迫市场的官僚机构。村松等进一步对利用渐进主义理论分析日本政府的坎贝尔进行了反驳,认为日本政府通过非常有积极性的高级官僚,灵活处理着每一阶段的经济要求(Pempel,Muramatsu 1995)。该书作者中,除海利(Haley)之外的金、村松、彭佩尔、山村(音译)等总体上都论述了日本官僚机构是如何适合经济增长的。真渊、久米的论文则分别对通产省及大藏省、劳动省进行了分析。这些作者论述了这些省的制度性分配是如何导致了各省独特的竞争状态,各省如何产生竞相推出政策的动机等问题。如前所述,真渊从对产业进行融资的侧面论述了两个相关省厅间的竞争如何提高了效率。久米则认为由于在厚生省之外还有劳动省,从而产生了潜在的竞争关系,尽管工会并不强大,却也可以在日本形成积极的劳动市场政策,将失业率控制在较低水平(Kume 1995,Mabuchi 1995)。两者的主张都认为,省厅不是被社会性行为体"吸收",而是以其组织的存在理由为依据,在社会性利益并不明显的情况下能动地开展活动。这些观点也与本节提到的官僚制组织研究有关。特别是劳动省所显示的官僚制"代表"末端组织的利益等,对于思考日本的民主主义有着重要的意义。

特别地,真渊与久米的研究,较之一边倒地研究通产省为代表的日本官僚制与经济增长之关系,更进一步地明确了以各省厅为单位进行研究的必要性,这一点十分重要。这不仅是对于日本的政策研究,在比较政治学上也有重要意义。直至今日,有关政策的研究不分地区国家一般都关注特定政策领域中的官僚制、政治家以及相关团体之间的关系,但对每个政策领域中这三者关系存在非常不同之可能性的研究则较少。比如,萨缪尔斯指出的相互理解也只是在特定的产业团体与通产省之间的关系,是否适合于大藏省主计局与各利益团体、劳动省的女性局与企业及工会的关系则很值得怀疑。

二、政党与官僚

在对日本的市场与官僚的关系的分析中,研究主要集中于后者影响力的强弱以及以此为标准的有关其实力来源及介入方法特征等方面。但在日本官僚制对民主主义的影响的研究中,争论主要集中在代表国民的议会与官僚制的博弈关系上。有一部分观点曾认为,在日本,作为立法部门的议会形同虚设,立法功能由行政官员承担,且官僚制度作为组织不容许大臣等介入人事问题。因此,长期以来是政高党低,即官僚的力量要强于政治家(自民党)。但在20世纪80年代后的研究中,两者的力量对比中自民党处于优势的主张成为主流。首先,村松的日本官僚制研究表明,官僚本身就对自民党影响力评价甚高,佐藤、松崎也在对自民党长期政权的研究中论证了自民党是如何积累政策经验和方法并不断加强在调停省厅间对立中的影响力的(佐藤、松崎1986,日本经济新闻社1983,村松1981)。从对抗官僚专业能力的角度而言,与每两年就要在省内轮换一次岗位的高级官僚相比,不断加深政策知识的族议员等是政治家处于优势的原因(猪口、岩井1987,Schoppa 1991)。最近,拉姆瑟尔(Ramseyer)等运用代理人理论论证了日本的官僚实则由自民党所控制(Ramseyer, Rosenbluth 1993, Cowhey, McCubbins eds. 1996)。

但这并不意味着自民党优势论已成为学界的一般说法。从1995年的《政治学年报》等专业杂志上可以看出,很多论文都在"再发现"官僚的强大性。与颠覆政高党低、探求政治参加者谁拥有影响力的名声法(村松1981)以及以对预算分配进行宏观分析为主的现行研究相比,20世纪90年代的研究以新的研究为基础。与其说是研究这一方法上的不同,更可以认为前者是以公共事业、社会保障、减税等"分配型政治"时代为研究题材的,而后者则是以与前者不同的政官关系为背景,以临调以后"削减型政治"时代的税制改革、社会保障改革等为研究题材的。对20世纪80年代后的政策转型进行的政策分析认为,自民党不愿增加选民及支持组织的负担但却无法掌握制度改革的主导权,与此相对照的是官僚为了避免财政体系、社会保障体系破产而主动采取了一系列试图稳定制度的政策行为(卫藤 1995，中野 1989，樋渡 1995，Kato 1994 等)。在社会保障改革方面，这些研究介绍了以厚生省官僚为中心的活动，比如准备用于议论的草案、筹划争取舆论支持的宣传活动、在相关团体与政党之间穿针引线的同时实现法制化等。有的研究还将大藏省主税局试图采用间接税制的十余年的努力用来说明税制改革(Campbell 1992，Kato 1994)。

目前介绍的几乎所有研究都是假设在政策过程中官僚处于优势地位时，由官僚掌握主导权，或者最终得以决定的是官僚期待的而非其他行为体期待的政策等。也就是说，在不是议员立法、而是政府提交法案为主流的日本，官僚参与政策过程的所有阶段，并可以按照自己希望的方向影响政策。而主张自民党在力量对比中占据上风的研究者，则强调执政党自民党会对其支持者组织优先提供补助金，或者可以对自己不认同的政策在政策法制化的问题上设置障碍等。此外，官僚制内部无法协调的问题只有通过政党进行政治抉择，这也成为政党政治影响力更强的证据(曾根研究会 1983，药师寺 1987)。

另一方面，加藤在对开征消费税的政治过程的分析中，并没有采用假定官僚与政治家对立的模式，并得出了以下结论，即官僚通过与政治家共享信息获得自民党干部的合作以推动法案的成立(Kato 1994)。无论官僚要将多少政策予以法制化，如果得不到政治家以及有影响力的社会团体的承认都无法成功，这些研究虽然也是以官僚为中心进行分析，但并没有过度肯定官僚的影响力。影响力的关系的具体化在学术上十分困难，学者也开始从关心政治家与官僚的影响力关系及其影响力的来源转向关心在政策过程中包括其他行为体在内的相互作用(中野 1986)。

在尝试将政治家与官僚的影响力具体化的众多研究中，饭尾通过对政治性官僚与行政性政治家的对比研究，分析了在日本原本应由政治家承担的制定愿景及起草政策等工作是如何由官僚承担的。在此基础上，饭尾不仅对政低党高的理论提出质疑，更是对设定这种议题本身提出了批评(饭尾 1995)。的确，即使从与民主主义的关系考虑，政治家强势则可反映民意、官僚强势则未必如此这种想法本身就过于简单。如上述久米对劳动省的研究所示,也存在着官僚在寻求其存在理由的过程中挖掘出组织力薄弱的团体的利益,并代为处之的案例(Kume 1995)。日本没有一个可以管控官僚制的整体制度框架,在这种状况下,政府内部各行政单位代表社会各特定部分,并对有限的资源分配进行竞争。①

最近有关官僚的研究成果可以看出,在构想政策、具体立案到实现法制化的各个阶段中,政治家与官僚各自发挥何种作用的研究成为趋势。为了研究这一问题,就必须理解约束政治家与官僚个人行为的因素是什么,但在现阶段,研究仍只停留在决定执政党与各省厅之间制度性关系的力量对比、各省因制度形成的管辖范围以及省厅利益的存在等问题的层面上。正如饭尾所指出的,只要在政策过程中官僚所发挥作用非常之大这一结论并无否定之余地,就有必要在提出动案、寻求相关者支持、进行立案直到实现法制化这一系列工作中找到官僚制内部的动力。

以下将介绍有关官僚行为是如何受到规制这一问题的先行研究动向。

三、官僚的自律性

正如达尔(Dahl)所言,政治学是研究影响力的科学,但可以成为政治学课题的并不仅仅是权力关系,思索政策取向如何形成也是重要的工作之一(Dahl 1984)。可是,与原本以行政学为中心、以官僚制度研究为中心的日本政治研究不同,在以决策过程、投票行为及议员行为为中心议题的美国政治学中,官僚有独立的政策取向这一命题本身就没有成为研究对象。尽管下述事实已十分明确,在美国,各种团体之间不断开展的政治活动不仅仅是针对议员的游说工作,行政组织也被卷入其中,但美国政治学还是认为就算行政官员被社会中的集团所

---

① 通过"被隔开的竞争""模式化多元主义"与对日本政治的解释相关联(村上 1984,Muramatsu, Krauss 1984)。

"卷入",官僚自身的政策取向也是不存在的(cf. Nordlinger 1981)。

官僚自律性的概念就是指,官僚通过在多大程度上拥有自身的政策取向、多大程度上与来自社会内各团体的压力相隔离,来决定其自律性。与为了在下次选举中争取连任而暴露在社会压力之下的议员不同,日本及欧洲等国的行政官员的身份得到保障,并且人事权实际上掌握在各省厅内部,因此执政党的控制力薄弱,官僚的自律性极高(饭尾 1995)。

官僚制度的经济学研究认为,官僚的组织利益是预算的最大化及组织扩大化,因此官僚对于利益有着与社会上的取向及政党意向不同的自律性认识。但是政治学研究却表明即使在获取预算等不同层面上,行政官僚也可以自律性地拥有政策取向。比如,克拉斯纳(Krasner)的研究表明,在国防问题上行政官员与社会内各有关团体及政治家的认识不同,对国家利益有独特的认识和追求(Krasner 1978)。即使在同一个国家,每个部门的国家利益概念及内容也各不相同,国家利益概念本身就存在着问题(Putnam 1988)。在日本省厅之间的意见协调机制十分脆弱的制度下,国家利益的概念自然不会是整齐划一的。比如,就算有经济增长这一大框架下的统一概念,各省之间在方法论的阶段就存在着对立,而对各省主张的国家利益与其组织利益进行区分也是很困难的。

黑克罗(Heclo)的研究表明,在与组织利益没有明确联系的案例中,行政组织也显示了自律性的政策取向(Heclo 1974)。黑克罗首先论述了在出现必须通过政策加以解决的问题时,行政官员不是被动地等待,而是独自"猜谜",即开动脑筋寻求解决办法。同时,在这一摸索解决方案的阶段中,过去出现类似问题时采用的方法以及制度会对官僚在现阶段的思考产生制约。这种制约产生于与社会内取向不同的路径。这一研究结果看似意味着诺斯所说的官僚自身的路径依存,但也说明官僚的政策取向并非来自于社会压力这一论断(North 1990)。

在国家自律性的问题上,西达·斯考切波(Skocpol)进一步发展了黑克罗的理论,论述了自律性行为是如何被官僚机构的能力所左右的。很多情况下这种能力意味着国家组织手中的财政资源及强制力

(Skocpol 1985)。在针对日本的研究中,大山与阿普汉姆(Upham)进一步关注到日本还存在着诸如行政指导等并不依据"法"的干预手段(大山 1996,Upham 1987)。

而豪尔(Hall)和辛金克(Sikkink)则进一步研究了左右官僚思考的思维方式。他们认为,不仅是目的的共享,决定解决问题之思维等围绕因果关系的政策范例的变化都会使最终选择的政策有所不同。就日本而言,大藏省主计局的财政均衡主义可能最接近于豪尔提到的政策范例的概念。真渊通过论述主计局与主税局在组织设立目的上的不同,将处理问题的不同方式解释为"部门哲学"的概念,但这一部门哲学的概念也可谓影响政治的思维之一(真渊 1989)①。

坎贝尔(Campbell)与中野在对日本高龄者社会政策变迁的研究中,论述了官僚将特定的政策理念作为信念,并全力使其法制化的过程(中野 1989,Campbell 1992)。但是,这里提到的理念与其说是作为范例左右行政组织成员的理念,不如说是政策过程中特定的"企业家"行为。在这里,官僚不仅不是被动的,反而开展着非常活跃的宣传活动。首先,在包括研究特定问题学者在内的专家组成的政策圈子内力争实现理念的共享。其次,向决策过程参加者以及一般国民传播信息、宣传理念。但是,即使说是政策圈子,也存在官僚将特定省厅的外围组织的智库以及审议会成员的专家学者作为声援团加以利用的情况,因此有必要考虑与官僚机构资源的关系等问题。

比较政治学将日本作为案例的意义在于,"组织利益"不仅仅是制度论上的组织利益,而是兼备了共享公共政策范式(policy paradigm)的组织利益。加藤曾简单论述过官僚在参加工作后被其所处省厅"社会化",从而共享了其组织的组织利益与政策取向理念的过程(Kato 1994)。特别是通过对日本的组织内的社会化与人事惯例之间的关系进行理论探讨,可谓新的学术视角。尤其本书所选取的不同省、不同局也说明了即使是组织内的"社会化"也存在着几乎完全不同的形式,从而为今后进一步进行组织内比较研究提供了可能性。

---

① 为了说明日本的临调期政治,大岳将其解释为新自由主义的理念出台,当然这并不是说官僚的思维方式、行为通过理念产生了变化(大岳 1994)。

在官僚进行自律性行为得到确认后,更重要的是这种自律性多大程度上是"封闭性"的或"开放性"的。比如,久米对劳动省的自律性组织存续理由的研究指出,如果试图代言社会末端组织的劳动者利益的劳动省拥有向社会"开放"的自律性,那么旨在财政均衡的主计局的自律性对于社会则是"封闭"性的。自律性行为,即使其目标的设定是基于组织的内在机构,也不可否认其目的本身的外部志向性。日本的行政组织行为中,由于组织目的本身有必要通过实现国家利益而得以正当化,因此很多行为都是以"开放"的形式面向社会潜在需求的。这种发掘利益的工作与其说是行政性的,更是极其政治性的。与议会及内阁系统强大的体系中的行政组织相比,日本官僚体系的自律性行为的范围可谓更为广泛。

四、官僚组织

长期以来,国内外都在研究日本、法国等国家主导的国家中,谁成为行政官员,行政官员在考虑什么,如何选拔,拥有什么权限等方面的问题(有关日本的研究包括 Kim 1988,Koh 1989,Muramatsu,Krauss 1984 等)。另外,也有为数不少的研究关注官僚之间占统治地位的意识形态(比如,对经济开发的志向性)以说明各国的政策风格(Lodge,Vogeleds 1987)。特别是日本和法国作为拥有精英的高级官僚制度的国家,经常会与美国等"猎官制"(spoil system)的行政体系相比较。从直觉上讲,在"最佳最智者"成为行政官员的国家中,国家主导的经济政策等也就有了正统性。而如果从将日、法等国的官僚制作为"最佳最智者"运行的治理体系这一角度出发,将美国的法官与日本及法国的高级官僚进行比较研究可能更有价值。美国的司法部可谓"超级机构",可以推翻行政、立法部门的决定,与法国的 ENA 或东大法学部匹敌的耶鲁大学法学院毕业的法官多在此工作①。

现在研究的主流不再像过去那样关注官僚的出身、意识形态取

---

① 在美国,日本由官僚制负责的"法律解释"的工作转由法院承担。如同日本的业界团体可以参加其解释的过程一样,在美国则是民间的律师参加。因此笔者认为在比较治理论上,在美国可以与日本的高级官僚相匹敌的是法官。

向、录用方法等,而是分析行政组织的内部框架。行政组织的内部框架包括两种。首先,国家制度的结构框架被用作行政组织的组织利益或政策选择幅度的说明变量。另一方面,行政组织内部的人事框架被用于说明组织内个人行为模式。特别是后者着重对日本民营大企业的人事管理系统以及官僚组织进行平行研究。此前的说法一直认为,在保障终身雇佣的组织中,个人的积极性会减弱,从而在结果上降低了组织的生产能力。欧美也将官僚组织作为这种论调的典型案例,但是研究日本民营企业劳动惯例的学者们却在对日本企业为何可以在保证终身雇佣的同时维持生产效率的研究中,打破了上述定论(小池1981)。具体而言,日本企业通过长期雇佣契约使技能日趋熟练成为可能。此外,人事管理系统通过设定很长的升职期间,从而保证了劳动者的工作积极性。这一研究成果也得到了欧美学术界的高度关注。稻继在其研究中借鉴了日本企业组织的研究成果,从人事制度的侧面分析了日本官僚组织的特性(稻继 1996)。稻继认为,日本的官僚组织采用了比企业更明确的高级官僚聘用与升迁制度,在促使高级官僚间竞争的同时,构筑了除在竞争中最后获胜者之外其他人早期退职的机制。在制度上不断促动组织的活性化,通过组织内的贡献度(最终职务),照顾着官员的"下凡"单位,构建了决定官僚一生薪酬的体系,并进而提升了组织内对工作的动机(稻继 1996,Inoki 1995)。卡尔德(Calder)、猪木的研究指出,官僚的"下凡"并非是为了使优秀人才回归社会,而是为了保持官僚组织内部整合性所必不可少的组织,并明确了行政组织的高级官僚们是如何将对组织利益的贡献与个人利益相结合的(Calder 1989,Inoki 1995)。这一研究成果对于讨论日本官僚的行为模式与政策取向具有非常重要的意义。

村松与彭佩尔的研究进一步表明,在日本的官僚组织中,竞争不仅存在于同省厅职员间的升迁中,还存在于省厅之间,从而在总体上提高了日本政府的效率。的确,在制度上分工不甚明确的领域,比如邮政与通产、劳动与厚生之间,两个以上的省为管辖范围而竞争之事为数不少。现在,这种竞争被认为是"纵向行政"的弊端。因此,村松等主张的竞争为"小政府"及其效率作出贡献的论断还是值得商榷的。

省厅间竞争与效率之间的关系中,还包括花费在无意义的竞争与协调上的时间与精力,因此并不能仅从肯定的角度看待这一个问题。反而言之,为了保持"小政府"而在社会中创造"下凡"职位对于组织运营非常重要,但也会为此产生矛盾,即可能出现进行规制与财源分配等方面的必要性。

第四节　本书的价值与今后的课题

综上所述,本章分专题介绍了 20 世纪 80 年代后日本国内外围绕日本官僚制的研究动态。最后,将在对省厅分门别类进行介绍的基础上,探讨今后研究应注意的方向。

有关市场与官僚的关系、执政党与官僚的关系的研究由于过于注重其权力对比关系,因此在几个重要的问题上并没有进行深入研究。此外,从各省厅官僚行为之不同这一角度展开的研究也为数甚少(伊藤 1980 可谓例外)。在政治学学者之间,由于积累了多年的研究成果,可以认为对官僚行为的分析已经到了相当的程度。但是,在本书编写过程中各省厅实务工作者与研究者一同参加的研究会上,作为"参与观察者",非常有趣的是官员之间的问答,并深深体会到了每个省在制定法案中的活力、与相关团体的关系、对个人行为产生影响的规范等方面都不尽相同。

第一,政策过程由多个要素构成,但每个阶段的活力不尽相同,这个问题几乎从未成为研究的对象(中野 1989)。特别是按照金登(Kingdon)的观点,如果认为从设置日程起政策过程就已开始的话,谁采取何种主动总结新的观点,将其政治化,并动员支援力量就变得非常重要(Kingdon 1984)。在这个阶段,比起力量关系,更重要的问题是组织对潜在需求的"感应度"和"展示前景的能力"。主要关心权力对比关系的研究对各省的不同之处反应较为迟钝,但从提出动案的角度则可以清楚地发现省厅之间或议题之间的不同。首先,存在着如大藏省主计局等审定型官厅那样基本上不提出动案的官厅,但通产省、建设省、厚生省等几乎所有的省厅都将社会需求以及据此提出动案作为自身存在的理由。上文介绍的久米对劳动省的研究就很好地说明了制定议程中省厅主动性的重要性。这对于了解日本的政策过程是不可欠缺的。尽管如此，由于研究中很多议题成为了重大社会问题或单独作为政治化了的政策事项加以处理，因此就存在着忽视各省或各局"感应度"不同的可能性。此外，每个省厅在哪个层面上最积极地发现问题也存在很大差距。既有城山所称的基层型的建设省，也有如通产省那样课长助理级的年轻官僚积极从事创发的省（城山 1997）。比起设定为政策过程的"垃圾箱"模式，日本每个省都可能在创发、提案直至设定议程的各阶段有自身一定的特性（Cohen，March，Olsen 1972，Campbell 1992）。

在有关行政官僚日常工作对政策过程初始化的提案过程产生何种程度影响的研究中，局外人几乎不可能调查多个法案的提案过程或没有实现为政策的提案过程，而本书以下各章的写作均得到了曾经或正在各省参加实际工作的实务工作者的帮助，并将在哪个级别、如何进行提案作为本书所涉及各省的共同研究内容。就结论而言，既有自上而下的省厅，也有从基层向上呈报事项的省厅。而什么因素导致了"感应度"的不同，则将是今后研究的课题。

第二，政策过程中官僚组织内部的政治过程没有受到重视。曾根、岩井使用障碍赛模型对法案从准备到通过的过程进行了分析，但是在某个事项最终能否排上议程这个问题上还有研究的余地。在具体的研究中，为了追踪某项特定政策，而对各省厅每年不断重复的重要事项的决定过程等进行的研究也无进展。研究"不作决定"十分困难，但这个过程并不是每年完全随机的，而是有模式化了的程序可循。通过听证等对各省厅每年选择什么、不选择什么等进行调查，首先可以分析官僚组织内争论点选定过程的机制。这种分析可以明确省厅内需要何种程度的共鸣，这时的共鸣需要何种程度的外部支援。本书通产省一章即对《电气事业法》修正过程进行了验证，并由此明确了从通产省组织内部的提案、共鸣到发展潜在的外部共鸣者这一过程。

先前本书也触及到了自律性的问题。自律性并非是对社会压力的被动应对，反而是行政组织做社会内各种集团的工作，明确利害关系，并集约这些集团的利益，因此具有政治性功能极强的侧面。这不仅对于日本政治研究，在比较政治学领域的政策分析中也是非常新的成果。进而言之，组织内部过程中内在的流动性与不确定性表明仅以组织利益的概念无法说明某一省厅的政策取向。也就是说，即使把扩大权限与加强经济竞争力视为组织利益，也无法对在什么政策领域如何进行设计使其与政策立案相结合等问题进行逐一的具体解释。就本书的而言，电气事业不实行自由化符合哪个省的利益，或者说建不建水坝哪个决策更会使省收益等问题即使在组织内也引起过激烈争论。此外，各省内部过程的比较研究还表明，在内部可能出现大规模制度改革的机会，而每个省通向成功的道路则各不相同。

第三，每个省厅的政策过程存在极大差别，也证明了政策决定过程研究中日本政治模型存在着难以捕捉的变数。如上所述，先行研究非常认可日本官僚制度的自律性。如果自律性不是因社会内部施加压力的方法不同而产生的话，就有必要分析各省内部的制度安排、人事审定的方法、"社会化"的不同方式、工作内容的性质等是如何影响各省厅内部过程的问题。比较政治学研究中新制度论的支持者中也有人认为，解析组织内理念的共享过程及变化过程将是今后值得期待的研究领域，而日本的研究对此还有充分的贡献余地。本书将介绍各省厅内的"惯例"和独特的"措词"。当然会有共同点，但仍有很多显示了各省看法的不同，而这种看法的不同给政策过程带来了什么样的差异，将留待省与省之间的比较研究。

第四，有必要与政策过程分开而通过每个省的比较对官僚组织本身进行研究。行政组织人事方面的活力如何激励其成员的研究并没有考虑到省与省之间的差异，而只将其作为官僚制全体的共同课题。然而一旦成为制度性配置，则关注研究因各省不同利益而导致对立的问题，个人行为则不包括在研究对象之内。但是，即使同样是考虑如何在人事上对待技官与事务官，这个问题在建设省与厚生省也不尽相同，因此有必要调查每个省的人事管理系统与审定方法有无异同，这种异同如何表现为不同成员的行为，或对省厅利益的认识方法产生何种影响等问题。

读者或许无法在本书的研究中找到以上四点的全部答案,但本书所进行的省与省的比较,并尝试将其工作内容及内部政策过程进行分类是十分有意义的。尽管写作本书的参加者达成了共识,并认可工作内容形成了内部过程特征的假说,但今后仍有必要以更为明确的形式对这一假说加以验证。

参考文献

Aberbach, J. D., R. D. Putman and B. A. Rockman(1981), *Bureaucrats and Politicians in West Democracy*, Harvard University Press.

Aberbach, J. D., E. S. Krauss, M. Muramatsu and B. A. Rockman(1990), "Comparing Japanese and American Administrative Elites", *British Journal of Political Science*, vol. 20, no. 4.

Allison, G. (1962), *Essence of Decision*, Little Brown.

Almond, G. (1988), "The Return to the State", *American Political Science Review* (September).

Amsden, A. (1989), *Asia's Next Giant*, Oxford University Press.

Calder, K. (1989), "Elites in an Equalizing Role: Ex-bureaucrats as Coordinators adIntermediaries in the Japanese Government-Business Relationships", *Comparative Politics*, vol. 21, no. 4.

Calder, K. (1993), *Strategic Capitalism*, Princeton University Press.

Campbell, J. C. (1992), *How Policy Change*, University of California Press.

Cohen, M. D, J. G. March and J. P. Olsen(1972), "A Garbage can Model of Organizational Choice", *Administrative Quarterly*, vol. 17, no. 1.

Cowhey, I. and M. D. McCubbins eds. (1996), *Struture and Policy in Japan and the United States*, Cambridge University Press.

Dahl, R. A. (1984), *Modern Political Analysis*, Prentice-Hall.

Friedman, D. (1988), *Misunderstood Miracle*, Cornell University Press.

Gerschenkron, A. (1966), *Economic Backwardness in Historical Perspective*, Belknap Press of Harvard University Press.

Haley, J. O. (1991), *Authority Without Power: Law and the Japanese Paradox*, Oxford University Press.

Haley, J. O. (1995), "Japan's Postwar Civil Service: The Legal Framework", in H. Kim, M. Muramatsu, T. J. Pempel and K. Yamamura eds., *The Japanese Civil Service and Economic Development*, Clarendon Press.

Hall, P. A. (1986), *Governing the Economy*, Oxford University Press.

Hall, P. A. (1993), "Policy Paradigms, Social Learning, and the State", *Comparative Politics*, vol. 23, no. 3.

Hall, P. A. and R. C. Talyor. (1996), "Political Science and the Three New Institutionalisms", *Political Studies*, vol. 44.

Heclo, H. (1974), *Modern Social Politics in Britain and Sweden*, Yale University Press.

Inoki, T. (1995), "Japanese Bureaucrats at Retirement", in H. Kim, M. Muramatsu, T. J. Pempel and K. Yamamura eds., op. cit.

Johnson, C. (1982), *MITI and the Japanese Miracle*, Stanford University Press.

Kato, J. (1994) *The Problem of Bureaucratic Rationality*, Princeton University Press.

Kato, J. (1996), "Review Article: Institutions and Rationality in Politics", *British Journal of Political Science*, vol. 26, no. 4.

Kernell, S. ed. (1991), *Parallel Politics: Economic Policymaking in the US and Japan*, Brookings Institution.

Kim, P. S. (1988), *Japan's Civil Service System: Its Struture, Personnel, and Politics*, Greenwood Press.

Kingdon, J. W. (1984), *Agenda, Alternatives and Public Policies*, Little Brown.

Koh, B. C. (1989), *Japan's Administrative Elite*, University of California Press.

Krasner, S. (1978), *Defending the National Interest*, Princeton University Press.

Kume I. (1995), "Institutionalizing the Active labor Market Policy in Japan: A Comparative View", in H. Kim, M. Muramatsu, T. J. Pempel and K. Yamamura eds., op. cit.

Lodge, G. and E. F. Vogel. (1987), *Ideology and National Competitiveness*, Harvard University Press.

Mabuchi, M. (1995), "Financing Japanese Industry: The Interplay between the Financial and Industrial Bureaucracies", in H. Kim, M. Muramatsu, T. J. Pempel and K. Yamamura eds., op. cit.

Mckean, M. (1993), "State Strength and the Public Interest", in G. Allinson and Y. Sone eds., *Political Dynamics in Contemporary Japan*, Cornell University Press.

Muramatsu, M. and E. S. Krauss. (1984), "Bureaucrats and Politicians in Policymaking: The Case of Japan", *American Political Science Review*, vol. 78, no. 1.

Muramatsu, M. (1987), "The Conservative Policy Line and the Development of Patterned Pluralism", in K. Yamamura and Y. Yasuba eds., *The Political Economy of Japan* vol. 1, Stanford University Press.

Noble, G. (1988) "The Japanese Industrial Policy Debate", in S. Haggard ed., *Pacific Dynamics*, Westview Press.

Nordlinger, E. A. (1981), *On the Autonomy of the Democratic State*, Harvard University Press.

North, D. C. (1990), *Institutions, Institutional Change and Economic Performance*, Cambridge University Press.

Okimoto, D. I. (1989), *Between MITI and the Market*, Stanford University Press.

Pempel, T. J. and Muramatsu. (1995), "The Japanese Bureaucracy and Economic Development", in H. Kim, M. Muramatsu, T. J. Pempel and K. Yamamura eds., op. cit.

Putman, R. D. (1973), "The Political Attitudes of Senior Civil Servants in Western Europe", *British Journal of Political Science*, vol. 3.

Putman, R. D. (1977), "Elite Transformation in Advanced Industrial Societies", *Comparative Political Studies*, vol. 10, no. 3.

Putman, R. D. (1988), "Diplomacy and Domestic Politic: The Logic of Two-level Games", *International Organization* (Summer).

Ramseyer, J. M. an F. M. Rosenbluth. (1993), *Japan's Political Market Place*, Harvard University Press.

Samuels, R. J. (1987), *The Business of the Japanese State*, Cornell Universty Press.

Schaede, U. (1995), "The 'Old Boy' Network and Government-business Relationships in Japan", *Journal of Japanese Studies*.

Schoppa, L. J. (1991), "Zoku Power and LDP Power: A Case Study of the Zoku Role in Education Policy", *Journal of Japanese Studies*, vol. 17, no. 1.

Schwarts F. B. (1993), "Of Fairy Cloaks and Familiar Talks: The Politics of Consultation", in G. Allison and Y. Sone eds., op. cit.

Shonfield, A. (1969), *Modern Capitalism*, Oxford University Press.

Sikkink, K. (1991), *Ideas and Institutions: Developmentalism in Argnetina and Brazil*, Cornell University Press.

Skocpol, T. (1985), "Bringing the State Back In: Strategies of Analysis in Current Research", in P. B. Evans, D. Rueschemeyer and T. Skocpol, eds., *Bringing the State Back In*, Cambridge University Press.

Sone, Y. (1993), "Structuring Political Bargains: Government, Gyokai and Markets", in G. Allison and Y. Sone eds., op. cit.

Steinmo, S., C. Thelen and F. Longstreth, eds. (1992), *Structuring Politics: Historical Institutionalism in Comparative Analysis*, Cambridge University Press.

Suleiman, E. N., ed. (1974), *Politics, power, and Bureaucracy in France*, Princeton University Press.

Suleiman, E. N., ed. (1984), *Bureaucrats and Policymaking*, Holmes and Meier.

Upham, F. (1987), *Law and Social Change in Postwar Japan*, Harvard University Press.

Wade, R. (1990), *Governing the Market*, Princeton University Press.

Weaver, R. K. and B. A. Rockman, eds. (1993), *Do Institution Matter? Government Capabilities in the United States and Abroad*, Brookings Institution.

Zysman, J. (1983), *Governments, Markets, and Growth*, Cornell University Press.

饭尾润(1995),《政治性官僚与行政性官僚》,《年报政治学:现代日本政官关系的形成过程》,岩波书店。

伊藤大一(1980),《现代日本官僚制分析》,东京大学出版会。

稻继裕昭(1996),《官僚的人事管理系统》,东洋经济新报社。

猪口孝、岩井奉信(1987),《族议员研究》,日本经济新闻社。

卫藤干子(1995),《福利国家的"缩小、重组"与厚生行政》,《rebaiasann》17号。

大岳秀夫(1994),《自由主义的改革时代》,中央公论社。

大山耕辅(1996),《行政指导的政治经济学》,有斐阁。

小池和男(1981),《日本的熟练》,有斐阁。

佐藤诚三郎、松崎哲久(1986),《自民党政权》,中央公论社。

城山英明(1997),《"官房型"与"基层型"》,《创文》387号。

新藤宗幸(1989),《财政破绽与税制改革》,岩波书店。

曾根泰教研究会(1983),《绿卡研究》。

辻清明(1969),《新版日本官僚制研究》,东京大学出版会。

中野实(1986),《日本型决策的变化》,东洋经济新报社。

中野实(1989),《日本福利政策形成的政治过程》,《年报政治学:转型期的福利国家与政治学》,岩波书店。

日本经济新闻社政治部(1983),《自民党政务调查会》,日本经济新闻社。

真渊胜(1989),《大藏省主税局的机构哲学》,《rebaiasann》4号。

村上泰亮(1984),《新中层大众的时代》,中央公论社。

村松岐夫(1981),《现代日本官僚制》,东洋经济新报社。

村松岐夫(1991),《20世纪60年代与70年代的日本政治》,东京大学社会科学研究所编《现代日本社会:结构》,东京大学出版社。

樋渡展洋(1995),《试论现代日本比较政治经济分析的方法论》,《rebaiasann》17号。

药师寺泰藏(1987),《政治家VS官僚》,东洋经济新报社。

第二章　经济学中的官僚制

细野助博

第一节　经济学中政府的定位

经济学将政府行为明确作为分析对象只是最近的事情。经济学鼻祖亚当·斯密显然满足于"廉价政府"的定位。在斯密看来,只要利己的买卖双方在市场上忠实地基于自身欲望而行动,通过"看不见的手"就基本可以使社会达到最佳状态。长期以来,即使出现周期性的经济恐慌,对市场机能的信赖也没有发生过动摇[有关这一点,诺齐克(Nozick 1974)的论著颇具刺激性]。

但是,凯恩斯却对市场的信赖性提出了质疑,并构建了超越以往经济学分析框架的宏观经济新思维,明确提出政府的作用,即"经济管理"的必要性。很可能凯恩斯对这种管理的必要性与可能性持乐观态度。此外,凯恩斯认为少数精英进行决策是理想方式。但是,当带着明显"民主、政治"性色彩的决策转化为现实时,他的理想就如同建立在空中楼阁之上了。哈罗德(Harrod 1951)将重要政策应由少数精英制定实施这一凯恩斯的想法称为"哈维路的前提(Harvey Road presumption)"。肯尼迪政权一段时期内充满乐观地提出"新古典派综合"构想的前提也是这一"哈维路的前提"。查尔斯·约翰逊(Johnson 1982)通过对通产省的分析提出的"开发性官僚"的类型也可称为基于这一前提的典型研究。

在一个国家宏观经济的运行问题上,相对于把"职能性公共部门"

作为毫无疑义的（运行）前提的主流经济学观点，"公共选择理论"流派的经济学家们则从微观经济学角度研究公共部门，比起进行规范性分析，更强调实证分析的必要性。规范性分析（normative analysis）是指把各种社会阶层的利益关注统一为一个巨大的函数——社会福利函数，将社会的所有经济制约条件作为已知条件，从而分析这个函数值"最大化"的条件。此时运算这个等式是以公共部门"机械性地"承担任务为前提的。社会福利函数是很多经济学家关心的问题，对其的演绎计算更是经久不衰。但是，实证分析（positive analysis）的研究定位并不在于公共部门"应如何行动"，而是"正在如何行动"。也就是说，其分析内容如下：作为构成公共部门主体的政治家如何行动，官僚如何行动，政治家与官僚形成何种关系结构并进行活动，联系国民与政治家的渠道是什么，联系国民与官僚的渠道是什么，这些行为主体是以何种方式参与政策的。我们对上述课题进行的议论即明确属于实证分析的范畴。

以下将以公共选择理论为基础，简述支撑着官僚制的行动原理、官僚制的内部结构、官僚制的内部管理机制（人事管理系统与评估系统）等行动模式的基础研究，并希望成为本书对各省厅进行实证分析的线索。

第二节　官僚制的行动原理——公共选择理论的视角

一、尼斯坎南的预算最大化模型

在经济学的分析对象中官僚成为重要主体应归功于曾在美国国防部工作过的尼斯坎南（Niskanen，同样的看法可参见加藤宽 1997）。尼斯坎南（Niskanen 1971）认为官僚的效用最大化即等于预算最大化。而政治家则通过削减预算、减税等博得选民的欢心，以实现连任。因此官僚与政治家利益之间的对立要多于共识。在随后利用他的分析框架进行的研究中，其研究对象主要是官僚与政治家之间因信息不对称以及双方合作关系而产生的某种病理现象。

尼斯坎南的模型可归纳为下图。

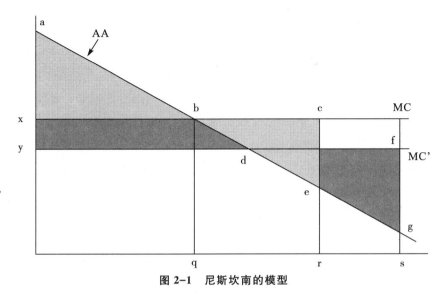

图 2-1　尼斯坎南的模型

以通过官僚机构提供的公共服务量的成本为纵轴,规模为横轴。当然,其规模与预算呈正比关系。公共服务量的增加会导致预算的增加。但是,如果考虑到社会便利性不会与公共服务量的增加同比上升,而是在到达了极限值后出现递减的情况,就会出现如图 2-1 由左至右的下划线,即便利性极限线 AA。简而言之,如果成本在量上成比例增加,即为水平线的成本极限线 MC。通过市场求得的某种服务的解就是便利性极限线与成本极限线的交点 b,其供给量为 q,通过官僚机构的供给量的规模会与消费者剩余相抵而产生"量的过剩供给",即 △abx = △bce 决定公共服务的供给量 r。因为只有在供给量的增大与预算的增加可以并立的领域才可进行讨论。并且如后所述,预算的增加还具有缓和组织内外摩擦、扩大组织对外交涉能力的效果。

假设公共服务生产、供给的成本极限从 MC 移向 MC'即可实现成本的削减。那么就表明这种削减完全可以与官僚组织中的激励并立。即如果官僚组织利用"信息非对称性"采取完全吸收从这种削减效果中产生的消费者剩余等行动成为可能,供给量即会增加至 s。图中新的消费需求为△ady,而新的供给量产生了可与其相抵的△dfg。如图所示,成本极限线即使下移,如果谁也无法妨碍决定与消费者剩余相抵的预算规模,那么成本的下降将直接转向预算的增加。

二、官僚制的多重目的与内部对立——尼斯坎南模型的局限性

尼斯坎南的预算最大化模型对于说明公共部门的成长过程无疑是重要的分析框架。根据这一模型可以知道,官僚同时追求裁量性和公共服务的增加,有关伴随着官僚行动成本函数的信息极端有利于官僚,由于存在着应起到检查作用的政治家无法拥有必要信息这个意义上的"信息非对称性",因此资源中多少被用于公益,多少被用于私益并不明确,其结果是可能出现无法控制官僚决定权的局面。进一步而言,即使对公共服务进行评估的选择权(即对公共服务的评估权)只掌握在政治家手中,由于官僚可以"隐藏"作为评估权前提的"真正的成本函数",因此可以制定对官僚有利的条件。

尼斯坎南的理论有两个重要意义。第一,指出官僚制的目的是预算最大化;第二,官僚制可以根据自身目的而行动的条件是信息的非对称性(官僚隐藏成本函数等信息的可能性)。

但是,尼斯坎南的理论也有其局限性,即官僚制的目的是否只限于预算最大化,官僚制内部的目的是否应视为一致。如果官僚制的目的与预算最大化并不一致,那么仅用他的分析框架就不能说明问题。特别是省厅的行动模式并非千篇一律,省厅间存在着激烈竞争的日本,组织内部利益一致的结论并不总能适用。比如,试图维持财政均衡主义的大藏省与试图膨胀本省预算规模的省厅之间的政策方向并不相同。此外,在目的方面,不仅包括预算最大化,还包括自身所属的"组织规模的扩大、膨胀"(Tullock 1965,加藤宽 1997)。只要总定员法继续有效,各省厅的零和游戏就会持续下去。本书其他章节中认为总务厅将削减编制视为重要工作,但笔者对此并不认同,总务厅的目的难道不是为了规制而进行的"权限最大化"吗?因此,这也会遭到赞同放宽规制并开展行动游说其他省厅的通产省等的反对。总之,也可以认为目的存在于各省厅的数量上,或存在于省厅内独立性高的部局的数量上。但是为了记述上的方便,以下各章将各省厅分为四类并分析各类的行动模式。

如果将一个省厅独立部局的目的函数作为经济学上经常使用的效用函数 u,预算规模为 B,权限为 R,职员规模为 L,效用水准 U 即可表现为 U = u(B,R,L)。但如果权限与职员规模受限于预算,如尼斯坎南所言,效用函数即可改为 U = u(B)。因为可以认为 R = R(B),L = L(B)。本书对各省厅进行了分类,这种分类在某种意义上或许可以从目的函数的内容以及应赋予内容以重要性的不同方法中找到共性。

进而言之,组织的扩大、膨胀并不只意味着直接的扩大,还包括间接性的组织扩大,即中枢机能瘦身化的同时其下属组织及实施机能的扩大。当编制受到法律等的限制时,不直接受到制约的下属部门如地方公共团体以及特殊法人可以被定位为间接性组织。

三、官僚制的一般特性

在公共选择理论中,除尼斯坎南之外,还有针对官僚制其他特性的各种理论。在此将这些理论大致分为六类予以介绍。

① 作为组织的官僚制,其输出(很多情况下被称为"集体财产"或"公共财产",这些财产通过市场机构是不可能进行最佳分配的)可以称为"垄断性"供给。不存在竞争对手对于组织而言会产生"松弛"。在这一点上,对大型组织的分析结果表明,对市场压力有某种程度耐性的组织在支配性的垄断市场中往往会出现仅用市场的非效率性无法测算的组织上的非效率,即雷本斯坦所称的"X 非效率"(Leibenstain 1978)的情况。

② 官僚制的顾客是未必可以整合的拥有多种利益关注的多样性集团。不仅可能无法整合,甚至可能利益关注是相反的。这同样出现在省厅间及省厅内部。比如,皮尔兹曼(Pelzman 1976)及贝克(Becker 1983)即用政治支持函数的最大化模型来说明在政策上相反的利益集团(=顾客)之间的协调。此外,如摩尔(Moe 1990)所主张的,如果忘记官僚制自身就是"利益集团",可能就无法充分论述官僚的行为机制。或者,来自议会的干涉是必然存在(Ferejohn, Shipan 1990, Bender, Taylor, Gaalen 1985,加藤纯子 1997, Weingast, Moran 1985)。

③ 当官僚制处于信息非对称的环境下,公开信息的义务及法律

未必是完善的。例如在米勒及摩尔(Miller, Moe 1983)所描述的双方垄断模型中,政治家试图限制预算膨胀以利于自身选举但却没有任何有关公共服务成本结构的信息,而官僚则对政策拥有压倒性信息并通过接近成本结构信息以获得有利于己的预算。利用这种信息的非对称性,就可能创造出对组织有利的状况。邓利维(Dunleavy 1991)在对英国的分析中也得出了同样的结论。

④ 在不可能假定拥有完全信息的现实中,即使是拥有专业性及庞大信息量的官员也无法保证可以完全掌握情况并进行适当的决策。而把时间概念也考虑进去就会"错过各种时机"。另外,也不能忽视组织或个人利用决策追求自身利益的可能性。公共选择理论进行了一系列论证,例如布坎南等(Buchanan, 1977)、穆勒尔(Mueller, 1989)等。并且如同市场会失败一样,官僚制即政府也会失败。

⑤ 在官僚制中,有可能有效使用各种交涉手段以迫使顾客答应要求。当拥有公共服务与公权力两面性时,会出现利他性的侧面及家长式强制力并存的现象。市场即使厌恶经济规制,却没有可以废除规制的能力。因此,即使市场可以将前述政府的失败作为"信号"获得教训,但市场能否取代政府则有赖于政治状况。

⑥ 宏观政策的出台如同政治景气循环模型(Nordhaus 1975, Hibbs 1987, 猪口 1983, 细野 1982, 细野 1998)所显示的,与当时政治状况紧密相连的可能性很大。因此,凯恩斯的"哈维路的前提"是不会受到无条件支持的。此外,如果以微观政策为例,规制问题也同样如此。有的案例也表明,以反对过度竞争论为由试图限制准入的做法其结果只能有利于拥有既得利益的特定集团。

四、组织扩大的正负影响

如上所述,公共选择理论试图说明官僚制是如何无法如其最初目的(或曰"公共利益")发挥作用的,并认为组织的扩大只是为了组织成员的私利。

但是,组织扩大不仅仅有负面作用,也有正面作用。下文将从正负两个方面予以说明。这也可以作为本书对省厅组织进行具体评估时的标准。

组织扩大的正面作用可以概括为以下几个方面：

① 组织规模扩大后，分工与人才的投入均可更为充裕，并可能在形成某种规模后获得组织上的"规模经济性"。

② 在面对外部环境变化带来的风险时，可以投入丰富的人才以获得信息与技术作为对抗手段。此外投入备用人才（组织的冗余化）获得的冗余信息，可以从中萃取高精度的信息并作为决策工具。

③ 通过利用上述的"冗余"对冲环境变化带来的风险，并随时利用组织内的松弛，以提高组织生存的可能性。与此相关联，印南（印南1997）论证了"由三个臭皮匠的智慧而来的决策"比一个优秀人才的决策效果更佳。另外，多伊奇等（Deutsch 1957）的研究认为，官僚行动是"正确答案最大化（或者是因错误导致信任度下降这一风险的最小化）"的行动，是相互独立地解决问题的体系。为了推出一位回答全无差错的人，需通过单纯的概率模型来解析在将固定的正确率作为组织的已知条件时，需要多大规模的组织。

④ 组织规模的扩大在提高组织成员社会威信的同时，也会减少诸如争夺职位等组织内部的摩擦。

⑤ 签订长期雇用合同的组织成员将这种普遍倾向作为"共通知识"，对其中有利于组织的部分则作为既得权益加以利用，以此提高组织成员对组织的忠诚。

另一方面，组织扩大的负面作用包括以下几方面内容：

① 管理不可能涉及每个角落。

② 组织不能作为一个整体采取统一行动。

③ 组织上层与下层之间的意识差距在扩大。

④ 以上各点尽管也是一般性论述，但如威廉逊（Williamson）所指出的，随着组织规模的扩大，包括管理、调整成本在内的"交易成本"（transaction cost）也会增加（Williamson 1986）。威廉逊还论述了组织"规模收益递减法则"与等级之间的关联性问题。

⑤ 组织上的紧张感逐渐淡薄，雷本斯坦所说的"X非效率"会更易出现。

第三节　官僚制的内部结构——组织信息结构与管理机制

一、完全理性的局限与分析组织内部结构的必要性

上述研究某种意义上期待着经济学意义上的"完全理性"。比如，尼斯坎南的研究就假定为了预算最大化的官僚制是"理性"的行为体。但是，在能力总有局限性的现实世界里，很难追求完全理性。

比如，科斯（Coase 1988，原论文发表于 1937 年）尝试从经济学的角度证明存在"企业组织"，即并不是所有的资源分配都是通过市场制度进行的，也有可能通过诸如组织等市场之外的制度。但他提出这一问题的出发点在于对"完全理性"提出质疑。科斯在假定"完全理性"时，认为没有必要建立某种程度上限制个人裁量性的组织、制度。反而言之，从否定完全理性开始才产生出制度与组织的必要性。

西蒙（Simon 1957）也持类似的观点。西蒙在"有限理性"的假设下认为如果不能满足"完全理性"，那么人类即使将最佳标准运用到决策中也是没有意义的。因此，与经济学在讨论最佳性时事先确定目的与手段并明确双方的因果关系所不同，现实中因果关系暧昧，或者在不明确的状态下决策与学习过程同步进行。承认这一现实后，"有限理性"假设认为人的决策最多只能根据临界值进行判断并适于满足性标准（March 1988）。

科斯及西蒙提出的质疑实际上否定了完全理性这一前提而接受有限理性的假设，这时，组织的存在与必要性就变得明确了。

但是，总体而言，经济学研究官僚行为时，深入到将官僚组织内部作为分析对象的论文仅限于威廉逊（Williamson 1986）、摩尔（Moe 1984）、青木（Aoki 1988）等少数学者。比如，威廉逊在人类能力的局限性问题上以西蒙的研究以及管理立场与被管理立场的不同诱因及行为作为基础，提出了有关官僚组织内部的等级模型。而其他经济学研究只将官僚与政治家作为质点，并没有将研究扩展至组织内部的等

级制与管理能力,也就没有对官僚与政治家的分析。以下将以青木的理论(Aoki 1988,青木 1995)为基础展开讨论。

二、青木的理论——信息组织结构与管理机制

青木的研究将组织的管理机制与信息结构相结合。青木认为,在每个部门都需要迅速、专业的信息处理的组织中,以自上而下方式进行职能分工的分工型等级色彩强,并由此出现了以组织成员专家化及专业化为主的组织成为主体的倾向。另外,在活动内容以相互补充完善为主、其协调需要内部综合性信息处理的组织中,信息共享型等级色彩浓厚,出现了组织成员的通才化或者专业混合型组织成为主体的倾向。也就是说,从事专业信息处理的组织中专业化日益明显,而从事综合信息处理的组织中通才化日益明显。

因此,信息处理机构(以及随之而来的专家或通才的人才培训方式)也与管理结构有关。专业信息处理中,信息处理集中于一处进行集权,人事管理上进行分权(部下由直属上司管理)。而综合信息处理中,信息实现共享的同时在人事上则有必要进行"总揽式集中管理"。这种信息上分权化、人事上集中化的方式被青木称为"对偶原理"。

但是,专业信息处理及综合信息处理都有其不利的一面。比如,组织团结一致应对内部出现的扰乱而进行的综合信息处理方法可能会转化为组织固有的信息处理方法。这种倾向一旦加强,处理企业及省厅的"组织文化"与"固有惯例"的能力就会随着组织成员等级制的提升而强化,因此会出现很难从组织向外部分离(spin off)的情况。而作为组织会激励其成员如此行事。或者说事实上很多情况下,在某种报酬体系中(日本存在众多采用这种体系的组织),作为组织成员服从这一体系从长期性报酬的角度看会更理想。另一方面,专业信息处理由于标准化、零件化的倾向十分强烈,因此具有脱离组织固有性、追求独立的倾向。这种独立性有时会以无视企业及省厅全局方向性及意向的形式得到加强,对来自其他部门的干涉极端警惕,并可能通过预防信息泄露而建立自身的"独立王国"。或者,经营首脑事前无法认知部下的专横,无法驾驭部下,其结果可能使组织陷入缺乏统一性的状

态。为了消除这些弊端,省厅采取了纵向局与横向局进行协商等措施。但现实中,这种调整是否在省厅之间进行,则很大程度上只能依赖各省厅的固有文化及信息处理方式了。可见,在信息方面,无论组织采用哪种形式都会如科斯所指出的同时存在着正面因素与负面因素。

如上所述,青木关于信息结构与组织内部结构,特别是人事管理系统之间关系的理论具有很大的学术价值,但同时有必要注意到,在组织的等级制中必然会产生信息干扰的情况。信息干扰可能是组织本身固有的,也可能是在信息收集、加工、分析、解释、流通的过程中混入的。无论是哪种,由于信息干扰的存在,即使是综合信息处理也不可能有充分的信息进行共享,由此在结果上可能降低决策的质量。因此,为了解决信息干扰的问题,例如外务省设定了重复的信息线路,各省也都采取了会议及听证等方式。

第四节 激励机制与人事管理系统

如前文所述,经济学,特别是公共选择理论的组织论之最大贡献在于,以组织或组织成员的实际行动的目的为分析对象。比如,省厅组织的成员可能的确致力于实现"公益",但同时会更经常地优先考虑"私益"。但是,这种私益实际上可以包括很多内容。通过为公益竭尽全力而获得主观上的成就感也可能是私益的一部分。也就是说,公益和私益是可以一致的。

如此,对官僚制组织重要的就是如何提供使公益与私益并立的激励机制。而最大的激励体系就是包括评估、升迁、报酬体系在内的人事管理系统。

下文将首先介绍有关官僚利益的分析研究,并进而探讨有关人事管理系统(特别是日本)的研究。

一、官僚的利益与升迁

如同哈罗德(Harrod)的"哈维路的前提"所述,凯恩斯头脑中描绘的"官僚"是公正无私、能力卓越的"最佳最智者"。但是，无论在哪一个国家，个人都不可能脱离其国家的固有文化而独立生存。希望在省厅工作的个人也不会独立于这个国家的劳动市场。比如在日本，可以说希望在中央省厅工作的人才群与希望在理应追求"私益"的大型企业工作的人才群都来自于相同的人力资源供给源。

这些人才在官僚组织中如何行动，将其类型化的是唐斯（Downs）的研究。作为主张政策是"最大程度获得投票者支持"而相互竞争的政治家们行动的副产品的 J. A. 熊彼特的继承者，他同样是利用经济学分析民主主义政治的先驱（Downs 1957）。唐斯最初关注的是政治家在决策过程中如何成为主要角色之一，对官僚的主动行为所带来的影响却并没有考虑。在接受政府委托进行后续研究的过程中，唐斯逐渐对官僚制问题产生了兴趣（Downs 1967）。特别是以如何分配"公益与私益"为标准对官僚进行了分类，从中探寻官僚组织肥大化的诱因，并关注肥大化所带来的组织管理、运营上的悖论。

唐斯将官僚分为五种类型。

首先是以"私益"为中心的类型。

① 权力攀登者型（Climbers）→ 为了"私益"，最大限度地追求权力、收入与威信。

② 保守者型（Conservers）→ 为了"私益"，维持并安全地追求权力、收入与威信。

其次是"私益"与"公益"（唐斯的话就是对更大的价值有利他性的忠诚）的混合型。

③ 狂热者型（Zealots）→ 忠实地遵循相对狭义或个别政策（唐斯揶揄为 sacred policies）及思维模式，为了拥有实现政策所需的影响力而追求权力。

④ 倡导者型（Advocates）→ 忠实于更广泛的政策及使命，为了拥有实现所需的影响力而追求权力。

⑤ 政治家型（Statesman）→ 忠实于全体社会，为了对广泛的政策保持影响力而追求权力（唐斯将其定位为见于行政学教材的理论上的官僚）。

从这五种类型与等级之间的关系上看,最高层官僚大多为成功了的权力攀登者型与倡导者型。保守者型在中层官僚中比率较高,而尚年轻的权力攀登者型与过去属于狂热者型但却消耗殆尽的中年人也在这个阶层里。此外,唐斯发现存在着组织创设时间越长、组织的增长率越钝化,保守者型就越会增殖的倾向。充满精力、富有攻击性且被孤立也在所不惜的狂热者型比起其所属省厅更重视对全社会的忠诚,因此自行放弃进入高层之机会的情况很多。进行学习的大多数官僚在了解这一倾向后,会选择倡导者型。在将各省厅政策形成过程作为具体的创发、共鸣现象加以介绍的后面各章中,皆可以发现这种类型的官僚。这种类型的官僚还存在着更重视自己管辖业务的倾向。因此有必要通过有效的工作调动使此类型的官僚可以进行公正的判断。此外,这种官僚对组织外部会采取类似党派性的行动,但在组织内却持公平态度。比这更重要的是,与认为凡事均应竭尽全力的倡导者型理念相比,保守者型只在认为能给自身带来影响力的责任与可能性时才投入热情与精力,并在长期展望下致力于组织的活力化。可以说倡导者型在追求公益私益混合体的三种类型中是最可能弹性应对以适应组织内外状况的类型。因此,在假定基本上不受组织外劳动市场影响、可长时间进行学习的官僚组织的高级官僚中,这一类型的官僚相对较多也是必然的(加藤淳子 1997)。

二、技能与人事管理系统

青木(Aoki 1988)将组织成员在工作单位通过学习过程获得的技能分为两类。一类是依赖于组织固有文化与状况的"上下关系性技能",一种是超越组织被标准化了的有普遍性的"功能性技能"。其中,日本更多的是要求第一种技能。

青木将上下关系性技能定义为"不仅能完成特定的业务,在自身管辖之外的领域也可以与同僚进行交涉,并可以很好协调部下不同意见的能力"。这个定义与前述唐斯的"提倡型"有相似之处,即都要求广泛的参与能力以及使这种能力成为可能的信息网络构筑能力、信息收集分析能力、弹性适应行动、调整能力、沟通能力、目的合理性以及积极性。但是,两者也有很大的不同,在上下关系性技能中,组织依赖性极强,"业界标准""惯例"泛滥,会出现不知不觉中无法客观观察其沟通的动向。对外部劳动市场愈发封闭,职位上的竞争就愈发激烈,而这种竞争由于是长期性的且"得知结果非常迟缓",因此在得到结果之前,必须多年保持士气与对组织的忠诚,甚或存在着随处渗透在这一过程中的"经济利益"。

青木(Aoki 1988)认为,日本的组织中,不管是民间企业还是官厅组织,在其人事管理系统中都可以发现等级性这一共同点。他将此称为"级别等级制"。"级别等级制"是指在根据地位决定报酬的同时以内部升迁为主的等级组织。根据稻继(稻继 1996)的图表,其形状并不必然是"三角形",而是为避免过早将人才分为成功者与失败者,采取了在某个级别上进行横向晋级即"将棋棋子型"的方法,以期通过维持长期竞争状态防止职员对组织的忠诚度和士气的下降以及自我约束的放松。从各省厅的升迁模式中皆可观察到这一点,即尽管表面上多种多样,但都是按照"将棋棋子型"的等级结构制定所属职员的职业生涯模式的。因此,避免将评估结果马上公开并分出"胜者""败者"而削弱全体积极性的做法,对于维持、获得上下关系性技能十分重要。其原因在于上下关系性技能是通过组织内的频繁调动以及长期在职培训(OJT)最终获得的。而互不交集的"高级"与"普通"公务员的人事管理系统也加强了上下关系性技能的相对重要性。此外,上下关系性技能依赖级别,普通、中层、高级级别都有各自相应的上下关系性技能。这种独特的上下关系性技能需要固有的人事管理系统。

在这种类型的人事管理系统中,级别相近的职员间的横向竞争甚为激烈,合作的成果也会比期待值低。为此,级别相近者之间的竞争为了以"看不见的形式"进行,就必须设法在其他方面加强"总揽式集中管理"以使各部局有所不同、对(竞争过于激烈的)职员进行分散等。比如通产省课长助理的人事权实际上由官房秘书课集中管理。为了保持对个别活动有相当的裁量性,允许不人为割裂管辖领域的分权性工作程序,维持高昂士气并持续学习掌握上下关系性技能的同时,顺利进行相互协调及合作,"人事的总揽式集中管理"很有必要。如上所述，青木将信息的分权化趋势与人事上的集中化方式称为"对偶原理"。他认为由于上下关系性技能的客观指标化十分困难，因此对其的评估必须有很高的可信度。而通过人事的总揽式集中管理，可以严密监控被上司的个别利益支配、发生同事共谋等"士气障碍"，并由此确保评估的可信性。但是，也有研究认为，比如在同一省厅内，高级公务员的数量是有限的，而竞争不是在互不相识的状态下进行，而是在同一级别中的相互评估。尽管在人事职务制度上的评估值得商榷，但同事间的评估在把握情况上的准确性、客观性，评估点的多元性和广泛性等方面更胜一筹。或者更为重要的是由于可以直接观察，因此可以进行可信度高的评估，所以很多情况下同事间的相互评估也会升华为"相应的组织评估"。正因为如此，也有一部分意见质疑是否真的有必要刻意提出"对偶原理"。有关形成高准确度的共同认识的类似主张还有谢林（Schelling 1960）用"默契的协调"概念对博弈论进行的论证。

在报酬体系中，"始终事后结算"是一个大原则。这个原则会防止对组织产生不满时选择"退出"，而对这一选择的制约进而会发挥防止"告发"组织的作用（Hirschmann 1970）。青木与奥野（青木、奥野 1996）将这种组织的人事与报酬体系，即不论级别高低组织成员均受到制约的系统称为"人质"系统。这种系统因其上下关系性技能的精致化以及与普遍性相对比的强烈固有性，故可以对外部劳动市场的介入起到防患于未然的作用。也就是说，在级别等级制下的长期竞争中，不论胜负如何，其结果都不可能作为"功能性技能"而被外部组织充分利用，而组织成员也都知道这一事实。因此，这防止了向组织外的"跳槽"，并只能采取将成员调动到同样适合上下关系性技能的子公司或相关法人的人事调动形式。作为官厅，为了让高级公务员尽快升职以维持高昂的士气，如果不多准备可以接纳"败者"的地方，将会对其后录用新职员的人事工作带来障碍。在这一点上，可以说从内部不会产生控制组织扩大的力量（因此，如同在总务厅一章中说明的，通过总定员法等"规则"化以从外部控制这种诱因的必要性也就显现出来了）。在缺乏对"功能性技能"进行积极的内部评估的这种组织环境中，无论投入多少高质量的劳动力,也只会导致对"上下关系性技能"的注意,从而在很多情况下会使组织陷入机能不全的境地。因此,探讨组织内评估体系的理想方式具有十分重要的意义。

第五节 评估体系

一、相对评估体系

在日本,围绕官员级别的水平竞争中的评估并不是对业绩的绝对性评估,而只是依赖于多名上司进行诸如"与其 A 不如 B"的相对性或者说排序(序列)结果的评估。这种评估不只限于一次,而是长期性的。企业、官厅广泛采用这种评估体系的理由大致包括以下几点(加藤淳子 1997,Aoki 1988):

① 可以相对减少包括监督工作成本在内的业绩评估成本。
② 可以在组织面临的干扰中对组织整体进行中立性的评估。
③ 不依赖评估指标的绝对值。
④ 不用在跨组织间进行困难的协调。
⑤ 评估依照序列,从而舍弃了暧昧性。

鉴于上述理由,尽管多少有些变化,但可以认为日本的组织所普遍采用的评估体系还是有其合理性的。

但是,这个体系也有以下的弱点:

① 由于不存在客观性标准,因此审定非常困难且无法改正,存在着自始至终依赖主观性的危险。
② 由于谁都将了解结果,因此导致竞争激烈并有时会对组织特征的横向协作造成障碍。
③ 由于贡献度、经济报酬与升迁体系相互独立,会产生某种士气障碍,使得通过共谋怠工成为可能。
④ 无论对谁序列都是明确的,因此败者的动机会极度低下。

针对上述批评,也有意见认为,如果评估在垂直水平相互作用的环境下,主观评估自然会带有客观性,通过对评估进行追踪可以出现改正错误的机会(通过对评估数据的积累可以保证统计的精确度,因此可以进行一定质量的评估），追求更高级别序列的竞争缺乏客观性这一说法过于片面。

此外，如果要进行长期性评估，就必须构筑"可以接受"评估体系及其结果的体系。以下将论述可决定这一"可接受体系"能否构建的评估运用问题。

二、评估系统的运用——外部评估与内部评估

评估体系的构成因素包括"评估方"与"被评估方"。如果将评估方作为原则、被评估方作为代理人，那么一般而言双方处于"利益不一致"的状态。

这时就会产生评估方对己方进行有利评估的问题。但是，这种评估如果在内部进行，且评估的偏差显而易见时，被评估一方就会提出异议，从而评估方的声誉（reputation）就会降低。其结果是可能会进行某些需要经被评估方接受的修正。

但是更大的问题在于，被评估方回避挑战风险（由于被评估方相对而言是被动的，可以说回避风险的行动更具合理性），而评估方也注意其"声誉"而只关心例行程序化的工作。例行程序化的评估比较简单，评估的可信度也相对较高，这是由于评估方与被评估方的信息非对称性并不明显。为了解决这种评估对象程序化、工作简单化的问题，就有必要在程序、改革工作的风险评估以及报酬差别化等方面下功夫。在政府中有意见认为，为了有利于对程序、改革工作的风险评估以及报酬的差异化，政治家等外部方面有必要积极参与"评估方"的工作。一般而言，由于省厅会对政治方面干预人事极度警惕，并存在着拒绝的倾向，因此内部的自我调节能力是有限的。尽管如此，正如《对此的反驳》（细野 1995）中所提到的，由于基于级别的经济报酬与回避风险行为足以并立，即使报酬比希望的少，但如果确定性高且可以满足，那么选择程序化的工作当然是合理的，自然也可以推测出倾向于墨守陈规型的行为会占据上风。因此，"评估方"更多地利用外部者具有其合理性，有关这种可能性的问题，利用代理人（principle agent）理论研究日本政治的先驱性研究，参照拉姆塞耶和罗森布鲁斯

(Ramseyer, Rosenbluth 1993)及加藤(加藤淳子 1997)。

拉姆塞耶(Ramseyer)及罗森布鲁斯(Rosenbluth)提出的执政党政治家相对于官厅组织具有优势的主张为研究提供了新的视点。但是,仅仅提出以政治进行评估本身并不能解决问题。无论出现多少有"族议员"负面印象并通晓个别省厅政策的政治家,也无法充分证明"政高官低"的关系已确立,更不能说就解决了省厅与政治家之间信息非对称性的问题。因此不可否认,只要大多数政治家为了再次当选而追求合理性,那么他们与省厅在保护个别利益上采取协调行动的倾向就会强烈。

因此,不仅仅是"来自外部的评估",省厅组织也有必要在内部构建评估创新工作的体系。本书的研究中半数以上介绍了这种动向,同时也论证了其可能性。

第六节　补充概念

至此,本章针对官僚制的行动目的、官僚制内部结构的决定因素、官僚制管理机制(人事管理系统、评估系统)的构建、官僚制存在的问题等方面的分析方法,以组织微观现象为焦点进行了若干的实证分析研究。

以下将简单地对各章节的分析中可能会起到作用的若干概念进行说明,即"路径依赖性"(North 1990)与"社会性相互作用"这两个概念。

一、路径依赖性

正如诺斯(North)所指出的,任何体系都具有依赖于其初期阶段及后续过程的特点。各省厅政策形成过程的独自性,很大程度上依赖于省厅或部局诞生的历史经纬、初期阶段的领导,或者成功经验、失败教训的积累等。时间在容忍多样性的同时也有限制多样性的效果。因此,无论是哪一个省厅,分析其组织构成与历史进程都十分重要。

二、社会性相互作用

各省厅通过"省厅间调整"的过程相互作用。还存在着省厅与立法机构、省厅与外国、官僚与政治家、官僚与业界、官僚与国民等主要行为体之间的多阶段、多层次的复杂博弈的局面。孤立的主体的理性行为与以"社会性相互作用"为前提的理性行为之间在结果上存在着"相当的隔阂"。孤立状态下的理性选择大多数情况下并不等于博弈状态下的理性选择。特别是只具有"有限理性"的行为主体间展开博弈时,"信息非对称性"与时间将是重要的变数。

比如,在有限时间内的重复博弈中,给予我们的选择实际上并不多。因此不可否认,在各种利益交错的状况下,会出现试图选择妥善维持社会均衡的短期策略尚不如长期性次善战略的可能性。有关过去的经济政策及规制的知识与经验也告诉了我们这一点。

第七节　结束语

综上所述,公共选择理论之后的经济学对官僚制的行动目的、内部结构、管理体系(人事管理系统、评估体系)表现出了强烈的关注。这些研究中已经出现了对省厅组织的人事管理系统及政策形成进行评估颇具价值的概念。总之,经济学对官僚制研究的意义可以概括为以下四点:

第一,明确了组织中信息结构作为决定组织内部结构的重要性。而信息的非对称性经常会成为官僚制与外部关系中的重要问题。从尼斯坎南开始,以往经济学对官僚体系的研究存在着集中关注由此引起的各种问题的倾向。但是,仅从这个侧面却无法说明如后所述的官僚行动的多样性。

第二,将组织或组织成员的实际行动及其目的、利益(预算最大化等)作为分析对象,并提出了对于官僚制组织的管理而言,如何赋予有助于实现公益的私益(激励)十分重要这一论点。以往多数研究均分析追求私益的官僚行为,而对私益的追求转化为公益的过程并没有充分的跟踪研究。但是,忽视这个侧面是不现实的。从这个意义上本章介绍的唐斯的官僚类型模型为研究这一转化过程提供了借鉴。

第三,作为组织中具体的激励机制,人事管理系统、评估系统十分重要。这种人事管理系统、评估系统与各组织独自的内部结构及信息处理结构密切相关。如将焦点置于省厅组织形态的多样性及决策的多样性上,那么信息结构及交易成本的概念则可能更加接近下述问题的答案:需要跨组织处理的问题为何如此难以协调,或者是否有必要进行协调。由此,比起将官僚组织作为一个整体进行分析的以往的研究方法,本书的结论将更接近于现实。

第四,挖掘了对评估组织很有价值的一系列概念。比如,"冗余性""交易成本""有限理性""对偶原理""路径依赖性""社会性相互作用"等。这些概念将有助于对各省厅具体政策形成过程的合理性与局限性进行一定的说明与评估。

相对于以往的官僚研究,以上所提到的视角可以提供超越时代与国家、具有普遍性的参考,并期待其对本书各省厅的研究起到路标的作用。

参考文献

Aoki, M. (1988), *Information, Incentive, and Bargaining in the Japanese Economy*, Cambridge Univ. Press. (永易浩一译《日本经济的制度分析》,筑摩书房,1992 年)

Becker, G. (1983),"A Theory of Competition among Pressure Groups for Political Influence", *Quarterly Journal of Economics*.

Bender, Taylor, and Gaalen(1985),"Bureaucratic Expenditure vs Legislative Authority", *American Political Science Review*.

Buchanan, James and R. E. Wagner (1977), *Demacracy in Deficit*, Academic Press. (深泽实等译《赤字财政的政治经济学》,文真堂,1981 年)

Coase, R. (1988), *The Firm, the market, and the Law*, Univ. of Chicago Press.

Deutch, K. (1957),"A Note of the Appearance of Wisdom in the Large Bureaucratic Organization", *Behavioral Science*.

Downs, A. (1957), *An Economic Theory of Democracy*, Harper & Row.

Downs, A. (1967), *Inside Bureaucracy*, Little Brown.

Dunleavy, P. (1991), *Democracy, Bureaucracy, and Public Choice*, Harvester Wheatsheaf.

Ferejhon, J. and O. Shipan(1990), "Congressional Influence on the Bureaucracy", *Journal of Law, Economics, and Organization*.

Harrod, R. (1951), *The Life of J. M. Keynes*, Macmillan.

Hibbs(1987), *The American Political Economy*, Harvard Univ. Press.

Hirschmann, A. (1970), *Exit, Voice, and Loyalty*, Harvard Univ. Press.

Johnson, Chalmers(1982), *MITI and The Japanese Miracle*, Stanford Univ. Press.(矢野俊比古监译《通产省与日本的奇迹》,TBS 出版,1982 年)

Leibenstain, H. (1978), *Gernaral X-Efficiency Theory and Economic Development*, Oxford Univ. Press.

March, J. G. (1988), *Decisions and Organizations*, Basil Blackwell.

Miller, G and T. M. Moe(1983), "Bureaucrats, Legislators, and the Size of Government", *American Political Science Review*.

Moe, T. M. (1984), "The New Economics of Organization", *American Journal of Political Science*

Moe, T. M. (1990), "Political Institutions: The Neglected Side of the Story", *Journal of Law, Economics, and Organization*.

Moe, T. M. (1995), "The Politics of Structural Choice: Toward a Theory of Public Bureaucracy", in O. Williamson, ed., *Organization Theory*, Oxford Univ. Press.

Mueller, D. C. (1989), *Public Choice II*, Cambridge Univ. Press.(加藤宽监译《公共选择理论》,有斐阁,1993 年)

Niskanen, W. (1971), *Bureaucracy and Representative Government*, Aldine.

Nordhous(1975), "The Political Business Cycle", *Review of Economic Studies*.

North, D. (1990), *Institutions, Institutional Change and Economic Performance*, Cambridge Univ. Press.

Norzick, R. (1974), *Anarchy, State and Utopia*, Basic Books.

Pelzman, S. (1976), "Toward a More General Theory of Regulation," *Journal of Political Economy*.

Ramseyer, J. M. and F. M. Rosenbluth(1993), *Japan's Political Market Place*, Harvard Univ. Press.(加藤宽监译《日本政治的经济学》,弘文堂,1995 年)

Schelling, T. (1960), *The Strategy of Conflict*, Harvard Univ. Press.

Simon, H. (1957), *Models of Man*, Wily and Sons.(宫泽光一等译《人类行动的模型》,同文馆,1970 年)

Tullock(1965),*The Politics of Bureaucracy*,Public Affairs Press.
Weingast,B. R. and M. J. Moran(1983),"Bureaucratic Discretion of Congressional Control",*Journal of Political Economy*.
Williamson,O.(1986),*Economic Organization*,Wheatsheaf.(井上薰等译《经济组织》,晃洋书房,1989年)
青木昌彦(1995),《经济体系的进化与多元性》,东洋经济新报社。
青木昌彦、奥野正宽(1996),《经济体系的比较制度分析》,东京大学出版会。
稻继裕昭(1996),《日本的官僚人事管理系统》,东洋经济新报社。
猪口孝(1983),《现代日本政治经济的构图》,东洋经济新报社。
印南一路(1997),《优越的决策》,中央公论社。
加藤淳子(1997),《税制改革与官僚制》,东京大学出版会。
加藤宽(1997),《官僚主导国家的失败》,东洋经济新报社。
细野助博(1982),《政治议程表上的微观经济实证分析》,《公共选择研究》,No.2。
细野助博(1995),《现代社会的政策分析》,劲草书房。
细野助博(1999),《政治家、有权者与选举》,加藤宽编《公共选择入门(改订版)》,三岭书房。

第三章 行政学中的中央省厅决策研究

城山英明

第一节 概 述

本章将简要介绍行政学领域中对日本中央省厅决策的研究,并探讨研究的重要课题。在此基础之上,最后论述本书对于行政学研究的意义。

如果从本书在政治学、经济学立场进行的论述来看,本章的题目或许应改为行政学角度的官僚制。但是,鉴于以下原因,本章将集中于以中央省厅的决策为研究对象。第一,如果从行政学的角度论述官僚制,所应涉及的范围过于庞大。对于传统上主要关心等级制组织活动的行政学而言,官僚制基本上就占据了所有的研究领域。如果全部予以涉及讨论将过于分散。第二,近年来官僚制理论研究的重要动向是公共选择理论等经济学方式在官僚制理论中的应用。本书第二章也涉及了这一问题。此外,从行政学角度进行总结式研究的学术成果业已问世(牧原 1994)。第三,在日本行政学的研究史上,中央省厅内的决策始终是实质性的研究焦点。这一点与经济学、政治学不同。因此,从行政学角度对日本中央省厅的决策研究进行概括,并对其问题点进行探讨具有重要意义。这也将有助于梳理作为本书中心课题的中央省厅政策形成过程的制度演变。

如上所述,中央省厅内的决策是日本行政学的研究焦点之一。但是,有关这一领域的记述多以辻清明的禀议制理论(辻 1969,第 4 章《日本决策过程——禀议制之研究》)以及井上诚一(井上 1981)对此的批判为基础(代表性的教材可参见西尾胜 1993,第 16 章),由此可见对中央省厅内部的决策研究尚不充分。

第二节与第三节将介绍并讨论上述两种代表性理论。在此基础上,第四节就有关日本中央省厅决策的重要探讨以及研究成果的重要进展进行总结。最后将提出本课题与本书的学术意义。

第二节 原型——辻清明的禀议制理论

一、理论介绍

辻认为禀议制就是,行政计划与决定,由组织的最下层职员起草禀议书,并由相关干部顺次传阅,获得盖章后再逐级呈交上级,最后传至决定者手中。在辻看来,这不是仅指单纯技术意义上的事务性运作而是政府传统的重要决策方式(辻 1969,第 155 页)。

作为制度的禀议制有以下三个特点(辻 1969,第 155—156 页):①既无决定权也无领导地位的下层事务官员作为政策起案者负责完成禀议书;②禀议书的内容涉及与此相关的各部局,但由于是起草的部局单独审议,因此有关各方召开会议进行集体讨论审议的方式并非原则;③批准禀议书的法律权限仅限于行政机构的最高领导(各省为大臣,企业为社长),但领导原封不动批准这种决策过程则是惯例。其结果就是在决策过程中,起案者与拥有决定权者之间的距离无论在空间还是在时间上都极其漫长。

因此,这一制度下的决策有以下优缺点(辻 1969,第 158—161 页)。首先,禀议制的优点包括三点:①在某种意义上有关各方的所有组织成员都可参与。②决定进入执行阶段后,来自组织内部的异议近乎不可能,从而可以确保相关各方公务员的合作。③保存记录成为可能。

其次,禀议制的缺点也可概括为三点。①效率低下。由于禀议的过程漫长,从发案到决定耗费时日。特别是,由于禀议书是个别审议,如果相关者不在，或有意无意搁置时，禀议书的进程就会停滞，甚至存在着为了暗示潜在不满或消极态度而故意将禀议书长期扣押在手头的情况。②责任分散。作出决定的最终责任属于最高领导。在禀议制下，可以认为任何阶段中的审议都是领导进行法律性决定的准备工作。因此，参加决策过程的各个阶段的有关职员即使有阅读传阅而来的禀议书的自觉性，却对这一决定实施后的结果缺乏自身在何种范围、何种程度上负有责任的确证态度和自觉。③领导力不足。比如最高领导或上层干部即使想对议案的决定发挥领导力，很多情况下会受阻于这种强固的决策传统模式体系。而在议案上，即使上层管理者想根据独自的见解发起提案，提案也只能作为参考方案交给下层的起草议案者。

二、评　价

辻的理论的基本点在于主张禀议制象征性地表现了正式制度中实质性决策过程的特征。

禀议制决策的具体特征就是实施者成为起草方案者的"积累式"决策以及决策过程中缺乏会议。而责任的分散以及领导力的缺乏正是"积累式"这一特性带来的弊端。此外，缺乏通过拥有权限者或会议等实现总揽解决的手段，这一弊端也导致了效率的低下。

在对实施者成为起草方案者的"积累式"决策进行批判性总结后，作为改革方案，辻提出独立职员机能的必要性（辻 1969，第 169 页）。也就是说，有必要由实施者以外者主导进行起草工作。

辻所提出的"积累式"与缺乏会议中，特别是后者属于对事实的错误认识，而受到了以下理论的反击。

第三节　批判——井上诚一的理论

一、批判点

前农林水产省课长助理井上诚一（井上 1981）对辻的理论进行批

判的重点,基本为以下两点。第一,在正式禀议手续之前会进行事前的协调工作,在这个阶段会议发挥着重要作用;第二,多样性,即存在着实际上不使用禀议书的决策,且有些禀议书也可以灵活运用。在此批判的基础上,井上提出了独特的决策分类。

二、事前协调程序的存在——会议

井上认为在正式禀议手续之前存在着事前协调程序,并批评了只着重分析正式禀议手续的辻。井上认为,通常在下层负责起草者制定禀议书之前,会存在制定决定禀议书实际内容的草案的过程。在这一过程中,有关各方的意见会在水平与垂直两个层面上进行充分协调,并完成所有相关者达成一致的草案(井上1981,第4页)。

在这一事前协调的程序中,相关各方之间会进行意见协调。而下层职员的起草工作当然受到这种协调的限制。比如,在政治性重要问题上,最初并非由下层职员负责,而是在大臣、事务次官、局长等高级职员之间进行认识共享,这些官员会比下层起草者更为关心处理这一问题时所产生的深刻的利害关系。在这种重要问题的处理上,下层起草责任者完全没有认识到高级官员的意向,只凭一己之力制定禀议书在实际工作中是完全不可想象的(井上1981,第20页)。

而有关各方之间的事前意见协调以何种方式进行?具体而言,是以垂直协调与水平协调并行且以相互间维持紧密关系的形式进行的。垂直协调是指首先在负责起草工作的课内部按照主管者—系长—课长助理—总管课长助理—课长的顺序对议案进行探讨,并形成课的方案。其后,一般而言,直到由职位组织上应成为决定者的直属下级或与此地位相当者(在拥有决定权者是大臣的情况下,如果议案可以在一个局的范围内解决则是局长,如果需要在多个局之间协调则为事务次官或官房长,决定权在局长时则为审议官、总务课长或总管课长助理)确认意见(起草课作成的备忘录或口头)为止,会进行垂直性的管理(井上1981,第21页)。其次,水平协调是指在与议案有密切利益关系的课之间的协调。其中困难的是对相关方的选择,有时会在禀议书完成后或者得到裁定后才发现还有一些根本没有预想到的局或省厅与此相关,此时便只能进行事后寻求理解的善后工作(井上 1981,第24 页)。

这种水平协调中较具特色的协调方式就是举办会议。具体而言会经过以下过程。负责起草的课一旦决定了议案的草案,课长及课长助理会召集各有关课召开会议,在会议上说明决策经过以及草案的内容。有关各课的职员会当场提出疑问并交换意见,随后将草案带回各课,在课内进行讨论,并在总结讨论结果后与起草议案课联系。起草议案课在有关各课的意见之上对最初的草案进行修正,并再次与各有关课举行会议,将修改后的草案交由有关课讨论。这样的过程会反复若干次,直到与有关各课的意见达成一致后才完成决策草案。协调难以奏效时,总务课会出面协调。有时视需要还会将协调的级别提升到审议官甚至局长。如果需要进行局之间的协调,协调会在各方总务课之间进行,最后通过官房的协调,由事务次官以及官房长进行决定。

但是,这种事前协调决定的只是决策的基本框架,并仅通过简单的备忘录达成一致或口头了解。其后,才会开始在完善细节之上开始禀议书的制定过程。

三、多样性

井上同样指出了决策过程的多样性,并对认为禀议书决策过程涵盖全部决策过程的辻提出了批评。具体而言,这种多样性包括:①存在着没有使用禀议书、或实质上没有使用禀议书的决策。②禀议的弹性运用。在此基础上井上提出了③独自的决策分类。以下将对此进行具体讨论。

1. 禀议非利用型决策——预算与国会答辩

井上认为,一直存在着完全不通过禀议书的决策,也存在着尽管最终禀议书会经过审批,但仅仅是流于形式,为留下证据而进行的事后处理,决策在完成禀议书之前即已确定的情况(井上 1981,第 6 页)。

具体而言,第一,有关预算的决策。的确,预算最终需要将禀议书作为内阁请议书提交内阁,并由内阁会议最终决定。但是,从每一个预算项目来看,其内容均是在请求预算的省厅与大藏省之间各级别的交涉谈判后,继续经过政府与执政党之间的政治交涉,在内阁会议前就已逐步确定,而在这个确定的过程中,并没有考虑制定禀议书的余地(井上1981,第8页)。

第二,国会答辩中的决策。这是与禀议书完全无关的部分。在国会答辩中,通常在答辩前一天,国会会通知政府预定进行提问者的名单以及预定提问的内容等。随后会指定某个课负责回答,在各课中,首先负责该询问者将完成草案,并由总管助理、课长审阅修正。其后,主管课的职员会将修正后的草案逐级送至总务课的法令系长、总管助理、总务课长、审议官、局长审阅。如果没有时间,局长以外者的审阅可根据总务课的指示适当省略。经过上述过程,国会答辩的草案大约会在3个小时内解决。因此在时间有限的条件下,不会经过禀议书的完成、审议、审批等手续,而是以完全不同的规则完成答辩资料(井上1981,第8页)。

2. 禀议的弹性运用

即使在使用禀议书的情况下,也存在着允许采用极富弹性措施的情况(井上1981,第6页),从而实际状况也是多种多样的。此外,禀议并非必然是无效率的。有关禀议制的弹性措施具体如下。

第一,巡回审阅审批制度。完成禀议书的课室职员(不仅限于制定禀议书的职员本人)会将禀议书直接送至禀议书中提及的有关各方手中,在对禀议书的内容、完成经过等进行说明后,请求盖章,从而实现禀议过程中的双向沟通(井上1981,第9页)。

第二,代决制度。即应由高级官员盖章或签字之处由代理决定权拥有者盖上自己的印章,在盖章的右上侧用红铅笔写上"代"字。代决是为了避免因高级官员不在而阻碍禀议书的进展、在行政组织上承认其直属下一级官员拥有代理决定权的文件管理规则上的简便处理方法,代理决定的权限一般为局长对总务课长、课长对总管课长助理等(井上1981,第14页)。这一制度具有缩短起草草案者与拥有决定权者之间距离的功能。

除上述之外,井上还提及变更传阅议案顺序(井上 1981,第 30 页)、事后征询(井上 1981,第 31 页)等措施。

3. 决策的分类

以上述两点为基础,井上在引用各种基础文献(西尾胜 1993,县 1995)的基础上对决策模式进行了如下分类(井上 1981,第 9 页)。

(1) 禀议书型

顺次传阅型

此为根据禀议书题头部分显示的相关者的顺序、从与起草议案者关系近者开始传阅、审议禀议书,并在禀议书盖章,然后再送至下一位相关者传阅的方式。这种方式多用于法规审批型行政处理的决定。

巡回审阅审批型

完成禀议书的课室职员(不仅限于制定禀议书的职员本人)会将禀议书直接送至禀议书中提及的有关各方手中,在对禀议书的内容、完成经过等进行说明后,请求盖章。这一类型多用于法令、大纲等的制定以及简便审批型行政处理的决定,并且较多情况会进行事前的意见协调。

(2) 非禀议书型

口头型

有关大臣、局长日常性事务活动(各种会议的出席或缺席、与上访者的会面等)的最一般性的决策方式。

文件型

决策的草案以某种文件的形式制定,通过讨论、修正确定决策内容。这一类型分为文件按照一定的样式、体裁或在决策内容确定为止均按照一定规定手续进行的处理方式特定型(多用于决定预算的概算申请、编写国会答辩资料等场合);以及没有上述规定只能参照前例或类似事例作为处理标准,即处理方式非特定型(例如政府测算并决定大米价格等)。

四、评　价

井上在其实际工作经验的基础上,第一次对中央省厅的决策过程进行全面性论述,这一点具有非常重要的意义。但是,对辻的理论进行批判尚有不足之处,也存在着一些仍未解决的课题。下文将简述井上理论的意义以及亟待解决的问题。

第一,井上具体说明了现实中的多种手续。这些作为资料具有极为重要的价值,并与以往相比增加了许多制度论方面的知识。但是,辻的理论是将稟议制这种正式手续中的实质性决策过程特征进行抽象化的理论,仅仅列举各种手续并不必然对辻的理论构成批判,而批判更需要对实质性决策的性质进行探讨。

第二,井上明确指出事前协调的存在以及在事前协调中各种会议的作用,这也具有重要意义。这对认为会议作用甚微的辻的理论进行了澄清事实性质的修正。但是仍存在尚未解决的问题。首先,谁来对政策课题加以认识。不仅是基层职员,高级职员也会参与,但什么情况下高级职员主导进行,什么情况下基层职员主导进行,进而言之,将高级职员与基层职员进行分类化来讨论责任分担本身就不够充分,颇有值得商榷之处。此外,井上认为事前协调是垂直协调与水平协调同步进行的,但问题是,如何界定这两种协调的范围,协调的范围对象是否会随着课题的不同而不同?针对上述问题,就必须在一定的比较之上进行分类,明确认识的范围。因此,可以说井上的理论存在着以一个省厅的经验为主进行论证的局限性。

第三,井上的理论是对辻的"积累式"决策模型进行批判的尝试。的确,如同上述对会议作用的讨论等均提示了各种决策模型的可能性。但是,在列举出的事例中,很多基本上仍然可以归类于积累型。比如,作为稟议非利用型事例的预算、国会答辩等,无论哪种都具有鲜明的积累型特征。此外,由上至下型决策模型多为政治性事项,在决策中是极其有限的。

第四,辻提出的规范性问题仍会继续存在。比如尽管通过代决制度缩短了基层的起草议案者与实质上的决定者(代决者)之间的距离,从而减少了责任分散的问题，但是对外部的决策责任者与对内的实际决定者之间的分歧仍然存在。此外，在解决问题的时间上，即使禀议手续不需要花费很多的时间，但包括事前协调在内的实质性处理时间到底有多长仍值得疑问。而即使高级官员进行参与，是否真正发挥了领导作用，在目前公开的资料中也并不明确。

第四节　其他观点——理论的发展

一、序　言

今天，日本的行政学正在尝试研究更为具体的日本中央省厅的决策性质。下文将简述有关官房系统组织的作用、横向纵向分工、协调范围与手段、省厅间协调的特征等方面的理论探讨。

二、官房系统组织的作用

作为日本官僚制的特色，存在着重视官房、总务、庶务等官房系统组织的巨大作用的理论。

最早从日本官僚制结构性特色的角度关注官房部门的研究者应是伊藤大一（伊藤1980，第 X—XI 页）。伊藤在将日本官僚制与西欧各国进行比较研究后发现，日本官僚制的结构性特色就是官房部门非常发达、异常进化。特别是战后日本官僚制中官房部门的发达与进化大大超过了内部管理（组织或信息管理、人事管理及财务管理）的需要，导致了官房部门质的变化，官房部门开始真正参与针对官僚制的外部即社会的控制关系，并作为外部与内部控制关系之媒介成为组织的关键部门。

西尾胜对官房系统组织进行了一系列具体的讨论。西尾认为日本行政组织的特征就是各省各局级别的官房系统组织高度完善并已定型。在各省中，负责财务、人事、秘书等总管性管理职能的各部门都被分归于大臣官房各课，并形成了以一名官房长（秘书长）为首的金字塔型结构的直线型系统组织。这与法国以计划协调职能为中心的各部办公厅有着明显的不同,在职能上也与同时设有部长秘书室与部长办公室的德国不同。此外,各局的全面管理职能均由各局的首席课管辖,不管名称如何,作为局的总务课承担着辅佐局长的任务(西尾胜 1993,第 96 页)。这些官房系统组织承担了重要的统管职能。西尾认为,日本行政机构的单位组织与其说是服从上级部门的直接指挥监督,更可以说是服从官房系统组织缜密、细致的统管。课比起局长更受到所在局总务课的统管,局比起大臣更受到大臣官房各课的统管,而省比起内阁、内阁总理大臣更受到内阁官房、总理府各厅、大藏省主计局等行政层面的官房系统组织的统管(西尾胜 1993,第 150 页)。官房系统组织不仅仅进行统管,还具有对纵向组织提出建议、劝告等参谋职能(西尾胜 1993,第 151 页)。这与参谋应将向直线型系统组织的管理者提供建议、劝告作为专门任务,而绝不应拥有命令、审批权限的古典组织理论相悖,是非常值得深思的现象。西尾将这一官房系统组织作为日本参谋组织加以研究,实际上可以认为也是对日本缺乏参谋组织这一辻的理论进行的批判[建林(建林 1994)对通产省中直线型的参谋职能进行了具体论述]。此外,官房系统组织中的文书、法令系统组织(从各课负责法令的助理、总管助理,进而局的总务课、官房文书课,直至内阁官房、内阁法制局的系统组织)辅助课长、局长及大臣,通过统管禀议制这种灵活、微妙的决策方式,在决策中担负着重要的作用(西尾胜 1993,第 279 页)。

　　西尾的主张非常具有学术价值,但仍有一些未能解决的问题。第一,官房系统组织的作用能否一概而论,即由于各省厅或工作性质等的不同,官房系统组织的作用是否存在着差异。在这个问题上,上述井上的研究已在某种程度上进行了讨论,井上提及了构成官房系统组织的总务课长的多重作用。总务课长可分为以人事、预算为中心的总务性质较强以及计划协调性质较强的两种类型,同时拥有这两种职能的总务课长拥有实质性的权限(井上 1981,第 22 页)。有关这一点实证性的比较研究是必不可少的[城山(城山 1997)对通产省及建设省的比较研究可谓对这一领域进行的尝试]。第二,横向性的政策部局(比如通产省的产业政策局及外务省的综合外交政策局)的作用是什么,如何理解官房与横向部局之间的关系等。与此相关的是,约翰逊(Johnson)对通产省的经典研究没有仅仅论述通产省一省的实力强弱,而是从通产省中产业结构政策这一具体部门出发,关注具有一定独立性、担负横向性政策的部局(产业结构课、产业政策局)的作用,这一研究具有重要的学术意义(Johnson 1982)。第三,这种官房系统组织的职能在历史中是如何形成的。牧原对从第二次世界大战前直至今日的官房系统的发展进行了研究(牧原 1995—1996)。牧原认为,首先,第二次世界大战前及战争期间的"国策综合部门"的组织、人事上的遗产成为战后官房组织的基础(牧原 1995—1996[一])。其次,自保守合同①后到 20 世纪 60 年代初期各省厅流行设置官房长的官房组织改组,以国会的制度化为媒介,通过与自民党的制度化连动,赋予了官房政治机能及与政党的协调机能(牧原 1995—1996[二],第 533—534 页)。第三,拥有总体管理机能的官房系统组织是如何维持其建议劝告机能灵敏度的。这与确保建议劝告的实施是两个问题。有关人事、会计等的种种信息是自然流向拥有这些机能的官房系统组织,还是由于官房系统与政党有某种联系渠道?有必要明确其运作机制。

三、横与纵的分工——大通间主义与专断权限的分配

组织的特征在横向与纵向的分工方式上得到具体体现。在这个方面针对日本官僚制有以下理论。

1. 大通间主义

从业务形态的角度对日本官僚制中的横向分割事务与权限分配及其运用特性进行分析的理论有大森弥的"大通间主义"(大森 1986,第 88—90 页,大森 1995,第 20—21 页)。大通间主义是指与欧美政府机构一般常见的小办公室办公不同,日本采用了在课或室为单位的大房间从事集体性工作的业务方式。在日本,从课长(室长)到最下层的

---

① 保守合同是指为了对抗左翼政党社会党合并带来的政局变化,1955 年 11 月代表日本保守势力的自由党与日本民主党合并成立自由民主党,史称"保守合同",并开始了长达近四十年的自民党单独执政的局面,也被成为"55 年体制"。——译者

课员,都在一个办公场所办公,全员合作从事组织上分管的业务(中央省厅中只有官房三课长是例外,而这正是其"高规格"的象征)。另一方面,日本省厅的内部组织根据各省厅设置法(法律)、组织令(政令)、组织规程(省令)、组织底账(大臣训令)等各种法规法令进行了具体的规定。根据横向分工关系的分管业务规定,最小组织单位是系,并没有采取将权限与责任具体分配到个人的方式(大森 1986,第 89 页)。大通间主义的业务形态反映了这种分管业务及权限分配的特点。

这种大通间主义在其运作中具备以下特点:①在同一办公场所,全体工作人员可以在从事各自承担的工作的同时相互合作、相互照顾。②在可以横向、纵向对工作进行测评的同时,却很难具体对每一位职员的工作业绩进行评估。③由于从属于团队进行工作,作为课及系的一员能否与其他职员形成并维持协调的人际关系,是每一位职员乃至管理干部都非常重视的问题。④在多少职员从事课及系的工作最合适这一组织规模问题上容易产生模糊,在职员数量这一点上组织具有一定的伸缩性。⑤即便不采用同时废除职员编制与工作的形式,也可以对组织进行改革或废除(大森 1986,第 89—90 页)。

如果从与辻的理论的关系上看,这一理论具有以下意义。即最基层职员并不是孤立地主动工作,至少在课(室)的行政单位中,通过在同一个办公室中共享信息,从而进行了实质性的沟通(实质性会议)。但是,在课级以上单位,即局、省、政府等单位中却没有沟通的保证。如何理解作为大通间主义理论基础的执行业务(课级别)以及所管事务的横向分配(系级别)之间的偏差/分歧仍是遗留的问题。这两者是否都可理解为集体主义的象征性表现?如果是的话,那么大通间主义也存在适用于局以上级别的可能。

2. 专断权限的分配结构

纵向关系上的分工结构与横向关系上的分工不同,在组织的设计阶段很难进行明确细致的规定(西尾胜 1993,152 页),特别是日本的组织法令对纵向系列的分工没有任何规定。的确,虽然制定了被称为专断规程(专断权即有关将审批权作为行政机构内部措施而委派给特定辅助机构执行的规章制度,尽管对外部没有效用,但在受到委托转让专断权的事项上决策过程由拥有专断权的机构负责审批并完成)的内部管理规则,但根据这一专断规程的专断权委托转让绝非明确细致,每个议案的审批应由谁作出,很多情况下这依然依赖于组织的管理。并且专断权的委托转让对象主要为局长、最多到课长级别,而从专断规程看系员、系长、主管课长助理、总管助理、课长之间的分工结构则不甚明了(西尾胜 1993,第 153—154 页)。

因此,这种个人权限与责任并不明确的专断权限分配结构特色,就成了需要在积累性上更多有关方参与的禀议制的组织基础(西尾胜 1993,第 279 页)。这一观点可以说是辻提出的责任分散观点的进一步深化。但是,即使在与行政机构外部的关系中确实存在着责任的分散,在每个成员都互相熟知的某个行政机构内部的相对小的共同体中,按照惯例在何种程度上可以明确职责、何种程度上无法明确职责的问题上,也有必要在内部人事评估制度实际情况的基础上进行实证研究。

四、协调的范围与手段——会议、协商的形态

正如井上所指出的(井上 1981),在制定禀议书这一正式手续开始之前,存在着事前协调有关各方意见的过程,在这一过程中,正式、非正式的会议、协商发挥着重要作用。西尾、大森也强调了这种会议、协商的作用(西尾 1993,第 276 页,大森 1986,第 104、110—113 页)。这种事前协调是垂直协调与水平协调同步进行的(井上 1981,第 21—24 页,大森 1986,第 104 页)。

但问题是,主导事前协调以及这种协调的范围、场所、手段等具体为何种形态,事项与省厅的差异会导致协调出现何种程度的不同,都需要进一步研究。这些问题也与上述官房系统组织作用的多样性密切相关。

例如,将这一过程定义为政策禀议的大森认为采取主导行为的主体具有多样性,在发挥主导性的问题上,主管课的普通职员并不总是能机敏应对,有时局长及审议官也会发起动议,此外,还会根据恳谈会

及研究会的成果发出指示,也有以计划官与调查官为中心从事资料搜集以及制定草案的准备工作等(大森1986,第105页)。而井上也指出这一过程因需处理各种因素而具有多样性:①是以政策为内容还是以事务性工作为内容;②是否需要特别的政治性考虑;③是重视文件结构、形式的决策还是专门注重计算的决策;④如涉及行政处理的决策,行政处理是法规审批型还是简易审批型;⑤是只关系到某特定课室还是关系到多个课室;⑥事项是否有必要与其他省厅协商、交涉;⑦事项是否需要迅速处理等。进而言之,在外交研究中,坂野指出外务省的决策大致都是纵向进行,这与需要进行横向、纵向相互协调的其他省厅的禀议制有所不同(坂野1971,第187页)。但是,这些理论只停留在决策可存在各种模式的层面上,在为了应对何种条件而可能采取何种模式的问题上很难具有说服力。

有关协调场所的问题,也有若干具体分析。比如,大森、建林(大森1986,第99页,建林1994,第105—106页)具体论述了通产省的法令审查委员会(建林也关注到新政策制度)。而坂野则对与其他省议不同的外务省的干部会议进行了若干研究(坂野1971,第165页,186—187页)。但是,这些研究在信息收集上仍难言充分。

有关协调的手段,只有一般性的研究。比如,大森将事前做工作的要点归纳如下:①判断清谁是重要的关系者;②不要将协商的顺序弄错;③不要固执于自己的方案,应修正的部分绝不拖泥带水(事前做工作的形式既是意见达成一致的过程,同时也可以说是为确保决定之方案的合理性而进行的事前验证过程);④不要根据不同的对象传递不同的信息以试图操纵对方等(大森1986,第108页)。在这个问题上,有必要在协调战略的具体基础上进行分类细化研究。

五、省厅间协调的特点

1. 多元性的利弊

人们经常会将由大臣这一单独审批者进行决断的省厅内协调与内阁会议这一集体讨论体制下的省厅间协调进行对比研究。比如,井上对省厅内决策过程与省厅间预算过程进行了对比研究,分析了审批型(单一的等级管理制内的合作性协调)和交涉型(等级管理制之间的对立性协调)这两种决策模式的不同(井上1981,第51页)。

对于这种省厅间协调多元性的利弊存在着不同的评价。辻在《统治结构中割据性的起因——内阁制度的建立与当时的舆论》一文中,将这种多元性视为管理结构中的割据性而进行了批判(辻1969)。此外,根据今村的研究,1964年第一次临时行政调查会答复报告中对行政中的割据性进行了负面评价(今村1986,第121页)。而在二十年后的第二次临时行政调查会答复报告中,则增加了对产生割据性的纵向行政的肯定评价。实际上在第二部会的答复报告中提到"在发达产业社会中,行政需求复杂多样,行政工作的运作也对专业性提出了高要求。因此,各省厅分担行政机能(即所称的'纵向分割性行政')是不可避免的。各省厅在履行各自的行政责任时充满使命感并在政策结果上进行竞争,则可以提升行政活力,满足国民对行政的多种要求,确保行政的信赖性。这是值得肯定的。"(今村1986,第125页)而真渊的研究则指出通产省、产业界形成的"产业政策网络"与大藏省、日本银行及金融界形成的"金融政策网络"相互分离,产生了在通产省与大藏省之间生成的"政策市场"中"买卖"产业政策的必要性,从而维持了产业政策的质量,肯定了多元性的正面作用(真渊1994,第61—62页)。

2. 省厅间决策的各种形态

省厅间的决策,即省厅之间的协调形态也是多种多样的。下文将在目前研究成果的基础上,在不同的层面上对协调形态进行分类。

第一,省厅间协调存在着临时性及定型化的模式。临时性模式的典型就是围绕谁来掌管新出台议题的竞争。比如,通产省在1984年就与9个省厅存在着管辖权上的矛盾(今村1986,第119页)。另一方面,定型化的省厅间协调包括政府层面的预算编成、内阁法制局审查、负责治水的建设省与负责农业用水管理的农林水产省之间围绕河川建设的磋商等。对预算编成的研究文献较多(井上1981,第42—57页,坎贝尔1984,西尾胜1993,第17章,新藤1995a,新藤1995b)。县也对内阁法制局审查进行了若干研究(县1995,第139—140页)。此外,在批准条约时,需经过外务省条约局及内阁法制局的双重审查后才在国会进行审议(柳井 1979)。牧原的论文则研究了河川建设磋商问题(牧原 1994—1996)。

第二,省厅间协调中既有水平性关系强的协调,也有具备一定垂直性关系的协调。对新出台议题的法案制定进行的临时性协调属于前者。而在预算编成时尽管进行协商但最终是由审定方进行单独审定。在河川建设磋商中,尽管有磋商义务,但最终决定由一方作出。预算编成中的垂直性也反映在大藏省与各省厅的磋商中主管者级别之间的差异上。总务课长交涉在各省厅的总务课长与大藏省的主查之间进行,局长交涉在各省厅的局长与大藏省的主计官之间进行,次官交涉则在各省厅的事务次官与大藏省的主计局次长之间进行(井上 1981,第 51 页)。

第三,有关各方可以相互直接交涉,亦可由某种意义上的第三者与有关各方进行双边协调并得出仲裁性的结论。围绕法案的协调属于前者,而预算编成则属于后者。

今后,有必要在以上各种类型的基础上进一步研究省厅间的协调。这也是分析省厅间协调多元性并由此带来的正面与负面因素的前提。

六、其他——技官的作用、行政的能动性与确保责任

最后,本章将谈及两个尚未涉及的问题。

第一,有关技官的研究。长期以来,日本官僚制研究中重点均为事务官僚。与此相比,尽管有对技官的若干历史研究(西尾隆 1988,大淀 1997),但基本上是缺乏的。此外,即使是技官也有很多种。比如,农林水产省就有很多种类的技官。而根据技官的职业种类,由该技术领域职业团体组成的官僚集团的自律性程度也各不相同。比如,医疗技官自律性程度相对较低,与此相比土木技官的自律性则较高。但这也有必要进行实证研究。

如果更一般性地表述这一问题,就是正式、非正式的职员团体的行动样式与管理方式的问题。以往多划分为基层职员与高级职员、高

级公务员与普通公务员等职员集团等进行研究,因此有必要进行进一步的细化论证。比如,作为非正式的职员团体,建设省土木职种中河川系列与道路系列的区别,外务省中外国语种之间的区别等。

第二,行政的能动性与责任的确保问题。有关这一点,尽管存在着在一定程度上论述现代国家中行政官员进行审批之不可回避性及其对策的理论著作(西尾胜 1990,第 8 章,第 9 章,森田 1995),但对这种悖论的实证分析却不多[类似这种研究包括足立、森田的著作(足立 1990,森田 1988)]。如果将行政决策问题与这一问题结合起来,就牵扯到如何确保采取主导的行政官员其主导行为的质量及敏感程度。也就是说,采取主导的行政官员如何与相关者进行沟通,应如何汇总并评估各种意见,如何进行保障等。为了进行此类研究,在行政官员如何采取主动发现议题、解决议题的问题上,以对各种基层进行实证作为基础是不可或缺的。

第五节 结束语——对本书的意义

本章简述了以往以日本行政学为中心的日本中央省厅的决策过程研究,并论述了尚需解决的问题。

当然,期待本书可以回答上述全部问题是不现实的。但是,在以下几点可以发挥一定的作用。

第一,可以具体明确各省厅、各问题领域中决策的多样性。对于发挥主动性(本书统称为"创发")的主体与其契机、成为事前协调对象的主要相关者的范围及各自的重要性,其中官房系统组织的作用等各种问题的多元性,不仅从理论上进行分析,也进行了具体的分类划分,本书的这些工作具有重要的学术意义。

第二,尽管以往存在着井上以农林水产省为基础的论述、其他关于大藏省的预算编成过程以及通产省一定程度上的省内决策过程的论述,但是有关技官发挥着很大作用的建设省、与实务工作及学术研究都相对隔绝的外务省的分析却十分缺乏。而将这些省包括在内进行总体论述也是本书的学术意义。

第三,本书的焦点在于政策的主导性是如何开始的。以往行政学研究的焦点都在其后决断中的决策过程及执行过程。但是,关注初期动机的具体过程同样具有学术意义,特别是采取主导的行政官员如何与相关者进行沟通,如何汇总并评估各种意见,如何获得对其主导工作的支持等工作过程,都将成为建设性地思考如何确保行政责任的基础。

参考文献

县公一郎(1995),《法令制定与省厅的决策》,西尾胜、村松岐夫编《讲座行政学第4集:政策与管理》,有斐阁。

足力忠夫(1990),《行政服务与责任的基础理论》,公务员研修协会。

伊藤大一(1980),《现代日本官僚制分析》,东京大学出版会。

井上诚一(1981),《批判禀议制理论之考察》,行政管理研究中心。

今村都南雄(1986),《省厅间的政治手续》,日本政治学会编《现代日本政治手续》,岩波书店。

大森弥(1986),《日本官僚制的项目决定手续》,日本政治学会编《现代日本政治手续》,岩波书店。

大森弥(1995),《省厅的组织与编制》,西尾胜、村松岐夫编《讲座行政学第4集:政策与管理》,有斐阁。

大淀升一(1997),《技术官僚的政治参与》,中央公论社(中公新书)。

约翰.C.cambell(1984),《获取预算——日本型预算政治研究》,Saimaru出版会。

查尔马兹.约翰逊(1982),《通产省与日本奇迹》,TBS出版。

城山英明(1997),《"官房型"与"基层型"》,《创文》387号。

新藤宗幸(1995a),《预算编成》,西尾胜、村松岐夫编《讲座行政学第4卷:政策与管理》,有斐阁。

新藤宗幸(1995b),《解读日本的预算》,筑摩书房(筑摩新书)。

建林正彦(1994),《产业政策与行政》,西尾胜、村松岐夫编《讲座行政学第3卷:政策与行政》,有斐阁。

辻清明(1969),《新日本官僚制研究》,东京大学出版会。

西尾隆(1988),《日本森林行政史研究》,东京大学出版会。

西尾胜(1990),《行政学的基础概念》,东京大学出版会。

西尾胜(1993),《行政学》,有斐阁。

坂野正高(1971),《现代外交分析》,东京大学出版会。

牧原出(1994),《官僚制理论》,西尾胜、村松岐夫编《讲座行政学第 1 卷:行政的发展》,有斐阁。

牧原出(1994—1996),《协商之研究(一)—(五)》,《国家学会杂志》107—109 卷。

牧原出(1995—1996),《内阁、官房、原局(一),(二)》,《法学(东北大学)》59 卷、60 卷。

真渊胜(1994),《财政、金融政策》,西尾胜、村松岐夫编《讲座行政学第 3 卷:政策与行政》,有斐阁。

森田朗(1988),《许可、认可行政与官僚制》,岩波书店。

森田朗(1995),《法治行政与审批行为》,西尾胜、村松岐夫编《讲座行政学第 3 卷:政策与行政》,有斐阁。

柳井俊二(1979),《条约缔结的实际要求与民主诉求》,《国际法外交杂志》78 卷 4 号。

第二部分　省厅的政策形成过程
——计划型

第四章　通产省的政策形成过程

铃木宽　城山英明

第一节　通产省政策形成过程的一般特点

通产省政策形成过程的一般特点可以概括为以下两点。

第一个特点如"构想行政"这一词汇所表示的,即作为政策手段,并不使用明确的权限,而是广泛使用基于构想的诱导方式。比起事后处理式地解决基层已发生的问题,通产省形成政策的典型模式是事先整理出旨在发展日本经济、振兴全体产业或个别产业的必要课题,自行设定解决这些课题的议程,进行计划、制定政策方案并予以实施。因此,通产省的政策中,以某种构想为名的诱导性政策手段非常重要。这就是通产省的行政被称为构想行政的原因。具体而言,是以大臣官房与产业政策局为中心制定通商产业政策的全局性构想。这些全局性构想中最高级别的是90年代通商产业构想,这类构想由大臣官房、产业政策局为中心每十年制定一次。根据这个构想,作为中长期通商产业政策的指针,产业结构审议会的基本问题小委员会(事务局由产业政策局产业结构课与大臣官房计划室组成)每两三年会提交当前通产政策课题与展望的建议书。在这些全局性构想的基础上,各局也会制定各自的产业振兴中长期构想(如流通构想、纤维构想等)。

第二个特点是,大臣官房、产业政策局的强力领导。上级机构的大臣、次官不仅对其管辖的局发布指示、命令,很多情况下,在部门等级制度中同样处于上层的大臣官房、产业政策局等以其拥有的审定权为依托,在政策形成中行使了强有力的主导权(在局内,则是总务课、政策课与计划课发挥主导)。这种大臣官房发挥强力领导权的政策形成模式在推出新的核心政策、改革现有政策时颇具效果。但在现有政策发生急剧变动时,却也可能因基层以及与基层关系紧密的局、课同官房发生认识分歧,而导致出现上有政策下有对策等政令不畅的情况等弊端。为了避免出现这样的问题,通产省会有效利用由官房各课及各局总务首席课长助理等组成的法令审查委员会(见后述),通过让相关各局的代表参与决策,来确保全省的整体性。此外,为了制定下一年度的新政策,每年春天相关各课会提交新政策的建议,而官房、产业政策局在听取这些建议的同时制定政策,通过这一所谓的"新政策制度"来引导基层方面的主动性。特别是为了激发省内年轻职员的自发性,采取了将决策的实质动议权下放到各课的课长助理等措施,通过维持省内信息通畅及言论活跃的通产省文化,引导课长助理、系长的创发活动,尝试在决策中融合由上至下以及由下至上之间的关系。

第二节　通产省的组织、人事、会议

一、通产省的组织

通产省的组织总体上可分为纵向局、横向局以及外厅三大类。

横向局主要指大臣官房、通商政策局、贸易局、产业政策局、环境立地局。大臣官房进行全省整体构想、制定政策、审查法令、审定预算、人事以及宣传。通商政策局负责省全局性的贸易通商问题。通产省中通商产业审议官(与事务次官同级)总揽通商问题,通商政策局辅佐通商产业审议官。贸易局则基于外汇法、贸易管理令进行进出口管理、贸易保险等工作。产业政策局除在税制、财政投资融资等方面拥有在省内的审定权外,还负责产业结构审议会的工作、宏观经济政策、产业组织政策以及竞争政策等。由于局内拥有掌握审定权的课以及产业政策局长就任下一任事务次官者居多等因素,产业政策局在省内拥有可与官房相媲美的主导权。环境立地局则总管省内的环境政策与产业布局政策。

纵向局包括机械信息产业局、基础产业局、生活产业局、商务流通集团(组织规则上是在产业政策局中,但实质上形成了以商务流通审议官为领导的一个局)。机械信息产业局分为汽车、飞机、产业机械等机械集团与电子仪器、计算机硬件、软件产业等信息集团,分别管理着各自的产业。基础产业局管理钢铁、化学等所谓的基础材料物资产业。生活产业局管理杂货、纤维等与生活相关的物资产业以及服务产业。其中,经过1997年7月1日的组织改革,服务产业课由商务流通集团划归生活产业局,并在该局新设了文化关联产业课。

外厅包括资源能源厅、中小企业厅、特许厅以及工业技术院。资源能源厅管理电力、天然气等公益事业、石油产业、煤炭产业等能源产业,并根据《电气事业法》《天然气事业法》《石油业法》等法规对这些产业进行监督与管控。中小企业厅则是旨在振兴日本中小企业的组织,负责中小企业各项政策的制定与实施。特许厅负责包括公营企业在内的全体特许行政工作。工业技术院则负责建立以筑波为中心的有关产业技术的国立研究所的研究体制、确保预算和人事,同时全面负责JIS等的工业标准政策,最近,还积极进行产业技术政策的计划与立案。

可以说,这些纵向局、横向局和外厅形成了以通产省为中心的某种经济信息共同体。纵向局、资源能源厅各课通过业界团体、企业等与产业界直接联系,通商政策局、贸易局与驻外公使馆、日本贸易振兴会驻外事务所、商社等随时保持联系,并与海外进行着不间断的沟通。而环境立地局的产业布局部门与地方自治体及地方通商产业局、产业政策局与经济四团体及工会等、中小企业厅与中小企业相关团体及地方自治体的渠道也随时畅通,与中央政府其他省厅的相关部局也维持着某种联系。相关各局以及通商产业研究所则通过审议会、研究会等保持着与学者专家的沟通渠道。总之,通产省的各局、各课通过与不同的领域维持联系,形成了可随时收集各种经济信息(包括不太成熟的信息)的体系。各局、各课收集到的信息汇总到产业政策局以及官房,通过各种不同信息的组合,使得针对经济实际情况进行多元多层次理解、分析,以及在此基础之上的各种政策的计划、制定成为可能。

二、通产省的人事管理系统

通产省共有约 9000 名职员。这些职员基本上都在通产省省机构、全国八处地方通商产业局、特许厅以及筑波的工业技术院的研究所工作。除了工业技术院研究所的研究员和特许厅审查官之外,均根据国家公务员Ⅰ种、Ⅱ种、Ⅲ种考试招收职员。行政职位的职员分别按照法律、经济、行政的考试招收事务官,按照信息、土木、机械等理科考试招收技官。但开始工作后,实际上从事的工作基本上没有什么不同。各课的各职位根据默契划分为技术系列职位与事务系列职位,但最近的流动性越来越强。

在有关Ⅰ种职员(即根据国家公务员Ⅰ种考试录用的职员——译者)的人事调动中,通常情况下 1 个职位的任期大约 1—2 年(最近 3 年任期的例外明显增加)。不会根据职员的专长设置特定的专业领域,特别是在课长助理的任期内,出于培养通用人才的观点,始终考虑让该职位人选在各局中工作。但是也有人认为,行政复杂化、高级化的需要正在迫使这种人事制度发生变化。在具体的人事安排上,课长级由秘书课长,课长助理以下者中事务系列Ⅰ种职员由秘书课首席课长助理法令审查委员,技术系列Ⅰ种职员由秘书课技官中的首席课长助理技术审查委员,在与各局总务课课长、法令审查委员、技术审查委员商谈后决定。而所属局及官房秘书课等的法令审查委员及技术审查委员对助理以下的人事权进行一元化管理,这也是通产省人事制度的一个特点。

三、会议——法令审查委员会等

通产省除了上述根据组织法令建立的组织之外,还有根据通产省内部规定确定的各种会议,这些会议在政策形成过程中发挥着极为重要的作用。在各种会议中,对通产省政策形成过程而言特别值得一提的就是法令审查委员会。的确,通产省的大臣官房存在着对各局、各课发挥强力领导的强烈倾向,但其领导的基础不应仅仅归结为大臣官房中官房总务课、官房会计课等拥有的权限,而更应是设置在大臣官房中的法令审查委员会。法令审查委员会不仅如其名拥有对法令进行审查的权限,更是从全省的角度出发首先讨论通产省重要政策议题的机构。此外,该委员会对重要的议案还有"守门"的功能,即政策方案在经过法令审查委员会议论通过后才会送至总务课长会议、事务联络会议等进行咨询,得到授权。以下将说明法令审查委员会以及其他会议的基本情况。

1. 法令审查委员会

法令审查委员会是根据《通商产业省组织规程》(省令)"第1条,在大臣官房设立法令审查委员;第2条,法令审查委员掌管法令的审查工作"设立的。构成法令审查委员会的法令审查委员以参加通产省工作15年左右、经国家公务员Ⅰ种考试后录用的事务系列的年轻职员为主,官房各课的首席课长助理等以及各局、外厅(特许厅、资源能源厅、中小企业厅、工业技术院)的首席课的首席课长助理等均会得到任命。通常(截至1998年7月)以下人员会被任命为法令审查委员:大臣官房秘书课首席课长助理、大臣官房总务课的首席、次席、三席等3名事务系列课长助理以及技术系列的课长助理(最近追加)、总务课计划室的首席室长助理、大臣官房会计课、大臣官房政策评估宣传课、大臣官房信息系统课(兼职)、大臣官房地方课、大臣官房厚生管理官付、大臣官房调查统计部的首席课管理课的首席课长助理;各局、外厅、集团的首席课,即通商政策局总务课、贸易局总务课、产业政策局总务课、产业政策局商政课(以商务流通审议官为领导的商务流通集团的首席课)、环境立地局总务课、基础产业局总务课、机械信息产业局总务课、生活产业局总务课、中小企业厅长官官房总务课、资源能源厅长官官房总务课、特许厅总务课、工业技术院总务课、产品评估技术中心总务课(兼职)、通商产业研究所研究部的首席课长助理等。

委员并不只代表各局、各课的立场,他们同样也是大臣官房的成员,因此需要他们不局限于所属的局、课,而从通产省全局的角度进行讨论及作出判断。特别是各局、厅的法令审查委员肩负着各局总管课首席课长助理以及作为法令审查委员从全省大局考虑问题的双重任务。通过将各局、厅的负责人吸收为成员,不仅确保了在充分掌握各局厅行政工作的实际情况之下进行讨论,还取得了在上述成员组成的法令审查委员会作出判断后各局、厅均不得不服从的效果。此外,由于法令审查委员均从两年期间同时参加工作者中选任,因此实质上确保了委员相互之间充分的合作与不必忌惮上下级关系的自由讨论。

法令审查委员会的议事进程原则上由大臣官房总务课的首席助理主持。委员会的决定须经出席者全体同意,对于那些没有获得一致同意的议案,议长可顺延至下次或更后的会议再议,并可委托相关部局间通过协商进行调整。委托相关部局协商的事项在得出结论后,由当事局的法令审查委员向负责该事项的官房大臣总务课法令审查委员报告。

法令审查委员会通常在每周周一及周四上午(有时会延长至下午2时后)举行,讨论通产省面临的重要政策问题。法令审查委员对法令进行审查,但其工作却不仅限于狭义的法令审查,而是对作为法令形成背景的通产省所管辖之行政工作的事项进行整体讨论。委员会在将各委员的主张充分反映于政策的同时,还着重对各局的意见进行协调。

通产省重要的政策项目基本上都交由法令审查委员会讨论。交由委员会讨论的议题由大臣官房总务课首席法令审查委员进行选择,但一般而言议题有以下三种:①法律草案、重要的省行政令;②与省全体有关的事项以及需要在有关部局间进行协调、合作的事项;③即使是特定部局管理的事项但其内容相当重要或与其他部局关联性强的事项等。

审议事项被分为讨论事项、调整事项、确认事项、汇报事项以及联系事项。通常情况下,负责某项政策的课的总管课长助理等出席法令审查委员会的会议,对政策进行说明,委员会在此基础上对该项政策进行判断、讨论。每次会议讨论五个议题左右,每个议题至少讨论30分钟,且基本上都会得到积极讨论。送交审议的事项会明确得到同意、否决、保留以及送交总务课长会议附议等审议结果。法令审查委员会拥有替上级决策部门"守门"的功能,即只有法令审查委员会认定为重要的议题才会上交由大臣官房主要各课课长以及各局的首席课长等组成的总务课长会议。而总务课长会议将认为是必要的议题递呈事务次官、通商产业审议官、官房长、各局局长、长官等组成的干部会议、事务联络会议。

很多情况下需要协调的事项由有关各局的法令审查委员以及有关课的课长助理组成的"相关法令审查委员会"在例行的法令审查委员会之外举行。这种相关法令审查委员会的召开机动性极强，与例行会议一同发挥着重要作用。

2. 技术审查委员会

与法令审查委员会相对应，通产省还设置了由技术系列职员组成的技术审查委员会。该委员会设立的目的是从全省的角度审议、协调有关矿物工业科学技术政策的计划、制定以及实施。此外还从长远的角度对通商产业行政中的重要事项进行探讨，促进各委员间的紧密联系，以顺利、有效地开展通商产业的行政工作。

委员会成员基本上是从与法令审查委员同年次、经国家公务员Ⅰ种考试录用的技术系列职员中任命的。具体而言，即大臣官房秘书课、总务课、计划室、信息系统课、通商政策局总务课、贸易局总务课、产业政策局总务课、产业政策局商政课、环境立地局总务课、基础产业局总务课、机械信息产业局总务课、生活产业局总务课、产品评估技术中心总务部计划课、工业技术院总务课、工业技术院标准课、资源能源厅总务课、特许厅总务部总务课、中小企业厅总务课等部门的技官中，职位最高的课长助理（产品评估技术中心为课长）将成为该委员会成员（截至1998年7月）。

技术审查委员会在由大臣官房总务课的委员组织议事、委员会的决定须出席者一致同意等运作方面上与法令审查委员会基本相同。但与法令审查委员会中官房总务课负责委员会的总务工作相对，技术审查委员会则由工业技术院总务课担任。此外，委员会的决定需向各委员所属的总务课长报告，通过各委员努力向省内推广。但向总务课长会议提交的议案及其附议在规章上并不必须经由技术审查委员会审议。

3. 总务课长会议

总务课长会议由官房各课课长以及各局总务课长组成,在干部会议、事务联络会议等之前,审议通产省所管辖的行政工作中的重要事项。

会议成员包括大臣官房秘书课长、总务课长、会计课长、计划室长、地方课长、政策评估宣传课长、报道室长、信息系统课长、厚生管理官、劳务主管参事官、国会主管参事官、技术主管参事官、调查统计部管理课长、通商政策局总务课长、贸易局总务课长、产业政策局总务课长、产业政策局商政课长、环境立地局总务课长、基础产业局总务课长、机械信息产业局总务课长、生活产业局总务课长、工业技术院总务部总务课长、资源能源厅长官官房总务课长、特许厅总务部总务课长、中小企业厅长官官房总务课长、通商产业研究所研究主干、关东通商产业局总务计划部长等。

大臣官房总务课长负责展开讨论等,但不会对议题进行表决。没有得到出席者同意的事项通常不会送交干部会议附议,从这个意义上也可以说是全场一致主义的表决。另外,大臣官房总务课长认为有必要时,没有得到同意的事项可以继续在下次或更后的会议上进行审议或交由有关部局协商调整。

总务课长会议通常在周五的上午举行。原则上议题由大臣官房总务课长从刚召开过的法令审查委员会的议题中选定,主要包括:①法律草案、政令案中重要者;②关联部局多,需要从综合角度进行调整的事项;③其他重要事项。

4. 干部会议、事务联络会议

干部会议的成员包括事务次官、通商产业审议官、官房长、大臣官房总务审议官、大臣官房技术总括审议官、通商政策局长、贸易局长、产业政策局长、商务流通审议官、环境立地局长、基础产业局长、机械信息产业局长、生活产业局长、工业技术院长、资源能源厅长官、特许厅长官、中小企业厅长官、关东通商产业局长等。大臣官房中的大臣官房审议官、秘书课长、总务课长、会计课长、计划室长、政策评估宣传课长、报道室长、技术主管参事官等作为干事也参加该会（截至1998年7月）。

干部会议原则上审议经过法令审查委员会、总务课长会议审议后的重要事项。比如，讨论有关白皮书草案、审议会等的答辩、恳谈会的报告书、国际会议的结果汇报等。会议由事务次官领导、官房长主持进行。原则上每周周三上午召开。

5. 省议

省议是指包括大臣、政务次官在内对所管辖的行政重要事项进行审议，并作出通产省决策的会议。会议成员包括大臣、政务次官（众、参）、事务次官、通商产业审议官、官房长、总务审议官、技术总管审议官、省机关内部部局各局长（包括商务流通审议官）、工业技术院长、资源能源厅长官、特许厅长官、中小企业厅长官、关东通商产业局长等，同时，大臣官房审议官、秘书课长、总务课长、会计课长作为干事参加会议（截至1998年7月）。会议根据需要由大臣决定随时召开，省议的决定可以轮流处理。

6. 局议

以上所述的均为通产省全省性的会议，除此之外，很多情况下，各局会根据各自的判断，以每周一次的频度按惯例召开局议以及总管班长会议。局议由局内所有管理职务的职员、法令审查委员、技术审查委员组成，其内容大多为相对简单地进行总务课长会议等的汇报、其他联系事项与汇报以及确认日程安排等，在此讨论并决定重要政策的情况几乎没有。总管班长会议是召集各课总管课长助理即总管班长召开的会议。该会也只是就法令审查委员会等的汇报以及当时的问题等进行简单讨论、联系以及汇报等，并不会进行实质性的讨论。这与法令审查委员对各种决策拥有的重要作用形成了鲜明的对照。

第三节　通产省政策形成的基本过程
——以新政策制度为中心

一、新政策制度

与法令审查委员会制度一样,新政策制度也是通产省政策形成过程中颇具特色的制度。新政策制度即每年春天,大臣官房总务课首先提出通产省的政策重点,并将各课题作为探讨事项向各局各课发出指示(在省内这被称为"发出账单",收到指示的一方必须给予回答,因此被称为"账单")。在接到指示后,有关各局将对指示中的课题进行政策立案,针对这些政策提案,官房总务课、会计课、产业政策局产业资金课、企业行动课、产业结构课一同开会,按照各个课题从有关各局听取意见,并根据听取意见的结果逐步明确有望成为次年度通产省政策的亮点,并在进一步推敲的基础上,将此作为"平成某年度通商产业政策重点"(通称"横写",yokogaki),进行汇总。其他很多省厅每年也会利用这种方式,但是通产省不仅仅是单纯的汇总,而是在"横写"的制定过程中,在全省范围内为每项政策排列出优先顺序,这种排序将对预算、税制、金融等各项要求的省内审定产生影响,因此"横写"的制定过程具有重要意义。

二、以新政策为中心的政策形成的基本过程

新政策的具体日程每年都略有不同,但大致过程如下。

从3月到4月,大臣官房总务课开始准备前述被称为"账单"的项目备忘录供各局研究。同时,各局中以助理级别为中心的职员也在各自负责的行政领域抽取课题进行分析,开始研究必要的新政策。官房总务课制定的账单事先由各局法令审查委员会进行多次集体讨论,再经过法令审查委员会的讨论后分发至各局。账单按照信息、环境、金融等具体领域分类列出讨论事项,并决定处理各事项相应的局。最近,一个主题分发至几个局要求讨论的事例正在增多,这种情况下会

指定一个汇总各方意见的局。

各局在接受指示后,正式开始研究讨论新政策。每一个主题都由相关课的课长助理负责制定草案并组织讨论。在这一期间,相关局的法令审查委员在指挥适合新政策的课的同时,总结提出的新建议。这一阶段,官房会在总体上设定主题,但即使没有官房的指示,各局也会根据各自的判断对认为必要的课题进行讨论。

在经过各局局内的听证后,4月上旬至中旬,官房总务课法令审查委员等将针对每一个主题进行助理级别第一次新政策听证会。之后在4月下旬至5月上旬,官房总务课长等将进行课长级别的第一次听证会。经过这些听证后,以官房总务课为中心将制定以5月下旬或6月上旬召开的产业结构审议会综合部会为讨论平台的自由研讨文稿集。在草案汇总后与有关各局就自由研讨文稿集进行集体讨论,经过充分的协商后认可为文件。在自由讨论文稿集的制作过程中,将仔细研究各局提交的新政策作为下一年度政策的重要性。其中,成熟度与必要性都不高的政策将会被剔除,或从文件中去除,或降低重要程度。在产业结构审议会上审议会委员自由讨论后的意见、建议的基础上,官房总务课再次归总重点项目,并向各局发出详细讨论的指示。

各局在进一步讨论后,6月中下旬到7月上旬,官房进行第二次新政策的听证。在这一阶段,只有经过官房精简过的项目才成为听证对象。大致在同一时期,各局开始研究次年度的预算、税制、金融等具体要求并进行局内听证。

经过第二次听证后,次年度通商产业政策重点("横写")的表述形式将比先前提到的自由研讨文稿集更为洗练。这些重点项目公布后将作为次年度的重点政策得到全省的认可。在策划制定的过程中,还会对通产省全省的重点进行优先排序。一般来讲,横写的第一章第一节的项目被称为"一丁目一番地",即次年度通产省最优先的政策。通产省在申请次年度预算时大致将政策按照三个等级进行优先度排序:①一丁目一番地等在横写中重点关注的问题;②横写中记载的问题;③横写中没有记载的问题。

为了准备8月底召开的产业结构审议会,官房会多次与各局进行集体讨论，在充分协调后对横写进行总结，并在产业结构审议会上公布。同时，在7月末及8月末，按照惯例执政党也将召开商工部会，在会议之前，相关各局、官房长、官房总务审议官、官房总务课长、国会主管参事官等官房系统官员会就个别政策向商工关系的国会议员进行说明，并将在总结"横写"草案时充分反映相关议员的意见。

归总"横写"的同时，7月上旬后，官房会计课就预算问题、产业政策局企业行动课就税制问题、产业政策局产业资金课就财政投资融资问题、官房总务课就法律、组织机构及编制等问题分别进行听证，并对要求项目进行相当严格的省内审定及交涉。7月下旬，第二次听证开始之际，在重要性方面十分重视"横写"过程中的优先度排序。各项要求根据产业结构审议会的讨论进一步精简，8月上旬、中旬省内的调整大致结束。经过实际上的暑假后，8月下旬，在再次召开的产业结构审议会与商工部会上，记载着省内调整完毕的概算要求等具体内容的"横写"草案将进行汇报、征得同意，8月末正式将概算要求书提交大藏省等部门（在这一阶段，通产省也积极向相关国会议员进行个别问题的说明）。

9月后，大藏省主计局、主税局、理财局、总务厅行政管理局等开始举行听证。10月、11月通产省与大藏省将展开激烈的交涉。通产省各课会积极说明自身要求预算项目的必要性，与此同时，各局总务课法令审查委员以及官房会计课的法令审查委员、企业行动课的总管课长助理（总管班长）、产业资金课的总管课长助理（总管班长）以及官房总务课的法令审查委员等将集全省或全局之力与以大藏省主计局主查为首的审定官厅的负责人进行磋商。此时，各项磋商协调将按照"横写"中全省的优先度排序进行。特别是与"一丁目一番地"政策有关的各项申请是以全省名义与大藏省为首的审定官厅进行交涉，从结果上看这些申请得以实现的可能性非常高。12月后，各项申请的调整大致接近尾声。税制于12月中旬，预算、财政投资融资、机构编制等的政府原案于12月下旬基本决定。"横写"将以政府原案为基础进行修订并公布。预算、税制等经过国会的审议和决议后将正式确定为次年度的工作重点。

第四节 个案研究

一、《电气事业法》修订

1. 背景

1995年4月,通产省修订后的《电气事业法》开始实施。简单而言,《电气事业法》主要的修订点就是放宽了对电力销售者的市场准入限制和发电安全保障方面的限制。以往原则上只有电力企业可以从事发电事业,而经修订后,钢铁企业、化学企业等也可以转卖本企业工厂内生产的电力,同时还引入了普通电气企业寻求电力来源调配问题上的竞标制。通过放宽规定,电力公司之外的公司也可以提供电力,并期待借此举措进一步下调电费。此外,在发电安全保障方面,以往通产省对安全保障制度进行了直接且非常详尽的规定,修改后只保留了最低限的规定,基本上由企业根据自己的判断与责任在确保安全方面采取必要的措施。

修订前的《电气事业法》实际上形成了9家电力公司组成的地区垄断体系。这种地区垄断型的电力供给体系根本不可能改变几乎成为当时日本业界的常识。市场准入限制的自由化这种激进想法在学术讨论中或许还有市场,但却甚少有人把它作为现实可行的思路。

被业界认为违背常识的政策思路如何得以实现,为何修订《电气事业法》这一非常脱离现实的做法可以成功,下文将分析这一政策的形成过程。

2. 创发过程

确定产生创发的具体时期比较困难。但是打破电力垄断格局这一政策思路的萌芽可以追溯到1992年以公益事业部计划课为中心推出的报告书。

公益事业部原本即为管理电力、天然气等公益事业的部门,其中计划课执掌部的全体工作。公益事业部共分10课8室2官。除计划课外,还包括业务课、开发课、技术课、发电课、核能发电课、核能发电安全计划审查课、核能发电安全管理课、天然气事业课、天然气保安课、热供给产业室、调查室、电源地区整备室、电源立地对策室、电气用品室、技术振兴室、核能发电运转管理室、核能发电诉务室、电源开发管理官以及新型炉开发计划官。计划课事实上拥有公益事业部全部预算、人事、政策的决定权,有权检查部的所有决定事项。

公益事业部进行这一创发的背景就是日本电费过高多年来一直被各方诟病这一现状。比如,日美构造磋商之际才得以调查并公布于世的商品品种、服务等内外价格差的实际情况引起了社会强烈的关注。特别是日本产业竞争力出现极限以来,以往集中受到社会关注的消费品领域的内外价格差问题也开始在中间投入财产以及服务业等领域引起关注,并被视为直接关系到日本产业竞争力的问题。而提出这些内外价格差问题并展开调查活动的是通产省产业政策局物价对策课。此外,产业结构审议会基本问题小委员会也认为如果不改变产业结构的基础,很难真正确保国际竞争力,并从这一角度出发积极寻求旨在放宽各种产业规定的努力。

3. 共鸣过程

几乎所有的创发通常不是得不到其他的支持,就是由于其他部局或外部相关者的反对而烟消云散。在这种情况下,创发通过何种方法引起共鸣,不在过程中遇挫而发挥重大作用呢?

(1)部内共鸣过程

在部内,最初也有很多成员对彻底改革电力行政工作能否实现持怀疑态度。很多有关方面都认为很难进行根本改革。创发逐渐形成共鸣的环境在当时并非十分成熟。

创发在得到共鸣的同时不断发展的重要条件就是拥有广泛的改革赞成者。改革赞成者只集中于某个特定部门在创发阶段十分有力,但如果只限于此,则很难引起共鸣。如上所述,由于对《电气事业法》进行根本性修订的想法只是少数意见,因此初始阶段如何在公益事业部中引起共鸣是最重要的课题之一。

只要是存在的制度都有一定的存在理由，制度改革就是要消除一定程度上存在的某些制度功能，为此必然会产生相当程度的阵痛与混乱。一般而言，各课是对现行制度产生的背景及存在理由最为通晓的部门，此外也对该项行政负有根本责任，必然对改革会发生的混乱最为敏感。因此，在无法掌握混乱程度、混乱态势以及对策并不充分的状况下，各课对改革是无论如何只能采取谨慎态度的。

正因为如此，在该法的修订中，如何在初始阶段的主管课内产生共鸣极为关键。作为当时的部内共鸣机制，部内的青年学习会值得一提。青年学习会是包括计划课、开发课、业务课、发电课等部内有关各课的课长助理、系长系员级职员10余名组成的非正式组织。学习会并不注重所谓的事务系列国家Ⅰ种职员、技术系列Ⅰ种、Ⅱ种职员等职称，只要是有能力与干劲的职员都可以成为其成员。在创发、共鸣初期阶段的1992年秋季到1993年年初这一期间，学习会积极开展活动，在对外国进行研究的同时，不断深化有关方面的政策讨论。学习会在这一期间之后也断断续续召开，其年轻成员在随后对各自所属课课员说明政策转变必要性时发挥了重要作用。

另一方面，计划课持续发出积极推进放宽规制的信息也十分重要。之所以如此，是由于通产省中计划课等负责计划政策归总的部门事实上拥有对其所在部的预算、政策、法令的掌管权，因此其他各课不得不认真考虑其意向。此外，在伴随着改革出现混乱时，如果改革是计划课主导的，就意味着可以在将来保证公益事业部举全部之力来回避、解决改革带来的混乱，因此各课也会最终服从计划课的意向。

在日本，改革无法推进的重要因素就是，在改革议论如日中天的阶段热心改革的人及部门，在改革开始后负面影响日益显现时却销声匿迹了。另外，很多情况下，在改革中受益的团体并不大张旗鼓地宣扬改革的意义，只有其余的相关者与相关部门出面处理、解决伴随着改革出现的负面影响。特别是在官僚组织中，根据国家行政组织法、各省设置法，承担某项改革任务的课对其负有法律责任，对该项改革的责任是不变和明确的，所以不得不持敏感态度。

总而言之，这种青年学习会的自下而上的活动以及来自计划课的意向汇集在一起逐步推动了部内共鸣的形成。

(2) 省内共鸣过程

下文将继续探讨公益事业部外的动向。

公益事业部作出的决策如果要成为通产省的决策，必须得到资源能源厅长官官房、通商产业省大臣官房的批准。具体而言，对由公益事业部起草的公文进行审批，原则上要在取得长官官房总务课首席助理的资源能源厅法令审查委员、资源能源厅长官官房总务课长、资源能源厅次长、资源能源厅长官的同意后，依次经过通商产业省大臣官房总务课课长助理的法令审查委员、大臣官房总务课长、大臣官房总务审议官、大臣官房长、事务次官、政务次官，最终经大臣的审批后方成为省的决定，并按照这一次序逐级盖审批章。但是，通产省实际上进行的决策并不是按照禀议书那样直线型、即一个一个阶段进行的。在通产省，禀议书是在意见达成实质性一致后为了在形式上赋予其正当性而作为正式文件进行传阅的，在实质性协调过程中，协调磋商与审批的次序无关，而是适时、任意进行的。

通常而言，在通产省，某一事项在反映领导意见后开始制定具体草案，而对草案进行实质性调整的大多为课长助理级别的职员。在霞关，事项(项目)通称"玉"(tama)(经常会用"抱着玉跑"的表现形式)。课长助理如果要制定有关政策的方针草案，首先要向直属上司的课长、部长进行说明(霞关用语就是"上呈")，在此前后，有时也向资源能源厅的长官官房总务课的总管课长助理(兼任法令审查委员)，甚至向大臣官房总务课的总管课长助理进行说明，同时修改草案。在这一共鸣过程中，草案在部内上呈的同时，在助理级别上，将积极地与审批规章中的上级部局(这里是资源能源厅长官官房、通产省大臣官房)以及其他有关部局进行沟通，即课长助理起到了发送信息的作用，进行部局内部的纵向交流与部局间的横向(严密地讲应为斜上方向)交流的方法，在进行有效共鸣的问题上极为奏效。

实际上，公益事业部与资源能源厅长官官房以及大臣官房在审定、审批问题上是上下级关系，但公益计划课的总管助理与资源能源厅的法令审查委员以及大臣官房的法令审查委员之间的工龄差距一般为 1—2 年,因此实际上他们之间进行着极为直率、密切的交流。只要与这二人进行了协调,也就是说作出了初步决定,即可认为获得了上级机构的长官官房、大臣官房的同意及意见,并进而得到了批准。虽然只是各课、各部的意见,如要作为通产省全省性的意见得到认可,基本上起草文件者必须经过 10 至 20 人的逐一同意,但如果采用取得结合横向、纵向数人同意的方法,则可以迅速实现。此外,因为长官官房、大臣官房的课长助理通常会就这些事项事先征求其上级领导的最初感触(被称为"猜"),有关部局的实际意见也会取得相当进展,进而成为全省性的正式判断。

在《电气事业法》的修订中,这种共鸣机制也发挥了作用。特别是资源能源厅长官官房的法令审查委员、大臣官房的法令审查委员对改革十分理解。进而言之,通过人事调动,原属公益事业部的职员被调动到大臣官房、长官官房工作,在结果上对省内共鸣产生了正面影响。

(3) 省外共鸣体系

省内的方针决定后,就有必要与通产省的外部关系者形成共鸣。政策如要获得成功,不仅要被动地应对协调,也极其需要理解政策、共同推进政策(被称为"推戴")的外部关系者。如果政策符合业界的意向,业界会成为积极的外部合作者。而此时的《电气事业法》的修改中,业界未必会成为有力的外部合作者,因此在获得外部共鸣的问题上耗费了大量的精力。

在这次修订中,不能忽视作为省外共鸣的行政监察的作用。通产省在这一期间实施了三十年以来第一次的对电力、天然气的行政监察,并于 1993 年 7 月 30 日发表了《有关能源问题的行政监察》报告,主张修改电力销售业者的许可制度。

除此之外,作为外部共鸣的正统手法,利用审议会制度也值得一提。在《电气事业法》的修订过程中,综合能源调查会基本政策小委员会也于 1993 年夏开始运作。在秋天召开的小委员会上,事务局就放宽电力、石油、天然气等供给制度进行了说明。在电力方面,说明内容包括引入竞标制度、废除电力销售的限制规定、创设简易普通电气企业等内容,以推动共识的逐步形成。几乎在同一时期,细川内阁创立了探讨研究放宽规制方法的经济改革研究会(所谓的平岩研究会),并提出了"经济规制的原则自由化"的改革思路。在 11 月提交的中期报告中提出"电力、天然气方面,应大力利用企业的创造力,努力引入竞争机制、灵活利用有利于消费者利益的分散型电源等规定的弹性化"等内容,其将竞争理念引入电气事业的建议获得了极大的共鸣。

1994 年春后召开了电气事业审议会电力基本问题检讨小委员会。作为其准备工作,从 1993 年末到 1994 年年初,通产省分别听取了钢铁、化学、天然气、石油、机械制造等各有关产业界的意见,不断把握以电力销售业为中心的新参与企业的潜在可能性,并唤起了这些有关产业对此事的关注。随后,这些产业也派出代表作为小委员会的成员。1994 年 3 月,基本问题小委员会召开,并在短短三个月的时间里,进行了包括向欧美等国派遣考察团在内的密集的研究工作。6 月出台了包括原则上废除电力销售企业许可、引入竞标制度、创设简易普通电气企业等内容的中期报告书。同时,从确保公平性、透明性的角度出发,决定设立工作小组以听取希望参加的企业的意见。在工作小组的活动中,电力公司方面与新参与者之间在实务层面上进行了相当直率的讨论,并由此构筑了双方企业界与相关者之间对修订案的共鸣。此外,电气事业审议会保安小委员会也与基本小委员会同期召开,在得到电力公司等的参与、规划与合作的同时,不断深化对有关缓和安全规制的讨论。在以上过程中,很好地获得了潜在的新参与企业与知名专家学者的共鸣,从获取省外共鸣的角度看,收效极为显著。

1994 年秋季后,电气事业制度审议室(训令室)成立,在对法案进行研究讨论、经 1995 年 2 月内阁会议决定后,向国会提交了电气事业法改正案,5 月得到通过。这次修改案对原法案全部 120 条规定中的 90 条进行了修改,可谓力度甚大。

二、通产省组织改革

1. 概况

1997 年 7 月 1 日起,通产省进行了组织改革。这次改革除通常的组织改革、增设新的课以应对工作必要性的增加之外,还具有以下特点。

① 新设了负责产业横向型政策问题的审议官(1)、参事官(4)、计划官(9)等特别任命的职位,使随时组建以这些职员为中心的项目团组成为可能。

② 新设立了政策评估宣传课,在不断征求第三方评估的同时,使对通商产业行政的整体政策进行再评估以及发现新的课题成为可能。

③ 在新设组织时"废旧建新"是一个基本原则。由于新设立组织需要准备"废旧品",且计划以此为契机对产业的实际情况进行一元化掌握,因此采取了以下措施。例如,将有关钢铁的钢铁业务课与制铁课统一为钢铁课;有关纤维的原料纺织课与纤维制品课统一为纤维课;有关化学的基础化学品课、化学制品课与化学肥料室统一为化学课;住宅产业课与窑业建材课统一为住宅产业窑业建材课;航空机载武器课与宇宙产业课统一为航空机载武器宇宙产业课;有关杂货的日用品课与文化用品课统一为生活用品课;公益事业部的发电课与技术课统一为电力技术课;矿山课与煤炭课统一为矿山保安课;商业统计课与工业统计课统一为商工统计课等。

值得研究的是,本次改革在导入项目制度的同时,是如何克服伴随着课的废除或缩小等改革阵痛而取得成功的。在讨论改革时必然会出现的问题就是"总论赞成、各论反对",即对改革方案的整体没有反对意见,可是一旦自身的地盘成为改革的对象,就会强调其工作、组织存在的必要性转而反对改革方案。下文将介绍废除、削减课编制的激进方案是如何克服这一问题并得以具体实施的。

2. 创发过程

机构改革的创发是官房总务课、秘书课自发进行的。首先,根据大臣官房总务课的创发,1995年6月在大臣官房再次设立了政策实施体制审议室。实际上,政策实施体制审议室此前也曾设置过,但在1990年6月,审议室完成面向省内的《组织与工作改善报告》后解散。这份报告包括对通产省的人事管理、福利、工作环境、工作合理化等方面的分析与建议。但是,这份报告由于涉及众多的人事等方面的机密事项,因此即使省内也只在极少数人间传阅。有过这段经历的政策实施体制审议室在1995年6月再次设立,室长由大臣官房总务课长兼任,官房总务课以及秘书课的前任审查委员作为实际工作的领导,开始探讨修改通产省的组织理念以及工作方式。

政策实施体制审议室与官房总务课一同对通产省所有的课室的业务进行了听证,从1996年初开始进行有关组织改革的正式探讨。经过审议室、官房总务课、官房秘书课等内部半年左右的讨论,在组织机构问题上开始了对以往思路的整理、汇总以及完成机构改革方案的工作。

3. 共鸣、批准过程

改革方案如何获得共鸣?共鸣过程的特征就是法令审查委员会以及相关法令审查委员会(只有有关各局的法令审查委员参加的法令审查委员会的缩小版)极为频繁地召开会议。这些会议上反复讨论的内容在不断反馈的同时逐步成型,并由此引起全省以及相关省厅的共鸣。

具体而言,在1996年6月的法令审查委员会上,以官房起草的方案为平台进行了讨论,并在很多分歧问题上争论激烈。与此同时,技术审查委员会也进行着同样的讨论。以审议室为中心还开始对省内各级职员中的重量级人物进行听证。听证的对象从局长级别的领导直到正在海外留学的职员。同时,官房系统也开始征求上层的意见,并在内部决定不进行需要修改《通商产业省设置法》方可进行的"局的改革",而是采用设置法的行政命令修正即可处理的"改造、废除课"的方法。7月上旬,地方通产局的总务课长会议也对此进行了讨论,再次征询法令审查委员会的意见,以不进行局编制的改革为前提,讨论了对课室的改组问题。经过这次讨论,以官房总务课法令审查委员的名义制定了新的课室构成方案,第二周在总务课长会议、通产局长会议上进行了审议。这一系列会议后,法令审查委员会又多次进行讨论。特别是在这一期间,在局级别上,审议室与各局的局长助理也多次交换意见，并通过电子邮件的形式听取了助理以下级别省内职员对机构改革的意见。同时，各局在各局总务课的判断下，也进行了包括局长在内的热烈讨论。总之，省内就组织改革展开了各种讨论，并最终形成了大范围的共鸣。

在包括省内课长助理以下级别在内的省内各级别的大讨论后，确认了以下方针。

总原则上应进行机构改革；

导入项目小组制度；

扩大课的规模以避免造成原有局的机能下降；

通过引入外部评估实现行政政策的透明化；

应导入客观的人事评估系统；

对地方局进行改革。

这些大方针在得到省内课长助理以下职员的共识后，8月开始征询各局课长的意见，召开了数次总务课长会议。上述方针得到了各局总务课长的批准。8月下旬，局长级的事务联络会议批准了这一大方针，8月末向总务厅等提交了机构改革的要求。这一组织修改案进行了一些修改后，基本上按照原方案接受了审定，并经过国会对预算等的审议后于第二年7月开始实施。

第五节　通产省政策形成各阶段的具体特征

一、创发体系

1. 负责者进行的创发

政策的创发主要由负责该项政策的课的课长或课长助理进行。基本上对不负责的领域没有明确的动议权。在通产省，各课分管的业务也有非常详尽细致的划分，超越所属范围发起动议的情况几乎不会发生。在一些超出课所辖范围的重大课题上，就由局长、部长、总务课长或法令审查委员发出动议，进行创发。此外，跨局间的课题则在官房的协调下由主管局与相关局共同发出动议。

2. 半强制性创发

由于新政策制度的存在,各课的创发存在着半强制性进行的侧面。人事上也是如此,积极进行新的创发可以获得正面评估,这一认识已经在职员中扎下根来,以各局为单位进行新政策听证时,完全不进行新政策动议的课极为少见。

但是,也有意见认为,各课热衷于提出新的政策方案导致政策过度地频繁变更,从而产生了政策连续性的问题(最近,据称这一点得到了相当程度的改善)。

3. 官房(含法令审查委员会)的创发

大臣官房总务课以及法令审查委员会也进行创发。特别是每年进行的新政策听证的初期阶段,大臣官房总务课会亲自总结"新政策研究重点事项"(通称"账单"),并分发至各局,明确应作为全省重点而实施的政策项目。这份账单在法令审查委员会上经过法令审查委员之间的热烈讨论,并在充分反映各法令审查委员的意见后发放给各局,由此可以认为官房总务与法令审查委员会一同进行了创发活动。

总之,通常官房与总务课会给人以只检查各局呈报事项的强烈印象,但通产省官房与总务课自身也进行创发则颇具特色。

4. 与外部的共同创发

正确掌握产业界希望发展所在产业需要何种政策,在通产省的政策形成过程中非常重要。特别是有关某个产业的振兴政策,在相关业界的意向与要求下,各局、课与有关业界及主要企业共同进行创发的情况不在少数。一般而言,针对某个产业政策领域,比起通产省单独进行创发,共同创发可以制定更有效的政策。而通过单独创发构建而成的税制或财政投入计划反而也存在着尽管有了制度却没有按照最初设想得到有效利用的事例。

此外,接受与工商业界关联的议员等的创发后进行各种政策立案的也不在少数。也有在与议员的日常接触中,各种建议和指示通过官房或直接被传递到有关局,有关主管课受命进行创发的。

二、省内共鸣体系

1. 各局总务课、官房总务课与法令审查委员会

可以毫不夸张地说,创发出的思路及政策有效、迅速地与相关者产生共鸣是实现政策的关键。而通产省政策形成过程中,总务课、官房在省内共鸣中的地位极其重要。

几乎是所有的政策立案都需要经过各局首席课总管课长助理的法令审查委员以及总务课长的检查及同意(省内通常称之为"过关"),且在检查时很多情况下会进行大幅度的修改。另外,部或集团的首席课,即通商政策局国际经济课(国际经济部)、通商政策局经济合作课(经济合作部)、贸易局贸易保险课(贸易保险集团)、环境立地局环境政策课(环境集团)、环境立地局立地政策课(立地集团)、机械信息产业局电子政策课(信息集团)、资源能源厅石油部计划课(石油部)、资源能源厅煤炭、新能源部计划课(煤炭新能源部)、资源能源厅公益事业部计划课(公益事业部)、中小企业厅计划课(计划部)、中小企业厅指导课(指导部)、中小企业厅企业政策课(小规模企业部)等,实际上发挥着相当于总务课的职能。比如与环境相关的各课原则上都要征得环境政策课的同意。

重要程度更高的事项在各局总务课通过后,还必须经过大臣官房总务课的通过。比如,审议会、局长等的私人恳谈会是否召开、研究讨论的方法与方向、报告书的内容、修改法令和各项制度、国会答辩(仅指大臣答辩)等都必须经过大臣官房总务课的通过(大臣官房总务课的 3 名法令审查委员分别负责各局、各厅)。

各局、各课创发的政策中成为新政策方针以及改变原有基本政策等极为重要的事项,在经过官房总务课同意后首先交由法令审查委员会。通常情况下,提出动议的主管课课长助理进行说明,随后法令审查委员会从各种角度对此展开活跃的讨论。有时各课的说明者还会被法令审查委员严厉质问而难以招架,但只要获得了法令审查委员会的同意,基本上就可以成为通产省全省性的政策,在这一点上可谓极

其高效的共鸣体系。进一步而言,如果需要,相关法令审查委员会可随时召开,因此可极为迅速地产生共鸣。此外,如上所述,经过法令审查委员会、总务课长会议、事务联系会议与全省均在进行共鸣。

2. 审定课的省内听证

审定课进行的省内听证可谓各课、各局创发引起共鸣的机制之一。新政策、预算要求、税制修改的请求、财政投资融资要求等首先由各局总务课进行听证,随后则由省内负责审定的课进行听证。具体而言,预算以官房会计课、税制以产业政策局企业行动课、财政投入以产业政策局产业资金课、机构编制以官房总务课为中心进行听证。通常审定听证会给人以削减要求为目的的深刻印象,但这更可以说是重要的共鸣机制。通产省各阶段的听证都会经历十分激烈的争论,有些情况下的质问甚至比审定官厅更为严厉。经过这种省内的听证,概算要求的内容已张弛分明。在省内审定阶段的严厉审定反过来说,对于通过了这种省内审定的政策而言,也是审定课自身为其实现而进行了最大限度努力的产物。可以将听证理解为某课的要求寻求成为全局、全省要求的共鸣体系。新政策听证同样如此,就是为了求得全省的共鸣。

通产省通过这种听证过程,实质上对政策的重点进行了轻重缓急的划分。以预算为例,根据官房会计课当时的政策判断,各局的预算比例每年都会发生变动。与预算分配比例几乎没有变化的很多省厅相比,通产省各局之间预算审定的机动性值得关注。之所以可能出现这种现象,就在于存在着强力的官房权限以及新政策制度。在新政策听证以及制定"下一年度通商产业政策重点"的过程中,对全省的政策优先度进行了充分研究讨论。

3. 机动室的设置

除了听证制度以及新政策制度外,作为通产省特色的共鸣体系,根据某项计划而设立灵活的临时机构值得一提。

通常情况下,省厅的组织中,课的设立依照组织政令(通产省根据

《通商产业省设置令》)、室的设立依照组织省令(《通商产业省设置令组织规程》)的规定。如果要设立这种永久性的新课室,需要在每年的申请预算期(8月末)向总务厅提出机构和编制的申请,经过总务厅的审查、审定,同年末作为政府案在内部公示,随后经过国会的预算审议,于第二年7月1日正式设立。因此,即使因政策要求而急需新设课室,最快也要1年的时间方可建立。

在考虑政策共鸣时,往往为构筑、执行某项政策而特别设置一个机构的办法极为有效,但建立新的组织无法等待一年的时间。在这种情况下,通产省会根据自身的判断机动性地组建临时性机制。根据各局首席课的创发,指定承担某课题任务的主管课(根据需要有时局管理职位的参事官、计划官也参加),组成包括有关课的责任者在内的项目组(为了可以更迅速、灵活地设立项目组,会在先前提到的组织改革中增加参事官、计划官)。项目组的形式多种多样,如果项目在较长时期内实施,就会修改《通产省组织规程》(训令),组成新的室。而修改法律时,会设置某某法案准备室。此时,很多情况下会提供局会议室等作为准备室专用办公室(通称"风筝室")。大多数法案准备室会在法案准备工作步入正轨的秋天设置,第二年法案通过后即解散(最近,也出现了不准备专用办公室的例子)。

以往在局内完成的课题会在局首席课的判断和主导下较为顺利地完成配套工作。但超过某一局范围的局之间的课题却存在着无法组成机动机制的问题。为了改变这一状况,1997年7月的组织改正中新设了官房参事官4名、审议官1名,这些参事官与审议官作为项目组的领导,可机动地根据每个课题组建项目组并完成项目。

三、省外共鸣体系

1. 私人研究会等

在与省外相关者的共鸣中,审议会、研究会发挥了重要的作用。审议会等涵盖了有关这一政策课题的专家、学者和有关人士,通过在这种审议会上的讨论,该政策可以获得许多建设性的提案,并在对政策进行修改的同时,使审议会成员充分理解通产省设想中的政策内容及方向。特别是新政策制度中被定为下一年度重要课题的政策项目，需要经产业结构审议会、执政党的商工部会等的讨论后才可正式成为下一年度通商产业政策的重点并对外公布，因此产业结构审议会成员与商工部会的有关议员的共鸣非常重要。与有关各省厅仅依靠省厅内部的政策判断申请预算的事例相比，这种与通产省外部相关者的共鸣也会在政策妥协性方面给大藏省等审定官厅留下更深刻的印象。

但是由于需要有设置审议会的法律依据，为了新的政策课题设立新的审议会、在审议会下设置新的部门会议及委员会在手续上十分繁琐。再加上审议会上的议论多少存在着正式发言的倾向，因此在政策的创发、共鸣阶段，很多场合会利用局长等私人性质研究会的形式。

2. 相关业界、地方自治体

通产省的政策能否实现，很多情况下都与成为其受益者的相关业界及地方自治体能在多大程度上与通产省创发的方案产生共鸣联系在一起。而如果要在大藏省等的审定工作中得到肯定，政策受益者存在何种程度的需求是一个重要指标。进而言之，很多情况下，税制等各项政策得以实现，国会议员的强烈意向必不可少，而最可以使有关议员产生共鸣的就是相关业界与自治体。因此有关业界的主要企业、自治体与通产省的各课之间在各种层面以各种方式进行着日常沟通。

3. 相关议员、执政党关联部会

就新出台的政策向国会议员的个别说明以及针对商工部会、有关议员联盟（比如信息产业议员联盟）等的说明，都是旨在激起共鸣的重要活动。政策形成过程中针对国会议员等的说明是经常性的，但在以下时期将重点进行。第一个时期是从7月中旬到7月末。在省内对"下一年度通商产业政策重点"进行探讨的这一期间，需要就政策的大方向向有关议员说明、交换意见以及确定议员的意向。第二个时期是在汇总作为预算等具体政策措施的申请概算之际的8月末，在申请预算前召开的商工部会开会之前，就下一年度的申请事项向有关议员进行说明。第三个时期是秋季以后，即进入9月后申请预算的省厅开始向大藏省进行说明,在经过 9 月、10 月的事务级别交涉、调整后,10 月至 11 月期间,事务交涉中成为争论焦点的问题将牵扯到政治层面,调整也会因此在暗中激化。此时,针对与该问题有很深关系的议员的游说工作十分活跃。特别是关于税制修改的问题,11 月至 12 月上旬、中旬正式开始的党税调(各政党的税制调查会)将实际上决定修改内容,因此游说相关议员包括有关业界在内的活动都将异常活跃。

与国会的沟通中值得注意的是大臣官房总务审议官与大臣官房参事官(负责国会)的活动。与其他省厅一样,官房长、官房总务课长负责与国会有关的业务,但在通产省中,除了官房长与官房总务课长,还设置了局长级别的官房总务审议官、课长级别的官房参事官(负责国会)的专门职位。尽管有关特殊问题由相关局进行应对,但这些职位会就广泛的课题与国会有关人士进行日常的持续性沟通,通过这种沟通,大臣官房可以在国会相关信息的掌握与调整问题上向其他各局提供充分的支持。

4. 媒体

共鸣过程中,如何应对媒体极为重要。通产省中,次官、官房长每周召开一次定期记者恳谈会,如果有议案,各局、各课也会频繁召开新闻发布会和记者通风会。与此同时,各媒体的记者也可以非常自由地访问省内各课,随时进行采访。因此,媒体形成的舆论动向可以不断地直接传递到有关各课。这也成为媒体与通产省的接触界面,而随时与各大媒体记者接触的是大臣官房政策评估宣传课报道室(1997 年 7 月后)。由此通产省可以最准确地实时掌握媒体以及舆论关心的问题。

四、批准体系

1. 大臣、次官、长官、局长

政策议案的批准权与决定权首先归于长官、局长。在处理重要议案时,各课向局长说明(省内或称向局长演讲,或称呈报局长),在得到基本同意、批准后,开始具体实施。特别重要的议案需要得到大臣、次官等的同意。

局长在决定政策方针的框架后,个别具体政策的动议则交由各课。通常,局长只作为听众,汇集各课的议案、进行必要的修订后,才最终作出决定。同时,根据局长的判断,会上呈大臣、次官以及官房长进行判断。

2. 审议会等

在诸如修订、制定法律等个别具体制度的修改、大幅变更预算、税制计划等问题上,除在8月末的"下一年度通商产业政策重点(横写)"中加以定位外,通常针对个别具体问题会另行召开各种审议会或局长的私人研究会,以反映外部专家学者以及业界对这项政策的意见。通产省几乎没有不提供听取外部意见的机会而执意着手修改制度的事例。在有些法律的修改问题上,还负有向审议会咨询及报告的法律义务。

五、评估体系

1. 政策再议

通产省中,在新政策听证的同时,还进行被称为政策再议的听证。这一听证由官房进行,各局、各课对过去本课实施过的措施政策的评估与问题点进行自我分析,并找出改善方法。对于各课而言,各课措施的修改难免会与自我批评以及对前辈的批评相连,因此很难说形成了自发明确自身问题的机制。针对这一情况,官房(以往以官房总务课为中心)采取了以下措施,即借助媒体舆论、国会及政党的议论,在听证前准备了非常严厉的批评内容("账单"),并严格听取各课对这些批评的回答。

但是,官房并不可能完全掌握各课实行的所有政策的问题点,官房与课之间的信息不对称性能否完全消除十分关键。此外,很多意见认为,再议尽管在掌握与分析问题上取得一定的成效,但通过这种政策是否可以非常充分地提出具体的改善建议,仍存疑问。

一般而言(不仅限于通产省),现行制度及其支持政策一定存在着受益者。事实上，侵害受益者既得权益的具体措施的变更、修改绝非易事。也就是说，如果是新政策，将存在该政策实现后获得利益的相关者（或称声援团），但缩小或废除既存措施时，一定会存在明确的反对者（既得利益者），可却没有明确的声援团，因此政策变更将困难重重。

2. 政策评估宣传课的尝试

在上述问题的基础上，为了切实推进"政策评估、修改"，即恰当评估通产政策、既存政策有何需要修正的需求，这些需求如何搜集、如何反映在政策中等问题，1997年7月1日大臣官房新成立了政策评估宣传课，该课积极探讨引入外部评估制度等课题，并进行了各种尝试。

第六节　通产行政的课题与展望

一、转变个别产业振兴行政

"不需要通产省"的言论时常出现。的确，传统意义上的通产政策就是政府为了扶植某个产业的发展，在税制、金融、预算等方面采取支持政策，斡旋企业的合作合并，对各企业的生产产量进行行政指导等。随着日本经济的成熟以及日本民营企业的自立，这个意义上的通产行政的必要性正在急速减弱。

通产省自身也强烈地认识到了这一点，并在近年来尝试进行新通产行政的大转型。即从个别产业振兴型的政策转向构建软性产业的发展基础。总之，日本经济在有效应对信息化、技术开发、环境问题、消费者问题等外部经济及非经济领域中的问题同时，通产行政的重点正在急速转向构建旨在稳定发展、增长的基础及制度。

二、"构想行政"的局限性

长期以来，通产省不断发现当时日本经济的问题，提示构建符合日本经济发展的新经济社会的构想，并付诸于具体行动。以往这种构想行政取得了一定的成效,但是最近在通产省内部也开始对其效果产生了疑问,即通产省在把握、分析日本经济的问题方面至今仍维持着一定的准确性,但在解决这些问题的政策(通产政策范围内可以解决的多数问题已经采取了措施)方面,属于其他省厅管辖范围的事务正在增加,尽管从日本经济发展的角度对其他省厅的政策领域进行有益的提案具有一定意义,但如果尽心提出的构想却未得到相关省厅的合作,那么画饼充饥的可能性就会增加。

因此,通产省在教育信息化、促进产学官共同研究开发、废弃物再利用等各个领域中,都在与其他省厅积极合作推行政策,这一方向今后仍将加强。

三、政策实施的连续性

由于在新政策制度下花费了大量的时间精力,因此通产省每年都可以制定质量较高的下一年度应实施的政策措施。但同时,却没有为跨多个年度的中长期课题花费足够时间与精力进行研究的机制。中长期政策措施的构筑只能寄托于有关各局的政策负责人的能力与感悟。

但是,在这一点上,与新政策制度并行,官房总务课政策评估宣传课正在从事对既存政策进行再评估的听证工作。可以看出,通产省充分认识到了政策连续性方面的问题并致力于改善工作。

四、偏重过程

如果从创发的政策议案成型化、具体化的观点看,通产省的政策形成过程可谓极富成效。但是,政策的内容从中长期的观点看是否妥当,却并没有充分研究探讨的机制。也就是说,在通产省,法令审查委员会、总务课长会议等会对具体政策的妥当性进行细致的核查。比如法令审查委员多半是事务系列职员,他们并不在特定的领域而是在从事各种工作的同时,作为通才接受培养后,才就任法令审查委员的。此外,法令审查委员的任期为一年,尽管在政策立案项目的推行方式、运作模式上十分熟练,但近年来深入、充分探讨急速复杂化、专业化的各项政策的实质内容却也变得日益艰难。

有鉴于此,修改以往人事管理系统的议论在省内也日渐活跃。有的意见认为,曾在与信息有关的课工作的职员再次就任与信息相关课室的管理职位等最近的人事事例表明,通产省正在试行重视专业背景的人事安排与任期的长期化。与此同时,经各局内部主要相关各方讨论而完成实质性政策形成过程的事例也屡屡出现,因此,一部分观点认为以往以法令审查委员会为中心的决策模式正在出现大幅度的动摇。

五、信息来源的偏差

通产省作为经济信息共同体,通过收集大量有关经济、产业的各种第一手信息,构建了高质量的各种政策。但是,近年来随着产业结构的急剧变化,通产省保持至今的信息渠道正在日趋陈腐。比如,通过产业界团体了解大企业、通过各中小企业团体、地方共同团体了解中小企业等,的确可以有效掌握各企业和业界的实际情况。但是,在确保与最近迅猛发展的高新企业以及积极开拓日本市场的外资企业,进而言之,与近年来对政策形成发挥巨大作用的学者、智库、咨询公司等进行充分沟通这些方面,仅仅依靠通产省以往构筑的关系网络正变得非常困难。鉴于这种对现状的认识,通产省通过组织改革新设了产业课以及产业技术课等,在职员的工作中安排了前往大学出差、开始派遣职员前往高新企业研修等,进行着种种尝试,但目前仍很大程度上依赖于通产省每位职员的个人才能。

补充　通产省的隐语

(混用英语与日语单词可谓通产省的特点)
- Lec:lecture 的略称,指向干部就重要事项进行说明。
- 装订:将多份资料简单排列在一起。
- 粘贴:新的资料不用打字机重新打印,只是将现有资料剪接粘贴而成。
- 现成:现有之物。

- 断尾：已规定期限，且不再延长。
- 某某张纸：表示文件的数量。比如一张纸、三张纸。
- 拥有玉：玉＝有望成为亮点的政策、议案。
- 返回：内容修改后却仍以修改前方案的形式提出。
- 修文：修改字句。
- 磨合：事前协调意见。
- 结果、妥结：在交涉中最终所有相关方均可接受的妥协方案。
- 撤出：在交涉中撤回意见，作出妥协。
- Offer：提案、申请。
- Counterpart：与其他部局进行交涉时的谈判对手，通常职务是平级的，尽管用日语的交涉对手一词并无不妥，但不知为何使用了英语。
- 填充：对细节进行详细研究，完成度高的被称为"填满"。
- Clear：有权限者批准议案内容。官房过关通常是指得到了大臣官房总务课法令审查委员的批准。
- Marupotu：详细表现的状况。
- 拿捏：各方人士从各种角度进行研讨。"填塞"是指讨论字句、数据、法令、制度等的细节问题，而"拿捏"则是指以更高的视点探讨可至政策的哲学深度的问题。
- 账单：被上级领导要求进行具体研讨的事项或作业。"拿出账单"是指要求探讨，而"返回账单"则是指报告探讨结果。
- 握（nigiru）：表面上谈判仍在继续，但私下各方已找到妥协之处并同意妥协。
- 忽视：neglect 的略称，表示搁置订货，什么也不作为。
- short notice：准备时间并不充分，在订货时经常使用。
- demarcation：各自应负责的工作的分界线。
- 合意：就某一议案与其他相关部局进行意见协调。
- 前广：为了防止情报外泄，适当加大情报保密的范围。
- 撤播：向有关各方分发文件。

第五章　国土厅的政策形成过程

斋藤荣

第一节　国土厅的职能与组织

一、目的与性质

提到"国土厅",人们很难想起它的工作内容,实际上,很多人都会感到不清楚国土厅到底是做什么的。如下文所述,本应以"国土综合开发厅"之名诞生的国土厅,其创设目的就是"综合推动国土行政工作"。《国土厅设置法》规定:"国土厅的主要任务是,通过对国土适当、正确的利用,旨在确保健康的文化生活环境与国土的均衡发展,为建设富裕、宜居的地方社会作出贡献,并综合推动有关国土的行政工作。"针对建设、农林、通产、环境等"纵向"政策,国土厅是以国土行政为切入点,计划并调整推进国土规划、推动综合土地政策、建设大城市圈、振兴地方等"横向"政策的官厅。

基于上述设立目的,国土厅的政策特征就是"长期性"与"广域性"。全国综合开发计划、大城市圈建设基本计划等都是以 10—15 年为计划期的,而这些计划又是各种公共事业 5 年计划的基础。另外,由于政策实施对象的范围非常广阔、涵盖全部国土,政策议题经常横跨几个省厅,因此国土行政的政策出发点就具备了广域的特点。由于政策的长期性及广域性,相对于每年度提出新的政策,更多的情况下,国土厅以一定的时间间隔推出长期性的政策。

国土厅即使会对政策进行规划与调整,但很多情况下并不直接参与实际运作。比如即使制定了公共事业的长期计划或地区计划,实际进行实施的却是建设省、运输省、农林水产省等相关负责省厅。因此,国土厅并没有像其他省厅那样有自己特定的业界,来自特别的产业界的压力相对而言也比较小。此外,与被称为族议员的国会议员之间的关系也相对薄弱。

二、组织

国土厅除了长官官房外,还有1部(水资源部)、5局(规划调整局、土地局、大都市圈整备局、地方振兴局、防灾局)。除了这些部局外只有大阪事务所及小笠原综合事务所两个部门(国土厅编制分别为5名和8名职员),并没有像建设省地方建设局那样的大规模的地方支分部局。国土厅的预算编制在1997年末为469名,含特别职员2名(政务次官及土地鉴定委员会委员)及一般职员467名。

以上各部局是1974年国土厅设立时,从经济规划厅、建设省、总理府、首都圈整备委员会、自治省等组织调派了人员并增加了编制,至今还在很大程度上影响着各部局的人事关系。

国土厅的主要工作参见表5-1。

表5-1　各部局主要业务

部局	主要业务
水资源部	• 制定水资源开发基本计划 • 监督水资源开发公团等
规划调整局	• 制定全国综合开发计划 • 与各省厅协调社会资本整备计划等
土地局	• 制定土地利用基本计划、指导与协调土地交易的管控 • 对有关土地问题进行各种调查(地价调查、国土调查等)等
大都市圈整备局	• 制定大都市圈建设治理计划 • 制定首都机能转移的计划、方案等
地方振兴局	• 制定地方城市及农、山、渔村建设治理的计划、方案 • 制定困难(handicap)地区的振兴、建设的计划与方案等
防灾局	• 制定灾害应对的规划方案、防灾基本计划 • 灾害发生时协调各行政部门之间的工作等

三、人事管理系统

国土厅人事管理系统的特征是约 470 名职员中的八成左右由其他省厅调派而来。国土厅在成立 5 年后的 1979 年开始招收国土厅职员,截至 1997 年约招收了 100 名。

这 100 名招收的职员中,高级公务员[Ⅰ种或高级(甲)考试合格者]约 60 名。高级公务员中,事务官以经济职种为主,技官则基本上是土木职种。国土厅录取的职员在厅内分配工作时基本上不会明确区分事务官与技官。此外,高级公务员中约 1/4 被派驻其他省厅机构及其地方部门、地方自治体以及国际组织。

国土厅课长以上的干部职位因工龄的关系现在均被其他省厅调动而来的职员占据。此外,在干部职位上,按照调动前省厅及事务官、技官的不同而各有非常明确的任命。比如,局长级别以上的官员中,规划调整局来自经济规划厅,土地局则是建设省及农林水产省交替出任,大都市圈整备局来自建设省,地方振兴局来自自治省,防灾局来自建设省的干部等。这也是由于在国土厅成立之际,各局都是由各相关省厅中的现有部门直接移转而来的。具体而言,规划调整局的前身是经济规划厅综合开发局的一部分;土地局的前身是建设省计划局宅地部宅地政策课及经济规划厅综合开发局的一部分;大都市圈整备局由首都圈整备委员会、近畿圈整备总部与中部圈开发整备总部组成;地方振兴局由经济规划厅综合开发局、自治省大臣官房地域政策课以及行政局地域振兴课等组成。

国土厅的干部职位对于其他省厅而言,在人事上也具有重要的意义。国土厅事务次官的职位通常由大藏省与建设省每年轮流担任,比如建设省的事务官要出任建设省事务次官,如果需要经历 2 年事务官、1 年技官的轮换,那么 3 年有 1 次出任事务次官的可能。而国土事务次官假设需经历大藏省 1 年、建设省 1 年的轮换,那每 2 年就有 1 次可能。因此,可以说出任国土事务次官的可能性要比出任建设事务次官的可能性大很多。

由其他省厅调动而来者占多数的国土厅的人事管理系统除了有

利于组织活性化、容易从其他省厅获得信息、与相关省厅进行业务协调时必不可少等特点外,也存在着不易积累业务技巧(know-how)、缺乏组织凝聚力、不利于维持职员的工作积极性等不利因素。

第二节 国土规划的历史以及国土厅成立的经过

一、战后国土规划的历史

战后国土规划的历史可追溯到昭和初期。1937年,第一届近卫内阁设立了直属内阁的"企划院"。企划院以德国为范本,旨在制定国家主义政策性质的国土规划,其中心是以战时体制计划、管制性的危机管理为目标的全局计划或物资动员计划。同时,"内务省"则从城市规划开始发展,以期逐步接近进行制定并实施国土规划的目的。1941年内务省土木局改组为国土局,制定了实施地方规划的政府规定制度。尽管企划院制定了"大东亚国土规划要纲案"等,但于1943年被废除,国土规划转由内务省国土局统一管理。

战争结束后,1945年内务省提出了"国土规划基本方针",但1946年GHQ的"经济安定总部"开始工作,通过"物资总动员计划"逐步参与国土规划性质的工作。1947年国土规划的制定工作正式划归经济安定总部。

1949年经济安定总部中设立了综合国土开发审议会,制定国土规划法的时机也日趋成熟。1952年经济安定总部被废除,国土规划的管辖权转移到了经济审议厅、经济企划厅(1955年成立)以及国土厅(1974年成立)。

二、国土厅成立的过程

国土厅设立的直接契机来自于1972年开始执政的田中内阁,田中角荣首相设想成立新的"国土综合开发厅"来推进其"日本列岛改造论"的构想。但是,由于当时地价高腾、环境污染等社会问题已日益明显,在经过政治妥协后,成立了较当初设想的综合调整职能大幅度倒退的国土厅。

1972年第一届田中内阁开始执政，田中角荣在执政前夕发表了"日本列岛改造论"，执政后日本全国掀起了基建热潮。在这一背景下，为了推进国土综合开发的各项政策，内阁设立了国土综合开发推进总部，推出了以该总部为中心、由1官房5局组成的"国土综合开发厅方案"。在这个方案中，新建立的"国土综合开发厅"在预算方面被赋予了拥有总揽制定大型工程预算等权限。与此相呼应，还对1950年制定的《国土综合开发法》进行了讨论并作出了根本性的修正。《国土综合开发法》的修正重点在于强化国土规划的系统化、大型工程的运行管理等。

但是，当时土地投机、环境污染等一系列社会问题日益严重，这些法案作为日本列岛改造关系法案遭到了在野党的强烈反对。最终国土综合开发法案作废，而推出了《国土利用规划法》。出于对地价高腾的反省，《国土利用规划法》将立法重点置于土地利用的管理与规制，而删除了最初法案中设定的推动并管理大型工程等制度的内容。与上述改动相对应，"国土综合开发厅设置法案"中的名称也更改为"国土厅"，并进行了"合并计划局与调整局"以及"分离土地局与水资源局"的行政改组。原本在预算集中调整问题上被寄予厚望、应成为国土厅亮点的调整局，随着应各方呼吁而单独设置了土地局，而最终与计划局合并。国土厅设立时的修正项目参见表5-2。

表5-2 国土厅设立时的修正项目

	最初方案	修正后
名称	国土综合开发厅	国土厅
任务（设置法）	……综合推进有关国土综合开发的行政工作……	……综合推进国土行政工作……
组织	计划局 调整局 土地·水资源局 大都市圈整备局 地方振兴局	计划·调整局 土地局 水资源局 大都市圈整备局 地方振兴局 ※计划局与调整局合并，土地局和水资源局分离

	最初方案	续表 修正后
相关法案	修正《国土综合开发法》	制定《国土利用规划法》 ※《国土综合开发法》修正案被废除，取而代之的是《国土利用规划法》

《国土厅设置法》还规定了以下两条："有关应有计划综合实施的，在特定地区进行开发建设的大型工程事业中由行政命令决定的事业之各项经费，国土厅将协调相关省厅的预估方针及分配"，以及"协调根据行政命令规定的全国干线交通网设施建设的有关经费之预估方针"，但直至今日仍只限于行政命令下的内部讨论，一次也没有实施过。

第三节　国土厅业务的特征

国土厅被称为"计划协调官厅"，鲜有可以直接参与的事业。其主要业务就是有关国土政策的计划与协调。下文将通过具有国土厅特色的业务形态的事例来对这些业务进行概述。

一、有关国土行政的规划立案事例（首都改造计划）

诸如"大城市圈地区结构改革"等项目，很多国土行政的政策目标都是其他省厅仅凭一己之力所无法开展的。这种国土厅独自性很强的政策规划立案之一就是制定"首都改造计划"。

首都改造问题的讨论从20世纪50年代中期即已开始。而国土厅大都市圈整备局则对以1979年到2025年为计划期的超长期展望的首都改造进行了正式调查。这是因为东京大都市圈的人口以及城市功能明显向东京一极集中的现象引发了诸多社会问题，特别是管理功能向东京都中心部集中的问题，与日益加深的职场、居住地分离的社会现象一同造成了土地、交通、防灾等一系列的城市问题。有关首都改造的讨论经过几个阶段后，1985年最终形成了"首都改造计划"，计划的基本方针在于"改变目前依赖东京都中心部的一极依存结构，以分化为原则，构建拥有复数核心区与城市圈的多核多区域型的地区分布,并以此为基础,将东京大都市圈重新构建为联合城市圈",同时将立川·八王子、横滨·川崎、大宫·浦和、千叶、土浦·筑波定位为这一构想的业务核心城市。

这些构想也被列入了法定的 1986 年首都圈基本计划之中,而随后在第四次全国综合开发计划(四全总)的《实施法》、1988 年制定的《多极分散型国土形成促进法》中,业务核心城市的建设也成为实施对象,横滨市的"海港未来 21 计划"、千叶县的幕张新都心构想等业务核心城市的建设今天仍在稳步发展。

可以说,首都改造计划是针对首都圈分布结构改革这一国土政策目标,由国土厅主导进行计划方案的制定,之后将其定位于法定计划,并在制定配套法规的同时进行首都圈域的改造。

二、宽松方式进行协调的事例(《度假地法》)

从前述国土厅成立的过程可以看到,国土厅并非总是可以有效地通过预算进行协调的。但是,在相关省厅无法达成一致意见的情况下,国土厅可以充当协调的角色,或者可以提供磋商场所让各有关省厅协调彼此间的利害关系。比如《度假地法》就是与相关省厅进行协调的结果。

1986 年 8 月开始,出于适应国民生活追求宽裕的变化、地区振兴由吸引建厂到以吸引第三产业为中心的转变以及利用民间活力扩大内需等各方面的考虑,各省厅陆续推出了各种建设度假地的构想。建设省率先提出了"综合度假村构想",农林水产省接着提出了"农产渔村度假区构想",紧接着通产省的"建设休闲开发基础设施构想"、运输省的"娱乐港湾建设构想"、自治省的"大型广域度假区建设构想"、环境厅的"国家公园休养计划"等也相继出台。

针对这种度假地计划无序林立的状况,同年 12 月国土厅、农林水产省、通商产业省、运输省、建设省、自治省等 6 省厅达成一致,制定统一的度假地相关法案,并由国土厅地方振兴局全面负责。1987 年 3 月,成立了由 6 省厅的局长级官员组成的推进综合保养地域建设联络会议,并制定了推进综合保养地域建设法案(简称《度假地法》——译者),同年6月该法公布并实施。

在这一过程中,国土厅并没有协调各省厅关系的特殊手段,但却可以让各有关省厅坐在一起,可以说,作为协调部门的国土厅以协调者的身份协调了各有关省厅之间的利害关系。

其后,1992年制定《中心都市法》(关于促进地方中心城市地区的建设以及产业设施再配置之法律)时,建设省、通产省、自治省、农林水产省、邮政省与作为协调者的国土厅也采用了同样的协调方法。

综上所述,无论是制定计划方案,还是进行政策协调,很多情况下国土厅中干部特别是国土厅长官的政治影响力,很大程度上决定了政策的成功与否。也可能是由于国土厅政策的时间量程较长,因此存在着不断推出各种政策的时期和没有新举措的时期。比如从1987年到1990年期间,国土厅先后制定了《第四次全国综合开发计划》《度假地法》《多极分散型国土形成促进法》《土地基本法》等。特别值得一提的是,这一期间担任国土厅长官的都是当选次数比较多的所谓资深议员,而更多的情况下出任国土厅长官的都是当选次数相对较少的国会议员。但同时,国土厅成立时间短、组织上尚有不成熟之处,凝聚力较弱,正因为如此,反而成为具有政治手腕的长官容易发挥领导能力的一个部门。

第四节 国土厅的创发与共鸣

一、创发体系

国土厅的创发体系大致可分为厅内自发性创发与外部创发两种。

1. 厅内自发性创发

国土厅内通常每年4月左右开始讨论下一年度的工作和政策重点。创发的主体基本上是以系员、系长、课长助理、课长为中心的职员,但进行最后汇总工作的实际上是各课的课长助理。各课讨论大致由自由讨论的形式开始,经一个月左右至5月下旬将各种意见汇总。各局和官房将总结作为国土厅重点的重要事项,重要事项会在预算中有所反映，但重点的优先顺序却不会直接反映为预算的优先顺序。这一讨论重点政策的工作是每年创发活动的惯例。

除了上述的每年重点政策讨论之外，作为时间间隔较长的创发还有各种长期计划（全国综合开发计划、地方共同体计划、水资源开发基本计划等）的修改工作。

2. 外部创发

除了上述其他省厅也在进行的日常工作中的内部创发外，国土厅还有很多由专家学者或国土厅的退职、退休人士组成的团组所进行的创发活动。这种外部创发在国土规划领域尤其多。比如全国综合开发计划中的"交流网络构想""多级分散""国土轴"等关键词并不是都来自国土厅内部。准确了解这些关键词的创造者比较困难，但一般认为与国土厅有关系的专家学者或退职退休者创发出来的情况不在少数。这是由国土政策领域所具有的特殊性导致的。国土规划有时需要某种哲学思维，不仅仅从经济性的角度考虑，同时也从必要性的角度出发，即有必要给予以 50 年、100 年的时间间隔考虑进行的社会资本建设以正当性。从别的角度而言，国土规划并不一定如通常的政府部门的政策形成一样，要部门全体达成一致并考虑到居民的需求，而或许就是反映了一名设计者的意图或想法。

国土厅各种审议会、研究会的成员中，有很多足以影响现在国土厅政策的专家学者。这些专家学者中不少就曾作为国土厅职员或干部参加过计划的制定和策划。

此外，地方自治体也会以向国土厅进行政策提案或陈情的方式进行创发。比如"三远南信地域整备构想"就是由爱知县的丰桥市、静冈县的浜松市以及长野县的饭田市为中心城市，在这三个县的接壤地区建设三远南信干线公路，并以此为契机推动这一地区工作、居住、旅游、学习等各方面的均衡发展。这个构想的前身是中部经济联合会发表的"三远南信三角区构想"，随后被列入了第四次全国综合开发计划（1987）、中部圈开发建设基本计划（1988）建设地区中的设施建设项目，目前正在进展之中。

地方自治体的创发从高速公路、新干线、机场等单独设施的建设直至上述的地区建设，无论是哪种，在被列入国土厅的计划中后大多成为计划的保证并促进着其后各种具体项目的发展。

二、共鸣体系

创发的想法、方案会通过各种形式形成共鸣并最终成为国土厅的政策。共鸣的主要形态包括厅内的审议会、研究会等的批准机构、地方自治体、经济界等的地方团体以及相关省厅的共鸣等。

1. 审议会、研究会等

国土厅有国土审议会、土地政策审议会等各种审议会。与其他省厅的审议会一样，这些审议会就某些政策的重要内容听取专家学者的意见，并批准政策。这些审议会由于具有缺乏机动性的弱点，因此有时也会设立长官所属的私人恳谈会、各种研究会以图共鸣的形成。

2. 地方团体

以特定地区为对象的具体政策的实施与实现离不开所在地区的共鸣。

比如计划在爱知县常滑海域建设的"中部新国际机场"，其创发就是由该地区发起的。在将其列入中部圈建设计划、机场建设五年计划之前，该地区的地方自治体和经济界为了新机场的建设，举行了学术研讨会、向国家陈情等一系列活动，并争取有关部门的支持。

3. 相关省厅

对于在组织内部没有具体政策实施部门的国土厅而言，与具体实施省厅产生共鸣对于计划的实现具有非常重要的意义。上文提到的"三远南信地域整备构想"就是国土厅、农林水产省、林野厅、通产省等5个省厅历经1991年、1992年两年，动用国土综合开发事业调整费进行调研的。为了在实施地区进行综合建设治理，这次调查的方法是各有关省厅在各自的领域提出独自的建设构想，并在全体会议中就这些构想进行相互协调,最终制定综合建设计划。在这些相互协调中,针对道路建设这一事业,明确了农产品流通、森林资源活用、技术人员交流等各省厅的相乘效果,并试图扩大建设的效应。这种利用事业调整费进行调查的方式也可被认为是前期宽松式协调的一种,并同样可以在相关省厅之间进行信息交换,形成政策共鸣。

与相关省厅的共鸣中包括国土厅与其原省厅之间的共鸣。这是由多数职员都是从其他省厅调动而来这一国土厅的特殊性造成的。调动到国土厅的职员为了实施政策,就必须和原省厅形成共鸣。比如,1987年"第四次全国综合开发计划"中的"高等级干线公路一万四千公里构想",如果没有和管理道路建设的建设省形成共鸣是不可能出台的。据推测这一政策的创发本身可能就是建设省的想法,从建设省调动至国土厅的负责人在与原出身省厅进行协调的同时将此反映在全国综合开发计划之中。这种情况对于国土厅而言也可谓是双刃剑,因为一旦国土厅与原出身省厅之间的利益发生对立,厅内的协调就无法进行。

第五节 国土行政的课题与展望

上文就国土厅的职能与组织特点及具体进行了论述,最后将简述国土行政目前遇到的问题与今后的展望。

一、国土行政的再构建

如上所述,国土规划起源于战时体制下国家的统治,在经历了战后复兴、高速经济增长期之后走到了今天。其重心正从战后的"国土开发"转向"国土管理",21世纪初期人口减少、老龄化的急速进展等是导致这一变化的直接原因,而维护长期以来不断建设的社会资本的必要性也日益增加。此外,时至今日的以硬件优先的社会资本建设转向环境、文化、传统为主的软性社会资本的建设,这对于国土政策有重要的意义。为了应对这些趋势,有必要再次构建国土行政的现实意义与其政策范围。

同时，国土厅的组织经过历史演变后才形成现在的组织形式，其业务广泛涉及计划协调、土地、水、大都市圈整备、地方振兴、防灾等各个领域。但是，考虑到今天国土行政的意义，就有必要对组织进行再构筑。比如，在防灾方面，当发生大规模灾害时，最早采取应急措施的机构应设置在国土厅还是内阁？有关水资源的问题是否应与河流行政工作进行一体化管理？这些课题都需要进一步的讨论。

二、强化协调功能

由于在现在的中央各省厅所在地——霞关不存在可有效协调各种公共事业的机制，因此也就无法针对经济、社会状况的变化按照不同设施进行预算的重点分配。鉴于国土厅的成立宗旨，人们都期待国土厅可以协调、调整各种公共事业，1988年及1993年临时行政改革推进审议会《关于国与地方的关系》中也提出"有必要进一步充实、加强国土厅的综合协调功能"。同时，如前所述，国土厅以根据计划进行协调或宽松式协调为主，而在根据计划进行调整这一方面，"在具体单独的社会资本建设计划以及土地利用计划等问题上，目前难以断言这些都是根据应为优先计划的国土厅所管辖的综合计划制定的"。

为了进行有效的社会资本建设，就有必要明确事业的优先顺序，并形成可根据设施进行预算重点分配的机制。而这种事业协调机制是如现在一样仍置于协调型官厅的国土厅（或在省厅改革后的"国土交通省"）内，还是隶属内阁，是否应根据政治决策推进协调等议题都有必要予以讨论。

三、国家与地方的关系

在推动地方分权的今天，国土行政也必须明确国家的作用是什么。比如，长期以来全国综合开发计划中会出现非常多限定使用地区的单独设施的名称。但是，今后有必要明确国家直接管辖的事业，并在计划中只叙述这些事业。比如，全国计划中的交通设施是否应只以跨地区的干线交通设施为对象，各地区的计划是否基本上以地方自治体为主制定等，这些问题都是需要探讨的。

第三部分　省厅的政策形成过程
——基层型

第六章　建设省的政策形成过程

天野雄介　城山英明

第一节　建设省的组织与职能

一、目的与性质

建设省是在内务省解体后于1948年7月成立的,由1官房和6局构成,也是除自治省外最年轻的省。现在的组织结构包括省机构、8个地方建设局及252个事务所,省机构包括大臣官房、建设经济局、都市局、河川局、道路局以及住宅局。

建设省的设置目的是"住宅建设及社会资本的整备"。其中,住宅与公共社会基础建设略有不同,本章将建设省归类于"基层型",将主要论述住宅以外的建设省的行政工作。另外,有关"充实社会资本"的内容,如果将其改为"社会基础建设的整备与管理",似乎建设省的目的会更加明确。但是,这些社会基础建设中建设省所管辖的只有城市街道、公园、下水道、河流、海岸、道路等,其他的社会基础建设则由别的省厅管理,因此仅以建设省为例是无法论述国家整体社会基础建设的。此外,如何对河流、道路等既存公有财产进行管理则基本上遵循公有财物管理的原则,而有关城市街道等与私有财产有很大关联的部分则基本上遵循如何使其形成优良资产的原则,因此对社会基础建设的认识因种类不同而各有差别。

"基层型"的建设省其特征大致可归纳为以下三点:

首先,"执行政府投资为重点的行政方式"。充实、管理社会基础建设的方式主要包括执行政府投资与吸引民间投资两种。这两种方式均在 GDP 中占据一定的比例,其比例经常还会作为经济问题引起争论。在建设省看来,公共投资的目的并不只是为了刺激经济景气上扬。1995 年 GDP482.9 兆日元中,建设投资为 80.4 兆日元(16.66%),其中政府建设投资为 37.2 兆日元(7.7%)。在这两种方式中,建设省的工作重点是执行政府投资。政府投资主要包括国家自身使用事业费的"直辖事业"、地方公共团体实施的"国库辅助事业"以及接受财政投资融资的特殊法人的事业等。比如,大臣官房官厅营缮部、都市局下水道部、河川局、道路局等都以执行政府投资为目的,都市局街路课、区划整理课等都采用国库辅助制度。由此可见,建设省的特征之一就是运用各种执行政府投资手段,使用在财政中占很大比例的公共事业经费。

其次,"国家自身进行公有财务管理"的工作占很大比重。大臣官房官厅营缮部、都市局公园绿地课、河川局、道路局等不仅可以向地方公共团体等提供国库补助,还拥有国家自身执行任务的驻地方的派出机构。这些派出机构主要包括 8 个地方建设局及其下属的 252 个事务所,而事务所实际上就是执行事业费的部门。国家向地方派出的机构从事的工作被称为"直辖事业"。拥有直辖事业的部门除了开展这些工作,均毫无例外地进行着公有财物的管理。换而言之,这些直辖事业作为公有财物管理的手段之一而存在,这种表达方式更为准确。公有财物管理即以恰当的方式维护和管理国有财产,建设省的公有财物管理就是维护和管理河流、道路、官厅的厅舍以及国营公园。尽管都笼统地称为管理,但其内容却多种多样。比如,河流的管理就包括发洪水时如何安全泄洪、平日以有利于水资源为目的实现河水取水的安定化、同时调整对广阔的河床河滩进行各种利用的要求等等各种内容。道路管理也包括维持 24 小时不间断的一般交通设施的功能、应对来自地方的不满意见、住宅用地与道路之间的连接道路的调整以及调整下水道与电气管道、信息通信网、地下铁线路的容量等各种目的对道路空间的利用等各种内容。简而言之,管理目的的多样化意味着各种目的之间的协调本身在管理中就发挥着重要作用。

在成立之初,部分也由于战争刚刚结束,建设省将工地的施工人员都招为职员,如同以直接经营的方式来从事直辖事业。其后,随着建筑公司实力不断增强以及咨询公司的增多,可以委托给外部的工程、设计及测量等工作的外包化不断得到推广,实际上目前可以外包的业务几乎全部委托给外部进行。另一方面,不能外包的业务,诸如有关公有财物管理、与居民或其他行政部门的协调、制定某项事业的计划方案、用地交涉、工程投标及监理等,就成为建设省驻地方的派出机构的主要工作。在这些工作中,有关公有财物管理的协调工作可能不太容易理解,以下将略加说明。比如就道路管理而言,发生交通事故后公路护栏等国有财产受损时进行索赔、事故多发地点与警察协商修改道路的结构、大雨时封闭有塌方危险的路段、处理街道边的落叶以及被车辆碾死的动物尸体、噪音、交通堵塞等沿路居民的不满、为缩短道路工期而与土地占用者协商等,都需要进行协调。上述例子只是其中的一小部分,近年来,有关公有财物管理的行政需求随着价值观的多元化而呈现增加的趋势。此外,解决交通堵塞问题而设置右拐专用车道、改良道路交叉点的工程、旨在提高景观质量改善步行环境而将电线埋入地下等工程都是对行政工作的具体要求。如上所述,制定政策的计划方案与公有财物管理工作密切相关也是建设省的重要特点之一。

第三,"因专业分化而产生的各部局的高度独立性"。由于建设省的目的是"社会基础建设的整备与管理",因此各个部门的业务因社会基础建设的种类而具有很强的专业性,各局之间少有业务上的关联。此外,在一些局各课业务之间的关联性也比较薄弱,有时甚至被称为"有课无局"。所以,在通常情况下,或可将课视为一个独立的单位。但是,比如将道路局看作是以局为单位的一个整体部门可能更便于理解,本书将这种单位称为"独立单位"。独立单位由于其业务内容的独立性,经常会单独拥有预算作为其实现政策的手段,自律性较高。但另一方面,由于官房以及各个局的首席课相对其他省厅而言权限较弱,不易插手各局、各课的管理范围,因此省内或局内的协调调整机能未必充分。同时建设省的官房政策课和建设经济局事业调整官室等单位理应负责处理跨局性的工作,但大多数情况下只停留在发挥中介作用的阶段。从而还会出现相关部局间直接冲突、难以协调的现象。在很多与其他省厅的协调中,独立单位也不通过官房而独自行事。总之,独立单位推出并实施政策也是建设省的一大特点。

本书将建设省划归"基层型"一类,在此需要进一步明确"基层"一词的含义。这里所指的"基层"并不是施工现场,而是建设省实施政策的对象,比如城市、公园、河流、道路等现实存在的场所。特别是拥有驻地方的派出机构的部门因需进行公有财物管理而与"基层"关系密切。此外,"基层的问题意识"就是指应改善"基层"即政策对象的现状这种认识。

二、人事管理系统

建设省与很多其他省厅一样,每个人在参加工作时根据国家公务员考试被分为"事务官"与"技官"。其中,考试科目中行政、法律、经济考试合格者成为事务官,其他的科目中土木、建筑、电子电气、机械、治理水土流失、造园考试合格者成为技官。建设省的高级公务员[上级(甲)或Ⅰ种考试合格者]的人事管理系统将事务官与技官明确区分开来,技官更是进一步被细化分配。事务官并不按照行政、法律和经济进行划分而是组成一组。技官则是在一种考试下分为不同的小组,土木分为河川、道路、下水道和都市4组,建筑分为官厅营缮、住宅2组,详细参见图6-1。

人事制度上分为一组事务官和多组技官,与此相对应,省内各职务也因各自的分组而大相径庭,其他各省厅常有这一特征,建设省也不例外。但与其他省厅相比较,建设省的特点是技官拥有一定的地位。建设省中技官的地位问题起源于内务省土木局时代事务官与技官之间的摩擦,现在终于在形式上达到了平衡状态。图6-1列出了1997年每组新录取的职员人数,由此可见各组之间的平衡状况。

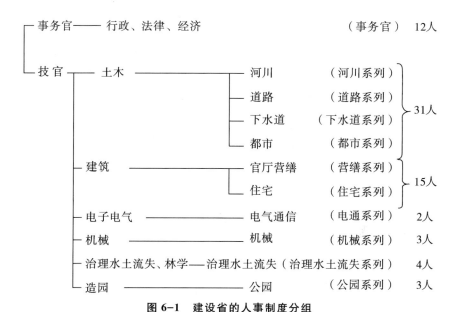

图 6-1 建设省的人事制度分组

注：( )内是本书对各分组的称呼。
　　除此之外的考试合格者也都分别属于各组。
　　右侧是1997年新参加工作的人数。
　　国土地理院的新参加工作者不在本图统计之内。

　　技官拥有一定地位的例子有很多。首先，事务次官的职务按照惯例通常是事务官2年、土木技官1年轮流交替，目前技官可以成为事务次官的官厅除建设省之外只有科学技术厅。另外，根据《建设省设置法》，建设省设有其他省厅技官职称中所没有的"技监"一职，这是仅次于事务次官的职位，并由土木技官中的河川系列或道路系列的官员担任。在局长级官员中，官房长、建设经济局长、都市局长由事务官担任，河川局由河川系列、道路局由道路系列、住宅局由事务官与住宅系列的职员交替担任。在局长级别中，技官的比率（大约一半）要比其他省厅高。而技官独揽局长职位的河川局与道路局中，还设有建设省其他各局所没有的仅次于局长的次长职位，由事务官出任。部长级中官厅营缮部长由营缮系列、下水道部长由下水道系列、治理水土流失部长由治理水土流失系列职员担任。派出机构中会多少有所不同，但总体而言，至少在建设省的省机构中，上至事务次官下至系员，所有的职位都带有系列的色彩。近年来,技官内部出现了某种程度的人事交流,但这并不意味着个人改变其所属的团组或团组合并,只是在团组间交换岗位有时是以1对1的形式进行而已。但是应该注意到,这种人事交流也是在尝试削弱各团组的独立性,这种趋势今后也会加强。

各团组内部的人事管理系统尽管各不相同,但所有的团组有一个共同点,就是个人反复在省机构与地方之间进行工作调动。这里说的"地方"不仅仅指地方建设局和事务所,还包括调动到地方公共团体及特殊法人工作。这与将首都圈以外的地区称为"地方"的一般用法不同。比如,某位技官在担任局长之前,需要陆续担任省机构的系长、事务所的课长、地方建设局的课长、省机构的课长助理、地方建设局的事务所长、省机构的建设专员、官房的政策企划官、其他厅的课长、地方建设局的部长、省机构的课长、官房的审议官、地方建设局长等职务。由此可见在这一期间需要在省机构与地方建设局、事务所之间不断调动。省机构与地方之间的反复调动这一人事管理系统与第一节第一部分中记载的建设省目的有关,在对社会基础建设进行整备与管理之际,要求地方解决在基层或现场出现的各种行政问题,省机构则需要制定社会基础建设整备管理的全国性方针。这种人事管理系统的意义就是为了满足这一社会要求,每个职员不只在省机构或地方等特定的场所工作,而是通过理解这两者的立场并从中产生动力来激发组织的活力,也可以说是组织选择的结果。

三、工作方式

1. 自律性

如上所述,建设省的各局或各课均有较高的自律性,因此这里将其视为一个单独的单位而称之为"独立单位"。这是由于各独立单位所管辖的业务专业分化,预算也由其单独控制。

另一方面,也有观点认为,每个独立单位的特定人事团组都拥有主导权,这才导致了较高的自律性,媒体等称之为"技官王国"。但是,各独立单位并不总是和人事团组呈1对1的关系,有多个人事团组的课也有很高的自律性。因此,固然人事团组的存在有助于信息流通和快速进行决策,但很难说就是自律性高的主要原因。

正是因为这种高自律性,建设省的业务方式基本上是针对某个问题,相应主管部局在组织中仅通过纵向的上下级系列关系进行处理。各部局在其管辖范围内基本上就是建设省的代办者。换而言之,这一纵向系列关系之外的部局不可能进行干预。比如,事关土地规划的工作,都市局区划整理课就足以完成,其他部局完全没有发言权。这种纵向系列如果是直辖事业,就是省机构(局长→课长→专员→课长助理→系长→系员)—地方建设局—事务所的上下级工作关系。如果是辅助事业,则是省机构—都道府县厅—都道府县的派驻事务所的工作关系。其中较有特色的是专员这一职务,从组织关系上看专员的工作定位是"参谋"或"智囊",但实际上通常也被纳入系列之中。

从另一侧面而言,上文已经提到,省内和局内的协调机能相对薄弱。因此,在所管辖业务有所重叠的部分,且有关独立单位有类似的制度的情况下,就会出现调整不充分的情况。但是,官房等并没有在这些独立单位之间进行协调的强有力的权限,归根到底只能由独立单位之间进行协调与解决。

2. "调查"与新规定的执行

纵向系列进行业务工作时,有几种了解基层问题的系统,其中最具特色的是名为"调查"的手段。调查是指针对某个特定的问题,为了查找在全国是否存在相同或类似事例所经常使用的手段。常用方式是以"在某地有某问题,如果存在与此相同或类似的事例,请按规定样式予以回答"的形式,委托或要求地方建设局及事务所,或地方公共团体等进行调查。可能是由于省内的随意气氛,存在着比起指示地方公共团体,指示地方建设局和事务所的调查实施起来更为轻松的倾向。调查要求期限短的仅为数小时,长的则要 2—3 个月,调查的时间差视问题的紧迫性与内容的复杂程度而定。进行回答的一方也理解调查的要求,会根据期限的长短,判断回答内容的繁简程度进行相应的回答。此外,随着电话、传真等现代化手段的普及,调查的数量增多,期限也逐渐变短。

在建设省，各课课长助理级别以上的职员均可以自由启动这种调查，并且完全没有横向间的合作，因此组织末端的事务所有可能同时收到大量的调查要求。但调查内容几乎不会发生重复，这是由于各系列的管辖范围极其明确。调查结果一般会成为发起调查的系列的专有财产，但是却没有将这些结果变成全课或全局财产加以积蓄的体系。一旦人事调动发生变化，连是否存在这种财产都被遗忘的事情时有发生(当然，其中也包括信息变得陈旧而失去储存价值的情况)。直到最近，很多情况下协助进行调查的地方建设局和事务所并没有被告知调查统计结果，这与其说是省机构隐匿信息，更可以说只是单纯的怠于反馈。但是最近也出现了将反馈义务化的动向。

如果调查取得了重要成果，则经常会在这些成果基础上修改法律或制度，或推出创建新事业的政策举措。更确切一些说，完全不进行调查就推出新政策反而极为罕见。由此可见，这些新制定的政策措施基本上只由纵向系列来策划制定。如果这些政策的内容与其他独立单位无关则不会遇到抵制并成为建设省的政策。但如果相反，就经常会出现为了协调而被迫修改并导致结果与最初内容大相径庭的局面。

综上所述，调查如果与行政政策相结合时，对于进行合作的地方而言，也会因利用该政策解决基层问题而从中受益。具体而言，作为对向社会推广某项政策提供了"范本"的某地方的回报，可以得到预算，也可以成为今后该制度的指定地区等。反而言之，地方不可能怠慢对政策的利用。

3. 省的整体性工作

建设省的工作方式基本上仅以纵向系列进行政策立案制定，但也不能因此断言不存在全省性的工作。下文将介绍全省性政策制定的事例，即各年度重点政策的制定。

重点政策的制定从每年4月以局为单位提出重点政策设想(在此称为"出点子")开始。各课长助理将自己的设想(被称为"点子")归纳在大约一张A4规格的纸上并提交上级。如果在出点子时也有课长、专员或系长等的意见,也由助理代为提交。提交后,首先由课内的课长助理会议对内容进行探讨,讨论是否可行及其在课内的重要度与优先度。在这一阶段,讨论将止于各课课长层次,课长的意见也会反映其中。随后,局内的课长助理会议(全体助理)进行讨论并进行各种修改。在这一局内课长助理会议上,河川局和道路局中技官的首席助理担任议长。4月末起,代表各局的课长助理(各局内事务官的首席助理与技官的首席助理)将一起讨论省的重点政策。这时官房会准备当年省的关键词,各局会从提交的政策中选出适合这一关键词的内容并再度修改。如果与关键词相符的政策不足,就会要求各局再次制定与关键词相符的"点子"。另外,如果没有与各局视为重要的政策相符的关键词,也会要求官房追加关键词。这样的过程会反复数次,直至7月大致决定当年度的重要政策。

这一期间的特征是,符合关键词的"点子"由各局决定,而几乎不会出现官房向各局强推自身考虑的"点子"的情况。

第二节 实施公共事业的基本过程

一、全体计划——制度与行为模式

第一节论述了各有关主管局或课自律进行各种公共事业的工作。本节将论述公共事业直至实施的一般过程。

公共事业通常是在全国或广大地区的范围内就将来应具备的必要性进行讨论,因此在对个别的公共事业进行计划之前,按照惯例将首先以某种形式策划与制定国土(或某地区)将来的整体构想。这种计划被称为"全体计划",一般在法律上会规定制定全体计划的义务,各项公共事业的法律依据以及制定者等的详细情况参见表6-1。

表 6-1　公共事业的全体计划

目的	防洪	开发水资源	国土开发干线公路
法律根据	河川法	水资源开发促进特别措施法	国土开发干线公路建设法
计划名称	××水系工事实施基本计划	××水系水资源开发基本计划	国土开发干线公路的预定路线
制定范围	各级水系	法律指定的水系	全部国土
制定者	建设大臣	内阁总理大臣（经内阁会议决定）	国会（法律的附表）
建设期间	无明确规定	大约二十年	无明确规定
征求意见	河川审议会	水资源开发审议会 相关行政部门的首长	无（各路线的基本计划经国土开发干线公路建设审议会审议）
审议会的组成	仅限专家学者	仅限专家学者	内阁总理大臣以下的有关阁僚、众议院议员、参议院议员、专家学者

目的	下水道	电力	城市规划
法律根据	下水道法	电源开发促进法	都市规划法
计划名称	各流域下水道整备综合计划	电源开发基本计划	城市规划
制定范围	都道府县各水域	全部国土	各城市规划区域（都道府县知事大致决定以市町村为单位的区域）
制定者	都道府县知事（经建设大臣批准）	内阁总理大臣	建设大臣、都道府县知事、市町村的首长（因规定内容各有不同）
建设期间	无明确规定	无明确规定	无明确规定
征求意见	有关行政部门的首长 环境厅厅长	电源开发调整审议会	都市规划地方审议会 居民提交意见书
审议会的组成	——	内阁总理大臣以下的有关阁僚、专家学者	专家学者、有关行政部门、都道府县议员等

全体计划的第一个特点是，对计划中规定的事业建设期没有明确记载，或者非常之长。这个特点反映了这样的思想，即单独的公共事业项目尚需十年以上时间，而诸如构建全国框架性公共事业的整体构想则应是一个长时期的目标。第二个特点是政策制定者与批准者基本上是主管大臣或诸如内阁总理大臣等的内阁成员。在议院内阁制的日本，这也意味着执政党不经议会审议即可进行决策。

此外，如果事业有多个目的，那么每个目的都会在全体计划中予以定位。比如根据《特定多功能水坝法》的多功能水坝就拥有调节洪水和水力发电两个目的，其中调节洪水被规定为该水坝所在水系的工事实施基本计划中的水坝洪水调节能力，而水力发电则被规定为电源开发基本计划中的发电能力。

全体计划的制定过程大致分为以下几个步骤。

第一，局策划制定全体计划案（局中有主管此计划的课，可以认为该课全权负责此事。这与第一节纵向系列的结构是一样的）。

第二，征求法定审议会的意见。

第三，主管大臣决定。

这种策划制定全体计划的优点主要包括：

① 针对行政课题的目标明确。

② 可以明确实现整体构想过程中每一公共事业所承担的部分。

③ 通过长期性的一贯方针确保公共建设的实施。

④ 可以缓解在全体计划中未被定位之事业面临的种种压力。

⑤ 通过相关省厅的事业与制度的综合化，可以使各相关部门有效实现目标。在处理数个相关省厅和地方公共团体存在的问题时，会有策划制定将这些问题综合化的全体计划的法律。比如，湖沼水质保全特别措施法（属环境厅管辖），就是为了保护政府指定湖泊的水质净化，由湖泊所在地的地方公共团体与有关省厅在协调的基础上策划制定的法律。

在法律上没有策划制定全体计划的规定时，也明显存在着制定某种全体计划后开始推进个别事业的倾向，在这个意义上也可以说基本上仍是全体计划性的行为模式。比如，改善河流水质时经常会采用以下方式,首先制定将下水道整治和河水的直接净化、流域的洗涤剂规制等各种工事与规制相结合的全体计划,在明确了达到应有水质目标的进程后,再开始推进每一项具体工作。河川局与下水道部共同推出的"清流复兴21"政策即是如此,为了改善指定河流的水质,首先由有关行政部门与专家学者组成的协议会策划与制定计划,再由各行政部门有计划地实施该计划指定的各项工作。

此外,促进地方经济发展的政策同样如此。通常都是在制定了道路、公园等生活基础设施手段与产业政策等相结合的全体计划后,再开展各项事业。由通产省与建设省推出的"创建21世纪活力圈事业"计划中,为了促进地区的活性化与发展,将生活基础建设与产业政策配套实施,都道府县与有关市町村、国家向地方的派出机构等组成的协议会制定计划,各行政部门有计划地重点实施该计划指定的工作。

综上所述,即使没有形成法律制度,但很多情况下也会因考虑到全体计划的优点而进行策划与制定。

二、从全体计划到单项事业

全体计划中通常会包含多项事业。如果这些事业可以同时着手进行,则计划可早日完成。这看似简单可行,但实际上由于预算上的限制,基本上是不可能的。为此,计划会从为多项事业排出优先顺序入手。决定优先顺序的因素包括性价比高、设施的连续性(河流的堤防、国家干线公路等)、地域对事业的要求紧迫程度(河流发生灾害后的恢复与改良工作、已有道路的拥堵程度等)、事业实施所在地的接受程度(对于公共事业而言当地的理解是不可或缺的)等等,将这些因素加以综合联系后决定优先顺序。在设施的连续性这一要素中,修筑河流堤防从下游依次上推,高速公路等以构筑网络为目的的基础建设则从已有的网络开始分支和延长(根据工程进度的不同,存在着首先开通与道路网不相连的部分道路的情况)。

一般在制定各年度预算之际会对优先顺序进行讨论。着手新的公共事业时将首先讨论从哪些项目开始,如果新事业规模大,就会在政府预算案建设省的说明资料中被大篇幅涉及,随着预算的制定,该事业也等于得到了批准。但实际上,在国会审议预算时,单项事业基本上不会被提及。近年来本着开工后尽快完工的理念,对建设工程进行再评估的系统已经部分开始启动,但直至今日,基本上没有出现建设工程因长期化而被修改的情况。尽管理应在考虑优先度后再决定着手的顺序,但实际上当地的情况很大程度上左右着工程的进度,因此,经常会看到优先顺序靠前、早已开工的工程尚未结束,后开始的工程已经完成的情况。

由此可见,尽管单项事业的开工最终需经由议会的预算审议,但基本上在政府方案制定时即已经由政府内部协调决定了。政府方案决定之前,与大藏省主计局的协调固然重要,但原案却是由建设省各主管部局完成的。原案的制定基本上在纵向系列的课长助理级别上进行,各局技术系列官员中的首席干部进行局内调整,并汇总制成全局的预算案。这一点河川局与道路局是一致的。大藏省主计局会从政府预算中进行总额的修改,但单项事业的具体分配(被称为"个别分配")却还是由建设省各主管部局再次制成方案。

另一方面,公共事业基本上都是五年计划(被称为"五计")。诸如《治山治水紧急整备特别措置法》与《道路整备紧急措置法》等,一般而言这些计划都是通过特别立法加以规定的。制定五年计划的目的在于有计划地确保未来五年的事业经费,因此基本而言总额十分重要。在制定五年计划时,有关五年间实施的各项工作的工作量问题将根据与其他事业的关系、以往事业发展的方向等宏观角度考虑确定适当的规模,并在与财政当局协调后规定总额。但是,单独项目完全不是被列入五年计划后就得到了今后五年的预算保证,而仍然按照单年度的预算进行,因此五年计划仅仅发挥着设定投资规模大致目标的功能。

第三节　个案研究

本节将根据具体事例说明建设省是如何进行政策创发,以及创发如何形成共鸣并发展为建设省的政策的。

一、多自然型河流计划

多自然型河流计划是1990年以课长通知的形式面世的。其内容主要是改变了以往只以经济性和强度决定河流护堤结构的做法,加入了考虑河流生态系统的新规定。

这一政策创发是由当时建设省的专员提出的。在政策创发的当时,各种工程都只考虑到防洪的需要而修筑钢筋混凝土护堤,这一做法引起了社会上的普遍反对,为此开始出现尝试采用兼顾河流生态系统的护堤结构的设想。这一创发在得到纵向系列的理解后,并没有与建设省的官房进行协调而直接以通知的形式成为政策。

1990年的通知只是试行规定,但随后逐渐得到落实,进而国家于1994年下发了"多自然型河流工法设计施工要领(暂定案)"的新通知。

二、发电指南

发电指南是以水力发电为对象,于1991年与资源能源厅联合以课长通知的形式公布的。水力发电从明治时代起就是发展振兴产业的能源来源,并得到了国家在政策上的大力推进。当时建设的水力发电体系今天仍是可部分满足日本电力需求的唯一国产能源。但是,由于当时没有考虑到河流环境,进行发电时没有考虑水的流动,致使河流中产生了河水完全不流动的区间。这个通知就是要解决在很多现场都出现的这一问题。

通知主要规定了在水力发电中如果出现河水水量减少特别是长距离的水量减少等情况时,发电站有义务减少取水量并将减少部分放流回河道,同时也规定了放流量。由于一旦出现上述情况发电站的发电量将相应减少,因此这一规定对于既得权益者的电力公司而言属于新的强化管制措施。但管辖《河川法》的建设省拥有更改水利权(从河流取水的权利)许可条件的权限,这个通知使得许可条件变得更为严格。

这个创发经过纵向系列的同意后,以通知的形式出台成为政策,尽管这是与其他省厅联合推出的政策,却没有与建设省的官房进行协调。

三、绫濑川·芝川等净化引水工程

绫濑川·芝川净化引水工程旨在从水质相对较好的荒川引水至绫濑川和芝川以净化这两条水质较差的城市河流。这一工程的特点是利用地铁建设工程的隧道铺设引水管,因此成为与地下铁建设一起的共同工程。

这一工程的创发过程如下。修建地铁时计划横跨建设省管理的河流,在与工程事务所进行事前协商之际,参加协商的事务所系长得知地铁建设将延伸至苦于水质污染的绫濑川与芝川上游后,提出了这一工程的方案。这一创发在得到事务所长与地方建设局主管部局的同意后,被提交到省机构的主管部局,又经过纵向系列的同意,逐步成为现实。为了这项工程,还有必要在《河川法》中加上河川立体区域制度。这是指以往的《河川法》中规定的河流区域只是平面的,但是在河流的指定区域内从空中直至地下的部分都受到《河川法》的限制,而为了推动与地铁的共同建设,在与运输省的协商中地铁建设不受《河川法》限制就成为必要条件。为此,将河流区域进行立体化,具体区分为地上、地下权利等,这就是所谓的河川立体区域制度。1994年《河川法》为此进行了修改。

结果这一创发在经过纵向系列的同意后,通过了预算并成为国人皆知的工程。在此之前与其他省厅(运输省、法务省)和其他局(道路局)之间的协调必不可少,但却没有与官房进行协商。

四、1997年对《河川法》的修改

作为新法,《河川法》制定于1964年,随后尽管历经多次修改,但直到1997年之前的修改都以追加条文为主。而1997年的《河川法》修改则如同新法一般,最初就从法律条文入手,在这个意义上,可谓对《河川法》的第一次大规模修改。修改主要包括在法律目的中增加了保全环境的内容,以河川整备基本方针与河川整备计划取代了工事实施基本计划,增加了在枯水期调整时向河流管理者提供信息的义务等多项内容。在此仅介绍制定河川整备计划时增加征求地方公共团体与市民意见这一内容的背景与过程。

有关公有财物管理的法律中,除了《河川法》之外还有《道路法》《下水道法》《港湾法》等各种关于社会基础建设设施的法律,而在制定全体计划中增加征求普通市民意见的内容,这还是第一次。这一创发的背景就是,在进行公共事业时,应通过征求市民意见征得所在地区的同意,这一认识变得愈发重要。

这种修改之前已尝试过多次,较具代表性的是水坝等事业审议委员会。水坝等事业审议委员会是1995年根据河川局长通知成立并开始工作的。由于当时出现了很多要求对水坝等大型公共事业的必要性进行再研究的意见,所以该委员会的主要工作就是设立由专家学者与施工所在地的地方共同团体负责人等组成的委员会,审议水坝等水资源开发事业的必要性。这一创发是由省机构的课长制定的,但制定动机的基础却是源于社会上对各种公共事业的批判,这点毋庸置疑。

此外,在市民参与的河流整治中,也在基层开展了各种尝试。比如,在为荒川制定称为"荒川未来计划"的河流整备计划中,有关地方共同团体的负责人与地方建设局的事务所长组成协议会,从计划草案阶段即开始进行讨论,并为市民设置了发表意见的机会。计划内容包括河流结构的修改、河流滩地的利用等这些以前基本上由行政内部决定的事项。可以说市民对公有财物管理要求的多样化催生了该计划。比如很多意见认为由于流经首都圈的中心地区,因此荒川应作为城市残存的自然空间加以保全。同时,作为城市中少有的开放空间,将其改为体育运动场所的呼声很高。这说明市民对如何利用同一条河流滩地的希望很可能是相反的。对此公有财物管理者应在决定针对各种要求的对策基础上,通过征求广泛意见而不是仅靠一部分团体,并开示这些要求的重要性,以便对满足双方要求的管理方针、方案的妥当性进行质疑。这个计划由管理河川的工事事务所长承担责任并负责实施,与省机构及地方建设局没有任何关系。但是,其后在河川审议会审议第九次治水五年计划以及修改《河川法》的答复报告时,都介绍了这个事例,并对答复报告产生了一定的影响。

从以上背景可以看出,在河川审议会制定有关河流整备计划时,接受了答复报告有关有必要征求并反映地方公共团体以及普通市民意见的建议，并最终导致了 1997 年对《河川法》的修改。并不清楚究竟是谁进行的创发，并提高了市民在参与河川法整备计划策划与制定中的地位。但这是河川局局长的决定基本上是毫无疑问的。重要的是，长期以来针对修改法律等重要政策的各种尝试就已经在基层进行了具体运作，也就是说诸如修改法律等政策是在参考各种基层尝试的同时进行计划的。

五、道路驿站

"道路驿站"是在普通道路（相对于高速公路或收费公路而言——译者）上设置的休息设施，为汽车司机提供可以放松的"聚集"空间。在此司机可以使用与休息设施一同建设的物产馆与资料馆等，了解并熟悉这一地区的文化、历史与特产，由此发挥驿站对外宣传所在地区各种信息的基地作用。

这一政策的创发始于 1990 年 1 月在中国地区（日本本州岛西部鸟取县、岛根县、冈山县、广岛县及山口县等 5 县的合称——译者）召开的研讨会中，"在公路旁设置驿站岂不很好"这一素朴的建议。其后，1991 年 10 月至 1992 年 4 月，赞同这一建议的山口县、岐阜县、枥木县等县分别在各县市町村的临时休息设施开展了"道路驿站"的实验，并在促进地方活力、宣传地方土特产等方面取得了众多成绩。1992 年 3 月召开的"建设美丽富饶的道路——道路驿站之进展"研讨会公布了这些成果，吸引了来自全国各地的众多参加者。

在引起地方轰动后，建设省于 1992 年 5 月建立了由专家学者组成的"道路驿站恳谈会"，开始具体讨论"道路驿站"的基本概念以及必要的服务内容等。1993 年 1 月建设省接受了恳谈会关于"道路驿站"的建议，制定了"道路驿站"的登记、介绍制度，并将其作为从 1993 年开始的第十一次道路整备五年计划的一项政策予以积极推广。

1996 年，建设省与农林水产省合作，创设了"故乡与交流基地建设事业"以加强山区"道路驿站"的多功能化与信息通信功能。这一政策的创发是在道路局与农林水产省的助理级别之间就有关省厅间政策合作的讨论中被提起的,并同时成为两省的重点政策。之所以成为共同政策,是由于很多在"道路驿站"中作为整体进行建设的土特产馆等设施得到了农林水产省等其他省厅的补助金。

如上所述,"道路驿站"的创发基础是根据地方自主性的方案而展开的有关"道路驿站"的各种实验与尝试,在地方引起反响后再由省机构形成制度。

六、ITS(现代化道路交通系统)

ITS(现代化道路交通系统)是解决拥堵以及保证交通安全的尖端技术,以路车人一体化为目标的系统,是建设省道路局、警察省、通商产业省、邮政省、运输省等5省合作推进的项目。

建设省提出这一政策的出发点是,在近年来交通拥堵现象日益严重以及交通事故急剧增加的状况下,进一步完善道路交通网的同时,在信息通信技术不断发展的背景下,作为新的尝试,省机构、土木研究所与民间企业合作开发了目前使用的 VICS(道路交通信息通信系统)的前身——RACS(Road/Automobile Communication,路车间信息系统)。1988年后,构筑通过道路与车辆一体化实现道路交通高科技化的整体概念的 ARTS(Advanced Road Transportation Systems,新一代道路交通系统)工作以土木研究所为中心继续进行。同时,作为具体的系统,比如收费公路等的收费站不用停车即可自动支付费用的汽车免停收费系统等也以产学民联合研发的方式进行。此外,还积极推进形成民营企业的市场,1988年,以官房和民间共同开发的数字地图为基础利用卫星导航定位(GPS)技术的汽车导航系统实现了商品化,形成了新的市场。

与其他省厅采取的措施相同,根据以内阁总理大臣为总部长的高度信息通信社会推进总部于1995年制定的"推进高度信息通信社会基本方针",同年8月,相关5省联合制定了"有关道路、交通、车辆信息化的实施指针",开始了基于ITS统一方针的开发、实用化的工作。

这些措施与政策是以建设省省机构、土木研究所的技术人员为中心,在与土木领域没有直接关系的汽车及电子技术领域的专家学者以及民营企业不断交换意见,在产学民联合进行技术开发的过程中诞生的。美国与欧洲也采用同样的方法。不断进行切实的技术交流、人员交流,互相切磋以图技术开发,这是 ITS 政策取得进展的重要因素。此外,建立 5 省厅合作体制尽管是时代的要求,也是基于立场略有不同的各有关省厅助理级别官员不断讨论总结基础之上的。

如上所述,ITS 是在信息通信技术进步的进程中,为了应对拥堵以及交通安全等道路交通状况的变化,与民营企业、专家学者等进行意见交换、联合研究,在相关省厅间展开讨论,并与美国、欧洲等国进行国际交流的结果,也是以在办公室自动化急速发展中成长起来的各省机构助理级别官员为主的职员的政策得以实现的产物。

七、城市地下管道综合走廊整备事业

城市地下管道综合走廊是集中收纳光缆、电线等的地下管道,与以往收纳上下水道、天然气等的共同管道相比更加紧凑,其目的在于通过将电线等埋置于地下而改善城市景观。

这一政策的创发始于 1994 年东京国道工事事务所管理的国道 1 号线丸之内办公区附近(通称日比谷大街)先行进行的整治工作。丸之内地区是世界著名的商务核心区之一,也是要求建设成为符合大都市商务核心区身份的城市景观地区。同时,在商业全球化的时代,作为国际商务中心之一,为了应对高度信息化的发展,也需要建设大容量的光缆网。东京国道工事事务所曾设想在人行道下建设收纳光缆等电线的地下走廊,但发现已有很多管道、线路被埋设在人行道下,将这些移除改设需要相当高的成本。为此,事务所认为有必要在人行道的地下建设收纳用的紧凑型综合管道,并在征求了沿线建筑拥有者的意见后决定了地下管道的结构,先行开始修建"城市地下管道综合走廊"。

在省机构中,早日建设可适应发达信息社会发展的光缆网的呼声也十分高涨,除了关注道路空间可作为收纳空间外,也有意见认为东京等日本主要城市与欧美相比电线的"地下化"较为落后,有碍城市景观,因此需要大力改进。利用以前的综合管道并将其地下化,如果从

必要成本考虑将很难早日实现。因此,建设省将东京国道进行的工程作为范本,探讨综合管道共同沟的紧凑化,建议采用比以往横截面小得多的低成本城市地下管道综合走廊,并于1995年6月制定《城市地下管道综合走廊法》,作为政策向全国推广。

如上所述,城市地下管道综合走廊的方案政策也遵从其他法律的制定惯例,在制定法律前进行了各种试点,并在参照这些试点后进行规划。

第四节　建设省政策形成各阶段的特点

本章从第一节到第三节探讨了建设省政策形成的各种过程。以下将对"基层型"政策形成的特点进行概述。

一、从创发到组织进行决策的基本流程

1. 谁发出政策动议、进行修改与批准

可以认为,只要在自己所管理的业务范围内,基本上谁都拥有动议权。派出机构的职员也拥有动议权,但谁也没有发出动议的义务。

修改权只存在于纵向系列中,但实际上只有省机关主管课及其以下级别的部门才行使修改权。局长以上职位者(大臣、次官、技监)从频度上而言几乎不行使修改权,但会对重要问题进行修改。同时,拥有修改权的人应有修改义务,但一般认为他们在这方面并没有强烈的意识。

批准权由该项政策的性质决定,比如如果是法律则是议会,局长通知则是局长。

转移或转嫁问责责任的事情基本上不会发生。只会根据说明对象的不同而由纵向系列进行不同的分担。

2. 这些政策的动机、处罚是什么

在基层认识到的必要性往往与基本动机相关联。但是,创发的可能性并不仅限于诸如工事事务所等的派出机构,如果认为有必要,省

机关的职员也有可能进行创发。总之,在基层感知必要性的感应度对于创发是必不可少的。在这一点上,在中央与地方之间反复调动工作的人事管理系统对于产生合理的创发发挥着很大作用。

如果可以尽快感知到基层的必要性,并将想法升华为理想的政策,就可以得到组织内外的好评。如果无视这些必要性,各种渠道(政治家、议会、民间组织等)都将可能进行批评。这些批评会成为惩罚,以代替动议义务的缺失。

二、创发体系

1. 创发的主体

创发的源泉基本上是基层所感知的必要性。认识到这些必要性,并认为应通过政策加以解决的人就是创发者。

内部自发性的创发多来自于省机关的官员即课长助理,但局长、课长进行的创发也不在少数。派出机构的职员也可能进行创发。无论是谁进行创发,其共同基础就是在基层的感觉,如前所述,在中央与地方间不断调动的人事管理系统可以提升这种感知度。

被动性创发的源泉来自于议员(国会议员、都道府县会议员、市区町村会议员)、民间组织等,他们都会从各自立场经常性地提出各种创发,因此被动性创发也可以认为是源于基层的必要性。但是,由于是公共事业,大多情况下一定会存在着其他的利益相关者,而几乎所有的创发都没有与他人进行协调,因此被动性创发在行政内部很难马上得到共鸣。但是,从公共的立场出发必要性高的创发,作为政策在行政内部当然会不断修改。

也有一些其他的方式,如同在策划制定全体计划中所看到的,即基于整个国家普遍性的问题应以长期观点持续进行创发的思路而通过法律等进行制度性的创发。

2. 创发的方式

内部自发的创发其创发者基本上是单独进行的,几乎没有共同创发。这应与创发权的范围基本上只限于所掌管的业务范围相关。

被动性创发中的感应性则随着责任者的感知程度而变化。

由于创发权的范围仅限于所辖业务的范围,因此对于其他领域几乎不可能发表意见。此外,基本上不具备横跨几个领域进行创发的机制。

三、共鸣体系

1. 省内共鸣

由于工作分工明确,在创发明显属于某一纵向系列时,仅在这一纵向系列中就可能实现共鸣。此外,信息共享也仅限于纵向系列。同时,省内很多人都可以提出意见的机制几乎不存在,第一节第三部分论述的重点政策的归总也只是某种程度上的。

跨部门、领域进行的创发一般很难引起共鸣。特别是在复数的纵向系列间引起对立的创发,要想汇总成某个政策非常困难。但是,在对某问题拥有同样意识的官员之间,即使身处不同部门(局),也可能较为顺利地进行合作。

2. 外部共鸣

在外部共鸣方面,基层型并无特别之处。比如,如果要在法律上得到认可,就要经过审议会的答辩审议的过程,并设立由专家学者等组成的委员会讨论各项议题,这与其他省厅并无二致。

四、批准体系

几乎所有的政策实际上都可以在独立单位负责人(具体而言即局长或课长)的级别上加以决定。纵向系列中由下至上顺次取得同意后再向上呈报,这与表面上的决定体系是一致的。

五、实施、评估体系

政策一旦决定就会得到切实的实施。这部分得益于实施政策所必要的预算可以较为容易地得到。有时众多利益相关者间花费时间进行协调会导致政策的长期化,但基本上政策不会被放弃。

内部评估在表面上不会存在。这可能是因为作为同一组织中的同僚,存在着相互之间没有必要进行说明而是自明之理的意识。

外部评估就系统而言包括会计检查、行政监察和内部监察。但是,哪种也没有形成综合性评估。比如,会计检查是为了检查个别支出是否违规等,本身就没有综合评估的使命。同时,行政监察本来应是进行综合评估的体系,但由于没有对所有个别项目进行检查的规定,因此也没有进行全面的评估。

政策的效果由于在社会中被内在化(即社会并没有意识到政策效果而认为其是给予物),因此近来通过引进对某项事业的评估体系等措施有意识地说明该事业的事例正在逐步增加。但是,描述效果的困难性(不能仅换算为经济效果)仍未得到解决,还需要更多的努力。另外,即使对政策的效果进行说明,也几乎从不被媒体所报道。

第五节　公共事业行政决策的问题

本章最后将以从国土的整体方向性与全民共识的形成这两个方面论述有关公共事业的行政决策的问题点代为结束语。

一、有关国土整体方向性的问题

由于基层型的特点,有关公共事业的管理无论从政府整体还是在省内,其职能都进行了极其细致的分工。比如,在与水有关的省厅中,建设省既是河流与湖泊的管理者,同时还管理着下水道。除此之外,厚生省管理自来水,通产省管理工业用水与水力发电,农林水产省管理农业用水与淡水渔业,运输省管理水上交通,环境厅负责有关水质的环境标准以及排放限制,国土厅则管辖有关水资源开发规划的制定,许多部门都有所参与。其中,仅仅以下水道为例,除了建设省的下水道事业之外,还与农林水产省的农业集落排水事业、厚生省的社区污水处理设施等都有关系。

在这种管辖业务被分割细化的状态下,很难产生超出纵向系列的创发,即使产生了要想得到共鸣也是非常困难的。另外,就省内跨部局间的问题,尽管不可谓权限很大,却也存在着有协调权限的组织,还可以期待大臣、事务次官以及技监发挥主动作用,但是,各省厅之间存在对立的问题要再汇总为政策则很困难。这是由于原本就不存在将基层产生的自由创发汇总后,从综合考虑国土全体情况的角度在各有关省厅之间进行调整的组织与机制。

综合展现国土整体构想本应是国土厅的管辖范围。但是,国土厅的调整权限仅限于法律规定的范围之内,且与建设省的官房发挥不了调整职能一样,国土厅的调整权限并不强。此外,在法律没有规定的领域进行创发本身就不可能成为管辖对象。鉴于以上两点,国土厅自身不可能形成上面所要求的机制。

这种纵向关系也有优点。如果各省厅可以发挥其代表国民内部各种利害关系的作用,有关省厅间的协调结果作为国民不同利益的协调结果具有一定的妥当性。但是,如果这种调整从未进行或成为没有理念的妥协的产物,那么人们就会只强调纵向分割行政的缺点。

综上所述,有必要形成打破省厅间的壁垒、吸取来自基层的自由创发,并在此基础之上以国土整体构想为理念出发点,在各有关省厅之间进行协调的组织。在省厅重组的讨论中提出的"国土整备省"构想如果在新省中没有可发挥上述职能的组织,重组改革就没有意义。反而言之,如果现在的内阁官房可以发挥上述职能,那么现在公共事业纵向分割的弊端即使没有省厅重组也基本上可以得到解决。

如果计划对省厅进行重组改编,在新的政府部门内设置拥有协调职能的组织,基本上应该明确减轻组织负担、同种公共事业归口在一个部局内的思路。而现状则是,不仅已提到的有关水的行政,如同道路问题中建设省与管理农用道路及林业道路的农林水产省、地区计划中建设省的都市规划与农林水产省的农业振兴地区整备计划并存等现象所显示的,本应在基层按照一贯的思路进行工作的同种公共事业也有很多分属两个以上的主管省厅。通过省厅重组改善这一状况是非常有意义的。

二、有关形成全民共识的问题

1. 公共事业的实施有没有形成国民共识

对公共事业的批判现在日渐增多，将这些批判总结归纳后大致有以下几种观点。

① 国民并不了解各项事业的成败得失。

② 国民并不了解各项事业的决定、实施过程。

③ 国民无法参与实施事业的决策。

④ 各项事业一旦开始即无法中止。

所有这些都可以概括为"公共事业的实施是否未经国民的赞同"这一点上。

如第二节所述，在公共事业的实施问题上，内阁会议决定的方法由当时的政权批准全体计划之后，个别的事业每年度由国会批准预算决定实施。因此有的意见认为公共事业经过了国民的代表（国会议员）的决定，就应理解为已得到国民的赞同。但是，如果从实质性的角度分析对公共事业的批判，会发现批判的逻辑还是有一定说服力的。这是因为在审议预算的过程中，实际上几乎不会存在对每个事业进行单独审议的情况，即使从时间限制的角度看，也不可能在预算审议中逐个审议单独事业，因此实质上而言，很难说得到了国民的赞同。

"议员的时间"是有限的资源。从国会和地方议会的现状看，现在经常会担心就连正在审议中的议案也面临时间不足的问题。考虑到这种资源分配的问题，无法期待国会和地方议会就个别的公共事业进行审议。因此，解决"获得国民对实施公共事业的共识"这一课题，仅仅依靠日本现行的代议制是不可能的。

同时不可否认，公共事业往往容易长期化的原因之一是，得到全民共识的事业并没有充分让利益相关者信服，因此行政部门只有在调整各种利害关系的同时实施事业。由此，明确"获得全民共识"不仅可以提高国民对将税金用于公共事业的接受程度，也有利于顺利开展"获得共识"的事业。

2. 征求普通市民意见的机制之现状

公共事业的性质之一就是通常存在很多利害关系者,实际上以往调解这些利害关系的工作都是由行政部门承担的。而调解对象通常是地方共同团体以及被组织化了的利害关系者。这些组织化的利益相关者包括诸如渔业工会、有关土地改良地区等的土地拥有者的组织等。近年来,自然保护组织也加入其中。直至今日,这种在行政内部解决利益冲突的方法对事业的顺利进行发挥着重要作用。但是,问题的多元化导致行政内部处理问题的困难日益增加,以及行政调解利益冲突的妥当性没有经过验证等问题,都使今后只靠行政负责变得愈发困难。

同时,不属于任何组织的普通市民的意见通常只能由地方共同团体代表反映,几乎没有直接征求这些意见的机制。为数不多的例外包括法定审议会和根据《都市规划法》的规定提交意见书等。

法定审议会是指在相关法令中规定设置义务的审议会。如第二节的图表所示,由专家学者担任委员,这些专家学者应站在不与通常的利害关系产生联系的立场上,运用自己的学识对公共事业发表意见。征求专家学者的意见其优点是可以有效地吸取有益意见,但却不可避免地会受到没有全面征求普通市民意见的批评。

《都市规划法》规定了行政部门应以公示规划的形式向市民提供有关信息,以意见书的形式征求普通市民意见的制度。城市规划由各都道府县知事决定,但知事需要征求有关市町村的意见,并向都市规划地方审议会提交意见书的概要,经过审议会的审议。这一制度由于保证了普通市民自由发表意见,因此具备可以广泛征集意见的优点。但现状却是这些意见如何体现在计划的制定中这一点一般并不明确,也会因此产生并没有感受到实际参与了制定计划的不满。

内阁制定的环境影响评估制度中也使用了公示规划方案以及对此提出意见书这一制度,其优点与缺点与《都市规划法》是一样的。

此外,最近出现了市町村制定由居民投票决定是否进行公共事业的条例的情况。众多事例都表明市町村所有的公有地是否出售给事业方将在相当程度上左右事业进度,因此这些条例发挥着实质性的重要作用。其优点在于保证了地方居民明确参与"公共事业进行与否",这对于地方居民颇具说服力。但是,仍存在一些问题,比如尽管公共事业所产生的效果一般波及较广,但该事业所在的市町村居民以外者均无法参与计划,而仅单纯地以赞否的形式判断与公共事业相关的复杂利害关系,这种方式本身也存在着一定疑问。

综上所述,作为"获得国民对实施公共事业的共识"的手段,以补充完善现行代议制的形式就公共事业征求普通市民意见的方法尽管形成了机制,但任何形式的征求意见并不会必然导致共识的说服力更高。

此外,也有意见认为,在不能只依靠征求普通市民意见进行决策的制度中,获得全民共识的信服程度绝不可能变高。但是,将决策交由普通市民的机制等于剥夺了现在代议制及议院内阁制中国会的权利与职能,如此则意味着不得不修改日本现行的民主主义制度。本书并不在这方面进一步展开讨论,仅论述通过征求普通市民的意见来补充完善现在代议制的弱点以"获得国民对实施公共事业的共识"。

3. 获得全民共识实施公共事业的新尝试

如第三节所介绍的,公共事业实施征求普通市民意见的机制通过水坝等事业审议委员会、荒川未来构想计划、修改《河川法》等进行试点。从这些事例中可以看出,"通过征求普通市民的意见,获得国民对实施公共事业的共识"这一手段所需要的要素包括以下五方面内容:

① 向普通市民提供易于理解的信息(信息公开度)。

公共事业的功过需要从各个方面进行讨论,因此不仅是行政拥有的信息,还有必要让普通市民获得各种利益相关者所拥有的信息。通过从各个方面对公共事业进行理解,就可以提高对事业是否进行的信纳程度。行政方面特别应该注意的是,不能忽视向"沉默的多数"提供信息的工作。

② 向普通市民提供明确且易于理解的对立关系。

与上述信息公开度相关,有必要明确复杂的利益对立关系,并提供不导致单纯议论赞否的信息。如果这一措施使论点更加明确,从而加深普通市民从各个侧面对公共事业的理解,也可以提高对事业是否进行的信纳程度。

③ 以提出意见与主张的形式推进普通市民的自由参与(自由参与度)。

有必要为每位市民提供自由发表意见的平等机会。不仅是特定的名人或议员,而是谁都有同等的发言机会;不提出单纯回答同意与否的意见以确保意见内容的自由度,以此提高对事业是否进行的信纳程度。

④ 决定权拥有者明确回应普通市民的意见(决定说明度)。

可以决定公共事业实施与否的决定权拥有者(政府、地方领导、议会等)有必要针对普通市民的意见明确自身的立场。通过明确对各种意见的赞成或反对态度,无论市民的意见得到反映与否,在市民中都会产生一定的信服作用。此外,这还发挥着政策决定后其政策意图仍可持续有效的作用。

⑤ 事业效果的验证(事后评估度)。

公共事业实施后,有必要对其效果是否符合最初的政策意图进行评估。这将有助于提高制度自身的可信度,也有助于对将来计划实施的事业进行事前评估。

目前,日本还不存在可同时满足以上五个要素的政策手段。但是,今后在设计通过征求普通市民意见后实施公共事业以获得全民共识的制度时,有必要考虑并加入这些要素。

补遗　建设省的隐语

作为基层型的特征,"来自基层的创发"十分重要,表现这些创发的隐语包括"玉出""调查""征求""新规"等。其中特别是"调查",包含着在基层确认创发意义及效果之意,也是一个有效的体系。

此外,在"纵向系统的信息传达"中使用的隐语包括"讲""订书机""小画""○枚纸"等。"讲"就是演讲的略称,"小画"是指用于说明的简单的草图。"订书机"是指纵向系列中各自提出的政策最后由省汇总,但仅是简单地组合在一起。

与预算有关的隐语包括"ALLO"(allocation,分配的略称)、"增长率""对前年度之比""(对前年度之比)1.0""青天井""课题""玉出"(提出点子)、"见荣"(美观)、"总成"等。其中,预算总额的增长以及各项费用的增长是制定预算时最为关心的事情,而在制定预算过程中尝试制定没有上限的预算案被称为"青天井",增长率与上一年度相比没有变化的称为"1.0"。

(补遗　第三节 5—7 的案例资料由石川雄章提供。)

第七章 厚生省的政策形成过程

榎本健太郎　藤原朋子

第一节　厚生省的组织与职能

一、组织目的与基本作用

厚生省是1938年以内务省社会局为主成立的。截至1997年7月,厚生省的组织结构包括9局4部(大臣官房、健康政策局、保健医疗局、生活卫生局、医药安全局、社会援护局、儿童家庭局、老人保健福利局、保险局、年金局、统计情报部、障害保健福利部、国立病院部、水道环境部),此外,还有作为外局的社会保险厅以及各种设施等。

根据《厚生省设置法》第4条(1949年法律第151号),厚生省的职责是提高及增进社会福利、社会保障以及公共卫生,换而言之,所有的社会保障(劳动省管辖的劳动保险除外)均为厚生省的政策对象。

如福利国家这一词汇所表现的,充实社会保障长期以来始终是重要的政策课题。今天,国家财政中社会保障支出所占比重非常高,厚生省的一般预算为15兆日元,占了刨除国债费之外的国家一般年预算的大约三分之一。但是,如果分析预算中的各项内容,就会发现实际上医疗、年金等随着社会老龄化的进展而在自然增长,为此保障国民生活所必不可少的固定经费占了预算的大半,而作为厚生省实现政策的政策性经费却出人意料的少。从厚生省的角度看,其重要课题就是在继续应对日趋严重的老龄化问题的同时,制定控制不断膨胀的社会保障财政的某种制度。在这一点上,厚生省与大藏省的基本认识是一致的。

厚生省担任的行政大致可以概括为社会保险(保险局、年金局)、社会福利(社会援护局、老人保健福利局、儿童家庭局、障害保健福利部)、公共卫生(保健医疗局的一部分、生活卫生局、医药安全局)、医疗(健康政策局、保健医疗局的一部分)等几大部分。特别是社会保险对于年金、医疗制度的制度设计具有重大意义,这与通过不断积累基层的种种需要最终形成政策有极大的不同。

作为行政制度的形式,政府掌管的健康保险、年金的执行工作由社会保险厅、地方事务官组织的地方社会保险事务所分担进行,也就是存在着一条政策分工线。在其他领域,比如社会福利保健领域也可以看到这种分工线,即基本上省机构掌管制度,都道府县(都道府县民生主管部门、卫生主管部门)、市町村负责实施。地方公共团体的工作中,受厚生省委托的工作较多,但如同近年来在促进地区福利、地区保健中所看到的,将权限进一步下放到与居民更接近的市町村并定位于自治体事务的政策修改越来越多,而厚生省省机构的地位可以说在制度上与基层保持一定距离,正逐步成为计划部门。

地方支分部局包括地方医务局与地区毒品取缔官事务所,地方医务局只负责管理分布在全国各地的国立医院与疗养所的运营,并不负责除此之外的厚生省省机构所管行政事务,这与其他省厅的地方分支机构有所不同。

由于厚生省管辖的各行政领域均具有高度专业性,因此基本上形成了各局独自的纵向分割行政体系,这是厚生省的一个组织特征。

二、人事管理系统

由于行政工作的专业性,厚生省不仅录用事务官,还录用各种技官。比如医疗领域录用具备医生、护士、保健师资格者,药务领域录用具备药剂师资格者,其他还包括水道环境的卫生工学、年金的年金数理、生活卫生的兽医等。

与其他省厅一样,厚生省存在着人事调动体系不同的各种团组,无论在哪个团组中,厚生省的各个职位从干部、助理到一般系员级别都有明确的分配。厚生省人事制度上的团组分配如图 7-1。

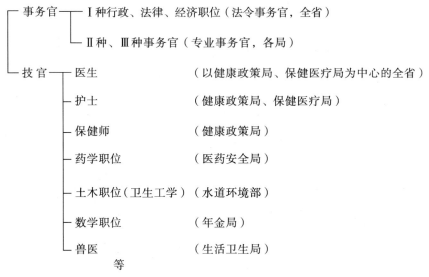

图 7-1　厚生省人事制度分组

厚生省中课长职位以上的干部多数是国家公务员Ⅰ种的行政、法律、经济职位的法令事务官(或称高级公务员)以及拥有医生执照的医学系技官(医生)。事务次官的职位由法令事务官出任,医学系技官则出任健康政策局长并占据保健医疗局长和生活卫生局长的职位。

法令事务官每年录用 14—15 名,并分配到省内各局各课从事法令相关工作。其调动基本上是在全省范围内进行并在一个岗位工作两年左右。在年轻时担任助理的阶段中,会调动到地方公共团体担任一次课长职务。还有借调到其他省厅、驻外使馆和有关机构的情况。各部门法令事务官的配置形式基本上按照各局首席课助理职位中最后一年的课长助理、系长职位中最后一年的计划法令系长、系员这一模式,但并不一定所有的课都会分配法令事务官一职。法令事务官主要负责有关法令事务、需要进行超出部、局或课的协调事务以及有关国会的业务等,原则上并不负责制度确定后作为日常工作的预算业务。

医学系列技官会被分配到需要其专业知识的课(保健医疗局、健康政策局以及医药安全局等），负责制定与医疗相关的政策。与法令事务官一样，医学系列技官也在全省范围内进行调动，派驻国际组织、地方公共团体和其他省厅。特别是占据着地方公共团体中卫生部局长的职位。与法令事务官相比，由于整体上人数较少，因此在课内没有形成自己的系列，但尽管并不必定拥有明确的形式，却在局的层面上有一定的系列关系。

各局具体实施政策的是Ⅱ种、Ⅲ种事务官（即所谓的专业公务员）。制度上暂且不论，实际上各局单独招录人才（很多情况是从地方部门等引进优秀人才），被录用者会对该局有归属意识，从而每个局均形成某种团组。调动基本上限于局内，但也有借调到地方公共团体的情况。此外，经过近年来多次的省内各局的调整，也出现了超出局范围的调动，其范围因各局而异。基本而言，局里一定数量的课长职位是专业事务官的最高职位。各局专业事务官团组拥有各课总管助理的职位，从提出预算到制定预算等年度预算的各有关工作就是由这一团组的职员承担的。

由此可见，厚生省各种团组之间存在着完全不同的人事管理系统，为了完成工作而在同一个课、局进行分配是其特色之一。从结果上看，各团组通过逐渐形成各自的专业立场，参与所属组织面临的行政课题，进而制定政策，可以认为这将有助于选择适当的对策。

三、组织的政策形成过程

1. 局的自律性

各局独自管理与其执行之政策相应的预算（有些部局掌管特别会计），此外由于专业性强，因此各局在进行日常工作时自律性很高。

2. 日常工作

局的日常工作基本上以课为单位进行，有可能超出课范围的工作则由首席课进行检查、协调。比如，国会答辩由各课准备后，经首席课的法令助理（法令审查委员）、首席课课长检查后进行局长说明（大臣答辩的情况还需要官房总务课的通过）。

如果在日常工作的范围内，主管系通过主管助理，或主管助理亲自制定政策，随后经过课内决策的批准。课长主动制定政策者也为数不少。根据问题的重要程度当然也会向局内的首席课长以及局长进行说明，并反映其意向。

在分配预算的问题上，6月末各课进行以各课总管助理为中心、课长也参加的讨论，并在汇总意见后由局长组织进一步的讨论，经过7月的会计课课长说明后向大藏省提出预算概算的要求。会计课向大藏省的说明基本上以专业事务官为中心进行，预算通过后的事业实施要纲、辅助要纲的策划制定、预算的分配等也由专业事务官的各主管系有条不紊地进行。

3. 制度的修改等

在日常业务无法应对的政策形成中，制定法令的职员系列（以下简称法令系列）发挥着重要作用。尽管由于法令系列本身没有管辖固有的预算，因此单独制定政策有所困难，但是却可以通过提案等获得在课内或局内有关方面的主动权，推进实务上的协调工作，因而起到了确定课、局政策方向的作用，而人们也对此抱有期待。

4. 省内横向决策的形成

在厚生省中，确保各局之间横向联系的机制包括各局首席课长组成的总务课长会议、各局首席课法令助理以及官房法令助理组成的法令审查委员会等。与通产省不同，这些机制基本上带有很强的官房通报全省动向的性质，并没有以此作为干涉各局施展政策的手段。

总之，厚生省的决策过程基本上与通产省的官房主导型不同，但是在厚生省全体出动并积极参加阪神大地震的救灾活动中，官房发挥了主导作用，灵活运用各局的法令系列和医学技官的组织系列，形成了厚生省全省性的对策。近年来在制定针对艾滋病的长期政策、防止再次发生医药品导致健康问题的各种对策中也屡次出现这样的情况。

第二节 社会援护局(援护行政)的政策形成过程

本节将介绍社会援护局政策形成过程中,负责援护行政工作的原援护局的政策形成过程。

一、社会援护局(原援护局)的职责

1992年,负责援护行政工作的援护局与管辖全部社会福利事业的社会局合并,原援护局作为社会援护局的一部分负责援护行政工作。

由于其工作性质的特殊性,《厚生省设置法》第4条第1项之外又单独为援护行政工作设置了第2项,规定了其工作内容:①海外撤退回国日本人的援护工作;②援护战争伤员、阵亡者家属;③处理原陆、海军人员的复员以及原陆海军其他尚未得到处理的事务。

具体而言,厚生省负责处理二战后问题中的以下工作:①在援护海外撤退回国的工作中,负责找寻中国在留孤儿的在日亲属、为永住归国者提供援护的政策实施;②援护战争伤员、阵亡者家属方面包括支付援护年金(支付残疾者、阵亡者家属)、支付医疗费用;③阵亡者的遗骨收集、祭奠阵亡者的慰灵事业;④根据原陆海军的人事资料等继续进行抚恤金的发放工作。

二、社会援护局(原援护局)的组织

1. 组织

从援护行政的沿革可以看出,其业务大致分为两大类,即对海外日本人撤回日本进行援助救护以及处理原军人的复员等原海陆军的遗留工作。在有关前者的工作中,战争结束后厚生省被指定执行海外撤侨工作的任务,这一工作最初由社会局负责,随着工作量的增加,1946年成立了援护局。后者则是在战争结束后随着陆海军省的废除,成立了第一复员省及第二复员省,在1946年总理府复员厅接管工作后,1947年成立了厚生省复员局,遂成为厚生省的工作。

1948年，随着撤侨援护厅的设立，两部门合并，普通日侨的撤侨援护工作与原军人的复员工作统一进行。随后，经过撤侨援护局与援护局阶段，1992年社会局与援护局合并为社会援护局。这也是随着撤侨工作的结束而对撤侨援护厅的组织进行合并、废除的结果。

目前社会援护局包括负责社会福利事业的5个课（原社会局）与负责援护行政工作的4个课（原援护局）。从事援护相关工作的实际编制为181人（1996年度），与援护工作有关的预算为1107亿日元（1997年度预算）。

2. 人事管理系统

原援护局的职员包括援护局录用的专业事务官及法令事务官。原则上该局没有高级技官，只由事务官构成。在管理层的职位中，局长、审议官以及其他两个课长职务由法令事务官担任，此外的两个课长职务以及三个室长职务由援护局招录的专业事务官担任。直到20世纪六七十年代为止，录用的专业事务官中很多都是再就业的退伍军人及阵亡者配偶。

在专业事务官与法令事务官之间的责任分工问题上，前者负责预算及具体工作的实施，后者负责通过修改法令制定政策以及针对国会的各种业务。现在，课长助理以下的法令事务官人数较少（4人），因此出现了为顺利开展工作而让法令事务官在数课兼职的情况。

三、社会援护局（原援护局）的政策形成过程

1. 推进援护行政

战争结束已五十余年，厚生省今后仍应推行的政策主要包括：①加强包括充实援护年金等在内的对伤病员、阵亡者家属的援护工作；②进一步开展追悼事业以及遗骨收集工作；③切实执行对中国在留孤儿等的援护政策。近年来，还出现了在日韩国人就《援护法》中国籍规定提起诉讼的新情况。

援护行政工作是基于对为国家献出宝贵生命者以国家补偿的精神所进行的救助活动。与其他行政领域相比，可以说政治色彩极为浓

厚。这一特点在辅助金等改善阵亡者相关方面待遇的问题上表现得尤为突出。改善阵亡者相关方面的待遇（在年末的预算中予以决定），极大程度上取决于负责援护伤病员及阵亡者家属工作的议员协议会的实际活动。

战后处理问题是由总理府、外务省等各省厅从各自的立场出发进行管理的,厚生省只负责其中的一部分工作(参见本章第二节第一部分)。由于没有统一管理战后处理问题的省厅,在出现新的战后问题时,哪个省厅应负责解决并不明确,经常由总理府进行协调。此外,由于问题繁杂,设立各省厅的联络会议以进行跨省间讨论的需求也不少。

2. 政策形成过程

(1) 创发系统

在援护行政工作中,政府经常会面临遗族会等相关团体的请求、国会议员的要求、诉讼、来自外国政府的要求等,因此与其他行政领域相比(比如提出护理保险法案),积极向外界提出新制度框架方案等情况相对较少。这也是因为援护行政工作并没有继承原陆海军的所有业务,而只管理着从复员厅接手的有限业务。

但是,扩充新事业、讨论长期性的援护行政工作等并非来自外部的要求,而是援护部内发起的。如果是各事业的扩充,主管课长(或负责的系)会成为提案者,长期性课题也会在援护部内的课长会议上予以讨论。

(2) 共鸣体系

一般而言,与其他局一样,主管系的讨论内容将上报主管课长,经首席课法令审查委员、首席课课长、主管援护工作审议官的逐级同意后,最后由局长批准。如果是需要大臣与次官处理的事项,则必须向官房和大臣室进行说明。援护行政工作除了有必要由局长以上级别参加的应对国会的事项外,很多情况下由主管援护工作的审议官进行实质性的领导。

在这个过程中,最初负责者制定的"问题点与对策"等资料(需要给上司查阅用的简要说明，往往被称为"一页纸"）会逐级得到修改，并最后形成对策。

需要在各省厅之间进行探讨的事项则另外通过设置各省厅间的联络会议加以讨论。

(3) 批准体系

经过上述(2)的过程，最终批准的最高层干部（主要是局长）应进行实质性判断。在这一点上与其他部局相同，但如前所述，由于援护行政工作政治色彩浓厚，如同在援护年金等的改善中所体现的，也有通过政治谈判实质解决金额的情况。

基于对在战争这种极端状况下的牺牲者进行国家补偿的精神而开展的援护行政工作的特殊性，在有关团体要求给予更优厚的待遇直至最后一人的同时，考虑到严峻的财政状况，财政部门始终在讨论援护工作何时结束、是否应通过一般性的社会保障来进行援护工作等问题。可以说，援护行政工作总是在这种矛盾中寻求判断的。

(4) 评估体系

如果相关团体的要求得到实现，厚生省的有关部门就会获得团体或议员的"表扬"，如果没有实现，每年的要求就会变本加厉，国会议员以及在国会进行辩论等政治参与也会加强。反而言之，如果实现要求的内容与预算相挂钩，将会受到财政当局严格的检查。

第三节　保健医疗局国立病院部的政策形成过程

一、国立病院部的组织目的

厚生省管辖着全国236所、拥有82255张病床（1996年度末）的国立医院与疗养所。其中，国立高级专门医疗中心作为有关癌症、循环器疾病等特定疾病的全国核心医疗部门，从事高水准先驱性的医疗、调查研究与技术人员的研修等。国立医院则进行战略性医疗、临床研究、培养与研究等，国立疗养所则主要是对结核病、疑难病症、重度身心障碍、进行性肌营养不良症等进行专业治疗的单位。

保健医疗局国立病院部就是在厚生省内负责对这些国立医院、疗养所进行运营管理的部门，当前的课题是推进机构调整、实施政策医疗、改善经营、建立健全的劳资关系等。

二、国立病院部的组织

1. 组织

国立医院、疗养所是战后根据驻日盟军总司令（GHQ）的命令由战前的陆海军医院、特殊法人日本医疗团的结核病疗养所转承而来，在全国并非均衡设置，时至今日依然如此。此外，国立医院、疗养所还组织了官公劳（日本官公厅工会协议会）中最为活跃的全医劳（全日本国立医院工会）。

国立医院、疗养所的会计属于管理特别会计的国立医院特别会计。约1兆日元财政中的约20%从一般会计转入（1996年度），每所医院并不进行单独核算。

在这种状况下，为了加强国立医疗机构发挥符合其地位的职能，在1983年第二次临时行政调查会（临调）最终报告的推动下，1987年厚生省开始对国立医院、疗养所进行改革。在这一过程中，为了进一步明确责任体系，1992年厚生省将以往分别对国立医院和疗养所进行纵向分割的体系进行了重组，将各有关课整合创设了国立病院部，并按照政策设立了运营计划课、政策医疗课、经营指导课及职员福利课等4课体系，建立了对医院及疗养所进行一元化管理的机制。

为了对各地的国立医院、疗养所进行监督指导，厚生省在全国8个地区设立了地方医务局，对其管区内的医院、疗养所进行管理与指导，借以推动改革重组工作。在组织上，省与各医院、疗养所之间并不直接联系，而是经由地方医务局进行管理。

2. 人事管理系统

（1）省机关

由于国立医院属于国有管理单位这一特殊性，国立病院部也配置了与医疗有关的各种专业职务。比如考虑政策医疗(厚生省指定的应由国家医疗政策承担责任的医疗领域——译者)时医学专业知识必不可少,因此政策医疗课长、经营指导课长由医学系列技官担任。此外各课都配备了医学系列技官出任课长助理,分担制定医疗政策的工作。医学系列技官与各医院的院长级领导有着私人联系。

由于国立病院部是基层管理组织,因此以前法令事务官并非一定存在着直线型管理,而只是随着政策和施策的必要性随时调整部署。现在以重组改革为契机,首席课的运营计划课内正在形成法令事务官的直线型管理。

负责部内很多实际工作的是1984年组织改革后的原医务局系列的专业事务官,国立医院部内的各课总管助理、各主管系长、主管职员等几乎都来自于专业事务官。

如前所述,人事制度因团组而异。就医学系列技官、法令事务官而言,国立医院部内的职位是全省间工作调动中的一个岗位。而专业事务官则是从国立医院、疗养院的事务职员以及地方医务局职员中选拔而来的优秀人才,并在省机构原医务局、地方医务局、国立医院、疗养所的事务局之间进行工作调动,专业事务官出任的课长职位为职员厚生课课长。

(2) 国立医院、疗养所

1996年,全国的国立医院、疗养所的规定编制为职员53619名,其中医师5423人、护士30260人、医疗技术5104人、事务4823人。全国的国立医院、疗养所的干部、地方医务局的人事、组织由省机构统一管理。

作为与省机构的联系,原医务局系列专业事务官的工作调动范围包括地方医务局或医院事务部门管理层的职位,借此保持部门内部的一体感。

各地大学医局可以决定其管辖下的各国立医院、疗养所医生的人事问题,被称为医局人事。与省机构的意向不同,各国立医院、疗养所的人事问题是由其他博弈关系决定的。即使是同样拥有医生执照的人,也与省机构医疗系列技官的人事管理没有关系。

3. 国立病院部的决策体系

每周定期召开的干部会议以及由各课课长、总管助理、法令助理、医学系助理等组成的运营会议上，会经常讨论作为国立病院部需要取得一致意见的事项或有必要共享信息的事项。由于讨论有关医院组织经营的事项，因此各课室相互之间关联性强，出席者会进行广泛的讨论。

省机构进行各医院的预算分配（各医院不采用单独核算制），包括这项工作在内的部局日常业务由专业事务官系列承担。具体而言，以主管该问题的助理为决策核心，各课的总管助理制定方向和进行分工。而系的分管十分明确，基本上形成了环环相扣的工作体制。

对外协调工作、制度修改所必须的业务、重要政策以及国会业务等则由计划法令系列负责。但是，由于并不处在直接把握基层实际情况的岗位上，计划法令系列职员有必要在工作中不断与各主管系或医学系列技官进行协调。

为了与地方医务局有效沟通，在提出预算概算要求、政府预算案决定等每一次有关预算结果出台后，均召开地方医务局局长会议。比起系统地听取来自地方的要求、意见，这种会议更是为了将省的方针传达给负责各地方总体实施的地方医务局。各主管系与地方医务局之间根据工作业务的需要会进行日常接触。

三、有关促进改革重组的政策形成过程

1. 推进国立医院等的重组工作

鉴于当时严峻的财政情况以及建立适应时代变化的国立医院、疗养院的要求，以临调最终答辩为契机，厚生省在1985年向内阁会议提交的"国立医院、疗养所重组合理化基本方针"的基础上，制定了旨在加强国立医疗机构应维持之设施功能的重组计划，通过有计划地实施废止、合并等措施推动国立医院、疗养所的重组改革。

在该基本方针中，改革重组计划的时间基本上被定为十年，而在国立病院部内部也达成了共识，在1994年后的政策课题是对重组方

法与计划进行改革。

具体而言,从 1994 年秋开始,在干部会议中举办学习例会,1995 年 1 月至 11 月举办了由外部相关者、专家学者组成的保健医疗局长的私人咨询机构"国立医院、疗养所政策医疗、重组恳谈会"。而法令事务官系列的助理以及为此特别配置的计划官则引导恳谈会讨论的方向,协调与外部相关者,即与医师会(检查重组对地方医院经营环境产生的影响)、自治省(假定为医院主要移交对象的地方公共团体)之间的利害关系,在法令系列中完成资料的汇总。

在以上措施的基础上,作为对重组进行修正的一环,从 1995 年秋起法令系列开始着手进行旨在促进重组、确定《国有资产转让特例的特别措施法》的修订工作,在与负责设施所在地实际协调工作的地方医务局进行密切联系的同时,推动与重组事务工作的运营计划课国立病院、疗养所对策室的磋商,整顿部内专业事务官的问题意识并鼓励其进行提案。而与大藏省理财局、主计局责任主查、主计局法规课、自治省准公营企业室等的交涉则由法制局审查负责。

2. 政策主体

伴随着制度修改而进行政策提案的主体是法令事务官的法令系列,尽管在部门内也期待其发挥这样的作用,但提出动案如果没有反映部内各有关负责人的意见,提案在部内就不会被接受。在制度上,各课干部在例行会议上代表各自的部门,或以全体的立场陈述意见,在这些意见的基础上法令系列再次修改并征得各部门的同意。作为部而言,拥有最终决定权的是国立病院部长,经常会见到其发挥主导性作用的事例。

3. 动机与对重组改革的认可

提出重组政策动议的动机除了基于法令系列自身的职责外,通过与运营计划课内的国立病院、疗养所对策室等的紧密协调了解基层需求也是动机之一。

作为国立病院部内的专业事务官,在长此以往国立医院、疗养院是否继续存在都将成为问题的危机意识下，为了继续生存，逐渐认识到推进国立医院、疗养院的合理化对于重组是必不可少的，并积极参与了这项工作。

4. 创发、共鸣、批准系统

关于对重组进行改革的创发其根本出发点是，1985年重组基本方针中记述的重组计划期间已近尾声，以此为契机在行政组织内部进行了自发性创发，并不是出于与外部主体关系的考虑而进行的创发。

直至今日，在实际上以地方相关者为对象的重组过程中，基本上采用了根据基层明确的问题采取必要措施的方式，在这个意义上重组改革存在着被动的一面。但是，具体方案的探讨则是法令系列的创发。在此基础上根据国立病院部的决策系统进行着信息共享、意见反馈及政策决定。

5. 评估体系

由于修改并不仅限于对法律的修改，还包括对当时的基本方针、甚至重组计划本身的修改，因此现在仍很难对重组进行的改革进行评估。基本而言，大藏省财政效果的观点以及国会推进行政改革的观点可能是评估重组计划进展情况的重要标准。假如进展不理想，则会出现要求进行更为激进的改革的呼声（在随后1997年中央省厅重组改革的议论中，确定了除国立高度专门医疗中心之外的国立医院、疗养所脱离国家行政转为独立法人的改革方向，这可以说是与上述因素之外的其他政治博弈因素相互作用的结果）。

第四部分　省厅的政策形成过程
——审定型

第八章 总务厅、行革审议机构的政策形成过程

木方幸久

第一节 总务厅的概要及分析视角

一、总务厅概要——组织与人事

总务厅分为长官官房以及人事局、行政管理局、行政监察局、统计局、恩给局（"恩给"为政府支付给退休公务员或殉职公务员家属的养老金、抚恤金等。——译者）等5个局。同时还设置了作为地方分局、支局的管区行政监察局、地方检察事务所，作为设施的统计中心，作为特别机构的青少年对策总部以及北方对策总部。1998年编制为3539人。

如果按照职能对各局进行划分，人事局、行政管理局以及统计局统计标准部履行政府全体的管理职能；行政监察局承担政府全体的政策评估职能；长官官房内的交通安全对策室、老龄社会对策室、地域改善对策室以及青少年对策总部、北方对策总部负责个别政策领域的综合协调职能；统计局（统计标准部除外）、恩给局负责个别政策职能。总务厅成立的目的是通过加强原总理府本府人事局与原行政管理厅

的行政管理局、行政监察局之间的合作关系,强化综合调整职能①,但在总务厅建立十四年后的今天,这种合作仍然只停留在部分阶段。②

总务厅职能繁多,因此很难制定全厅性的组织目标。各部局的政策形成自律性强,官房制定全厅方针并在部局间进行协调的情况很少。干部会议(厅机构指定职务以及官房课长等)、官房各局联络会议(官房课长以及各局首席课课长等)每周定期召开一次例会,但这些会议并没有被视为旨在协调政策的决策机构。

从预算上看,1998 年 1 兆 5023 亿日元的总预算中,恩给相关费用为 1 兆 4308 亿日元,占全部的 95.2%。

在人事管理上,总务厅的干部人事管理是在权衡行政管理厅系列和总理府本府厅系列之间关系的基础上进行的。经国家公务员Ⅰ种考试合格参加工作的总务厅职员与总理府本府联合录用,实际上在人事管理上与冲绳开发厅、公害调整委员会等一体运作。此外,行政管理、人事局等综合调整部局中课长级职位则多由合适的分掌职(职务称谓之一,详细内容参见本注——译者)③出任,通过与各省厅的人事交流录用了很多调职者。

在职员的意识问题上,由于没有关联业界和族议员,包括这些因素在内的省厅共同体④的利益意识较为淡薄,其行为模式也颇具特色(2001 年的中央省厅改组中,总务厅的很多机构都划归到新将成立的"总务省"中)。

二、分析视角

总务厅在人事管理、行政管理、行政监察、恩给、统计、青少年对策

---

① 《第二临调基本报告》(1984 年 7 月)中的综合管理厅构想。

② 尽管总务厅内部未必自主制定了计划,但从结果看却展开了合作。例如,行政管理局、行政监察局介入了行革审议机构参与政策形成的国铁分割民营化的实施阶段,人事局则负责剩余人员的解决。

③ 根据大森弥的观点,分掌职就是"在工作性质上,对于那些不适合作为课、室规定负责固定工作者,为其设置相当于课长的职位,机动、弹性地规定其分管内容并付诸于实施的机制"。(大森 1995,第 18 页)

④ 省厅共同体是指以省厅组织为核心,包括族议员、业界团体在内的拥有自律性管辖领域的利益共同体。参照森田对此的议论(森田 1996,第 138—145 页)。

等特定领域的综合调整职能专业性高，独立性强，政策形成也具备适应各业务领域工作性质的特性，因此很难在总体上概括总务厅政策形成的特点。另外，在行政管理厅与总理府本府一部分合并成立的总务厅中，对这两个省厅职员进行统一人事管理的进展并不顺利，各部局间行政风格的差异愈发明显。因此，总务厅的政策形成只能在政策领域的每一个层面进行分析。本章将"行政改革"作为研究对象，这是因为行政改革是政府最大的政策课题之一，改革成败将对21世纪"国家状态"的再构筑产生决定性的影响，因此，随着行政改革重要性的日益增加，总务厅逐渐上升到承担这一重任的地位。而在论及总务厅政策形成时，将其与行政改革联系起来或许最符合读者的需求。

总务厅内具体管辖、开展"行政改革"的部门是行政管理局。但是，如同其名称所显示的，该局的主要任务是每年度按照预算审定行政机构与编制，而中央省厅的根本性改革、放宽国家管制、地方分权等行政改革的政策形成则交由以第二次临时行政调查会为代表的与行政改革有关的审议会（"行革审议机构"）。行革审议机构严格来讲归总理府管辖，但其事务局的运作则主要由总务厅职员负责，因此可认为这是一个总务厅的派生组织。在此，本章将主要以构成总务厅行政改革基础的行政管理局的政策形成（第二节）以及由此派生发展而成的行革审议机构的政策形成（第四节）等两个层面进行分析。进一步而言，从本书"自我组织化"的中心思想出发，本章还将用一节分析伴随着行政改革概念的扩大而导致行革审议机构诞生的过程（第三节）。最后的第五节将结合前四节的内容就行政改革中的人才问题进行若干分析及提出建议。

第二节　行政管理局的政策形成过程

一、行政管理局的组织与权限

行政管理局在局长之下设立了2名审议官、2个课及8名管理官，编制为95人（1998年末）。分为审定部门和信息部门，前者负责机构、编制审定以及推动全面行政改革，包括1名审议官、1课及7名管官,约 50 人。信息部门则负责国家行政信息的整理运用、个人信息的保护以及信息公开等。

审定部门设置了作为首席课长的计划调整课长一职,兼任机构总管,编制问题由编制总管管理官负责,按照惯例这一职位由大藏省调动而来的职员出任。一般而言编制总管管理官还兼管特殊法人以及与外务省的业务。剩余的5名管理官负责其他省厅,但其中约半数由各省调动而来,这些职员原则上不负责其原出身省的审定工作。

此外,行政管理局各省主管者同时也是推进放宽规制等行政改革的窗口,而推进行政改革工作则由行政改革主管管理官统筹安排。

"管理官"属于分掌职位之一,尽管属于课长级别,但与课长不同,并没有组织法上明确规定的主管业务,而是根据局长的命令灵活地分配工作。通常一名管理官负责3—4个省厅的审定工作,并且会经常轮换其所负责的省厅。此外,在上述的推动行政改革工作中,如果出现新的课题,也将根据需要向各管理官分配工作。

各管理官下配备两名副管理官(课长助理级别),各副管理官下配属1名主查(系长级别)。副管理官通常负责1—2个省厅的审定,其中四成左右是各省调动而来的。此外在这一级别上调动而来的职员原则上不负责其原来所在省厅的审定工作。从事审定工作的总务厅专业职员中包括经国家Ⅰ种(原上级)考试后录用的职员以及拥有较强实际工作能力的管区行政监察局录用(原中级、国家Ⅱ种考试录用)的职员,他们作为副管理官以及主查在实务工作中发挥着核心作用。

二、机构、编制审定的政策形成过程

1. 审定体系

(1)概要、沿革

根据《总务厅设置法》第4条第10款的规定,总务厅掌管的工作为"对各行政部门增设、修改及废除机构以及设置、增减及废除编制进行审查"。行政管理局根据其管理业务,每一年度在制定预算的同时对各省厅提出的机构、编制要求进行审定。

在市场自动控制不发挥作用的行政部门,必须有某种机制来控制机构和编制的规模。在日本,根据《国家行政组织法》对机构,根据行政机构职员编制的法律(《总定员法》)对编制,进行了总量控制,在对行政需求减少的部门施加削减其资源分配之压力的同时,严格审查新要求,控制机构、编制的膨胀,并根据这一"总量控制方式"对机构、编制进行着管理。

具体而言,在机构的审定问题上,根据《国家行政组织法》附则第 25 条,官房、局的总数限定在 128 个以内,由此必然采用以新替旧的原则。此外,官房、局之外根据行政命令设置的机构(课、室、官等)、府省令下设置的机构中,关于一般职位职员薪酬的法律的薪酬表上,一定级别以上的机构(计划官、调查官等)也属于审查对象,在以新替旧的原则下严格控制机构的纯增长。

在编制审定中,根据《总定员法》第 1 条,内阁机构以及总理府、各省厅就职于永久性设置的必要职位的职员,扣除现业职员、《国家公务员法》规定的特别职务外总数为 509508 人。此外,各省厅会按照通常五年一次的编制削减计划进行一定比例的削减。新增加的编制则要视裁员后产生的空额作为政府全体的剩余编制按新行政需要进行再分配的情况而定。编制削减计划在审定中是预先决定的,在现行编制审定系统中具有重要意义。在现行第九次编制削减计划中,从 1997 年—2001 年政府将较 1996 年削减 4.11% 的编制,并进一步制定了在这一期间力争达到每年削减 1% 的工作目标,参照表 8-1。

表 8-1 编制削减的实施情况

	计划期间	削减实施情况
第一次	(1968—1971 年度)	43711
第二次	(1972—1974 年度)	43088
第三次	(1975、1976 年度)	21527
第四次	(1977—1979 年度)	20081
第五次	(1980、1981 年度)	14890
第六次	(1982—1986 年度)	49934

续表

计划期间		削减实施情况
第七次	（1987—1991年度）	48901
第八次	（1992—1996年度）	42362
第九次（注1）	（1997—2001年度）	8413（注2）
合计		292907

（注1）第九次计划中，除在1997—2001年度合计削减35122人（4.11%）外，还提出力争以每年1%左右为目标进行削减。

（注2）1997年度实际削减情况。

出处：总务厅年度报告（1997年10月）

该计划是在对审定对象每一个职种的性质、退职者人数、新录用人数、部门间（省厅间）部署调换的预测等进行考察的基础上，经过与各省的艰苦交涉后由内阁会议决定的。此外，在考虑财政情况的同时决定与每年度预算的概算申请标准相符合的机构编制申请的方针，并通知提出申请的官厅。①

尽管这些都属于审定的规则，但审定型政策形成中最基本的规则就是"无要求不审定"②，即通常对没有提出增设机构和增加编制要求的省厅不进行审定。

机构、编制审定体系是经过长期演变才逐渐形成的。

最初，从避免人事费导致财政僵化的角度出发，1968年开始制定编制削减计划，1969年5月制定了《总定员法》。此外，《国家行政组织法》的修改（附则第25条对局总数为128个的规定）在屡遭挫折后，利用第二临调的时机，终于在1983年12月得以实现。

---

① 在1998年的审定中，根据当时的武藤总务厅长官在内阁会议上的发言，提出了如下方针（行政管理局通知）：①有关机构问题，在"以新替旧"原则下通过对现有机构进行合理重组来应对；②有关定员问题，除了被认定为不得已而为之事外，原则上不应申请新的编制。

② 关于《行政管理厅设置法》的研究会报告书中称"通常而言，审查一般理解为等待来自各省厅的协商后被动应对。但是，即使没有来自对方的协商即进行主动审查在条文上并没有明确予以否定。"（《行政管理厅设置法研究会第一次报告》，《行政研究》第27号专刊1978年9月。）

通过《总定员法》的制定，《行政机构职员编制令》（行政命令）将规定各省厅的编制人数。此外，通过《国家行政组织法》的修改，官房、局以下的组织可由各省厅组织令（行政命令）以下的行政形式予以设置。经过这一过程，在行政体系内部形成了自律性的机构编制管理系统。

在行政管理机构的问题上，20世纪40年代在参考美国的制度后曾提出建立包括预算在内的综合机构的设想，但未能实现。现在，预算审定工作由大藏省主计局、机构编制审定工作由总务厅行政管理专门负责，机构编制的审定最终需要与预算编制过程统一，因此宏观层面的编制规模、组织规模会在与大藏省主计局协商后决定。另一方面，微观层面上作为专业机构的行政管理局的审定原则也会在预算编制过程中得到尊重。

（2）审定过程

机构编制的新申请通常与每年度的预算申请相对应，于8月末提交总务厅行政管理局。有关机构、编制的新申请通常于7月设定申请标准（最高标准），各省厅的官房文书课（部分省厅为官房总务课）、官房人事课（部分省厅为官房秘书课）分别对机构编制进行第一次审定，将各部局提交的申请限定在最高标准内。对各部局申请进行限定正是考验官房"清账"能力之时。本书各章节中分析的官房职能的强弱在此时可以如实得到反映。如果官房"清账"得当，申请的优先顺序就会明确，细节问题就不会引起很大的争论。如果"清账"失当，就会变成对没有优先顺序的各局申请的审定。一方面这会增加副管理官级别职员的决定权限，一方面也必须做好审定工作自身难以成功的思想准备，有时还会导致申请局直接申诉的情况。此外，每年度编制削减计划的分配也由各省官房人事课根据省内行政需求的变化进行判断并制定，在审定期间内向行政管理局提交裁员申请。因此，负责审定的行政管理局政策形成过程在前半阶段也是与各申请省厅进行组织内一体化的过程。

接到来自各省新增机构、编制的申请后，行政管理局中负责各省的管理官、副管理官、主查即开始审定工作。如上所述，管理官通常管理2名副管理官并负责3—4个省厅。审定从主管管理官的听证开始,在听证中申请省厅的官房文书课长、人事课长、各部局的首席课长等对新申请的机构编制进行概括说明。随后,副管理官(主查将同席)将分别就组织、编制进行多次听证。在这些听证中,官房及各部局各课的总管课长助理等会就申请内容进行更为详尽的说明。

在机构编制审定中副管理官发挥的作用很大。在管理官的指挥下,副管理官制定有关机构编制的审定方案,提交局议并在局议上对此进行说明。局议出席者通常包括行政管理局局长、长官官房审议官(分管行政管理局)、计划调整课课长、编制总管管理官(在召开有关编制的局议时),将听取在工作上负责各省厅的职员(管理官、副管理官、主查出席)对审定方案的说明。在局议上,主管副管理官会因审定案受到各方面的质疑,首次有关编制的局议甚至会超过十个小时。因此副管理官会随时以局议为目的对各省厅进行听证。在听证中要求进行说明的不仅是设立新组织、增加编制的必要性,为了得到局议成员的理解,还需要说明紧迫性、其他省厅有无同样的先例、有无替代手段(委托民间等)、外国的案例等。审定机构编制不可能设定一视同仁的绝对性标准(最佳标准),其成否只能以相对满意的基准①为根据,但要让积累了常年行政工作经验的局议成员满意绝非易事。

通常而言,10月中旬召开编制一局(第一次局议),以此为开端,就新设组织的问题进行与省令、行政命令等设置法令层面相对应的局议(一局)。省令局议通常由行政管理局主管官房审议官主持,经过一局阶段后,与各负责人进行细节审定的同时也进行全局性的宏观审定。宏观审定即行政管理局干部与财政当局(大藏省主计局)等协商决定增加编制(或新设机构)的框架,并分配至各省的过程。但是,增加编制等的框架及分配是局议与行政管理局局长通过对各省官房长进行听证、对各省申请进行综合判断后的决定。另一方面,在一局之后,各负责人在考虑各总管想法后进行审定。从这个意义上,微观、宏观审

---

① 如果用赫伯特·西蒙的基本决策理论予以说明,在审定决策时,考虑所有的代替选择并从中寻求问题的最佳解决方案是不可能的,而是根据认知的限度从有限的选择中,参考个人的需求水准,按照能否"满足"的标准予以决定。其中,个人的需求水准受到其经验、知识的影响。(吉田 1990,第 112—115 页)

定也是双方互相影响下同时进行的过程。因此，分管副管理官（管理官）充满说服力的说明自然有望为其负责的省厅增加分配名额。但是，分管各省的负责人不能只单纯成为行政管理局内其所负责省厅的代言人并形成一种模式。他们同时还应对通过各总管得到的宏观审定信息进行考量，在认识到政府组织"瘦身化"这一行政管理局整体目标的同时进行审定。在编制审定中，作为与财政当局沟通渠道的大藏省出身的编制总管管理官发挥着重要作用。

这样的调整过程经过10月下旬到11月上旬召开的编制二局（第二次局议）后开始收尾，微观、宏观双方的审定趋向融合。此后，审定过程进入管理官以上级别进行最终协调的阶段，有时则需要经过行政管理局局长与各省厅官房长等的高层会谈方可制定最终审定方案。在这一过程中，已大致确定省令组织及编制的审定方案通常会在11月中旬至下旬通知大藏省主计局。这被称为"连接"。提交主计局的"连接"日期也是行政管理局审定的最后期限，行政管理局将以在此日期前完成审定作为目标，全局通力进行审定工作。机构编制的新增新设需要预算上的支持，因此最终是与大藏省的预算审定过程整合进行的。在根据行政命令进行组织改革的问题上，鉴于很难确定可能要予以废除的财源，通常会推迟到12月上旬行政管理局内的审定方案定型后再与主计局联系。其后经过与执政党的必要协调后，12月下旬，机构、编制的审定结果将与预算的非正式方案一同通知各省厅，审定的政策形成过程就此结束。

机构编制审定的政策形成在宏观上受到财政判断、微观上受到各省内部优先顺序等条件的限制，行政管理局（审定当局）的决定就是受到这些限制的产物。反而言之，审定工作在11月下旬前的最后期限内由行政管理局局长指挥，行政管理局全局通力合作完成审定方案的色彩极为浓厚。① 其独立性较高，长官官房无法对其进行有组织的参

---

① 审定过程中，副管会议、主查会议等主管者的横向会议频繁召开。在此以总管为中心，对工作所必要的信息进行共享，并鼓励向总管报告、联络与商谈，从而实现没有落伍者的互助有机的组织运营。进而言之，行政管理局组织本身就采用了可以灵活分配工作的管理官组织形式，以追求行政工作的效率化。

与。由此审定工作经常被形容为根据固有体系"肃静谨慎"地进行而不受政治状况的左右。

根据1980年开始实施的部门间工作调动制度，主要将削减率高的林业部门职工在其本人志愿的基础上向各省进行调动（每年100—200人左右）。

另外，《总务厅设置法》第4条第11号规定了新设立特殊法人等的审查权，即与机构一样，根据以新替旧的原则对新设立的特殊法人进行审定。

2. 分析

（1）创发、共鸣、批准

下文将首先分析机构编制审定是如何进行"创发"、获得他者的"共鸣"并得到"批准"这一过程。

在机构、编制审定政策形成过程中主要的行为体是各省、总务厅行政管理局以及大藏省主计局。以族议员为中心的政治意向多被吸收到各省的申请中，与分管各省责任者进行直接交涉的情况并不多。在制度上，各省的编制、内部部局的设置等的权限下放到可由行政命令解决，这一机制也可以在某种程度上确保行政相对于政治的自律性。

审定的政策形成分为宏观上决定编制、组织总数、各省间分配以及微观上的个别处理等两部分。从审定总是在申请提出后启动这一点看，"创发"的起点在各省，这也是每年度的预算制定体系内所固有的"创发"。

另一方面，主计局、行政管理局的干部（局长、审议官、计划调整课长、编制总管管理官）接到申请后或从接到申请以前的阶段开始，在考虑财政、政治状况的同时，对宏观的审定进行"创发"。只要存在着财政、政治等制约因素，搜集这些信息的高层就会进行创发。可以说信息的非对称性决定了创发的起点。如果从与政治的关系这一角度看，在宏观审定中总务厅长官根据政治判断进行"创发"实属自然。尽管审定基本上带有浓厚的行政自律性的色彩，但假如来自政治的"创发"

以明确的形式表达出来,将产生极为强烈的冲击效应。

在微观层面的个别处理上,副管理官能否与其收到的来自各省的"创发"产生共鸣将是问题的关键。由于各省的信息都汇总于副管理官,因此在听证时无法让副管理官满意的申请将难见天日。①

审定的政策形成过程也可以说是宏观层面自上而下、微观层面自下而上的"创发"交错融合的过程。审定方案将对各省、在各个阶段都不断进行"再创发"。尽管总务厅负责审定机构、编制问题,但只要事务次官等会议以及内阁会议采用全员一致的原则,编制削减计划就必须获得各省的接受(即"共鸣")。为此,构筑"与其他各省的信赖关系"格外受到重视,如何让各省接受审定结果即成为重要课题。

机构、编制审定以各省为对象,并不是在直接认识民意的状况下进行的。原则而言,国民的需求将通过各省的申请间接反映在机构、编制中。

经过与执政党的协调后,机构、编制的审定结果会被计入年末有关概算的内阁会议决定中,成为政府议案,经国会审议后与预算一同被予以"批准"。

(2)体系的评价与局限性

在本节的最后,将对现行机构、编制审定系统进行评价,并分析其局限性。

总量控制的现行审定系统是为了适应日本的行政而创造出来的。首先,以控制机构、编制总量促使政府各部门修正工作方式,是以各省的组织、人事管理分立为前提,旨在控制机构、编制膨胀的良好机制。各省官房在修正本省厅内工作方式、分配编制削减的同时决定机构、编制申请的优先顺序。如果行政管理局认为这一优先顺序具有令人满意的理由,则基本上会在总量的范围内予以尊重。而在个别处理上,行政管理局的评价会向各省官房追加提供办理手续的必要条件

---

① 但是,这并不意味着副管理官拥有对编制进行细节调整的实际决定权。副管理官的共鸣是绝对的必要条件。此外,财政状况恶化编制审定也会更为严格,随着增加一个编制的分量变重,管理官级别职员的共鸣就愈发重要。

（加重说明机会），在结果上有助于增加个别处理事项的判断合理性。进一步而言，审定给予了各省官房优先排序的正统性，对于压制很可能来自各省相关课的不满发挥着有效作用。日本国家公务员占总人口的比例始终停留在发达国家的最低水准。这表明从控制政府规模膨胀这一侧面看审定系统在一定程度上是有效的（参见图8-1）。此外，从部门编制的变化看，通过与削减编制相结合，也产生了一定的再分配效果。比如，1981年到1997年间，外交部门增加了43.1%的职员，食粮事务所、农林统计部门则减员43.9%。

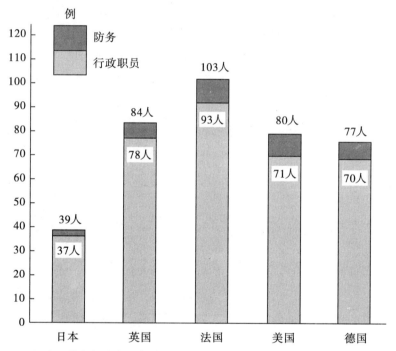

（注）1. 行政职员包括国家公务员、地方公务员及政府企业职员。
　　　2. 公务员人数等原则上以1995年为准。

出处：总务厅年度报告书（1997年10月）

图8-1　各国每千人公务员数比较（1996年调查）

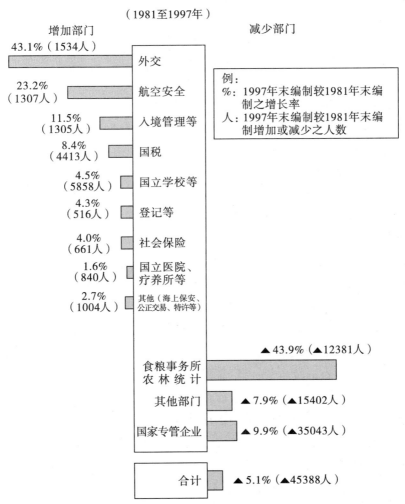

图 8-2 各部门编制增减情况

但同时,现行审定体系存在先验性这一局限性也是事实。这实际上与上述日本式行政系统的适应性是相反的关系。以下将通过"有限合理性""被动性"及"日本式共识形成"进行论述。

首先,"有限合理性"是指在机构、编制的审定中,由于定量把握工作量以及人的能力今后仍将极为困难,不可能存在最合适的标准,只能寻求相对满意的标准。因此在审定过程中将在考虑个别组织的具体情况的同时制定灵活的令人满意的标准。但是,这种标准尽管适合于说服适用该标准的组织,但如果不具备通用性,对于跨不同组织间的机构、编制的调动则难具说服力。

其次,"被动性"是指原则上审定只在接受了新申请后才进行。对于各省厅没有提出申请机构编制的,现实中审定当局不可能主动进行审定。因此,如果本应成为增减对象的机构编制没有提出申请,要对其进行修正则非常困难。

第三,"日本式共识形成"是指为了使审定得到"批准",要征得申请省厅、相关省厅、政治行为体等所有各方面的同意。在调解事实上拥有否决权的众多行为体间利害关系的过程中,审定方案只能是渐进性的。

此外,尽管与上述并无直接关系,一部分批评认为,对国家行政机构、编制进行严格总量控制的结果是国家应承担的工作以辅助金等形式委托给了地方公共团体,从而导致了地方公共团体机构、编制的膨胀;或者控制新设特殊法人的数量结果却导致认可法人、公益法人的增加。这些都引起了机构编制由中央向边缘部分的侵蚀与膨胀。

今后,在财政危机、国民纳税者意识日益增加的现实中,要求持续并进一步严格控制行政机构、编制膨胀是不言而喻的。但另一方面,在信息公开与加强行政手续公正性这一新的潮流中,可以预见在一定程度上有必要确保人力资源,由此产生了这一必要性与整体上控制行政规模如何并存的课题。当然,完全克服上述局限性十分困难,但有必要不断努力改善以往的体系。

第三节　行革审议机构的诞生

一、行政改革概念的历史性扩展

战后的行政改革被称为"行政整理",始终以控制机构、编制膨胀为主要目的。

1962年池田内阁时设置的临时行政调查会(第一临调),尽管系统地提出了内阁职能改革等旨在实现行政现代化的建议,但同时坚持

第八章　总务厅、行革审议机构的政策形成过程

"原则上不触及与政治、政策有直接关系的内容",主要是以在现有政策为前提下寻求实现高效率的行政体系为目的。

1981年—1982年铃木内阁进行的行政改革使得以往行政改革的性质出现了划时代的转变。铃木内阁期间,在两次石油危机导致财政出现危机的大背景下,人们的认识发生了转变,从关注维护行政管理范围转向认为有必要对个别政策进行变革(三个公社的民营化、削减辅助金、医疗保险改革)。1981年设立了临时行政调查会(第二临调),各界对行政改革提出了整体性的积极建议。这一动向也符合当时旨在解决福利国家困境、希望建立小政府的所谓保守主义革命的世界潮流。

其后在竹下内阁中,临时行政改革推进审议会(第二次)对经济结构调整一环的放宽国家规制政策等进行了咨询,行政改革的概念经过历史演变,终于开始发挥广泛容纳政策议题的功能。"行政改革"在总论层面上谁也不会持有异议,作为执政者,将利益错综复杂的各种政策课题总括在"行政改革"的口号下探讨解决方法,成为压制反对势力最有效的方式。

由此,行政改革概念的历史性扩展也给其政策形成过程带来了巨大的变化。

二、第二临调的诞生

1."自我组织化"的假说

第二临调之前,行政改革的特点就是以机构编制为中心,从简洁化、效率化的角度推动各行政机构执行统一标准的措施。具体而言,有佐藤内阁中一省厅削减一局(1968)、福田内阁中特殊法人的治理合理化(1978)、大平内阁中地方支分部局的治理再调整(1980)等。这些政策都是在内阁领导下以当时的行政管理厅为中心制定的。

其后,在财政出现危机的状况下,追求小政府的铃木内阁将被称为财政赤字元凶的国铁(国家铁道)与健保(健康保险)视为必须改革的政策。由于这些属于针对其他省厅管辖政策的改革,故设立了被称为第二临调的新的决策机制。第二临调为何有必要建立,又是如何建

立的呢？

行政管理局（现总务厅，原行政管理厅）根据其设置法的规定，掌管着以下工作：①制定有关行政制度基本事项的计划（《总务厅设置法》第4条第7号）；②综合调整行政机构的组织、编制以及运营（同法第4条第8号）；③针对行政机构的组织、编制及运营进行调查、计划、立案及提出劝告（同法第4条第9号）。值得注意的是，这里提及的计划、立案与综合调整功能，是以第二节详述的机构、编制审定权（同法第4条第10号）这一行政管理局根本权限为推动力方可施展的①。与各省厅之间不存在等级关系的行政管理局为了有效进行综合调整，有必要以审定权等明确的权限为支持。反而言之，综合调整实际上并不限于与审定权有关的机构、编制这一硬性层面。行政改革的要求也不仅仅停留在机构、编制这一硬性层面，而是扩展到了修改政策体系这一软性层面上。第二临调这一新机制的出现应考虑到行政管理厅根据环境变化而进行"自我组织化"的侧面。以下将介绍诞生的过程。

2. 创设过程②

20世纪70年代中期至80年代中期，日本经济发展因石油危机出现了失速，财政赤字增加，社会各界要求对行政进行合理化改革的呼声日益高涨。政府自1978年以后每年均制定行政改革计划，在福田内阁、大平内阁期间，还实施了针对特殊法人及许可、认可制度等治理合理化的大规模行政改革。但是，这些改革未对财政改善带来看得见的贡献，对其评价也普遍不高。为此，考虑今后的行政方式，并进而推动根本性行政转型的要求与日俱增。

同时，当时在主管行政改革的行政管理厅内部，也通过在1979年9月出台行政管理基本问题研究会报告等措施，对包括维持行政管理范围等主张在内的应对社会经济形势变化中政府之作用进行了基本性的集体研讨。

---

① 调整改变的分类与分析参见片冈的议论（片冈1985）。
② 以下事例的事实主要出自饭尾、草野的著书（饭尾1993，草野1989）。此外还参考了对当时第二临调事务局的佐佐木晴夫、田中一昭的采访记录。

第八章 总务厅、行革审议机构的政策形成过程

1980年7月成立的铃木内阁将财政再建作为政府最重要的任务，并任命中曾根康弘为行政管理厅长官。

为了迎接誓任下届首相的中曾根长官，行政管理厅内部开始摸索实施大规模的行政改革。在此之前，1962年总理府设立的临时行政调查会是以美国胡佛委员会为范本的权威性很高的审议会，在对行政的实际情况进行全面检讨后，于1964年9月提交了建立现代化行政体系的答复报告。行政管理厅曾设立行政监理委员会以推进其实施，但改革的实施率始终维持在极低的水准。以此为教训，行政管理厅建议再次设立权威性高的临时行政调查会以推进大规模的行政改革，并得到了中曾根长官的赞同。另一方面，铃木首相也认识到大规模行政改革是财政再建必不可缺的条件，因此在行政财政改革的旗帜下，中曾根长官于1980年5月向内阁会议提交了设立临时行政调查会（以下简称"第二临调"）的议案。

第二临调拥有很高的权威性，并赋予了行政管理厅突破以往行政改革局限的可能性。如果从更宏观的政治体系的角度看，为了打破自民党长期一党执政下由政界、财界和官员间合作关系构建的既得利益格局，也有必要建立与这些关系互不牵扯的新的政策领域。

设立第二临调的方针确定后，行政管理厅内部成立了准备班（即后来的准备室）进行设置法的起草工作。同时还进行了人选工作，身为财界领袖且在社会留有清贫印象的经团连名誉会长土光敏夫成为临调会会长的候选人。

《临时行政调查会设置法》规定其目的是"旨在实现应对社会经济形势变化之公正合理的行政工作"，其管理内容为"对行政的实际状况进行全面探讨，调查并审议有关行政制度及改善行政工作的基本事项"。此外，与通常的审议会相比，设置法规定临调会"于总理府设置"，"内阁总理大臣必须尊重本调查会的报告及意见"，"委员的任命经众、参两议院同意后由内阁总理大臣进行"，从而提高了其权威性。

第二临调设置法案于1980年12月5日公布，国会对土光会长在内的9名委员的批准程序也于1981年2月27日完成。9名委员包括财界3名、退休官僚1名、学者1名、媒体1名、劳动团体2名及其他1

名。在3月16日召开的第二临调第一次会议上,中曾根长官致词并表达了强烈的改革愿望:"……克服目前行政、财政上的困难局面是关系到今后日本发展的重要工作。……特别恳切地希望(会议)总结出紧迫课题,并制定出切实可行的解决方案。……进一步而言……从中长期的角度出发,审视行政组织、公务员制度等行政的基础制度、行政体系以及各行政领域的理想形式,并期待对今后行政改革的计划与战略进行深入探讨。"3月26日中曾根会见专门委员时表示希望制定"精益求精的方案"并要求公开实行的程序。值得强调的是,中曾根并不是单纯地追求改革实现的可能性,而是要求"精益求精",足以表明其深化改革的决心。

如上所述,中曾根行政管理厅长官始终对行政改革抱有强烈的意识,但就个别问题的解决方案、特别是对第二临调的具体工作却没有发挥其影响力的迹象。但是,行政改革的主管大臣中曾根长官尊重第二临调的自律性,特别是没有采取反对行动,这一态度尽管是消极的,却具有极为重大的意义。

与此同时,行政管理厅事务当局与第二临调事务局之间的关系却较为微妙。当时根据设置法而兼任第二临调事务局长的加地行政管理事务次官在1981年初的训示中表示:"……行政管理厅将举全厅之力全方位地按照临调的目的开展工作。行政管理局及行政监察局负责推进临调答复报告的实施,在完成临调答复报告的过程中,行政管理局、行政监察局的各种调查、研讨也将必然成为其基础",表明了全厅与第二临调的合作态度。但是,长官官房审议官佐佐木晴夫被派到第二临调事务局出任次长,并成为事实上的事务局长,从而使事务局开始了独立于行政管理厅的运作。佐佐木次长明确地将《第二临调设置法》的目的与管辖内容视为自己的使命,努力与包括行政管理厅在内的其他行政部门划清界线,尽管兼任官房审议官,却连行政管理厅的干部会议也不出席。因此,第二临调事务局开展工作时始终保持着很强的自律性。

3. 分析

第二临调的创设过程可以在中曾根行政管理厅长官为中心、铃木首相及大藏省等行为体也参与其中的极具政治化的背景下进行分析。但是,如果换一个视角,其创设并不是为了应对外来的要求,而是内生性的。在这个意义上,第二临调的诞生存在着行政管理厅"自我组织化"的侧面。

面对针对政策体系的行政改革这一新的课题,行政管理厅在以下两方面从内部开始了新的组织化进程:①拥有超出"审定官厅"的新权威;②由审定型组织向政策建议型组织转型。第二临调构想尽管无法确定是由谁发起动议的,但毫无疑问,至少这是行政管理厅内部的"创发"。而这次"创发"充分利用了第一临调的经验。特别是有关②,如后所述,第二临调事务局以行政管理厅出身者为中心组成,就是吸取了第一临调在运作中出现的弊端的教训而产生的组织性学习效果。此外,临调事务局可以保持相对于行政管理厅的独立性,尽管佐佐木次长的主导作用不容忽视,但从对此予以容忍这一点也可以看出行政管理厅在朝着自我控制的方向进行"自我组织化"。这种"自我组织化"的背景包括以下两点:①通过行政管理基本问题研究会报告等,在行政管理厅的组织层面上对根本性行政改革进行认识;②从 1955—1965 年期间开始正式录用的行政管理厅专业职员逐渐占据了中坚职位,储备了一批适合政策建议型新组织要求的人才。

总之,行政管理厅内部设立第二临调的"创发"思路得到了中曾根长官、铃木首相的"共鸣",这一过程又出人意料地与财政当局寻求财政再建的"创发"不谋而合,于是在"行政、财政改革"的旗帜下得到了"批准"。由此诞生了第二临调。

第四节　行革审议机构的政策形成过程

一、第二临调的政策形成

1. 第二临调的组织与权限

如第三节所述,第二临调的设立"旨在实现应对社会经济形势变化之公正合理的行政工作"(《临时行政调查会设置法》第 1 条)。其工作管理内容为"对行政的实际状况进行全面探讨,调查并审议有关行政制度及改善行政工作的基本事项"(同法第2条第1项)。由于所有行政问题都可能成为调查审议的对象,因此是一个任务极为广泛的调查审议机构。而即使是个别政策,只要被纳入全体综合性的视野之中,也会被列入第二临调的工作范围①。

此外,设置法还规定临调会"于总理府设置"(同法第1条),"内阁总理大臣必须尊重本调查会的报告及意见"(同法第3条),"委员的任命经众、参两议院同意后由内阁总理大臣进行"(同法第5条第1项),因此与一般的审议会相比,权威性得到了极大的提升,特别是内阁总理大臣的尊重义务意义重大。第二临调既是《国家行政组织法》第8条规定的审议会,又拥有与同法第3条规定的机构(公正交易委员会等)类似的实质性政策决定权。

更进一步而言,临调会拥有单独的事务局,并有独立的调查权,这些都确保了其相对于其他行政机构的独立性。

第二临调除9名委员外,还聘请了多名专门委员及参事。专门委员及参事分别配属在"行政应发挥之作用及重要行政施策的理想方式"(第一部会)、"行政组织及基本行政制度的理想方式"(第二部会)、"国家与地方的职能分担及保护辅助、管制行政监督的理想方式"(第三部会)、"三公社五国家管理企业、特殊法人的运营方式"(第四部会)等四个主题的部会,展开了活跃的调查审议活动。

事务局拥有100余名工作人员,其核心由行政管理厅的职员组成。除佐佐木事务局次长、首席调查员、总务课长、调查资料课长之外,主任调查员(课长级别)11名中的8名、以下级别中的四成以上都是行政管理局调动而来的职员。过去的第一临调中,由于行政管理厅人才不足,无法在事务局中掌握主导权,这亦成为导致制定答复报告过程中出现混乱的一个因素。对此,第二临调中,长期接受客观观察分析行政组织及运作的训练、长期从事计划型调查实务工作的行政管理厅职员掌握主导权,对其后促进审议、制定答复报告产生了极大的效果。

---

① 第九十五次国会参议院行财政改革特别委员会上内阁法制局的答辩。

2. 第二临调的政策形成过程（事例：国铁分割民营化）

第二临调根据其管理内容对各种政策课题进行了广泛、充实的调查审议。这里以普遍认为是第二临调最大功绩之一的国铁分割民营化为事例，对其政策形成过程进行分析。

国铁（日本国有铁道）在临调开始时的1981年累计赤字16兆4200亿日元，濒临破产的边缘。导致这一状态的原因主要有：①国铁无法充分应对运输需求的急剧变化；②当事者能力欠缺导致的国有企业傲慢的经营态度；③不稳定的劳资关系导致的工作规章纪律的混乱；④与收入相比异常高昂的人事费比率等。当时正是国铁在此之前的五次再建计划均告失败，着手实施从1980年开始的为期五年的"经营改善计划"启动之际。作为新的改革尝试，该计划在申请搁置长期债务的同时，提出了在1985年前削减74000名职员、对地方线路进行合理化的方针，被称为"背水一战的计划"。但是，经营状况的恶化比该计划制定时进展得更快，以致计划本身已无法充分应对制定当时的形势，且除了这项计划的负责人外，国铁内部并没有多少职员认真考虑该计划如何实现的问题。

第二临调会长土光敏夫在就任之际向铃木首相提出了四个条件：①保证临调会答复报告的实施；②不通过增税进行财政再建；③中央、地方改革同步进行；④消解3K（大米、国铁、健康保险）赤字。土光会长就任之初的确强烈关心国铁的问题，并一直关注到提出国铁分割民营化答复报告的阶段。但是，并非最初就已为国铁制定了几套改革方案，而是采取了在随后的临调会上不断讨论改革细节的方法。

1981年7月10日，第二临调提交了紧急报告，其中有关国铁的部分在表明"当前应尽早并切实实施经营改善计划"的立场同时，也提出了改善经营态度及劳资惯例、提高生产效率、对地方线路进行必要的民营化等中期目标。负责国铁问题的是第二临调内设置的第二特别部会，部会长是专门委员、庆应义塾大学教授加藤宽。紧急报告后，部会进行了重组，包括国铁在内的三公社五国家管理企业、特殊法人改革等划归第四部会负责，部会长仍由加藤宽教授出任。众所周知，加藤宽教授在公共企业基本问题调查会上就提出了国铁问题,对国营企业也持批判态度。但是,在第四部会开始运作时,加藤宽教授却采取了暂时静观国铁当局经营改善计划的立场。

第四部会除了部会长加藤宽教授,读卖新闻调查研究总部客座研究员岩村精一洋、原运输事务次官住田正二为部会长代理,旭调查中心专务理事山同阳一等3名出任部会委员,时事通信社解说委员屋山太郎等8名出任参事。部会的人员构成中,财界4人,退休官员4人,学者3人,媒体3人,劳动团体1人,其他1人。与其他部会相比,该部会的特点是退休官员比例低,媒体人士比例高。

另一方面,负责临调会工作开展的事务局在佐佐木事务局次长的统领下,田中一昭(行政管理厅)出任负责三公社五国家管理企业等政府直营企业经营形态的主任调查员,其下配属8名调查员。此外,稻叶清毅(行政管理厅)出任特殊法人等经营形态的主任调查员,其下配属6名调查员(1981年7月31日数据)。国铁改革由佐佐木、田中负责,田中主任调查员下属的调查员则在日程管理、资料作成等事务方面予以配合。8名调查员中,行政管理厅2人,其他省厅2人,三公社各1人,民间1人。田中主任调查员的基本方针是尽早让这些调查员参与其原所在省厅、机构的改革议论,以便在讨论早期阶段就可以疏通意见。

在关于国铁改革的问题上,从事过行政监查等工作的佐佐木次长、田中主任调查员对改革的问题点拥有丰富的知识。另外,在上文提到的1979年9月公布的行政管理基本问题研究会报告《今后的政府、公共部门与行政改革》中,即提到"改造政府直营事业部门",并以国铁为例质疑民营领域的日渐充实是否导致维持国家直营部门的合理性正在逐渐丧失的问题。

第四部会的加藤部会长在部会审议的同时,还频繁召开核心成员组成的非正式战略会议(这种会议并没有特殊的名称,为便于记述下文均称"战略会议")。战略会议除加藤部会长之外,参加者还包括岩村、住田两名会长代理、山同部会委员以及事务局的佐佐木次长、田中主任调查员。一般而言审议会事务局基于其专业知识会在审议日程、议题设定、听证安排等问题上发挥重要作用,而在战略会议上,没有特别需要听取其意见时事务局原则上不发表意见。但是,通过非正式的战略会议,第二临调中事务局职员的个人意见及信息对部会的审议内容产生了超出寻常的影响。

如前文所述,1981 年 9 月部会启动时对国铁经营改善计划持观望态度的加藤部会长在部会听证等场合中,对国铁当局的不合作态度以及经营改善计划的含混答辩逐渐产生了不信感。此外,在运输省工作时即尝试过对国铁问题进行改革的住田部会长代理赞成根本改革,对消极的国铁监督官厅运输省持压制的态度。

田中主任调查员通过在听证时结识的葛西敬之经营计划室调查官,与国铁内部的改革派建立了私人联系并借助这个渠道搜集了国铁内部的信息情报,加速了战略会议的讨论并确立了对经营形态进行根本改革的方向。而田中主任调查员的这种行动也得到了上司佐佐木次长的容忍。

在 1981 年 12 月提出劝告并公布的行政管理厅行政监察局《国铁监察结果报告书》中,对完成经营改善计划所必须的合理化、效率化措施进行了分类:①组织的重组整顿;②货物运输系统的合理化;③促进资产的处理;④提高其他业务的效率等。这份报告公布的国铁、私铁(民营铁道)相邻两站站务员数量详细比较的调查结果,对第四部会的审议产生了巨大的影响。①

1982 年 1 月,第四部会向调查会提交了中期报告,加藤部会长表示"分割、民营化是一个有力的方案,或许只能朝这个方向发展"。在国铁和运输族议员的强烈反对中,铃木首相、中曾根行政管理厅长官等政府首脑却对部会的主张表明了支持的立场。

此外,在这一时期,国铁的架空出差、暗地补助等被大量曝光,媒体对国铁工作纪律等毫不留情的报道开始引起社会关注。加藤部会长撰写的《应当解散国铁》(《现代》1982 年 4 月号)、屋山参事的《国铁国贼论》(《文艺春秋》1982 年 4 月号)都引起了巨大反响。

---

① 参照岩村论文(岩村 1984)。

1982年2月,自民党设立了国铁再建小委员会,运输族的权威三塚博出任委员长。小委员会因族议员的存在而主张拥护和支持国铁。但三塚在视察中也发现了国铁工作秩序和纪律的混乱,并在国铁改革派的努力下逐渐表明了对改革的理解态度。此外,自民党与第四部会也持续进行非正式磋商,对民营化的理解逐渐渗透到了自民党内。

5月17日,第四部会向调查会提交了以五年内实施国铁分割民营化、在总理府成立制定转型计划的行政委员会(国铁再建监理委员会)为主要内容的答复报告。调查会总体上沿用了部会的这份答复报告,并于7月30日提出了基本报告。但是,在基本报告提到的以独立行政委员会(《国家行政组织法》第3条机构)的方式组建国铁再建监理委员会的问题上,行政管理厅事务当局从行政组织理论的角度表示为难,再加上运输省的强烈反对,最终中曾根长官决定仍变回通常的审议会形式(《国家行政组织法》第8条机构)。

3. 分析

(1) 创发、共鸣、批准

国铁分割民营化政策形成的特点就是第二临调第四部会作出的结论在其后的过程中基本上被沿用下来。在这个意义上,第二临调第四部会可以说对该政策发挥了实质性的决定作用。当然,第二临调第四部会的结论本身很大程度上就是由核心成员及事务局干部组成的"战略会议"的方针所决定的。

如第三节所述,成立第二临调是为了实现行政根本改革这一不甚明确的目标及建立其政策领域,在人选上也没有事先设定过什么结论。因此在成立后的具体问题的议论中,可以说中曾根长官、行政管理厅在第二临调的讨论中彻底扮演了表面旁观却在背后予以支持的角色。但是,中曾根长官、行政管理厅的这种姿态确保了第二临调的自由讨论,在结果上为崭新的改革方案作出了贡献。

第二临调第四部会的政策形成(国铁分割民营化),是由部会长、部会长代理、部会委员、参事等成员以及事务局一同进行的。而其核心成员数人组成的"战略会议"(非正式会议)就是分割民营化的实质

第八章 总务厅、行革审议机构的政策形成过程

"创发"场所。"战略会议"的"创发"是如何得到"共鸣",又如何获得"批准"的呢?

"战略会议"的分割民营化"创发"得到了部会的"共鸣"。这一阶段也是提升政策合理性的过程。此后,改革方案就从第二临调进入了与政府首脑、运输省、自民党(运输族议员)的交涉过程。结果也得到了"共鸣"(运输族可谓消极性共鸣),并作为第二临调的基本报告得到"批准",基本报告提出的国铁分割民营化方针也在经过国铁再建监理委员会的调查审议后予以实施。但是在政策形成阶段并没有得到国铁方面劳资双方的赞成("共鸣"),并导致在实施阶段采取了更换国铁领导层的强硬手段。

"战略会议"的"创发"没有经过大的修正就得到"批准"有以下几方面原因。铃木首相、中曾根行政管理厅长官、土光第二临调会长信任加藤部会长,对部会自由讨论的支持避免了战略会议的创发受到来自第二临调内部、政府内部的疏通工作的影响。此外,临调事务局经过巧妙的简报形式,在部会的早期阶段就引起了媒体与舆论的关注,这也对轻易修改既定方针产生了抑制效果。2 名战略会议的成员(加藤部会长、住田部会长代理)成为后续的国铁再建监理委员会委员,从而继续对政策形成过程发挥影响也是重要原因之一。但是,最大的原因还是在于主张国铁分割民营化的"战略会议"的"创发"是基于严密的数据及国铁内部情报,在考虑到实现可能性的基础上制定的。换而言之,这是一个对外具有充分说服力的方案。以下将具体分析"战略会议"的"创发"内容。

(2) 战略会议的创发

"战略会议"的成员中,最初谁也没有国铁改革的明确方针,但通过成员之间相互交换信息及议论,改革方案逐步成型。通过参加成员相互"创发"的积累,最终形成了更为完善的改革方案。从经济学上看,这可以通过参加体系的优点之一的整合原理加以说明。①

---

① "这里提到的整合原理是指参加成员通过相互间的人际交流与信息交流,加深在知识、信息或人格方面的了解,拥有共同的知识与道德观,从而进行合作解决问题","其特征就是参加成员通过相互交流提升合作与学习的效果。"(加藤 1997,101 页)

值得关注的是,事务局的佐佐木次长、田中主任调查员也参加这一非正式会议,并积极参与到分割民营化政策的制定过程中。这种自由行动只有在第二临调事务局拥有相对于其他行政机构的独立性下才有可能。如果事务局成为行政管理厅内部的一个局,其行动将会受到限制。

战略会议中这两名行政管理厅出身的官僚发挥的作用有以下三个方面:①提供了从实际工作经验中得到的有关国铁的专业知识;②提供了国铁内部改革派的信息情报;③为会议结论提供了改革实现的可能性。

特别值得一提的是,对当时尚未被世人所知的国铁内部改革派加以利用,从而在与运输族议员及运输省的信息博弈中处于上风,这一点意义重大。如果拥有的信息量丰富,则被认识到的实现可能性也会增加。因此,为国铁改革提供了实现的可能性应是参加战略会议的这两名来自于行政管理厅官僚的功绩。

(3) 理论模型

这种以非正式会议为中心的政策形成过程作为行政改革审议机构(以下简称行革审议机构)基本政策形成模式并形成理论模型将具有以下的可能性。①

行革审议机构事务局中最高领导(局长以及次长)、按照各个议题设置的部会等的主任调查员中多数是精通行政改革的前总务厅官僚,并在工作中发挥着主导作用。这些事务局的干部与委员、专门委员中对该问题抱有强烈关心和参与欲望的数名核心成员组成的非正式会议就成为政策形成过程的中心。在这样的非正式会议中,可以共享来自各方面的信息,坦率地交换意见,在一定程度上明确了改革的方向。此外,还尝试通过各成员拥有的联系渠道与该议题的利益相关者进行接触,进行积极的协调工作。行革审议机构正式会议中审议会及各部会的调查审议工作十分活跃,并不只是单纯地批准非正式会议提出的

---

① 这种政策形成模式的模型化当然需要通过更进一步的研究,在此基础上进行积累与更进一步分析。也希望将此作为今后的课题。

第八章 总务厅、行革审议机构的政策形成过程

方针。但就结果而言,非正式会议的方针很多情况下会成为部会答复报告及审议会答复报告,并进而成为政府案的框架。从这个意义上可以说,非正式会议进行的就是实质性政策形成的工作。这一政策形成过程就是多人进行相互创发、积累,从而产生更为理想的方案的过程。非正式会议作为一个整体最终形成一个计划,因此也可以认为是一种计划型的政策形成机制。

通过对国铁分割民营化政策这一成功案例的分析[1],可以认为,以行革审议机构非正式会议为中心的政策形成过程模型之所以有效发挥功能,是因为具备以下几方面要素:①内阁总理大臣的强力支持;②审议机构领导个人魅力带来的权威性[2];③舆论的支持;④审议机构内存在强有力的意见领袖;⑤事务局的独立性[3];⑥事务局职员、行政官员基于个人专业知识、技能的参与[4];⑦与改革对象内部改革派[5]的联合。

---

[1] 国铁分割民营化政策根据不同的分析视角存在不同评价。但至少从行政改革政策形成的观点看,可以认为是成功的。

[2] 第二临调中土光会长的个人魅力充实并加强了其他行政机构"低人一等"的准等级性。

[3] 第二临调的政策形成中,负责推动行政改革的行政管理厅尊重事务局的独立性。成为事务局职员的行政管理厅出身的官僚只忠实于第二临调的目的与所掌管的内容,以自由的立场参加相互创发。但是,在第二次及第三次行革审中,基于行政改革的主要目的是推动以往的报告,因此事务局被置于总务厅行政管理局内。第三次行革审在国家规制以及制定行政手续法方面发挥了巨大作用,但另一方面,在特殊法人的整顿、统一、废止、合并问题以及证券交易等监视委员会的设置问题上受到了媒体对这些问题任由总务厅主导的批判。

[4] 行政管理厅出身的行政官常年集中从事行政管理、监察等专门工作,在了解政府全局性的组织状况及工作知识的同时,也掌握了客观、中立分析行政工作的技能。这些精通行政改革的官员在总务厅没有特定既得利益的特殊条件下,且从总务厅的工作中被解放出来时,会根据实际工作经验,带着个人信念参与合理的政策形成。这种行政官员有时被称为"行政改革的专家",大多对行政改革抱有独自的理念。尽管围绕着理念即行政改革实现真正高效高质最合理的方式这一问题上,可以分为重视改革政策者(新行政改革派)及重视构建组织体系者(旧行政改革派),但二者以各自的理念为基础相互完善、相互补充。此外,只要大多数行政改革具备强烈的参与政治过程的特性,这些行政官员就必须认识到他们往往存在着作为某种政治官僚进行实质性决策的危险性。实际上,这些行政官也注意到了这一点,在参与决策的过程中保持着充分的谦虚与自省。

[5] 但是,国铁内部的改革派绝不是被给予的,而是对国铁当局的计划抱有疑问的少数职员通过与第二临调等的接触,逐渐在国铁内树立了地位,并成长为内部改革派。

二、第二临调后行政改革的发展

第二临调的创设的确具有偶然性,但却决定了其后行政改革的方式,即行政改革由行革审议机构计划,由总务厅执行。

第二临调后的改革基本上采用下述方法。行政改革并不对各省厅采取统一标准,而是在一定的方向性下,探讨每个政策的妥当性。如果需要对政策进行修正,则设立新的第三方机构(行革审议机构)并将其作为政策形成的中心,以对行政制度及其改善进行广泛的调查审议。之所以如此,是由于通过在总理府设置行革审议机构,可以给予总理大臣尊重答复报告、意见陈诉的义务,确保对各省厅的明确的准上下级关系。

第二临调、第一至三次行革审议会、行政改革委员会、地方分权推进委员会等历代行革审议机构①的活动概要参见表 8-2。

行革审议机构在设置法上规定了"于总理府设置"、"内阁总理大臣必须尊重答复报告及意见"、"委员的任命经参、众两议院同意后由内阁总理大臣进行"、"会长总管会务工作,并代表审议会"等内容,此外还设有独立的事务局(第二、三次行革审议会除外)。行革审议机构的显著特征就是其强大的权限以及相对于其他行政机构的独立性。特别是内阁总理大臣对答复报告及意见的尊重义务是行革审议机构具备实质性政策形成职能②的重要因素之一。

行革审议机构由财界、官界、劳动界、媒体、学术界等各界知名专家组成,在这里可以排除审议会经常被诟病的事务局主导,而进行实质性讨论,同时协调各界意见。行革审议机构的政策形成过程中,在当时的政治、财政制约下,会因每个政策议题而不尽相同。尽管与审定不同,不存在僵硬的体系,但如上所述,仍可以抽象出以非正式会议

---

① 国铁再建监理委员会也有与第二临调以后的行革审议机构共通的特征。但该委员会的事务局以运输省出身者为主,因此不在本文的考察范围之内。

② 根据庆应义塾大学曾根泰教研讨班的研究报告,第二临调的具体报告事项中,在政策上得到某种采纳的占 88.6%,第一次行革审中达到了 90.2%(1990),从而证明了临调很高的实质性决定职能(《临调型审议会制度改革》)。

第八章　总务厅、行革审议机构的政策形成过程

表8-2　行革审议机构概要

	第二次临时行政调查会	临时行政改革推进审议会（第一次）	临时行政改革推进审议会（第二次）	临时行政改革推进审议会（第三次）	行政改革委员会	地方分权推进委员会
工作期间	1981.3–1983.3	1983.6–1986.6	1987.4–1990.4	1990.10–1993.10	1994.12–1997.12	1995.3
委员构成	会长：土光敏夫经团联名誉会长 委员数：9（财3、官2、劳1、学1、媒体1、其他1）	会长：土光敏夫经团连名誉会长 委员数：7（财3、官1、劳1、学2、其他1）	会长：大槻文平日经联名誉会长 委员数：7（财3、官1、劳2、学1）	会长：铃木永二日经联会长 委员数：9（财3、官2、劳1、学1、媒体1）（1991年4月后）	委员长：饭田庸太郎三菱重工顾问 委员数：5（财1、官1、劳1、媒体2）	委员长：诸井虔太平洋水泥董事、顾问 委员数：7（财3、学3、官1、媒体1）
事务局	独立 事务局长：行政管理事务次官 事务局职员数：105（1981.7）	独立 事务局长：行政管理事务次官（但设置次长） 事务局职员数：29（1984.5）	总务厅行政管理局负责事务（但根据训令设置事务室） 事务局职员数：37（1988.1、事务室长以下）	总务厅行政管理局负责事务（但根据训令设置事务室） 事务局职员数：30（1991.2、事务室长以下）	独立 事务局长：前总务厅行政监察局长 事务局职员数：39（1996.10）	独立 事务局长：前总务厅官房审议官、前总务厅事务区局长 事务局职员数：30（1997.4）
部会等	4部会	2小委员会	2委员会3小委员会	3部会1小委员会2研讨小组	1部会2小委员会	2部会3研讨小组
主要答复报告等	・国铁、电电、专卖三公社的民营化 ・年金制度、医疗保险制度改革 ・强化综合调整职能（设置总务厅） ・省厅内部部局的整顿与合理化重组（1984—2001.12省厅） ・行政事业的实现与国民负担水平的理想状态	・强化内阁制在内的综合统筹职能（内阁官房的重组等） ・机构整任事务以及国家参与的整顿与合理化 ・推进放宽规制 ・特殊法人的活性化	・包括土地税制在内的综合土地政策 ・推进放宽规制（策划制定放宽规制推进要纲）、流通、物流等个别领域） ・通过国家与地方各种事例方案（制定推进改革要纲） ・设定在担负水平的（2020年左右）时仍维持在50%以下	・针对证券、金融不正当交易等的基本政策（设立证券交易等监视委员会） ・整备地方自治体制 ・引入地方分权特例制度、车检制度、出租车行业放宽监视 ・策划制定地方分权推进大纲方针，设置推进地方分权的总部以及审视的第三方机构	・关于推动放宽规制的意见（1次、2次） ・关于行政参与方式的标准 ・关于确立信息公开法制的意见 ・最终意见（推动放宽规制、行政、国有辅助金的合理化整顿） ・参与意见、今后行政改革的推进政策	・第一次劝告（机构建任事务制度的废止等） ・第二次劝告（国家与地方协调关系、行政文风规则的修正、国有辅助金的合理化整顿） ・第三次劝告（地方事务官制度的处理、特因托案委任以及前因托委任事务的处理等） ・第四次劝告（伴随着机构改革的事务处理、国家参与与标准以及前因托委任事务的处理等）
举行业绩（调查会、委员会）	121次	121次	99次	123次	84次	177次（截至1998年5月18日）

（简称）财——财务系、官——官务、劳一——劳动系、学——学术界
（注）事务局职员数为概数

为中心的计划型政策形成这一基本模型。

在自民党的长期执政下,行革审议机构发挥着打破族议员、省厅、相关业界(政财官)所谓的铁三角(省厅共同体)既得利益关系的功能。但是,也可以说这种功能反而表明了省厅共同体维护既得利益是如何的顽固。① 自民党长期执政下的三公社民营化、放宽国家规制等行政改革尽管取得了一定的成果,但在深刻认识到省厅共同体这一现存行政体系带来的弊端的同时,却始终无法进入根本性改革的轨道。

经过1993年的政权更替后,目前自民党重新回到政权的中枢位置。但与长期单独执政时代相比,行政改革的外部环境发生了巨大的变化。特别是小选举区制实施后党的领导部实力增强,此外在放宽规制政策以及国民舆论的批判下族议员的力量相对削弱,进而言之,以工会为支持基础的社民党也成为执政党等等因素,都为自上而下的行政改革带来了新的可能。因此,在桥本首相的强力领导下,桥本首相亲自担任会长的行政改革会议开始探讨中央省厅重组、政策立案与执行职能分离等政策议题,并于1997年12月提交了最终报告。这也标志着昭和30年代(1955—1965年)开始延续至今的一府十二省的中央省厅体制开始向根本性重组转变。

行政改革会议与以往的行革审议机构相比具有以下特征。

① 内阁总理大臣亲自出任会长,其权威性进一步明确。

② 会长(内阁总理大臣)在政策形成中明确发挥着领导作用。

③ 事务局中来自民间的人才录用率极高。

④ 属于行政命令设置,此外,委员任命也不需国会同意,因此限制了议会(尤其是在野党)的参与。

从这些特征可以看出,行政改革会议正在急速向内阁总理大臣幕僚参谋组织的方向发展。换而言之,行政改革政策形成的领域、位相正在逐渐移向首相官邸。

---

① 加藤宽在谈到临调型审议会的有效性时指出:"但是,临调型审议会的存在反而证明了通常的'铁三角'带来的利益结构是多么的坚固。"(加藤1997,第99页)

第八章　总务厅、行革审议机构的政策形成过程

第五节　结束语

综上所述，在行政改革的问题上，总务厅的政策形成兼具审定型、计划型，可谓两者的结合。如第三节所分析的，总务厅在环境变化中巧妙地运用着这两种功能。毫无疑问，使其成为可能的正是以原行政管理厅职员为中心的丰富的人才团队。在本章行文结束之际，将就行政改革与人才之间的关系进行若干分析与建议。

原行政管理厅只拥有行政管理、行政监察两个局。因此其人才必然会被培养为行政管理、行政改革的专业人士（专才）。这在以注重培养通才的中央省厅中实属罕见，也是原行政管理厅的独到之处。第二临调开始工作后的行政改革正是作为专才加以培养的行政改革官僚们晋升到中高级职位、在职场驰骋纵横的时代。

但是，如上一节所述，今天行政改革更加直接地与内阁总理大臣的领导联系在一起，这就需要一批不同以往类型的人才。而主管行政改革任务的行政官中，包括总务厅录用者（1985 年后）在内的新一代职员正逐渐成为中坚力量。

换而言之，可以想象，原总理府本府与原行政管理厅合并而成的总务厅在人才培养的问题上，如何在以培养通才为主的原总理府与培养行政管理、改革专才为主的原行政管理厅之间进行协调是一个重要议题。现在，逐渐占据中坚岗位的总务厅录用的负责行政改革的官员与原行政管理厅出身者相比，从事过相当广泛的工作。这些中坚官员在新时代的行政改革中如何行动将是今后值得关注的问题。

总之，确保担任行政改革计划立案工作的人才将是今后政府的一大课题。中央省厅重组后总务省的人才培养在吸取总务厅所做尝试的教训的同时，也必须充分注意上述问题。

（追记：本文中意见分析的有关内容均为作者个人见解。）

参考文献

饭尾润(1993),《民营化的政治过程》,东京大学出版会。

岩村精一洋(1984),《指责税金浪费的行政监察》,《法学家(Jurist)增刊综合特集》33号。

大森弥(1995),《省厅的组织与编制》,西尾胜、村松岐夫主编《讲座行政学第4卷》,有斐阁。

片冈宽光(1985),《综合调整的一般性理论》,《行政管理研究季刊》32号。

加藤宽(1997),《官僚主导国家的失败》,东洋经济新报社。

行政监察制度研究会编(1990),《新时代的行政监察》,行政出版。

行政管理厅(1984),《行政管理厅三十年史》。

草野厚(1989),《国铁改革》,中央公论社(中公新书)。

日本行政学会编(1966),《行政改革的推进与抵抗(行政研究年报5)》。

日本行政学会编(1985),《临调与行政改革(行政研究年报19)》。

增岛俊之(1981),《行政管理的视点》,良书普及会。

增岛俊之(1996),《行政改革的视点》,良书普及会。

森田朗(1996),《现代行政》,放送大学教育振兴会。

吉田修(1990),《经营学基础理论》,中央经济社。

第九章 大藏省的政策形成过程

足立伸　城山英明

第一节 概　要

大藏省的组织包括大臣官房、主计局、主税局、关税局、理财局、证券局、银行局、国际金融局以及国税厅。自创设以来，尽管有诸如将酒精专卖事业转让给通产省（商工省）、接受证券相关业务等若干变动，但始终掌管着财政、税制以及金融有关的各项工作。本章将对大藏省的政策形成过程进行说明与分析，但正如大藏省"有局无省"的特点所表现的，由于大藏省各局独立性较高，因此本章首先对局的政策决定过程进行概述（具体为主计局与国际金融局），随后再对全省性的政策决定过程进行评述。

在此需事先向读者说明的是，出于简明扼要说明上述特点的需要，本章会有一些即使认识到欠缺严谨、并可能招致误解却也将特别强调的内容。此外，还有一些尽管政策形成过程的参加者可能会有极为不同的理解却也将坚持进行单方面说明的内容。

第二节 主计局的政策形成过程

一、主计局的组织与预算编成

1. 主计局的组织

主计局由于以预算编成为职责，因此其组织的职能几乎都是围绕着预算编成的,这在政府各部门中也是很特别的。主计局在局长之下有3名次长、总务课、司计课、法规课、支给课、共济课、调查课等6课以及12名主计官。各主计官及其部下以主计官为单位被分成若干小组,通常被称为"系",但其实体则相当于"课"级单位。主计官下配有主查(课长助理级别),这些也被称为"系"。比如,负责防卫厅预算的主计官下配有三名主查,这一组统称为"防卫系",其下每一位主查又被称为"防卫一系""防卫二系"和"防卫三系"。

在12名主计官里,负责预算审定的主计官9名,负责制定和综合调整预算规模、预算收支等预算计划的主计官(被称为计划责任主计官)1名,总管计算等管理以及编写预算书的主计官(被称为预算总管责任主计官)1名以及负责法规课工作的主计官1名。负责预算审定的9名主计官目前分为总理府、司法、警察负责人、防务负责人、地方财政、大藏负责人、外务、通产、经济合作负责人、文部、科学技术负责人、厚生、劳动负责人、农林水产负责人、运输、邮政负责人以及建设、公共事业负责人。

2. 预算编成过程

大藏省的预算编成工作从各财政年度的前一年度8月各省厅提出预算概算申请开始。但是,特别是从昭和50年代(1955—1965年期间)后期以来,各省厅的预算概算申请额逐渐被严格设定了上限,为此,实际上从上限的设定阶段开始,包括与各省厅交涉在内的预算编成工作就已展开。设定上限基本上只是针对各省厅的预算概算要求,而不涉及到概算要求的具体内容。但是,有时主计局在概算要求提出前就开始与各省厅会计负责人进行内部磋商。

9月以后,针对各省厅要求的审定工作正式开始。基本上主查将对对象省厅进行听证,并完成审定案。主查进行的听证中,最初的礼节性阶段由主管课长进行,其后的实质性阶段则由主管课长助理进行。在此基础上,主查、主计官与负责次长进行局议。局议通常在9月下旬至10月上旬一次、11月中旬后一次共计进行两次。第一次局议称为"一局"、第二次局议称为"二局"。在这个过程里,主查(视情况或为主计官,必要时为次长),将与对象省厅进行磋商。通常12月主计局与各省厅之间会就预算案达成协议。在细节调整的同时,宏观层面上的预算规模等预算整体计划方面,计划系(计划责任主计官)与主计局长、总务课长等局级干部协商后作出决定。这一期间计划系还会向各系分配预算额。

在预算编成的最终阶段,大臣之间将会进行交涉或者在首相官邸进行协调,与执政党的协调也同时进行。次年1月开始进入编制预算书的阶段。1月末,预算案提交国会。除编制预算书之外,在预算编成过程中计算管理等事务性工作的归纳汇总由预算总管系负责。其后,经过国会审议,通常在3月末4月初预算成立。

但是,最近这一过程出现了若干变化。1997年因财政改革,成立了政府、执政党主导的财政结构改革会议,设定了各年度预算中公共事业经费、社会保障费用等各财政支出领域的上限。为此,国会在通过了1997年度预算之后,马上就开始了1998年度预算的编成工作。以上述传统的预算编成过程对此进行说明有失妥当,这也是需要注意的。

二、主计局的人事管理系统

主计局中,国家公务员第Ⅰ种考试合格者即高级公务员,与被称为普通公务员(未经上述考试者)的其他职员的责任分担相当明确。普通公务员被叫作"老手",几乎全部是税务、海关、财务局等地方支局、分局录用的职员,他们从二十多岁起作为系员开始在主计局工作,其后一直在主计局等部门从事预算工作,这样的职员占主计局职员的八成以上。他们主要作为系长或系员负责预算计算的管理。计算管理是预算的基础,几乎每天都要工作至深夜,工作条件极为严酷,因此也是一项对责任感和自负心要求很高的工作。为此,主计局也极为重视这些职员的待遇。尽管主计官、主查大部分为高级公务员,但负责计算管理的预算总管系中,主计官以下的全部职员都是普通公务员,这已成为规则。而负责决算的司计课也采用同样的方式。根据具体情况,一部分课的课长也由普通公务员担任。

高级公务员中的大多数除局级干部外，主要作为主计官或主查从事预算的编成工作。因此，高级公务员被分配担任系长或系员的情况只限于在管理包括国会对策在内的预算编成整体工作的计划系以及制定法案的法规课等一部分部门，在进行预算审定工作的系中，不会出现高级公务员出任系长或系员的情况。

三、主计局政策形成过程的特点

主计局针对省厅提出的岁出要求，基本遵循控制岁出这一被动性的行为准则开展工作。但是，政策不可能只靠被动性地对申请省厅的要求进行审定即可实现，因此不仅对对象省厅、还必须积极去做政治家以及各种各样利益集团的工作。这种两面性可谓主计局政策形成过程中的特点。

1. 实现预算统一编成的组织努力

为了追求预算的统一编成，主计局会在组织上进行一定程度的创意。比如，负责预算审定的主计官所管辖的对象原则上以省厅为单位，但在诸如公共事业等需要在预算编成上进行统一管理的政策领域，所掌管的业务就不再以省厅为单位而是以职能为单位。比如运输省负责的机场建设和港湾建设等就不归运输系而由公共系管辖。农林水产省管辖的公共事业"农业农村建设"尽管由农林系管辖，但其责任主查则需要服从负责公共事业的主计官的指示。此外，农林系与公共系按惯例由同一名次长负责。这种处理方式除长见于政府开发援助外，还可见于支给并不是由预算审定责任主计官、而是由支给课统一进行审定等情况中。

2. "军队式"指挥命令系统的确立

人们经常形容主计局为"军队式"组织。各次长下配备的主计官等一同被称为"师团"可谓颇具象征性的表现。之所以有这样的称呼，是因为主计局在信息情报传达及决策过程方式上都被明确规划为军队式的上下直线性系统，责任分担也十分明确。比如，预算总体规划等预算计划事项基本上由计划负责主计官→总务课长→主计局长这一上下级关系决定。而具体预算审定的各种事项则由主查→主计官→次长这一顺序决定。与政治家的协调也会根据政治家的职务决定相关负责人。

预算编成一方面因为是政治过程,存在着管理上的困难且容易发生事前难以预测的突发事态;另一方面,特别是在预算编成的最终阶段,必须在有限的时间内处理大量事务。因此,指挥命令系统与明确的责任分担就是为了应对上述情况的出现。另外,主计局中各预算审定的负责人通过与对象省厅就预算进行交涉,最了解个别岁出项目的信息,个别岁出项目的审定采取自下而上的方式也最为有效。另一方面,政治的介入多通过局级干部进行,因此,就有必要有机地进行各方面情报信息的传递并使之服务于最终决策。为此,可以说有必要采用类似于战争期间前线与司令部的关系的"军队式"指挥命令系统。

3. 妥协过程——"握手"与"收手"的必要性

预算编成需要在一定的期限内完成,因此,主计局就有必要最终与政治家及对象省厅进行妥协。这种"收手"的必要性是在与对方的交易中自然出现的。

首先,在妥协之前的阶段,会进行"降服"相关利益者的工作,通过做事前工作使对手"降服",实现本方的目标。但是,对方"不降服"的情况下,就会进入下一阶段,即与对手进行交易。具体而言,主计局每年最重要的工作就是预算编成,为此,如何控制该年度的岁出总额格外重要。与此相比,作为申请预算的省厅,比起全体的岁出总额,有时会更重视实施特定的政策。在这种情况下,对将特定政策计入预算的重视程度会超过岁出总额。此时,申请省厅与主计局之间就会进行交易,以控制岁出总额来交换主计局批准将新政策计入预算。通过这种交易主计局与对手"握手"及"收手"。但这种"收手"也难以解决的预算名目被称为"闹事",会有一套主查将这方面的情报系统地传达至局级干部的机制(这也是"军队式"情报系统的一例)。这种交易不仅限于对象省厅,根据需要还会在与政治家或者其他利益集团之间进行,总之,"降服"各种利害关系者是主计局的重要职责。

但是,在最终阶段仍无法将对方"降服"时,为了"收手",主计局就成为被迫妥协的一方。主计局这种调整者的立场某种意义上也可以说体现了主计局的局限性,也是其难以实施超出现有框架之政策的原因之一。

4. 组织的局限性——"把快乐建立在他人痛苦之上"

主计局通过一定的组织努力和"军队式"指挥命令系统,在"收拾"各种对象的同时,尝试进行统一的决策。另一方面,主计局的组织及其成员在信息处理能力等方面也会存在局限性,其结果就是主计局或主计局职员减轻自己负责领域的岁出增加因素而将其转化为他人责任领域的负担,即使最终导致进一步的岁出增加,在有些时候也是合理的行动。在这个意义上,可以理解为"把快乐建立在他人痛苦之上"。话虽如此,在主计局中,抑制这种行动的机制某种程度上正在形成,使得这种机会主义性的行为余地越来越小。比如,主计局组织内,通过对信息处理能力上有余力的职员的负责工作进行调动,取得了良好效果。但是,只要主计局及主计局职员的能力存在限度,就无法否定对大藏省内其他各局或其他职员采取"把快乐建立在他人痛苦之上"的可能性。

从以上四个特点可以看出,主计局的政策形成过程一方面通过诸如按照职能设定管辖内容等的组织创意以及"军队式"指挥命令系统,努力实现统一的预算编成。在这个意义上,主计局是旨在预算编成的高效组织。这种高效是主计局至今仍维持其巩固地位的原因之一。而另一方面,主计局的政策形成过程也存在着局限性。这就是在最终阶段对方仍未"降服"时被迫"收手"进行妥协,以及并不可完全否认采取"把快乐建立在他人痛苦之上"的可能性等。为此,很难期待主计局可以制定并施行超出以往利益诱导型预算框架的急剧控制预算政策。但是,这种局限性并不是主计局放弃调整者的立场就可以自动解决的问题。主计局放弃调整者立场后,有必要在预算编成过程中设立可对财政规章制度承担责任(足以对抗政治上要求扩大岁出的压力等)的新机构。但这种改革成本巨大,并且恐怕最终实际上只是将主计局搬至其他机构而已。

第三节 国际金融局的政策形成过程

一、国际金融局的组织

大藏省中由下至上的决策属于正统方式,但国际金融局的决策过程却带有强烈的自上而下的性质,与其他部局有很多不同之处。以下将简述国际金融局政策形成过程的特点。

首先,国际金融局的机构包括局长、次长、两名审议官、总务课、金融业务课、国际机构课、调查课、外汇资金课、国际资本课、开发政策课、开发机构课、开发金融课等。在国际谈判方面,还包括大藏省次官级代表的财务官。参加G7的大藏省官员除大藏大臣外只有财务官,为此,国际金融交涉中财务官的作用极为重要。国际金融局的工作涉及面广,大致可分为负责监督银行及证券公司海外业务的金融业务课及国际资本课;介入外汇管理的资金课;负责G7等国际会议的国际机构课;负责开发援助问题的开发政策课、开发机构课、开发金融课等;而总务课则负责局内工作的综合调整以及人事、会计事务等工作。

二、国际金融局的人事管理系统

国际金融局的工作重点就是参与涉外谈判,因此具有很强的承担大藏省对外谈判责任的性质,由于必须具备语言能力这一工作中的特殊要求,国际谈判等工作基本上是以高级公务员为中心开展。在负责这种业务的课中,从课长到课长助理、系长、系员等所有职员均由高级公务员组成。另一方面,普通公务员则主要被分配从事《外汇管理法》的执行等工作。

三、国际金融局政策形成过程的特点

由于国际金融局主要从事国际谈判这一工作上的特殊性,其政策

形成过程在大藏省内也相当特别,具有以下特点。

1. 国际谈判的特性——非直线型政策形成过程

国际金融局参与 G7 等国际金融交涉的谈判对手即欧美各国很多采用自上而下式的决策方式,情报信息也集中于最高层。在国际谈判中,谈判双方应为同等地位者是一个原则,因此在国际金融局信息情报也集中于最高层。进而言之,如上所述,财务官将出席重要的国际谈判,因此作为实际的谈判负责人,财务官的判断在政策形成过程中十分重要。为此,国际谈判的政策形成过程自上而下的色彩极为浓厚。此外,紧迫性高的国际谈判以及对外汇市场的介入等往往要求决策迅速。因此,在政策形成过程中,不遵照课长助理→课长→审议官→次长→局长这一直线型决策模式的决策很多。也可以说,由于经常会有在海外出差者,因此按照直线型决策实际上是非常困难的。这种政策形成过程就符合国际金融局工作所需的条件方面是非常高效的,但另一方面,大藏省内也有各种特殊性,因此在需要与其他各局协调的问题上有可能发生矛盾。

2. 政策形成过程的灵活性

尽管不按照直线型决策的事例很多,但这并不意味着所有的决策都是不按照直线型模式进行的。针对问题的急迫性而采取直线型模式作出的决策也为数不少。总之,根据不同的情况,会选择灵活的政策形成过程。选择何种决策模式既有总务课进行协调的,也有主管课作出判断的,此外还有局长等局级干部作出判断的情况。因此,在灵活选择政策形成过程这一点上国际金融局与主计局不同。另一方面,这种灵活性也说明了政策形成过程并没有被组织化。没有组织化或许会产生一些弊端,但与主计局不同,国际金融局管辖的工作内容千变万化,因此,或许将政策形成过程组织化所产生的弊端会更多。

第四节　大藏省的全省性政策形成机制
——"有局无省"

一、"有局无省"——全省协调机制的欠缺

大藏省被称为"有局无省",省的综合政策协调能力难以与一部分其他省厅相提并论。此外,大藏省也没有像其他一些省厅那样制定全省性的政策目标。

在制度上,大藏省各局间的横向定期会议包括次官、官房长、各局局长、官房各课长出席的干部会议以及官房各课以及各局总务课的首席课长助理出席的计划官会议,但是,这些会议并没有进行全省性协调的目的。通常而言,全省性决定是大臣官房的任务,但大藏省的大臣官房主要从事人事以及应对国会等工作,原则上不参与省的政策制定,也不会协调各局间的对立分歧。

大藏省欠缺全省性决策机制的原因可归纳为以下几点:

1. 省的工作基础已经确立

大藏省在财政、税制、金融等方面的工作基础已经确立,即使要进行省一级的协调以维持组织的存续,原本也没有必要策划制定综合性的政策目标。

2. 业务领域广泛

大藏省各局都有独立的业务内容。如主计局负责预算;主税局负责关税;理财局负责财政投资融资、管理国债及国有资产;证券局负责有关证券的行政工作;银行局负责有关银行的行政工作;国际金融局负责国际金融等。大藏省全省的业务范围极为广泛。为此,如要协调各局之间的利害关系,就需要精通各局的业务,同时还要与政治家、业界进行协调。因此,官房不可能总是发挥这样的作用。此外,在各局间出现利害冲突时,通常是两局间的对立,涉及到三局以上的关系协

调并不多见。为此,与其让官房进行协调,对立各局之间直接进行协调更有效率。

3. 会计事务的次要性

大藏省没有必要为了实现本省的政策而采取建设及辅助金交付等预算上的措施,其预算的大半是人事费与事务费。为此,官房从政策的角度对预算进行综合调整的必要性不多,即官房发挥综合调整机能的必要性也不高。各局中担任会计工作的总务课也是如此。

二、"有局无省"的局限性——全省性合作必要性的增加

如上所述,各种原因造成了大藏省不具备全省性综合调整功能。但是目前这种体系的局限性也日益显现,在认识到这种局限性的基础上,大藏省也开始了包括自上而下协调等在内的一定程度的全省性改革尝试,主要内容如下:

1. 各局间协调的局限性与对策

将协调交由各局间进行存在着协调未果的情况。比如 1981 年《银行法》修正时,在认可银行从事债券业务范围的问题上,银行局与证券局之间就出现了协调未果的情况,最终在大臣官房调查计划课的协调下才得以解决。

此外,还曾发生过某局就某特定事项不向相关局传递有关信息,试图不进行省内协调即造成既成事实的事例。比如在一段时期内,在国际金融谈判的问题上,负责进行国际谈判的部局在没有与国内相关负责部局进行协调的情况下即与国外达成了协议[①]。但即使在这个问题上,其后大臣官房调查计划课也进行了省内协调。

如上所述,最近,大藏省开始注意解决各局间协调的局限性,与之相应的人事也出现了变化。过去一个时期存在着被称为"基地制"的

[①] 围绕着国际金融交涉问题大藏省内国际金融局与主计局之间的对立参见船桥洋一的著作(船桥1988,第211页)。

情况,即长期反复、持续地在特定的局进行人事调动,但最近,各局间的人事交流正在广泛开展。这种人事上的变化,也可以说某种程度上有利于各局间协调的顺利开展。

2. 涉及三局以上事项的综合协调

在大藏省,也存在着视内容而有必要在三个局以上进行利益协调的情况。比如1983年至1984年的日美两国组成的日元美元委员会上,大藏省金融、证券、国际金融、国债等各领域有关局都参加了与美国的谈判。这种情况下会采取相关各局举行各局间横向联系协调会议等措施。但这只是针对特定问题的临时性措施,并不是常设机构。此后针对特定问题举行相关各局间的会议这一方法不仅限于国际谈判,相对而言得到了更多的利用。

3. 有必要进行全省合作的事项

在一些特定的重要问题上,为了在全省间展开合作,会举行各局长参加的临时性会议。这种会议不仅限于极为重要的政策问题,还被用于讨论组织如何应对外来"威胁"的问题。之所以召开这种会议,主要目的在于促使各局不在纵向上进行参与,而是综合应对。同时,将局长等职员的个人能力灵活运用于超出其负责部局范围之外的工作中。

最近,在新设金融监督厅与省厅重组的问题上,大臣官房被指定为特命责任部门,从而也加强了可发挥协调作用的机构建设。

三、补遗:与国外的比较——同样的课题

不仅日本,各国的财务省或与其相当的部门基本上也管辖着财政、税制、金融等领域,职务范围也十分广泛。为此,基本而言,各国财政部门中各厅局的独立性也较高。

以与日本相比职务范围相对较窄的美国财政部为例,除了财政部长可以对有任命权限的副助理部长职位以上的官员进行政治任命(political appointee)外,几乎没有税制、国内金融(管理国债等)、银行

监督、国际金融的各厅局之间一体化的综合政策协调。此外,处长(课长)职务以下的财政部普通职员与其他部门之间的人事交流也几乎从不进行。但是,在美国高级官员由政治任命产生,因此与总统、财政部长等政府内部实力者有某种关系的人物往往会得到任命,基于这种人际关系的综合政策协调也是存在的。

在欧洲各国,似乎很少考虑进行超出局之范围的综合政策协调。此外,除了采用与日本相近的职员录用体系的法国外,原则上普通职员在各局间的调动也比较少见。

第五节　结束语——大藏省的行动理念是什么

从上述对主计局及国际金融局的政策形成以及全省性政策形成的分析探讨可以看出,大藏省的政策形成过程每个局、每个领域各有千秋,不可能归纳为一种模式。但是,作为政策形成过程基础的行政官员的行动理念却可以在一定程度上进行概括。当然,只要大藏省是由众多行政官员组成的,那么就可以说大藏省的行动理念会与大藏省官员的数量一样多。但是,如果进行极为概略的整理,可以看出以下几点:

一、"国家利益"优先的思想

大多数的大藏省官僚都在国家公务员考试中成绩优异,在大学时代也是佼佼者。因此一般而言在就业问题上选择的余地很大。而选择了在薪酬及劳动条件上与民营企业相比均处于劣势的公务员工作,这本身就说明参加大藏省工作的职员中,大多数在某种意义上胸怀奉公理想。大藏省在培养职员的过程中,特别注重向职员灌输以下意识,即大藏省的工作对国民生活影响重大,是为了国家利益这一公共目的。比如,大藏省把从参加工作开始、直到海外留学、出任系长、出任税务署长等课长助理职务为止的前后7—8年的工作时间都作为教育培训期间,这在其他省厅是见不到的,而这么长的时间正是为了培养职员基于"天下为公"信念之上的判断能力。因此,大藏省官僚对政策的判断,不管好坏如何,可以说至少从主观上看都是抱着对"国家(国家利益)"强烈的参与意识(尽管客观上是否真的对"国家利益"作出贡献应是仁者见仁智者见智的问题)。

二、"对症下药"式的利益协调

大藏省的职务领域大部分都是诸如预算编成、修改税制、金融相关行政工作等利益协调性质很强的领域。特别是预算编成、修改税制等问题上,大藏省的政策目标与政治家、各利益集团的利益之间时有尖锐对立。但是,从另一个方面看,这些事项每一年度都必须以预算案或者税法修正案的形式加以决定。在金融领域也是如此,法案的修改因为有提交国会的期限问题,或者要符合人事调动的周期等,其协调也必须在一定期限内完成。进一步而言,大藏省是进行预算编成、修改税制的主体,有必要以调整者的身份从事工作。尽管本来"政治"应该发挥这种调整者的作用,但现实中却并未如此,其原因之一就是"政治"反而在袒护利益诱导这种行为。

对于这些必须在一定期限内决定的事项,调整者就有必要进行找准"漏洞"的利益调整。为此,大藏省在对其调整者身份强烈自负与拥有权限的同时,在某些情况下为了解决问题也不得不对自身的政策目标进行让步。

补遗:本章完稿于1997年5月。其后随着大藏省所处环境的变化,特别是97年后半年到98年初大藏省发生的丑闻及其应对都促使大藏省的政策形成过程发生重大转机。具体而言,开始了对"有局无省"的政策形成过程的改革进程,对以往的大藏省方式进行全面修正与改革已成为全省性议题。因此,本章所涉及的内容今后也存在着发生重要变化的可能性。

参考文献

船桥洋一(1988),《通货烈烈》,朝日新闻社。

第五部分　省厅的政策形成过程
——涉外型

第十章　外务省的政策形成过程

城山英明　坪内淳

第一节　外交的行政性质

外交活动从大多是由身为职业行政官员的外交官负责的意义上，与其他行政活动具有共通的性质。但是，其开展活动的环境却大相径庭，与此相对应的担任外交工作的外务省的组织与行动方式也有其独特的性质。

首先，组织存在着"冗余"性。国内行政活动的环境即国内政治中，存在着各种权力中心。比如，如果观察了在东京的政治活动，就可以相当程度上理解日本政治。在德国，只要观察柏林、波恩、慕尼黑，就可以很大程度上了解德国的政治。但是，外交的活动环境即国际政治中，并不存在国内政治意义上的权力中心。在国际政治中，各种细分化的政治状况相互联系形成了国际政治的整体。在这种国际政治环境中进行外交活动，就重大问题只依靠一种判断是极其危险的。因此作为组织，"冗余"即组织保留某种"闲置"之物是非常重要的。

其次，外交中情报信息资源的重要性不言而喻。行政工作基本的活动资源就是资金、人力资源、权限及信息。外交活动中，对通过官房集中管理的资金、人力资源等资源的依存度较低，基于准确情报的机动行动十分重要，但很多这种信息情报（包括想法）的资源都在外交"前线"和现场，只能对其进行分散管理。

以下将从组织、人事、政策形成的制度等侧面对外务省的特点进行具体分析。

第二节　外务省的组织

一、概　况

外务省省机构由大臣官房、综合外交政策局、亚洲局、北美局、中南美局、欧亚局、中近东非洲局、经济局、经济合作局、条约局以及国际情报局等10局1官房组成。

其中，亚洲局、北美局、中南美局、欧亚局、中近东非洲局等5局有各自管辖的地理范围，因此可归类为地区局。而综合外交政策局、经济局、经济合作局、条约局及国际情报局则可归类为职能局。

综合外交政策局及国际情报局，是根据1991年7月第三次行革审第一次答复报告，以及在此答复报告的基础上于1991年12月召开的外交强化恳谈会的报告，于1993年8月新设立的。其中，综合外交政策局是为了进行综合性中长期外交政策的计划立案以及建立外交政策的总括、调整机制，而由联合国局改组而来。某种意义上也可以说是补充并加强以往的大臣官房的职能。特别是综合外交政策局中的总务课、计划课即发挥着这种作用。此外，也期待在海湾危机等重大紧急事件时，综合外交政策局可以发挥灵活机动地主导各种活动的作用。

大臣官房包括报道课、国际报道课、国际宣传课、国内宣传课等对外信息情报的接收、发送等多个课室及通信课（前电信科）等与驻外使领馆之间接收、发送情报信息的课室。这可以说也反映了外交中情报信息这一资源的重要性。此外，官房审议官（负责总体工作）和外务参事官（负责国会关系）实际上负责与国会的关系。其重要工作之一就是调整因工作需要而经常海外出差的外务大臣的日程与国会审议的日程。

外务省组织上的一大特色是拥有众多的驻外公使馆，也就是在世界各地拥有众多的工作现场。1995年4月1日为止，拥有183个大使馆（其中单独建馆111个，合用使馆72个）、71个总领事馆（其中单独建馆63个，合用8个）、1个领事馆以及6个政府代表处。从人事政策的观点看，这意味着外务省拥有大量其他省厅人数较少的诸如大使等高级别职务的官员。

二、特点——薄弱的官房系统组织

如第一节所述，外交的行政工作存在着两个特性，即组织中"冗余"的必要性以及信息情报资源分散管理的重要性。这两者所造成的结果就是，在外务省由官房系统组织进行的一元化管理并不是很强。在全省层面上，大臣官房无法掌控全局。此外，所谓的首席局（从组织结构图上仅次于官房的右侧位置而言为综合外交政策局）也没有这方面的强烈意识。此外，各局中的首席课在外务省中被称为"右翼课"（在组织结构图中被置于最右侧，故得此名），一般而言这个右翼课对各课的管制也并非强势。比如，日本外交中重要的对中国、韩国、美国等关系中，涉及到紧急情况时，有时主管课长与局长会直接到首相官邸与首相协商。很多情况下，事前并没有与各局的右翼课、综合外交政策局长或官房长按照程序进行协商（尽管次官在很多情况下会参与）。总而言之，外务省全体具有很强的充当首相外交参谋的性质，在外务省内，比起由官房系统组织进行一元化管理，更重视进行机动灵活的处理。

但是，外务省也存在一定的协调职能。比如在全省层面上，综合外交政策局（局长以及总务课长）的协调职能，随着官房长负担的增大，综合外交政策局等开始分担以往大臣官房（特别是官房长）所发挥的作用。比如，中东和平谈判时，中近东第一课长与联合国政策课长会前往综合外交政策局总务课长办公室，进行三方协商，总务课长亲自进行一定的创发活动。此外，近年来，官房与综合外交政策局主导的重要政策听证制度也在建立。但是，即使这样也与大臣官房与综合外交政策局通过参与进行一元化管理的性质不同。拥有"冗余"性组织结构的外务省还有条约局（从对条约、政策与国会答辩的整合性的角度）、国际情报局（从地区局独自进行形势分析的角度）等可以发表意见的组织，因此大臣官房及综合外交政策局的参与只是各种渠道之一。

各局层面上,每个局右翼课在局内的影响力各不相同。比如,亚洲局就是非常明确的纵向分工体制,负责中国问题的中国课、负责韩国等国的东北亚课、负责东盟等的地域政策课各自开展的活动非常独立,名义上的右翼课——地域政策课的统管较弱。此外,如同从综合外交政策局中既有安全保障政策课又有国际社会合作部等部门看到的,内部组织也十分分散。由于具有"拼凑"的侧面,因此局内的右翼课即总务课的力量并不强大(但是,作为外务省整体性的总括部门,总务课拥有一定的影响力)。另一方面,条约局与经济合作局中右翼课的影响力较强,而中南美局、欧亚局、北美局右翼课的影响力只是略强一些。

第三节 外务省的人事管理系统

一、概况

外务省职员主要由Ⅰ种高级公务员、专门职员以及Ⅲ种普通职员组成。比如1997年共有26名高级公务员、60名专门职员参加工作。专门职员即Ⅱ种国家公务员,与其他各省的Ⅱ种公务员相比享有较好的待遇。比如,即使是专门职员也可以成为认证官大使(现在有三四名,如果包括利用Ⅰ种登用制度调动到Ⅰ种人事团组者在内则十名左右)。

外务省职员中,存在着某种程度上的按语言分配工作的现象。高级公务员最初在何处进修语言是在被录用后由外务省单方面指定的。专门职员则在公务员考试时参加特定的专业外语考试。具体而言,1997年参加工作者中不同语言的比率如下。高级公务员26人中,美国英语7人、英语4人、法语5人、德语2人、西班牙语2人、俄语2人、汉语2人、阿拉伯语2人。专门职员60人中,美国英语8人、英语2人、英语(加拿大)2人、英语(澳大利亚)1人、法语5人、德语2人、西班牙语6人、俄语5人、汉语3人、阿拉伯语4人、韩语3人、意大利语1人、葡萄牙语2人、印尼语2人,其他希伯来语、塞尔维亚语、泰语、柬埔寨语、缅甸语、菲律宾语、孟加拉语、匈牙利语、荷兰语、印地语、老挝语、土耳其语、越南语、芬兰语各一人。就一般特点而言，高级公务员中英语（美国英语、英语）、法语、德语的比率较高。专门职员则有各种小语种。但是，语言的组成并非每年都是一样，比如高级公务员中也可能会在个别年份出现韩语、意大利语、葡萄牙语的职员，而专门职员的小语种也有可能出现不招录新职员的年份。

尽管很多传闻都称高级公务员中存在着"语言帮"，但至少现在这一现象并不明显。比如，德语二十年前存在语言帮但现在已没有。另外，"汉语帮"过去很强，但现在已不可同日而语。因此，就高级公务员而言，与其说是通过语言结成帮派，更可以说存在着长期在同一个局工作者之间出现帮派的倾向。特别是条约局、经济合作局二次、三次重新回局工作的情况很多。

外务省的人事由大臣官房人事课统一负责。人事课长负责高级公务员的人事，而专门职员的人事则有被称为专门职员中品德最高的人事课调查官负责。从事专门职员人事工作的调查官不仅负责特定语言及地区，也负责专门职员的全体人事工作。此外，由于驻外使领馆的存在，外务省的人事也具有其他省厅所不具备的技术性困难与特色。外务省的人事调动不是定期调动。外务省的人事任命每年都是"梅雨式"的，很多重要的人事安排比其他省厅更早，在4月即完成，并向驻外使领馆发出指示（5月至6月是日本的梅雨季节，外务省的人事调动大致在此期间或之前基本完成，故称"梅雨式"——译者）。但是，各驻外使馆并不是同时进行人事调动的。这是由于卸任者在继任者接任后，必须带着继任者去走访各种关系人士以便后者开展工作（实际上也有存在空白期的情况）。人事只能如同弹子球般进行。这也是难以完全专业化的原因。因为，即使驻外使领馆需要该地区的专家，而如果这名专家的人事调动需要数月才能实现的话，往往有可能选择其他非专家的人选。

二、特点——"冗余"的制度化

外务省组织特点的"冗余"也在人事制度和运用上产生着各种各样的影响，具体包括以下几个方面。

第一，大使制度。这是一种可能存在着比本省高级公务员的最高职位者——次官级别更高、资格更老的"前辈"仍在第一线工作之情况的制度。在其他省厅，尽管有退休官员作为有关机构的理事长实质性参与政策形成的情况，但是没有"前辈"正式存在于组织内部的情况。每一位大使都会独自进行判断，并保持同时拥有各种判断这一"冗余"的重要机能。比如，在首相面前，次官的意见与大使的意见陈述经常会同等重要。而向首相汇报这两种意见后再陈述本人意见，这本身就是作为参谋的次官所被要求的职责。但是，这并不意味着外务省机关与大使是对立的。大使也会尊重省的判断，其对省的判断的直接影响力也较少。

第二，国际情报局的专家组。国际情报局有分析第一课与分析第二课，分别配属 20—40 人的分析专家。专家对各地区的形势进行分析，但其分析工作与各地区局的形势分析完全分离单独进行，这也可以说是为了在每一个地区形势分析中保持至少两种判断的"冗余"制度。国际情报局的独自分析会反馈至地区局及外务省高级干部。

第三，地区局专家特别是有关中小国家形势专家的培养。专门职员通过对其所属地区的长期观察，获得有关对方国家局势以及以往外务省创发的知识，从而可以对各地区进行独自判断。这也可以称为是一种保证独自判断的"冗余"制度。具体而言，针对印度尼西亚、韩国、阿拉伯语等国的外交官都是这样培养的。这些人才很多都是从东京外国语大学里对特定地区关心并具备一定能力的学生中招录的。针对主要国家则采用另外的制度。比如有关中国事务的高级公务员就发挥着这样的作用，而针对美国与欧洲各国则没有这样的专家，工作依赖于所有职员都具备某种程度的基本知识。

第四节　外务省政策形成的制度与运用

一、省内各种会议——干部会议等

旨在形成省内政策的会议包括省议（大臣也参加）、干部会议、报刊会议、次官等召开的临时会议、主任课长会议、首席事务官会议（以上均为全省层面)、局议等。但是,省议只是在制定预算时召开而并非日常性的,而干部会议等会议则发挥了一定的作用。一般而言,外务省的特色是,通过临时会议以及干部会议等正式会议,干部间进行磋商的机会要多于其他省厅。此外,作为干部间磋商的结合点,事务次官的实际作用较大。以下将逐个说明频繁召开的日常性干部会议等会议。

1. 干部会议

干部会议的参加者基本上包括事务次官、外务审议官、各局局长、官房长、官房审议官(负责总体工作)、外务参事官(负责国会工作)、官房总务课长(有时会计课长只出席有关预算的会议)。战后初期大臣似乎也参加[①],但现在并不参加。干部会议某种意义上发挥着代替其他省厅省议功能的作用,但其召开极其频繁,通常每周周二及周五召开。会议内容有的以报告为中心,有的也会进行实质性政策研讨。时间约为 30 分钟至 1 个小时。由于是固定少数成员的会议,在讨论中也会出现就他人所管事项互相指责的情况。

如何制定干部会议的议题基本上由各局自行判断。形式上议题需要提交大臣官房并由官房总务课设定,但官房并不会对议题进行审查。由于时间上的限制,会有因时间不足而顺延至下次讨论的情况。此外,大使的回国述职汇报也在干部会议上进行。这时,如果发现了与述职大使所在国相关的问题,主管局长就会接到指示,在与相关局长协商的基础上,再次作为干部会议的议题提出。

2. 报刊会议

报刊会议就是指每天早上 10 时在次官处召开所有局长(有时各局审议官、右翼课课长也会出席)、官房长与官房的各课长(总务课长、报道课长、国际报道课长、国内宣传课长、海外宣传课长)参加的会议,就如何应对当日报纸登载的有关事件进行协商,因此被称为报刊会

[①] 根据 20 世纪 50 年代中期出版的文献,每周二与周五都将召开大臣、事务政务两次官、顾问、各局长等参加的干部会议(河村 1956,第 41 页)。

议。过去该会议被称为参谋会议。

3. 次官等召开的临时会议

经过干部会议与报刊会议的讨论,或为了在事前进行协商,会召开很多事务次官主持的临时会议(在这一点上可以说事务次官的实质影响很大)。比如,在联合国安理会提出制裁伊拉克的决议案后,在次官的安排下,中近东第一课长与联合国政策课长进行磋商。但由综合外交政策局长作为次官的代理行使这种协调功能的情况正在变多。此外,在大臣、次官的指示下,相关局长举行临时会议进行磋商的情况也很多。尽管外务省的决策来自于"冗余"性关系组织,但基本上如果在大臣、事务次官以及相关的局长、课长这一"纵向"系列可以达成一致,决策也可以形成。① 因此,次官等主持下的临时性磋商对外务省政策形成实际上发挥着很大的作用。

4. 主任课长会议

主任课长会议由各局右翼课课长(综合外交政策局总务课长、北美局北美第一课长、中南美局中南美第一课长、欧亚局西欧第一课长、中近东非洲局中近东第一课长、经济局国际经济第一课长、经济合作局政策课长、条约局条约课长、国际情报局国际情报课长)与大臣官房的总务课长、人事课长、会计课长、驻外使领馆课长、通信课长组成。主任课长会议每周召开一次。在会议上听取汇报并展开一定的讨论。比如,举行例会汇报预算听证的结果并在随后进行讨论,或者决定某一特定的主题,比如就安理会等问题进行讨论。

主任课长会议的作用并不在于必须事前选定提交干部会议的议题。干部会议以上级别的会议将自主设定议题,发挥独自的主导性。但是,当然存在着通过由下至上形式,由主任课长会议提交干部会议的事项。比如,在涉及外务省的组织合理化、有效利用专业化等组织问题时,在干部会议讨论之前,主任课长会议以及后述的首席事务官

---

① 坂野也认为外务省与其他省厅的禀议制不同:"外务省大致进行纵向性的行动"(坂野1971,第187页)。

会议将事先进行讨论。

在形成制度的主任课长会议之外，有时会进行相关课长间的临时性磋商以调整政策。如上所述，在中东和平谈判时，中近东第一课长、联合国政策课与综合外交政策局总务课长即进行了临时性协调。

5. 首席事务官会议

外务省中，各课首席助理被称为首席事务官。全局右翼课与大臣官房各课的首席事务官会举行每周一次的首席事务官会议。但是，这主要是工作联络会议，几乎不会就政策进行讨论。在这一点上，与通产省的法令审查委员会差别极大。

6. 局议

各局的局议每周召开一次，参加者包括局长、审议官、课长以及各课的首席事务官。如上所述，在外务省中，议题并不是经主任课长会议、干部会议等层层上报的，而是各自进行自律性活动的产物。而在局议会议上，局长会通报干部会议的协商结果，课长会通报主任课长会议的结果，从而在参加者之间实现共享信息，并在此之上探讨局的议题。

二、重要政策听证制度

从 1993 年开始，作为颇具意义的改革尝试，外务省开始实行重要政策听证制度。这是借鉴通产省的新政策听证制度并加以修改而来的制度。"重要"政策听证而不是"新"政策听证，这本身就象征性地说明了外务省与通产省的不同或外交对连续性的重视。

重要政策听证每年 4 月在预算听证（从 4 月至 6 月）开始之前举行一次。具体而言，综合外交政策局总务课长、计划课长与大臣官房总务课长、人事课长、会计课长组成工作组，听取各局右翼课长就当年重要政策进行的说明。如果重要政策听证中可以进行信息共享，那么预算听证就会极为顺利地进行。

这一制度的采用正值综合外交政策局开始运作之际。本来，人们期待综合外交政策局可以发挥综合调整的功能,而重要政策听证制度则是通过拥有实质性资源的会计课、拥有人事课的大臣官房与综合外交政策局的三者组合,实质性地确保综合外交政策局对信息情报的掌控以及提升其调整能力的一种尝试。这一制度中的综合外交政策课与官房的关系与通产省产业政策局与官房的关系相似。但是,与通产省的新政策听证制度相比,仍存在几处不同。首先,外务省的重要政策听证由课长级别官员进行,而通产省则从课长助理开始。其次,外务省的重要政策听证并不像通产省的新政策听证那样被置于优先地位。外务省的重要政策听证的目的在于广泛听取政策建议,确保综合外交政策局可以掌握政策的全貌。

三、与驻外使领馆的沟通

如上所述,外务省的特点之一就是拥有驻外使领馆这种工作现场。因此,与驻外使领馆的沟通方式就成为外务省政策形成过程的重要因素。

驻外使领馆与本国的联络手段包括以下几种。第一,官方电报,这也是最为正式的形式。官方电报有其独特的文体,其重要特点就是发送电报的一方即驻外使领馆,可以决定谁是电报接收方。比如,是发给首相官邸(假定为 A),还是外务大臣(假定为 B),亦或责任局长(假定为 C)、主管课等,发电报者可以对此作出决定。这也是为了保证大使或驻外使领馆发挥独自判断形式的职能。但是,如果完全不重要的电报送到了 A,事后就会受到首相官邸的斥责。第二,电子邮件。最近,在负责某项工作的职员之间开始广泛利用这一手段,特别是在事前提供情报信息的时候。第三,电话。这一手段经常用于干部之间事前提供情报、事后补充说明等情况。第四,传真。这只被用于送付参考资料等情况。在这一点上,与将传真作为基层现场的"调查手段"加以广泛利用的建设省极为不同。

此外,外务省每年将召开一次大使会议以与驻外使领馆进行沟通。大使会议的第一个功能是将本国的政策传递给使领馆等工作现场。外交政策随时都在发生变化,因此持续性的传递是必不可少的。

第二个功能就是将各地局势的最新情报上报至省机构及主要的相关议员。作为发挥独自判断的大使或者驻外使领馆的职能之具体方法,这一点非常重要。第三个功能是从基层现场听取关于驻外使领馆具体工作制度的意见。这是由于既有规模极小的驻外使领馆,也有本省很难理解的现地问题,为了掌握这些问题大使会议是宝贵的机会。

四、与省外的关系——官邸、国会、媒体等

在对首相发挥参谋功能、且将情报视为重要资源的外务省中,与首相官邸、国会、媒体等省外有关机构的沟通非常重要。

首先,在与首相官邸的关系方面,与其他省厅相比,外务省的干部会异常频繁地与首相会面。比如1996年3月至8月的6个月时间里,仅事务次官、局长等与首相会面次数的新闻报道中就包括事务次官17次、欧亚局长13次、综合外交政策局长11次、亚洲局长11次、北美局长9次、经济局长6次、外务审议官5次、条约局长4次、官房长4次以及经济合作局长1次。① 与首相沟通最频繁的是事务次官。只要有可能,事务次官基本上每周都要就外交形势向首相进行简要汇报。在汇报中,事务次官会选择重要事项进行汇报。近年来,由于首相就外交问题发表个人意见的情况增多,因此对事务方面而言外交形势简要汇报就成为非常重要的工作。另外,次官临时出入首相官邸的情况也很多。在日本外交中占据重要地位的与中国、韩国、美国、欧洲等各国有关的问题上,很多情况下作为责任局长的亚洲局长、北美局长、欧亚局长也会直接前往首相官邸与首相磋商。

此外,外务省与国会、党派的关系也很重要。一般而言,官房审议官(负责总体工作)负责众议院,外务参事官(负责国会关系)负责参议院,特别是在国会开会期间,每天都会在国会活动。其工作大致包括以下几方面内容:第一,政治上敏感的事项。比如涉及国际准则、中国核试验问题以及与国内预算分配同样关系到具体利益的ODA(政府

---

① 根据《读卖新闻》微缩版资料。感谢福井章人(东京大学教养学部学生)对这些数据的搜集工作。

开发援助)等均属此列。第二,与日程有关的事项。出访海外是外交活动不可缺少的组成部分,在国会召开期间大臣出访海外需要在国会进行斡旋。此外条约审议与预算事项也是如此。在预算问题上,官房的各个课长与右翼课长两人一组共同做国会议员的游说工作。但是,针对国会的游说工作并没有通产省那么迅速。

最后,外务省历来重视与媒体的关系。大臣官房下属的报道课、国际报道课、国内宣传课、海外宣传课,另外还有新闻发言人等,均参与这方面的工作。但是,外交并不可能总是按照预测的方向发展,因此通过"泄密"利用媒体的情况很少。反而言之,认真对待已发生的事件才比较重要,也就是说,有必要具备事后说明的能力。

五、全省性特征:"冗余"性创发及自上而下的共鸣

从事务次官组织的临时性磋商(事务次官发挥实质性作用)以及频度较高的干部会议的作用等可以看出,外务省基本上是通过自上而下进行决策的。通常会认为外务省的实质性决策是由事务次官、有关负责局长、主管课长这一"纵向系列"进行的(近年来综合外交政策局长的作用正在增加,但却未必表明大臣官房、右翼课等官房系统组织参与了决策。其原因在于提出政策建议设想并不需要法律与预算,能否通过只是是否具有说服力的问题)。此外很多情况中,由于外交活动的性质,有必要让大臣、首相也实质性地参与决策。但是,如果按照本书的用语,共鸣是自上而下的,成为共鸣基础的各种形势判断及建议思路的创发在包括自下而上在内的各种层面上进行。上层的作用就是对此进行培养,并在适当的时候捕捉这些创发。

创发的基本思路想法既可能来自于首席事务官级别的官员,也可能来自于驻外使领馆的班长级别的官员。这些思路想法将由主管课长直接向审议官、局长汇报(自下而上的过程)。此外,这些思路想法还会来自于被设定为"冗余"性的各种组织的重要信息情报。比如,条约局会根据以往的条约、政策、国会答辩等从整合性的角度,国际情报局则作为地区局从其独自的形势分析的角度,而大臣官房、综合外交政策局也会从全局角度进行创发。此外,干部会议以及主任课长会议

等的讨论也具有"冗余"制度化的侧面。干部会议以及主任科长会议上的议论中，就某一事项而言，尽管主管部局之外的部局某种意义上只是"评论员"，但会议参加者都以某种形式参与过，可以对其进行某种检查。因此可以说，上述各种机制是通过多方面探讨以防止重要的想法及情报被排除在关心对象之外的尝试。

第五节 补充事例——决定日程

本章以上篇幅主要讨论了对应各种事态的较为临时性的决策过程。本节则将简述规程性色彩较强的有关日程的决定过程。

一、首脑访问的决定

首脑互访是外交的主要政策手段。通过互访构建两国间的友好关系本身就具有建立突发情况下获得情报与支持的"冗余"性关系网络的侧面。因此，至少到某个阶段前，首脑访问时准备"礼物"以将访问作为打开双边函待解决问题的突破口。但是，访问与接受访问当然会在一定的框架内进行分配，这一点特别适用于接受访问的情况。以下将分别探讨接受访问以及进行访问的决策过程。

1. 接受访问的决定

接受正式访问实际上存在非常严格的名额限制。通常每年只接受 3—5 位国宾（国家元首）、5 位左右的公宾（首相等）合计 10 位左右的正式访问。国宾、公宾都将与天皇会晤。因此，还必须经由宫内厅与天皇的日程调整。

邀请哪些国家通常是由局长、次官级官员进行协调的。在局内也并非通过逐层上报方式决定，由于课长级别的官员间无法进行协调，因此在局内由局长作出决定。在这个问题上体现了外务省决策中自上而下的一面。而在选择接受谁来访的问题上，首相几乎不会表达特别的意向。

2. 访问对象国的决定

访问哪些国家的问题基本也由次官、局长级别的官员进行协调。但在决定访问对象国的问题上，以下两点与决定接受访问的决策略有不同。第一，很大程度上反映了首相的意向。第二，有时也可由课长级官员协调，即也有逐层上报的一面。这是因为访问对象国并没有数量上的严格限制，并不是在"去不去"的问题上，而是在"何时去"的问题上选择。

二、ODA（政府开发援助）的决定

在外务省的政策形成中，ODA 的分配决定与其他活动有所不同，即比起基于对形势的机动判断加以处理，更要求在一定的稳定框架内开展工作。为此，相对而言，很多情况下在 ODA 问题上外务省的主管局长（经济合作局长）级别即可作出最终决定（与上述其他地区局的局长等不同，经济合作局长与首相的直接磋商次数有限）。此外，在人事上，主管 ODA 的经济合作局内赴省外工作的同时兼任局内职务的职员为数不少。

ODA 的决定是围绕资金的决策，因此官房系统组织的管理某种程度上是有效的，而经济合作局的右翼课即政策课的决定力也就相对较强。这一点上与国内的预算决定类似。但即使如此，在某些方面也与国内公共事业等的预算决定迥然不同，即预算的决定并不一定按照严格的计划逐次上报。比如，技术合作在预算决定阶段只决定派遣专家等工作范畴中的派遣人数与金额，而不是针对特定国家的特定计划。个别项目的详细内容是在预算决定后由外务省、JICA 以及有关省厅协商决定。决定在时间上是分散的，在具有灵活性的同时，也存在着在各种压力面前较为脆弱的一面。此外，在有偿资金援助中，只是形式上规定了在预算决定阶段应向 OECF（海外经济合作基金）移交资金额度（一般会计中的出资金、交付金以及财政投资融资中的借入金）。但是，有偿资金合作在大藏省的审定阶段有特定的项目名单，并进行单独审定。此外，新的项目最终必须在对方国家正式意见的基础上方可达成协议,而多年度的项目在某一年度需要支出的金额也视项目进展而定。因此在实际实施中存在着一定的灵活性。具体项目是由四省厅(外务省、大藏省、通产省、经济规划厅)协商决定的。

第六节 结束语——"冷战后"的变化

长期以来,外交、特别是日本外交,被动的侧面一贯很强。可以象征这一特点的就是已成定式的"处理"外交议案这一说法。如前所述,实际上也的确存在将首脑访问作为最后期限以被动地处理事务的情况。当然也要考虑到在美苏对立中日本外交的活动余地很小、日本也不希望有所余地这一历史背景。

但是,自"冷战后"即20世纪80年代末以来,这一状况正在逐渐发生变化。外交议案不是"处理",而是趋向"形成"外交政策。这也是冷战结构解体后以往外交政策有效性衰减过程中当然的反应,因此也就可以理解日本近年来不仅仅涉及联合国维和行动,还积极参与亚太地区的多边对话以及预防争端的外交活动了。比如,首脑访问不是目的而成为手段。其背景就是与主要国家关系中尚未解决的问题已不再是马上就能处理的了。将访问作为解决问题的最后期限这一做法实际上已经愈发困难。

尽管这种主动性的侧面值得重视,但外交仍有其特性,即无论单方面设定了多少目标与政策,对方不进行回应则一事无成。进而言之,对方也存在着各种行为主体,因此,一定程度的被动性以及旨在把握各种动向的组织的"冗余"性依然是不可欠缺的因素。

(补遗:本章基本上是根据对外务省职员的采访并适当补充了有关事实总结而成。)

参考文献

河村欣二编(1956),《外务省》,朋文社。
坂野正高(1971),《现代外交分析》,东京大学出版会。

第六部分　非省厅行为体的政策形成过程

第十一章 国会的政策形成过程与立法辅助机构

广濑淳子

第一节 国会与政策形成过程

在日本政策形成过程中，国会作为一个机构影响力很弱，但是，无论是执政党还是在野党的国会议员却都拥有强大的影响力。执政党议员毫无疑问会在对内阁提交的法案审议决定过程中进行主体性参与，而在野党也会成为事前磋商的对象，有时在国会进行法案修正的过程中执政党还会容忍在野党的主张。此外，在野党提交最低薪酬法法案以及产假法法案后，其内容随后成为政府的政策，这也是周知的事实。

为了便于议员开展各种活动，还设立了立法辅助机构。目前国会的立法辅助机构包括众议院设置的调查局、参议院设立的常任委员会调查室以及特别调查室（以下将这二者简称为调查室）、议员法制局以及国立国会图书馆中设置的调查立法考查局等（众议院辅助机构的组织图参见图11-1）。广义上的立法辅助机构还包括公费雇佣的议员秘书即政党、会派的政策参谋。但本章的论述对象仅限于可发挥作为国会及议员决策资源作用的上述国会附属的立法辅助机构，在与行政省厅对比的基础上分析其组织与机能。

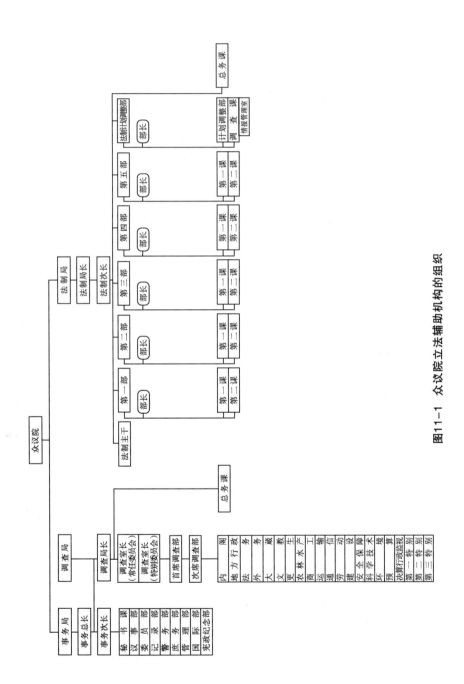

图11-1 众议院立法辅助机构的组织

立法辅助机构的活动与政府各省厅的活动存在着根本差别。第一，立法辅助机构并不是政策决定及施行的主体，没有对其参与的政策进行决定及实施的权限与责任。因此，既不存在采取某个特定政策的动机，也不会从其内部产生旨在评估政策妥当性的必要信息。当然也不会存在相关的业界和利益集团。立法辅助机构的存在意义在于其专业性、技术能力以及搜集外部信息的能力。第二，立法辅助机构的工作重心是单独处理来自外部的要求。比起进行系统、综合性的调查与政策立案，更关注如何应对随时而来的要求。第三，作为组织的规则，公正中立、非党派性、保守秘密是基本要求。① 由于如何实现请求者的政策意图是最重要的课题，因此其公正中立与非党派性是指对所有请求者的要求都诚实相待，而不是指将公正中立与非党派性强加于人。

　　立法辅助机构所应发挥的功能当然会受到当时国会或政治的强烈影响。在执政党与在野党在国家政治中地位固定化的55年体制结束、在野党也开始积极设定新议程的今天，人们也要求立法辅助机构较之过去具备更多的调查能力（山口俊史等1997，第80—81页）。而以行政丑闻为契机，众议院不断讨论在1996年国会议员总选举后加强国会行政监督职能的问题，并于1997年12月修改了国会法，改组了以前的决算委员会并设立了决算行政监视委员会。立法辅助机构也相应进行了改革，在事务局设置了包括以前的常任委员会调查室以及特别委员会调查室的调查员在内的扩大了规模的调查局，在法制局设置了法制计划调查部。

　　1995年选举后，参议院对其运作形态不断进行讨论，在1997年12月《国会法》的修改中，对常任委员会按照基本政策领域进行重组的同时，设立了具备行政巡视官职能的行政监视委员会。伴随着这些改革，常任委员会调查室也进行了重组并设立了新的行政监视委员会调

---

① 为了确保立法辅助机构的政治中立性，《国会职员法》第17条规定在履行职务时必须保持公正不偏。根据有关禁止或限制国会议员之政治行为的规定，禁止或限制除各院事务总长、议长及副议长的秘书、常任委员会专员、议院法制局长、国会图书馆长以外的国会职员从事政治活动。《国立国会图书馆法》15条（后述）对此也有规定。

查室。

与这些改革同步,还进行了加强众参两院及两院委员会要求内阁提交答复报告、记录的权限的工作,并新设了对会计检查院提出检查特定事项要求的规定。

今后,如何赋予国会行政监督功能以实效性将是立法辅助机构新的课题。

第二节 立法辅助机构的沿革、组织与功能

一、沿革与组织

战前的帝国议会在战后新宪法下成为国会,也是国权的最高机构以及唯一的立法机构。为了确保国会真正发挥其应有作用,作为国会信息来源的立法辅助机构也大幅加强。作为对美国国会立法辅助机构的仿效,日本国会设立了委员会调查室、议员法制局、国立国会图书馆调查及立法考查局等新部门。在设置这些部门时参考的,是美国国会为应对第二次世界大战导致的行政权扩大化问题,尝试整理国会信息来源,于1946年确立的《立法机构改革法》。因此,作为议院内阁制下的立法机构,可以说日本的国会设立了在当时可谓相当先进的立法辅助机构。

委员会调查室的前身是1947年制定《国会法》时在各常任委员会中设立的专职调查员制度。各委员会设置2名专职调查员及书记员。专职调查员拥有丰富的专业知识,并从外部得到相当丰厚的报酬(薪酬级别在大臣与事务次官之间)。1947年众议院有44名专职调查员、50名书记员;参议院调查员、书记员各40名。1948年,专职调查员改称专员,书记员改称调查主事及调查员,为使从国会职员中内部录用专员可行还对《国会法》进行了修正。

1955年,众议院、参议院根据当年修改的《国会法》以及众参两院议长决定的常任委员会调查室规定,对以往的专员制度进行了修改并在常任委员会设置了常任委员会调查室,对常任委员会的辅助体系进行了重大改革。各常任委员会调查室下设室长(专员)1人及数名调查

员。以往对委员会的辅助工作基本依赖于专员个人的专业知识，修改后则成为组织性地对委员会进行辅助（菊池1995，第82—84页）。其后，众议院在1961年、参议院在1962年分别修改了常任委员会调查室的规程，新设了主任调查员一职。修改后的规程明确规定委员会的议员不必通过委员长即可直接要求调查室进行调查，从而确保了在野党议员对调查室的利用。随后，众议院在1971年、参议院在1974年分别设置了特别委员会调查室。尽管按规定，特别委员会调查室应在特别需要时于议院事务局设立，但实际上非常接近于常设状态。

1997年12月《国会法》修改后，众参两院的委员会调查室的组织均发生了重大变化。

众议院在应加强行政监督职能的事务局中设置了调查局，并新设了调查局长的职位。调查局由以前的常任委员会调查室以及特别委员会调查室的调查员组成。此外，伴随着决算委员会改组为决算行政监视委员会的变化，决算委员会调查室也改组并扩充为决算行政监视调查室并归属调查局领导。

截至1998年，调查局的编制包括调查局长、总务课、与常任委员会对应的18个调查室（议院运作、设置于除惩罚之外的各常任委员会）以及负责特别委员会的5个调查室。各调查室包括室长（由常任委员会专员以及事务总长从调查员中任命）、首席调查员、视需要增设次席调查员、8至10名调查员。决算行政监视调查室与其他调查室不同，在专员下包括40名（1998年的编制）调查员。1998年调查局的职员总数为278名。①

参议院设有15个常任委员会调查室（议院的运行、设置于除惩罚之外的各常任委员会）、3个特别调查室（负责特别委员会及调查会）以及计划调整室。各常任委员会调查室包括室长（专员）、首席调查员、视需要增设上席、次席调查员以及5至10名调查员。特别调查室包括室长、上席调查员以及6名调查员。1998年调查员合计178名②（不包括计划调整室）。

---

① 预算上的定编人数，据众议院事务局。
② 同上。

由于只在众议院新设了调查局,因此以往以基本对称形式设置的众议院、参议院调查室也出现了变化。

众议院以往委员会关于调查的部分,以及参议院各委员会调查室在各委员长的指挥下,均由室长领导的各调查室独立开展活动。这与负责各委员会运作的委员部成为事务局的一部分,以委员部长为指挥,在超出委员会范围中进行一元化运作形成了鲜明对照。

1947年《国会法》实施的同时设置了议院法制局。其成立之初是众议院、参议院的事务局中的一个分局"法制部",为了促进和加强议员的立法活动,1948年7月从事务局分离,成立了议院法制局。

1997年12月《议院法制局法》修正后,在众议院成立了新的法制计划调整部。法制计划调整部承担的工作主要包括有关法制的预备调查(详见后述)、有关行政监督法制事务上的计划协调工作以及有关决算行政监视委员会所管辖的法制事务(同法9条2项)。众议院法制局共有职员75名,在组织上包括法制局长、次长、法制主干以及6部13课。

参议院法制局共有职员73名,其中立案专员50名,包括法制局长、次长、法制主干以及5部12课。各课基本上对应各常任委员会。

国立国会图书馆调查及立法考查局(以下简称国会图书馆调查局)是以1948年成立的美国国会图书管理法考查局(现CRS,详见后述)为范本建立的,其前身为帝国议会贵族院、众议院的调查部,在调查局成立时基本上原封不动地继承了原调查部的调查工作(国立国会图书馆1980,第48—49页)。

国会图书馆调查局现包括总务课、综合调整室、调查联络课、调查资料课、法令议会资料调查室及课、政治议会调查室及课、行政法务调查室及课、外交防卫调查室及课、财政金融调查室及课、商工科学技术调查室及课、农林环境调查室及课、国土交通调查室及课、文教调查室及课、社会劳动调查室及课、海外行使调查室及课等12室14课。其中按照主题负责调查工作的包括政治议会调查室及课、社会劳动调查室及课等9个室及课。1998年,154名职员中进行实际调查工作的调查员不到100名。

国会图书馆的调查室及课与参议院常任委员会调查室不同,在调查局长一人的指挥下作为一体化组织进行整体运作。调查室由专职调查员出任主任,视情况会有多名专职调查员及主干、主任调查员计划并指导课的工作。

就政策形成过程而言,立法辅助机构具有以下特点。第一,组织的目的被限定于辅助国会,因此进行统一决策的机制较为薄弱。第二,工作中心在于应对个别要求,因此组织形式为不同部门的纵向性组织,不存在部门间追求扩大权限等的竞争,部门间整合的动机薄弱。即使设置了横向协调纵向性组织的室(参议院的计划调整室、国会图书馆调查局的综合调整室),其协调功能也较弱。第三,不具有成为搜集信息的"触角"、代为开展工作的地方组织及支援组织,也不存在与相关业界的关系网络,因此工作均在组织内完结。因此,组织只能发挥职员的能力。

二、各机构的职能

1. 众议院调查局

《国会法》《议院事务局法》《众议院事务局事务分管规程》《众议院事务局调查局规程》等规定了众议院调查局的指挥命令系统及其工作内容。

根据《议院事务局法》第12条的规定,常任委员会专员接受常任委员长的命令负责调查工作,而同法第15条对调查局的工作内容规定如下。

① 接受委员会命令进行的审查或旨在调查的必要调查(预备调查),有关特别委员会所管辖事务的调查工作以及其他与这些调查工作相关的事务。

② 第12条规定的调查工作之综合协调事务以及同法第18条2项的规定,调查局的调查员主管第12条的调查工作。

众议院调查局的工作大致可分为委员会调查室的工作(参照参议院常任委员会调查室一项)及其综合调整,以及新规定的预备调查。1997年12月改革后新建立的"预备调查"制度的目的是使少数会派等可以较为容易地得到参议院行政监督活动所必要的信息情报，以及众议院的委员会为进行审查及调查而委托众议院调查局长及法制局长进行的预备调查。调查局长在接到委员会进行预备调查的命令后开始调查并向委员会提交报告书。具体而言，接到预备调查命令后，调查局将设立调查局长名下、由各调查室职员组成的项目组，法制局计划调整部也将参与并予以合作，要求有关官房部门提交资料等，对有关人士进行听证以及文献调查等（郡山1998，第24—26页）。

2. 参议院常任委员会调查室、特别调查室

《国会法》《议院事务局法》等规定了常任委员会调查室的工作指挥系统，而《参议院常任委员会调查室规程》则规定了五项具体工作内容。

① 有关委员会提出的法案、议员提出动议的法案以及其他议案等的起草准备阶段的调查，参考资料整理以及草案纲要的拟定。

② 受委托议案的提案理由、问题点、利害得失以及其他必要事项的调查以及参考资料的整理。

③ 除第一项规定的内容外，旨在有关所管辖事务的法律制定与修订、废除以及相当于国政调查（依据法律国会对国家或国家领导人某项政策或某项行为等进行的调查——译者）的调查以及资料整理。

④ 调查报告书原稿的草拟。

⑤ 议院会议上委员长报告发言稿的草拟。

⑥ 有关其他所管辖事务的基本调查以及资料的搜集整理。

各常任委员会调查室致力于使其所辖事务有助于议员的立法以及调查活动。

调查室的工作人员并不特意为委员长服务，原则上任何一名工作人员都不应考虑委员会议员的所属党派及派系，而应进行公正中立的工作。此外，特别调查室的工作基本上与常任委员会调查室的没有区别。

3. 议院法制局

众议院、参议院分别设立的法制局的工作由《国会法》第131条规

定为"帮助议员进行法制立案工作"。众议院法制局计划调整部根据《议院法制局法》第 9 条第 2 项的规定,还从事有关法制的预备调查、行政管理相关法制事务的计划调整工作以及决算行政监视委员会所管辖的法制工作。

议院法制局议员立法的基本职能包括从法律方面对立法的政策内容的合理性等进行调查、探讨;帮助制成用于委员会对法案的立案、已经立案之法案之审查以及为议会正式审议准备的想定问答集;应议员要求出席党内会议以及委员会审议以便为议员提供帮助等。这种辅助可以说涉及议员立法的全部过程。在立案时不只单纯地从法律角度进行技术性探讨,同时也对背景进行调查,并对立法的必要性与政策内容的合理性进行探讨。内阁提出的法案必须经过内阁法制局的审查(《内阁法制局设置法》3 条),但议员提出的法案在法律上没有必要经过议院法制局的审查。尽管如此,实际上议员所提交的法案在事前都需经过议院法制局的审查并在审查通过后方可被受理。没有经过议院法制局审查即发起动议并提交的议员立法还没有出现过(橘 1995,第 32 页)。由于议院法制局很多情况下都参与了从构想直到审议阶段的议员提交法案的全过程,因此被认为在内阁提交法案中发挥着与各省厅及内阁法制局同等的作用(浅野 1997,第 209 页)。众议院法制局的"法制预备调查"是指与议员提出法案等立案、制定有密切关系的预备性调查(郡山 1998,第 28 页)。

除辅助议员立法之外,法制局的工作还包括对参众两院审议中的内阁和其他提交之法案的研究以及修正案的制定,根据议员要求对宪法及法律进行解释以及对其他法律问题的调查等(浅野 1997,第 209 页)。

议院法制局长及法制局参事还可应委员会等的要求对法制局所辖事务进行说明汇报。① 但是,议院法制局并不是代表议院进行解释,其说明只能作为议员的参考,这与内阁法制局长官以内阁意见作出宪法解释等不同(浅野 1997,第 209 页)。

---

① 《议院法制局法》第 8 条。

4. 国立国会图书馆的调查活动及立法考查局

《国立国会图书馆法》第 15 条规定调查局的工作如下。

① 根据要求对参众两院的委员会中成为悬案的法案以及由内阁提交国会的议案进行分析评估,向两议院的委员会提出建议并提供帮助,同时对妥当的决定提供根据及支援。

② 根据要求,或预测到要求而自发进行立法资料及相关资料的搜集、分类、分析、翻译、索引、摘录、编辑、报告以及其他准备工作,其资料的选择以及提交不应带有党派、官僚性的偏见,以便向两议院、委员会以及议员提供可发挥作用的资料。

③ 在准备立法时,帮助两议院、委员会以及议员,为议案的起草提供服务。但是,这种帮助仅在委员会以及议员提出要求的情况下方可提供,调查以及立法考查局职员在任何场合都不能提出立法的动案或进行督促(以下省略)。

调查时应注意公正中立并保守秘密,并对国内外的各种数据进行调查。

三、人事管理系统

1. 众议院调查局、参议院常任委员会调查室、特别调查室

由于众议院调查局新设不久,且完全沿用以前的常任委员会调查室、特别委员会调查室的调查员,故将参议院现行有关制度与 1997 年 12 月改革前的系统一并说明。

根据《议院事务局法》的规定,在常任委员会调查室的人事问题上,"常任委员长提出申请后,经议长同意以及议员运营委员会的批准,事务总长对常任委员会专员以及常任委员会调查员进行任免"(11 条)。但实际上一般调查员与事务局职员是作为一个整体加以使用的。设置在议院事务局的特别委员会调查室的人事当然也是事务局职员人事的一部分。

众议院事务局、参议院事务局分别独自进行职员录用考试(Ⅰ种、Ⅱ种、Ⅲ种)。除此之外,众议院也录用人事院国家公务员Ⅰ种考试的

合格者。在众议院,以往如果被录用者被分配到委员会调查室及议事管理部门,很多情况下将长期在这一部门工作以积累经验。自 1986 年开始采用现行考试制度后,Ⅰ种、Ⅱ种录用者 3—4 年间会在委员会调查室、议事管理部门以及总务部门之间调动。但是,由于仍处于考试制度改革后的过渡时期,似尚未形成固定模式。参议院的Ⅰ种、Ⅱ种录用者在工作的头 10 年里会进行会议管理、总务管理部门以及调查室的调查工作,其后会分别分配到这三个部门。分配到调查室后,在调查室之间的调动没有特定模式。如果分配到众议院、参议院的调查室,在工作内容上Ⅰ种、Ⅱ种录用者之间没有差别。

众议院、参议院的事务局与行政省厅之间均有人事交流,作为这些交流的一环,来自各省厅的外调职员大多会被分配到调查室。众议院与经济规划厅、环境厅、外务省、大藏省、劳动省、自治省等,参议院与公正交易委员会、总务厅、经济规划厅、外务省、环境厅、建设省关东地方建设局等建立了交流关系。

截至 1997 年 5 月,18 名众议院常任委员会调查室长中的 13 人由政府机构调动而来。参议院 15 人中有 6 人来自政府机构[①]。众议院调查室长中政府机构出身者比例较高的现状也导致了长期以来对立法机构独立性的质疑。

2. 议院法制局

众议院法制局与参议院法制局分别进行法制局职员录用考试。Ⅰ种的立案职员每年招收 2—3 名。录用后会以大致 2 年的频率在各课间调动,以积累各个领域的立案经验。调动基本上在各议院的法制局内部进行,但最近也向众议院事务局的委员部、参议院事务局的议事部议案课以及委员会调查室各派出一名借调职员。参议院法制局与人事院有人事互动交流。此外,为了顺利搜集行政信息,原则上众议院法制局从自治省、文部省、国税厅、农水省、建设省、厚生省,参议院法制局从人事院、文部省、农水省、国税厅、自治省、邮政省等,

---

① 众议院决算委员会第一分科会会议录,1997 年 5 月 27 日。

各接受每省 1 名课长助理或系长级别的职员,进行为期 2 年的临时调动。将来法制局将继续开展与各省厅之间的相互交流,以提高立案的职能。

管理层的职务有内部录用和从事务局或行政省厅录用两种情况。1997 年 5 月众议院半数的法制主干与部长来自于行政省厅,这是职员年龄构成失衡所导致的内部人才缺失所造成的,今后预计将逐渐由内部录用者取代。①

3. 国会图书馆调查及立法考查局

国会图书馆根据国会图书馆职员录用考试(Ⅰ种、Ⅱ种、Ⅲ种)招收国会图书馆职员,并在调查局、图书管理部门、总务部门之间调动,但是似乎不存在部门间调动的某种模式。Ⅰ种录用者和Ⅱ种录用者会被分配到调查局的调查各课,两者在工作内容上完全没有差别。过去分配到调查局基本上就不会进行调动,但最近开始在图书管理司部门、总务部门间进行短期的人事调动。管理层官员也广泛录用图书管理部门和总务部门的人才。1997 年 5 月为止,配属调查室的专职调查员 15 名中的 8 名来自行政省厅。②

四、调查权限及调查手段

国会以及议员独自进行政策立案时,经常遇到的问题就是没有搜集必要行政信息的充分手段。为此,旨在加强国会行政监督职能的 1997 年 12 月《国会法》修正中,新增加了强化要求内阁提交报告、记录的权力以及要求会计检查院就特定事项进行检查等规定。

根据《宪法》第 62 条的规定,国会的各议院拥有国政调查权。《国会法》104 条第 1 项规定"各议院以及各议院的委员会出于审查以及调查的目的,在要求内阁、国家机构以及其他机构提交必要的报告及记录时,被要求者必须予以回应"。但是,由于该项并没有规定具体的手

---

① 众议院决算委员会第一分科会会议录,1997 年 5 月 27 日。
② 同上。

续和罚则,而将是否提交报告书交由国家机构判断,因此无法充分发挥作用。此外,为了确保国政调查权的实效性,《议院证言法》5 条规定国家机构或其监督省厅拒绝提供证言或提供书面资料时,最终可以要求内阁发表声明。① 但是,《议院证言法》规定的提出书面资料是指作为证人提交的书面资料,比《国会法》104 条的解释更为狭义(浅野 1983,第 89 页)。尽管被赋予了如此强力的国政调查权,但实际上相当于国政调查的议院证言很少被使用。其理由就是在《议院证言法》中没有决定传唤证人手续的具体规定,而是按照惯例,传唤证人的决定需由各会派组成的委员会理事会一致同意方可进行(吉田 1989,第 62 页)。也就是说只要有 1 名理事反对,就无法要求传唤证人。② 就算与通常的委员会审查一样需要有半数以上的委员同意即可传唤证人,日本执政党与政府之间的关系密切,执政党会倾向于回避对政府进行督察与追及。进一步而言,即使决定进行证人传唤,也会充满政治色彩,现实中会成为脱离实质性调查这一本来目的的政治秀(成田 1996)。为了改善这一状况,1997 年 12 月,《国会法》104 条新设了第 2—第 4 项。根据这一修改,各议院以及各议院委员会(包括参议院的调查会)在要求内阁及国家机构提交报告、记录时,如果内阁及国家机构对此要求不予回应,在必须明确不予回应的理由的同时,议院及委员会如果不能接受这一理由,即可以要求内阁发表提交这一报告及记

---

① 《议院证人宣誓及证言法》5 条。
　　各议院或委员会及两议院的联合审查会议,在证人为公务员(国务大臣、内阁官房副长官、内阁总理大臣辅助官及政务次官等国会议员除外,下同)、或曾是公务员时,就其可能了解的事实,如果其本人或其所在的部门申明其属于职业秘密时,如果没有其所在部门以及其监督部门的承认,不可要求其提供证言或提交书面文件。
　　其所在部门以及其监督部门拒绝承认上述要求时,必须说明理由。如议院或委员会以及联合审查会认可其拒绝理由,则证人不必进行证言或提交书面文件。
　　如不接受其拒绝理由,议院或委员会以及联合审查会可以进一步要求内阁发表该项证言或书面文件的提交将会对国家重大利益带来恶劣影响的声明。在声明发表后,证人不必进行证言或提交书面文件。
　　十日内内阁没有就前项要求发表声明时,证人必须根据要求进行证言或提交书面文件。
② 1976 年 2 月因自民党多数赞成而决定就洛克希德事件传唤证人即以多数赞成的方式决定传唤证人的事例。1994 年 6 月尽管存在着对就与佐川急便的关系问题传唤细川前首相的反对意见,但却采取了没有异议故不需表决的全会一致同意方式。

录将对国家重大利益产生不良影响的内阁声明。

从结果上看,修订后的《国会法》104条在手续上与《议院证言法》有类似的机制。但是,《国会法》104条是直接针对议院与内阁及国家机构等部门之间的相互关系的,而《议院证言法》是直接针对议员与公务员等证人个人之间关系的,两者在基本结构上是完全不同的制度(郡山1998,第22页)。

此外,还新制定了《国会法》105条、《会计检查院法》20条第3项及30条之二等。根据这些增补,各议院及各议院的委员会(包括参议院的调查会)在有必要进行审查及调查时,可以要求会计检查院就特定事项进行会计检查,并汇报检查结果。

与议院的国政调查权不同,立法辅助机构没有如国政调查权那样为开展工作而确保获得必要资料的立法调查权那样的权限。但是,随着预备调查制度的建立,新增加了众议院调查局长、众议院法制局长在接到委员会开展预备调查命令时可要求国家机构提交资料、陈述意见、说明以及其他必要的合作的规定(《议院事务局法》第19条、《议院法制局法》第10条)。

调查室开展工作所必要的政府信息或者是经由政府委员室获得,或者不经由政府委员室而直接向主管省厅的主管课索要(作为例外,预算审议所必要的资料不是由预算调查室,而是由众议院的各会派、参议院的预算委员会向行政省厅提出提供资料的要求)。无论是哪种情况,是否提供资料以及提供资料范围的判断等都由对方决定。部会运作相对开放的自民党在党的部会上会提供比较丰富的有关政府提交的法案的资料,调查室的负责人也会视情况出席有关部会以搜集行政信息。除行政信息外,调查室独自搜集的图书、杂志、纪要等公开出版的资料以及各种数据也可利用。调查室独自的问卷调查以及实地情况调查的预算由于人员上的限制较为拮据。以众议院为例,调查活动的国内旅费部分1997年大约为800万日元。① 参议院也可以利用委托调查费委托外部的智库进行调查。

---

① 众议院决算委员会第一分科会会议录,1997年5月27日。

议院法制局立案所必要的行政信息通过政府委员室获得,有时会直接向各省厅的主管课直接索要。法制局的立案责任者在平时即对各自负责领域的审议会的信息及各种报告书进行检查并搜集资料。那些基本可以肯定将在国会上通过的执政党议员提交的法案,很多都会在与有关省厅责任者进行密切联系的同时得到推进的。

国会图书馆调查局调查的基本是公开发行的国会图书馆的所藏资料。作为国家的中央图书馆,国会图书馆有组织地全面收集海内外的资料,也是国内藏书量最大的图书馆。此外,调查局也独自整理作为立法资料的各种公开发行的资料及数据库。其年预算为4400万日元(1997)。没有收藏的政府的资料如有必要,将直接向各省厅的主管课索要,但资料是否提交的判断则由对方作出。此外,在预算容许的范围内,还可聘请外部专家进行调查、翻译以及实地调查等。

第三节 工作的基本方式

一、众议院调查局及参议院常任委员会调查室的调查

各调查室共同的基本工作大致包括向承担某项责任的委员会交托的法案提供帮助以及应对议员对委员会所管事项提出的具体调查请求。各调查室上述两项工作所占比重与调查方式都大不相同。下文将举例加以说明。

向承担某项责任的委员会交托的法案提供帮助,其中以帮助政府提交的法案为主。在预定将要提交法案的情况下,提交前通过政府委员会开始搜集有关资料等的准备工作。法案提交国会后,会开展对主管省厅进行听证及分析相关资料的工作,并编成《法案参考资料》(通称白封面),其中汇总了该法案提交的背景资料以及对法案的各种意见,并送交所有委员。此外,为了议员在委员会上进行质疑并投票表决,应议员要求还会就法案的内容制作个别直接说明的资料。此外,还承担法案修正的基础性调查工作。在进行附带决议时草拟原案。众议院的调查室编写汇总委员会审查内容概要的委员会周报。委员会的审查结束后,将拟定用于国会正式审议的议案提纲、委员会审查

报告书以及委员长报告的原案。议员立法时,调查室的工作以法案提交前的基础性调查为中心。对于需要经费的法案则进行经费的概算。有时还要提交法案的提案理由。

议员个人的调查要求各种各样,调查室将根据收集到的信息予以回答。

国政调查时,会进行选定参考人及根据要求编制资料等。

此外,在国会休会期间派遣委员时,会与委员部共同拟定调查内容的原案、选定派遣地、与有关人士协商、随行、拟定调查报告书的原案等辅助工作。

调查的方法各调查室也不尽相同,但多数情况是为不同领域指定负责人,为每一个受托法案指定负责人。此时特别重视政治中立性、客观性以及迅速性。参议院会发行《立法与调查》,以发表调查员自发研究的成果。

二、议院法制局的立案过程

议院法制局的主要工作是对议员立法的立案进行一系列的辅助工作。在第一百四十次国会上,政治主导受到追捧且呼声剧增。即使是议员立法其实际情况也各不相同。执政党议员乃至包括执政党(原文如此,疑为在野党——译者)议员在内的议员提交的议员立法可分为以下几类:①国会管辖的法案;②职业团体关联法案(某某业法);③地区振兴法案;④基于议员个人信念的法案;⑤简化行政手续的法案;⑥提交内阁讨论将耗费过多时间的法案;⑦政府难以公开出面的法案等。其中停留在政策大纲阶段或完成了起草工作但却未能达到提交法案阶段的法案数量相当可观。

以下将简要说明通过可能性较高的执政党议员提交法案的立案过程。

法制局只有在接受议员或者党派的要求后才会开始立案,而不会出现法制局职员自发进行法案的立案并推荐给议员促其提交的情况。但是,即使在法案化的前期阶段,如果议员及党派提出要求,法制局也会提供法制方面的建议。

各课都有各自负责的委员会,因此通常根据课的负责情况以课为单位进行立案。大型法案会由几个课组成项目组进行立案。立案的第一阶段是确定要求帮助的内容及收集必要的资料。必要时会请求委员会调查室及国会图书馆进行调查。第二阶段大多是向要求方提交指出政策和法律问题点的书面材料。从作为政策是否可行、妥当性如何、是否属于法律事项、是否适合现行法律制度等角度探讨要求内容,并与要求方在磋商的同时进一步开展工作。第三阶段即"政策要纲",视情况制定要纲和框架方案。到达这一阶段的立案最终基本上可以形成法案。到制定要纲为止的工作大约占全立案工作的七成。完成后的要纲在得到课长、视情况还需得到部长的批准后递交要求方。在制定要纲的过程中会不断与要求方及主管省厅进行磋商,在协调各方意见的同时开展工作。在法案成立已成定局的情况下,一般主管省厅会热心地提供信息及人力。第四阶段即最终完成法案。这一阶段的工作是纯粹的法律技术性工作,因此在法制局内部进行。具体负责人起草的法案会逐级接受部长、次长、局长的局内审查。审查的标准包括用字、用词等在内的全面立法技术性的检查。通过审查的法案由法制局的具体负责人亲自负责印刷并送至有关各方。

完成起草后通常会开始党内的手续。在自民党中,会按照部会(以及调查会、特别委员会等)、政调审议会、总务会的顺序批准为党的政策。如有要求,法制局具体负责的职员也会出席党内会议以帮助议员。联合政权下这一过程也包括联合执政的党派之间的协调过程。党批准后将提交议院,除法案外,还会附加法案的提案理由,往往还有法案要纲、新旧对照表、参照条文等。其中提案理由由议员、委员会调查室、法制局完成。其他由法制局完成。如果是带有预算内容的法案还应提交由议员及委员会调查室完成的经费概算。编制为委员会、议会(正式国会)审议作准备的想定问题集也是法制局的工作。法案送交其他议会(参议院或众议院)时,还承担送交议会的委员会审查的辅助工作。

三、国会图书馆的调查

国会图书馆调查局进行的调查包括接受要求进行的调查以及预测到要求而自发进行的调查。从件数上看占据中心位置的是应国会相关者提出的要求所进行的调查。1996 年一年约 25000 件调查请求中的 85% 来自于议员。从工作内容上看,调查的要求占 83%,指定文献的复印及出借的要求占 16%,而法案要纲的起草以及分析议案的要求为数很少。回答的方法中,提供资料(复印及借出)占 82%,电话回答占 7.4%,完成调查报告占 5.6%。按照地区划分包括外国信息在内的调查占 35%。调查既有接到要求后即可回答者也有需要 1 个月以上者。调查内容几乎涵盖国内政治的所有方面。预测需求而由各调查员自发进行调查的成果刊登在《参考》《调查与情报》《外国立法》等调查局的刊物上。

支持这些调查活动的资料包括国会图书馆所藏的海内外法令、议会资料以及各种图书、杂志,调查局独自搜集的资料以及数据库等。

通常各课会为每个课题配属具体负责人。对于一般性调查以负责人为单位,有时也会由多名负责人或多个课共同进行。针对意见的回答、特别是重要调查则由调查室负责或对课进行指导。调查室主任(专业调查员)承担对外回答调查的责任。专业调查员还领导多个课联合的项目组。调查报告书的制成等书面形式的回答在回答之前,其他调查在回答之后由局内审批。这也是为了保证公正中立性、专业和技术上的稳妥性以及信息的正确性。

四、各机构的作用分担

调查室、议院法制局、国会图书馆调查局的工作,无论在规章还是在实际情况上都有重叠之处。比如,哪个机构都可以在议员立法时制成法案要纲,但实际上几乎全部由议院法制局承担。另外,调查室与国会图书馆调查局的调查、信息搜集上都有很多重合部分,而在实际情况中调查室更多地开展与议案直接有关的调查及资料搜集,而国会图书馆调查局则更多从事庞大的海外法律、以议会资料为背景的外国法制与制度的调查,以及与议案没有直接关系的专业调查及广义上的事实调查等。而很多调查室的调查员与所属委员会的议员之间建立了个人信赖关系,往往会被要求从事议员的私人参谋性的工作。

众议院、参议院均设置了各自的调查局与议院法制局。调查室完全独立进行活动。如果各院提出了同样内容的法案及修正案,两院的法制局会进行合作。

第四节　美国、英国、德国议会的立法辅助机构

一、美国的立法辅助机构

1. 美国国会的特色与立法辅助机构

在总统制与严格的三权分立原则下,美国国会相对于政府具有很强的独立性,在实务上拥有以常任委员会为中心的很高的立法能力。政党对国会内议员的活动约束力很弱,议员如同"一人一党",各自独立活动。为了对这些活动提供支持,议会的助理也是世界上最多的,且活动体制完善。即使与其他发达国家的议会相比,美国国会也是颇具特性的。国会助理大致可分为议员个人的助理(参议院根据议员所在州的人口决定秘书补助金以用于雇佣秘书,1997年平均一名议员有44名秘书。众议院则根据规定的职务补助雇佣秘书,每位议员最多只能雇佣18人,其中约数人作为立法责任秘书辅助议员的立法活动)以及委员会助理。机构包括立法顾问局(法制局)、作为院外立法辅助机构的总审计局(GAO)、国会预算局(CBO)以及国会调查局(CRS)。

2. 委员会助理(Committee Staff)

美国国会的委员会助理的工作囊括了日本议院事务局委员部负责的委员会的运作、委员会调查室负责的立法调查以及法制局负责的制定修正案及处理法律问题等所有工作。

委员会助理在1946年《立法机构改革法》颁布后开始形成制度,1970年《立法机构改革法》后根据各项法律及各院的决议开始扩大人

员编制。1995年共和党在国会参众两院均获得多数席位后,众议院进行了超过三分之一的大规模裁员,参议院也进行了相当规模的裁减。在众议院中,现在的各常任委员会原则上可以雇佣30名核心专门职员。但实际上在预算允许的范围内雇佣的助理超出了这一限额。其人数因委员会的不同而存在很大差距。1997年委员会助理合计1276名(Ornstein,ets. 1998,p. 133)。参议院的委员会助理比众议院少,1997年为1216名(Ornstein,ets. 1998,p. 133)。① 参议院、众议院的各委员会都对委员会助理有任命权(实际上是各委员长),但助理的三分之一作为在野党的助理由在野党首席委员选任。委员会助理尽管是公务员,但却没有身份保障,委员会可以随时解雇助理。另外,助理基本上归属某个党派(在议院规则上应雇佣不属于任何党派的中立助理,但实际上几乎没有),工作上的合作关系几乎没有。委员会助理的工作几乎全部是为委员长及在野党首席委员服务。由于直接掌握实际任免和升迁决定权的委员长等工作,因此委员会助理与委员长等之间保持着强有力的相互妥协(give and take)的关系。

委员会助理的作用因委员会不同而有所差异,但各委员的执政党委员会助理的共同工作主要有以下八项。②

① 委员会会议日程的调整及设定议题

② 公开听证会的准备与运营

委员会助理将从事制定证人候选者的名单、调整日程、事前调查、整理资料和想定的问答内容、向议员进行简要说明等一系列准备工作。在公开听证会上,如果委员长许可,代替议员对证人进行讯问。特别是在事关丑闻事件等委员会为进行国政调查所召开的调查公开听证会上,委员会助理在记录证人的证言上会起到重要作用。

③ 立法调查

指法案在进行委员会审查前的阶段进行的调查,比如对现行法律的问题点及判例进行调查等,委员会助理会在日常与政府的有关负责

---

① 在进行大幅度裁员前委员会助理多达2000名。
② *Congressional Quarterly's Guide to Congress*, 4th ed., 1991, CQ Press, pp. 486-487.

人以及有关院外集团、压力团体等接触以获得信息并交换意见。

④ 起草修正案

在委员会审查过程中对提交的各种修正案进行分析,并根据委员会的决定进行最终法案的制作,有时委员会助理会参加修正案的实际起草工作,有时会成为与法制局(详见后述)的联络员。

⑤ 制作委员会报告书

委员会审查后向国会提交正式法案时会附上委员会报告书,制作报告书也是委员会助理的工作。委员会报告书的内容包括法案的立法理由、背景、法案内容的逐条解说、与现行法律的比较、委员会的意见、预算概算等。少数党的助理将记载少数派的意见。

⑥ 正式会议审议时的辅助工作

法案向议会正式提交后,对这项法案最为了解的助理将与委员长、法案的提交者一同在议会正式审议时进行法案修正的辅助工作。

⑦ 制作两院协商会议报告书

在召开两院协商会议时,两院的助理将合作协调两院法案的不同点,并制作报告书。

⑧ 媒体及其他有关方面的应对、联系与协调

尽管委员会助理并没有独立的调查权限,但如果在委员会拥有国政调查权的问题上得到委员会的批准,可以代替议员进行调查。如果爆出如伊朗门事件般的大丑闻,委员会助理会进行证言的收录及证据的搜集工作等。

三分之一以上的委员会助理以前是政府职员,而曾有在政府工作经验者约占半数。① 委员会助理特别是长期工作的助理,因其可决定向委员长提供何种其搜集到的情报信息,作为委员长的耳目拥有巨大的影响力。②

3. 立法顾问局(Office of Legislative Counsel)

众参两院均设立了立法顾问局。根据议员个人及委员会的要求,

---

① "Congressional Staff", *CRS Report for Congress*, 1992, p. 10.
② 对参议院预算委员会助理中林美惠子的采访。

从专业角度对法案及修正案的起草、委员会报告书的制作等提出建议。众议院职员 48 人,参议院职员 34 人(1994),几乎全部是法律的专业工作人员。

立法顾问局只进行针对条文的用语等法案拟定的技术性辅助工作,并不进行法案的合宪性以及与既存法律体系的整合性等内容方面的审查。此外,在提交法案时是否利用立法顾问局是利用者的自由。

4. 总审计局(General Accounting Office,GAO)

1921 年,基于预算及会计法设立了作为议会一个部门的 GAO。① 与其他国家的总审计局不同,约 80% 的工作来自议会的要求,近年来除了传统的会计检查业务(其中实际的检查工作由各部的内部监查实行,GAO 只对各部的监查结果进行检查,并负责会计检查业务标准的制定)外,还对政策实施的有效性等进行评估。直到 20 世纪 60 年代中期,GAO 的工作与其他国家的总审计局一样,将重点置于政府支出是否符合法律及规定,有无浪费及非效率性之处等。但自从 60 年代后半期议会委托 GAO 进行"贫困救济问题"项目评估(评估该政策的有效性并将结果汇报议会)以来,通过 1970 年《立法机构改革法》、1974 年《议会预算、支出管理法》,对项目进行评估也成为 GAO 的法定业务。由于严峻的财政状况,GAO 的职员数从 1992 年的 5300 人削减到 1994 年的 4700 人,而到 1996 年 9 月更是急剧下降到 3500 人(Comptroller General 1996)。

GAO 的检查及项目评估除根据个别法赋予其实施义务外,很多情况下是应议会的各议院以及管辖政策事项的各委员会的要求后才实施的。可以根据局长的判断自发进行,但实际上以各委员会的委员长及少数党首席委员(这两者完全平等对待)的要求为中心,如有余力也会接受个别议员的调查要求(Comptroller General 1996)。1996 年度 GAO 制作的全部报告书中,根据议会要求制作的报告书为 908 册

---

① 《GAO 设置法》中并没有明确说明 GAO 为议会的附属机构,而只是独立于行政部门的机构。但 1986 年 7 月最高法院的判例(Bowsher vs. Synar)则确认其为议会的附属机构,在实际运作中也确实为议会的一个机构。

(全部的 78%),68 名 GAO 官员在 181 次议会上进行过证言(Comptroller General 1996)。以往的报告书以与国防有关者为最多,大约占全部的 20%(总审计局 1995,第 19 页)。

  为了从各部收集审查工作所必须的信息情报,GAO 局长有权要求各个部提供必要信息、检查记录。在提交期限内没有得到必要的记录时,局长将以文件形式向各部首脑提出提交记录的要求。各部首脑在接到局长文件 20 日内必须回答不能提交记录的理由。局长会将无法获得记录的原因汇报总统、行政管理预算厅长、司法部长、对象部门首脑及议会,并可最终诉诸法律手段。① 实际上提交资料出问题的情况几乎没有出现过。

  GAO 的报告书除提交提出审查要求的委员会等之外,也会提交给调查对象。很多检查报告书中会包括对对象部门首脑提出的改善劝告,这种情况下还会同时记载对方部门对劝告的意见。美国立法辅助机构中拥有劝告权的只有 GAO。GAO 的劝告尽管没有强制力,但受到劝告的部门首脑必须向议会报告被劝告之处的改善情况。② 约七成的劝告应在四年内采取必要的措施。1996 年一次调查平均使用时间为 6.7 个月(Comptroller General 1996)。

  由于很多 GAO 的报告书包含招致各部门反对或容易引起争论的内容,因此会在内部反复进行其内容是否公正中立、逻辑上是否经得起推敲等的讨论。

  GAO 的局长任期 15 年但不可连任。局长职位出现空缺后,首先由众议院议长、参议院临时议长、参众两院的多数党、少数党的院内总务、参议院政府问题委员会与众议院政府改革监督委员会的委员长与少数党首席委员等组成的局长选拔委员会制定最少 3 名的候选人名单,总统根据这份名单任命继任者,并得到参议院的批准。这一职务只有经议会弹劾以及两院共同决议方可解除。

  职员的录用以应届大学毕业生为主,并在被 GAO 录用后接受教育培训。1993 年全部职员的约半数以上取得了硕士学位。录用专业

---

① U. S. C. ,Title 31 Section 716.
② U. S. C. ,Title 31 Section 720.

包括行政学、统计学、经济学、政策科学等。在开始大幅度削减职员之前,平均工作年数长达 25 年,最近逐渐缩短(统计研究会 1995,第 16 页)。

5. 国会预算局(Congressional Budget Office)

国会预算局是 1974 年根据《议会预算、支出管理法》设立的,主要任务是提供有助于议会预算、法律审议的有关经济及预算方面的信息。国会预算局设立之前,与预算有关的信息集中在政府,议会没有独自的信息资源。该局以经济学家为中心,1997 年有 232 名职员(Ornstein, ets. 1998, p. 133)。根据法律规定,将优先从事预算、岁入、岁出各委员要求的工作,如有余力也接受其他委员会及议员个人的调查要求。①

国会预算局的工作是在议会起草与审议岁入法案及岁出法案时提供必要的有关信息,并提供有关财务、预算、行政诸计划分析以及可替代的政策手段之信息。工作量的 40% 是根据参众两院的预算委员会、岁入岁出委员会等的要求进行项目和预算的分析。国会预算局必须向参众两院的预算委员会提交包括今后五年间的经济、预算预测、财政赤字的削减方案、财政政策的分析等内容在内的年度报告。此外每年还应参议院岁出委员会的要求制作总统的预算国情咨文以及经济状况、预算政策分析的年度报告。国会预算局 25% 的工作量是随着委员会向国会报告的预算而制定相关法案的五年预算额,20% 是估算各委员会审查中的法案实施所必要的成本,15% 是所谓的"追加记录",即预算还剩余多少,议会还可以根据多少预算制定法案,国会预算局应就这些问题定期向议会进行汇报。②

为了完成上述工作,国会预算局局长有权直接从各行政部门获取调查所必须的信息、数据、统计资料以及名单等。此外,在各部最高领

---

① U. S. C. , Title 2 Section 602.

② "Congressional Budget Office", *The Encyclopedia of the U. S. Congress*, Simson and Schuster, 1995.

导的同意下,还有权动用各部的服务、设施以及职员①。国会预算局将为议会进行判断提供选择,但并不拥有 GAO 那样的对各部的改善劝告权。

为了工作,国会预算局将保持政治上的中立性。国会预算局长由众议院议长和参议院代理议长根据参众两院预算委员会的推荐者进行任命。任期 4 年并可多次连任。

6. 议会调查局(Congressional Research Service,CRS)

CRS 于 1914 年成立,最初为立法考查局(Legislative Reference Service),是为了辅助联邦议会的立法功能以及行政监督功能而设立的。1970 年立法机构改革后改用现名。议会调查局尽管是国会图书馆的一个部门,但在人事与预算上却保持着高度的独立性。主要工作是,在进行公正中立的调查并保守秘密的情况下,向议会提供必要的情报以及专业调查及分析的服务。

1995 年度 CRS 共处理了议员及其助理、委员会约 593000 件调查请求。40% 的请求是要求提供分析及信息,其中完成调查报告书 2700 份,直接说明 4300 件,电话回复 54000 件,提供资料信息 174000 件。除此之外,向要求方提供其指定的文献占 27%,CRS 的各种信息系统检索占 25%。CRS 报告以及简报等新发行的刊物约 1300 件,并多次举办面向议员及秘书的讲座及研讨会。每位议员、每个委员会每年最少也会利用一次 CRS(Mulhollan 1996)。1997 年共有 747 名职员(Ornstein,ets. 1998,p. 133)。其中专门职员中的约半数在出现空缺时会根据职务进行补充。近年来,比起录用应届毕业生,更倾向于录用拥有实际工作经验的专业人才。CRS 职责分工明确,各政策领域的专家专注于情报的分析与调查,而提供资料以及制作数据库则由专门的文秘职员负责。

CRS 并没有被授予独自调查的权利,但在议会的委员会根据其权限要求 CRS 作为委员会的一个部门进行工作时,可以对行政机构的

---

① U.S.C., Title 2 Section 601(d).

各个部提出提供必要文件的要求。①

CRS局长由国会图书馆馆长在征询国会两院图书馆联合委员会的意见后任命。

7. 美国立法辅助机构的特色

美国立法辅助机构的特色首先在于,根据法律和规章制度,议会拥有可独自形成政策的充足的助理、预算以及用于收集信息的权限。这些可发挥实质性作用的功能通过收集、组织、分析以及灵活运用数量庞大的信息,使得美国国会发挥着世界上独一无二的强大立法权。议会附属部门的机构建设也规模大、设备先进,这些部门出具的报告均因其客观性和可靠性而受到国内外专家的高度好评。其次,助理的高度专业性。助理通常被录用到各个专门领域,他们不仅在立法机构内,还在行政部门、民间的智库及团体、大学等工作并积累了作为专业人士所必须的经验和经历。在议会的政策形成过程中,这些专家身份的立法助理作为国会议题网络的一个部分发挥着重要作用。提高专业性从事高质量的工作将直接关系到个人将来的事业成功,因此职员对努力工作有很强烈的动机。第三,立法辅助机构中,各部门的独立性高,工作的实际内容与人事制度上都存在很大差异,各委员会对委员会助理的使用大相径庭,特别是委员长的人选将使助理的工作完全不同。议会附属的立法辅助机构也是如此,比如GAO为了吸引优秀人才而采取了独自的人事制度。法律和规章制度规定的各立法辅助机构的工作内容尽管有重合的部分,但为了在大型调查项目上不致发生重复,在调查开始前各机构的领导会与其他部门进行协调。②

二、英国的立法辅助机构

议会内阁制的英国通过的法案全部都是政府提交的法案,除了政府进行自发性的修正外,在议会原则上从不会对政府提交的法案进行

---

① U.S.C., Title2 Section 166(d)(1).
② 根据对Boucher的采访。

修正。议员立法的提交数量尽管很多，但其内容多是提交议员表达个人立场而非有关国家的基本政策。在英国，政党的政策部门活动活跃，特别是在野党的政策部门会为影子内阁的在野党干部进行政策立案。但是，在议会内阁制中，在野党与其说通过议员立法提交对抗执政党的法案，更具有利用议会开会的机会批判政府与执政党政策的动机等，向国民宣传本党的方针以便在下届议会总选举中争取实现政权的更迭。

以议会全体会议为中心的英国议会并没有相当于日本的常任委员会调查室以及美国的委员会助理制度。但是，现在众议院的部委特别委员会（与各行政部门对应的委员会，调查各部及相关的公立法人的岁出与政策）中有的委员会也拥有数名调查助理。另外，也有外部的专家作为建议者从事部委特别委员会的辅助活动。

英国议会没有相当于议院法制局的部门。一般议员作为议员立法提交法案时，会在外部律师等的帮助下进行，其费用只有通过抽签决定的为每年 10 个法案提供的少量补助金。

进行立法调查的是参众两院事务局内的参议院图书馆与众议院图书馆。众议院图书馆的主要工作是提供信息服务、调查服务和网络信息服务等。1996 年职员合计 178 名。其中，调查服务部门分为 7 个小组，主要工作是针对议员及助理提出的询问，对国家行政领域中的各种问题进行调查和提供资料，并完成分发给议员的一般性调查报告等。这种调查报告主要针对新法案的内容以及议员关心度较高的问题。调查助理都是经济、法律、自然科学、统计学等各领域的专家，其录用按照每个职位进行公开招聘。[①]

参议院图书馆与众议院图书馆相比，规模极小，工作人员只有 20 余名。

议会搜集有关行政部门信息情报的手段包括部委委员会要求各部提供资料以及传唤参考证人，每位议员要求政府提供信息的文件质询和口头质询等。文件、口头质询每年超过数万件，其回答也会刊载

---

① Department of the Library.

在议会议事录上。

三、德国的立法辅助机构

1. 德国议会的特色以及立法辅助机构

德国联邦议会(众议院)的特色首先是议会的运作以会派为中心。会派由议员总数5％(34人)以上的议员组成,并可获得与政党无关的国库补助(相当于日本的立法事务费,1994年总额约1亿马克,这笔补助被禁止用于政党的活动经费),并雇佣会派助理。议员为了提交法案,就需要会派或议员总数5％(34人)以上认同方可进行。第二个特色是在委员会进行法案的实务及专业性审查,并且在野党会在对政府法案的修订工作进行合作。约六成通过的法案在议会审议的过程中会进行某些修改(山口和人1996)。

德国联邦议会的立法辅助部门包括议员秘书(1994年每位议员每年会得到16万马克的秘书雇佣补助,议员可以在这个金额范围内自由雇佣秘书。1991年负责政策问题的调查助理约900名,每位议员平均1.4人)、会派助理、议会事务局中的联邦议会调查局以及议会中的技术评价局(1998年前议会将此委托于外部的研究机构)等。对议员立法中制定法案提供辅助的是会派助理以及相当于议员秘书中政策秘书的调查助理。并没有议院法制局这样的机构。

2. 会派助理

会派助理的主要职能是辅助委员会中负责审查法案的会派。1991年会派助理为727名,德国允许行政部门的官僚停职后担任议员、秘书以及会派助理。会派助理中官僚出身者也为数众多。比如在野党社会民主党高级助理中的半数是由官僚转职而来(山口和人1996)。

3. 联邦议会调查局

1972年创设的联邦议会调查局负责进行立法调查,其特征是调查局中包括从事委员会、调查会日常工作的助理,以及处理请愿的请愿部。调查局的职员数大约为500名(1996),其中调查部接受过实际调查专业培训的调查员62名(1994)。一个调查室大约有数名调查员。调查基本上根据议员的要求进行,所从事的工作为一般性的调查、分析、制定改革方案、进行法律制度的比较以及汇编资料等,几乎没有制定法案的内容。调查部也有义务自发、主动就特定的主题向联邦议会提供准确的信息。调查注重政治中立性、迅速性以及保守秘密的义务。

调查助手的60%为法律专家,其余为经济、自然科学、政治学方面的专家(西克1997,第8—9页)。

第五节　立法辅助机构的现状与课题

各国的立法辅助机构制度以及其制度实际上多大程度上有效发挥作用,直接反映了该国议会、政党等围绕议会的政治风貌。战后日本的议会制度在宪法上模仿英国,在国会法方面则引入了美国议会的各种制度。但是,日本国会却形成了与英国、美国以及发达国家议会所不同的独具特色的形态(成田1990,第68页)。不仅仅是制度,在被称为55年体制的自民党长期单独执政的现实中,执政党与行政省厅的融合,以国会对策政治为代表的独特的国会运作体系等,都是日本独有的现象。

日本的立法辅助机构以美国的立法辅助机构为范本建立了制度框架,但是正如日本国会与美国联邦议会存在着很大差异,立法辅助机构的实际情况也大不相同,而与英国、德国的立法辅助机构也不尽一致。日本的立法辅助机构如同国会的运营与其设立当初设想的局面大相径庭一样,可以说并没有充分发挥当初制度建立时所预想的功能。辅助机构内部也有这样的分析:"在这种审议的实际状态下,可以说即使忠实履行作为辅助机构的职责,在有助于政策形成这一点上也不可能存在可以实证其效果的方法,作为制度也没有发展壮大的基础"(黑泽1980,第111页)。因此,应寻求探索适合日本国会与政治实际情况的独特方式,而不是盲目仿效外国的立法辅助机构。

当然，对于国会的现状已经有了很多改革方案，并同时探讨了增加人员及预算、提升职员的专业能力等对立法辅助机构的改革，尽管进展缓慢但改革方案正在逐步得到推进。

1993年联合政府诞生标志着持续了38年的55年体制的政治框架产生了变化，随之而来的是出现了各种国会改革方案。在立法辅助机构的改革问题上，也出现了长期以来不断提到的一般性的扩充强化论、重组论到更进一步的加强权限以及设立新机构等的具体改革建议等各种主张。这方面的最新动态包括1996年6月14日的《有关议员立法活性化之建议》（土井众议院议长的国会改革私人研究会）；同年8月7日土井众议院议长与鲸冈副议长联名提交《议员立法活性化指针》；1996年11月民主党提出的行政监视院法案；众议院的议会制度协议会及参议院的参议院改革检讨会讨论的常任委员会调查室的重组、强化案等。在这些讨论的基础上，1997年12月一系列的改革才得以实现。

在考虑立法辅助机构改革时，最重要的是如何提升其专业性、技术能力以及信息能力。根据政治影响力有赖于政策知识以及保持信息这一说法（加藤1995），只要议员自身在政策知识与信息能力方面存在着自然限度，提升立法辅助的机构政策知识与信息能力就将与议员政治影响力的提高相关联。从在决策、执行上没有独自的权限与责任这一立法辅助机构的特点上看，发挥其存在意义也只有在提升上述能力这方面了。在专业性、技术能力上，除了议院法制局外，并没有形成以录用及培养专业人才为中心的人事制度。现在并非以系统、而是依靠个人努力来实现提升专业性的方式今后如何发展，在信息能力问题上，本章业已指出的行政信息的获取以及作为立法部门没有信息共享系统等都将是今后需要进一步解决的课题。

参考文献

Charles A. Boucher,"Congressional Support Agencies, The Role of General Accounting Office", Testimony Before the Joint Committee on the Organization of Congress, June 10, 1933.

Comptroller General(1996), *GAO Comptroller General's Annual Report*.

Department of the Library, *Guide to the Services of the House of Commons Library*, 1996.

D. P. Mulhollan(1996),"Annual Report of the Congressional Research Service of the Library of Congress for Fiscal Year 1995", *CRS Report for Congress*, 1996. 3.

N. J. Ornstein, eds., (1998), *Vital Statistics on Congress 1997—1998*, American Enterprise Institute.

浅野一郎(1983),《议会调查权》,行政出版。

浅野一郎(1997),《国会事典》(第3版),有斐阁。

总审计局(1995),《美利坚合众国总审计局》,《外国调查资料》136号。

加藤淳子(1995),《政策知识与政官关系》,《年报政治学》,岩波书店。

菊池守(1995),《国会调查助理的作用》,《议会政策研究会年报》第2号。

黑泽隆雄(1980),《国家行政调查辅助机构的存在方式》,《立法与调查》。

郡山芳一(1998),《众议院决算行政监督委员会设置与行政监督职能的强化》,《议会政治研究》46号。

国立国会图书馆(1980),《国立国会图书馆三十年史》。

洛佩尔特·西克(1997),《德国联邦议会调查局概要》,《国立国会图书馆月报》。

橘幸信(1995),《议员提交法案的立法过程》,《法学教室》。

统计研究会(1995),《会计检查现状的比较制度论研究——美国案例研究》。

成田宪彦(1990),《日本国宪法与国会》,《日本议会史录》第四卷,第一法规出版。

成田宪彦(1996),《国会证人传唤之闹剧》,《改革者》。

山口和人(1996),《外国立法辅助机构 第三回》,《Legismate》第41号。

山口俊史等(1997),《对加强调查事务职能的思考》,《立法与调查》。

吉田善明(1989),《议院证言法的修订与今后的课题》,《法学家》。

终　章　比较、评价、课题

城山英明　细野助博

本章将在对各省厅探讨的基础上，在对中央省厅的政策形成过程以及制度及运用等进行比较的同时，对其进行评价并探讨今后的课题。

第一节　创发、共鸣中行为模式的比较

本书对政策形成的创发、共鸣阶段中的物力论（dynamism）因素给予了特别的关注。由于在这一阶段基本上都是省厅的内部过程，因此几乎没有对此的研究。但这个问题在决定官僚制的适应能力上非常重要。为此，本书将创发、共鸣阶段中的行为模式分为计划型、基层型、审定型、涉外型等四种类型。本章将首先根据从第二部分到第六部分的事例，总结计划型、基层型、审定型以及涉外型行为模式的特征（以积极因素为主）。其中，计划型以通产省、基层型以建设省、审定型以大藏省、涉外型以外务省为主进行论述。

一、计划型

在计划型行为模式的通产省政策形成中，成为动力源泉的是官房以及横向局的产业政策局。相对于处理个别工作事项的纵向局，官房、产业政策局通过应对"走在时代前列"的各种问题来维持形成政策

的动力及策划政策改革。官房、产业政策局主导的横向议题包括消费者行政以及放宽规制等。此外,官房向资源能源厅的公益事业部提出降低电费的要求,也可作为这种动力的例子。

从历史上看,20世纪60年代在应对国际化、自由化的过程中,逐渐形成了通产省现有体系的原型。当时,从应对自由化及维持日本的国际竞争力的角度出发,出现了超越单一部门而涵盖全局的"产业结构"这一概念,并在1964年成立了产业结构审议会。通过积极应对国际化、公害、保护消费者等新课题,逐步明确了主导产业结构转型的路线。在1973年的机构改革中,这一路线最终形成了制度。在这次机构改革中,人们逐渐认识到以往那种以物资种类划分行政单位的部局细分化结构的局限性,从而设置并强化了产业政策局、通商政策局等横向局,并在产业政策局中新设立了产业结构课。随后,局的自律性在一定程度上得到了维持,通过20世纪80年代应对利用民间活力以及结构改革等新议题,横向局的力量进一步加强。为了继续向这一方向发展,1996年又制定了新的机构改革方案。

作为包含着官房、横向局与局之间对抗关系因素的日常性机制,主要包括两个方面。第一,法令审查委员制度。根据《通产省组织规程》第1条,法令审查委员隶属大臣官房,由大臣官房各课以及各局总务课等首席课长助理(大臣官房总务课中还包括次席、三席以及技术系列的课长助理等4名)出任。截至1998年7月,包括大臣官房秘书课、总务课(共4人)、计划室、会计课、政策评价宣传课、地方课、福利管理官、调查统计部管理课、通商政策局总务课、贸易局总务课、产业政策局总务课、商政课、环境立地局总务课、基础产业局总务课、生活产业局总务课、机械信息产业局总务课、工业技术院总务部总务课、资源能源厅长官官房总务课、特许厅总务部总务课、中小企业厅长官官房总务部总务课、通商产业研究所(兼职除外)。法令审查委员将得到官房、各局以及官房法令审查委员的两份任命书,以期待他们发挥代表各自部门以及作为法令审查委员从全局进行考量的双重作用。此外,从组成委员会的部门比例上看,来自官房各部门的委员多达11人,表明官房在人数上派出了远超其他局的委员。这也可以说是考虑到委员会从全局出发审视政策的需要。法令审查委员会每周召开两次,省的重要政策实际上就在这个会上决定。第二,每年预算申请前进行的新政策制度。官房总务课主导设定议程,召集有关各课商讨、提出下一年度的重点政策。这一制度在每年3月至8月期间将经过两轮助理级、课长级直至产业结构审议会综合部会的讨论。其结果会形成"某某年度通商产业政策重点"的文件,在这份文件中政策重要程度的排序被称为"某丁目某番地",并将反映在预算申请中。这一制度与预算挂钩,因此以年为时间单位进行运作。

从法令审查委员会制度可以看出,通产省所代表的计划型行为模式的特色是,以官房总务课为中心的部门在其应负责之外的事项上也可对平级单位进行"横向"性的批评建议,并形成了制度。此外,实质性的决策在课长助理级别上进行。而这种体系之所以可以发挥作用,其前提就是人事权集中在官房秘书课这一制度。

这一制度也保证了课长助理可以加入积极参与政策研讨的行列。

这种计划型行为模式在科学技术厅及国土厅中也得到了一定程度的反映。在官房系统组织的主导下,科学技术厅中可以策动计划的组织是通常以仅次于次官的科学审议官为会长,由官房审议官(负责官房)、官房各课长、各局第一课长等组成的科学技术基本政策研究会(事务工作由官房总务课负责)。为了进行实质性讨论,该研究会还设置了工作小组。科学技术基本政策研究会从申请预算的前一年冬季开始(即1997年度预算从1995年冬季开始),探讨和整理科学技术厅应解决的各种必要的中长期政策,第二年度的6月左右作出结论,并与下一年度的重点政策挂钩。科学技术厅官房总务课还会对各局进行重点政策的听证会。此外,也可能是因为厅的规模较小,非正式的部门干部会也会在早期阶段就总结出作为全厅的意见。在国土厅的中,人们期待国土厅在国土政策上可以对政府各有关部门发挥规划的作用。而国土厅通过对退休人事(比如下河边)及政治家主导性的支持,并通过众多各省厅调动而来职员组成的纵向厅内各局的努力,可以说对政府发挥了一定的全局性规划职能。

二、基层型

基层型行为模式的建设省政策形成中，推动政策形成的动力来自于基层组织。建设省通过地方建设局、特别是工事事务所，拥有直接接触社会的各种渠道。从直接面对各种社会压力的基层中不断摸索出的尝试会被作为"示范工程"加以试点，而建设省也会采纳得到社会支持以及在"市场测试"中未被淘汰的项目，且在超过了某个临界点后即修改制度。

另一方面，官房系统组织提出新的政策议题的情况并不多。比如，建设省河川局中河川总务课是首席课，禀议书等正式文件必须经过总务课的批准，但却不承担实质性审查和发起动议的职能。河川局除河川总务课之外还有水政课、河川计划课（负责河川审议会及治水五年计划等）、治水课（负责堤防等治水项目）、开发课（负责水坝的建设维护等）、河川环境课（负责环境治理等）等。治水课、开发课、河川环境课都有各自的财源，各种新政策基本上也都是根据各课自主判断并主导进行的（当然需要河川局局长的批准，但据说存在着基本上容许各课主导的氛围）。的确，建设省也实行重点政策制度，但"拿主意"的却是各课，几乎不会出现总务课等主导或从横向提出建议等情况，这一点与通产省大相径庭。

近年来的多次试点也是由基层主导进行的。治水课在从基层归来的专门官（职务级别在课长助理与课长之间）的主导下，于1990年发出了"多自然型河流建设"通知，建议尽量减少水泥护堤以保护自然并进行了试点，最近这一通知的精神作为原则得到了普遍运用。开发课也由当时课长级别的职员主导，于1995年7月以通知的方式建立"水坝建设审议委员会"，以社会参与的形式探讨是否建设水坝问题，也完善了对已有水坝等进行跟踪调查的制度。此外，作为更为直接的基层试点，在荒川下游工事事务所长的主导下，1994年至1996年开展了制定市民参与河流治理计划的试点工作，在只是概括性地表述防洪方针的旧《河川法》上的工程实施基本计划基础之上，进行了更为详尽的规定。尽管没有明确的法律基础，还是制定了包括修改工程具体设计及防波堤外土地利用调整（整改为场地还是保持自然风貌）等在内的"荒川未来计划"。制定计划的协商会由有关自治体的首脑与荒川下游工事事务所长组成。协商会组织了听取各方意见的活动，各种市民组织、自然保护组织等都参与了这些活动。这一新形式的尝试在1996年6月与9月提交报告的河川审议会的讨论中也被参考，并被载入修改《河川法》（明确将环境作为修改《河川法》的目的，比以往工事实施基本计划制定了更为具体的河流治理计划制度以及确保在计划过程中地方自治体、居民的参与）的提案中。

　　建设省的基层型行为模式中，政策革新并不来自于官房等从横向进行的介入，而是通过基层进行试点的渐进性发展促成的，这是这一模式的一大特色。实质性的主导工作由课长、专门官级别职员进行，但局长的支持也十分重要。这种体系可以发挥作用的前提就是所管辖领域的专业化以及预算的单独化。进一步对其起到补充作用的可以认为是两种人事制度。一种是战后伴随着技官地位提高所形成的技官与事务官的均衡、互不干涉的状态（建设省中事务次官由事务官与技官交替出任，河川局中总务课长与水政课长为事务官，其他课长为技官）。还有一种是技官在其职业生涯中会在省机构与基层（地方建设局、工事事务所）间调动工作。因为技官的自律性，总务课事务官的实质性介入受到了限制，由于技官拥有基层经验，也可以实现从基层到中央的反馈。

　　厚生省在某种程度上也采用了这种基层型行为模式。厚生省中，来自官房的直接介入很少，各局的自律性较高。厚生省中负责各种基层工作的专业事务官（非高级官僚）出任各课的总管助理（另有高级公务员担任的法令助理与技术系列的助理），他们负责日常工作。此外，通过他们，基层的意见也可一定程度上反映在直线型政策形成中。但是，如同从福利等领域存在一定程度的地方分权现象所看到的，厚生省存在着与基层相分离的趋势。因此在这种情况下，创发并不来自于基层，而是来自于各局首席课中形成直线型决策的法令主管系统主导的计划型过程。

三、审定型

体现审定型行为模式的大藏省主计局(大藏省内同时存在其他的行为模式,而体现审定型行为模式的基本上只有主计局)的政策形成中,其动力源泉是每年预算编成时基于听证进行的审定。在听证时,审定者与申请者之间会从各种角度进行深入讨论。此外,由于审定方的很多信息都依赖于协商对手即各省厅的提供,而自发搜集信息的情况很少,因此是被动的。并且在审定时,审定方为了实现总额控制的目的,作为交换,很多情况下会任由各省厅决定具体项目的优先顺序。可以说这种分工也是由于各省厅在具体项目上拥有信息的比较优势。

在被动的框架中,作为自身采取主动的制度框架,主计局方面设立了以下三个机制。第一,负责计划的主计官等制定预算的整体框架。这些主计官包括负责各领域预算审定的主计官9人,以及负责制定与综合调整预算规模、预算收支等预算框架的主计官(计划责任主计官)、负责计数管理及总管预算书制作的主计官(预算责任总管主计官)、负责法规课的主计官等。其中,计划责任主计官在与主计局长、法务课长等局干部进行协商后制定预算规模等预算整体框架。在这个框架下,计划系(主计官级别的职员团组被称为系)将向各系(负责各领域的预算审定)分配预算额。第二,预算审定者的大藏省与预算申请者的各省厅之间由双边(大藏省对申请省厅)协调机制进行审定,以排除预算申请者即各省厅之间的多边自行协调。通过这一方式,防止了预算申请者之间的联合行动,从而为大藏省主计局保留了裁量的余地。但是,在预算申请方进行抵抗时,也不得不进行相当程度的让步。第三,主计官负责的内容可以调整,即可以灵活设定"系"的范围。相对于固定的省厅编制,在主计官的系的分配上有一定的灵活性(这也是出于工作上平均工作量的考虑)。比如,运输省的机场建设及港湾建设等就不是运输系而是公共系的管辖范围。而被称为农业农村建设的农林水产省所管辖的公共事业尽管隶属农林系的管理,但责任主查却服从公共事业的主计官的指示。此外,农林系与公共系由同一位次长负责已成惯例。而ODA(政府开发援助)也与薪酬统一处理。

这种不拘泥于省厅结构的灵活性，体现了预算审定一定程度上的适应性。

这种审定型行为模式也存在于总务厅行政管理局的组织、编制审定过程中。在编制问题上，由于编制总人数是法定的，因此新增加的编制会通过对现有编制进行裁减（要求各省厅按照一定比例进行有计划削减），再将政府增加的总人数按照新规定的行政需求进行再分配。但是这种再分配也是在对方提出要求的基础上通过审定制度进行的，而审定过程中也包括听证。

四、涉外型

在涉外型行为模式的外务省中，政策形成动力源是冗余制度，即以负责地区的直线型为中心的同时，也保持重复设定的其他情报处理渠道。

在国际关系中活动的外务省，创发的重要基础是对形势的判断。为了准确判断形势，就有必要具备较强的自律性、对其他国家及地区的各种情况保持敏感（某种意义上的被动）。此外，在最终判断的阶段更有必要从各个侧面对形势进行认识与考量，并注意避免错误。为了满足上述两个必要性，外务省制定了三种制度及惯例。第一，在以负责各地区的直线型地区局为中心的同时，设立了旨在对地区局的判断进行审核的组织。传统上条约局发挥着这种功能。此外，国际情报局的作用也是如此。在国际情报局中，配置了与各地区局日常工作脱钩的观察各地区动向的专员，从而在省内形成了随时存在独立于地区局判断的另一种局势判断体制。第二，如同频繁召开的干部会议这一制度所显示的，外务省重视中高层干部的讨论与判断。干部会议每周二与周五召开，参加者包括事务次官、外务审议官、各局局长、官房长、官房审议官、外务参事官、官房总务课长、综合外交政策局总务课长。干部会成员固定并可持续讨论，某种程度上成为实际上的决策审议场所。某个议题提交后，尽管直接负责者只有一人，但干部会成员可从任何方面对该问题进行参与，会从各个侧面提出不同意见，以通过各种意见的交锋避免出现决策失误。除了干部会，还有每天早上的报刊会议、次官主持的临时会议等各种会议,使得干部间的沟通十分紧密。特别是很多实质性决定在次官主持、相关省厅参加的临时会议上作出(与其他省厅相比,次官等干部在实质性政策形成中的作用很大)。第三,大使制度。这一制度使得比外务省高级官僚中最高职位者——次官资格更老、更年长的众多前辈可以继续在第一线工作。而大使会进行独立判断,从而确保了作为组织的冗余机制。根据不同的情况,有时大使的意见汇报和次官的意见汇报同等重要。此外,在制度上,大使领导下的驻外使领馆可以自行决定发送的公文电报的接收对象(电报直至首相官邸还是只到负责局长等)。

另一方面,涉外型行为模式的外务省与基层型一样,官房的一元化管理并不强。比如,即使是综合外交政策局,其首席局的意识也并非特别强烈。此外,各局中的首席课被称为右翼课(因在组织结构图中位居最右侧),但一般而言右翼课对各课的管制也不强势。进而言之,这种管理能力更是因局而异。比如亚洲局中,中国课、东北亚课(负责韩国)、地区政策课(负责东盟)均为纵向分割,该局的右翼课地区政策课并不强势,但条约局及经济合作局的右翼课则比较强势。在实际操作中,由于很多情况下需要瞬间判断这一外交特点,因此决策不需要一一经过官房系统的审核,而是按照纵向系列(主管课长、主管局长、事务次官)进行,很多情况还会直接请示首相官邸。

这种涉外型行为模式一定程度上也反映在大藏省国际金融局的工作中。

第二节 制度与运用的比较

如果对各省厅政策形成过程进行比较研究,就会发现除了在创发、共鸣阶段的动力源泉多样外,看似类似实则多样的制度与运用也不在少数。比如,存在着与行为模式及人事制度有密切关系的各省厅的固有"文化"(这与行政官员的"士气"也密切相关,比如各省厅对Ⅲ种职员的工作态度的评价就存在着巨大差异)。而本书则通过组织、会议、听证、人事、改革过程等各方面来确证这种制度及运用上的多样性。其中,特别是组织、会议、听证、人事制度,在形成上述创发、共鸣阶段各种行为模式中发挥着基础性作用。

一、组织结构

第一,在省厅组织的结构中,存在着负责个别领域的纵向局与负责跨领域的横向局并存的情况。这种现象特别出现在组织结构上需要官房、横向局与纵向局形成对抗关系的计划型以及有必要形成组织性冗余的涉外型上。比如,在通产省中,基础产业局、机械信息产业局、资源能源厅石油部、煤炭新能源部、公益事业部属于纵向局,而通商政策局、产业政策局、环境立地局则属于横向局。外务省中,亚洲局、北美局、中南美局、欧亚局、中近东非洲局属于纵向局(负责各有关地区的外交事务),而综合外交政策局、经济局、经济合作局、条约局、国际情报局属于横向局。但在基层型与审定型中,却很少让纵向局与横向局产生对立。

第二,省厅内各局首席课的作用也多种多样。官房系统组织的管制相对较强的计划型、审定型中,首席课的作用较大。但在纵向上取得一致较为重要的基层型、涉外型中,首席课的作用并不大。此外,首席课的名称各省不尽相同,比如外务省称为右翼课,而科学技术厅则称为第一课。

第三,是否利用官员组织各省也不尽相同。利用官员组织可以使所管工作并不固定,而具备一定的灵活性,并可使各职员各尽其能,藉此在一定程度上避免省厅内纵向性产生的弊端。比如,大藏省主计局使用主计官、总务厅行政管理局使用管理官、经济规划厅综合计划局使用计划官等。通过这种官员体系,特别是在非常时期的工作分工可以较为顺利地开展,从而在某种程度上实质性地防止了纵向性的弊端。

二、会议、听证

会议、听证制度是支持上述创发、共鸣阶段的行为模式的沟通场所。

第一，全省性会议由各种级别的会议组成。通产省中有首席课长助理级别的法令审查委员会、技术审查委员会、首席课长级别的总务课长会议、事务次官及各局局长组成的干部会、事务联络会议以及大臣也参加的省议等。而科学技术厅则包括首席课长级别的第一课长会议、厅干部组成的干部会以及科学技术厅长官也参加的厅议等。厚生省则包括首席课法令助理级别的法令审查委员会、首席课长级别的总务课长会议等。外务省包括首席课长助理级别的首席事务官会议、首席课长级别的主任课长会议、事务次官及各局局长组成的干部会等。全省性会议在计划型、涉外型中的作用相对较大。而在厚生省等基层型中，全省性的会议尽管存在，但其作用仅停留在工作联络的职能上。此外，即使全省性会议拥有某种职能，哪种职务（比如局长级别、课长级别的会议）可以发挥实质性讨论功能也各不相同。通产省发挥实质性作用的是首席课长助理级别的法令审查委员会，而外务省首席课长助理级别的首席事务官会议则只是工作联络性质的，发挥实质性功能的是干部级别的会议（除干部会议外，还包括报刊会议等的例会、事务次官或大臣领导下的有关局长等参加的临时会议等，总之，干部级别的讨论机会相当多）。

此外，各省还设立了与预算联动的年度听证制度。最具代表性的是通产省的新政策制度。新政策制度中，首先开始制定省内的预算案，在大臣官房总务课的要求下，各局各课在接受"账单"的基础上进行听证，并设定省的预算优先顺序。建设省也有重点政策制定程序。在这一程序中，官房的主导型较弱（只提出可能需要追加的重点），"出点子"也由各课进行。外务省中，听证制度是旨在信息共享的重要政策。科学技术厅也存在重要政策听证制度，而该厅的独特之处在于科学技术基本政策研究会这一可进行跨年度的实质性政策探讨的机制。

第二，全局性会议也有很多种类。建设省在上述重点政策制定程序中，河川局及道路局会召开局内所有课长助理参加的会议（议长为技官的首席助理），并在一定程度上成为创发的场所。外务省则召开局长、审议官、课长及各课首席事务官参加的局议，在一定程度上探讨各局的议题。此外，大藏省主计局、总务厅行政管理局每年在审定时会召开数次审定局议,这也是实质性讨论的场所。而通产省召开的局全体管理职位职员及法令审查委员、技术审查委员组成的局议,则基本上只起到事务性联络的作用。

三、人事管理系统

第一,技官的作用因省厅而存在非常大的不同。官僚制研究一般将事务官作为研究焦点,但技官也是其中重要的组成部分,而其运用在"专业性"的名义下(尽管从建设省的事例即可看出,现实中技官实际上发挥着通才的作用)比事务官进行了更为细致的划分,因此有必要进行研究。科学技术厅中技官的作用最具特色。科学技术厅技官的比例高达八成,在人事上事务官与技官也统一运用。科学技术厅还承担着技官组织——全国官公厅技术恳谈会实际上的事务局作用(但会长均来自于农林水产省)。此外,即使技官占据了一定的比例,但技官的职位可升迁至哪一级别各省厅也不尽相同。在建设省,技官与事务官轮流出任事务次官,而厚生省技官最高只能出任局长。通产省中,如同时设立法令审查委员会与技术审查委员会所示,长期以来事务官与技官是区别对待的。但是,近年来也出现了将事务官与技官一视同仁的动向。

第二,在人事上如何设定不同的团组也存在多样性。人事团组通常首先会区分为高级公务员(通过国家公务员Ⅰ种考试录用者)及普通公务员(通过国家公务员Ⅱ种、Ⅲ种考试录用者)。此外,还分为事务官与技官。其中,事务官高级公务员根据录用分为法律、行政、经济三职种,但通常会统一使用。而技官高级公务员则区分更为细致。这种运用上的区分并不完全等同于录用时的区分。比如,建设省录用的土木(高级公务员)职种又进一步区分为道路系列与河川系列。农林水产省中这种细分化的程度更为惊人。此外,事务官中普通公务员的运用也是不一样的。厚生省以局为单位进行运用,而外务省的专业职员从录用开始即按照语种进行录用及运用。大藏省主计局的计数负责职员中,由税务、海关、财务局等地方支局分局录用的普通公务员中选拔而出的被称为"老手"的团组在实际工作中发挥着核心作用。总务厅行政管理局的副管理官、主查级别的职员中,管区行政监察局录用的普通公务员也发挥着重要作用。

第三,课长助理的形式也各种各样。从功能上分包括负责预算等的总管助理,负责法令事务的法令责任助理,负责技术事务的技术责任助理等。在如何分配这些职能性作用的问题上各省厅也不尽相同。通产省总管助理兼任法令责任助理,并成为首席助理,因此执行政策时灵活运用预算等资源更为便利。厚生省的总管助理与法令助理则各有其人。因此预算由总管直线型组织、制度由法令直线型组织分别处理。总管助理由专业职员(普通公务员事务官)出任,法令助理则由事务系列的高级公务员出任。文部省也是如此。厚生省中,还存在着出任技术助理的医疗系列技官。建设省更为复杂。以河川局开发课为例,总务助理为普通公务员,法规助理为事务系列高级公务员,预算助理为技术系列高级公务员(进而言之技术系列助理的首席负责调查),名义上首席助理的总务助理是普通公务员,但握有预算的技术系列高级公务员助理却发挥着课内的实质性总管作用。而外务省的首席助理被称为首席事务官。

第四,高级公务员的职业生涯模式也不同。基层型的建设省以及涉外型的外务省中,基本上高级公务员的职业生涯模式是在省机构与基层组织(工事事务所、地方建设局、驻外使领馆)之间不断调动。另一方面,计划型的通产省为了让职员在各个领域体验工作,同时出于防止权力长期集中于某一个人的目的,而实行短期轮换的方式(特别是兼任法令审查委员等重要职务者一般为一年轮换)。

第五,在某一省厅中,某一职务将确保由某特定省厅调动而来的职员担任。这一特点特别反映在各省厅调动而来的职员占很大比例的国土厅以及经济规划厅等。例如,国土厅局长职务中计划调整局长来自经济规划厅,土地局长则轮流来自建设省与农林水产省,大都市圈建设局长来自建设省,地方振兴局长来自自治省,防灾局长来自建设省等。这种人事调动制度可以保持纵向行政的持续性,并且由于省厅间的协调实则在同一省的职员间解决,从而对协调起到了一定的促进作用。

四、改革事例的比较——放宽规制、民营化过程的模式

最后,将简单概括改革方法上的差异。具体而言,以计划型为主的通产省与以审定型为基础的总务厅的事例说明两种类型的改革过程。

第一,内部主导型的改革过程。通产省对《电气事业法》的修正符合这一类型。对该法进行修正的创发来自通产省资源能源厅公益事业部计划课课长等人。对于这一创发,尽管提出内外价格差问题的产业政策局物价对策课是其支持者,但公益事业部计划课本身却是持否定意见的。为此,如何在内部的主管课产生共鸣就十分重要。作为促进这种共鸣的机制,设立了部内青年学习会(以计划课课长助理为首,成员包括各有关课的系长、系员等职员)并开展活动。此外,为了获得省内的批准,在向公益事业部上呈修正意见的同时,也与资源能源厅长官官房总务课总管助理、大臣官房法令审查委员等进行了沟通。这种内部主导的方式,对于在同一省厅内团结主管课等改革的潜在反对势力是很有必要的。

第二,吸收外部参与的改革过程。作为总务厅前身的行政管理厅进行的国铁改革即为此类改革。国铁改革最初就以外部参与的形式进行。创发的契机源于"大人物"中曾根出任行政管理厅长官。此外,在外部另设了独立于行政管理厅事务当局的第二临调事务局(尽管行政管理厅向事务局派出了佐佐木晴夫次长等人才,但该事务局却维持着相对于行政管理厅的一定的独立性),两者维持着微妙的关系。此外,除了正式技官的第二临调第四部会(加藤宽部会长)外,还设立了核心成员(部会长、部会长代理等以及事务局方面的佐佐木次长、田中主任调查员)组成的非正式的战略会议。因此,改革伊始就运用了外部事务局、非正式战略会议等来自外部的参与机构,这一模式贯穿改革的全过程。外部参与型方法作为必然会进行组织间协调的审定型行为模式的基础,也是为了克服以往行政改革的局限性。

第三节 评　价

一、各行为模式的局限性

本章第一节简述了创发、共鸣阶段中各种行为模式，即计划型、基层型、审定型及涉外型中值得肯定的方面。但是这些行为模式也具有一定的局限性。下文将对这些模式的缺陷进行评价。

1. 计划型

计划型的理想状态是，官房系统组织主导制定新的政策思路，依靠其预算、人事上的资源激发局、课的工作动力。而可以保证官房系统组织主导权质量的是官房对媒体、政治家等"舆论"的敏感性。但在现实中，官房系统组织的主导质量是否得到保证，对这个问题始终存在着疑问。第一，官房系统组织应从全局考虑进行的政策推动很可能堕落为单纯的维护组织或官房系统组织首脑的个人偏好。极端而言，官房系统组织主导的政策转变如果发端于偶发性的人事变动，那么这种政策转变就很难说服外界。第二，官房系统组织的"天线"——媒体及政治家实际上是否真能发挥对社会整体"舆论"的探知作用仍有疑问。进而言之，如果这些既存的网络不能很好地发挥"天线"的作用，那么官房系统组织就有必要亲自去开拓关系网络，确保信息来源。但这样就会出现一个问题，即有可能存在必须进行人事、预算等日常工作的"繁忙"的官房系统组织吗（直线型组织能否兼顾参谋职能是计划型根本上的组织问题）？

2. 基层型

基层型的理想状态是，基层主导提出新的思路并开始实验。在这些实验中，经过市场测试"幸存"下来的项目尽管所剩无几，但政策成熟度高，一旦到达了既有制度的临界点，通过纵向系列的判断，将可能在实验的基础上进行制度改革。保证这种基层型主导质量的是基层负责人的感应度及平衡感。但是，这种基层型的动力存在着两个局限性。第一,基层的平衡感颇为精细(对基层遇到的各种利益需要进行平衡,比如,对于认为很重要但力量尚为虚弱的利益需要视具体情况进行必要的支持),维持平衡感、并向外界说明各种具体利益间的平衡非常困难。第二,基层型动力有赖于政策形成与政策实施的有机结合(即期待从具体的政策实施中产生新政策的思路)。但是,有时却可能出现被困于基层具体实施的政策,以往的方式被完全放弃从而导致思路反而难以形成的情况。这关系到政策和实施是否应分离的组织结构的基本问题。

3. 审定型

审定型的理想状态是,以被动的姿态汇集各种思路(通过预算申请及编制申请等),并通过对这些思路进行多方面的论证,设定优先顺序。审定型中,由于审定方面不代表个别单位,因此可以从全局进行均衡判断。战后日本,特别是20世纪60年代以后,大藏省主计局从上述立场出发,发挥了从"国家利益"这一全局立场出发设定国家政策优先顺序的作用,也可以说主计局是这样自我定位的。但是,这种审定型也存在着缺陷。比如,在预算编成时,大藏省主计局尽管拥有一定的主导权,但如果对方省厅坚持"不投降",就有必要与对方省厅进行"交易"(也就是说,为了"收手"最终需要与对方省厅的会计课"握手")。这种情况下,特别是决定最高额以后,主计局最重视的是控制总额,而各省厅则更重视预算可用于什么样的特定政策。因此,作为对控制岁入总额的交换,就会在预算上批准特定的新政策,以作交易。其结果就是无法实现通过预算审定以确定优先顺序的目的。没有充分重视优先顺序的设定这一点成为近年来社会批评大藏省主计局总体管理的焦点问题。但是,最近人们开始认识到审定型处于被动地位的局限性,并着手进行从被动性总量限制到能动性调整的转型尝试。大藏省主计局的财政结构改革会议、总务厅行政管理局的行政改革中的行为模式都属于这种改革尝试。

4. 涉外型

涉外型的理想状态是以负责(海外)地区事务的部局为中心,通过在各种层面上敏锐地搜集对方国家、组织的情报信息,并从多方面分析进而创发。作为减少组织内形势判断、政策判断出现错误的措施,情报系统被进行了冗余设置。但是,这种涉外型的动力也存在局限性。现在,国际性的涉外功能已非外务省所垄断,各省厅都承担了一定的国际性涉外功能。因此,冗余设置的情报系统不仅在外务省内,也扩展到了省外。这种情况下,能否实现以跨省厅的冗余情报系统为基础的总体判断体系还是值得怀疑的。各省厅带有涉外含义的情报系统与外务省的情报系统在职场文化上也存在差异,进而可能是相互分离的。对于这种局限性,在逻辑上外务省存在着将个别领域的国际交涉机能进行内部化(即将各省厅有关这部分的功能均划归外务省的"外交一元化"),还是加强与其他省厅的合作这两种选择。前者考虑到编制等方面的限制难以实行,而后者看似简单但实践起来却困难重重。具体而言,比如在存在大藏省、通产省的情况下,如何对外务省经济局的作用进行战略考量即是一例。

二、整体局限性

除每个行为模式的局限性之外,在以下四个方面还存在着政府政策形成过程中全局性的局限性。

第一个局限性是经常被提到的省厅间的纵向性问题。从通产省的计划型行为模式可以看到,省厅内存在着让纵向部门与官房、横向部门相互抗衡的机制。但是,在省厅之间,内阁官房的协调能力却并不强大。除了大藏省主计局与总务厅行政管理局以审定型行为模式为基础的某些行为(尽管从确保政策的连贯性这一角度看仍不充分)外,并没有在省厅间修正纵向弊端的机制。当然,从本书探讨的事例中也可以发现,并不是没有进行过改革的尝试。比如通产省的官房、产业政策局通过产业结构审议会等尝试"横向"介入其他省厅的管辖事务(比较著名的事例是通信领域,在劳动、教育领域也有类似尝试)。此外,建设省河川局也曾从综合治理河流环境的角度出发介入林野行政等其他省厅的管辖事务。近年来以总务厅为基础的放宽规制也是此种尝试。但是,除了放宽规制取得一定进展之外,其他的尝试都没有达到理想的效果（放宽规制如要从放宽现有规制发展为包括向新规制转型在内的规制改革仍将困难重重）。

　　第二个局限性是透明度的局限性问题。本书设定了计划型、基层型、审定型、涉外型，尽管存在一定的局限性，但这些行为模型可以说明各省厅都有自身固有的政策形成的逻辑与动力。因此，从针对问题采取应对措施这一点上看，可以认为是具有一定合理性的分析方法。但这些模型都不是通过明确的逻辑或作为制度得以确立的。其结果是，当行政整体上的公信力下降时，这些模式在外界的批评面前就会变得极其脆弱。因此，今后有必要将长期以来习惯性运用中仍有价值的部分予以保留并作为制度加以明确。形成制度除了可以对各种行为模式提供支持，还可以通过实行行政问责以提高行为模式的实效性，以取得实证主义的成果（但有必要避免出现制度化可能导致的决策僵硬化的负面结果）。此外，在以往行政的创发、共鸣、实施、评估等政策形成各阶段中，评估阶段中有意识的活动十分缺乏。评估就是对活动结果进行总结，并向有关方面进行说明。当然，在现实的行政运作中，主管者凭借其多年的经验会对活动结果进行某种评估，以对自己的活动进行反馈。但是这种评估是不公开的，而只限于其要针对的说明对象。结果对现实活动的经验总结不仅对外部的市民、对政府内部也没有充分传递，应该学习的经验被打入了冷宫。

　　第三个局限性是基于经济、社会结构的局限性。行政活动的实际效果并不仅仅由行政自身的因素所决定，当然还取决于行政所处的经济、社会结构。比如，通产省计划型行为模式效果较好，并没有被既存产业吸收而是实现了一定程度的产业结构转型，其结构性原因就在于通产省的规制对象矿产工业的企业组成了企业集团，在集团内部实行了结构调整。而在不存在跨部门企业集团的农业中，由于不具备足以支持转型的结构性条件，农林水产省没有实现产业结构的转型。因此，可以说作为政策形成过程的整体性局限就是经济、社会结构的局限性。但是，有关这一点的分析仍不充分，今后的政治学特别是政治经济学应进一步对此加以探讨。另外，这种局限性对政策的影响则十分微妙。如果大部分的结构性因素依然如故，那么通过行政方面的作为对此进行应对的余地就会变小（但即使如此，影响经济社会结构的间接性政策仍有施展余地）。或者说可能出现行政方面试图以经济、社会结构局限性为借口来维系自身利益的情况。

第四个局限性是，课长助理级别职员为中心的政策形成的局限性。从本书论述中可以看到，尽管省厅及课题各不相同，一般而言日本中央省厅的政策形成都是以课长助理级别的职员为中心进行的。但是最近，随着政策内容需要更多地与外国、政治、其他省厅、新的利益集团等进行协调，课长、审议官、局长级别官员的实质性作用正在增加。这一点从原本国际交涉就较多的外务省与大藏省国际金融局高级官员的作用相对较大的情况中也可以进行推断。此外，就连审定等国内政策领域，比如大藏省主计局的主查级、总务厅行政管理局的副管理官级职员的裁量性也在相对减少。如果果真如此，那么今后如何培养必须承担实质性创发职责的课长以上高级官员（以往主要关注这些官员的管理能力）的政策创发能力将是重要的议题（这与后述高级公务员的专业化课题相关联）。

第四节　课　题

一、确保行政决定"感应度"的制度化

近年来，人们对行政的质疑越来越多，这就要求行政通过放宽规制等措施削减其在社会活动中的比重。当然，市场的作用今后会进一步扩大，但在复杂且分化的现代社会中，为了构建并维持市场可良好运作的社会框架，行政活动的作用仍然存在。进一步而言，尽管有些观点主张以一种规则适用于所有行政活动，但从现实上看这是不可能的。即使存在着有一定前提的规则，但规则总是会包含着一定的暧昧成分，因此在实际运用中有必要搜集各种信息以提高具体的妥当性。当然，完全平等对待的公平性存在着产生紧张关系的可能性，而主张进行差别对待的妥当性的观点则必须在认识到上述悖论的基础上履行举证责任。此外，制定成为前提的规则时，作为政令、省令的草案起草者，在听取社会各方意见的基础上行使一定的裁量权是必不可少

的。特别是在要求迅速处理的情况下，就有必要在省厅内进行分工裁量（通过委托或转让专决权限等方式），进行裁量的主体范围就应扩大（尽管这与大臣等的政治性统管是交换关系）。无论怎样，行政裁量将是行政活动不可避免的伴生物。

如果是这样，如何建构可以稳妥进行行政裁量的机制，换而言之，如何维持进行裁量的基层行政官员在创发等活动中主导这些活动的感应度（或者也可以说是确保实质公正的机能），将是决定性重要的。这不是一个加强对行政官员的制度性管理、仅仅推动市民参与行政就能解决的问题。另外，也不是单靠提升行政官员的伦理道德就可解决的问题，而必须建立行政官员等有关各方可获取正确且必要信息的机制，并给予行政官员等有关各方实现公共利益的适宜动机。如果从本书的角度看，如何进行具体克服上述四种行为模式局限性的制度化建设就非常重要。比如，以计划型为例，其函待解决的问题就是如何具体通过在有关各方之间建立某种情报信息机制与动机，以确保官房系统组织对新政策思路的感应度。而基层型函待解决的问题就是如何具体通过在有关各方之间建立某种情报信息机制与动机，以确保在基层平衡包括"沉默之声"在内的各有关方之间的意向。而如要达到这些目的就必须进行各种制度的改革。

本书并不准备对制度改革提出具体建议，仅强调以下两点。第一，信息公开、行政手续法、评估制度的建立与运用等政策不应仅从通过确保透明度来维护行政的普遍正当性这一侧面出发，也要从能否提高具体决定的感应度即裁量行为质量这一侧面进行研究。比如，在行政手续法的问题上，不应仅将其作为对行政活动的管理规范，还应从使其成为良性行政活动的指针及装置的侧面进行探讨。评估制度也应如此。评估不仅仅是管理行政活动的制度，也应是对有良好业绩的行政官员进行正当评价并以此激励行政官员的制度。从这一侧面进行的评估很可能由行政外部的主体来进行更为有效（或许对于致力于保护河流环境的基层事务所而言，比起组织内上级部门的表彰，受到自然环境保护组织的赞扬更令其高兴）。评估制度在行政内部也具有积累可能流失的经验并成为确保沟通手段的功能。

第二，政策形成过程的制度改革至少包括两个方面。首先，构成政策形成过程的组织方面。长期以来，政策形成过程中开展活动的组织主要限于省厅、议会及产业界团体。但是在今后的政策形成过程中，除此之外，也有必要将非省厅（直至目前仍被禁止参与"政策"的国会辅助部门等）、新型民间组织的 NGO、NPO 等有效地纳入。其次，有必要构建新的机制以在政策形成过程中积极加进长期以来未被组织采用及未被发现的利益。在这一点上，美国的机制中"通过交涉形成规则"的程序很有借鉴意义。① 在这一程序中，行政部门对因规则而受到重要影响的各种利益进行断定，并与这些利益的代表一同组成"规则制定委员会"以进行磋商交涉，行政部门的代表以与其他代表的同等身份参加这个委员会，并将任命与委员会设立者（主管行政部门）不同的协调人主导并推动交涉。如果最终委员会达成了共识，达成共识的方案将作为草案进入通常的通知、评估程序。这一程序特别具有意义的是，尽管规则因此会受到重大影响，但认为委员会已不适合代表其利益的成员可以推荐新的成员，如果得到批准即可追加新成员，从而成为积极包容发掘新利益的制度。这点与审议会等人选事实上完全由行政部门进行裁量的日本不同。此外，可以利用独立性强的协调人也很有实际意义，这对于日本改善、补充与完善裁量的制度变革是不可欠缺的。

二、省厅重组的意义

本书的写作目的在于记述现实行为的逻辑，并不在于对省厅重组提出建议。但仍将就本书所进行的研究对于现在热门话题的省厅重组的意义进行若干探讨。

第一，一般而言，不仅是组织上的改革，行政运作的改革也十分重要。从本书归纳的创发、共鸣阶段的四种行为模式（计划型、基层型、审定型、涉外型）中可以看到，决定行政活动质量的除了组织的正式形

---

① 通过交涉制定规则的程序参见以下文献（Harter 1982，Amar，Mayton 1993，pp. 298—301，城山 1998）。

态外,运营方式也是重要因素。因此运营有必要伴随组织的重组进行改革。但在这种情况下,继承既存行为模式中的合理部分也是必要的。

第二,作为组织重组的逻辑,有必要在"行政目的大一统"的普遍性思路与维持省厅间平衡的政治性思路这两个极端之间寻找新的思路。例如以行为模式进行总体重组的思路。在这一思路下,可以美国OMB(行政管理预算局)为蓝本,对拥有同样行为模式的大藏省主计局的预算管理与总务厅行政管理局的编制管理进行一元化处理。而从这一思路出发,将总务厅与自治省合并的重组思路则很难理解。此外,科学技术厅与通产省合并的主张也有其道理。另外,移植行为模式以期其发挥媒介功能(通过增添拥有其他行为模式的组织刺激现有组织的行为模式,以形成更为有效的行为模式)的思路也值得研究。例如将农林水产省与建设省河川局结合的政策建议,如果这项建议带有将旨在保护环境的建设省河川局的基层型行为模式移植到农林水产省的目的,则可以说是妥当的建议。或者"文化"的一致、相互刺激的想法也是可行的(可以说比起组织重组的课题,这更是人事行政的课题)。此外,将为适应社会变化而必须转型的部门与愈发重要的部门相结合会使转型更为顺利的思路也值得研究,根据这一思路,农林水产省与通产省,或者说农林水产省与环境厅等其他环境部门间的合并建议也是妥当的。

第三,本书也可以为不断提及的内阁官房强化论、政策与实施分离的理论提供一定的材料。从本书的分析中不难理解内阁官房强化论就是将计划型行为模式扩展至所有政府部门的构想。如果考虑到前述纵向行政的整体局限性,可以首先认可这种构想某种程度上是妥善的。但从质疑计划型的局限性的角度看也可以认为,由于人及时间的制约,官房有可能丧失对政策的感应度。另一方面,政策与实施分离的理论中,与实施分离后的政策制定者如何维持感应度将是行政运作中的重要问题。基层型的经验表明,与基层的相互交流可创发出感应度高的良好政策。但是,为了维持政策的感应度需要什么样的基层则存在着各种可能性。

第四，在外务省与各省厅之间如何设定对外政策功能。这一点在这次的省厅重组论中基本没有强调，但是在全球化日益发展的今天，这依然是一个将会持续下去的古典问题。

三、人事制度与社会体系

最后本章将从确保政策形成能力的角度对支撑政策形成过程之基础，即行政官员的人事制度问题进行探讨。

第一个课题是对行政官员进行超省厅的一体化管理。这是为了解决如前所述的省厅间纵向弊端的产生原因，即从录用开始各省厅即自行进行人事管理的问题。如果考虑到纵向的弊端，创设对人事进行管理的超省厅性的行政官员团组具有一定的意义。但是，从数量规模上看，不会对现在的全体事务系列高级公务员进行一体化运用，而只针对一部分人。此时有必要对在掌握及培养人才方面的局限性已日渐显现的秘书课、人事课的一元化集中管理方式进行某种程度的修正，引进更加尊重本人及上级意向的分散性人事管理方式。

在论及一元化管理时，事务系列高级公务员容易成为议论的焦点。但是，从公务员制度全局考虑时，就有必要对包括技官（技术系列高级公务员）、普通公务员在内的公务员制度进行综合性全面探讨。如本书各章中所显示的，各省厅均为技官、普通公务员设置并运用了各种人事团组。比如建设省中，作为土木系列公务员录用的技官在具体运用时又被进一步分为河川系列、道路系列。厚生省则基本上在局的每个单位都使用普通公务员。也就是说，即使省内也没有对这些人事团组进行一元化集中管理，而是在"专业性"的名义下分别运用（但是，科学技术厅及通产省则基本上在省内对技官进行一元化管理）。因此，在讨论创设超省厅性的一元化集中管理的人事团组时，有必要不只在这一层面上进行议论，而是对包括各省内各种人事团组的形式在内、从多个层面对人事团组的分散性运用进行探讨。这种情况下，也有必要对现实中同一级别的人事团组在不同省厅待遇不同的差异形式进行分析探讨。

与此相关联的是高级公务员（特别是事务系列）的专业化问题。

这也是目前经过1—2年较短时期即进行调动以使高级公务员体验各种岗位工作的人事政策是否应继续维持的问题。随着问题的复杂化,课长助理级别的职员有必要掌握专业知识,课长级别的职员因进行实质性决策的需求也逐渐有必要具备一定的专业性。的确,长期以来占据主要位置的高级公务员的人事政策着重培养通才。但是可以认为,今后至少在较长时期在同一岗位工作,持续性地体验类似工作领域并因此具备一定专业性的做法,无论在增加行政官员对环境变化的应对能力(特别是国际交涉的领域中,由于很多情况下交涉对手在这一领域积累了常年经验,更是痛感短期调动的弊端)方面,还是在提升行政官员的动机(应有一些行政官员不仅希望获得作为通才的协调能力,还希望获得也适用于外界的一定的专业知识与能力)方面,都是十分重要的。

第二,人事流动化的问题。围绕这一问题的理论也有很多种。第一种议论认为,在创设超省厅的一体化运用人事团组之际,应从保持一定人员流动性的民间招募具有一定经验的人出任行政官员(比如启用民间人士出任局长)。这也是一种从行政部门外调集行政部门内部难以完全培养的专业能力,并通过录用经历过各种基层工作的人才以刺激组织的尝试,并具有一定的意义。但是,这种议论如果要具有实际价值,就有必要建立在行政部门之外培养并维持具有一定专业能力的人才的框架(设立各种智库的主张其背景中就包括这种意识)。第二种议论即为了消除"官员下凡"的必要性,采取完全流动性模式,采用多数高级职位均规定任期的聘任制度。可以认为这是以美国的政治性任命为模型的议论(谁来进行任命当然各不相同)。如果实行这一模式,则可能有必要改变日本传统的薪酬制度。此外,实行人事制度的完全流动化就必须在社会整体层面上推进劳动市场的完全流动化。而这在现实中可谓困难之极。即使从美国的经验看,这也未必是值得推荐的选择。尽管今天流动化的劳动市场作为盎格鲁萨克逊模型获评极高,但这种评价自身就是极具流动性的。从美国政府的实际政治性任命制度的运用上看,只要存在着政府在报酬上的限制,政府或行政在与民间的竞争中就很难获得优秀的人才。进而言之,即使在美国，以宪法为基础的司法部的人才培养方法也与行政不同，这才确保了在收入上明显处于劣势的情况下仍可以从法学院毕业生中招收优秀人才并进行培养。因此，可以作为日本参考的应是这一方式，即对于行政官员而言，有必要为其构建经济报酬之外的社会威信这一动机。

（补遗：本章由作者根据各章执笔者组成的研究会上的讨论内容整理总结而成。）

参考文献

Aman，A. C. and W. T. Mayton(1993)，*Administrative Law*，St. Paul.
Harter，P. J. (1982)，"Negotiating Regulations：A Cure for Malaise"，*Georgetown Law Journal*，Vol. 70-1.
城山英明(1998)，《达成一致方式的开发与问责制的确保——日美交涉之行政比较》，《创文》398号。

资　料

行政机关组织图等
1. 各省普通职务国家公务员编制一览表
2. 本书所涉及的行政机关组织图

(注) 1. 资料出自《行政机关组织图》(截至1997年7月1日,人事院管理局总务课发行)。
　　 2. 组织图原则上只包括省机关的构成以及内部部局,不包括外局、审议会等会议、设施等机构、特别机构、地方支分局。

各省厅普通职务国家公务员编制一览表
（年度末编制）

1997 年度

省厅名称		内部部局	审议会等	设施机构	特别机构	地方支分部局	其他	合计	备注 事业职员等的数量(内数)
会计检查院		1248						1248	
人事院		505		26		177		708	
内阁官房		179						179	
内阁法制局		74						74	
总理府	本府	394	15	91	89			589	
	公正交易委员会	414				131		545	
	国家公安委员会	1410		1205		5056	地方警务官 570	8241	
	公害调整委员会	40						40	
	宫内厅	897		86			83	1066	
	总务厅	1288		1241	47	1000		3576	
	北海道开发厅	88				7466		7554	
	防卫设施厅	90						90	
	经济规划厅	435		79				514	
	科学技术厅	555		1558		10		2123	
	环境厅	708		300				1008	
	冲绳开发厅	88				1060		1148	
	国土厅	459			8			467	
	合计	6866	15	4560	144	14806	570	26961	
法务省	省机关	811		21157	检察厅 11325	16169		49462	检察官 2161
	公安审查委员会	4						4	
	公安调查厅	396		7		1339		1742	
	合计	1211		21164	11325	17508		51208	

续表

省厅名称		内部部局	审议会等	设施机构	特别机构	地方支分部局	其他	合计	备注 事业职员等的数量(内数)
外务省		1967		18	驻外使领馆 2985			4970	
大藏省	省机关	1965	91	141	7483	12927		22607	造币事业 1459 印刷事业 5992
	国税厅	605		405	456	55736		57202	
	合计	2570	91	546	7939	68663		79809	
文部省	省机关	1322		136127	12			137461	设施机构中包括国立学校的135106人
	文化厅	205		537	7			749	
	合计	1527		136664	19			138210	
厚生省	省机关	2075		56209		437		58271	
	社会保险厅	271		632			地方事务官 16466	17369	
	合计	2346		56841		437	16466	76090	
农林水产省	省机关	2911		7549	277	11570		22307	
	食粮厅	448		25		10174		10647	
	林野厅	692		941		8795		10428	国有林野事业 8991
	水产厅	826		1175		116		2117	
	合计	4877		9690	277	30655		45499	
通商产业省	省机关	2387		484	3513	2649		9033	
	资源能源厅	644						644	
	特许厅	2458		71				2529	
	中小企业厅	198						198	
	合计	5687		555	3513	2649		12404	

续表

省厅名称		内部部局	审议会等	设施机构	特别机构	地方支分部局	其他	合计	备注 事业职员等的数量(内数)
运输省	省机关	2047	45	1844		15025		18961	
	船员劳动委员会	52						52	
	海上保安厅	1106		545		10571		12222	
	海难审判厅	147			101			248	
	气象厅	1149		586		4471		6206	
	合计	4501	45	2975	101	30067		37689	
邮政省		2582		3549		299323		305454	
劳动省	省机关	1037		150		21441	地方事务官 2237	24865	
	中央劳动委员会	87				31		118	
	合计	1124		150		21472	2237	24983	
建设省		1656		744	843	20499		23742	
自治省	省机关	411		15				426	
	消防厅	101		62				163	
	合计	512		77				589	
合计		39432	151	237559	27146	506256	19273	829817	检察官 2161 事业职员 319301

总务厅

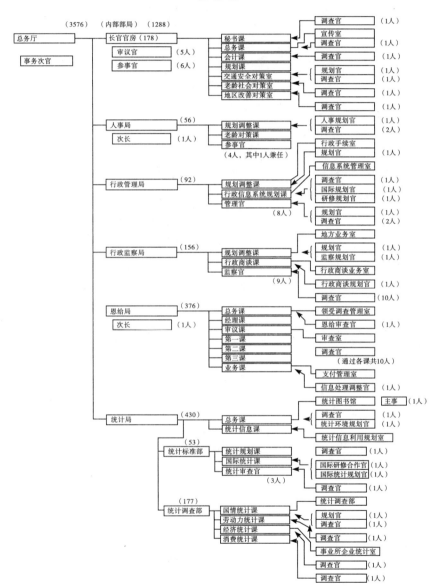

国 土 厅

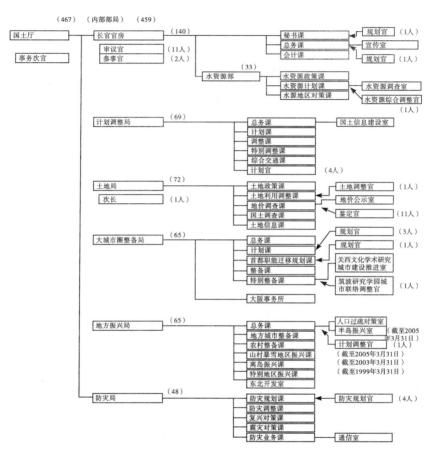

外务省

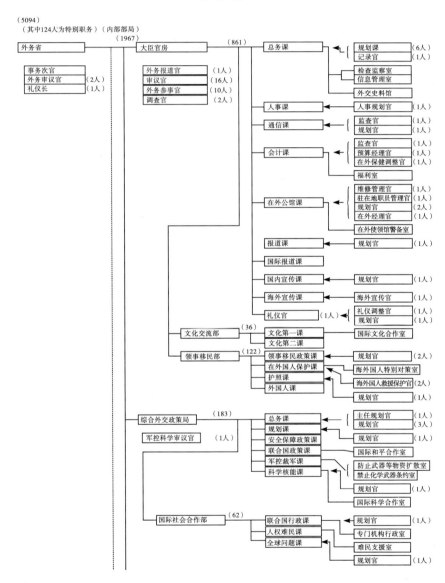

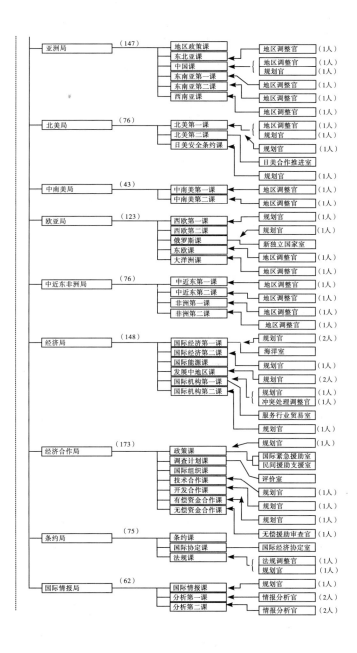

驻外使馆一览表

大使馆 (188所)	亚洲地区 20所	印度,印度尼西亚,越南,柬埔寨,新加坡,斯里兰卡,泰国,韩国,中华人民共和国,尼泊尔,巴基斯坦,孟加拉,菲律宾,不丹(*),文莱,马来西亚,缅甸,马尔代夫(*),蒙古,老挝
	北美2所	美国,加拿大
	中南美洲 33所	阿根廷,安提瓜和巴布达(*),委内瑞拉,乌拉圭,厄瓜多尔,萨尔瓦多,圭亚那(*),古巴,危地马拉,格里纳达(*),哥斯达黎加,哥伦比亚,牙买加,苏里南(*),圣克里斯托弗和尼维斯(*),圣卢西亚岛(*),智利,多米尼加(*),多米尼加共和国,特立尼达和多巴哥,尼加拉瓜,海地(*),巴拿马,巴哈马(*),巴拉圭,巴巴多斯(*),巴西,伯利兹(*),秘鲁,玻利维亚,洪都拉斯,墨西哥
	欧洲51所	冰岛(*),爱尔兰,阿塞拜疆(*),阿尔巴尼亚(*),亚美尼亚(*),安道尔(*),意大利,梵蒂冈,乌克兰,乌兹别克斯坦,爱沙尼亚(*),奥地利,荷兰,哈萨克斯坦,希腊,吉尔吉斯(*),格鲁吉亚(*),克罗地亚(*,预定于1998年1月开馆),塞浦路斯(*),圣马力诺(*),瑞士,瑞典,西班牙,斯洛伐克(*),斯洛文尼亚(*),塔吉克斯坦(*),捷克,丹麦,德国,土库曼斯坦(*),挪威,匈牙利,芬兰,法国,保加利亚,白俄罗斯(*),比利时,波兰,波斯尼亚和黑塞哥维那(*),葡萄牙,前南马其顿共和国(*),马耳他(*),摩尔多瓦(*),南斯拉夫,拉脱维亚(*),立陶宛(*),列支敦士登(*),罗马尼亚,卢森堡,英国,俄罗斯
	大洋洲 14所	瓦努阿图(*),澳大利亚,基里巴斯(*),所罗门群岛(*),图瓦卢(*),汤加(*),瑙鲁(*),西萨摩亚(*),新西兰,巴布亚新几内亚,帕劳(*),斐济,马歇尔群岛(*),密克罗尼西亚(*)
	中近东 15所	阿富汗,阿拉伯联合酋长国,也门,以色列,伊拉克,伊朗,阿曼,卡塔尔,科威特,沙特阿拉伯,约旦,叙利亚,土耳其,巴林,黎巴嫩

续表

驻外使馆一览表

大使馆 (188所)	非洲53所	阿尔及利亚,安哥拉(＊),乌干达,埃及,埃塞俄比亚,厄立特里亚(＊),加纳,佛得角,加蓬,喀麦隆,冈比亚,几内亚,几内亚比绍(＊),科摩罗,刚果(＊),扎伊尔,圣多美及普林西比(＊),赞比亚,塞拉利昂(＊),吉布提,津巴布韦,苏丹,斯威士兰(＊),塞舌尔(＊),赤道几内亚(＊),塞内加尔,象牙海岸,索马里(＊),坦桑尼亚,乍得(＊),中非,突尼斯,多哥(＊),尼日利亚,纳米比亚(＊),尼日尔(＊),布基纳法索(＊),布隆迪(＊),贝宁(＊),博茨瓦纳(＊),马达加斯加,马拉维(＊),马里(＊),南非,毛里求斯(＊),毛里塔尼亚(＊),莫桑比克(＊),摩洛哥,利比亚,利比亚,卢旺达(＊),莱索托(＊)
总领事馆74所	亚洲19所	加尔各答,金奈,孟买,乌戎潘当,雅加达(＊),苏腊巴亚,棉兰,胡志明,曼谷(未),济州,釜山,广州,上海,沈阳,香港,卡拉奇,马尼拉(未),基纳巴卢(7月5日变更为领事馆),槟榔
	北美20所	阿加尼亚,亚特兰大,安克拉治,堪萨斯城,旧金山,西雅图,芝加哥,底特律,新奥尔良,纽约,休斯顿,波特兰,波士顿,檀香山,迈阿密,洛杉矶,温哥华,埃德蒙顿,多伦多,蒙特利尔
	中南美8所	库里奇巴,圣保罗,贝伦,阿里格里港,里约热内卢,累西腓,利马(＊)
	欧洲地区18所	米兰,日内瓦(＊),巴塞罗那,拉斯帕尔马斯,杜塞尔多夫,汉堡,法兰克福,柏林,波恩(未),慕尼黑,斯特拉斯堡,巴黎(未),马赛,爱丁堡,伦敦(＊),符拉迪沃斯托克,圣彼得堡,哈巴罗夫斯克
	大洋洲6所	悉尼,珀斯,布里斯班,墨尔本,奥克兰,莫尔兹比港(＊)
	中近东3所	多哈,吉达,伊斯坦布尔
政府代表团7所	北美	日本常驻联合国代表团(纽约) 国际民用航空组织代表团(蒙特利尔)
	欧洲5所	日本常驻维也纳联合国及其他国际组织代表团(维也纳) 日本常驻日内瓦联合国及其他国际组织代表团(日内瓦) 裁军谈判会议日本代表团(日内瓦) 经合组织日本代表团(巴黎) 日本常驻欧盟代表团(布鲁塞尔)

(注)1. ＊为兼管使领馆。
2. (未)为尚未施行者。

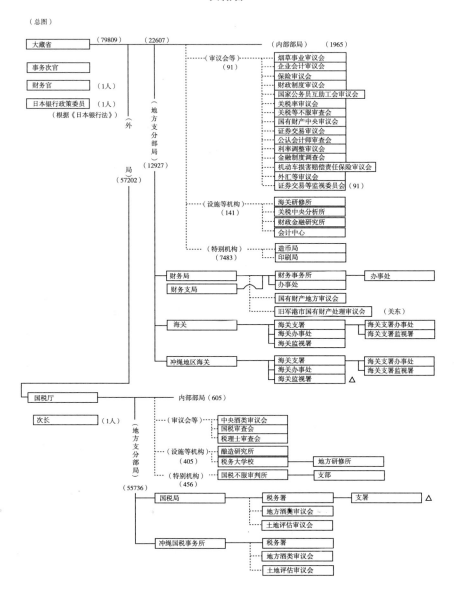

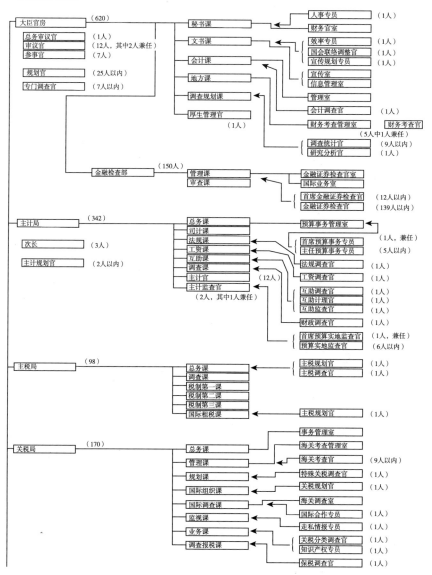

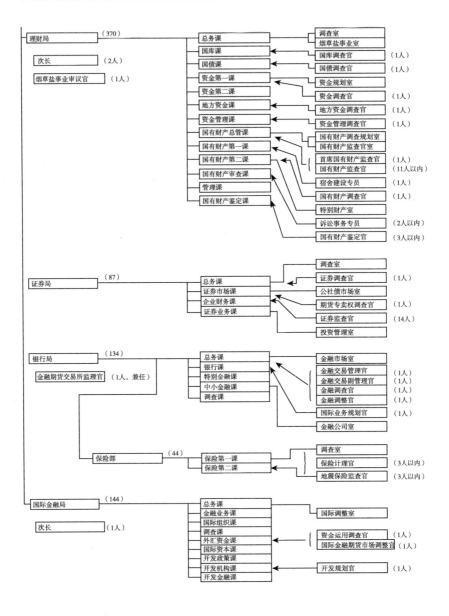

资料

厚生省

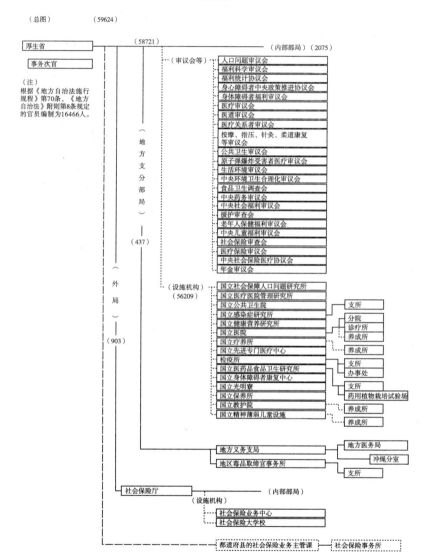

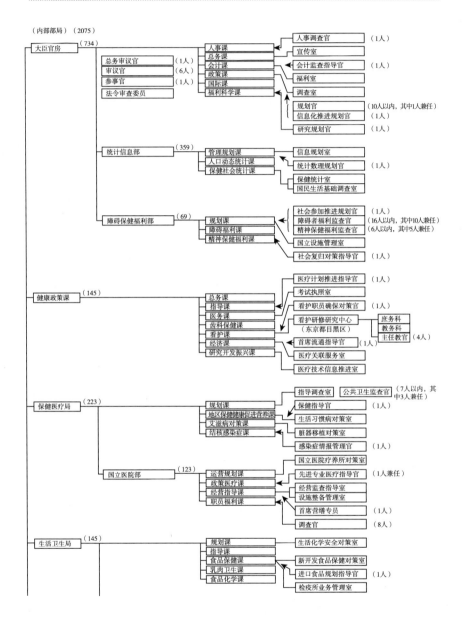

资 料

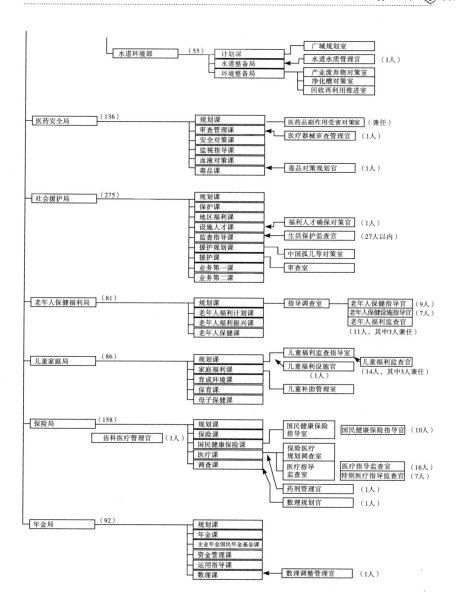

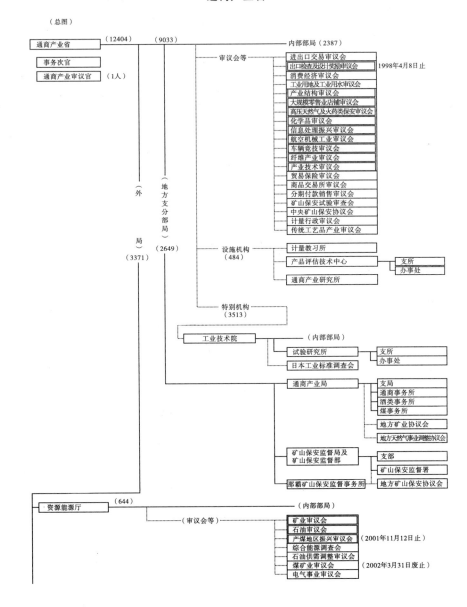

资料

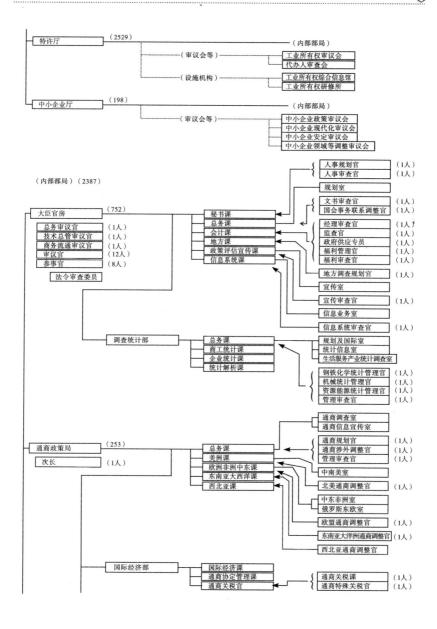

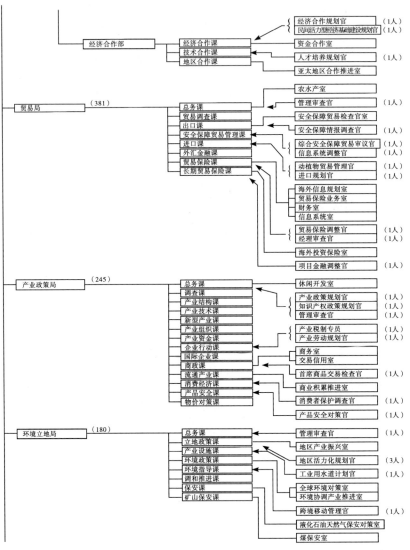

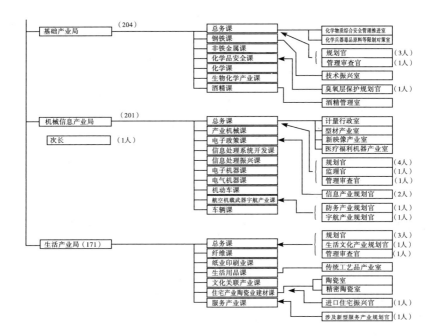

中央省厅的政策形成过程(上)——剖析日本官僚制

建 设 省

(总图)

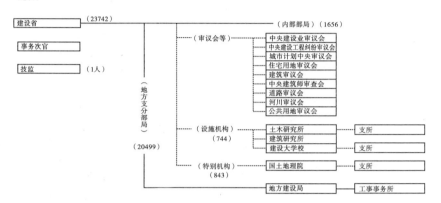

(内部部局) (1656)

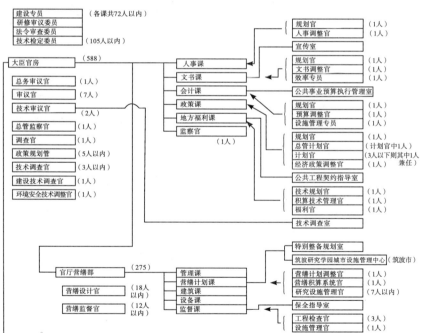

资　料

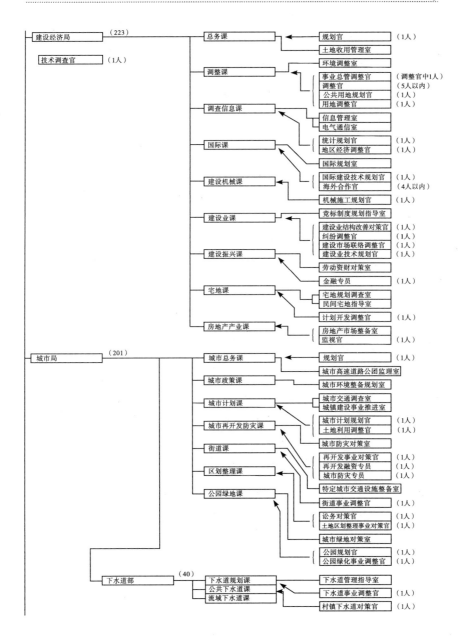

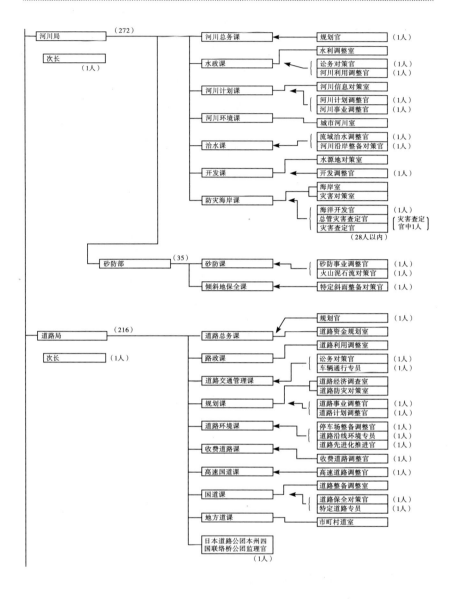

资料

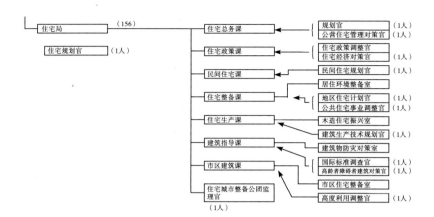

国立国会图书馆

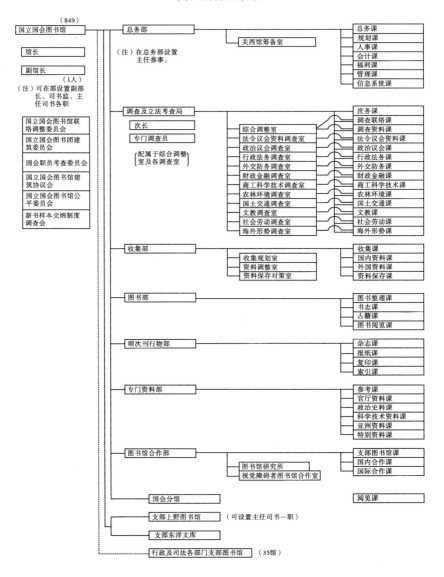

作者简介

编著者

城山英明　东京大学大学院法学政治学研究科副教授（1965年生，东京大学法学部毕业）

铃木　宽　通商产业省机械情报产业局电子政策课总管课长助理，中央大学综合政策学部兼职讲师（1964年生，东京大学法学部毕业）

细野助博　中央大学综合政策学部教授，马里兰大学客座教授（1949年生，筑波大学大学院社会工学研究科博士课程退学）

作　者

足立　伸　东京大学大学原法学政治学研究科客座副教授

天野雄介　建设省关东地方建设局河川部河川调整课课长

榎木健太郎　厚生省医药安全局血液对策课课长助理

木方幸久　总务厅人事局计划调整课课长助理

斋藤　荣　国土厅土地局国土调查课专门调查官

坪内　淳　山梨大学教育人间科学部专职讲师

广濑淳子　国立国会图书馆调查立法考查局政治议会课主查，中央大学综合政策学部兼职讲师

藤原朋子　厚生省社会援护局援护课课长助理

马尔加利塔·艾斯德比斯　明尼苏达大学政治系副教授

阅读日本书系选书委员会名单

姓名	单位	专业
高原 明生（委员长）	东京大学 教授	中国政治、日本对外关系
苅部 直（委员）	东京大学 教授	政治思想史
小西 砂千夫（委员）	关西学院大学 教授	财政学
上田 信（委员）	立教大学 教授	环境史
田南 立也（委员）	日本财团 常务理事	国际交流、情报信息
王 中忱（委员）	清华大学 教授	日本文化、思潮
白 智立（委员）	北京大学 政府管理学院副教授	行政学
周 以量（委员）	首都师范大学 副教授	比较文化论
于 铁军（委员）	北京大学 国际关系学院副教授	国际政治、外交
田 雁（委员）	南京大学 中日文化研究中心 研究员	日本文化

阅读日本
书系

中央省厅的政策形成过程（下）
其连续性与变化

〔日〕城山英明　细野助博/编著

刘晓慧　刘　星/译

著作权合同登记号　图字：01-2012-1819
图书在版编目(CIP)数据

中央省厅的政策形成过程. 下：其连续性与变化/（日）城山英明，（日）细野助博编著；刘晓慧，刘星译. —北京：北京大学出版社，2014.3
（阅读日本书系）
ISBN 978-7-301-24033-5

Ⅰ.①中… Ⅱ.①城…②细…③刘…④刘… Ⅲ.①政策体系-研究-日本 Ⅳ.①D731.3

中国版本图书馆CIP数据核字（2014）第057321号

Zoku CHUOU SHOCHO NO SEISAKU KEISEI KATEI-SONO JIZOKU TO HENYOU
Edited by Hideaki Shiroyama and Sukehiro Hosono
Copyright © Hideaki Shiroyama and Sukehiro Hosono 2002
All rights reserved
Simplified Chinese translation copyright © Peking University Press 2014

First original Japanese edition published by Chuo University Press
Simplified Chinese translation rights arranged with Chuo University Press through Nishikawa Communications Co., Ltd.

书　　　　名：	中央省厅的政策形成过程（下）——其连续性与变化
著作责任者：	〔日〕城山英明　细野助博　编著
	刘晓慧　刘　星　译
责 任 编 辑：	陈相宜
标 准 书 号：	ISBN 978-7-301-24033-5/C · 0994
出 版 发 行：	北京大学出版社
地　　　　址：	北京市海淀区成府路205号　100871
网　　　　址：	http://www.pup.cn　新浪官方微博：@北京大学出版社
电 子 信 箱：	ss@pup.pku.edu.cn
电　　　　话：	邮购部 62752015　发行部 62750672　编辑部 62753121
	出版部 62754962
印　刷　者：	北京大学印刷厂
经　销　者：	新华书店
	650毫米×980毫米　16开本　21.5印张　306千字
	2014年3月第1版　2014年3月第1次印刷
定　　　　价：	130.00元（全二册）

未经许可，不得以任何方式复制或抄袭本书之部分或全部内容。
版权所有，侵权必究
举报电话：010-62752024　电子信箱：fd@pup.pku.edu.cn

阅读日本书系编辑委员名单

委员长 谢寿光　社会科学文献出版社社长

委　员 潘振平　三联书店（北京）副总编辑
　　　　　张凤珠　北京大学出版社副总编辑
　　　　　谢　刚　新星出版社社长
　　　　　章少红　世界知识出版社副总编辑
　　　　　金鑫荣　南京大学出版社总编辑

事务局组成人员
　　　　　杨　群　社会科学文献出版社
　　　　　胡　亮　社会科学文献出版社
　　　　　梁艳玲　社会科学文献出版社
　　　　　祝得彬　社会科学文献出版社

前　言

经过本次中央省厅的调整,行政机构改变的规模足以与明治新体制以及第二次世界大战后的战后体制相匹敌。1998年6月通过中央省厅等的改革基本法,次年7月通过中央省厅等改革关联法(省厅设置法、独立行政法人通则法),12月通过中央省厅等改革施行法、独立行政法人个别法,2000年6月制定省厅改革相关政令,2001年1月6日除了最早成立的金融厅外,新的府、省、厅开始运作,同年4月独立行政法人化也开始实施。

在霞关(日本中央政府各部门所在地),省厅门口悬挂的省厅挂匾都更换一新,自古沿袭至今的"大藏省"也被"财务省"所取代。不知是否出于对其出身省厅更名的某种抵触情绪,当时的大臣拒绝为新的财务省书写挂匾。正如这则趣闻所示,中央省厅的改革曲折迂回,只是在最后关头因当时首相等的政治决断才得以实现。在这一点上,这次改革并非因为中央省厅不再符合时代的要求或来自于霞关内部的提议,而是在政治的潮流中因"他律"而实现的。

综上所述,中央省厅已经开始了调整改革。尽管如此,在已经开始调整的这一时期本书仍将论述旧省厅的政策形成过程,其理由如下。

我们在1999年出版了《中央省厅的政策形成过程——剖析日本官僚制》。该书选定日本7个省厅及立法辅助机构,通过这些省厅的骨干官员直接参与写作,具体明确了"内部政策形成过程",同时还提出了包括政治学、行政学、经济学等在内的多方位的分析框架。因未出版过类似书籍,故该书成为关于中央省厅具体政策形成过程的标准文本,并多次再版。为此,出版后我们也一直在讨论是否应该出版"增补版"并在研究对象中增加更多的省厅,但希望追加的省厅远远超过了"增补"的范围。同时,作为编者也希望可对省厅政策形成过程的多样性勾画得更为细致,并对政策形成过程的类型进行若干的增加。

此外,在目前中央省厅体制的过渡时期,就更有必要对既存的政策形成过程进行总结。的确,中央省厅的"容器"在 2001 年 1 月后已经改变,但是其"实质"到底变化到何种程度,或者说正在如何变化? 至少可以说,目前为止"实质"相对于"容器"而言基本上没有什么变化。比如,在很大程度上,"总务省"实质上仍然是"原自治省""原邮政省"和"原总务厅"的集结之处,而"国土交通省"则是"原建设省"和"原运输省"的集结之处。无论是什么"组织",都拥有组织的运作方式和组织文化,并不断强化其希望获得的组织成员的归属感和忠诚。很难想象,中央省厅调整改革后的新省厅可以完全从拥有各自历史和历史合理性的旧省厅的组织运行方式以及组织文化中独立出来,并形成有效的新组织。即使在速度至关重要的企业并购中,人事管理方面的融合欲取得进展也是非常耗时的事情。

此外,在考虑今后实质性的变化,以及应对实际变化的战略、战术时,也有必要对既存的政策形成体系进行总结。如同本书各章及终章所分析的,伴随被称为"省厅再编"的正式制度的改革,的确可以看到种种变化的方向和征兆。但是,为了让这些变化作为有效的新体制进一步成熟,就有必要与既存的体系进行很好的结合。为此,在考虑具体的战略、战术之际,已有的政策形成体系究竟为何物,其优点和缺陷各在何处,对这些问题进行全面总结就是必不可少的前提。

以上即为出版本书的主要意图。最后,如果本书能成为研究中央省厅政策形成过程的基础资料,并与前著《中央省厅的政策形成过程——剖析日本官僚制》一样具有自身的价值,将不胜荣幸。

编　者
2002 年 2 月

目 录

序　章　本书的目的、方法及概要　城山英明 / 1

　　第一节　目　的 / 1
　　第二节　方　法 / 3
　　第三节　本书的对象及意义 / 8
　　第四节　各省厅政策形成过程的特征简介 / 9

第一章　科学技术厅的政策形成过程　木场隆夫 / 21

　　第一节　科学技术厅的机能与组织 / 21
　　第二节　科学技术厅的政策变迁 / 25
　　第三节　科学技术厅政策形成的基本过程——创发与共鸣 / 28
　　第四节　案例研究——《科学技术基本法》与科学技术基本计划的制定 / 32
　　第五节　科学技术行政的课题与展望 / 35

第二章　环境厅的政策形成过程　森本英香　川上毅　小紫雅史
　　　　　东条纯士　内藤冬美　中山元太郎　牧谷邦昭　增泽阳子
　　　　　松井亚文　吉野议章 / 37

　　第一节　环境厅的职能与组织 / 37
　　第二节　环境行政课题的变化及政策形成模式的变化 / 43
　　第三节　环境厅政策形成基本过程 / 47

第四节　环境厅政策形成过程——案例研究 / 49
　　　第五节　环境厅政策形成过程的评价与课题 / 55

第三章　运输省的政策形成过程　　高田昌行 / 58

　　　第一节　运输省的组织与人事管理系统 / 58
　　　第二节　运输省政策形成基本过程——"计划型"与"基层型"
　　　　　　并存 / 64
　　　第三节　运输省政策形成案例 / 72
　　　第四节　本次省厅改革后的运输省 / 81
　　　第五节　个人见解——今后的课题 / 83

第四章　邮政省的政策形成过程　　近藤胜则　田中启之 / 87

　　　第一节　邮政省概要 / 87
　　　第二节　信息通信行政的组织与职能 / 91
　　　第三节　信息通信行政中的政策形成过程 / 96
　　　第四节　信息通信行政的案例研究 / 100
　　　第五节　信息通信行政的课题与展望 / 104
　　　第六节　邮政事业的组织与职能 / 106
　　　第七节　邮政事业政策形成的基本过程 / 113
　　　第八节　邮政事业的课题与展望 / 117
　　　第九节　信息通信行政与邮政事业的一体性（结语） / 118

第五章　农林水产省的政策形成过程　　小岛浩司　城山英明 / 120

　　　第一节　农林水产省的组织与职能 / 120
　　　第二节　农林水产行政中政策形成的基本过程 / 127
　　　第三节　农林水产行政的案例研究 / 129
　　　第四节　农林水产行政的问题与展望 / 138

第六章　文部省的政策形成过程　　前川喜平 / 142

　　　第一节　文部省的组织与人事管理系统 / 142

第二节　文部省的政策形成过程 / 155

第三节　文部省政策形成的案例 / 168

第七章　自治省的政策形成过程　幸田雅治 / 177

第一节　自治省概要 / 177

第二节　自治省政策形成的基本过程 / 183

第三节　事　例 / 190

第四节　地方自治行政的问题与展望 / 197

第八章　法务省的政策形成过程　高口努　城山英明 / 200

第一节　法务省的组织及管理业务 / 200

第二节　法务省的人事管理系统 / 208

第三节　法务省政策形成过程的特点 / 213

第四节　案例研究 / 216

第五节　今后的课题 / 224

第九章　防卫厅自卫队的政策形成过程　小原成司　彦谷贵子　城山英明 / 230

第一节　防卫厅自卫队的组织与人事管理系统 / 230

第二节　防卫厅自卫队政策形成的基本过程 / 242

第三节　防卫厅自卫队政策形成的案例 / 247

第四节　防卫厅自卫队政策形成的特征 / 254

第五节　防卫行政的课题与展望 / 257

附　录　防卫厅的隐语 / 258

第十章　财政会计制度　足立伸 / 260

第一节　国家财政制度概要 / 260

第二节　新公共管理与财政制度以及国家会计制度改革 / 272

第三节　日本财政制度以及国家会计制度的改革 / 276

第十一章　政策形成过程与人事管理系统　木方幸久 / 281

　　第一节　以往人事管理系统概观 / 281

　　第二节　以往人事管理系统与政策形成过程 / 289

　　第三节　人事管理系统的改革动向 / 293

　　第四节　政策形成与职业行政官员(结语) / 300

**终　　章　中央省厅改革(桥本行革)及今后的课题　城山英明
　　　　　细野助博 / 313**

　　第一节　序 / 313

　　第二节　中央省厅改革过程的方式 / 314

　　第三节　中央省厅改革内容 / 316

　　第四节　今后的课题 / 322

后　记 / 329

作者简介 / 331

序 章 本书的目的、方法及概要

城山英明

第一节 目 的

本书是 1999 年出版的《中央省厅的政策形成过程》(中央大学出版部)的续集。在前著中,基于分析中央省厅政策形成过程之现状的必要性,以当时的通产省、国土厅、建设省、厚生省、总务厅及行革审议机构、大藏省、外务省及国会立法辅助机构为案例,对中央省厅政策形成过程中的多样性进行了分类总结。但前著涉及的省厅(立法辅助机构除外)只有 7 个。因此,本书将尽可能对前著无法涉及的省厅,具体而言,对科学技术厅、环境厅、运输省、邮政省、农林水产省、文部省、自治省、法务省、防卫厅自卫队等 9 省厅进行分析。从政策领域而言,这些省厅也具有重要的研究意义。这一点从诸如加强科学技术政策(以信息通信、生命工学等为主)、加强环境政策(交通政策、农业政策中与环境相关的部分仍是重点)、教育改革、地方分权改革、司法制度改革、安全保障的再定义等近期的重要话题中也可以得到例证。

本书的问题意识基本上与前著相同。长期以来,各省厅内部的政策形成过程对于外人———般市民而言如同黑箱。在市民看来,政府的官僚制就是一种无法理解其内部各种逻辑与过程的集合体。因此无论是支持还是批评,市民都会把政府的官僚制看作一个整体而无法加以区别。此外,对于政府的行政官员而言,其他省厅的内部政策形成过程同样经常如同黑箱。各省厅的行政官员通过日常工作当然会对所属省厅的政策形成方法有一定的了解,这种方法并非明文规定而是在工作中记忆的不断积累。但是，对于其他省厅政策形成过程的方法及其行为模式就不可能充分了解。各省厅的行政官员通过各种磋商、合议与其他省厅接触、共事，但却经常会苦恼于无法理解其他省厅政策形成过程的行为模式，结果很多情况下会产生对其他省厅的否定性感情。进而言之，各省厅内部的政策形成过程对很多研究学者而言也是黑箱。由此可以看出，各省厅内部的政策形成过程对市民、行政官员、研究者而言都是黑箱，可谓只有隶属于各省厅共同体（各省厅及其相关业界）的人才能理解的"密教"。本书的最大目的就是在前著的基础上，将各省厅中没有明文化的各种政策形成方法转变为明确的文字及逻辑。

  本书在某些方面也希望超越仅仅是续集的性质，而尝试成为明确今后中央省厅政策形成过程变化方向及课题的基础性工作。首先要将省厅"黑箱"内部的逻辑变成语言，使其成为可以理解的分析对象，这是本书的主要工作，也是提高行政组织改革实效性的前提。随着2001年1月开始的省厅重组改革，前著或本书分析对象的省厅很多已成为历史。但是，重组后的新省厅中包含了其前身的众多要素，而省厅重组是否有效更取决于原省厅的动力如何与重组后的新省厅的组织框架进行有机结合。省厅重组尽管是行政改革的重要手段，但如果没有实施中的改革提供支持将毫无意义。而具体推进这种改革不可或缺的前提就是如本书这样对以往体系的客观分析。在这种认识的基础上，本书将基本上在原省厅的框架内分析政策形成过程。但是，各章也会对这些旧体系在2001年1月后的省厅重组中如何发生变化以及还存在何种问题进行一定程度的分析。

  同时，本书对今后组织运营改革中的重要因素进行了探讨。在各省厅间横向性的财政会计制度、人事管理制度方面，在对以往制度进行总结的同时，也探讨了今后仍存在的问题。本书的终章将展望政策形成过程的变化，探讨2001年1月后开始的省厅重组过程，并以省厅重组过程中发现的以及各省厅在重组后意识到的各种问题为线索，对今后中央省厅政策形成过程的变化及其课题进行某种程度的展望。

第二节　方　法[①]

一、视角与方法

与前著一样,本书在理解各省厅等的政策形成过程时重点关注以下两点。

第一,采用了"政策形成"的视角。首先,本书的焦点并不在于行政中的一般性政策意向(日常的许可认可以及内部对出差等的决定等),而是试图改变其环境诸条件以及其对象集团行动之意图这一主动性(活动的发起),因而使用了"政策"而不是"意向"的概念。此外,为了强调政策不是在被隔离的空间中经深思熟虑后决定的结果,而是在各种社会、组织影响交错博弈中形成的,使用了"形成"而不是"决定"的概念。但是,强调各种力量的存在,并不是要质疑行政官员的主导性。在考虑各种限制的同时讨论各种战略的可能性是本书的主要宗旨。

第二,政策形成中的循环,即政策立案、政策决定、政策实施的循环中,本书关心的重点是问题如何被认识、共享,政策草案是如何被拟定的。由于资料上的局限性,以往的研究均以政策的决定与实施为研究重点,政策立案在实证研究中基本上没有受到重视。在实际工作中,包括问题认识在内的政策立案取决于官僚制对环境变化的适应性,因此对其实际状况加以认识是极为重要的。

本书在对各省厅的案例分析中,仍采用了各省厅有关行政官员在学者的协助下执笔写作的形式(合作形式包括对个别事例从侧面进行支持的方式以及进行实质性共同执笔的方式)。为此在执笔的准备过程中,采用了与前著同样的方式,组织行政官员与研究者参与研究会,在研究会上行政官员之间也展开了积极的讨论。

[①]　本节主要以前著《中央省厅的政策形成过程——剖析日本官僚制》第二节内容为基础,增加了政策形成过程的类型并对其内容进行了修正。

二、各省厅政策形成过程的各个阶段

如上所述,本书关注政策形成过程循环中的政策立案,即各省厅是如何认识、共享问题并就此制定政策方案的情况,使用以下模型作为分析各省厅政策形成过程中各阶段的工具。

各省厅的政策形成过程由创发、共鸣、批准、实施与评估四个阶段构成。也就是说,各省厅的政策形成由某种创发行为(认识问题及采取主动)开始,并促使创发在省内外获得一定的共鸣,通过各种反应及回馈进化为方案(这也可以认为是政策方案的修正过程),最终得到该组织的批准(这里探讨的主要是各省厅或内阁会议的批准,视情况也会包括国会的政治性批准)后成为政策。有时,经过政治性决定后的政策还会再次由行政实施并成为评估对象,反馈到下一轮的创发。本书以政策立案过程为焦点,因此创发与共鸣机制以及在各阶段中给予行政官员什么样的动机就愈发重要。所以,在各阶段中,将具体讨论以下内容。

1. 创发

第一,谁进行创发。这个问题可以分为内部的自发性创发(大臣、干部、年轻职员、官房及政策横向分割局、基层事务所、派驻地方的部门等)、来自外部指示或压力的被动性创发(首相官邸、地方共同团体、其他省厅、政党、族议员、媒体、利益集团等)、制度性创发及义务性创发(根据法律及计划等制度中包含需进行创发的规定)等。第二,如何进行创发。是单独创发还是联合创发,被动性创发时对外部状况的敏感度如何,是自上而下还是自下而上的创发,创发的自由度如何(比如主管部门以外者对其他部门的项目可以提出何种程度的意见)等问题。

2. 共鸣

第一,有何种信息共享机制。比如例会性的各种会议、文件传阅制度、省内局域网等都是这种机制的一部分。第二,省厅内是否存在众多职员均可较为自由发表意见的机制。这种反馈具有不断打磨政策方案的功能,但与此同时如果出现过度反应,也可能会将新的创发尝试扼杀在萌芽状态。第三,省厅拥有何种针对外界的反馈机制。这与这些机制的开放程度有关。委托外部部门进行调查、审议会、私人性质的研究会、各省厅间的协商制度、对议员的游说工作、党的部会、对业界的听证会、申诉等都可以算是这种机制的例子。

3. 批准

第一,各省厅的正式批准制度。其中包括在各种级别(课长助理级别、课长级别、局长级别、次官级别、大臣级别)的正式批准制度中,哪一级的批准比较重要,这些制度如何进行分工等问题。第二,除正式批准制度外,在个别问题上实际上有必要获得批准的人或部门的范围是否有限,如果是限定的,其范围是如何形成的。

4. 实施与评估

第一,决定的事项是否可以得到贯彻,或者说是否存在决定了但得不到实施的事项,如果存在,其频率如何。此外,什么样的决定会被忽视,忽视是否会受到惩罚等。第二,如何对已经开始实施的政策进行内部评估。内部评估是形成了制度,还是大多凭借相关者的经验及默示性的知识积累。如果形成了制度,谁来进行评估等。在这个问题上,通过政策评估的制度化建立正式制度取得了一些进展,但在实际运用中仍可能存在差异。第三,谁进行什么样的外部评估。会计检查院、行政评估局进行的评估、媒体的反应、业界团体、有关方面进行的申诉、国会审议等都可作为外部评估的例子。

三、各省厅政策形成过程中行为模式的分类

问题的多样性及组织特性,使省厅内的政策形成过程亦多种多样。为了便于理解,本书将各省厅政策形成过程分为五种类型。其中,计划型、基层型、审定型及涉外型在前著均已涉及。考虑到管理国家各种基本制度的法务省、自治省等部门的性质,本书在上述四种类型之外追加了制度官厅型。如后所述,其行为模式介于基层型与涉外型之间。

中央省厅的政策形成过程(下)——其连续性与变化

这些类型可以下述两条轴线为基础整理为图序-1。第一条轴线说明行为是主动的(攻击性)还是被动的,第二条轴线则说明官房系统组织或上级组织的管控是否经常有效,或是通过直接负责的纵向管理系统的临时性意见协调决定。前者的管控多与预算相关联,以一年为单位的定期性对策较多,后者的应对则多为不定期的。

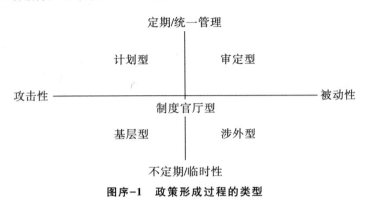

图序-1 政策形成过程的类型

这种对政策形成过程中的行为模式分类,并不试图将一种行为模式套用某一省厅的全部行为模式(同一省厅中可以同时存在几种行为模式)。因此,在现实中也可以发现这些行为模式的折中型。本书所研究的省厅较之前著中的省厅更具这种倾向。这五种类型分别如下:

1. 计划型

在计划型中,不仅是纵向分割的业务局、课进行创发,有时官房系统组织,即官房、横向分割的政策局及各局总务课也会主导新的政策思路并指示业务局。此外,官房系统组织也会对业务局、课的创发提出意见并进行修改(也就是说,官房系统组织发挥着主导形成共鸣的职能)。总之,官房系统组织尽管是直线型管理组织,却同时发挥着参谋的职能。反而言之,官房系统组织尽管并不是业务局、课的上级部门(比如总务课与各课在局长之下是平级的),但经常通过预算、人事等资源对业务局、课进行横向管制,确保了对业务局、课的参谋职能。

计划型的课题是如何维持官房系统组织中参谋职能的敏感性。长期以来,官房系统组织履行参谋职能的主要资源是与媒体、政治家等外部的关系网络。官房敏感于通过媒体和政治家体现出的"舆论",

序　章　本书的目的、方法及概要

为了维系组织自身也会主导改革。但是，通过这种既存的"天线"掌握的"舆论"的可信度如何尚值得商榷。

2. 基层型

基层型中，包括业务局、课在内的各种基层单位（基层事务所、地方派驻技官、省机关主管官等）主导并创发新的思路。上司（省机关业务局、课的局长、课长等）对基层的实验较为宽容，多采取容许的态度。在这些被允许的实验中，经过实施及各方面评估后幸存者甚少，但却提升了成熟度。既存的制度一旦达到临界点，以业务局、课为主就会在实验的基础上尝试进行新的制度改革（以上可列入共鸣阶段）。关于这一临界点的界定，业务局、课的局长、课长级官员等纵向系列的判断十分重要。

基层型中，官房系统组织的批准尽管在形式上是必要的，但其实际影响力却很小。此外，处理问题的时间尽管不定，但基本上是长期性的。从组织的角度讲，基层型中政策实施与政策立案由同一个组织负责。尽管这种机制使基于基层实施工作的反馈成为可能，但却包含着政策立案受制于政策实施、被政策实施拖累的可能性。

3. 审定型

审定型中的创发罕有自发进行而经常是被动的。也就是说，思路和想法经常由接受审定的方面提供，审定方彻底发挥着主导形成共鸣的职能。此外，作为判断基础的信息也基本依赖于对方提供，很少自行搜集信息，这就要求从各方面研究分析对方提供的大量信息后进行一定的判断。进行判断时的重要标准是全体的"形态"，也就是平衡。在组织内，在有关分工上会给予主管者一定的裁量权，但是有关全体的"形态"，则由官房系统组织、上级组织严格管控。审定的主体在形式上拥有单方面决定权，但现实中单方面行使是不可能的。审定方面由于信息及实务处理能力上的局限性，有必要与被审定方的负责人"握手"（详细的事前协调）。其结果，决定可能出现增量的情况。

4. 涉外型

在涉外型中，要与自律性较高的各种外部主体进行协调。为此形势判断是重要的基础工作。为了减少形势判断的错误，组织内设置了信息回路的冗余制度。涉外型的创发中，必须对对方的行动保持敏感（某种被动性）。因此，创发是每个层面对外来行动进行形势判断而分散展开的。另一方面，共鸣与最终批准相对集中于组织内的高层领导，这是因为必须在各种情报的基础上考虑与他国政府的整体关系后进行判断。

涉外型中纵向系列达成共识十分重要，因而官房系统组织并非十分强势。但是，为了减少形势判断中的错误，设置了可以进行一定程度横向评估的机制。如同既有需要瞬间应对的危机管理，也有必须考虑长期关系的情况一样，时间安排并没有一定之规。

5. 制度官厅型

制度官厅型中，同一省厅内存在着相互保持一定自律性的各种基本制度。为此，创发基本上是以个别基本制度为单位临时进行的。因此，官房系统组织可谓势单力薄（甚至没有涉外型中共鸣与最终批准集中在组织内高层的情况）。此外，这种基本制度并不像预算那样每年进行决定，修正的周期更长，这一点与基层型有相通之处。

另一方面，与计划型及基层型相比，制度官厅型主动进行实验的情况相对较少。这是因为由于工作涉及基本制度，社会压力没有达到相当的程度是不会考虑进行制度改革的。反而言之，在进行创发时，以社会压力为前提开展的被动性创发的机会很多（当然，同样是社会压力，社会各领域中哪一部分敏感也存在各种可能）。但是，如同地方分权改革及司法制度改革中所显示的，近年来也出现了主动进行根本性制度改革的现象。

第三节　本书的对象及意义

从第一章开始，本书将具体研讨各省厅的政策形成过程。在此将以明确各省厅间的差异为线索，通过第二节介绍的类型，将各省厅分为计划型行为模式（科学技术厅、环境厅）、计划型基层型的混合行为模式（运输省、邮政省）、基层型行为模式（农林水产省、文部省）、制度官厅型行为模式（自治省、法务省）以及混合型行为模式（防卫厅自卫队）等五组进行分析。各省厅并非只一种行为模式可以说明的，同一个省厅可能同时存在几种行为模式，也有多种模型的折中型。

第十章、第十一章将分别就财政会计制度和人事管理制度在总结以往制度的同时，探讨今后的课题。终章将浅析2001年1月开始实施的省厅重组过程及今后的课题。

如上所述，本书的意义在于：首先对前著有限的研究对象进行补充，极大地扩充了有关中央省厅政策形成过程实际状态的资料范围，具有资料性的价值。其次，对今后将成为改革重要因素的财政会计制度、人事管理制度进行总结的同时，探讨今后的课题，具有新的资料价值。进而言之，以2001年1月开始实施的省厅重组过程中发现的问题以及各省厅在省厅重组后认识到的问题为线索，在某种程度上展望了今后中央省厅政策形成过程的变化及其课题，在政策理论上亦具学术价值。

第四节　各省厅政策形成过程的特征简介

本节将从组织、创发共鸣的场所及人事管理系统等三方面对本书第一—第九章有关各省厅的详细记述进行概括，介绍各省厅的基本特征。在第二节中，作为了解中央省厅政策形成过程多样性的手段，总结了计划型、基层型、审定型、涉外型、制度官厅型等五种行为模式及其特征。但是在现实中，中央省厅政策形成过程的多样性绝不是这五种类型可涵盖的。本节将简要介绍各省厅的特性，希望藉此引起读者对之后各章具体分析的兴趣，并就各省厅的异同提供宝贵意见。

一、科学技术厅

1. 组织

科学技术厅基本上属于围绕政府科学技术政策开展工作的横向分割组织。其中，特别是科学技术政策局的横向分割组织的性质较强。而核能、宇航开发、海洋开发等领域均自行主导开发研究，各主管局（例如研究开发局、原子能局、原子能安全局）则具有纵向分割组织的侧面。

2. 创发共鸣的场所

确保计划型行为模式的制度包括重要施策听证会、科学技术基本施策研究会等。重要施策听证制度是指在预算制定过程中，事先由会计课长组织预算听证会，官房三课长对全厅各课进行听证。科学技术基本施策研究会则是以科学审议官为领导，从预算制定年度的前两年年末开始召开，在官房总务课长的主持下，通常每年召开10—20次会议，展开超出各自管辖范围的实质性讨论。讨论结果会形成文件，并成为下一年度预算制定过程中重要施策听证的基础。设立科学技术基本施策研究会以便以更长远的视点讨论预算制定问题，这一制度可谓科学技术厅的特色。

3. 人事管理系统

高级公务员的大多数（约八成）为技官，但与公务员考试分类无关，进行一元化的人事使用（在运用事务官房面与其他省厅相同）。此外，与建设省一样，也是技官可以成为事务次官的极少数省厅之一。

二、环境厅

1. 组织

环境厅基本上属于围绕政府环境政策开展工作的横向分割组织。其中计划调整局最为明显。另一方面，处理个别公害问题的主管部局（水、大气）、负责自然公园的主管部局则具有纵向分割组织的侧面。在全球性环境问题不断涌现的今天，横向分割部局与各纵向分割部局日趋统一。为了应对这一动向，以往小官房主义特色的环境厅最近出现了官房主导的动向。

2. 创发共鸣的场所

环境厅在处理必须解决的新问题时，经常会组成临时性的项目组。此外，环境厅因组织规模较小，机动性强，故而项目组会直接与责任局长、事务次官、大臣发生联系。而在组织内部，官房历来就是被动的。但是,从 2001 年重点政策制定中可以发现,在个别政策听证的基础上,逐渐出现官房以自上而下的方式对重点政策的核心问题作出指示的现象。此外,为了弥补在中央各省厅中相对较弱的地位与权力基础,在创发过程中将 NGO 等作为合作伙伴是其特色之一。

3. 人事管理系统

由于环境厅是新省厅,在建立时其职员均由其他省厅调动而来,因此这些职员受到原属省厅的影响较大。但是,随着环境厅自身录用职员人数的增加,其独立性也逐渐得到了保证。

基本上,环境厅包括 I 种事务官团组(法律职务、经济职务、行政职务)、理工系列技官团组(土木职务、化学职务等)、自然公园管理人团组(园林职务等)、普通事务官团组等。在环境厅不断扩大录用职员的今天,从灵活运用专业知识及关系网络的角度出发,有关健康的主管部局仍然从厚生省录用医学系列技官,气体排放主管部局从运输省录用机械工学系列技官等。

I 种事务官团组负责法令等制度规划工作,普通事务官负责预算等。这与厚生省及文部省相同。

三、运输省

1. 组织

运输省包括具备横向分割的运输政策局以及纵向分割的铁道局、汽车交通局、海上交通局、海上技术安全局、港湾局、航空局等。

在大臣官房中,官房文书课、人事课、会计课等官房系统组织的作用很大。承担财务、人事、文书等总体管理职能的各部门均归属于大臣官房各课中。这一点与大臣官房职能相对较弱的建设省有所不同。

2. 创发共鸣的场所

在运输省,有关港湾的预算制定过程可以体现基层型创发共鸣的过程。在港湾建设问题上,以各港湾建设局计划课为中心进行意见汇总,并提交港湾局计划课,在港湾局的干部会议上获得批准后与官房会计课进行调整。在这些过程中通过"调查"搜集有关信息。但是,尽管是基层型,却也会出现基层的港湾管理者违背港湾所在地自治体的意向进行创发的情况。

另一方面,以1984年建立的运输政策局为中心实行的是计划型创发共鸣。比如无障碍交通系统、废除需求供给调整规则等即属此例。特别是后者,是由次官自上而下主导制定实施的。此外还有计划官会议(成员为首席课计划官)等进行横向讨论。

3. 人事管理系统

运输省除了Ⅰ种事务系列团组外,还有多个技术系列的团组,包括土木系列(港湾局、航空局、铁道局)、建筑系列(航空局)、机械系列(铁道局、汽车交通局)、造船系列(海上技术安全局)、电气系列(铁道局、海上技术安全局、航空局)等。录用人数上,技术系列约为事务系列的两倍。因职务等方面的关系,与事务系列相比,技术系列的晋升较为缓慢,而在技术系列中土木系列的晋升尤为缓慢。技术系列的最高职位是技术总管审议官,7个局当中2个局(海上技术安全局、港湾局)的局长由技术系列职员出任。

四、邮政省

1. 组织

邮政省的组织大致可分为信息通信部门的通信政策局、电气通信局、广播行政局,邮政事业部门的邮务局、邮政储蓄局、简易保险局,以及共同部门的大臣官房。

信息通信部门中,通信政策局、大臣官房国际部可划为横向分割局,电气通信局、广播行政局为纵向分割局。邮政事业部门中的邮务局、邮政储蓄局、简易保险局为纵向分割局,而大臣官房为横向分割局。

2. 创发共鸣的场所

信息通信部门中,横向型会议主要为每周召开一次的电信VIP〔成员包括主管信息通信的局长、技术总管审议官、国际部长、电气通信事业部长、电波(无线电)部长、官房审议官、参事官、通信政策局政策课长等]。在技术方面,技术政策联络会隔周召开一次,协调信息通信技术政策。在信息通信部门确保计划型行为模式的是通信政策局政策课。政策课在履行信息通信部门内的官房职能的同时,也承担着电信VIP的事务局工作。信息通信部门每年夏天8月总结出重点政策信息通信政策大纲。而作为其前提,7月左右(定期人事调动之后)各部局将汇总今后一年的工作重点及实施时间表。政策课尽管处于大纲汇总工作的中心位置,但基本上是自下至上的过程,对各业务局、课的领导并不强势。

邮政事业部门则召开作为全部门会议的经营战略会议(其成员包括事业三位局长、官房四位部长、总务审议官、主席监察官、东京邮政局长等)。但是,邮政部门统辖全国约24700所邮政局,因此其基本行为模式是自下而上的基层型(但是近年来特别是在小型包裹方面,也出现了来自民营快递服务等的竞争压力成为创发源泉的情况)。

在全省层面上,PM会(综合政策会议,其成员包括官房四位课长、参事官、上席监察官、官房各部首席课、各局总务课长、局的各部首席课长、邮政研究所主任研究官等)的工作包括推出新政策并批准各种研究会的建立等。

3. 人事管理系统

人事管理系统上也大致分为信息通信行政部门与邮政事业部门。人数上邮政事业部门是信息通信部门的十倍以上。这两个部门间跨部门工作的人事管理除Ⅰ种事务官外并不多。Ⅰ种录用者中事务官的人数比技官略多。省机关课长职务以上者由官房秘书课,普通职员的人事管理则由官房人事部人事课,技官由电波部计划课负责。此外,官房中的大多数课同时设立信息通信行政主管系统及邮政事业主管系统。过去次官由邮务局长出任,但现在电气通信局长、通信政策局长出任的情况也逐渐增加。

此外,很多情况下,省机关不录用Ⅱ种、Ⅲ种公务员考试合格者,而由地方录用,在经过研修(在邮政大学等)并通过选拔者到省机关工作的情况较多(省机关也会招收一部分Ⅱ种考试合格者)。可以从庞大的职员中选拔优秀的Ⅱ种考试合格者等调至省机关工作,这一点与文部省等相同。

五、农林水产省

1. 组织

农林水产省中,经济局(国际部、金融课、总务课调整室除外)、构造改善局、农产园林局、畜产局、食品流通局、林野厅、水产厅等承担着纵向分割局性质的职能,而大臣官房、经济局国际部、金融课(金融政策)、总务课调整室(税制)等承担着横向分割的综合调整职能。

基本上业务局、课较为强势,这与基层型的建设省相同。另一方面,农林水产省同时也是以总务课为中心的统管型组织,总务课的总体性检查职能堪称严厉。这一点与建设省不同。但总务课的职能即使大,也仅停留在检查职能的层面,并没有达到发挥参谋职能的阶段,这一点与出身相同的通产省不同。

另外,可能是为了反映财政措施的重要作用,在大臣官房中除预算课之外还设置了经理课(即会计课——译者),各局总务课在预算班之外设有经理班。这种将预算与会计明确分开的做法与防卫厅相同(同时存在主导预算的防卫局与负责会计事务的经理局)。

2. 创发共鸣的场所

农林水产省中进行实质性讨论的基础是以局为单位的。作为这样的场所,每周会召开局议(局长、课室长参加)、总管课长助理会议、庶务系长会议等。

在预算过程中,也会策划制定重点政策,具体而言3—4月进行春季展望会(在课内、局内就重点政策进行研讨),6—8月由官房预算课进行听证,在听证中也可以看到局内大规模的自下而上的过程。

各地方农政局多进行一般性的创发。此外,作为交流的机会,省机关的主管课一年中会数次召集农政局等负责人举行主管者会议。

3. 人事管理系统

人事管理系统包括规模相对较小的一个事务系列团组以及众多多样化的技术系列团组。比如2000年度的Ⅰ种公务员考试合格者的录用人数中,事务系列 11 人(法律、经济、行政共 11 人),技术系列 56 人(农学农艺化学 9 人、农业土木 15 人、农业经济 5 人、林学 10 人、畜产 5 人、兽医 8 人、水产 4 人等)。其中,事务系列团组、农业经济及农学农艺化学团组会在各局间工作,只在某特定部局工作的是农业土木团组(构造改善局)、林学团组(林野厅)、畜产、兽医团组(畜产局)、水产团组(水产厅有关部局)等。此外,局长级别官员基本上出自事务官,技官的最高职位是构造改善局次长、大臣官房技术总管审议官以及农林水产技术会议事务局长等。

六、文部省

1. 组织

文部省基本上是以"学校"为基层的纵向分割组织。生涯学习局某种程度上具备横向分割的职能,但也是有限的。

文部省传统上采取小官房制。1987 年的临时教育审议会答复报告中提出"加强作为政策官厅的职能",从而设立了政策课。最初政策课在省内的地位并不高,但是,从目前比官房三课长资格更老的职员出任政策课长等情况看,其地位正在得到提升。

2. 创发共鸣的场所

作为创发共鸣的场所,文部省曾尝试采用计划型行为模式,但其基础仍然难言稳固。比如,审议官部长会议(大臣官房长主持,大臣官房总务审议官、各局主管官房审议官、文教设施部部长、私学部部长、文化厅文化部次长、文化厅文化财产保护部部长、大臣官房人事课长、总务课长、会计课长、政策课长参加)定时召开,由政策课负责事务工作。尽管这一会议每月召开两次例会,但实际上始终保持低调。另外,1993 年前后以政策课为中心设立了政策计划联络会议(政策课长主持,大臣官房各课、各局以及文化厅联络课的负责政策计划的计划官、室长级别的职员参加)以及开始实施听证的新政策,但试行了三年仍未扎根。

另一方面,对于以基层型行为模式为主的文部省,审议会具有实质重要性。这也是由于在以精神自由领域为工作对象的文部省行政工作中，中立性、公平性、妥当性极其重要。除了由法律政令规定设立的审议会之外，文部省还有众多的恳谈会以及调查研究合作者会议等。此外，作为沟通场所，每年还会经常召集国立大学及都道府县等举行会议。

3. 人事管理系统

Ⅰ种的高级公务员大部分是事务系列。作为例外，大臣官房文教设施部会招收一些建筑系列的高级公务员（最高职位为文教设施部部长）。事务系列高级公务员会被调动到地方的都道府县出任课长（教育委员会课长等），但基本上除了有关版权以及以往的"国际派"外，并没有进行专业化培养。另外，如同教科调查官、教科书调查官、文化财产调查官、学术调查官等各种职位一样，会通过兼任等形式确保专业职员的队伍。

Ⅱ种、Ⅲ种公务员原则上由地方（国立学校及其他设施等机关）录用。省机关约1000人的普通公务员从国立学校等约6万名普通公务员中选拔，因此能力相对较高。普通公务员不会被调动到地方公共团体，而是在国立大学等与文部省内部部局之间调动。最近，由于希望到省机关工作的人才不足，因此省机关也开始录用Ⅱ种合格者。

在高级公务员与普通公务员的分工问题上，高级公务员负责法规事务，而普通公务员则负责预算问题（各课特别是联络课的负责庶务的课长助理、负责预算的系长等）。这一点与厚生省等相同。

七、自治省

1. 组织

在原则上，自治省各局不是旨在处理地方行政各领域问题的纵向分割局，而是地方综合行政主体的地方公共团体推进行政中为其计划并制定相应制度及政策的横向分割局。行政局管理《地方自治法》《地方公务员法》，财政局则管理《地方财政法》《地方交付税法》，税务局管理《地方税法》等。此外，大臣官房除了传统的官房部门（总务课、会计课、文书课、宣传室）外，还包括负责处理新课题的官房四室（计划室、国际室、地区政策室、信息政策室，四室独立于官房长的管理系统而直属总务审议官)。

2. 创发共鸣的场所

日常政策形成主要由主管课长会议(每周召开一次,参加者包括各局主管课长,及官房总务课长、官房计划室长、行政局行政课长、公务员部公务员课长、选举部选举课长、财政局财政课长、财政局公营企业一课长、税务局计划课长、消防厅总务课长等)、局课长会议(次官以下直至各课长参加,全体人数较少才有此可能)处理。此外,有关地方财政计划的财政局局议(局长、审议官、财政课长、财政计划官、有关课长参加)也对是否采取地方财政措施进行内部审定。

每年创发共鸣的重点是地方行政财政重点政策的汇总。从4月左右开始,与直线型管理系统同步进行,从各课抽调职员组成单独的项目组(助理PT)进行探讨。原则上所有的助理均会分属某个项目组进行约两个月的探讨,参与策划制定新政策的汇总工作。这一进程由大臣官房计划室主导开展。同时,还收集课长助理的个人建议,计划室内部也就主要政策议题进行探讨。个人建议及助理PT的报告等在6月下旬的重点施策干部会议上进行报告,直线型管理系统的探讨也于6月下旬提交计划室。以这些探讨结果为基础,会召开主管及有关课长会议、干部会议、以大臣为首的意见交换会、干部扩大会议等,整理汇总地方财政重点政策。这一过程不仅包括直线型管理系统的探讨,也充分利用项目组进行探讨,具有计划型的特点。

由于多数出台的政策不与预算挂钩而是通过地方财政措施进行补贴,因此财政局也参与判断地方财政措施是否可行的工作。此外,自治省还利用审议会、恳谈会、研究会、地方六团体等进行外部共鸣。

3. 人事管理系统

Ⅰ种事务官在被录用后从8月1日起到各都道府县工作,以培养其基层工作能力(在形式上暂时辞去国家公务员的职务而成为地方公务员)。其后会在地方与省机关之间不断调动工作。因此,事务系列Ⅰ种公务员的总量(包括派驻地方的职员)要比省机关的Ⅰ种公务员的编制多得多。另外,以往由地方共同团体借调或调动到省机关工作的职员较多,但最近省机关直接录用的Ⅱ种、Ⅲ种公务员也在增加。

八、法务省

1. 组织

基本上法务省各局的自律性较高。民事局、刑事局管理有关民事及刑事的基本法制,矫正局管理各种矫正设施,保护局管理保护观察。此外还有讼务局、人权拥护局、入国管理局以及作为特殊机关的检察厅。另一方面,大臣官房负责全面工作,比如其中的司法法制调查部负责横向跨领域的法制审议会(但是,实质性的个别事项由各主管部局负责)。此外,作为综合计划部门,新成立了大臣官房秘书课计划室,但似乎基本上没有发挥什么作用。

2. 创发共鸣的场所

法务省尽管有总务课长会议、省议等全省性会议,但在这些场合并不会进行实质性的讨论。

一般而言,负责各领域的审议会会进行实质性讨论及慎重的审议。此外,在召开正式审议会进行探讨之前,很多情况下会召开有关各方之间的意见交流会(比如法曹三者——律师、法官、检察官之间的意见交流会),这种场合下日辩联(日本律师联合会)的作用很大。

但是最近政党、犯罪受害者团体等新的行为主体也开始积极参与政策形成。另外,法务省为了应对这种社会状况,也曾进行过在网络主页上征集各方意见的尝试。

3. 人事管理系统

法务省的人事管理系统基本上是检察官与事务官的双重结构。局长以上职位均为检察官,课长基本上也都是检察官,也有法官出身的检察官(法官成为东京地方检察厅检察官后调动到法务省)。民事三个局的局长、民事局、人权拥护局等局的总务课长也为法官出身。

法务省大臣官房人事课负责录用检察官。检察官的职业生涯中事务次官只是"中途"的职位,而最高职位是总检察长。这与其他省厅的高级公务员的职业生涯模式有所不同。

录用事务官Ⅰ种职员形式上由大臣官房人事课进行,但实际上则是各局总务课(民事三局由民事局第一课)在操作。其结果是Ⅰ种事务官分成四个团组(民事三局、矫正局、保护局、入国管理局团组,刑事局不录用Ⅰ种事务官),法务局、矫正设施、保护观察所、地方入国管理局分别是这四个团组的母体。

此外,Ⅱ种、Ⅲ种职员由法务局、检察厅、矫正设施、保护观察所、地方入国管理局等地方支分部、支分局录用,经过研修等,经选拔后的合格者在省机关工作。

九、防卫厅

1. 组织

防卫厅、自卫队由内部部局(内局)、统合幕僚会议(参谋长联席会议)、各幕僚监部(各军种参谋部)、作战部队构成。其中,内局包括防卫局、运用局、人事教育局、经理局、装备局。内局在整体上发挥着防卫厅自卫队的官房职能。

在内局内部,既负责防务、警备等基本任务,又负责预算及装备的防卫局的工作极为重要。此外,防卫局与经理局并立的体制也反映了预算的重要意义。但是近年来随着PKO(维和行动)等任务的开展,运用局的重要性也日趋显著。

在防卫厅中,设置了参事官一职(由官房长、局长等出任)以帮助防卫厅长官制定防卫厅的基本方针。此外,官房审议官、课长被称为书记官,课长助理被称为部员。

另外还有意见认为应强化参谋长联席会议与各参谋部、作战部队的关系。

2. 创发共鸣的场所

参事官会议讨论防卫厅自卫队全体性的重要议题。参事官会议由事务次官领导,除参事官(各局长等)外,其成员还包括防卫设施厅长官、自卫官身份的参谋长联席会议主席、陆海空三军参谋长等,每周召开一次,就重要事项进行实质性讨论。防卫厅自卫队的某些任务有必要采取涉外型行为模式,因此高级官员间频繁的信息共享与讨论对于完成上述任务非常重要。

内局、防卫厅长官及首相在防务基本问题上的创发较多,其他工作事项也存在一定程度的基层创发。共鸣在负责人级别的各种调整会议上进行。调整会议在内部、各参谋部、各部门间分为主管部员级、先任部员(相当于其他省厅的总管课长助理)级、课长级、局长级别等。

作为日常性的工作,防卫厅还召开法令审查会议、庶务主管课长会议、计划官会议等。其中计划官会议上也进行实质性的讨论,并在此基础上进行新政策思路的创发。

3. 人事管理系统

防卫厅自卫队的职员需完成与武力行动有关的任务,因此作为特别职务国家公务员被称为自卫队员(长官、政务次官、防卫设施厅劳务部工作人员除外)。自卫队员分为参加部队行动的自卫官与其他工作的非自卫官(事务官等)。

其中,自卫队的录用、晋升包括各种教育、考试的详细选拔过程。各军种均有各自的复杂的专业领域,但干部候补生在干部候补生学校毕业时即决定了其专业领域。此外,自卫官也会在内局、外务省(省机关、驻外武官等)、内阁官房中工作。

另一方面,非自卫官与其他省厅基本相同。Ⅰ种事务官会经历各种工作,通过各种在职培训(OJT)培养基本能力。

第一章 科学技术厅的政策形成过程

木场隆夫

第一节 科学技术厅的机能与组织

一、目的与性质

作为综合推进有关科学技术的行政工作部门,科学技术厅成立于1956年。但是,这并不是说科学技术厅对日本的科学技术行政工作进行着一元化管理。其他省厅也在其管辖范围内推动科学技术的发展。比如文部省管理着大学的研究活动,通商产业省则推进有关产业的科学技术,厚生省进行医疗、福利的有关研究与技术开发,农林水产省则从事以生物技术为中心的农业食品技术开发等,其他官厅也是如此。日本的科学技术行政的构造可谓多元且复杂。

因此,科学技术厅所谓的综合推进科学技术,实际上就是科学技术厅为各省厅推进的研究指明大方向,并保持国家整体上的灵活性与统一性。科学技术厅与其他官厅相比历史较短,因此以其他省厅管辖之外的业务领域为中心制定推行独自的政策。

具体而言,科学技术厅的业务包括以下几个方面。首先,有关日本科学技术基本政策的规划、立案与推进,与其他有关行政部门的综合调整、国际合作,建设科学技术的发展基础与制度。其次,推进在省厅范围之上的横向性基础研究开发以及进行研究开发的基础建设。除了这种综合调整机能外,还独自进行研究开发,实施核能、宇宙开发、海洋开发等应由国家进行一元化推进的大型项目。此外,核能的安全管理也是重要工作之一。

简而言之,科学技术厅的工作具有两面性,在综合协调政府全体性的科学技术行政工作的同时,也独自开展个别科学技术研究的开发计划。

二、组　织

科学技术厅内局除长官官房外还有五个局,另外包括附属研究所及其管理的特殊法人与认可法人等。地方支分部局只有水户核能事务所,并没有大型地方支分局。内局编制560人,地方支分部局9人,设施等机关(国立研究所)1534人,特殊法人7417人(编制人数为2000年末数据)。

1. 内局

长官官房　(编制95人,包括秘书课、总务课、会计课)

科学技术政策局　(55人,首席课:政策课)

业务:有关科学技术基本政策的规划、立案及推进,有关行政部门的科学技术事务的综合调整

科学技术振兴局　(68人,首席课:计划课)

业务:研究开发的基础建设,促进研究交流及国际交流,推进科学技术发展体制、条件的建设

研究开发局　(95人,首席课:计划课)

业务:促进宇宙开发、海洋科学技术、地球科学技术、地震调查研究、物质材料科学技术、生命科学、尖端基础科学技术、计算科学技术等研究开发

核能局　(112人,首席课:政策课)

业务:核能利用基本政策的规划、立案与推进,促进核能的研究开发利用

核能安全局　(135人,首席课:核能安全课)

业务:对核能开发利用的规定管理,防止核能利用带来的弊害

从内局的人员配置上可以看出,除官房外,核能两个局的编制很多,特别是核能安全局的职员最多。这是由于核能安全局是国家直接

安全管理的窗口,因此人员编制必然随着管理对象即核能设施的增加而不断增多。

2. 附属机关

作为国家进行研究的实施部门,科学技术厅下设航空宇宙技术研究所、金属材料技术研究所、放射线医学综合研究所、防灾科学技术研究所、无机材质研究所及科学技术政策研究所等6所国立研究所。2001年4月开始,除科学技术政策研究所外的5所研究所改为独立行政法人。

3. 特殊法人、特别认可法人

科学技术厅监督下的进行研究开发的特殊法人(含与其他省厅共管)包括日本核能研究所、理化学研究所、宇宙开发事业团、科学技术振兴事业团、核燃料循环机构(原动燃)等5家特殊法人以及特别认可法人海洋科学技术中心共6家法人。

4. 审议会(总理府的附属机关)

为了推进行政工作,设立了很多以专家学者为中心的审议会,主要包括科学技术会议、核能委员会、核能安全委员会、宇宙开发委员会以及海洋开发审议会等。

三、人事管理系统

1. 录用职业种类

科学技术厅的特色是在专业职员中技官占大多数。Ⅰ种行政职务每年录用10人左右,其中技术系列8人左右,事务系列2人左右。技术系列中,每年约招收2名在大学攻读核能专业的毕业生。生物系列每年大约录用1人。其他技术系列则不注重专业领域。最近,机械系列者略多。技术系列以前就有硕士研究生毕业后参加工作的职员,最近则明显增多。Ⅱ种、Ⅲ种行政职务的录用情况为,Ⅱ种每年平均4人,均为自然科学系列考试合格者。Ⅲ种每年平均6人,均为行政系列的考试合格者。也就是说Ⅱ种技官多,而Ⅲ种则事务官多。

2. 人事团组的使用

从Ⅰ种到Ⅲ种录用后的人事管理使用大致如下：Ⅰ种负责计划调整，Ⅱ种、Ⅲ种的技术系列则利用其技术背景从事核能安全管理等专业性工作，Ⅱ种、Ⅲ种的事务系列则多从事庶务会计等专业工作。但是，Ⅱ种、Ⅲ种职员根据其适应程度也有从事计划调整色彩较重之工作的情况，且在日常工作中也要求具备计划、协调能力。

Ⅰ种行政职务基本上没有人事团组的区分。人事调动一般非常频繁，很多都是一至两年即调动。一年未满即调动的情况也时常出现。无论是按照什么职业种类被录用，都有可能出任任何职位。这一点与其他省厅根据职业种类决定职位的惯例非常不同。稍微有些例外的是核能的安全审查工作，这项工作需要非常专业的知识，因此技术系列的职员出任安全审查相关职位的机会很多。此外也有以核能行政为主要工作的职员。事务系列从事法令条约修正、诉讼、总管性工作的机会较大。

3. 职业生涯的基本模式

Ⅰ种职员的晋升速度与其他官厅基本一致。科学技术厅的特色是地方支分局规模很小。由于长期以来除核能设施的选址外几乎与地方行政没有关系，因此赴地方工作的机会比其他省厅少。厅机关在东京，除此以外的地方工作地就是在核能发电站所在地区设立核能联络调整官事务所或核能事务所，各配备数名职员。茨城县的筑波研究学园都市设有科学技术厅下属的研究所，因此在其管理部门派驻了若干名职员。同时向建设有核能设施的青森县、茨城县以及很早就倾力发展科学技术的神奈川县等地方自治体派驻数名职员。其他还包括设在茨城县的地方支分部局水户核能事务所。

另一方面，出国工作的机会相对较多。作为大使馆官员在驻外使领馆工作的职员有10余名，向其他国际组织派出的职员也有20名以上。此外，年轻时在工作五年后通过人事院留学等形式赴海外留学的机会也较多。这种给予优秀职员出国留学及在国际组织工作机会的做法提高了年轻职员的工作热情。

第一章　科学技术厅的政策形成过程

此外,借调到内阁及其他相关省厅的情况也较多,特别是与通产省的人事交流很多。在中央省厅改革中确定与文部省合并后,与文部省的人事交流也日益增加。此外也向下属国立研究所的计划管理部门、有关特殊法人等借调人员。

四、会　议

科学技术厅定期召开各种会议以进行组织决策。事项分为审议及报告,审议事项需要进行决定,而报告事项则侧重通报情况及讨论。

局议　各局长负责,局主管审议官、局内课长、室长等参加。

一课长会议　各局首席课长、官房三课长(秘书、总务、会计)等出席(周一上午召开)。

这是讨论全厅各种事项的会议,需要在厅议进行商讨的事项一定会在一课长会议上进行讨论。

厅议　政务次官、事务次官、科学审议官、官房长、局长、科学技术政策研究所所长、官房审议官(负责官房)、官房三课长出席(周三上午召开)。

第二节　科学技术厅的政策变迁

一、科学技术厅成立的经过

科学技术厅的工作内容与其成立背景关系很大。因此有必要首先了解科学技术厅的成立经纬。科学技术厅于1956年成立,与其他省厅相比历史较短。在战后百废待兴的背景下,人们不断认识到,为了发展产业提高国民生活水平,应该大力加强日本科学技术的复兴与发展。在第二次世界大战中,政治家中出现了一种议论,主张战后为了填补日本在科学技术研究上的空白,应加强促进科学技术的综合发展,为此,应建立有关科学技术的中央行政机关。20世纪40年代后期提出了建立科学技术厅的设想,其任务是科学技术行政工作基本政策的综合立案以及对有关行政机关工作进行综合调整。1955年起,预算中增加了与核能相关的研究资助费用,也就有必要尽快建立有关核能的行政机关。建立将综合推进科学技术与核能的行政工作进行一体化管理性质的科学技术厅的基本构想日渐成型,1956年5月,科学技术厅诞生。

成立之初,科学技术厅的内部部局包括官房、计划调整局、核能局、资源局以及调查普及局。

从预算分配看,1956年度全厅预算额19亿余日元,其中促进核能和平利用约为14亿日元,占全部预算的七成以上。这也说明从建立之初核能部门在科学技术厅中就拥有较高比重,以核能为主的科学技术厅的工作机制也就此建立。内部部局的职员包括从总理府核能局调动而来的68人及从通产省调动而来的48人。也有少数职员来自农林水产省、邮政省等其他省厅。在科学技术厅的职员构成中,通产省出身的职员长期占据多数。

二、推动以追赶为目标的大型项目

从上述科学技术厅的成立经纬可以看出,开发核能是其重要使命。科学技术厅成立时正值美苏在全球范围内进行冷战并开始了宇宙开发的竞争。科学技术厅也开始建设可以跟踪追赶世界宇宙开发动向的宇宙开发体制。1960年,科学技术厅负责事务的科学技术会议第一号答辩充分体现了对当时形势的认识及目标,并提出了如下政策建议:"通过大幅度增加迎接'高速增长的20世纪60年代'的理工科人才和加强研究开发,以期追赶欧美先进国家,并以此作为根本方针。"科学技术厅的预算中,多数被用于核能及宇宙等大型项目。对于美苏及欧洲已率先发展的大型项目,科学技术厅采取了从雏形开始实验、逐渐扩大规模的形式。在起始阶段通过引进外国技术,逐渐熟悉和掌握技术,技术上存在困难的课题通过引进外国技术弥补不足,最终实现纯国产技术的开发。

科学技术会议1966年的意见书中也"建议改善依赖技术引进的状况,加强本国技术能力以应对资本及技术贸易自由化的到来。"

从科学技术会议的答复报告中可以清楚地看到科学技术政策根据形势判断采取相应措施这一特点。科学技术会议1971年第五号答复报告中提出了"应对环境公害政策,强化可在生命科学等新一代技术革新中占得头筹的科学技术"的建议。1977年第六号答复报告中，提出了"加强应对石油危机带来的国际环境的急剧变化，同时也考虑医疗、福利等生活质量"的政策建议。但是20世纪70年代也是日本受石油危机影响，被迫进一步提高能源自给能力的时期，因此，也增加了以核能为中心的能源相关研究开发经费。此时科学技术厅的政策基本上就是发展以核能为中心的大型项目。

三、推动基础研究与制定科学技术基本计划

20世纪70年代末至80年代初，日本产业界的科学技术水平取得了长足进步，贸易顺差已成常态。就日本而言，追赶欧美的时代已经过去，进入了一个要求科学技术尖端化的时代。另一方面，日本的科学技术基础研究只是对外国技术"免费搭车"的批评也开始出现。日本的产业技术大多是在外国基础研究的成果之上进行改善并实现了商品化，而成为发达国家后，日本应在基础研究上进行投资。为此，科学技术厅较之过去进一步加强、扩充了基础研究工作。进入80年代后，推进尖端性及基础性研究的政策逐渐增多（很难定义什么叫基础研究，本章的基础研究是指研究的出发点并非没有具体的应用目的，而是作为研究成果可以发现并解析新的现象，构建新的原理及理论，创造出具有独创性的新技术等研究活动的总称。——参考：科学技术会议十八号答复报告）。

1981年，作为对重要研究工作进行综合调整的预算制度，创设了科学技术振兴调整费，扩充了政府内推动研究开发综合调整的财源。同年，在认识到探索科学技术源泉之重要性的基础上，设立了推动科学技术创造制度。这是在仅靠以往制度不足以支持基础研究的认识下，由科学技术厅创设、由当时的技术开发事业团（现由科学技术振兴事业团接替）实施的制度。这项制度集中于自然科学研究，研究方式为一个项目期限五年，研究场所通过租借现有研究设施解决，一个项目平均总的研究经费为15—20亿日元，研究者的标准规模为15人，由产学官各界的研究者集中进行研究。该制度重视研究者的流动性，在当时也属于划时代的计划。

其后，1984年科学技术会议的十一号答复报告对内阁首相今后十

年间科学技术发展方向的咨询进行了回答。其政策建议包括"振兴充满创造性的科学技术""振兴人类与社会和谐的科学技术""重视国际性的发展"等三个中心。其中,"振兴充满创造性的科学技术"与基础研究或基础尖端性研究的发展方向相关联。这表明重视基础研究的政策开始逐渐付诸于实施。

1995年《科学技术基本法》开始施行,进一步推动了日本科学技术的发展。其后制定了科学技术基本计划,增加了政府的科学技术预算。之所以制定《科学技术基本法》,是由于当时的日本苦于经济发展停滞,而试图将科学技术创造新产业作为解决方法之一。为此,要求在国民、社会的需求之上发展科学技术,并快速将其成果反映在经济和社会上。如后所述,科学技术基本计划比起纯粹的学术性研究,更注重有利于经济、社会发展的务实性科学技术。随后,各个领域的基础研究都得到了发展。为此,创建以来始终以核能为工作重心的科学技术厅逐渐在其他领域加强了政策力度。

1989年度科学技术厅的预算(普通会计与特别会计合计)中核能相关预算占60.4%。此后十年核能相关预算尽管也在逐年增加,但增加幅度却小于核能以外的其他预算。1999年度核能相关预算在科学技术厅预算中所占比例降至43.6%。

第三节　科学技术厅政策形成的基本过程
　　　　——创发与共鸣

科学技术厅在日常行政工作中即在各个职务层面上进行创发,并通过直线型管理系统进行决策。涉及全局、全厅的问题则由首席课、局长或官房进行协调。可以说厅内的创发与共鸣随时都在进行。

本节将简述政策创发中大规模开展的最具组织性的重要施策与科学技术基本施策研究会的工作。

一、正式年度政策形成过程——重要施策

与其他省厅一样,科学技术厅新出台政策的立案基本过程为制定下一年度重要施策及申请预算。始终关注新的研究动向,开拓重要性

与创新性的科学技术领域是科学技术厅的工作性质。科学技术的世界日新月异,必须随时掌握最新信息。而如果要将新信息变为政策取得成果,政策立案就需要非常细致的讨论与灵活的思想。因此,科学技术厅每年都会花费大量精力进行重要政策的立案工作。

重要施策的时间表大致如下:5月进行各局局内业务课的方案听证,6月上旬至中旬官房三课长对全厅各课进行重要施策听证,7月进行制定预算方案的会计课长听证,8月中旬制定概算申请案。这一重要施策与预算申请的过程与其他省厅基本相似,故不再赘述。

科学技术厅在制定重要施策中独具特色的工作是召开科学技术基本施策研究会。前述重要政策的制定是正式的政策制定,并决定下一年度的预算申请。与此相比,在重要施策制定之前,科学技术基本施策研究会则为科学技术厅干部提供了就科学技术厅新政策彼此交换意见、进行自由讨论的机会。下文将具体叙述科学技术基本施策研究会这一科学技术厅重要政策形成的特色。

二、科学技术基本施策研究会

1. 概要

科学技术基本施策研究会的主要目的是就下一年度科学技术的基本政策进行全厅性的讨论。科学技术基本施策研究会从1984年开始每年举行,由科学技术厅中行政职位仅次于事务次官的科学审议官领导,其时间安排在厅内讨论重要施策之前。基本成员除负责的科学审议官外,包括官房审议官、官房秘书课长、总务课长、会计课长、各局首席课长、科学技术政策研究所总务研究官、官房秘书课计划调查官、总务课计划官、会计课预算计划调查官等。官房总务课长出任主持,官房总务课担任事务局。

每年的科学技术基本政策研究会从重要施策制定的前一年年末即开始,这是因为很多情况下重要施策制定从每年1月左右正式启动。频繁的时期,会议每周召开一次,一次历时两三个小时。通常每年召开10—20次研究会,5月讨论基本结束。讨论结果将被总结为文件。根据需要,在正式成员外,研究会还会组成计划官与课长助理级别职员的工作小组,还会举办以科学审议官为中心的相关课长参加的学习会。

研究会的流程与进行情况如下:很多情况下,在研究会上将预先决定下次研究会的讨论课题,负责某个主题的课长对新的提案及构思进行说明,说明会进行 20—30 分钟并向参加者分发提要,随后开始讨论。

这种方法使得业务课的意见可作为提案得到充分的吸收。业务课制定提案时,其准备工作是由课组织进行的,但是在科学技术基本施策研究会上,成员之间却是在管辖范围之外、作为局内专家进行交流讨论的。一个主题根据需要可以在研究会上讨论数次,一次会议也可以讨论数个主题。最终报告由官房总务课形成文件,并采用参加成员一致同意的形式确定。

2. 科学技术基本施策研究会的创发与共鸣

什么样的政策课题会最先被认为是重要的并提出动议?科学技术基本施策研究会(以下简称基本施策研究会)中,既有作为领导的科学审议官作出指示、提出议题的情况,也有作为参加成员的某局首席课长提出动案的情况。在出现后者情况时,首席课长通过主管课掌握基层的意见并发挥代理人的作用。此外,也有出任主持的总务课长提交课题的情况。但总体上,科学审议官通过讨论流程提出课题的情况更多一些。基本施策研究会的议程设定既有自上而下的方式也有自下而上的方式。会议参加者通过达成一致的方式决定重要议题的情况比较多。此外,即使在研究会上经过讨论的议题或事项,也并非必定就会在研究会上解决并得出最终结论。

研究会讨论的特征为,进行交流的基本上都是从全局观点考虑可能重要的政策议题。因此在基本施策研究会上提出的议题并不仅从其管辖的主管局、课的角度,而是从全厅的角度进行讨论,并考虑政府的动向。

基本施策研究会的讨论内容很多情况下并不是以往的政策,而是如何制定新的政策。因此每年基本施策研究会的讨论内容并不是持续性的。一般而言,多数情况下是以上一年度的政策为基准,或称为渐进主义式的思维方式为前提对国家政策进行讨论。总之,以新增事项为中心进行讨论是基本施策研究会的特征。

3. 与重要施策的关系

基本施策研究会主要讨论下一年度的重要施策,如前所述在时间上讨论于5月末结束,6月初汇总出结果。基本施策研究会的讨论结果因为有非常明确的政策优先度,因此对厅内各课的重要施策制定工作影响较大。在讨论过程中,对于被认为是重要的事项,因主管课长需要在基本施策研究会上进行说明,所以主管课会进行有关资料的准备工作。在这一阶段,可以说已经在为重要施策的制定进行事先准备了。由于与会者会在基本施策研究会上从全局角度出发加以评论,因此主管课可以将厅内的各种意见纳入重要施策的修正案中。此外,政府全体的科学技术方针及走向等也会在基本施策研究会上得到充分的讨论。

如上所述,基本施策研究会的讨论将会充分吸取业务局业务课的意见,此时还会尊重所管法人、研究所等的基层意见。反而言之,研究会的讨论内容也会影响业务局业务课,从而有助于重要施策的形成。

基本施策研究会的结果反映到政策中的一个具体事例是2000年度预算申请在生命科学有关部分中将"染色体组研究"作为重点。其中包括开展重视遗传基因个人间差异的定制医疗的基础研究工作。这是1999年度基本施策研究会的讨论结果,并被列为科学技术厅的重要施策。2000年度基本施策研究会将发展信息科学技术作为重点之一,这也部分归功于政府将IT产业作为发展重点。

科学技术厅还会在平时每周另行召开各局首席课长为主要成员的一课长会议,并视其为正式决策过程的一环。实际上一课长会议与基本施策研究会的成员重复者很多,但基本施策研究会与一课长会议不同,可以进行不考虑组织关系的讨论,因此具备跨局展开深入讨论的良好环境。

第四节　案例研究——《科学技术基本法》与科学技术基本计划的制定

一、《科学技术基本法》的制定

1995年11月,《科学技术基本法》公布并开始实施。这是议员立法的产物。但是,有关科学技术的基本法早在1968年即已向国会提交(因未完成审议故成为废案),在科学技术厅内部也进行过研讨。在这个意义上,科学技术厅内部已存在科学技术基本法的思路,但却没有获得外部的共鸣。时隔数年,日本陷入泡沫经济后的不景气状态直接导致了1993—1994年日本民营企业研究开发经费的减少。这也是长期以来始终保持增长的研究开发经费受到泡沫经济破灭影响的结果。而同时与主要发达国家政府对研究开发的投资比率相比,日本仍属较低水准。因此,为了刺激经济,政府有必要振兴科学技术发展的认识日益增加。而国会中将日本未来寄予科学技术的呼声也日益高涨。在政治的影响下,《科学技术基本法》历经多年终于得以面世。

《科学技术基本法》第9条规定,国家为了推进综合性的科学技术发展,应制定科学技术基本计划。同条第3项规定,政府在制定科学技术基本计划时,必须事先经过科学技术会议的讨论。由于科学技术会议的事务性工作由科学技术厅负责,因此科学技术厅承担了制定科学技术基本计划草案的任务。

二、科学技术基本计划的制定

1. 概要

科学技术基本计划是就推进研究开发的综合方针及研究设施建设等方面进行综合性规划的政策。制定这一计划在科学技术行政方面具有划时代的意义。

现行的科学技术基本计划于1996年7月经内阁会议决定,为1996年度至2000年度的五年计划。

该计划最大的特色是提出了五点综合方针。第一,明确了推进研究开发的基本方向,提出了推动满足社会、经济需求的研究开发目标,并将为创造新产业等扩大经济前沿领域及建设发达社会经济基础作出贡献作为重要内容。此外,计划的目的不仅在于研究,还包括推进基础科学的发展以及重要领域的研究开发等。

第二,构建新的研究开发体系。包括建立创造性的研究开发体系、产学官的合作交流体系以及进行严肃、公正的研究评估等。

第三,实现理想的研究开发基础。包括更新研究设施、加强信息基础建设等。

第四,推进科学技术教育以及促成国民的共识。在拉近国民与科学技术之间的距离、创建国民对科学技术抱有强烈关心的社会环境的同时,力争国民就发展科学技术达成共识。

第五,这也是与科学技术基本计划关系最为密切的有关各方关心的问题,即在将政府研究开发投资比率提升至与欧美主要发达国家同等水准的思路下,1996年度至2000年度的科学技术相关经费总额将达17兆日元,明确了预算上的数额目标。在财政状况日益严峻的情况下将大幅度增加预算的内容写入正式文件,这在过去的科学技术行政工作中几乎是不可想象的。因此,将数值目标记入文件极大地提高了科学技术基本计划的意义。

2. 制定经过

根据《科学技术基本法》的规定,计划由以内阁首相为议长的科学技术会议提出咨询(1995年11月末)为开端,并在约七个月后科学技术会议决定科学技术基本计划答复报告这一期间制定。

科学技术会议与科学技术厅的关系大致如下。科学技术会议由内阁首相出任议长,成员包括大藏、文部、经济计划、科学技术4位阁僚、日本学术会议会长以及5名专家学者。会议日常工作由科学技术厅科学技术政策局承担(大学的研究工作等由科学技术厅与文部省共同负责)。科学技术会议的大会并不经常举行,而是由大会领导下的各种委员会及部会开展实际活动。

科学技术基本计划的审议由科学技术会议综合计划部会负责,更为详细的审议则由综合计划部会基本问题分科会负责。综合计划部会的委员除科学技术会议的6名成员外,还包括经济界中理工科出身者、大学教授及研究机关的负责人等26名。负责审议科学技术基本计划的基本问题分科会主任由科学技术会议议员担任,委员包括经济界理工科出身者、大学教授以及研究者等18名。基本问题分科会从1995年12月到1996年6月期间共召开了15次,在此期间还为各界专家提供了发表意见的机会,有关省厅还举行了听证。在进行了精心审议之后,形成了科学技术基本计划答复报告。此外,综合计划部会也召开了3次。在召开会议、进行议论的过程中,科学技术基本计划在获得众多科学技术专家的认可后终于成型。

科学技术厅还为科学技术基本计划的制定工作设立了负责室。1992年科学技术会议十八号答复报告明确了科学技术的基本路线,而科学技术厅则需要考虑如何将基本路线落实,并按照这个方向讨论科学技术基本计划的草案。实际上,十八号答复报告成为科学技术基本计划的框架,这个答复报告表明了新世纪应发展的科学技术政策的基本方向,即"地球与人类和谐共存""扩大知识储存""构建可安心生活的富裕社会"等三个目标。作为建设、强化沿着这个方向推进科学技术活动的体制及条件的政策,答复报告提出了扩充科学开发投资以及加强研究开发基础的构想。其中,扩充研究开发投资是制定科学技术基本计划的焦点所在。

3. 决定总额——政府科学技术相关经费5年间17兆日元

1992年科学技术会议十八号答复报告中表示,为了完成必要的目标,"将努力尽早将政府的研究开发投资增加一倍"。但是,"尽早"是什么时间概念并没有明确。于是,什么时候付诸于实施就成为科学技术行政工作最关心的问题之一。而这也迎来了制定科学技术基本计划的大好时机。在计划的草案中,写明从1996年度开始的5年里,也就是到2000年度科学技术相关经费将增加一倍,这可谓政策创发活动。这里的增加一倍是指在十八号答复报告提出的1992年度科学技术相关经费2兆1000亿日元的基础上增加一倍。

但是,大藏省对此提出了反对意见。其反对的根据是,预算增额的必要性并不明确,在五年后的财政状况尚不明朗之际就将未来的支出写入计划中有一定难度。实际上,各省厅中哪些预算属于政府科学技术相关经费并不明确,这的确是一个问题。

对此,科学技术厅要求需要科学技术预算的各省厅设定今后五年间将进行何种研究计划,并计算所需预算。计算结果表明五年后政府全体需要超过 4 兆日元的经费。同时在事务工作上也努力就政府研究开发经费的定义进行磋商。

在磋商期间,科学技术厅、文部省、通产省等推进科学技术的各省厅逐渐就 2000 年度科学技术预算额定为 4 兆余日元达成共识,从而形成了共鸣。

支持推进科学技术的国会议员也讨论了这一问题,政治层面也掀起了积极讨论在科学技术基本计划中记述科学技术相关经费内容的热潮。如果 2000 年度的科学技术相关预算为 4 兆余日元,且从 1996 年度起每年的增加额递增,那么 5 年间需 17 兆日元。而大藏省则判断,将 2000 年度单年度的预算额作为目标数字难以接受,但如果记述为包括补正预算在内的未来五年的总额则可以考虑。1996 年 6 月下旬决定科学技术基本计划的最终阶段这个预算额终于得到确定,使该计划与预算实现了配套。

综上所述,政府研究开发投资翻番的想法长期存在,1992 年科学技术会议十八号答复报告中尽管没有具体数字却成为努力目标。而议员立法形式制定的《科学技术基本法》以及科学技术基本计划的出台促成了预算额以数值的形式被写入政府计划。科学技术厅在与财政当局进行事务性磋商的同时,寻求与其他相关省厅的合作,就具体预算额取得各省厅间的一致,并获得了国会议员的支持,才最终在政府层面上就长期设想的扩充政府研究开发投资的具体数值目标达成了共识。

第五节 科学技术行政的课题与展望

2001 年起,科学技术厅与文部省合并成为文部科学省。科学技术会议也成为综合科学技术会议。随着今后自然科学与人文、社会科学间间隔的缩小,以自然科学为主体的现行科学技术行政工作有望与人文社会科学的行政工作产生相乘效果。

"科学技术政策"大体上具有两个含义,即"振兴科学技术的政策"以及"为了实现政策而振兴科学技术"。在科技立国的口号下,20世纪90年代后期科学技术预算得到大幅度增加。可以说当时这两个目标已经实现。由于日本公立研究系统的基础不足,因此相当一部分精力被用于构建公立研究系统。科学技术的研究并不是自善其身自我完结即可,而应回报社会。因此,"振兴科学技术的政策"以及"为了实现政策而振兴科学技术"不应只追求其中一个方面,而应通过实现其中一个目标来促进另一个目标的实现,从而形成良性循环。

今后的课题是如何将已取得进展的科学技术转化为世界通用的研究成果。继续对科学技术进行投资很有必要,同时,为了确保投资效率也应决定发展的重点并进行战略性的资源分配。另外,科学技术的发展促成了何种社会进步和改善,或者说实现了什么样的政策目标,这些都应向社会进行易于理解的说明,否则为何要发展科学技术将会受到社会不断的质疑。

在科学技术的各个领域,专家都会主张其自身研究的重要性,为此,判断什么技术重要实为难事。此外,科学技术的结果预测也很困难。科学技术的研究会产生意想不到的结果,而研究也总是伴随着失败。但研究亦有可能取得难以预料的进展,获得意想不到的成果。因此需要在难以预测的状况中去发现重要的研究。

可以说长期以来,科学技术行政工作既是研究的当事者,同时也十分重视研究成果直接使用者——科学界的意见。将来如何将不断增加的社会需求反映在科学技术行政中十分重要。社会价值观是随着时代的变迁而不断变化的,人的思维方式各异更会增加问题的难度。但是,这些却是不可回避的。为了发展与社会各种需求相适应的科学技术,有必要将科学技术的需求与社会需求有效结合起来。如何实现这一结合也将是今后科学技术行政的重要课题。

第二章　环境厅的政策形成过程

森本英香　川上毅　小紫雅史　东条纯士　内藤冬美
中山元太郎　牧谷邦昭　增泽阳子
松井亚文　吉野议章

2001年7月,环境厅创立三十年之际却没有迎来三十周年,而是在2001年1月6日起作为环境省开始了新的征程。环境厅随着环境问题的变迁,通过不断的改善与努力,不断追求变化与成长。即使升格为环境省之后,也仍在成长的过程之中。本章将论述三十年历史中环境厅的政策形成模式,并在此基础之上描述2000年的状况。此外,本章将写作重点集中于环境厅固有的特点而对各省厅共同的过程只进行简单叙述。

第一节　环境厅的职能与组织

环境厅在中央省厅改革前的1府22省厅中,是仅次于国土厅的新官厅。为此,决策规则的制度化多仿效既存省厅,其中受厚生省的影响最大。

但同时,在成立以来的三十年历史中,环境厅也逐步形成了自己的风格。

(1) 摆脱各省厅的影响——新建省厅的特征

在人们还没有认识到环境行政工作是独立行政领域的1971年,各种公害问题已呈危机之势,而环境厅也是在这一背景下成立的。其职能权限均来自各省的转让,成立时的编制也是由各省厅调动来的职员组成。因此,在实际工作中受其他省厅的影响很大。

其后,环境省录用的职员不断增加。此外,在国民对环境政策的支持以及国际大潮流的背景下,环境行政逐渐开始发挥其独立性,形成了独自的行政风格。

今天,各省厅间沟通增加所带来的价值观多元化促使以青年职员为中心的、超越纵向分割的行政官员意识不断高涨,通过人事交流逐步形成建设性的关系。

(2) 因规模小带来的机动性

与其他省厅相比,环境厅规模很小,成立时为 502 人,三十年后的现在也只停留在 1000 人的编制上。

与环境问题的重要性及多样性相比,环境厅的组织规模受到了批评,但同时其机动性,特别是决策的快速性始终受到好评。

比如,在对出现的环境问题进行处理时,频繁采用超越"组织"的处理方法(比如组成跨局的项目组),并形成了简洁的决策机制(项目组长—局长、官房长—事务次官—大臣)。

一、环境厅的职能

1. 成立之初

环境厅在成立之初,除了从各省厅中划归而来的公害管理工作及从厚生省中划归而来的国立公园管理工作外,还新追加了以下的工作内容。

其一,除预防公害外,还将就包括保护自然在内的环境基本政策进行计划、立案与推动。

其二,有关环境保护工作的综合调整以及对经费估算方针的调整等。

其结果,成立之初的环境厅拥有公害对策(以规制为主)、保护自然(以国立公园的管理等为主)、政府内部的综合协调等三个主要职能。

其中,公害对策包括厚生省移交的大气污染对策、经济计划厅移交的水污染对策工作。自然保护包括厚生省国立公园部管辖的自然公园、国民公园的行政管理工作,有关温泉的行政工作,林野厅的野生动物保护以及狩猎行政工作等。

环境厅设置的机构与管理的各领域相对应,包括进行综合调整的计划调整局以及负责各领域行政工作的自然保护局、大气保全局以及水质保全局。

2. 逐渐融合的过程(转型—融合过程)

针对不断变化的环境问题,环境行政工作逐渐相互融合并展开了合作,其重要转型期是20世纪90年代前期。这一期间,正如里约热内卢峰会上全球环境问题成为峰会主题等所显示的,环境问题逐渐成为全球性政治问题,而日本国内也正在制定《环境基本法》。

全球环境问题日益受世人瞩目,人们逐渐认识到,各种环境问题的根源在于社会的运作方式(资源浪费型社会)。由此每个环境问题之间的界限逐渐消除,融合进程不断加速。

以下几点可反映出这一融合过程:

(1) 公害行政与地球环境行政

很多公害问题起因于有害化学物质。今天,环境行政工作正从以大气、水等每个媒介为对象的分类行政管理逐渐转向"化学物质管理",并进而在国际合作的背景下通过POPs条约等发展为全球环境管理机制。

此外,在重视化学物质的同时,确保产品的环境安全性、向生产环境负荷小的产品转型也成为大趋势。

(2) 保护自然行政与地球环境行政

自然保护也从国立公园等地区管理转向保全生态系统,从地区性生态系统转向保全全球生态系统。

(3) 基于法律程序与综合计划的公害对策、自然保护与保全地球环境政策的融合

《环境基本法》的核心是环境基本计划。这个计划尝试综合考虑各种活动对环境产生的影响,以规划降低环境总体负荷的蓝图。尽管

根据计划制定的政策实施时的有效性仍存在问题,但可以认为这是一次政策融合的尝试。此外,制定了《环境影响评估法》以针对具体的开发活动,通过对环境影响的评估逐步构筑综合降低环境负荷的体系。

(4)体现重大方向性的环境省的设立

环境省进一步将处理废弃物的行政工作与以往的公害、自然保护、保全地球环境等方面的行政工作加以融合。

二、环境厅的组织

1. 组织、编制

环境厅的组织包括大臣、政务次官、事务次官以及长官官房、计划调整局、自然保护局、大气保全局、水质保全局、地球环境部以及环境保健部等1官房4局2部。官房中设置2名审议官,共有24个课。

附属机关(设施等)包括国立环境研究所(2001年4月起成为独立法人)、国立水俣病综合研究中心等。此外,在全国还有自然保护事务所和其下的自然保护官事务所,以及新宿御苑、京都御苑等国民公园等的管理事务所。

编制包括研究所在内2000年为1022名。

2. 各部门成立发展经纬

(1)从公害对策总部到环境厅的设立

伴随着经济高速增长而出现的公害问题日益深刻,在《公害对策基本法》实行三年后的1970年7月,在内阁成立了公害对策总部,以负责就公害问题对各有关行政部门的工作进行综合协调。作为环境厅的前身,总部由各省厅调动而来的20余名职员组成。

在公害对策总部的努力下,同年11月开始的第六十四次国会(被称为"公害国会")制定或修改了与公害问题有关的14部法律,但同时也指出各省厅在环境政策上的权限分散可能导致效率低下,而优先产业利益也使得省厅之间缺乏配合。为此一部分主张认为有必要实现对公害的一元化管理以及建立常设的行政组织并成为政策中枢。

1970年末在佐藤首相的决断下,环境厅开始筹建并于第二年的

1971 年 7 月正式开始工作。

成立之初的组织为长官官房、计划调整局、自然保护局、大气保全局、水质保全局等 1 官房 4 局,19 个课,编制为 502 名。

此后环境厅的组织框架直到 2000 年都没有什么大的变动,在三十年的历史中只是为了应对环境变化而增设了两个部。

(2) 创设环境保健部

在环境厅创设之前即已开始讨论对公害受害者采取救济措施。1969 年,作为临时性的紧急措施,出台了《公害健康受害救济特别措施法》,明确了以企业等交纳的支付金及公费为财源对法律认定的受害者医疗费中的个人负担部分提供补助的政策。但是,这一法律存在着缺乏对逸失利益进行补偿等问题。1972 年 10 月,在引进无过失赔偿责任制度后不久,计划调整局设立了公害赔偿补偿制度筹备室,开始正式探讨公害造成的逸失利益补偿等民事责任的行政救济制度。其探讨成果就是第二年 9 月开始生效的《公害健康受害补偿法》。

该法生效后,为了充实与加强这方面的工作,1974 年 7 月在计划调整局新设了包括 2 课 1 室(现为 2 课 3 室)的环境保健部。

(3) 创设地球环境部

环境厅创设后不久,为了加强其管辖的行政领域与海外的联系,在长官官房设立了国际课。而尽管 1972 年罗马俱乐部发表"增长的极限",斯德哥尔摩召开了"国际人类环境大会"等,但当时对"全球环境问题"的关注尚未普及。

但是,自 1987 年提出"可持续性发展"的概念以来,国际上对这一问题的关注日益增加,日本也于 1988 年 5 月成立了"全球环境保护问题内阁会议",7 月环境厅长官被任命为全球环境问题主管大臣,并在计划调整局下设立地球环境保全室负责与此相关的日常事务。

但是,对全球环境问题的关心并没有止步于此,内阁会议上也提出了加强环境厅的问题。1990 年 7 月,长官官房国际课、计划调整局地球环境保全室、大气保全局广域大气管理室合并,在计划调整局下设立了由上述 2 课 1 室组成的地球环境部。随着环境省的建立,地球环境部也改组为地球环境局。

3. 组织特色

（1）决策主线

环境厅事务方面的决策中,有关横向性的重要事项以事务次官、计划调整局长、官房长的方式决定。这是由于直至事务次官的请示基本上形成了"官房长—计划调整局长—事务次官"的惯例,其他各局则为业务局。其背景在于环境厅是作为政府环境政策计划立案与促进的综合调整型官厅而成立的。

（2）成立项目组的偏好

通常如果某项工作已形成共识,一般由在组织中与此关系最密切的部门处理。但是,由于某个部门、编制无法完成庞大的工作量,环境厅经常会组织项目组。

为准备立法组成项目组的情况较多,特别是近年来组建项目组的趋势越来越明显。

这些项目组目的明确,并且以法律等看得见的形式产生成果,小组成员的积极性也十分高昂。另外,小组与干部直接联系的情况较多,在决策的速度上也比通常更为迅速。

（3）近年的变化

在环境省的决策过程中,官房的指导性作用非常强。即使升格为环境省后,大臣官房与接管计划调整局的综合环境政策局的关系在管辖内容上有所变化,但实际运作中仍可以发现大官房主义的倾向。

举例而言,环境省建立之后第一年（2001）的重点施策就是在官房的强力指导下决定的,并根据这一政策制定了预算申请。以往十分重视协调各部局间意向的调整型重点施策却通过这一官房的参与过程明确了预算分配的重点。

三、环境厅的人事管理系统

环境厅的职员全部由厅机关录用。录用的职业种类繁多但大致可分为四类,即作为行政职务、法律职务、经济职务录用的事务官团组,以土木职务、化学职务为主的理工系列技官团组,园林职务等自然系列技官团组以及普通事务官团组。

除此之外,因应对公害系列疾病等的健康影响、削减与汽车构造密切相关的尾气排放等需要专业性的职位,则分别由厚生省调动而来的医学系列技官、运输省调动而来的机械工学系列技官出任,各种官厅及自治体调动而来的职员也占很大比重。

环境厅录用的各种职务均有一定的工作领域。法律经济系列事务官主要负责法令制度的计划立案等政策管理,普通事务官则负责预算、决算以及人事组织等政策运作所需要的资源管理。事务官会被分配到主管特定领域的业务课、业务室,以促使其加深对环境政策的理解。此外,有些职员也会因其在某领域的某种程度的专业性而仅在相对有限的部门之间调动。

理工系列的技官主要与各局业务课、业务室等相对固定的工作领域关系较为密切,并在行政工作中运用其专业知识。同时,为了避免这些技官仅成为某单一领域的专家,会考虑安排其从事更为广泛的工作。

但是,与事务官一样,有些职员也会在职业生涯中因其对某领域具有某种程度的专业性而仅在相对有限的部门之间调动。

负责保护国立、国定公园等自然环境的自然保护行政部门管理着国立公园等基层工作,直接接触基层,这在环境行政中也颇具特色。自然保护行政主要由被称为"国立公园管理人"的自然系列技官负责。其职业生涯一般是以自然保护局及自然公园等基层事务所为中心,同时也会利用其专业知识活跃在国际社会等各个领域。

第二节 环境行政课题的变化及政策形成模式的变化

一、公害对策(问题解决型行政)

日本从明治时期开始就因发展矿业而产生了环境问题,并也曾进行过管理规制,但现行环境行政的原型却是在战后经济高速发展期间急速出现的公害问题及其克服过程中形成的。

20世纪50年代后期到70年代初期陆续发生了水俣病、疼痛病、四日市哮喘等由公害引起的疾病,各工业地区的大气污染、水污染进一步恶化,对国民健康及生活环境产生了深刻影响,与此同时,各种开发也导致了自然环境的恶化。与此相对应,防止公害的国家政策从20世纪60年代开始步入正轨,《公害对策基本法》的制定(1967)、公害国会(1970)中制定修改了14部与公害有关的法规以及成立环境厅(1971)等可谓划时代的举措。成立后的环境厅首先被人们所期待的就是加大处理公害问题的力度。

公害对策具有几个特征。其中之一就是以直接规制为主。以公害对策法律的代表《大气污染防治法》为例,该法设置了一系列规定与限制:①规定了产生煤烟设施设备的种类。②设定了煤烟的排放允许限度。要求装备产生煤烟设施时需进行申报,为了敦促排放者遵守排放标准,必要时行政方面可要求其改变计划。③设置后,根据改善命令以及处罚规则,确保遵守标准。为了在一定程度上限制环境污染的源头,设定定量标准,并通过处罚规则加以保证,这是典型的公害规制手段。由于有必要确定发生隐患的某种被害现象与特定排放物质之间的因果关系,并据此决定特定的排放允许限度的政策成本很大,因此规制对象者及对象物质均倾向于限定性的。

第二,问题发生后才进行处理的事后处理性较强。成为规制对象的都是出现了某种受害情况,或很可能导致污染的物质。出现污染的大气、水等受到关注并被各种法律规制的现象也时有发生。此外,除了排放规制外,还加强了对受害实施救济的法律制度建设。

第三,重视公害直接起因者的责任。除颁布《防止公害事业费企业负担法》外,在《大气污染防治法》中也加入了发生危害健康的情况时有关排放企业无过失责任的规定。

第四,直接管辖公害等问题的基层单位、接到市民直接投诉较多的地方共同团体,在国家政策出台前即制定并实施了一系列新对策。各地制定的公害管理条例对其后国家公害规制法律的出台发挥了极大的借鉴作用。此外,在公害健康受害的救济措施上,也是地方公共团体先于国家开始解决的。

最后,居民运动在推动公害对策中发挥了重大作用。比如,临海工业联合体的使用地就是因为当地居民担心产生公害问题而群起反对才最终终止,并成为政府积极开展公害对策的动因之一。

简单而言,公害所在地的居民、地方公共团体首先采取行动,并推动政府采取措施,制定公害对策。其首要目的是防止危害的发生,并在危害发生后开展恢复工作,也可称为"解决问题"。由于存在着发生危害的可能性,因此才有可能并允许采用直接规制等强制性较高的对策手法。

综上所述,由于行政采用"问题解决型"方式,因此环境厅内的政策形成过程中基层型处于相对优势的地位。

二、环境问题对策(向计划型行政发展)

进入20世纪80年代后,在严重的公害日益改善的同时,各种与以往不同的环境问题开始受到关注。其代表就是产生于交通及家庭等小规模、分散性单位的城市及生活型公害,或者是臭氧层破坏、地球温室化效应等全球性环境问题。近年来环境问题的特征是,多起因于市民的普通日常生活以及企业等的日常经济活动,其影响也波及包括产生者在内的极为广泛的范围。而全球性环境问题在可能产生极大影响的同时,也仍存在着很多科学尚未解明的问题。

在这一背景下,20世纪80年代环境厅基于综合治理及防患于未然的认识开始摸索新的环境行政政策。从"联合国环境与开发大会"召开后的20世纪90年代起,新的摸索步入正轨。1993年制定的《环境基本法》中,环境行政超越了以往处理公害、保护自然的内容,而重组为包括保护全球环境在内的新的整体性政策框架。

20世纪90年代后环境行政的特征可归纳为以下几点。首先,行政手段的多样化,特别是非直接规制手段的比重在不断增加。比如,《环境影响评估法》(1997)与《关于促进掌握及管理改善特定化学物质排放量工作的法律》(1999),通过增加履行一定的义务等间接影响环境问题。此外也重视灵活运用环境教育及学习、促进企业自主性、利用商品标识等信息及市场等引导性的方法。方法的多样化也反映了行政重点从对症下药、事后处理向预防性处理转型,环境行政的对象正在扩大。

第二,提出展望及理念愈发重要。与针对特定主体要求的特定行动不同,循环型社会的形成、地球温室化对策等都是描述旨在改变经济社会整体动向而应实现的基本理念以及明确将来理想状况的概念，这也为今后推出相应对策提供了平台。展望与理念会在"基本法""基本计划"中加以具体表述。最新的例子是推动《建立循环型社会基本法》的制定。

第三，在控制环境负担方面，不仅针对部分污染物质排放者，对各经济主体也提出了相应的要求。比如生产制造厂商在其产品被废弃时也负有一定责任，即"扩大生产者责任"的政策思路无论在社会还是制度上都逐渐得到认可。此外，普通市民尽管被认为是严重公害的受害者，但从全球环境的角度看，同样也对环境造成了不可忽视的负担，因此采取了促使市民改变其生活行为方式的政策。

第四，国内政策与国际政策动向日益不可分离。环境厅就是在国际社会中环境行政工作日益加强的潮流中诞生的，建立之初就始终关注国际环境保护的动向。从引进环境影响评估及化学物质对策的过程中即可看出这一点。今天，在环境问题上采取全球性政策的必要性进一步加强，设定国际性目标及行动规范，并在此基础上决定国内政策的情况也在增加。

如上所述，在"环境保全行政"中，比起解决个别问题，描绘将来的愿景，并为其实现促成多方合作十分重要，并且有必要从预防的观点出发，在问题远没有显在化之前通过国际合作制定对策。在这种状况中，环境厅在追踪新科学及国际动向的基础上提出总揽式政策的计划型政策形成方式就变得相对重要。

三、摸索中的实验性手段（先驱型）

改变国民生活习惯及商业习俗对于环境问题的解决是必不可少的，在环境负担型社会转型的今天，降低环境负担、恢复环境的技术开发及其普及不可或缺。为了验证并推进尚未明确是否可实用化但富有独创性的技术与对策，环境省也开展着各种试点工作。比如电动汽车的使用验证、大气污染物质的土壤脱硝等。

此外，在低环境负担型商品与技术方面，也在进行环境评估实证工作，并努力开拓新的行政方式。比如，最近在生物燃料等低公害汽车新型燃料领域，就进行了减少尾气排放的效果以及对在使用尚无明确效果的新型燃料时是否会产生有害气体的调查工作。

对于环境省而言,这些实验工作是为了尽早验证环保技术,并将其运用于厅机关政策及向其他省厅提出建议的重要行政手段。

第三节　环境厅政策形成基本过程

一、一般政策形成过程

1. 会议

环境厅的例会种类较多。全厅性的会议包括总管助理会议(官房助理、各局、部的总管助理)、总管课长会议(官房课长、各局、部总管课长)、局长会议(事务次官、官房长、各局长、各部长)以及干部会(大臣、政务次官、事务次官、各局长、各部长),这些会每周召开一次。此外各局、部会召开局(部)内会议(局内各课、室长、计划课总管助理),每周一次,各课、室内的课、室内会议也每周召开一次。

这些例会的主要目的是在各个级别上共享信息并进行一般性的意见交换。就特定政策进行决策的事例极为罕见。会议的中心议题是各局、部(课室)就重要事项进行报告、说明,全厅会议的内容会在局、部内会议上随时通告。

另一方面,厅议(成员与干部会相同)进行形式上的厅的决策,在此决定重要事项、预算申请等与全厅性政策相关的事项。

2. 个别政策的政策形成

个别政策的政策形成过程通常如下。首先,由负责该项政策的负责者起草草案,经过主管助理、总管助理、课室长的许可后作为课、室的决策,随后草案将送至局、部的计划课,经过总管助理、总管课长的批准后,经局长、部长的许可后成为局的决策。其后经官房的批准最终成为环境厅决策。

这一过程并非只是直线或单向的,如果是主管者之外进行创发、或是决策级别中的上级进行创发时,顺序可能会颠倒。此外,如果与复数的课、局有关,将会在过程中加入相互协调的过程。

除法律上规定负有义务的情况外,在一些重要政策问题上,环境厅会向中央环境审议会进行咨询,在调查审议并获得答复报告后,再作出最终决定。在局、部的决策过程中,很多情况下以局长咨询的方式组成由学者、NGO、有关企业代表等参加的讨论会并制定草案。

二、机动性政策形成过程

1. 项目组

除了上述的一般性的政策形成及决策过程之外,有时还会组成"项目组",以小组为单位进行政策的制定与实施。有必要组成项目组多在①作为目的的政策对象范围广泛,牵涉的部局(课室)众多,对外协调也较为复杂;②有必要在较短时间内进行重要的政策制定等通常的组织体制难以应对的情况下成立。

特别是环境厅的政策多注重理念与框架性(因此政策对象涉及面广泛),环境政策不断出现新的领域,以及环境厅的组织规模较小等因素都使得环境厅有必要超出局部,进行机动性的职员配置方可充分应对随时出现的重要问题。这可能也是多采用项目组方式的背景之一。

举例而言,项目组包括:①设计及引进基本综合性制度而成立的环境基本法、环境基本计划、循环政策等项目组;②即使是相对限定性的主题,但为了制定法律草案而组成的项目组。①是全厅性进行组织,②则是以某个局内的成员为中心进行组织。项目组的名称一般采用"某某筹备室""某某组"等。

2. 项目组的组织与功能

项目组如果是多局合作性质的,由事务次官指名决定,如果是局、部内部的则由局、部长指名并决定。项目组成立的最初阶段,小组成员仍在原属课室工作,同时从事项目组的工作。但是,随着工作日益集中,项目组也开始拥有独立的办公空间。如果是局内的项目组,则在局内分出一部分空间。如果是多局合作性的项目组,则会提供会议室等作为专用办公室。这样可以与一般性工作分开,并使得小组的内部意见疏通更为流畅。

一般项目组由室长(课长级别)、主查(课室长级别)若干名、室员

(课长助理、系长、系员级别若干名)组成。室员并不像通常课室那样形成固定的上下级关系,而是以个人或小组为单位分担工作。由于作为一个团组服务于一项政策的形成,因此内部会议、交流频繁,并在此进行总体协调及决策。同时,为了确保机动性,多采用自上而下的决策方式。

第四节 环境厅政策形成过程——案例研究

一、二噁英对策——基层应对型的政策形成

在日本,二噁英类物质的污染成为社会问题源于1983年某研究者公布的垃圾焚烧厂烟灰测定结果。

环境厅从1993年《环境基本法》制定以后,开始正式推进化学物质的环境风险对策。

首先,大气保全局从1994年开始探讨有害大气污染物质对策(预防长期置身于多数低浓度有害大气污染物质下对健康之影响的对策),在有志之士组成的讨论会等讨论结果的基础上,1996年1月获得中央环境审议会的答复报告后,同年3月向国会提交了《大气污染防治法》的修改案(同年6月生效),在以该法为中心的对策中,二噁英物质成为22个优先应对物质之一。环境保健部也从1995年开始设立由专家组成的恳谈会探讨环境保健行政工作的新方式,1996年6月完成的恳谈会报告书中,建议扩充对风险的评估及系统综合地推进风险管理。

1996年2月,环境厅公布了香川县丰岛非法扔弃工业垃圾造成的二噁英污染状况调查结果。环境厅长官在公布结果时表示将积极采取措施处理二噁英污染问题,从而与上述推动有害大气污染物质对策、环境风险对策形成共鸣,此后大气保全局与环境保健部联合确立了对二噁英污染进行正式"风险评估"与"风险管理"的方针。

1996年5月成立了"二噁英风险评估讨论会"和"二噁英排放控制对策讨论会"。经过一年的讨论,1997年5月分别发表了最终报告书。报告书设定了有关二噁英的"健康风险评估指标",并建议为了确保其有效性,有必要将二噁英列入修改后的《大气污染防治法》的指定物质

名单,并推进排放控制政策。在收到最终报告后,中央环境审议会就二恶英排放控制对策的具体方式进行了审议,1997年6月得到答复报告后,同年8月修改了《大气污染防治法施行令》,将二恶英划定为指定物质并规定了排放控制标准。

在此期间,从政府内部进行协调的观点出发,环境厅与厚生省的调整、合作最为重要。厚生省在1996年6月已经发表了二恶英的测试数据值(TDI),但环境厅的"健康风险评估指标"却比厚生省更为严厉,在国会还出现了质问这两个数值为何不同的场面。但是,随着与修改大气污染防治法施行令同步进行的对《废弃物处理法施行令》的修改,进一步完善了政府在这一问题上的对策体系。

二恶英对策一贯以主管部局(课室)为中心进行政策形成及厅内外的协调。促成重视这一问题的背景中可能存在着自上至下的因素,但可以说正因为与地方及基层推动的政策保持了方向一致,才使得政策形成成为可能。

1997年后,在行政措施不断取得进展的同时,国民对二恶英污染及其对健康的影响愈发不安。1998年能势町出现新的二恶英污染使这一问题再次成为社会热点,随后电视台对埼玉县所泽市农产品受到二恶英污染的可能性进行了大量报道,社会对二恶英的不安达到了顶峰。

在国会也不断提出二恶英问题的状况下,政府推动二恶英对策的必要性进一步加强。1999年2月,二恶英对策阁僚会议成立,3月制定了"二恶英对策基本指针"。此外,议员提案的"二恶英类对策特别措施法案"也提交国会,并于1999年7月生效。

二、2001年度重点施策的制定——官房主导型政策形成的发展

环境厅长期以来坚持小官房主义的决策风格,即在重点施策的制定过程中,基本上以各局为主体进行立案,官房则检查各局制定的施策方案,从各局的方案中选取重点施策,并通过明确重点施策总结出全厅的政策方向。当然,官房在选取施策之际,不仅是会计课对个别项目进行审定,有时也会从确定环境厅政策方向的角度对各局的政策立案工作发出指示,但总体而言官房的姿态是被动的。

但是,随着省厅重组后环境省的成立,在 2001 年度重点施策的制定过程中,官房发挥了主导作用。

这一现象是为了应对环境行政范围对重点化、效率化的广泛需求以及各局间的横向配合愈发重要的现状。

首先,试行了自上至下的立案方式,即对各局总管课等进行单独听证,确认五年左右的中期政策议题。之后官房提出约十个领域作为重点施策方案。

随后,官房指示各有关方面采用为骨架添加肌肉的方式就重点施策方案应具体包括哪些内容进行讨论。

另外,干部、各局总管课长级别的讨论与上述过程同步进行,根据需要,通过征求负责人意见等方式对重点施策的框架进行追加、修改,并形成全厅的共识。

6 月以后,各局就 2001 年度预算概算申请向会计课进行说明的过程中,开始 2001 年度所需预算的计算工作,同时确定重点施策在 2001 年度的具体内容。

通过官房制定环境省应采取的政策方向,将有可能促使行政工作更为重点化与效率化。此外,环境省成立后还逐步采取政策评估制度,以期待更为高效的行政运营。

三、汽车相关税制立案过程——双向型政策形成

环境厅设立后不久的 1973 年,即开始推动普及环保汽车的政策,在税制上为排放大气污染物质少的汽车减税。

这些措施在 1999 年度提出税制改革构想后发生了巨大变化。考察这一政策形成时应注意到 1999 年度与 2000 年度税制的性质存在着巨大差异,本节将在具体论述中兼顾展望今后的政策形成过程。

1. 1999 年度税制改革构想

1999 年度税制改革构想之际,事务方面最初只是按照延续以往措施的思路进行调整。

但是,1998 年 8 月上旬,积极致力于低公害车普及的真锅大臣发出指示,表示"在汽车有关税制中,低公害车(电动汽车、天然气汽车、

甲醇汽车、油电混合动力车等四种)不应采取减税措施,而有必要通过免税在普及方面予以大力支持"。

减税与免税的政策理念并不相同。但是,当时大气污染对策、地球温室化效应对策等都面临着严峻的形势。以大型城市地区为中心的大气污染仍然严重并出现了数起诉讼案件,此外,在防止地球温室化效应的京都会议上,日本向世界保证将削减6%的温室气体,其具体对策即成为紧要议题。

经过形势判断,认为有必要以免税为方向、寻求突破的事务当局对构想内容再度调整,并与认为免税有利于减轻运输业界负担的运输省及有利于汽车厂商扩大销售的通产省合作,同主管税务的自治省进行了反复磋商。

1999年度汽车税的优待措施(免税化构想)的思路来自于大臣的强力主张。在与利益相关者的协调中,大臣也率先积极协调,在税制改革工作各方面发挥了领导作用。

其结果,尽管免税化构想未能实现,但环保型汽车的汽车税税额却大幅度减少。

2. 2000年度税制改革构想

上一年度税制改革构想的经验对于环境厅而言是非常珍贵的财产。在吸取这些经验的基础上,环境厅以大气保全局为中心、以自下而上方式进行了2000年度税制改革构想的政策立案。

在经济合作与发展组织(OECD)等提出"绿色化"(清洁化)税制(不仅一如既往地主张减轻环保产品及环保行为的税额,还建议增加针对非环保产品及行为的税额)的报告后,2000年度税制改革构想中,事务方面讨论并提出了汽车税、汽车重量税等汽车保有阶段有关税制的绿色化方案。

大气保全局计划课、汽车环境对策第一课、汽车环境对策第二课的有关职员连日开会,逐渐明确了方案的制定思路。在这些动向的推动下,1999年3月接受大气保全局长咨询后成立了由专家学者组成的"汽车环境税制研究会",主要讨论事务局的政策想法。研究会经过积极讨论后于1999年7月提交了报告书,并以此为基础开始进行2000

年度税制改革构想的最终调整。

在2000年度税制改革构想中,环境厅主要关心大气污染、运输省特别关注地球温室化效应部分的讨论,因此在税制构想阶段就展开了构想方案之间的协调与磋商。经过各方协调,尽管环境厅与运输省提出了共同构想,但是通产省却没有采取相同立场,而赞同汽车业界各企业"如果要改革汽车相关税制,不应增减现有税种,而应从根本上改革、整顿复杂的税务结构"的主张,此外增减作为道路建设财源的汽车重量税也引起了一部分政界的不满,因此,构想最终未能获得批准。但是,在自由民主党的税制改革大纲中,明确表示"为了促进完成京都议定书目标等环境问题上的综合配套措施,在税制的问题上,将以产生(环境问题)者负担作为基本思路,在发挥规制等环境政策之作用的同时,更宏观地探讨全面顾及环境问题的富有实效的政策",明确了在今后环境政策中进一步探讨灵活运用税制问题的态度。

如上所述,2000年度税制改革构想中的政策立案与1999年度完全不同,属于事务局发起的自下而上的形式。

实际上,1999年12月税制改革不了了之后,大气保全局在2000年新年伊始召开的税制讨论会上就对2000年构想的缺点、优点进行了整理,开始探讨下一年度的构想内容。2001年度在按预定计划修改城市地区汽车污染对策法案的《汽车NOx法》之际,环境厅尝试制定可与运输省、通产省联手且不会影响道路建设财源的更现实的方案。其后再次提出了以防止地球温室化及改善大气污染为目标的税制改革构想,经过三年的努力,汽车税制的绿色化终于成为现实。

3. 环境厅围绕税制的政策形成过程特点及今后动向

与为减低污染设定一定数值的规制措施相比,税制改革等经济措施如果可以与社会构造有效组合,将可能产生仅仅规定数值所难以比拟的改善效果。此外,在可能以不特定多数者为政策对象这一点上也具有优势。因此,有必要在今后的环境行政中进一步积极利用这一方式。

分析环境厅税制改革构想的政策立案过程时应注意到的是,与管理其他行业的官厅的政策立案过程完全不同,来自业界的税制改革思路少之甚少。税制改革必将引起经济负担的增减,因此为了实现改革就必须获得利益相关者的理解。但是环境厅的税制改革思路几乎全部来自于内部创发,有时还会在没有充分反映利益相关者需求的情况下继续讨论,从而在构想面世时无法获得巨大的推动力。今后,环境省有必要在其政策中积极反映社会形势。

四、环境基本计划、环境白皮书——与各省厅的协调

作为综合协调性官厅,环境省通过环境基本计划与环境白皮书与各有关省厅协调环保政策。

1. 环境基本计划

近年来,为了系统、有计划地推进政府环境政策以应对日益复杂的环境问题,就需要进行长期性的展望。迄今为止,在接受中央公害对策审议会以及自然环境保全审议会的答复报告后,日本分别于1977年和1986年制定了"环境保全长期计划"及"环境保全长期构想"等环境政策指针。

其后,根据《环境基本法》第15条,1994年政府制定了环境基本计划。这个计划旨在实现"环境承受负担较小并可持续发展的社会",提出了"循环""共生""参加"以及"国际合作"等长期目标。在此基础上,系统明确了21世纪初期之前的国家环保政策,并规定了地方公共团体、企业、国民等各主体的作用以及有效推进环境政策的方针等。环境基本计划制定后,中央环境审议会对其进展状况进行了三次检查,并向首相作了汇报。从1999年开始,为了以具有说服力的形式具体向国民展示以循环及共生为基调的经济社会蓝图以及制定蓝图的过程,并构筑现实的框架及综合推进政策,中央环境审议会开始对环境基本计划进行修改,并于2000年12月制定了新的环境基本计划。

2. 环境白皮书

根据《环境基本法》第12条规定,政府需每年向国会提交以下文件。

① 关于环境状况及政府环保政策的报告
② 明确考虑到①之报告中环境状况所实施政策的文件

这两份文件合称环境白皮书。

基于当时的《公害对策基本法》，1969年制定了最早的公害白皮书，其后由于1971年成立了环境厅，第二年不仅包括公害问题，还将自然保护问题囊括其中，并以"环境白皮书"的名称公开发行。

在环境白皮书递交内阁会议决定之前，执行环保政策的所有省厅将合作编写，环境厅则进行全面协调。

在新环境基本计划的基础上，环境白皮书以简单易懂的信息为国民展现计划中政策的进展状况，使环境基本计划与环境白皮书可以更加有机地结合起来。

第五节　环境厅政策形成过程的评价与课题

一、重视创发——伙伴关系

环境政策的实施主体是各省厅、自治体、政治团体或市民团体等，这使得环境厅有必要随时与很多关系者进行协调。反而言之，应肯定环境厅通过与关系者建立伙伴关系进行创发的方法。环境厅也将随时肩负在环境政策计划、立案中发挥主导作用这一重任。

以下将列举三种创发模式：

1. 基层型创发——与自治体的合作

环境行政工作原本就是通过将自治体的先进经验推广至全国才得以发展的，而现在与自治体的合作仍非常重要。

由于环境厅没有地方分支机构，对环境状态进行测定、进入企业进行调查等基层所必要的众多事务都成为自治体的法定受托业务（即委托地方处理）。

为此，在政策形成过程中，实施的可能性、自治体的业务执行能力、自治体的意向、自治体的需求等都是需要考虑的重要因素。

为此，环境厅经常刻意留意保持与自治体的频繁接触。特别是与引领环境行政的先进自治体、11个大城市、主要大城市的关系更为密切。

2. 竞争性创发——与其他省厅的合作

作为政府部门,环境厅是后来者,且分配到的权限也较少,因此政治实力较弱。横向性的综合调整机能也无法充分发挥。

有关环境的权限散布于各个省厅。并且环境厅自身的业务领域也会受到各省的严格检查。

结果是环境厅的政策多是在与其他省厅的协调过程中形成的。因此,可以毫不夸张地说,对于环境厅而言,创发、共鸣过程的大部分是与各省厅共同进行的。

为了淡化产业发展与环保对立的印象,各省厅都在竞相将环保纳入本省管辖业务的范畴之内,在这种趋势下,环境厅有可能、也有必要积极推进与各省厅协调以进行竞争性创发。

3. 先驱性创发——与市民组织等的合作

国民日常生活习惯、商业习惯的变革对于从根本上解决环境问题是必不可少的。从这一点出发,环境政策中企业进一步加强与NGO等市民团体的合作将是手段之一。

现在,环境厅向社会提供环境政策、环境状况的信息,并向市民环保组织提供活动场所等。今后也有必要加强人才培养以为市民组织的环境教育提供支持。

二、尝试将问责制与政策评估反映在政策形成中

2001年1月6日,环境厅升格为环境省。环境省承担着实现可持续发展社会(将环保作为自身目的的内在化社会)、大胆推动社会各界意识改革、构造改革火车头的作用。为此,环境省将"协作"作为行政风格,并努力成为重视与国民、经济界、NGO等各种主体进行"交流"的"开放型环境省"。

此外,以中央省厅改革为契机,所有省厅均引进了政策评估机制以有效实施国民所期待的政策。环境省也据此出台了《政策评估实施要纲》。这一要纲也反映了环境省的政策评估与其他省厅相比具有独到之处。具体而言,通过公布政策评估结果、征集国民意见等措施,在

政策形成过程中反映国民的呼声，同时以便于国民理解的方式整理并公布决策结果的政策及各项工作。

在"行政无谬误"思想根深蒂固的霞关中公开行政的政策形成过程，并征集国民意见这一方法可谓引领时代的创举，这一尝试对于随着时代变迁逐步发展至今的环境行政工作重新回到"确保国民安全与安心""从基层出发"的起点十分重要。

第三章 运输省的政策形成过程

高田昌行

第一节 运输省的组织与人事管理系统

一、运输省的组织

1. 概要

交通是最基本的生活要素,交通的状态与国民的生活环境息息相关。作为主要对陆海空交通行政有关事务进行一体化管理的行政部门,运输省成立于1949年,并在经历了1984年的机构改革等变迁后发展至今。

2. 省机关的内部部局

内部部局为1官房7局体制。具体为发挥综合协调职能的大臣官房、发挥有关运输政策等横向分割职能的运输政策局(信息管理部、观光部)以及铁道局、汽车交通局(技术安全部)、海上交通局、海上技术安全局(船员部)、港湾局、航空局(监理部、机场部、技术部、管制保安部)等6个局。

高级职务包括根据《运输省设置法》规定设置的运输事务次官(1人)、运输审议官(1人),根据《运输省组织令》规定设置的特别职务的大臣官房官房长(1人)。运输政策局、铁道局、航空局次长各1人。此外,大臣官房中设总务审议官(1人)、技术总管审议官(1人)、大臣官房审议官(6人)、技术审议官(1人)、技术参事官(1人)、调查官

(1人)。其中,6名大臣官房审议官分别负责以下事务:①国会、宣传;②运输政策(计划、全球环境问题)、汽车交通;③运输政策(国际)、航空(国际航空);④铁道;⑤海上交通、海上技术安全、港湾;⑥新东京国际机场等机场。

一般而言,官房文书课、人事课、会计课这一官房系统组织的作用较大。负责财务、人事管理、文件等总体管理职能的各部门均隶属大臣官房各课,官房拥有对各局进行法令审查、预算审定、人事管理、宣传、建议、劝告等职能。比如,如果政策进入法令化工作程序后,法令方面一般是在官房文书课的指导下与法制局进行协商。在省内的非公共、公共事业预算(特别费)的分配上,官房会计课的横向协调职能发挥着巨大作用。而申请每年度的级别编制也是官房人事课站在省全局的立场上与各局进行协调。

运输省各局、各课在其工作领域都维持着各自的联系网络,从而构建了可随时搜集经济信息的体制,一般而言各局的综合管理职能由各局的首席课承担。

3. 审议会

根据法律规定设置的审议会包括运输审议会(《运输省设置法》)、汽车损害赔偿责任再保险审查会(《汽车损害赔偿保障法》)以及航空事故调查委员会(《航空事故调查委员会设置法》)等。

根据《运输省组织令》规定设置的审议会包括运输政策审议会、运输技术审议会、新干线铁道审议会、海运造船合理化审议会、海上安全船员教育审议会、港湾审议会、航空审议会等。根据其他法律规定设置的有观光政策审议会(《观光基本法》)、气象审议会(《气象业务法》)等。省厅重组后,其职能统归于国土交通省新成立的基本政策审议会性质的交通政策审议会之下。

4. 设施等部门

根据《运输省组织令》的规定,在运输省设立的设施等部门包括船舶技术研究所、电子航法研究所、港湾技术研究所、交通安全公害研究所、海技大学校、航海训练所、海员学校、航空大学校、运输研修所、航空保安大学校等十所,除港湾技术研究所的一部分、运输研修所及航空保安大学校外,其他部门均从2001年4月起改为独立行政法人。

此外,根据政令设置在外局的设施等部门包括气象厅的气象研究所、气象卫星中心、高层气象台、地磁气观测所及气象大学校等。作为海上保安厅的设施部门有海上保安大学校、海上保安学校等。

5. 地方支分部局

(1) 内局

作为分管运输省工作一部分的地方支分部局,共设有9个地方运输局以及1个海运监理部、5个港湾建设局、2个地方航空局以及4个航空交通管制部。

地方运输局及海运监理部主管调查及统计、企业的运费及票价、企业的财务及劳务、船舶、船舶机械及船舶用品等业务。为了将其一部分业务下放,设置了地方运输局的陆运支局、陆运支局下的汽车检查登录事务所、地方运输局及海运监理部的海运支局等地方机构。

港湾建设局分管港口、港湾内的运河、海岸保护设施、机场建设等国家直属工程的实施以及航路建设与管理、海洋污染的预防及处理等业务。为了将业务一部分下放,设置了工事事务所等地方机构。

地方航空局分管飞机的安全性与飞机及其零部件的修理改造、机场及飞行保安设施、机场管理、航空交通安全等业务。为了将业务一部分下放,设置了机场事务所、航空无线电标识所等地方机构。此外,航空交通管制部在运输省的管辖业务中分管航空航线管制及飞行管制、批准飞行计划等业务。

(2) 外局

根据《国家行政组织法》第3条第2项的规定,运输省的外局包括船员劳动委员会、海上保安厅、海难审判厅、气象厅等。

外局的地方支分部局包括11个管区的海上保安本部及其外派机构的海上保安部及海上保安署,此外还有5个管区的气象台及1个冲绳气象台、4个海洋气象台等。

6. 特别机构

海难审判厅在全国设立了 7 处海难审判理事所作为其附属机构。

二、运输省的人事管理系统

1. 职员人数

截止到 1999 年末,运输省共有职员 38000 人,其中省机关与外局的职员基本相同,均为 19000 人。

职员的具体构成为运输省内部部局 2000 人、设施等机构 2000 人、地方支分部局 15000 人,共计 19000 人。外局 19000 人中包括海上保安厅的 12000 人。

除了负责维护海上治安的海上保安官之外的约 25000 名职员中技术系列职员为 17000 人,事务系列职员为 8000 人。

行政、法律、经济国家公务员考试合格者将成为事务系列职员,除此之外的土木、建筑、机械、造船、航空、电气、研究职务等的合格者则成为技术系列职员。

1999 年 Ⅰ 种职员中技术系列职员 1000 人、事务系列职员 500 人,共计 1500 人。当年事务系列录用 14 人、技术系列录用 28 人(铁道局及汽车交通局 3 人、海上技术安全局 5 人、港湾局 10 人、航空局 2 人、研究所等 8 人)。2000 年事务系列录用 15 人,技术系列录用 29 人(铁道局及汽车交通局 3 人、海上技术安全局 5 人、港湾局 12 人、航空局 3 人、研究所等 6 人)

技术系列职员以局为中心进行调配,其中海上技术安全局 216 人、铁道局及汽车交通局 78 人、航空局 90 人、研究职务者 191 人,而约半数的技术系列职员共 454 人配属在港湾局(包括港湾技术研究所)工作。

另外,2000 年 Ⅱ 种职员的录用者中事务系列 66 人、技术系列 80 人。Ⅲ 种职员中事务系列 64 人、技术系列 55 人。港湾局的 Ⅱ、Ⅲ 种职员一般不由省机关而由地方建设局录用,这些职员有些会调动到省机关工作,有些在省机关与地方间反复调动,有些则在省机关工作直至退休。

2. 人事管理特点

从事务次官直到一般系员,事务系列及技术系列均分为几种不同的人事团组。

Ⅰ种技术系列与事务系列的人事管理系统分为一个事务系列团组与多个技术系列团组。技术系列团组一般在运用上较为灵活,土木系列主要配属港湾局、航空局及铁道局,建筑系列主要配属航空局,机械系列主要配属铁道局、汽车交通局,造船系列主要配属海上技术安全局,电气、电子系列主要配属铁道局、海上技术安全局及航空局。

技术系列人均高级职务比率中,与机械系列、造船系列、电气系列相比,土木系列最低。土木系列最年轻的课长参加工作时间也比其他技术系列多1—2年,比事务系列多6年左右。

按照人事管理惯例,官房中事务次官、运输审议官、总务审议官由事务系列出任,官房审议官11个职位中的3—4个由技术系列就任。现在技术系列最高职位是1996年后新设立的技术总管审议官(由政令规定的职务)。同样,按照惯例7个局中5个局(运输政策局、铁道局、汽车交通局、海上交通局、航空局)的领导由事务系列出任,2个局(海上技术安全局以及港湾局)的领导由技术系列出任。

3. 最新动向

最近,运输省在对Ⅰ种技术系列职员的人事使用上,规定了技术总管审议官领导下的有关5局(铁道局、汽车交通局、海上技术安全局、港湾局及航空局)技术部门间的基本方针为:①早日实现人事管理的一元化运用,②国土交通省成立后,推动与原建设省、国土厅、北海道开发厅之间技术系列职员的融合,并进行各种尝试。2001年度公务员考试将由现行的25种合并为10种(大划分化),这将进一步推动降低各团组独立性的努力。

为了准备省厅重组,建设省与运输省之间进行了活跃的人事交流。比如在2000年的人事调动中,建设省与运输省之间或同一省内都实现了事务系列、技术系列双方数十名职员间重要职务的交流。

以港湾局为例,事务系列高级公务员长期以来都被分配到在港湾局发挥总务课作用的管理课。自1999年后,除上述调动之外,还为该局其他课的室长级别配属2人、助理级别配属1人。另外,以助理、系长级别为中心的港湾局十余名技术系列官员被调动到运输政策局、海上交通局。在与建设省的关系中,从1998年开始,建设省道路局的技术系列职员出任运输省港湾局的课长职务,而建设省河川局的课长职务则来自港湾局的某个课。在2000年的调动中,河川局的技术系列职员出任港湾局的课长,港湾局的技术系列职员出任河川局的课长,在道路局与港湾局之间也进行着技术系列室长级别的人事交流。此外,长期以来运输省也向外务省、农林水产省、通产省、国土厅等派遣技术系列职员。

这样的人事交流有助于同为土木系列却因从属不同组织而出现的各种价值观之间实现共享,并通过体验双方立场来推动组织的活性化。

三、会　议

1. 省议

省议的设立目的是审议运输省的基本政策、法案、政令案、内阁决议案、内阁了解案、重要省令案以及预算的概算申请等重要事项。

根据《运输省训令》中的省议运作要领,省议成员包括大臣、政务次官、事务次官、运输审议官、官房长、总务审议官、技术总管审议官、省机关内局各局长、海上保安厅长官、气象厅长官,会议由大臣主持。根据需要,大臣官房审议官、大臣官房技术审议官、省机关各内局局长、部长等也可参加审议。此外,大臣官房文书课长、人事课长、会计课长以及文书课宣传室长、运输政策局政策课长等也列席审议。

以每年预算申请等重要事项的省议为例,在省议讨论之前,相关局的主管课与具备省内横向协调职能的官房会计课紧密合作,经过省内横向检查与局之间的协调之后,再上呈调整后的方案。

定期性省议于每周三进行。

2. 总务课长会议

作为每周三进行的省议例会的准备会议,总务课长例会在每周二召开。

送往省议的附议事项将事先在文书课长主持的总务课长会议上讨论,并在附上意见后提交省议,被认为并不重要的事项可不提交省议进行附议。

总务课长会议的成员包括:①大臣官房的文书课长、人事课长、会计课长、文书课宣传室长;②运输政策局的政策课长、国际计划课长、货物流通计划课长、其他省机关内局的总管主管课的领导;③外局中的海上保安厅总务部政务课长、气象厅总务部总务课长等。

3. 主管者级别的共鸣——计划官会议、总管助理官会议

为了确定政策形成所必要的实质性内容以及形成省内共鸣,每周一将召开首席课计划官等参加的计划官会议。这个会议上将交流政策形成所需要的各种信息并进行自由讨论。

以港湾局为例,每周三召开主管课总管助理会议,除就主管课有关业务进行报告并交换信息外,还对港湾局应解决的横向性议题进行政策建议及创发。讨论的结果将由总管助理迅速分发给各课主要成员,以共享信息并寻求共鸣。

但是无论什么场合,各主管助理级别或课长级别的创发行为对全局的政策形成都是最为有效的。

第二节 运输省政策形成基本过程
——"计划型"与"基层型"并存

一、运输省政策形成过程的一般特征

1. "计划型"与"基层型"并存

运输省同时存在着霞关为政策形成中心的"计划型"(运输政策局)政策形成过程以及将公共事业作为政策形成有利手段的"基层型"[①]政策形成过程(港湾局、航空局、铁道局)。对双方都重要的政策

---

① "基层"并不是指施工基层单位,而是包括海外在内的港口、铁道、城市交通、海岸等现实存在的场所。比如,"基层的问题意识"是指在"基层"这一政策对象的现状基础上,基于自身在基层的亲身体验对应改进之处加以认识。

通过省议成为运输省的最终决定,长期以来,在很多情况下,对"基层"的认识更加透彻、拥有政策实效性、由各业务局主导的政策立案更容易创发出现实且给世人印象较好的政策,从而成为省的政策。但是1984年组织改革后,运输省成立了运输政策局,开始了向政策型官厅转型的摸索。1996年12月提出的原则上废除需求供给调整规制以及最近省厅重组的动向等都体现了这种转型的探索。

实质性创发行为多属于助理、课长级别职员的自下而上型,但最近也开始出现自上而下型的政策形成。比如负责海上安全行政工作的海上保安厅由于存在着效率与安全二律背反的可能性,相对而言始终坚持比起效率更重视安全的立场。但是近年来在继续重视确保海上交通安全的同时,也以自上而下型的方式制定了重视海上交通效率与便捷性的政策。在2001年的预算申请中,港湾局提出了在东京湾及伊势湾构建可兼顾船舶航行安全与海上运输效率的海上高速交通网,以实现缩短海上运输时间、开展定时服务、避免大型海难发生风险的政策。而海上保安厅从管理海上安全的立场出发积极参与了该计划的制定,并将这项政策作为与国土交通省的主要合作政策之一。

2. "基层型"(业务局)与"计划型"(运输政策局)的特征

"基层型"业务局管辖的工作是经常性的,因此基于其常年积累的人际关系、数据分析等可以相对容易地制定实效性较强的政策。比如相对而言可归类于"基层型"的港湾局,可以随时留意来自地方(即基层)的意见,并通过展开地方与省之间的讨论等形成政策思路,最终与霞关(即中央)的政策形成相结合。但是,尽管业务局的专业人士容易进行实效性政策立案,但反而言之,业务局掌管的业务毕竟有限,如果需要提出综合性政策则会在与其他业务局的协调问题上颇费周折。

而横向分割局的"计划型"运输政策局比起从地方的角度进行政策建议,更倾向于将制定法令、制度的霞关作为政策形成的中心。在运输行政由许可认可为主向政策立案为主转型并重视省厅重组的今天,运输政策局必然会比以往产生更多的政策思路。但在另一方面,在复杂多样的现实中,通常在只有一两年的较短任期中要进行省的横向性综合政策立案并非易事,要切中要害地对各业务局提出的政策进

中央省厅的政策形成过程(下)——其连续性与变化

行充分讨论也很困难。但是,历任过运航部长、地方局长的事务系列职员利用自身经验在省机关的运输政策局及其他业务局的政策形成中发挥重要作用的事例也不在少数。

2001年1月运输省与"基层型"政策形成色彩浓厚、以单位之间进行单独调整为主的建设省等合并为国土交通省,新成立的省在何种政策形成中寻求融合值得关注。

二、"基层型"为主的政策形成基本过程——省港湾局及港湾建设局

如果将霞关与霞关以外的场所列为同等程度的政策形成场所,那么港湾局的政策形成可归类于"基层型"。港湾局的业务范围尽管被限定在"港湾"之中,但在有限的选择中却产生了积极将感到疑问的问题集中反映于政策的动力。

港湾局业务课的业务计划与实施一体进行(辅助金相关的实施业务极少),因此通过经常性地对基层进行了解、分析数据等,可以计划、立案并实施适合基层的有效政策。但同样重要的是,在工作中必须考虑以下问题:专业人士组成的业务局如何避免固步自封,如何在拥有横向性视野的同时将专业运用到政策形成中,如何通过"港湾"这一基层提出政策,如何为此使用作为重要政策手段的预算等。

港湾局拥有各种基层单位,由于"港湾"本身就具备国际性社会资本的性质,因此必然会被置于国际竞争之中,从国际上的各种"基层"中搜集信息,以国际视野进行政策形成是必不可少的,这也是港湾局的特征之一。

1. 组织体制及其运用

(1) 为何"基层型"是必要的

为了确保良好生活环境、均衡开发国土,"社会资本"发挥了重要的作用。比如贸易立国的资源小国——岛国日本,99%以上的进出口业务经由全国的重要港口。为此,"港湾"这一国际性社会资本的主要政策目标就是降低国际、国内物流成本,建设可为加强支持国民安心生活的产业竞争力作出贡献的骨干国际物流基础设施。此外,在人口

及资产均集中于沿海地区的日本,"建设良好的港湾环境将提高国民生活的质量"。

但是,为了充实港湾的机能,有必要在考虑人口及产业动向等经济社会条件以及波浪、风浪、地质条件等自然条件的地区特性之上进行计划立案及实施。搜集全国国土的信息以及来自地方基层的最新信息也是必不可少的。此外,"港湾"作为国际性社会资本,为了确保国际竞争力,有必要将港口建设为在国际上成本、服务各方面都具有竞争力的"便于使用的港口"。

"港湾"是贸易立国的日本确保产业竞争力的保证之一,因此港湾建设局,特别是工事事务所等扎根于地区的基层组织,始终确保与最终顾客的地区居民、作为港湾使用者的物主、船运公司等的联系。另外,还重视国际基层,近 30 名港湾局的技术系列职员赴大使馆工作、担任 JICA 专家、留学等(运输省全省仅在对外使领馆就有约 50 名职员工作),以这些经验及人际关系为基础,搜集国际关系的各种情报,制定出入港手续等国际标准,建设在国际上也毫不逊色的基础设施。

(2) 重视基层的人员配置

忽视基层的政策会招致各方的批判,并缺乏实现的可能性。另外,由于通过公共建设进行的社会资本储备需要提供使用数十年,因此社会资本的建设有必要符合地区特性,也因此有必要根据基层的需求及实现的可能性提出政策建议。

即使是在省机关进行政策建议,由于以下三个原因,在地方也配置了众多的技术系列职员。第一,如果无法在全国范围内确保实效性,政策就如同"画饼",省机关的政策建议必定无法实现;第二,即使对政策建议进行必不可少的基层情报分析,不同的分析者也可能从同一事物中得出完全不同的回答;第三,为了高效、有效地进行公共建设、充实符合地区特性的社会资本,在地方发挥领导作用是不可欠缺的。

例如港湾局通过将技术系列职员在省机关与地区(港湾建设局、工事事务所、外国、地方公共团体等)反复调动的人事管理系统,使在基层工作的技术系列职员可以在从基层获得的认识基础之上,站在全国的立场参与省机关的制度建设,从而确保政策的实效性。另外也将对政策立案(中长期计划、港湾计划审查、新制度的立案、高效性建设计划的立案及执行等)作出贡献。

每年Ⅰ种技术系列职员中的七成会到地方工作。这种重视基层的人事管理系统促使职员具备了基层经验,并形成了基层向中央反馈、根据基层需求制定省机关的政策、修改法律制度的行政思路。

(3) 基层主导的政策形成基本过程

尽管"基层型"最终也由省机关主导,但省机关实际上不可能无视基层开展行政工作,通常在与基层的讨论中制定政策。此外,政策形成中会始终考虑国际竞争的因素,国际动向及需求对于政策形成是不可或缺的。特别是近年来,如何通过加强港口的国际竞争力提高国际、国内物流效率的问题受到了格外的重视。

以预算编成过程为例,通常每年2月左右各港湾建设局以计划课为中心将掌握基层的现实需求,征求地方使用者的意见,与来自省机关的政策建议相对照探讨其实现的可能性,并将得到社会支持的建议作为各建设局的政策,提交至港湾局计划课。以此为基础,计划课在考察相关各课的政策建议的同时,3月左右与相关各课汇总预算的重点方针及根据需要的制度改革方案。4月各局课长参加的干部会议将决定预算的大致方向,随后直到6月与官房会计课进行政策协调。其后,从7月末到8月初,在收到大藏省的概算要求方针后,8月上旬各局召开局议,中旬决定局的最终预算草案。其后,经过8月末的预算省议,向大藏省提出概算申请。

运输省全省的预算概算申请尽管最终由省议决定,但每年4月至6月省内各局会提出各自的重点政策构想。业务局、业务课制定具体的单项政策,由局总务课进行汇总后提交局议。在批准的方面,包括预算在内几乎所有政策事实上都是由各局、各厅的领导决定的,但局总务课等会向官房进行说明,官房等进行省内的最终协调,并提交大藏省。

(4) 基层的业务

政府投资大致可分为国家自行进行的直辖事业、地方共同团体实施的国库补助事业、接受财政投资融资的关西国际机场等特殊法人的事业等。

直辖事业的领域中，可以委托外部的建设工程、详细设计、测量等业务交由外部进行的趋势正在发展。无法委托的业务包括与其他行政机关的协调、开展高效事业的计划、立案及监理、渔业补偿的调整、工程招标业务及安全管理、设计、设计价值评估(VE)等，这些均为基层港湾机场事务所的主要工作。

如果是复杂的设计审查、设计价值评估(VE)等工作，各建设局 30—40 名专业技术系列职员组成的调查设计事务所也会参与。调查设计事务所作为港湾技术研究所（研究机构）与基层事务所的技术部门，在如何开发适应地区需要的技术方面，负责解决设计审查及施工中存在的问题以及指导建筑物等的基本设计。

港湾建设局局机关负责的工作包括每年度提交预算概算申请方案、对港湾管理者制定的港湾计划提出建议、辅助金申请的事前磋商、对货物物主与船舶公司等进行各种动向调查、促进东京湾、伊势湾、大阪湾等港湾管理者之间的合作等。国际业务包括在大使馆搜集信息情报，作为 JICA 专家以日本的技术为基础进行技术指导。

(5) 事业评估

来自外部的事业评估包括会计检查及行政监察，省内的内部监查由 1999 年 3 月成立的以事务次官为部长的运输省公共事业改革推进总部（事务局为公共事业调查室）负责。

针对省机关内部部局或外局领导进行的事业评估，如果该总部认为有必要，则可以指示所管部局的领导修改其评估。如果某项事业的实施主体是国家，原则上实施事业的地方支分部局会完成评估方案，所管部局等根据这一方案进行评估，并向总部报告。

(6) 与建设省的比较

港湾局基层型的政策形成过程与建设省类似之处在于有效、高效地使用政府投资的行政手法是其工作重点，专业分化造成了局拥有较高的独立性等方面。①

而主要的不同之处在于，作为社会资本的港湾其特征在于防波堤、岸壁不可能单独发挥作用，只有防波堤、航路、泊地、岸壁、港口道

---

① 城山、铃木、细野(1999)，《中央省厅的政策形成过程》，中央大学出版部，第六章。

路等形成一个有机整体方能发挥综合职能。根据这一基础建设的特性,为了谋求港湾管理的一体性与整合性,包括直辖事业建设的设施(以下简称"直辖设施")以及除此之外的设施均由港湾管理者进行一元化管理。但是具体到每个直辖设施,国家会与港湾管理者签订管理委托合同,如果直辖设施得不到适当维护及管理,作为国有资产的所有者,国家当然拥有直辖设施的权利。

站在国家的立场上,在全球性用户的船舶公司及物主选择港口的现实中,港湾作为随时处于国际竞争中的国际性社会资本,与主要以国民为对象的道路、河流等国内社会资本存在极大的不同。为此,有必要从国家立场与国际事业两个方面制定港湾的未来规划,并对港湾管理者制定的港湾计划进行指导。

此外,对于进出口商品99%都经由港口的资源小国日本而言,确保港湾在成本及服务上的国际竞争力可以带来国际物流成本的下降并安定国民生活。为此,国家在港湾拥有直辖事业是以"社会资本的建设与管理"为目的,自行管理公共财物的一种手段。可以恰当地说,直辖事业就是为了将有限的投资资源用于效率较好的重点港口,从而形成高效的国际、国内海上运输网络。为此,在实现国家政策目标有效手段的国费分配上,进行着大胆的选择与集中投资,对城市中枢、核心国际港口投入的国费是分配给地方港口的近三十倍,这与地方港湾管理者基于地区需求提出的港湾行政要求截然不同,从而在这两者之间经常出现对立的情况。

尽管与建设省存在相似的部分,但作为始终处于国际竞争之中、且由全球用户选择的港湾、机场等社会资本的行政工作,其政策形成必然会是基层型的。总而言之,以国际视野考虑基础建设问题,并制定国家的前景规划及计划思路是港湾局的重要特点之一。

从地方组织的角度看,港湾建设局与建设省的地方建设局同样是为了执行国家事业而派驻地方的分支机构。但从直辖设施负担金从地方(港湾管理者)征收的角度看,根据"经国家与港湾管理者协商后开展直辖事业"的《港湾法》规定,国家(港湾建设局)如果无法对基层的经济社会条件等进行恰当的信息搜集及分析并提出理想的政策,则在制度上也不可能开始运作作为国家政策手段的直辖事业,因此现实中必然会与优先地方需求的地方(港湾管理者)保持某种适度的紧张关系。

从职能划分的侧面看,尽管建设省"各局首席课与其他省厅相比权限较弱,很难对各局各课管辖范围内的事务进行干涉,省内及局内的调整机能也没有得到充分发挥",但运输省则因局而异。比如港湾局与建设省存在着类似之处,但如果仅限于在公共事业预算分配中设定的政府特别预算(2001年度为日本新生计划特别预算),省的申请额调整由对各局预算进行一元化掌控的官房会计课负责,从结果上看官房会计课发挥了横跨各业务局的协调职能。

2. 与基层交流成为可能的手段

(1) 实施"调查"

政策立案有必要在现状的基础上明确问题所在,并寻求相应的解决方法。现实中不可能存在不必要的工作,更有可能的是在有限的时间内优先开展某项工作,因此有必要设定适宜的议程。政策立案是否有效,省的政策建议能否实现等,可以获得这方面信息的制度就是"调查"。经过"调查",会相对容易地掌握与分析现状,并从优先度高的政策中提出修改法律制度、制定新项目等新的政策规划。

每年港湾局会安排一定金额的调查费,由长期从事港湾行政工作的职员对所需要的数据进行分析、更新,并进行政策立案。

(2) 与基层频繁交换意见寻求共鸣

港湾建设局的计划课长等会基于第一时间得到的信息,充分运用中央省厅的远程网络系统与省机关随时交换意见。特别重要的问题则前往东京,向省机关报告、联系并进行磋商。

三、"计划型"政策形成基本过程——运输政策局与运输局

在由许可认可制为主的行政进行转型、推动放宽规制的背景下,运输省正在加强全省性政策立案的职能。官房及横向分割局主导的政策创发、共鸣初见端倪。这一萌芽在1984年组织改革时新成立的旨在省内横向性政策形成的运输政策局中即已出现。从信息共享、共

鸣的角度看,运输政策局在参与《交通无障碍法》的制定过程中发挥了重要作用。

另一方面,作为地方支分部局的运输局也是许可认可工作的窗口,直至今日负责实际工作的运输局课长及其下属仍主要从事许可认可的行政工作。事务系列高级公务员前往地方运输局工作时,局长、部长及课长级职员一般赴任1—2回,在较短任期内向省机关进行政策建议并不容易,很多情况下政策立案仍以省机关为主体。但1994年运输省提出原则上废除需求供给调整规制之后,地方运输局也开始摸索从许可认可制行政向智库化方向发展的方式,今后的动向值得关注。

第三节　运输省政策形成案例

一、"基层型"政策形成案例——港湾局

1. 在全国建立集装箱集散中心的计划(自发性创发)

背景

在经济活动跨国化的进程中,生产、消费活动追求更高效的生产以及更廉价的优质商品,并不断加强与近邻各国的合作。

另一方面,以贸易立国为根本的岛国日本99%以上的进出口经由港口,合理配置、建设可以吞吐与生活息息相关的各种物资的大型深水集装箱码头,将直接关系到物流成本的削减。为了构建具备国际竞争力的充满活力的经济社会,为国民生活的安定作出贡献,有必要对作为国际贸易窗口的港口进行重点配属及建设,构建全国性的高效有效的物流体系。

1995年以后,随着与近邻各国贸易的日益活跃、运输技术发展带来的集装箱,特别是集装箱航线在地方靠港的增加,全国各地要求制定集装箱集散中心计划、将修建中的岸壁用作新集装箱集散中心的呼声此起彼伏。

以往港湾都是以港湾管理者(一般为地方公共团体的首长)制定的港湾计划为基础进行建设的。但是,集装箱集散中心的服务对象地

域广泛,并将超过地方行政区域的需求,而地方公共团体从全国的角度掌握情况较为困难。

在这一背景下,为了避免不必要的投资,进行有效、高效的重点投资,制定经过协调的各港口的港湾计划,越来越多的意见认为国家有必要提出明确的前景并据此制定计划、进行投资。

应对

为了制定建设国际集装箱港口的计划,以港湾局计划课为中心,在考虑成本最小化的决策概念后建立了预测模型,并尽可能通过模拟计算预测物主、船舶公司的实际活动。

包括省机关在内,全国的港湾建设局及直辖事务所、港湾管理者都进行了所需数据的搜集工作,对地区的物主、船舶公司、管理港口的港湾管理者等进行了大规模的听证调查,同时也掌握了海外港口的使用状况,对建立与验证模型发挥了作用。

在推测值的基础上,港湾局从国家的高度明确了国际枢纽港口及地方集装箱集散中心的分布蓝图,将在中枢(全国 4 个地区)及核心(全国 8 个港口)国际港口进行集装箱港口的选择性集中建设,并第一次对建设数量的上限提出了国家指标。此外,将治理效果与当时进出口集装箱货物的陆地运输费用总额的状况进行比较,明确并公布了在 2010 年可削减三成(3400 亿日元)的定量指标。

物流效率化所必要的重点集装箱集散中心建设及由物流效率化带来的运输成本削减三成的目标数值与推进信息化同步发展,也反映在了 1997 年 4 月内阁会议决定的《综合物流政策大纲》之中。其后,从 1997 年到 2000 年政府预算特别开支中设定并运用效率化一项,通过预算重点化等措施进行建设及削减物流成本。

作为业务局的港湾局与运输政策局货物流通计划课一同积极参与了大纲草案的制定,在该大纲制定时发挥了主体性作用。

2. 港口信息化(自主性创发)

背景

通过对国外主要港口进行的自主调查发现,国际海上物流均在标准化的统一规则下履行各种行政手续。另一方面,日本港口各种手续与各国相比极为繁琐,同一份文件或类似文件性的资料要向各个省厅提交,有关省厅之间的合作也不充分(以进口集装箱货物为例,货物从进入集散中心到离开集散中心需 4 至 5 日,而新加坡从提交出关申请到获得许可所需时间,因采用 EDI——港口信息系统的电子数据交换,从平均 2 日大幅度缩短到 15 分钟)。

以欧洲为中心的港口有关部门之间会就港口各种手续的简洁化、信息化在世界各地频繁召开国际标准化会议,很明显,如果日本不提出自己的主张,国际标准则事实上无法在日本通用,信息化也会跟不上发展的步伐。

同时,日本的大藏省关税局在关税方面进一步扩大了信息化范围(SEA-NACCS 的对象范围),在无纸化、EDI 化方面取得了进展,但港湾方面的应对却十分迟缓。

即便是为了提高港湾的国际竞争力,港口各种手续的简便化、EDI 化也是当务之急。

应对

1996 年在港湾局的主导下,港湾局会同神户港、横滨港、东京港等 8 个主要港口的港湾管理者(地方公共团体中的港湾主管部)启动了推进信息化的工作。

首先,为这 8 个主要港口各自制定的岸壁使用许可申请书制定了统一样式的单据(岸壁使用许可申请书)。

其次,1997 年 4 月,港湾局有关负责人参加了在新加坡召开的 UN/EDIFACT(电子数据交换规则)新信息开发运用实务会议,第一次提交了 UN/EDIFACT 新信息所需的日方统一单据。此后,在日方提案的基础上,开始与世界主要港口鹿特丹港及新加坡港就共同利用进行磋商。

1999 年 10 月 EDI 开始运行,简化了船舶出入港时向港湾管理者、港口负责人提交申请的手续,并继而与大藏省的关税手续(SEA-NACCS)合作以扩展系统,2001 年度开始向港口各种手续一步到位式服务的方向发展。

日本以这些动向为契机,以港口信息化为开端,积极促动港口服务水平的提升。比如,针对与世界主要港口相比日本港口使用费较高的批评,1998年12月日本港湾行政历史上第一次实现了岸壁使用费25%的实质性降价,现在入港费上也采用了减收或免收费用的措施。

3. 修改《港湾法》(2000年3月)

背景

1985年,港湾局曾谋求实现港湾行政工作的重大转型,即港口在成为"物流场地"的同时也成为"生活场所"。但1973年《港湾法》进行部分修改后,在法律制度上依然没有改变以港湾管理者为中心的港湾法体系及行政工作。

为了履行制定五年计划的义务,每五年将进行一次《港湾建设紧急措施法》的部分修改。在1996年修改(1996年5月公布)的创发时,国际经济社会跨国化等发展带来的与日常生活密切相关物品的进口急剧增加,同时社会也出现港口增加建设废弃物处理厂、绿地公园等职能的要求以及对乱建公共项目的批评。为了确保政策更有实效性,不仅在运营方面,制度也应进一步明确的呼声在局内不断高涨。

在这种背景下,以1996年为第一年度的《港湾建设紧急措施法》部分修改中,该法的目的三十五年来首次增加了"通过建设良好的港湾环境确保港湾周边的生活环境""为提高国民生活作出贡献"等内容。此外,比其他公共事业先行一步,将"在设定港湾建设的实施目标及定量时必须重视投资重点化"的宗旨写入了修改内容。

1997年7月,地方分权推进委员会第二次劝告中规定"明确直辖港湾事业的实施标准"。1998年11月,地方分权推进委员会第五次劝告"得出结论,应在本次劝告的基础上,在有关审议会上尽快探讨修改直辖事业范围的具体内容"。1999年3月26日,内阁会议决定了第二次地方分权推进计划,作为公共事业改革的一环,内阁决定了明确直辖事业的基准(规模)、修改直辖事业的对象范围以及改革辅助金制度(创设统一辅助金)等内容。

自发性创发

在接受地方分权推进委员会等的建议后,作为被动性创发,港湾局根据《推进地方分权相关法律建设之法律》(1999年7月16日法律第87号),对《港湾法》的部分内容进行了修改,规定直辖事业的对象被限定于重要港湾那些旨在发挥国际、国内海上运输网基地职能所必要的设施建设。此外提高了国家在从全局出发决定的必要设施建设中的负担率,降低了满足地方需求之项目的辅助率,以明确国家对以国家名义实施的港湾建设项目的财政责任。

除了在港湾建设事业中修改国家与管理者的负担率之外,在不是必须经修改法律的事项,比如就修改重要港口定义等问题上,修改行政命令即可在制度上进行修改。

但是值得反省的是,尽管在国家与港湾地方管理者的合作下,长期以来的港湾行政工作对港湾所在地区的发展发挥了巨大作用,却在加强国际竞争力这一全国性的国家港湾行政工作上作用不够鲜明。此外,由于过度重视地方的主体性,导致出现了地方根据自己的思路,进行不符合地方实力的建造港口投资过剩。在经济社会全球化、对全球环境保护与创造的认识日益加深等经济社会的结构性大转变中,国内各地区以本地区为中心的行政工作已明显无法充分应对新的形势。

在这一大潮流中,运输省认为有必要重新梳理现状中的问题,征求船舶公司、港湾管理者等有关团体的意见,并将从基层中掌握的社会需求积极反映到法律之中。为此,1998年11月,运输省就"适应经济、社会变化的港湾建设、管理"问题向港湾审议会进行了咨询。1999年12月,该审议会给出答复报告,提出以下建议:明确国家与地方各自承担的任务;加强基于全国、广域视点的工作;加强保护与创造环境的工作;增加港湾行政工作的透明度以及提高效率等。运输省根据答复报告的内容,自发地对《港湾法》进行了时隔三十年的根本性修改,并于2000年3月公布。

该法修改的具体内容主要包括:修改前重要港湾被定义为"与国家利益有重大关系的港湾",修改后则进一步明确为"成为国际海上运输网及国内海上运输网之基地的港湾以及与国家其他利益有重大关系的港湾"。而《港湾法》的目的则明确增加了"重视环境保护"的内容,使得可以对环境问题进行具体的政策提案。与此同时,国家还主动制定了"有关港湾开发、利用、保全及开发保全航线等之开发基本方针",在修改中新增加了"环境保护基本事项"以及"确保港口相互合作基本事项"等内容,从更宏观的角度对这一问题重新加以认识。此外,为了加强诸如处理丢弃船艇问题等水域管理工作,还完善了有关非法系留船只的保管、废弃等的规定。

2000年,运输省重新指定了重要港口,没有屈从于地方的强烈反对修改了港口级别,将重要港口中的6个降格为地方港口。此外修改了国库辅助负担率,加大了对国家必要设施建设的国费重点投入,并降低了地方港湾管理者建设项目中的国库负担率。同时,从扩大地方决定权的观点出发,创设了国家不规定实施地点的辅助金制度(港湾设施改良费统一补助)。在部分修改《港湾法》后,2000年8月向港湾审议会提出港湾新基本方针的咨询,在得到答复报告后,同年12月公布并开始实施。

4. 直辖基层部门的努力

直辖事务所从基层的角度随时发现问题,并从技术知识、经验及经济性等综合观点出发寻求解决问题的办法、恢复及改善措施。此外还随时改善施工方法及积算标准等。

比如关西国际机场的护岸工程中,项目工程师作为基层施工的总负责人,从考虑工程的适用性、经济性以及结构稳定性的立场出发,没有采用直立型护岸,而采用了缓倾斜型护岸,结果还有利于海草及鱼类的生长活动。此外,项目工程师还可随时处理工程中发生的不测事态,对施工方法提出改善意见。

另一方面,随着对采石场等场所的环保要求越来越高,获取砂子、砂砾等建筑材料日益困难,因此正在寻求将矿渣(可循环利用的材料)活用为环保建材的方法。

随着废弃物的容纳量越来越少,积极利用优质疏浚土砂作为海底覆砂材料,通过控制底层富氧盐类的溶出净化水质,抑制赤潮,恢复生物层的同时,通过治理沙滩形成良好的海水环境(疏浚土砂覆盖海底的再利用工作中,北九州的苅田港与伊势湾的三河港等都取得了一定成绩)。

二、"计划型"政策形成事例——官房、运输政策局

对于业务局难以完成的课题,拥有横向分割职能的官房、运输政

策局会主导政策的实施。

1. 废除需求供给调整规制

背景

以确保、促进运输服务业稳步发展为目的的需求供给调整规制在运输量充足、交通网络日趋完善的过程中,其存在意义逐渐淡薄。同时,伴随着规定产生的经济损失也不可忽视,人们也越来越认识到需求供给调整制度中对亏损线路的内部补贴政策的弊端及局限性。此外,行政改革委员会也将废除需求供给调整规制、缓和票价等规制视为重点议题。在这一背景下,内外都出现了应撤销或废除与各国相比更多的交通运输规定限制的意见。1996年12月,运输省次长以自上而下的方式表明了将在交通运输领域废除需求供给调整规制原则的方针。

应对

需求供给调整规制的废除意味着市场机制将成为运输领域的基础,自此以后,运输省尽管仍是在安全方面作出规定的官厅,但同时在经济方面却谋求摆脱政策官厅的定位。这也导致了许可认可行政的窗口、运输省政策实施主体的地方运输局的行政工作出现重大政策转型,朝着地方智库化的方向发展。

在国内航空、铁道、客船、包车、公共汽车、出租车、港口运输(主要9港)等各领域,作为废除需求供给调整制度、放宽企业准入规制的措施,将长期以来实行的执照制度转为以安全检查为必要条件的许可制度,而票价、收费规定等也由认可制缓和为登记制及上限价格制,由此企业可以自由设定价格。

具体而言,国内海运业自1966年起以废旧建新(scrap and build)方式实施船只调整工作,1995年在海运造船合理化审议会答复报告中建议有计划地取消该制度,1998年5月开始实施国内海运暂定措施,并废除了船只调整制度。

在航空领域中,修改后的《航空法》于2000年2月1日起开始实施,其中航空营运方面废除了对安全性进行审查的许可制的航线执照制度,航空公司可自由增加或废除航线。此外航线的需求供给制度也被废除,设定航线采用了新的事前登记制。同时对航空安全规定、飞机技师的资格制度等也进行了修改,票价采用事前登记制,事实上取消了限制。

出租行业中,确定了以 2001 年度废除需求供给调整规制为目标的大方向。

在《港湾运输事业法》的修改中,为了加强日本港湾的国际竞争力、提升港湾运输事业的效率及服务,修改了 9 个主要港口参与普通港湾运输业营运的规定限制。具体而言,这一系列制度改革包括废除需求供给调整规制,参与运营执照制改为许可制,而票价、价格也由认可制改为事前登记制等。

总之,交通领域的需求供给调整规制正在废除,并在这一措施下,通过交通企业间的竞争寻求交通运输业的效率化。

2. 交通无障碍化的发展

背景

到 2015 年,每 4 名国民中就有 1 人是超过 65 岁的高龄者,日本也将真正步入老龄化社会。为了应对 21 世纪老龄化社会的到来,在高龄者参加社会活动之基础的公共交通服务方面,要求交通枢纽设施实现无障碍化的呼声越来越高。

1993 年前后,在"联合国残疾人 10 年"活动的推动下,《残疾人基本法》中加入了努力实现交通设施无障碍化的规定。但是,尽管还制定了《爱心建筑法》(有关建造有助于高龄者利用之建筑物的建筑促进法)等,但无障碍化还只停留在民营企业努力义务的层面上。

在与无障碍有关的财政措施上,1994 年对电梯、自动扶梯的辅助金第一次被计入预算,但当时国家与地方(民间)合计只有 20%,比率很低。随后在 1998 年的第三次追加预算中,补助率国家与地方合计上升到了 2/3,向前迈出了一大步。尽管作为配套措施,在税制上实施了特别偿还制度,金融方面也提出了低息融资的支持政策,但是法律性措施(规定为义务)却没有进展。

应对

为此,运输政策局等采取主动,以运输省为主导,会同建设省、警察厅、自治省向国会提交了四省共同法案——《有关促进便于高龄者、残疾人士利用公共交通工具的法案》,并于 2000 年 5 月开始生效。

为了提高高龄者、残疾人士等利用公共交通工具时的方便性及安全性,该法规定了在新建火车站等旅客设施、投入使用新型公共汽车等车辆时,交通企业负有满足无障碍标准的义务。此外,在以火车站等旅客设施为中心的一定区域内,在市町村制定的基本构想基础上,规定履行义务的对象范围将扩展至旅客设施、周边道路、站前广场等,以重点、一体性地推进无障碍化的发展。此外,作为目标,到 2010 年一日平均利用人数超过 5000 人以上的旅客设施及其周边存在诸如医院等高龄者、残疾人士使用较多的设施将优先推进无障碍化。

该法的主要特点是将海陆空所有交通工具均列为该法的适用对象,强调高龄者及残疾人士均可方便利用的综合性政策,旨在将各有关省厅进行的无障碍化政策进行一体化管理,并通过国家、地方、企业的合作予以推进。

由于横向、集中地推进相关各项政策提高了政策效果,在国土交通省建省后首次提出的要求(2001)中,增加了建设省与运输省合作在铁道、机场、港口、道路等各交通部门完善基础建设的目标,并建立了在横向合作、协调的同时推动投资的机制(多边示范交通体系合作建设项目)。

3. 推进航空谈判

1998 年 3 月,当时的运输大臣与美国交通部部长签署了修改日美航空协定中不平内容的协议,这个被称为战后仅存的唯一一个不平等条约的修改历经四十六年。根据新的协议,全日空、日本货物航空终于升格为期待已久的指定航空公司,在日美航空协定中指定航空公司的数量首次相同,航空以远权也完全平等。

在谈判过程中,运输审议官、航空局次长、主管课长十分活跃,在与首相官邸紧密联系的同时,利用在海外工作中获得的对外谈判的预见性、人际关系及技巧,为修改日美航空协定这一不平等条约作出了贡献。

第四节　本次省厅改革后的运输省

一、省厅改革与运输省

在中央省厅改革中,《中央省厅改革基本法》(1998 年 6 月)、《国土交通省设置法》(1999 年 7 月)、《独立行政法人通则法》等中央省厅改革关联法案、《独立行政法人个别法》(1999 年 12 月)等相继颁布,2000 年 5 月 30 日内阁会议通过了《中央省厅改革新府省组织令》。

本次组织改革中,运输省与建设省、国土厅、北海道开发厅合并为国土交通省(2001 年 1 月成立),职员包括原运输省 38000 人、原建设省 23000 人、原北海道开发厅 7000 人、原国土厅 500 人,共计约 70000 人。编制的具体构成为内部部局 4000 人、设施等机构 3400 人、地方支分部局 42000 人(其中地方整备局 23000 人)、外局 19000 人。

二、新组织的概要

1. 政治主导的确立

为了加强官房的职能,作为支持各省大臣政治主导的辅助机制,新设立了副大臣(2 人)、大臣政务官(3 人)的职位。

2. 大臣官房、局及政策统管官

国土交通省前身的 4 个省厅(北海道开发厅、国土厅、运输省、建设省)官房、局的总数由 20 个减为 14 个,审议官的总数由 26 人减为 20 人,省机关包括大臣官房(官厅营缮部)以及综合政策局(观光部、信息管理部)、国土计划局、土地水资源局(水资源部)、城市地区整备局(下水道部)、河川局(砂防部)、道路局、住宅局、铁道局、汽车交通局(技术安全部)、海事局(船员部)、港湾局、航空局(监理部、机场部、技术部、管制保安部)、北海道局等 13 个局,并设置了 3 名政策统管官。

与运输省有关的部门也进行了一系列重组,运输政策局与原建设省的建设经济局合并为综合政策局,海上交通局及海上技术安全局与海事局合并。

政策统管官是这次中央省厅改革中新设立的局长级职务，所管辖的工作包括综合交通体系的建设、国土交通省所管业务的政策评估、国土交通省所管国际业务中与交通有关的重要政策的调整等。

3. 课的设置

国土交通省前身4省厅的231个课减少为国土交通省的195个课。

4. 设施等机构

从2001年1月开始，省的设施机构包括国土交通政策研究所、土木研究所、建筑研究所、交通安全公害研究所、船舶技术研究所、港湾技术研究所、电子航法研究所、国土交通大学校、海技大学校、航海训练所、海员学校、航空大学校以及航空保安大学校。

2001年4月起，除运输研修所（并入国土交通大学校）、港湾技术研究所的一部分（划归国土技术政策综合研究所）、航空保安大学校之外均转为独立行政法人。同时为了建立国土技术政策的综合研究体系，国土交通省新设立了省的实验研究机构"国土技术政策综合研究所"。

5. 地方支分部局

国土交通省的地方支分部局包括地方整备局、北海道开发局、地方运输局、地方航空局及航空交通管制部。

由地方建设局与港湾建设局合并组成的地方整备局在全国共设立8处，根据行政命令，其内部组织包括副局长（北陆地方整备局以及四国地方整备局各设次长2人）以及总务部、计划部、河川部、道路部、港湾机场部等8个部。

6. 审议会

国土交通省的省机关中设置了国土审议会、社会资本整备审议会、交通政策审议会、运输审议会等10个审议会。

7. 委任地方整备局的权限

在《中央省厅改革基本法》中,规定了"地方支分部局对其管辖区域内实施的公共事业等国家业务进行主体性、一体性的管理"。为此,《国土交通省设置法》第31条规定,地方整备局负责国土交通省所管辖业务中某项业务的全部或部分工作。另外,根据《中央省厅改革关系法施行法》的规定,在《城市规划法》《港湾法》等具体法案中也就地方整备局的权限以及接受委任等内容进行了修改。

三、国土交通省的优势

建设省、运输省、国土厅、北海道开发厅四省厅合并而成的国土交通省主要目的在于对国土进行综合系统的利用、开发及保护,为此将综合建设社会资本、推进交通政策作为主要任务,以便开展综合性的国土交通行政。

通过实施综合交通行政工作,将进一步切实落实以下几方面的内容:① 通过公路运输、海上运输、铁道运输的综合性政策,改革物流的高成本结构;② 建设陆海空高效干线运输体系;③ 应对老龄化社会的城市交通政策等。

通过设置地方整备局,可以对其管辖区域内实施的公共建设等国家事业进行主体性、一体性的管理。同时,针对公共事业肥大化的批评,根据《中央省厅改革基本法》,包括审批辅助金在内的决定及执行项目的权限将尽可能委托给地方支分部局的负责人,并将地方支分部局全局的预算额以总揽的方式进行分配。

第五节 个人见解——今后的课题

一、通过人才培养加强政策立案能力比改变结构更为重要

无论对组织进行什么样的改革,如果没有培养出推动组织前行的人才,就无法取得预期效果。组织结构大幅度变革的中央省厅改革及信息公开的潮流使得职员们逐渐接受了改革的思想,并促使职员们逐

步自发性地抵制那些有违自己良心的行为。

在人才培养方面,为了应对复杂且多样化的行政工作,作为工学特殊人才的技术系列与作为法律制度立案特殊人才的事务系列的培养同时进行,既具备全局视野又拥有专业知识,换而言之既是专才又是通才的 T 型职员、π 型职员的人才培养不可或缺。例如,技术系列为了实现自己的政策,就有必要对可称为立法技术的法律制度的制定过程进行理解,而事务系列也应理解与业务局相关的"基层",这对于创发是必不可少的。

一般而言,通才型人才培养尽管可以充分学习项目的开展及运作方式,但在各部门工作的时间都不持久,进行新政策的创发并非易事。而在同一个部门内长期调动的专才型人才培养中,对自己的工作非常自信,但同样不可否认,专才型人才缺乏作为行政人员所需要的感知度和更宏观的政策视野。为此,重视事务系列、技术系列专业背景的人事安排及任期的长期化等对于加强政策立案职能是不可或缺的。

此外,为了应对社会多样化的趋势,应采取由多种人才组成行政中枢部门的方式,以确保均衡判断。在技术系列中如果只进行细分工种的工作,就有可能造成在专业性的名义下就特定专业领域某业务偏重使用偏才的结果。为此,如何制定以谋求不同技术部门间的积极的人事交流,融合技术领域为目的的人才使用改善方案值得关注。

二、更为积极的人事交流

一般而言,事务系列的优势在于信息多样化带来的良好平衡感,而技术系列的优势在于接受过对事物不断进行创造性思维的训练,对制造(manufacturing)和建设情有独钟。

为了取长补短,应积极开展事务系列、技术系列的人事交流,但从长远看,课长、助理、系长各级别职员以对等的形式进行人事交流更为现实有效。

通过以上人才使用方面的协调,事务系列将可能熟悉业务局的工作,技术系列也会更了解横向分割局及官房的工作,由此通过确保信息的双向流通以产生共鸣。特别是国土交通省作为拥有 7 万名职员的庞大组织,在各局以往历史的基础上,业务局与横向分割局之间实现流畅的信息共享是不可或缺的。

三、目标："计划型"与"基层型"的复合型

国土交通省共设有横向分割型的综合政策局、国土计划局以及纵向分割型的11个业务局。同时设有3名政策统管官（局长级），这可以推测出在制度上加强横向职能的动向。

时代的需求多种多样，日本与世界都进入了比起"组织"更重视"个体"、重视个体带来的多样性的时代。新设立的综合政策局作为发挥横向分割职能的局，在进行业务局难以完成的省的横向性政策计划立案的同时，在个别政策的调整上，也如APEC那样尊重"个体"，在承认自主性的同时将这些自主性结合，从而发挥灵活温和的协调职能。而省内更高层面的综合调整职能则期待由新设立的副大臣及政务官进行。

越是结构固定化的组织，组织的职能就可能越僵硬，并无法保证不会陷入"工作就是创造工作"、将手段视为目的的思维模式。为此，制定全省横向性政策时，不拘泥于固定的组织形式，而是灵活运用业务局的专业性，组建省内各有关部局合作的临时"机动部队"（灵活运用项目组制度）也是值得考虑的方案之一。

四、国土交通省政策评估的发展方向

2001年1月中央省厅改革后，政府各部门均引入了政策评估体系。这就要求与国民生活直接相关的各种行政工作以及承担众多公共事业的国土交通省灵活运用这一制度，以国民为中心开展高效优质的行政工作，以履行对国民的责任。

政策评估制度具体包括：① 在引入新政策之际，进行事前评估以明确新政策的必要性、有效性及效率性；② 对政策目标完成情况进行定期监督的业绩评定；③ 分析有关特定主题的政策效果、政策与结果之因果关系等的项目评估。这些评估方式今后将有望取得进一步的发展。

五、今后的国土交通行政

今天,经济增长出现钝化的同时,少子、老龄化等社会问题却在快速发展,作为地区自立以及合作基础的交通网络基本建成,交通资本的数量瓶颈问题也正在得到克服。此外,由跨国企业活动造成的全球竞争进一步加速,为了适应国际企业间相互依存而不断增加的日本企业的海外拓展等也都促使产业构造发生着巨大转变。

在这一背景下,对交通政策的要求也从以往的确保运输能力、扩大交通网络转向提高运输效率及高速化、移动的快捷舒适性、与环境的协调以及安全性等,提升交通资本及交通网络的质量以及加强人员流动、物流等方面的国际竞争力的重要性日益增加。今后,如何开展基于上述考虑的整合性、一体化的国土交通行政工作,将是极大的挑战。

以"物流"为例,物流属于经济活动,根据市场原理寻求解决问题,这一点尽管十分重要,但为了应对全球化及信息产业的发展,强化物流的国际竞争力(降低总成本以及缩短事前准备阶段等),从国家行政的角度明确物流展望,并据此从硬、软两个方面建设物流的事业环境十分重要。此外,物流行政涉及面宽,在进行综合交通行政的同时,推动与其他省厅的一体化政策将是今后国土交通省的重要课题。

追记

本章写作之际,得到了原运输省等各方人士的宝贵建议及对事实的陈述。百忙之中得到如此宝贵的帮助,再次谨表衷心的感谢。

第四章 邮政省的政策形成过程

近藤胜则　田中启之

邮政省主要包括信息通信以及邮政两大块业务。本章将在第一节进行整体概述后,分别简述信息通信行政工作(第二节—第五节)以及邮政业务(第六节—第八节),并在第九节进行总结。

第一节　邮政省概要

一、目的与性质

邮政省在负责信息通信领域的行政业务的同时,还经营邮政、外币兑换及储蓄、简易保险等"邮政三事业",前者属于一般性的行政工作,后者则是为国民提供服务的事业。

在历史上,经过递信省(第1次)、运输通信省、递信省(第2次)等组织变迁后,1949—1950年期间,诞生了邮政省、电气通信省及电波监理委员会。1952年,电气通信省改组为公司(日本电信电话公司,简称NTT)的同时,废除了电波监理委员会。邮政省则追加了电气通信的规则监督职能以及电波监督管理职能。

长期以来,邮政省的事务次官多由邮政事业部门的局长(邮务局长)晋升后出任。但近年来,则逐渐转由信息通信行政部门的局长(电气通信局长或通信政策局长)出任。这也说明信息通信领域的重要性在相对增加。信息通信行政部门规模并不大,但由于与邮政业务同属邮政省,从而借助邮政业务加强了信息传播力、人际网络以及与地方社会的纽带。

二、组　织

2000年邮政省定编（省厅重组前）299824人，在经费区分上，普通会计（信息通信行政相关职员）2606人，特别会计（邮政相关职员）297218人。

组织总体上可分为内部部局（省机关）、地方支分部局、审议会、设施机构等。按照不同机关分类，内部部局2703人，地方支分部局、设施机构等297121人。内部部局包括大臣官房、信息通信行政部门的通信政策局、电气通信局、广播行政局以及邮政部门的邮务局、邮政储蓄局、简易保险局。

大臣官房由秘书课、总务课、主计课、计划课、人事部、财务部、设施部、国际部、首席检察官等组成。其特点为：①信息通信行政部门在增设新的局时，由于废旧建新原则，新设局就成为大臣官房的一个部，因此与其他省厅相比，官房的规模较大。②人事由秘书课及人事部人事课管理，前者负责省机关课长职务以上职员的人事管理工作，后者负责普通职员的人事管理工作。③总务课、主计课、计划课等官房的课同时设有分别负责信息通信行政与邮政业务的两套直线型管理系统。

地方支分部局包括信息通信行政部门的10个地方电气通信监理局、邮政部门的11个地方邮政局、10个地方邮政监察局以及全国约24700个邮政局。冲绳县设有兼具地方电气通信监理局、地方邮政局、地方邮政监察局三局功能的冲绳邮政管理事务所。地方邮政局的数量比地方邮政监察局及地方电气通信监理局多一个是因为除了关东邮政局（管辖东京都以外的关东地区及山梨县）之外，还设立了东京邮政局（管辖东京都）。

此外还设有邮政审议会、电气通信审议会等5个审议会以及邮政研究所、通信综合研究所、邮政研修所等设施机构。

三、人事管理系统

尽管每一年多少有些变动，但从最近的平均值看，Ⅰ种行政职务录用人数为事务官约 18 人、技官约 13 人。技官主要包括负责信息通信行政部门的信息通信系列约 9 人、负责设施部门的建筑系列约 3 人、负责简易保险的保险数理部门的数理系列约 1 人。有些年度也会录用负责邮政信息系统的职员。信息通信系列技官的最高职位为官房技术总管审议官。行政职务之外,还有在通信综合研究所工作的研究职务。

信息通信行政部门(普通会计)与邮政部门(特别会计)之间的跨部门间人事调动,除Ⅰ种事务官之外极为罕见,两个部门的职员构成相对独立。Ⅰ种事务官种类众多,既有在信息通信行政部门常年工作的职员,也有从事邮政部门工作多年的职员,还包括中间系列的职员。

Ⅰ种录用者的平均晋升履历为,参加工作第四年升为系长,第七年以后升为课长助理,十五年左右为室长、调查官,约二十年以后成为课长。这一期间,还会出现派赴其他省厅及自治体工作、留学及派驻海外等情况。很多情况下在课长助理期间会出任邮政局的副局长(事务官时)、室长、调查官期间出任地方支分局的部长,省机关审议官、次长时会出任地方支分局长、次长等职务。

Ⅱ种省机关录用人数约 15 人,包括以邮政部门为主进行工作调动者以及以信息通信行政部门为主调动工作者,他们比Ⅰ种录用者担任职务的时间更长。

Ⅱ种的地方局录用者、Ⅲ种及邮政职员录用考试等录用者的情况将在信息通信行政部门、邮政部门中分别介绍。

Ⅰ种及Ⅱ种以外的职员会有参加研修的机会,并有晋升为干部的机制。信息通信行政部门的研修由电气通信研修所负责,邮政部门的研修由邮政大学校、中央邮政研修所、各地方邮政研修所负责。

四、会 议

邮政省内部的会议相对较多,主要分为:①跨信息通信行政部门与邮政部门的全省性会议;②两部门各自的会议;③每个部、局的会议等。各部局的总管助理等组成的助理学习会也不定期召开,但并不拥有通产省法令审查委员会那样的职能。

1. 全省性会议（以月为单位）

"省议"的目的在于讨论省的重要事项并作出决定，由大臣、次官、邮政审议官、官房长、局长、官房总务审议官、官房技术总管审议官、官房首席检察官、官房各部长组成。由于其成员与下述的部局长会议成员重叠，因此省议基本上不会召开。

"部局长会议"为每月召开一次的协商省重要问题的会议。其成员除了省议的成员外，还包括官房审议官、参事官、官房专门调查官、官房四个课的课长、各局的部长、次长、通信综合研究所所长、邮政研究所次长等。

"地方三局长会议"的目的是与地方局共享重要信息，以谋求政策一体化。为隔月召开，除了部局长会议成员外，还包括地方电气通信监理局长、地方邮政局长、地方邮政监察局长、冲绳邮政管理事务所所长、电气通信研修所所长、邮政大学校校长等。按照惯例，全体会议结束后还会分别召开"地方电气通信监理局长会议"及"地方邮政局长及地方邮政监察局长会议"。

2. 全省性会议（以周为单位）

"部局长碰头会"旨在通过重要政策的信息共享形成共识，以实现迅速决策及提升政策形成能力，每周一召开。其成员为大臣、总管政务次官、政务次官之外的省议成员。

"次长碰头会"是以省干部间就省重要课题交换意见形成共识为目的的会议，每周一召开。由局的部长、次长、官房审议官、官房参事官、官房专门调查官、邮政研究所次长组成。

"PM会（综合政策会议）"作为省重要政策的政策建议、促进相互理解与协调的场所，每周举行一次。参加者包括官房四个课的课长、参事官、上席监察官、官房各部的首席课长、各局总务课长、局的各首席课长、邮政研究所主席研究官等。提出新政策、新设各种研究会等均要通过这个会议的批准。

3. 信息通信行政部门、邮政部门的部门会议（以周为单位）

"Telecom VIP"的目的是在信息通信行政部门实现重要信息的共

享以及政策一体化，每周举行。参加者包括信息通信有关各局长、技术总管审议官、国际部部长、电气通信事业部长、电波部长、官房审议官、参事官、通信政策局政策课长等。

"经营战略会议"旨在制定邮政部门的战略、深化各项业务间的合作，每周举行。成员包括事业三个局的局长、官房四个部的部长、总务审议官、主席监察官、东京邮政局长等。

"技术政策联络会"作为对信息通信技术政策进行协调的场所隔周召开一次。参加成员包括官房技术总管审议官、电波部部长、信息通信技术有关各课长等。

4. 各部局会议（以周为单位）

各部局在每周一召开由局长、部长、课长级别职员参加的局议、部议，进行部局内的政策协调。每个部局在政策讨论、信息共享、决策等职能的侧重点尽管有所不同，但部局是政策总括的基本单位，因此这个会议十分重要。

第二节　信息通信行政的组织与职能

一、目的与性质

截至1985年，电气通信行业是由日本电信电话公司（电电公社）、国际电信电话股份公司垄断的，电波监理行政也以通过规则进行监督为主，因此邮政省信息通信行政部门的发展史出人意料地短暂。

信息通信领域中，在技术的飞速进步、全球化、共通基础性的背景之下，"完善竞争环境""建设信息通信基础""完善信息流通环境""研究开发、标准化""广播""使用电波""国际战略"等每一项核心政策都会不断出现新的政策课题。

信息通信行政领域的预算原本规模就较小，且采用最高限额制度，因此始终处于窘迫状态。但随着该领域的重要性逐渐被人所知，以研究开发经费及以缩短电气通信差距为目的的辅助金等预算额正在逐渐加大。下文将从政策形成的观点对每一项政策的特点进行总结。

1. 完善电气通信事业的竞争环境

这是邮政省的中心课题。在经过1985年电气通信市场引进竞争机制、电电公社（NTT）的民营化、1996年到1999年的NTT重组及推进连接政策等变革之后，现在仍在致力于推动制度改革。《电气通信事业法》正在从以限制商业参与、限制费用等规制行为为中心的法律逐步转向以公平竞争为重点的法律。

围绕NTT的政策形成，如后所述，政治的主导作用很大。此外，基于外国的政策以及WTO等国际组织的协议而形成的政策也很多。

2. 信息通信基础设施的完善

在"信息通信基础设施建设以民间为主导"的政策思路下，邮政省在建设光缆网所需的特别融资、政策税制等方面予以了支持。此外，为了缩短地区间信息通信差距，还对地方自治体等推动的地区信息化、有线电视设施建设、人口稀少地区的移动通信信号中转塔等设施建设等提供补助。从2001年度预算开始，部分辅助金被用于公共事业的相关经费，从而成为重点政策之一。

在邮政省与地方自治体之间的沟通方面，邮政部门因邮政局、简易保险资金的贷款支付等业务而渠道相对较多，而信息通信行政部门的沟通渠道也因地区信息化相关政策的充实而不断加强。

3. 完善信息流通环境

信息安全、保护个人信息保护、应对违法及有害信息、电子签名及认证、电子政府、电子商务、内容产业流通、信息无障碍化、信息读写能力等是这一政策的主要课题。

完善信息流通环境的工作与其他省厅的政策关系十分密切。1999年邮政省与警察厅、通产省一同制定了《非法访问禁止法》，2000年与法务省、通产省联合进行了《电子签名及认证业务法》的法案制定工作。《非法访问禁止法》尽管在"电气通信企业负有保存使用者通信登录信息之义务"的内容上与警察厅意见对立，但在省内"有必要与其他省厅合作实施政策、实现法制化"的认识正在不断高涨。

完善信息流通环境的课题之一就是寻找对网络播放节目等"具有公开性的通信"进行规制的方法。由于信息内容的规制与表现自由、保护通信秘密是对立的，故而存在一定难度。因此邮政省支持企业团体等制定大纲以自主规制，并探讨各种制度。自主规制是走向法制化的一个阶段，因没有强制性而可谓一种健全的方式，但其缺点就是对恶意使用该制度的企业毫无效果。

4．研究开发、标准化

邮政省致力于新一代互联网、智能家电、新一代移动通信等的研究开发。邮政省的研究开发预算中信息通信部门占了一半左右（2000年度为1181亿日元），这几年的增长率也令人瞩目。具体内容为：①进行研究开发的特殊法人通信广播机构的有关经费（253亿日元）；②邮政省的设施机构通信综合研究所的有关经费（204亿日元）；③省机关直接使用的预算等。

通信、广播机构（TAO）的有关政策中，很多都得益于通产省的新能源、产业技术综合开发机构（NEDO）有关政策的启发。而由于信息通信领域的主力军是民营企业，因此要制定研究开发以外的大型预算计划并非易事。这是一个技术快速进步的领域，邮政省也通过创设征集研究主题的公开征募研究制度等不断进行新的尝试。应投入预算的研究开发领域、国家应发挥的作用等经常成为讨论的主题。

5．广播

在广播事业中，引进高清晰数字电视节目、推动电视节目的流通、有线电视的高端化、通信与广播的融合（服务、传送线路、企业、终端）等是政策的主要课题。在普通电视广播、卫星电视广播上，由于电波的有限性和稀少性，围绕开设新电视台等的权益竞争十分激烈。近年来在数字卫星节目、CS放送等新开设电视台的审查中，采用公布详细的比较审查标准并以公众讨论的方式决定审查结果等措施，以提高政策透明度。

广播领域的特点就是技术进步产生新的服务媒体，并谋求制度变革。就总体方向而言，应将广播业分为设备所有者（硬件）与节目提供者(软件),并进行规制与促其发展。

6. 电波的使用

这一领域的政策课题包括制定无线电周波数的使用计划,促进与引进新无线通信系统的开发,制定技术标准,监视电波等。目前,邮政省正致力于提高周波数分配制度的透明度,推进公开周波数分配计划以及有关无线电台许可证的比较审查制度建设。

为了引进新的无线通信系统,邮政省有必要在以下三个方面进行新的制度建设:①国际间的整合性(实现与外国技术标准的通用化),②尊重民间的创意,③迅速应对。比如,最近以活用民间标准化机构的研究成果进行技术标准制度建设的事例正在增加。

7. 国际战略

联合国中历史最悠久的国际组织是国际电信联盟(ITU),由此也可以看出,信息通信的国际秩序非常重要。在这一领域出现了以下发展趋势:①网络技术的发展,②电气通信市场引入竞争原理,③可跨国使用的无线通信系统的出现,④对确保统一通信机器标准认证制度的需求增大,⑤民间进行的电信标准化工作的重要性不断增加。而邮政省的国际事务也呈现了增加趋势。

为此,邮政省采取了在 WTO、OECD 等国际组织中进行政策协商,加强双边政策协商,在标准认证制度上进行国际协商,向民间标准化组织提供支援等多方面措施。

二、组　织

邮政省中信息通信的主管行政部门长期以来由负责电波监督管理的电波监理局以及负责监督电信规则的电气通信监理官室组成。1980年电气通信监理官室改组为电气通信政策局(信息通信行政部门成为两局体制),1985年又改组为通信政策局、电气通信局、广播行政局(成为三局体制)。此外,1992年又以将邮政部门也纳入管辖的形式成立了官房国际部。

在组织形式上,电气通信局与广播行政局属于以《电气通信事业法》

《电波法》《广播法》等基本法为基础的纵向分割局,通信政策局则是以促进电信发展为中心的横向分割局。通信政策局在政策上引领其他各局,发挥着横向分割性质的作用,同时也着重发展振兴地区经济、研究开发、宇航通信、制定政策框架及展望、扶持信息弱势群体等具体政策。

官房国际部也是横向分割组织,在负责包括国际合作、国际电信组织(ITU)相关事项、G8等国际会议在内的国际事项的同时,也是每个具体问题进行国际交涉的窗口。不过作为横向分割组织,也的确存在着花费大量时间用于与直接管理具体事项的业务课进行磋商的倾向。为此,在人事方面,通过将纵向分割局的强势课长调动到横向分割局出任课长等各种措施,来确保业务的顺利开展。

地方电气通信监理局在1985年前被称为地方电波监理局,即使在今天与电波有关的工作仍占据很大比重。而与电信及地区信息化相关的工作某种程度上在持续增加,但由于不是这方面工作的主要负责部门且没有委托地方自治体的工作,因此在地方自治体的认知度与其他省厅的地方支分部局相比并不高。

表 4-1　邮政省各部局(信息通信行政部门)主要任务

部局名称	主要任务
通信政策局(现为信息通信政策局)	① 综合政策的计划、立案 ② 推动地方信息化 ③ 推动技术开发与标准化 ④ 宇宙通信的尖端化
广播行政局 (现为信息通信政策局)	① 广播媒体的充实与普及 ② 引进并普及新型广播媒体 ③ 推动广播节目软件的流通
电气通信局电气通信事业部 (现为综合通信基建局电气通信事业部)	① 构建电信事业公正有效的竞争基础 ② 完善信息通信的使用环境 ③ 构筑新一代通信网
电气通信局电波部 (现为综合通信基建局电波部)	① 制定周波数分配计划 ② 促进新无线系统的开发 ③ 完善电波的使用环境
官房国际部 (现为综合通信基建局国际部)	① 应对国际经济问题 ② 应对国际组织 ③ 推进国际合作

三、人事管理系统

从事信息通信行政工作的职员全部约为 2600 名。其中省机关 600 名，地方电气通信监理局、设施等机构约 2000 名。录用职员分类为Ⅰ种事务官、Ⅰ种技官（信息通信系列）、Ⅱ种（省机关录用、地方电气通信监理局录用）、Ⅲ种、选拔考试（高级无线电从业者资格拥有者）以及从邮政部门调动而来者。Ⅰ种技官不仅从事技术性工作，还承担了其他各种工作。

最近，在全国地方电气通信监理局等直接录用的职员数为Ⅱ种 10 名左右、Ⅲ种 10 名左右。

针对职员设定了各种研修制度。职员通过选拔考试，在电气通信研修所的综合一科研修（为期一年半，每年录取 8 名）结束后，将作为省机关的干部走上高级公务员的职业道路。该研修的应试资格也对邮政部门的职员开放，最近的研修生很多来自同一部门。

其他的研修项目还包括电气通信研修所为培养地方电气通信监理局中层骨干设置的综合二科训练（为期 3 个月，每年 10 人）、各种职务训练、各种专门训练（学习通信技术等）等。

在人事管理方面，省机关课长以上级别的职员（包括地方电气通信监理局职员）由省机关秘书课，其他省机关职员以及地方电气通信监理局的课长以上级别的职员由省机关人事课，普通地方电气通信监理局职员由同局总务部负责管理。此外，技术系列职员的人事管理由省机关人事课与省电气通信局电波部计划课合作进行。

第三节　信息通信行政中的政策形成过程

一、信息通信行政的类型

信息通信行政工作属于"以省机关各部局为中心的计划型"。本书将计划型定义为"不仅是纵向分割的业务局课进行创发，官房、横向分割的政策局、各局总务课主导新的政策思路，并交由业务局业务课具体操作，或对业务局业务课的创发提出意见、建议并予以修正"。与这个意义上的计划型相比,信息通信行政部门省机关的业务局业务课进行的创发非常多。

邮政省的官房由于拥有信息通信行政与邮政事业两个性质不同的部门,因此综合领导两个部门,特别是领导在信息量上拥有压倒性优势的信息通信行政部门业务局业务课并非易事,除一部分预算外,处理组织改革、救灾等全省性工作、各种协调、对政策思路进行各种检查等在其业务中所占比重较大。

通信政策局政策课发挥信息通信行政部门官房性质的作用。每年夏天整理与制定《信息通信政策大纲》,承担各局长等参加的"Telecom VIP"会议的事务局工作。但是,由于通信政策局很难说具有较强的领导业务局业务课的职能,因此也无法完全称之为"计划型"。

作为信息通信行政工作中的基层单位,地方电气通信监理局很少进行政策性创发。其原因主要包括:①按规定进行的许可认可工作比重较大;②并不直接负责政策预算的申请;③省机关的业务课本身也拥有一部分基层工作;④根据地区特殊情况进行政策提案的余地较小(但因一般性服务或人口稀少地区等的信息通信基础建设的政策动向可能出现变化)。

二、重点政策

每年 8 月进行预算概算申请时,将发布以通信政策局政策课为中心总结的《信息通信政策大纲》,系统论述每一项重点政策的预算要求、税制要求以及修改法律等,并向国民及有关方面公布重点政策。

中长期政策展望很多会在审议会以及各种研究会的报告中予以提及。比如《21 世纪信息通信展望》(电气通信审议会答复报告,2000 年 3 月)、《通信、广播融合时代的信息通信政策恳谈会中间报告》(2002 年 12 月)等。

省机关各部局每年 7 月左右(定期人事调动后)将汇总今后一年各部局的重点工作以及实施日程。由各课进行提案,部、局长及庶务主管课等进行协调。

三、创　发

1. 自发性创发

业务局业务课的课长、课长助理进行的创发较多。也有由部、局长、部局的首席课长进行的创发，或如前所述的"Telecom VIP"进行的创发以及发出开展讨论的指示等，极个别的情况下，官房也会进行创发。

如上所述，通信政策局进行创发并领导电气通信局及广播行政局的情况很少，各局基本上是平级运作。

创发的时机多在提交预算申请内容（3月左右）及各部局汇总出各自重点政策的时期（7月左右）。而人事调动期（6月—7月）后将组成项目组开展工作，很多情况下在这之前就已经完成了政策方向性的创发。

为了进行创发，以下各种情报信息的搜集与分析是必不可少的。

第一，国民与有关各方的需求及各种意见。掌握时代的脉搏非常重要，为此将灵活利用各种交换意见的机会以及各种团体的政策建议。与其他省厅相比，邮政省举行的调查研究会与恳谈会数量极多，调查研究会不仅是获得共鸣的体系，对获取创发思路也至关重要。

第二，欧美各国的政策动向。由于很有可能成为日本的政策范本，因此建立并利用了各种媒体、驻外使领馆、国际会议、双边政策对话、包括企业在内的有关各方的沟通渠道。

第三，研究开发动向。如前所述，邮政省与信息通信相关的预算中的一半用于研究开发，因此有意识地搜集可成为预算项目的各种信息是不可或缺的。

第四，其他省厅的动向。信息通信行政部门的经济产业振兴政策非常之少，也可以说大多是在研究其他省厅的计划后进行赶超，其中对存在着某些竞合领域的通产省的动向更为敏感。

2. 被动性创发

这种创发包括：①希望放宽规制（经团连、企业等）；②确保与其他省厅放宽规制措施的整合性（比如与《航空法》放宽规制配套的电波放宽规制);③国际性的政策协调(WTO 协定、国际周波数分配的变更、国际标准认证制度达成一致后国内规定的相应建立与变更);④提供全球服务的新通信系统的出现(例如卫星移动通信系统、提供跨国服务的卫星电视节目等)。

随着①根据 1997 年 WTO 协定(日本废除对外资的限制)外资企业进入日本国内通信市场;②引进外国通信仪器需求的增加;③通信仪器在多国使用需求的增加等情况的出现,与外国各种相关制度配套的要求日益显现,因此被动性创发也出现了增加的趋势。

尽管被归纳为被动性创发,但其中很多实际上属于自发性创发。同时国际性协调政策中不少也来自于日本的创发。此外,虽然要求放宽规制,在这些要求提出之前很多情况下就已经开始了省内的创发。

四、共　鸣

1. 省内共鸣体系

业务局、业务课创发的政策由业务课的课长以及课长助理向有关各课、所属部局的首席课、部局长进行说明,通过部议、局议、"Telecom VIP"、PM 会等推进共鸣。关系到多个课的政策将在部局首席课的协调下,由业务课带领各有关课开展工作。预算案则要经过各局总务课、官房主计课等的听证。

创发出的政策内容如果需要进行修改法律等大规模的工作,则由部局长、首席课长从全部局的立场进行协调,并在各部局成立项目组,以计划官级别职员为负责人,领导来自各课的职员在设定期间内开展工作。

2. 省外共鸣体系

根据政策的不同,会召开旨在获得外部共鸣的调查研究会、恳谈会以及针对审议会的咨询等。如前所述,信息通信行政部门召开的调查研究会数量众多,其背景在于"制定技术飞速进步领域的前景规划,把握消费者需求以及适时整理各种意见十分必要","由于信息通信行政部门的预算规模及权限不大,因此有必要重视舆论导向以获得预算及修改制度"。

在审议会、研究会、恳谈会上,为了保持中立而不希望选任利益相关者出任委员等职,但从技术性讨论的角度,却需要电信从业者及企业等技术人员的参与,因此在人选上颇费周折。

在预算的概算申请案以及法律的修正案上,信息通信行政部门的各课将合作向国会议员、各种团体等进行说明。

最近,越来越多的政府方案采用了预先通过网络等媒体向国民公布并征求意见的制度。这对于确保政策透明度、反映各方意见是一个有效的方法,但在与审议会征求意见的关系以及在收集意见的方法上的确也存在着出现错误的情况,因此有必要充分探讨这种方式的优缺点。

五、批准、实施与评估

重要的政策事项当然需要部、局长的批准,此外还需要向包括其他局在内的有关各课发出意见照会,并由官房总务课等审查文件。重要政策(包括新设立调查研究会及报告书草案的内容等)还需要PM会的检查。对省机关的政策评估除总务厅的行政监察外,少有统一进行的。比如,对研究开发政策的评估就会成立由外部委员组成的评估委员会进行(使用电波使用费的技术试验等)。

第四节　信息通信行政的案例研究

一、NTT

在1981年3月设立的第二次临时行政调查会上,电电公社的民营化(1985)与国铁、专卖公社都被纳入讨论。与电气通信有关的讨论包括以下几个方面:①电电公社经营形态的改革(改革效率低下的经营形式);②电话线路的自由化;③在电信事业上引进竞争机制(最后才加上的讨论内容)。

在政界的努力推动下,最初对民营化持反对态度的电电公社劳资双方都转为支持。从"维护公共性"的观点出发反对民营化、主张在现行制度内进行改革的邮政省最终也转变立场表示赞成。

临时行政调查会于 1982 年 7 月提出了题为"电电公社民营化以及分割为中央公司与市内分公司——将竞争机制引入电信市场"的答复报告。但是，以电电公社为中心的势力强烈反对"分割"，1983 年妥协为"全国作为一家公司实行民营化，分割问题五年后再议"的方针。没有实现"分割"的原因大致为：①公社经营形态的改革是最大的争论点（从效率经营的角度也对分割进行了探讨）；②舆论支持较弱（与国铁不同，电电公社始终盈利）；③财界支持较弱（电电公社是通信仪器企业的重要客户）；④对电电公社劳资关系的顾虑（对民营化的合作、工会的身份问题），因此将实现民营化作为最优先的课题。

民营化过程中，大藏省、邮政省、通产省围绕出售 NTT 股票所得收益的使用方法产生了激烈的争执，政治家也参与其中。在最终决定分割问题之前公开出售 NTT 股票的方式也对其后政策产生了种种制约。

根据"五年后再议"的方针，电气通信审议会于 1990 年 3 月提交了题为"NTT 应分割为长途通信公司与地区通信公司"的答复报告。但是，就 NTT 的形式、NTT 股东的权利及股价等重要问题没能在包括大藏省在内的有关各方之间达成一致，最终结论被再次顺延五年。

1995 年再议之际，美国正在进行大规模的地区电信公司的合并。媒体与专家的论调也多认为"在电信公司走向合并的世界性潮流中，分割 NTT 是背道而驰的"。因此仍没有就分割达成共识。但是，由于出现了限制拥有技术能力的 NTT 的业务范围将产生负面影响的批评，政府明确了"早日解决分割问题"的方针。对此，邮政省与 NTT 开始着手解决这一问题，1996 年 12 月各方达成协议，NTT 成为纯粹的股份公司，其下重组为长途通信公司与东西两个地区公司。之所以可以成为纯股份公司也反映了这一时期的时代背景（《禁止垄断法》的修改）。

最近，由于通信费过高等原因，舆论、媒体以及专家学者对 NTT 的态度较为严厉。对包括 NTT 企业形态在内的竞争政策进行审议的电气通信审议会议于 2000 年 12 月进行了第一次答复报告，得出了"NTT 集团的资本完全分离为时尚早，在引入激励型竞争促进政策两年后，如果地区通信市场仍没有充分的竞争，则应对股份公司的形式进行根本改革"的结论。

其中"引入(政策)两年后"这一具体记述是根据"应具体写明(时间)"的全民讨论的意见增补的内容,也反映了要求资本分离的强烈愿望(这与1995年媒体论调形成了巨大反差)。其后,"电气通信事业法修正案"制定过程中,自民党部会对此进行了讨论,而在2001年向国会提交的法案中并没有写入"两年后"的文字。

公正交易委员会也对信息通信领域的竞争政策等进行了调查研究。比如2000年12月"根据《禁止垄断法》对试验性提供DSL(数字用户线路)服务提出警告"措施等。由于电信市场的特殊性以及电信技术的专业性,长期以来,邮政省与公正交易委员会之间并没有诸如联合制定指导大纲等具体的政策协调。但是,由于存在着确保普及服务、确保灾害或紧急事态时的通信广播等仅靠市场机制(竞争原理)无法解决的领域,因此可以预测今后两者之间有必要进行协调的情况也将增多。其后,公正交易委员会与总务省(原邮政省)合作,于2001年9月公布了《促进电信领域竞争指针(草案)》。

二、电波使用费制度

于1993年4月开始施行的电波使用费是指,为了充实电波使用行政事务(建设与使用监视电波的设施及综合无线电局监理体系,规定无线电设备的技术标准的试验)所需的经费,而对拥有无线电台执照者征收一定费用的制度。

制度的想法源于20世纪80年代,尽管创发者难以明确,但对各国的动向调查却从未间断过。1990年夏,在电气通信局内部成立了将此政策思路发展为制度的项目组。

该小组为了与省外形成共鸣,于同年9月成立了以专家学者为主的恳谈会。该恳谈会于1991年3月提出建议,"为了解决周波数资源紧缺、电波使用环境恶化的问题,有必要考虑增加行政工作量,为了提供所需经费,有必要要求拥有无线电台执照者承担费用"。

在这前后,尽管与大藏省及法制局多次磋商,却仍然无法在创设特别会计制度、设定周波数的排他性使用权等方案上与大藏省达成协议。最终在1991年夏确定了"行政费用由受益者承担"的"特殊负担金"制度方案,经过向有关业界团体进行各种说明后,1992年国会通过了这项法案。

电波使用费制度的政策形成有以下几方面原因。①时机:面对电波行政事务成本激增的情况,在得到舆论、相关省厅理解之后才制定制度;②省厅合作:希望确保财源的邮政省与在确保预算审定权的同时希望增加一般财源的大藏省的意向吻合;③切实的共鸣:召开各种恳谈会并致力于说服工作。

现在,欧美等国采用的"周波数竞标方式"正成为人们议论的热门话题。周波数资源与土地资源一样,通过适时进行区域整理,可以提升其价值。在引进新的无线通信系统时,有必要通过将现在的使用者转移到其他波段从而确保周波数的带域,因此"应将波段竞标的中标款用于已有无线电台的移转费用(更换或改修仪器)"等议论也十分重要。

三、采用新无线通信系统

采用新无线通信系统将按照①确保周波数;②制定技术标准;③获得无线电台执照等步骤进行。应采用的系统的需求以及需要的周波数很多是由外部专家学者组成的调查委员会进行讨论的。

在此以1998年12月成为制度的"加入者无线准入系统"为例予以说明。这是一个"通过无线将电信企业的线路设备与办公室、家庭等直接连接,使大容量通信成为可能的系统"。

创发是由业务课根据下述判断进行的:①信息通信市场中需要促进竞争的无线系统;②尽管有类似的旧型系统但技术进步要求其升级并更加高端;③美国等国已有引进的事例;④可以确保周波数带。

1997年召开调查研究会以研究系统需求,同年秋天到1998年3月,在电气通信技术审议会上讨论了具体的技术条件并寻求共鸣。根据审议会的结果,经过对电波监理审议会的省令案修正咨询,同年12月开始办理无线电台执照。截至2001年4月,共16家企业获得了使用该系统的执照。

在使用电波方面,存在着个人使用者"尽可能自由使用"的希望与企业"应公平有效使用有限资源"的要求之间的矛盾。在这个案例中,围绕着制定技术标准、周波数的分配方法等也都展开了各种讨论。在周波数分配方法上,业务课与有关各课进行了"大宗客户专用分配方法"的创发,在经过公众讨论后开始实施。

在技术标准上,国家在电气通信技术审议会上制定以避免无线收信混乱及有效使用电波为核心的最低限技术标准(强制性规格)的同时,标准化组织(比如社团法人电波产业会)也在制定更为详尽的任意规格。可以说标准化组织发挥了外部共鸣的作用。

第五节　信息通信行政的课题与展望

本节将以信息通信领域的飞速的技术进步、全球性、共通基础性等三个特征与政策形成的关系为中心,探讨信息通信行政的课题并展望未来的发展方向。

一、飞速的技术进步

信息通信领域不断出现诸如通信与广播融合等伴随着技术进步而产生的各种新问题。《电波法》规定了无线电台的使用目的(公共、电信事业、一般目的等)、系统形态(移动、固定)的周波数使用划分等,但随着社会环境变化带来的复合性使用以及随着无线电通信技术进步而出现的新形态的无线电系统,各种难以处理的困难也随之而来。

新制度创设或改革时,有必要明确与既存各种制度的整合性以及变更内容,而在技术进步神速、各种服务及使用形式纷纷出现的信息通信领域,要实现这一点会面临很多困难。

如果勉为其难地反复小规模地修改制度,反而会令进一步的制度修改以及新制度的设计更为困难。此外,如同从 NTT 分割问题与股票公开之间的关系所看到的,分阶段解决问题时,很多情况下会因制约条件的增多而增加难度。

在诸如信息通信这样的技术进步神速的领域,需要以下几个方面进行配合方可应对:①明确改革的长期方向(但在技术上不必决定);②灵活且富有革新性的制度设计(不拘泥于过去);③容许解释制度时的灵活性(推迟形成制度化的时机);④容许摆脱规定的试点工作;

⑤民间组织的自主规则(大纲等)。

在美国,信息通信行政工作由联邦通信委员会(信息通信行政工作的政策计划与执行)、各州公益事业委员会(州内电信、有线电视管制等)、商务部信息通信厅(报告书等政策建议)分担,即使是相互矛盾的政策,从结果上看也存在着一定程度的容忍度。通过法院判决形成规范,制度变化时不拘泥于与过去政策保持连续性等传统,会使根本性的制度变更处于更宽松的环境。

二、全球性

随着电信系统的全球化以及外资积极参与电信领域,对本国与其他国家的制度进行整合的需求日益明显。一个国家独自进行制度设计甚至有可能被指责为设置准入壁垒。反而言之,如同网络的域名管理及其标准化所显示的,也存在着民间主导自主进行规则化,官房随后跟进的情况。

尽管每个国家的信息通信市场的成熟程度、消费者需求各不相同,但在考虑①设定与其他国家同等的政策及管制级别;②较之其他国家率先提出全球性政策并予以推广;③官民联合在国际上开展活动等各方面的全球性政策形成十分重要。

三、共通基础性

信息通信关系到社会活动的所有领域,与其他省厅的合作日益重要。如上所述,《非法访问禁止法》《电子签名及认证业务法》等法案制定中的联合工作今后将逐渐增多。2000年秋《IT基本法》的法案制定工作就是由邮政省与通产省为主的众多职员在内政审议室IT主管室联手进行的。

一般而言,在省厅合作的情况下,如要制定与其他相关省厅目标并不一致的政策并非易事,但由于内阁内政审议室比各省厅的级别高,因此可以较为容易地发挥主导作用。另外,近年来省厅合作进行的预算申请优先度较高,从而逐渐形成了有利于省厅合作的行政构造。即使出现有关省厅的政策方向并不一致的情况,如果省的规模及所管辖的范围大,也会增加就多个不同政策达成一致的可能性,并使合作变得容易一些。

四、总　结

由于职员用于工作的时间与精力都是有限的,因此很多情况下选择政策时会考虑到该政策的必要性、实现政策的工作量、失败的风险以及内外(国民、省内部)的评价。

因此,很难说不存在难以推动与既存企业等的需求相反的政策、否定过去制度的政策、与相关省厅利益不同的政策的倾向。针对这一点,在信息通信领域,有必要有意识地推动考虑到技术进步日新月异这一背景下的"兼顾灵活性与革新性的政策形成",基于共通基础性的"以高于省厅的立场从事超越省厅间利害关系的联合工作"。

第六节　邮政事业的组织与职能

一、目的与特征

邮政事业包括①邮政;②邮政储蓄、邮政汇兑、邮政转账;③简易生命保险等三项基本工作。其工作目的是向全国提供统一的国民社会生活所需的基础性服务。邮政事业的特征可概括为以下几点。

1. 维持遍布全国的邮政局网络

日本约24700个邮政局组成了物流、金融网络,向全国提供同一标准的服务。根据《邮便法》第1条的规定,邮政省负有使运营邮政事业"通过普遍、公平地提供服务,增进公共福利"的责任。因此,在邮政事业的政策形成中,存在着提供平等服务的意识。

2. 提供社会生活基础性的物流、金融服务

物流、金融服务是日常生活中不可缺少的部分。由于存在着使用者不选择邮政服务的可能性,因此邮政事业拥有敏感应对使用者需求的强烈意识。当然一般行政工作中,国民的想法与需求也是其获得正当性的根据,但在邮政事业中,重视国民想法与需求的意识更为强烈,

换而言之,如果这种意识薄弱就会使邮政本身的存在意义受到质疑。

邮政事业越被置于竞争之下,就越有必要思考"如何才能让使用者选择自己提供的服务"。由于这一特征,在政策形成中,邮政省非常重视征求基层的意见、意向,并为这一目的建构组织与制度。

3. 邮政三事业的一体化运营

"一体化"并不意味着三项事业的经营合为一体并统一进行会计处理。邮政、储蓄、保险将在各自的会计制度下独立发挥各自的职能。三项事业各自的业务内容之间在逻辑上没有必然的关联性,自律性也较高。

这里的"一体化"是指在"邮政局"这一场所向国民提供日常生活所必须的各种服务。也就是说,不是个别业务,而是从业务的形态出发,邮政局将运行"一体化经济"。

"一体性"职能之所以被提及,是因为在诸如发生大规模灾害时,会出现仅追求营利性而无法迅速采取措施的情况,此时承担公共性作用的三个事业就将提供社会生活的基础性服务。而将提供行政服务的地点(一站式服务)设在邮政局,也是出于对"一体性"职能的考虑。由于这一特征,将从"如何建设更理想的生活基础是国家的责任"这一观点出发形成政策。

二、事业规模

1. 邮政

邮政中,在维持垄断书信投递形式的同时,在小型包裹投送领域则与民营企业进行着竞争。

表 4-2　邮政的事业规模(单位:百万封、个)

	1997 年度	1998 年度	1999 年度
普通(国内)	25307	25480	26027
小型包裹(国内)	326	316	319

表 4-3　邮政事业损益情况(单位:亿日元)

区分	1997 年度	1998 年度	1999 年度
收益	23318	22365	22438
支出	22940	22990	22991
当年度损益	198	-625	-553
累计损益	2504	1879	1326

2. 汇兑储蓄

1999 年末,邮政储蓄金已经超过 250 万亿日元。这些资金通过财政投资、融资,用于住宅、教育设施等国民生活环境的建设。邮政储蓄总额占日本约 1300 万亿日元的个人(家庭)金融资产总额的 19% 左右。

表 4-4　邮政储蓄事业损益情况(单位:亿日元)

区分	1997 年度	1998 年度	1999 年度
收益	123265	111813	99814
支出	116953	117920	118464
当年度损益	6312	-6107	-18650
累计损益	52648	44541	23891

3. 简易保险

简易保险的目的在于提供所有国民都可以加入的生命保险,以期实现国民经济生活的安定与福利事业的发展。作为民营生命保险无法提供的服务,其特征为不需要医生的诊断(无诊查)并且没有职业限制。近年来,件数、保险费额、保险金额均呈减少趋势。

表 4-5　简易保险情况(单位:万件、亿日元)

区分	新契约			年度末契约总数		
	件数	保险费额	保险金额	件数	保险费额	保险金额
1997 年度	607	1012	190422	8340	11179	2063842
1998 年度	665	1132	184961	8272	11370	2088993
1999 年度	592	1109	158017	8130	11437	2080004

表4-6 简易生命保险总额情况(单位：亿日元)

区分	1997年度	1998年度	1999年度
岁入	190039	189160	171629
岁出	120525	129274	133068
岁入岁出差额	69514	59886	38561
余额	3107	2093	1809

三、组　织

省机关中邮政、储蓄、简易保险各局均为主管各自业务的纵向分割组织，各局均由计划部门(负责法案与制度)、调查部门、营业部门、业务部门等课组成。各局总务课负责局内的人事管理、预算、其他庶务，同时也是与其他局接触的对外窗口。

大臣官房是横向分割组织。在对人事管理、预算进行统一管理的同时，从灵活运用三项事业一体性优点的角度出发推行政策。各局与大臣官房的实力关系不能一概以强弱来分析。

省机关的下属组织包括地方邮政局、地方邮政监察局、冲绳邮政管理事务所，在这些地方部门下还有邮政局，从而形成了省机关的邮政、储蓄、简易保险等各局、与地方邮政局相对应的各部、与普通邮政局相对应的各课等构成的纵向系列。

根据业务职能及管辖范围，邮政局分为普通局、特定局、简易局。此外，根据是否具有收发邮件的功能，邮政局又分为集散邮政局与无集散邮政局。通常而言，很多普通局为集散局(集散普通局)，很多特定局为无集散局(无集散特定局)。尽管数量很少，也有无集散普通局及集散特定局，但简易局没有集散功能。

1999年，共计24768所邮政局中普通局为1311所，特定局为18878所，简易局为4579所。特定局在一定规模的地区内会出现团组化现象，形成小到部会、大到联络会、联合会的各种组织，以确保横向间的联系。2000年4月共有1842个部会(平均局数10.2个)、238个联络会(平均局数79.3个，平均部会数7.7个)及12个联合会，所有这些组织组成了全国联合会。

四、工 会

由于职员数量众多,因此在组织内工会的作用十分重要。邮政省的工会大致分为全递信工会("全递")与全日本邮政工会("全邮政")。

全递在加入日本工会总联合会(联合)的同时,还加入了国营企业工会协商会(公劳协)、官公工会联络协商会(官公劳协)。全邮政则加入了日本工会总联合会(联合)、全日本官公工会协商会(全官公)。此外,在国际上,两者都加入了国际自由工会联盟(ICFTU)以及国际通信工会(CI)。

20世纪70年代到80年代,劳资纠纷多为工会的工作重点,而现在从工会方面提出包括改善服务、新服务内容在内的政策建议也在增加。全递的智库全递综合研究所还出版了《变革期的邮政事业——课题与展望》等书刊。

在政策形成中,工会发挥着吸收基层想法并通过各工会总部向省机关传递信息的职能。

表4-7 邮政事业部门职员加入工会的情况(单位:人,截至1999年10月1日)

普通职员	加入组织者				未加入组织者	组织率
	合计	全递	全邮政	单独	未加入者	
259485	228962	143062	82552	3348	30523	88.2%

五、人事管理系统

邮政事业部门重视征求基层的意见、意向,并在进行合理筛选后将结果进行反馈的体制与制度。其宗旨体现在人事制度与省内丰富的研修制度上。通过拥有基层知识经验的地方邮政局与省机关的联系,以及维持基层与计划部门相互间的紧张关系来促进政策形成(创发)。

Ⅰ种、Ⅱ种录用者只在省机关而不会在地方邮政局工作。在省机关工作的职员中半数以上为Ⅲ种等考试的合格者,并均经过省内研修。通过起到选拔考试作用的多种研修制度,为职员准备了各种职业生涯。Ⅲ种等录用者最先并不在省机关而是到邮政局工作。

经过研修的省机关职员多数有自己的所属(专业)部门,并被编入各事业部门的人事轮换中。与此相比,Ⅱ种录用者被编入同一团组的人事轮换中,并不太强调归属某个事业部门。

表 4-8 邮政事业部门的主要研修制度

区分	计划科（普通课程）	计划科(专业课程)		
		国际课程	资金运用课程	信息系统课程
培训目的	开发与提高邮政省机关以及地方邮政局等工作所必要的计划立案、事务处理等能力	开发与提高在邮政省机关等从事国际业务所必须的语言、计划立案等能力	开发与提高在邮政省机关等从事资金运用工作所必须的知识、技能、计划立案等能力	开发与提高在邮政省机关等从事信息系统工作所必须的知识、技能、计划立案等能力
培训实施部门	邮政大学校	同左	同左	同左
培训期间	4 个月	7 个月	同左	同左

区分	研究科	骨干科	国际邮政
培训目的	开发在邮政省机关从事业务所必须的经营计划、政策立案等能力	开发在邮政局作为中层骨干履行职务所必须掌握的知识及能力	掌握作为国际邮政交换局的中层骨干职员履行职务所必须的专业知识及技能
培训实施部门	邮政大学校	各邮政研究所	邮政大学校
培训期间	2 年	4 个月	4 个月
应试资格	邮政省职员,并具备以下资格:(1)截止到报考日前,作为国家公务员录用Ⅱ种考试"行政"类合格者,并从录用候补者名单中被录用为正式职员者,临时职员以及外聘职员不在此列,(2)略,(3)截至到 2001 年 4 月 1 日为止 20 岁以上 28 岁以下者(以下略)	邮政省职员,并具备以下资格(1)同左;(2)同左(略);(3)截至到 2001 年 4 月 1 日为止 20 岁以上 27 岁以下者(以下略)	邮政省职员,并具备以下资格:(1)略;(2)截止到报考日前,作为国家公务员录用Ⅱ种考试"行政"类合格者,并从录用候补者名单中被录用为正式职员者,临时职员以及外聘职员不在此列;(3)略;(4)截至到 2001 年 4 月 1 日为止 20 岁以上 27 岁以下者;(5)下述培训毕业者或预定毕业者不在此列:a.研究科培训,b.计划课培训,c.中层骨干科培训(以下略)

Ⅱ种录用者与Ⅰ种录用者一样,会在地方基层与省机关反复调动。从次席(系员按照顺序分为系长、次席、三席、四席,在系的级别上最下位为末席)开始,在成为省机关系长之前会担任邮政局的课长,在成为省机关课长助理之前出任邮政局长以及地方邮政局课长,其后还会出任地方邮政局部长以及邮政局长等。各种职务(邮政局长、邮政局课长、邮政局部长等)之间的级别因邮政局与邮政局规模而不同。比如,四国邮政局等较小的邮政局部长与大阪中央邮政局等大型邮政局长相比,后者的级别更高。

邮政事业的外务人员(邮政、储蓄、保险等领域)以及医疗职务等可由邮政省独自选考予以录用(《邮政省职员录用规章》第3条)。特定邮政局长的任用据规定为年满25岁以上的"拥有相当学识才干者"。

六、研修制度

邮政省既有可改变职业生涯意义上的研修,也有普通意义上的研修。研修根据实施对象、对象领域、选拔考试实施者、研修场所等被复杂地分成多种类型,下文将介绍主要的几种研修。

1. 研究科培训

以前被称为本科,是省内研修中级别最高的一种。培训期长达2年,在邮政大学校以住宿制形式进行学习。每年全国有大约30人在通过严格的考试后经选拔接受这一培训。研究科毕业后,毕业者与年龄无关均被分配到省机关各系的三席以下职务。其后逐级晋升为次席、系长、课长助理等。

研究科的毕业者与Ⅱ种录用者的职业生涯非常类似,研究科毕业时最年轻者也有25岁左右,一般而言同年龄段的Ⅱ种合格者会提前一步出任各种职位。从次席成为系长时、从系长成为助理时全员也基本上会在地方邮政局以及邮政局工作一段时间。能成为省机关课长职务者为数甚少,其后,会出任东京中央邮政局等超大型邮政局的局长。

2. 计划课培训

以前被称为转任考试。转任考试是可在省机关与地方邮政局工作的资格考试,如果未通过考试原则上不能在省机关及地方邮政局工作。培训期间为4个月或7个月,研修结束后将被分配到省机关以及地方邮政局。

3. 中层骨干培训

Ⅲ种等录用者(每年1万人左右)中约十分之一接受这一培训。中层骨干科本身的定位为通常意义上的研修,但如果在这之后经过上述的研究科培训或计划课培训,则可以转任至邮政局或省机关工作。培训期间为4个月,在各邮政局的邮政研修所进行学习。

第七节　邮政事业政策形成的基本过程

一、邮政事业的类型

邮政事业中政策实施及经营判断的特征就是切实完成被赋予的使命并满足使用者的需求。一般的行政会制定一定的规则与制度框架,并对直接或间接超出这一范围者施以导致其不利的措施,而不会发挥在事前或对该领域从事活动者设定并运用应遵守之共通规则的作用。

随时优先应对使用者需求的态度是邮政中规定政策内容、手段、方法等的本质所在。业务对象是"事业",可以说属于基层(省机关的业务局业务课、地方局、邮政局)产生新思维并主导进行创发的"基层型"。其内容、手法、当事者(主体)等均显示出较多的基层部门的特征。为方便起见,本节在此将事业经营中的决策称为"政策形成"。

二、重点政策

重点政策来自于对"何为经营战略重点"的议论之中,从市场环境、使用者需求、邮政事业的使命这几者的相互博弈中产生。每次博弈的过程从政策形成过程的角度分析都可细分为创发、共鸣、批准、实施与评估几个阶段。

本节将论述重点政策以何种形式提出，在经营战略上如何加以定位的问题。邮政事业中，大臣官房计划课作为主管课（负责汇总），在有关部局的配合下，每年制定一次对邮政事业计划、经营计划的年度事业活动计划。在从全局考虑经济社会环境、市场动向的基础上，各课将添加根据基层信息得出的结论等，明确该计划的目标与目的。作为日常生活必不可少的邮政局的职能，发挥三项事业一体性优势的事项由官房计划课主导，各事业专业职员从事的工作由业务局主导进行。该计划是一年活动的基础与根据。

在该计划的指导下，省机关的各局、课以拆分的形式制定各自的营业计划和设定目标，并以其内容为基础制定营业活动计划等经营方针。身处基层的邮政局会进一步将自身进行的创发内容反映到各计划当中。

三、创　发

1. 自发性创发

一般性的自发性创发很多在制定预算的过程中进行。职员在不忘预算申请时机的同时，日常即考虑政策构思。即使构思突然出现，也几乎没有突发奇想的，日常的问题意识十分重要。

政策构想往往在有组织地进行的会议上、在会议资料的制定过程中或各课、系内讨论时成形，完全归结为某个个人的构思只是例外。比如局议等会议形成的构思、省机关邮政营业负责人与地方邮政局的邮政营业负责人之间的纵向系列会议上的构思更容易形成政策。

在省机关总务课与各业务课的关系中，很少出现由总务课主导提出构思并指示各业务课这一过程，通常都是各业务课就其管辖范围内的政策进行创发。而超越管辖范围的政策也由一般发挥核心作用的业务课进行汇总，总务课主导进行的创发很少。

地方邮政局基本也是如此，从地方邮政局到邮政局的纵向系列直线型管理系统提出构思的情况较多。

2. 被动性创发

作为邮政事业中被动性创发的典型事例是对市场压力以及服务竞争的应对。在与民营企业就提供服务展开竞争的过程中，以满足使用者对服务提出的要求这一形式进行政策创发。

此外，通过在邮政省内设立的审议会［邮政审议会（邮政分会、汇兑储蓄分会、保险分会）、简易生命保险审查会、资金运用审议会等］、调查研究会等，将专家学者的意见反映到政策中。

作为服务行业的邮政事业，以反映基层意见的形式进行创发十分重要，因此为各级别职员发表意见提供了机会。

除了省机关各局以及地方邮政局部长的会议之外，比如有关邮政营业的省机关主管课与地方邮政局负责课之间的会议等，每年召开两次，在地方邮政局与邮政局召开同样的会议（例如邮政课长会议等）。

征集意见不仅包括以上各级别。其典型是通过召集特定邮政局长召开的全国特定邮政局长会议征集意见。特定邮政局在属于省机关、地方邮政局、邮政局这一直线管理系统的同时，也形成了只有特定邮政局参加的联络会、联合会等集体组织。所有特定局参加的组织——全国特定局长会议确保了除省机关、地方邮政局、邮政局这一直线管理系统外直接向省机关反映意见的渠道。

但不可否认的是，整体而言以下几点有待改进：①特定局长的意见多为管理层的意见；②普通局没有同样的渠道；③没有共鸣手段。如果将所有邮政局的意见都原封不动地送交省机关，省机关的事务处理能力将难以应对，因此"什么是基层的真正意见"始终是邮政事业所关心的问题。

3. 创发的动机

如上所述，邮政事业中，"必须向使用者提供更好的服务"的意识成为创发的动机。如果不迅速感知使用者的需求，并将需求反映到政策中，将会直接影响到业绩。对于行政机关而言，使用者就如同外部评估机关，在政策形成过程中发挥着一定的压力作用。而在邮政三事业中，外部压力还来自于民营企业。

在邮政领域,小型包裹与民营快递公司存在着竞争关系。而信件邮递则维持着垄断。尽管对邮政网络必要性的压力并不大,但信件的定义、以重量进行规范的讨论本身就是重要课题。

邮政储蓄方面与银行协会、其他业界组织及大藏省之间都存在着某种紧张关系。特别是金融政策放开后,大银行开始参与个人金融业务,而银行业界对邮政储蓄压迫民营金融企业的批评也随之高涨。近年来,海外各国纷纷彻底推行市场自由竞争,其结果人口稀疏地区、低收入层的居民无法在银行开设账户,从而产生了无法接受最基本的金融服务等现象。为此,邮政省坚持汇兑储蓄事业的价值。面对外部压力,邮政省对自身的存在意义重新认识,并在这一过程中就如何切实制定实施其应承担的责任与发挥之作用的政策等进行创发。

四、共　鸣

省机关、地方邮政局、邮政局等创发的政策在各种会议上进行讨论。也就是说,会议兼备汇总创发以及在省机关、地方邮政局、邮政局之间形成共鸣的双重职能。

省机关业务课创发的政策首先在课内以直线型管理系统为主、其次与有关各课进行讨论。这种讨论在课长助理级别之前的阶段已经进行得非常充分。成为创发对象的政策内容多为本课所管辖的业务范围,因此要求进行自身改革的创发并不多见。

创发出的新服务项目在全国的邮政局推广时,省机关的主管课将与地方邮政局的相应部门(比如邮政营业相关业务为营业课)就基层对新服务项目的需求、与其他服务的竞合关系、收费等方面的制度整合性、手续的简便性等进行事前磋商。省机关将提出草案,并在征求地方局意见的同时进行修正。

政策方案也会送至工会。其时机则视政策内容的重要性、对基层应对及手续的影响、与人员配置及预算的关系等因素而各不相同。工会本身也是由总部、地方、邮政局等构成的阶层组织,在各阶段都提供了劳资双方联系人之间进行说明的机会。有时也会在事前向全国特定局长会说明政策,以求得到对政策宗旨、目的与概要的理解。

五、批准、实施与评估

从批准到实施的过程与通常的文件禀议程序相同。业务课的主管系起草文件,经课长同意后,文件送各有关课传阅,随后进入总务课、次长、局长的批准阶段。省机关决定后的政策将指示各地方邮政局,并由地方邮政局进一步指示各邮政局。

共鸣、批准、实施的过程中相当程度上存在着重复。而在共鸣过程中有关各方对政策的理解不断深化才有可能保证政策的顺利实施。

第八节　邮政事业的课题与展望

2001年的省厅重组中,邮务局、邮政储蓄局、简易保险局、大臣官房(有关邮政事业的人事管理、预算以及其他相关业务)重组为总务省省机关设立的邮政计划管理局和总务省外局的邮政事业厅。邮政计划管理局大约有400名职员。在预定于2003年成立邮政事业新国营公司之际,邮政计划管理局的职能将分割为仍归属总务省机关内部以及划归公司等两部分。此外,也开始引入企业会计原则、邮递的部分业务向民营企业开放、邮政储蓄与简易保险的全面自主经营等。目前,邮政事业的环境与组织都处于急剧动荡的时期,在此将简单论述在这一时期邮政事业的课题与展望。

一、提供服务的平等性

首要的课题是要明确什么是必须一视同仁向全国提供的"国民社会生活的基础性服务"。无论身居国内何处都可以享受到的基础性服务也可以说是国民的共识(或大多数意见)。就这一点而言,在出于对高福利国家的反省而采取的放宽规制、市场原理至上主义流行的背景下,一些国家出现了金融自由化竞争导致难以开设银行账号等无法享受日常金融服务的"被金融抛弃"的现象,因此有必要关注自由竞争日益明显的负面影响。效率性与公平性、自由主义与民主主义、自由竞争与普遍性服务等,如何协调这些存在矛盾的价值将成为重要课题。

对普遍性服务的概念讨论经常与经营形态的议论同步进行,但基本上这是两个层面的问题。不管邮政事业的经营主体及经营形态发生何种变化，就国民生活而言，邮政事业与供水、供电、供气等生活基础设施一样，属于必不可少的物流服务及金融服务。因此切实提供高效必要的服务对于国民十分重要。邮政事业也有必要随时抱着"什么是国民要求的服务""如何有效地向国民提供服务"的意识开展工作。

二、有效使用邮政局网络

如何有效使用公共财产的邮政局网络也是课题之一。有必要通过有效使用邮政三项事业"一体化"运营这一特点，使邮政局为国民生活作出更多贡献。

作为行政一站式办公的一环，由邮政省与自治省合并而成的总务省提出了可在邮政局领取居民票、护照等证件的政策建议并将此作为政策亮点。邮政事业在社会生活中应发挥的作用并不是一成不变的。因此有必要对以邮政局网络为代表的邮政省的资源、财产、职能进行再评估，从而切实发挥向国民提供基础性服务的主体性作用。

三、组织改变与政策形成过程

如果将组织拆分，那么以往认为理所当然的无意识化的事项就可能出现一些突出的问题。重组之初人们就认为总务省内局与邮政事业厅之间将会在业务与权限分配上产生冲突。成为外局的邮政事业厅将始终会向提高自由度的方向发展。邮政省中负责计划的课（划归到总务省内局）与负责业务的课（划归到邮政事业厅）之间的共鸣作用因需要外部手续而将逐渐淡化，并由此可能会导致政策形成发生重大变化。

第九节　信息通信行政与邮政事业的一体性（结语）

1997年11月邮政省向行政改革会议提交的《邮政事业的经营形态》报告中，对信息通信行政与邮政事业从属于同一组织的意义进行了如下叙述。

"鉴于邮递是通信基本手段，确保通信秘密的共通性，邮递、储蓄、保险三位一体的高效经营，推动信息化邮政局网络的信息通信行政工作等众多因素，邮政事业应与信息通信行政在同一省中进行一体化运营。而作为通信的邮政工作与电气通信由同一个行政组织进行管理也是国际惯例。"

信息通信行政部门规模并不一定很大。省的规模某种意义上就是实力的源泉，因此邮政事业的影响力巨大。可以预测，今后作为一般性行政的信息通信行政部门将自然与邮政部门产生距离。邮政事业厅成为国营企业时，作为总务省机关组织的邮政计划管理局还应保留何种职能，将是信息通信行政部门与邮政事业部门今后关系的重点。

同时，邮政省（信息通信行政部门）负责的地区信息化、自治省负责的自治体信息化、总务厅负责的行政信息化三者间的合作将是总务省的政策重点。而邮政省（邮政事业部门）与自治省则期待产生"向地方公共团体提供特定业务的邮政局"的综合效果。

长期而言，即使信息通信行政部门与邮政事业部门的一体性逐渐削弱，但是通过自治省与总务厅的合并等措施，信息通信行政部门与邮政事业部门也将从其他侧面被统一划入总务省的新政策领域。

第五章 农林水产省的政策形成过程

小岛浩司　城山英明

第一节　农林水产省的组织与职能

一、目的与性质

农林水产省（一般简称为农水省）制定新的事业、新制度等个别政策的活动十分活跃，但很少出现每年度都提出新方向、新政策的情况，属于稳步推进政策的类型。这可能是受到了农水省政策对象的限制，即农林水产业是以自然为对象的产业，政策趋向稳定并得到明确评估需要时间。

但是，如果以十年为时间单位进行观察，就会发现农水省的政策正在稳步转型以适应时代的变化。

农水省的政策以传统的农林水产业的生产对策为基本。在农业领域的基本法《农业基本法》（1961）中，规定了生产政策、价格及流通政策、构造政策等三大政策支柱。进入20世纪80年代后，农政审报告《80年代农政基本方向》（1980）将农业的重要课题归总为维持并加强综合粮食自给能力，确保农业所得及稳定食品等消费者物价，改善农业结构及建设充满活力的农村社会等，首次将农村建设政策作为农业行政的主要领域之一。20世纪90年代后农业政策进一步拓宽，在《新食品、农业、农村政策方向》（1992）中，以与食品政策、农业政策并列的形式，提出了农村地区政策。在其后的《食品农业农村基本法》（1999）中，从国民的角度出发，将政策对象扩展至食品、农村。这种政策上的扩展从农业白皮书的结构中（章节的变化）也可以窥见一二。与过去相比，以农业生产为对策主体的农业政策扩展至兼顾食品、农业、农村领域的一体性政策（参照表5-1）。

农水省的政策领域包括发展农林水产业、食品的稳定供给、保全国土及自然环境、推动农山渔村等地区的社会发展、发展食品产业等。政策对象及领域异常广泛，被称为"微缩政府"，这也是农水省的政策特征。

农水省政策课大致分为两个领域（这是笔者进行的划分，农水省并没有使用这样的划分方法）。第一个政策领域是农林水产业的生产及经营，以及包括生鲜食品在内的食品流通业及食品产业（食品加工业）的发展。或者说这一政策领域既是产业政策，也承担着食品稳定供给的社会责任。但是，只有构造改善局农业经营课、畜产局畜产经营课等极少数的几个课以经营命名，说明以经营思维推动政策的组织体制还较为薄弱。第二个领域是以振兴农山渔村为目的，即负责振兴地方政策的领域。日本国土中包括众多的农山渔村，政策实施对象的地区也十分广阔。最近，这也成为需要应对国土自然环境保护的领域。前者是以农林水产物等物品流通为基础的政策领域（以管理物资为基础的政策领域），而后者则是以农山渔村等地区为基本的政策领域（以场所、地区为基础的政策领域）。20世纪90年代后频繁使用的"农业农村"这一用语（而不是农业、农村），就是将农业政策与农村政策作为一体推行，最能代表农水省的政策全貌。最近，农水省的政策更是向"食品农业农村"扩展，从国民的利益出发，食品安全政策的食品领域正逐渐成为第三个政策领域。

表5-1 农业白皮书的结构对比

1980年已采取的农业政策	1990年已实施的农业政策	2000年将实施的食品农业农村政策
Ⅰ 综合推动有效利用地区创意的农业行政 Ⅱ 推进适应需求动向的农业生产 Ⅲ 完善农业生产基础建设 Ⅳ 建设宜居农村及提高农业生产者的福利	Ⅰ 推进构造政策 Ⅱ 开展适应需求动向的高生产率农业 Ⅲ 建设充满活力的山村 Ⅳ 开发、普及基础性先驱性技术	Ⅰ 旨在实现粮食自给率目标的消费及生产政策 Ⅱ 确保食品稳定供给政策 Ⅲ 农业可持续性发展政策

续表

1980年已采取的农业政策	1990年已实施的农业政策	2000年将实施的食品农业农村政策
Ⅴ 稳定农产品物价 Ⅵ 流通加工的合理化、充实针对消费者需求的各种政策以及扩大农产品消费 Ⅶ 技术开发以及扩大普及工作 Ⅷ 推进国际合作及稳定确保进口 Ⅸ 推进节能、节约资源,开发代替石油的能源 Ⅹ 推进灾害、公害对策 Ⅺ 推进其他农业行政所必要的措施	Ⅴ 保障健康丰富的饮食生活,稳定农产品物价及需给 Ⅵ 推进食品产业对策、食品流通对策、促进出口政策 Ⅶ 推进全球环保政策、国际合作,确保食品的稳定供给 Ⅷ 充实农业金融 Ⅸ 其他重要政策	Ⅳ 振兴农村政策 Ⅴ 农业团体重组整顿的有关政策 Ⅵ 其他重要政策 Ⅶ 综合性、有计划推动食品农业农村相关政策的机制

农业与农村联系紧密,两者相辅相成形成经济社会的共同体。此外,微观政策构造并非身处霞关的农水省的固有问题,而恰恰是反映了农业农村的现实经济社会。这是因为农协等部门也从事提供生产资料、农产品的流通及销售、金融及保险事业等,涉及众多经济领域,这与农水省"微缩政府"的特点也是一脉相承的。

二、组 织

农水省的组织特征可概括为以下三点：

第一,负责基层的业务局、业务课在组织结构中比重较大；

第二,以总务课为中心的统制型组织；

第三,从中央直至农业农村基层的大跨度网络型组织。

1881年,农商务省成立,这也是农水省的发端。战后,成立了农林省,20世纪40年代中后期改组后相继成立了林野局及水产厅,其作用也相应扩大。1956年设立了振兴局及农林水产技术会议事务局,1978年农林省改称农林水产省,并延续至今(2000)。总体而言,局的变更等大幅度的组织变动较少,仍保持了相当程度的传统省厅体制。

农水省的定编(2000)中省机关约22000人、粮食厅约10000人、林业厅约8000人、水产厅约2000人,合计约42000人。农水省除农林水产事务次官外,还设有事务次官级的农林水产审议官(主要负责国际问题)1人。省机关组织包括1官房(大臣官房)、5局(经济局、构造改善局、农产园艺局、畜产局、食品流通局)、3厅(粮食厅、林业厅、水产厅)、农林水产技术会议事务局,共有112个课。

每个局大致由10个课组成,大臣官房、经济局、构造改善局、外局(粮食厅、林业厅、水产厅)中设立了包括大约5个课的部。其中经济局的统计信息部与其他部不同,与局同级。而外局实际上也被视为与局同等的组织(农水省中被称为各局厅)。

如果按照职能划分,农水省的组织大致可分为以下两类:

① 进行省内综合调整的部局;
② 执行具体制度、工作的部局(即业务局)。

进行省内综合调整的部局包括大臣官房、经济局的国际部以及金融课等,但人员、预算等占全省比重均很小。大臣官房负责农林水产业基本政策计划的立案、法案法令的审查、预算编成、有关国会的业务、农业白皮书的编纂等全省性政策立案,并与各局厅进行综合协调。此外,还承担地方农政局工作的综合指导,支援农林水产省的组织、职员的人事管理、研修、福利等各厅局的业务等工作。除此之外,大臣官房还在计划室中设置了技术调整室及信息化对策室,在总务课设置了环境对策室,就特定的行政问题进行全省性的政策协调。另外,经济局金融课在金融政策方面、经济局总务课(调整室)在税制方面拥有省内的协调职能。在省内讨论时,业务局各课会向这些课进行申请说明,进行省的决策。国际事务则是国际部代表省发挥作用,与业务局业务课合作处理。

综上所述,农水省的横向分割性综合调整部局统管业务局业务课的性质较强,这也是农水省的特征。为此,在农水省见不到其他省厅中所见到的纵向局及横向局的表述。

业务局(经济局、构造改善局、农产园艺局、畜产局、食品流通局)以总务课为首席由数个业务课组成。构造改善局除总务课,还设有农政部、计划部、建设部等3个部,农政部中的农政课、计划部中的地区计划课、建设部中的设计课分别作为3个部的首席课负责部内的调整。粮食厅由总务部、计划流通部两个部组成,总务部总务课负责全厅的协调工作。林业厅由林政部、指导部、国有林野部3个部组成,林政部林政课进行全厅的协调工作。水产厅包括渔政部、资源管理部、资源生产推进部、渔港部等4个部。渔政部渔政课负责全厅的协调工作。

农林水产技术会议事务局在《农林水产省设置法》中作为国家行政组织法的"特殊机构"处理农林水产技术会议的有关工作。但是,与其他局一样,事务局也以总务课为首席课并设有对应各领域工作的课室,实质上作为与其他业务局同级的部门发挥着相应的作用。而农林水产技术会议本身就是由省外专家委员组成的,会长也是外部人士,负责审议实验研究的基本计划,并发挥着决策部门的作用。为此,农水省职员的最高职位是事务局长。

各局配属1名审议官(尽管隶属大臣官房,但实际上却在各局工作),多作为局的次席官员负责全局性的工作(构造改善局没有设审议官而设置了次长的职位)。各局均由庶务课(很多情况下是总务课)进行局内协调、局之间的协调等总管性工作。重要事项则由总务课的总务课长、总管助理进行最终检查,因此与其他省厅相比,总务课的作用更大。这是因为农水省的组织是以业务局业务课为基础建构起来的,通过重视总务的职能进行省的全面管理。

各业务课有30—50名职员,组织规模较大。除课长外,总管助理负责课内的全面管理。此外,课内还设置室(5—8名职员),但很多情况下课长在预算、国会等重要政策的立案过程中起到了主导作用。

拥有广泛的地方关系网络是农水省组织的重要特征。农水省在全国七个地方设置了作为地方行政组织之一的地方农政局。中国四国农政局在冈山,九州农政局在熊本等,均是根据当地农业的特性独自配置的。各地方农政局主要包括计划与调整农业行政的计划调整室、负责农政局总务工作的总务部、负责改善农业构造的农政部、负责发展农畜产品生产及食品产业及消费者政策的生产流通部、负责综合农业农村开发计划的计划部、负责农村农业建设的建设部、负责调查分析农林水产统计的统计信息部等,其组成与省机关相似。此外,农水省还拥有土地改良建设事务所、土地改良调查管理事务所、食粮事务所（全国 36 所）、统计信息事务所（全国 38 所）、森林管理局（全国 7 所）、森林管理署（全国 98 所）、农林水产消费技术中心（全国 8 所）、植物防疫所、动物检疫所等专业地方机构。这些地方机构发挥着搜集各领域政策立案所需的基层信息及政策付诸于行动时的执行队伍的作用。拥有众多基层分支机构的行政部门在确保政策实效性方面拥有优势，但同时也是难以进行快速政策转型的原因所在。

各局厅通过与都道府县、各有关团体保持不断沟通，寻求制定并实施可快速应对基层动向的政策。特别是各都道府县的负责人与各地方农政局、各地方农政局与省机关业务局业务课之间，会通过召开负责人会议等进行紧密合作。信息交流比较频繁，政策思路也有不少来自于基层责任人的提议。

在农业国际化的进程中，驻外使领馆、国际机构等海外关系网络发挥着重要信息源的作用。FAO、OECD 等讨论农业政策时，农水省派职员进行参与的情况也在增多。

三、人事管理系统

在职员的录用上，根据考试科目，即法律、经济、行政、农学、农业经济、农艺化学、农业工学、农业机械、畜产、林学、水产、数学、地质、土木、砂防、造园等，分别录用在兽医、林产等部门。

2000 年实际录用的职员（省机关）中，Ⅰ种行政领域合计 74 名（法律、经济、行政 11 名，农学、农艺化学 9 名，农业土木 15 名，农业经济 5 名，林学 10 名，畜产 5 名，兽医 8 名，水产 4 名等），实验研究领域合计录用 70 名。Ⅱ种录用 11 名（其中行政 8 名，农学 3 名），Ⅲ种录用 19 名（行政事务）。重视专业性的多种人才并存是农水省的特征之一。

除此之外，地方农政局等各个机构中，Ⅱ种从行政、农学、农业土木、化学、土木、林学等公务员考试中录用，Ⅲ种从行政事务、农学、农业土木、林业公务员考试中录用职员。以农政局为例，基本上是在各农政局管辖内的事务所工作，2—3 年进行调动，也会出现调动到省机关及其他地方农政局的情况。比如东北农政局通常都从行政、农学、农业土木等的国家公务员考试中录用职员。1999 年度Ⅱ种录用 18 名（行政 5 名，农学 4 名，农业土木 9 名），Ⅲ种 17 名（行政 2 名，农学 4

名，农业土木 11 名）职员。

人事管理系统分别按照法律经济行政、农业经济、技术系列（专业领域亦不相同）运作，比较重视专业性。

一般性的职业生涯大致如下，在省机关作为系员、系长工作后，经过在其他省厅、海外、相关团体的工作，成为省机关课长助理。在成为课长助理之前的阶段，很多情况下会在农政局等工作一段时间。其后经过班长（课长助理）、总管课长助理、总务课科长助理等职，逐级升为室长、课长、审议官、局长等干部职位。不同职务种类的职业履历也不尽相同。法律经济行政职务、农业经济、农学农艺化学等职务很多会被分配到不同部局。而其他职务种类则多在以其专业性为基础的部局（包括有关的地方机构）工作。比如农业土木在构造改善局有关部局、林学在林业厅有关部局、畜产、兽医职务则在畜产局有关部局、水产在水产厅有关部局参加工作的机会较大。但最近不同职务种类之间的人事交流也日渐活跃，职务生涯也呈现多样化的趋势，以往固定使用某些特定职务种类的岗位也逐渐出现了松动。

四、会 议

1. 省议

大臣、政务次官、各局长等参加的省议是全省性决策机关。在决定预算申请等全省性重要议题时，会召开临时省议进行决策。

2. 局议

每周一上午，各局会举行局长、课室长参加的局议。局议中，在报告全省性动向的同时，各课长会就本周的工作预定、中长期未解决事项等进行说明。此外，在预算申请等重要事项需要决策时，会择机召开临时局议。

根据需要，还会召开各课首席课长助理参加的总管课长助理会议、庶务系长会议等，以发出工作指示、进行联络。在局议、总管课长助理会议、庶务系长会议等场合讨论、决定重要政策的情况很少，一般均停留在较短时间的联络、报告等阶段。

每周局议之后，各课会进行班长会议，课长传达局议的内容，各班长(课长助理)会就会议预定、未解决事项等进行报告。

第二节　农林水产行政中政策形成的基本过程

一、农林水产行政的类型

在农林水产行政的政策形成中,省机关各局各课(或称业务局业务课)发挥的作用较大,采用了业务局业务课方案逐级决策的累积方式。大臣官房中尽管设置了进行横向政策调整的调整课室,但主要发挥汇总有关政策、协调与其他省厅关系的职能,与业务课相比其组织规模较小,其他省厅常见的横向性部局主导政策立案的情况几乎没有。

反而言之,省内调整存在着注重细微调整的倾向。农水省行政特征之一就是省内的调整基本上以各局厅总务课为主,与其他省厅相比总务课调整职能较强。农水省的政策立案基本以业务局业务课为主,但通过这种紧密的省内协调体系,可以避免偏离省基本政策及各政策间可能存在的冲突等情况的出现。而另一方面,也存在着省内协调调整耗时耗力,政策构思式的、试探性的政策在省内调整过程中变得模棱两可等问题。

二、重要施策

农水省在开展工作中重视作为政策具体手段的预算措施。因此,各课的工作中,预算的立案、执行所占比例相对较大,很多情况下获得预算就成为每个部门的业绩评估目标。预算申请的过程大致为,每年3—4月课内、局内就重点政策进行讨论(被称为春季讨论),5月完成具体新政策的雏形,6—8月官房预算课进行听证,决定省的概算申请。局内讨论的阶段多是在省决定的总额基础上,以上一年度预算为基础进行调整的,实际上在局内讨论阶段相当一部分预算已经有了明确的方向。提出预算的想法、具体的项目化(具体确定辅助事业等的运作形式)由各课的业务班进行,并采用累积式决策。此外,基本上由负责的业务课进行申请以及执行,横向性的主管课进行总体性预算申请的情况不多,政策横向性课室的作用只限于有关政策的汇总。

三、创　发

由于政策立案以业务局业务课为中心,因此政策创发重视基层的倾向很强。来自县市町村的政策需求由各地方农政局等进行搜集、分析(在农政局管辖范围外的北海道、冲绳县等地,北海道由省机关直辖管理,冲绳县则由与农政局作用相同的冲绳综合事务局负责),并汇总至省机关的主管业务课。

每个政策领域都建立了这一系统,省机关的主管业务课每年会数次(春季、预算的概算决定后等)召集农政局有关负责人举行负责人会议,掌握地方需求情况并提供政策信息。在此前后,各农政局也会召集都道府县有关负责人举行会议,寻求与都道府县的合作。此外,也有很多通过农业团体、县市町村等的陈情直接掌握政策需求的机会。

四、共　鸣

1. 省内共鸣体系

如果政策需省内各课间合作甚至有必要全省协作,会设置由相关各课课长级别职员组成的联络会议,以谋求加强有关各课间的协作。需要反复讨论时,多会视具体情况适时设置课长助理级别职员的实务会议(干事会等),进行事前讨论。此外,如遇紧急事项,省内将设置对策总部,以加强省内有关各课之间的合作,以及与有关省厅、自治体和有关团体的合作。

比如,2000 年 7 月发生食物中毒事件后,主管局畜产局组成了以审议官为部长、畜产局有关课的 2 名课长、食品流通局有关课的 4 名课长为成员的对策总部,负责处理这一问题。

2. 省外共鸣体系

在讨论变更、创建制度等重要政策问题时,会设立邀请外部专家参与的恳谈会、研究会等,除明确课题、探讨方向之外,审议会(部会)还会征求意见,并进行最终决策。

审议会、研究会等的会议记录以及分发的资料会通过主页等公开,以积极向外界发布信息。此外,委员来自 NGO、消费者等各界的情况也在增多,存在着强化省外共鸣的倾向。这一系列举动的背景在于农水省的政策正从以农民为对象向以消费者、国民为对象逐步转型。

五、政策的实施与评估

预算的执行由进行预算申请的业务课业务班负责。但是,预算执行的总体业务以及对执行情况的监查则由在各局总务课预算班之外另行设置的经理班(大臣官房中也在预算课之外设置了经理课)总体负责。从而形成了预算申请部门与预算管理部门不同的制度,这一点与其他省厅不同。

第三节 农林水产行政的案例研究

一、兼备多种职能(业务局与综合调整部局合作型)

1. 背景

明确了 21 世纪农业政策基本方向的《食品农业农村基本法》中,充分发挥多种功能与确保粮食稳定供给同时被列为政策支柱,并成为当前农业政策的重要支柱。农村地区占据了国土的广阔空间,既是农业生产场所,也具有保护国土、环境等多种功能。同时,出于对以山地丘陵地区为中心的农耕废弃地区的增加等造成多功能性降低的担忧,如何开展考虑多功能性因素的政策便成为重要的政策课题。

2. 创发过程

长期以来,注重公益性、多功能性的政策始终是讨论的重点问题。比如,《农业基本法》(1961)、《林业基本法》(1964)中,就提及了保护农业用国土、国有林场兼具保全国土及其他公益性功能等内容,可见很早即开始关注农林业生产以外的功能。

在森林的公益性功能方面,很早就在讨论国有林场为主的功能,20 世纪 70—80 年代还展开了大规模讨论。在这一历史时期中,公害频发成为重大的社会问题,导致国民对环境的认识发生转变,对森林发挥保护国土、保护自然环境等公益性功能的期待急剧上升。同时受到一直实施到1964年的木材贸易完全自由化政策的影响，进口木材逐年增加，随着美国提出日元升值要求以及广场协议后日元升值，进口产品增加，木材价格进一步下降。特别是1973年石油危机后，各种经费不断增加，民有林场、国有林场的经营环境形势严峻。

1972年，农水省对森林的公益性功能进行了以货币计算的价值评估，80年代后，不考虑林业公共事业的公益性、只有该森林所有者或森林所有县才受益的传统思维开始被新思维取代，并开展了加强森林保护水土功能的综合示范项目(强化保护水土功能综合示范项目)等，开始着眼于森林的公益性功能。在这一期间，还曾进行过征收水源税的讨论，但未能实现。此外，在《保安林建设临时措施法》的修改(1984年4月)中，为了保持并促进森林的公益性职能，创设了推进造林、育林活动的特定保安林制度，发挥公益性功能的政策逐步成为现实。

在农业方面，20世纪80年代初的《关于推进〈80年代农政基本方向〉的问题》(1982)中，明确了农用地、森林等绿色资源的功能及重要性，以及维护扶植这一功能的政策方向。这一时期农业正处于通过结构性调整加强农业建设的重要阶段，同时还面临着大米过剩等放宽农产品需求供给、食品价格高昂、确保农业收入等一系列问题。1982年的农业白皮书中，对保护作为绿色资源的农用土地及森林等进行了极为详细的分析，并将此列为农政四个议题之一。

进入20世纪90年代后，随着与迅速增加的进口农产品展开竞争，关贸总协定乌拉圭回合谈判中减少农业保护的呼声高涨，在修正内外价格差等问题上，农业在前所未有的严峻形势下开始寻求解决方法。另一方面，在农村，农业就业人口的减少以及老龄化、荒废耕地的增加等问题日益严重，人们开始担忧这会对今后的粮食供给及农村社会持续发展产生重大影响。在这种状况下，出现了农业能否仅靠单纯的提高生产率、改善内外价格差来实现可持续发展的议论，从而开始要求农业政策的新发展以及对其予以支持的理念及改革旗手。1992年，经过一年多的讨论，发表了《食品农业农村政策的新方向》，明确地把维持并增进农业农村具备的国土环境保护功能规定为农业政策的发展方向之一。

3. 内部共鸣过程

《食品农业农村政策的新方向》(1992)发表以后,农业的公益性与多功能性再次成为全省的政策议题,在农业行政中的定位也从 80 年代的绿色资源向农业农村国土环境保护功能转变。而在摸索进行农村建设的业务局(构造改善局)方面,也加强了引进重视多功能性的项目的工作,并将这些工作推广到基层的政策之中。

这一期间,召开了有关环境问题的全球峰会(1992),在对环境问题的认识日益深刻的背景下,环境领域的政策集中面世,而公共建设领域中也积极加入了环境因素。农村农业建设领域也开始实施与环境相关的项目。推进农业农村建设的构造改善局在相对较早的时期即表现出了对多功能的关心,最早展开调查工作并设立了注重多功能性的项目,尝试在具体政策的层面上引入环境因素。

此外,考虑到环境因素的公共事业(河道治理、鱼道治理等)也多有实施,对欧洲的乡村建设、群落生境(biotope)治理等先进经验的研究也十分盛行。这些动向都表明了农业农村建设正在加速发展。除此之外,20 世纪 80 年代中后期国外出现了以控制生产保护环境为目的的直接性的所得补偿政策,这些国际动向也是日本对公益性功能及多功能性日趋关心的原因之一。

其后,众多实验研究机关对多功能性的基础研究、统计信息部门的调查等都为行政部门的工作提供了理论上的支持。在这个意义上,多功能性政策正是在行政部门的横向性配合、对行政课题进行的实验性研究、调查统计等省内各种政策手段有机结合后才得以落实的产物。

4. 省外共鸣过程

在多功能性的问题上,由于其效果并不明显且外部性较高,政策伊始如何获得省外的共鸣便十分重要。

为此,在政策形成过程中,农水省以外的第三者的参与较为活跃。大学、智库等外部的调查研究在提供客观资料、展开广泛讨论等方面发挥了重要作用。此外,作为促使更多国民加深理解所必须的手段,还积极开展了公开调查研究成果、召开研讨会以及制作宣传手册等公关活动。

在以往农水省的政策中,存在着只以农业有关方面(行政部门、各种团体等)等为对象进行说明、宣传、交换意见(政策对话)等的强烈倾向,范围相对有限,很少以一般国民为对象。在这个意义上,针对一般对象的说明、宣传、对话等尝试,为摸索与推动国民参与政策形成过程提供了宝贵的经验。

5. 政策的推进及评估

在项目实施阶段经过试点的多功能性政策,成为《食品农业农村基本法》中的支柱政策,从而发展到了更高的政策阶段。今后,这作为日本农业的基本政策,将会推广到更广泛的领域,并期待着进一步的发展。但一般认为目前国民尚无法充分感受到这些转变。因此,如何通过宣传普及活动使这些功能得到正当评价并增加国民的理解将是今后的重要课题。

在国际性农业谈判中,日本也主张农业的多功能性。今后,日本的主张不仅会受到来自国内,也会受到来自国际的评价。特别是最近被称为欧美政策引进型的"日本版某某政策"开始出现,在这种状况下,日本独特的多功能性政策是否能发展成同样适用于其他各国的普遍性政策值得关注。

二、环保型农业、有机农产品(基层主导型的政策)

1. 背景

在消费者愈发关注健康及安全问题的背景下,有机农产品及减农药产品的生产显现出了广阔的前景。20世纪80年代中期后,农业白皮书中尽管也作了介绍,但只是将其作为根据消费者需求而产生的高附加值型农业的一种。进入90年代后,以全球环境峰会为契机,环保意识高涨,欧美等国也加强了环保工作。在这一背景下,环境与农业的关系成为农业政策中的重要课题。环保型农业的概念开始出现在农业政策之中。

《食品农业农村基本法》中,从国家通过合理的农业生产活动保护国土环境这一角度出发,明确了建立环保型农业的内容,政策重要性日趋提高。

2. 创发过程

基层部门在较早时期就开始了减少或不使用化学肥料、农药的农业生产,甚至可以说环保型农业是反映了基层与市场动向才列入农业政策领域的内容。1989 年,农水省设立了有机农业对策室(1992 年改称环保型农业对策室)。

最初环保型农业是农业生产对策的一个领域,在农业整体政策中的地位较低(部门也设置在农产课中)。但《食品农业农村政策的新方向》(1992)明确了其定位,以此为开端分阶段出台并实施了一系列政策。

另一方面,正如环保型农业被定义为"运用农业的物质循环机能,在考虑生产率的同时,通过培育土壤等方式减轻使用化学肥料、农药等造成之环境负担的可持续性农业"所显示的,环保型农业以极力避免与以往农业对立、摩擦的形式出现在政策中。和推出试探型的崭新政策相比,农水省的特点是更重视开展得到基层支持的可行范围内的政策。

3. 省内的共鸣过程

环保型农业的推广是利用省内的横向性组织,通过制定"环保型农业基本思路"等联合工作寻求省内共鸣的。

1994 年设立的环保型农业推进总部是以官房长为部长,包括 7 个局厅审议官及部长的全省性大型组织。尽管推动环保型农业的工作主要在管理农业、化肥的部局以及负责标识等消费者行政的部局之间进行调整,但利用省内有关各方的力量将有助于达成有效共识。农水省在进行大的政策转型中,往往首先建立组织体系,在有关部局的紧密合作下进行立案并实施,这也是其中一例。

环保型农业推进之际,有关各方在想法、推进方式上达成共识是重要过程。农水省通过制定"环保型农业基本思路"以及各种技术指针,明确了基本思路和基层的具体工作内容,寻求消解有关各方之间对立与摩擦的方法,从而促进有关各个领域的政策转型。

4. 省外共鸣过程

在推广环保型农业时,重点是首先推动社会共识的形成。① 1994年成立了生产、流通、消费各环节有关部门参加的"全国环保型农业推进会议",在全国开展宣传、推广活动。推进会议的事务局设在JA全中、日本生活协同组合联合会,这也是其特色。此外,为了在地区推广环保型农业,在各都道府县聘请了一至数名大学教授、试验场场长、专业技术院、农协有关方面、生协有关方面、农业生产者等出任环保型推进合作委员,作为各地区的志愿者在全国层面和基层积极开展各种活动。

5. 政策的实施与评估

1997年制定了《环保型农业推进宪章》,以在全国范围内进行环保型农业政策的宣传普及活动。此外,所有的都道府县均制定了环保型农业的基本方针,市町村的层面上也逐渐制定地区环保农业促进方针。

在其后的《食品农业农村基本法》中,明确记载了维持并增进旨在农业可持续发展的自然循环功能,与此相关的政策领域都出现了各种支持政策。1999年陆续制定并实施了以推动引进通过堆肥等土壤改造以及减少化学肥料及农药等一体化生产方式的《推动引进高持续性农业生产方式法》,旨在促进堆肥的合理使用及保持品质的《肥料管理法修正法》,旨在促进畜产产业中家畜排泄物的合理管理及利用的《家畜排泄物管理的合理化及促进利用法》等法律。各都道府县也制定了基于推动引进高持续性农业生产方式法的引进方针,并开始了对农业生产者制定的引进计划的认定工作。

在标识问题上,生产、流通、消费等有关各局厅在《有关有机农产品及特别栽培农产品标识的指针》(1992年农蚕园艺局长、食品流通局长、粮食厅长官通知)的基础上进行了合作。

---

① 铃木信毅(1995),《农林水产省的"环保型农业"》,农政通信会编《日本农业动向111》,农林统计协会。

环保型农业的政策以应对农业基层的变化、消费者需求的变化等社会需求变化的形式被纳入农业政策,农业的基层生产也在消费者需求的驱动下得到了扩展。因此,从这个意义上讲,有必要根据消费者需求的变化速度修改政策。但是,农产品需要一年的时间进行生产(1992年新政策出台后至今也只收获了9次),因此很多情况下在基层引进与落实政策需要相当的时间。为此,从消费者的角度看,可能会有政策变更略显缓慢之感,如何建立可迅速灵活应对需求变化的方案将是今后的重要课题。

三、《食品农业农村基本法》(综合调整部局主导型)

1. 背景

1999年,为了应对日本食品、农业、农村的形势变化,出台了《食品农业农村基本法》以取代1961年制定的《农业基本法》。该法指明了21世纪食品、农业、农村政策的基本方向,在此之前的《农业基本法》只以农业领域为对象,而该法则从国民生活的角度出发,不再只局限于农业领域,而是将政策对象扩展至农村、粮食、多功能等各个领域,可谓重要的政策转型。另外,在食品农业农村基本问题调查会的答复报告中,采用了以"生活与生命"为出发点的论述方法,同时考虑到了农业生产者、消费者与国民,这是以往政策中所没有的。

2. 创发过程

为了应对农业环境的变化,农业基本政策在出台了《农业基本法》(1961)后,多次提示了新的政策方向。

1967年:《结构改善基本方针》

1970年:《促进综合农业行政工作》

1975年:《粮食问题展望及粮食政策的方向》

1980年:《80年代农业行政基本方向》

1986年:《走向21世纪的农业行政基本方向》

1992年:《食品农业农村政策的新方向》

1994年:《应对国际新环境的农业行政发展方向》及《乌拉圭回合谈判农业协定相关对策大纲》

其中,《食品农业农村政策的新方向》是提示 90 年代政策方向的纲领性文件(被称为"新政策"),包括推动环保型农业、农业的多功能性、在大米管理问题上引进竞争机制、山区对策等各种新的政策重点。从此后很多政策都根据这份报告中有所记载的情况来判断,这份报告对农业政策的转型发挥了重要作用。省内围绕《食品农业农村政策的新方向》的讨论是在相关各课课长助理级别职员组成的横向性任务组内展开的,可以认为是通过省机关的基层累积型模式进行创发的事例。通过这种模式对基层的各种问题进行汇总,并相当程度上搜集了解决这些问题的思路,这些工作成为了其后政策讨论之基础。

3. 省内的共鸣过程

在农业所处环境的变化过程中,农业政策也逐渐发生了各种变化。为此,实际政策与《农业基本法》之间出现偏差,人们开始担心基本法的空洞化。尽管进入 20 世纪 80 年代后即有人指出基本法的空洞化问题①,《食品农业农村政策的新方向》(1992)的出台事实上也意味着基本法下的农业行政工作已经降下帷幕②,但随后并没有开始对《农业基本法》进行根本性的修改。

1994 年 10 月农业农村紧急对策总部(内阁首相为部长,由有关阁僚组成)决定的《乌拉圭回合谈判农业协定相关对策大纲》中表明了"着手探讨制定新的基本法以取代农业基本法"的立场,《农业基本法》的修改工作开始步入正轨。

修改的过程耗时长且分阶段进行。首先进行的是对《农业基本法》的政策目的进行现状评估。1995 年 9 月设立的农林水产大臣主办的"农业基本法研究会"于 1996 年 9 月发表报告,以此为契机,农水省建立了以事务次官为领导的"新基本法研究总部",开始正式探讨新基本法的制定问题。

其后,在 1998 年 9 月制定的食品农业农村基本问题调查会答复报告的基础上,12 月省议通过了政府、执政党、各有关团体讨论农业改

---

① 小仓武一(1981),《小仓武一著作集第六卷:超越基本法农政》,农山渔村文化协会。
② 梶井功、岸康彦(1998),《新农业基本法——走向 21 世纪的课题与建议》,《日本农业年鉴 1998 年版》,家之光协会。

革方向之集大成（或曰有关各方就政策达成共识）的《农政改革大纲》，7月制定了《食品农业农村基本法》。

在将新基本法的政策付诸于行动的过程中，省内也同时改组了工作体制，"推动新基本法农政讨论研究总部"自行解散后成立了"推动新基本法农政总部"。推进总部以事务次官为部长，大臣官房长为副部长，成员包括农林水产审议官、总务审议官、技术总管审议官、经济局长、统计信息部长、构造改善局长、农产园艺局长、畜产局长、食品流通局长、农林水产技术会议事务局长、粮食厅长官、林业厅长官、水产厅长官、关东农政局长，推进总部的事务局由大臣官房计划室担任。

这种将相关部局召集在同一组织内，以在各有关部局之间达成共识的做法也可以说是农水省政策形成过程的特征之一。

4. 省外的共鸣过程

作为省外共鸣体系，1997年4月成立了由社会各界、各阶层委员组成的食品农业农村基本问题调查会。该调查会包括委员20名及专业委员15名。在随后的一年半中进行了53次审议，并于1998年9月完成了答复报告。调查会会议的详细记录随时通过其主页向社会公开，也是积极进行信息公开的事例。

5. 政策的实施、评估过程

根据《食品农业农村基本法》，为了综合、有计划地推行有关食品农业农村的各项政策，在征求食品农业农村审议会的意见后，制定了"食品农业农村基本计划"（2000年3月内阁会议决定）。为了切实推行"食品农业农村基本计划"，内阁成立了食品农业农村政策推进总部（部长：内阁首相，副部长：内阁官房长官、农林水产大臣，成员：总务厅长官、北海道开发厅长官、防卫厅长官、经济计划厅长官、科学技术厅长官、环境厅长官、冲绳开发厅长官、国土厅长官、金融再生委员会委员长、外务大臣、大藏大臣、文部大臣、厚生大臣、通商产业大臣、运输大臣、邮政大臣、劳动大臣、建设大臣、自治大臣），以促进各相关省厅之间的合作。而相关省厅之多也是"微缩政府"这一农水省政策特征的体现。

"食品农业农村基本计划"对政策实施及评估的规划以及定期(五年)修改颇具特色。根据这一基本计划,农水省通过省议决定了今后五年间将要实施之具体政策的"食品农业农村基本计划实施规划"(2000年8月),规定从2001年预算申请开始重点考虑规划中所涉及的业务。此外,各农政局也举办说明会,向都道府县等方面的负责人介绍基本计划及规划,以在基层推进并落实政策。

在这个意义上,这一规划方式可以最大限发挥农水省的组织优势,在深化改革理念、遵照改革理念有效推动各种体系改革的问题上不失为有效的手段。

第四节 农林水产行政的问题与展望

一、加强政策的综合性实施并向新政策领域转型

如同《食品农业农村基本法》所显示的,农林水产行政工作从以往以农业生产为主的政策扩展到食品政策和农村政策,而如何在政策领域中综合推进食品、农业、农村政策将十分重要。从内阁主导制定的千禧工程、日本新生计划等动向上看,政策的综合化是今后的发展方向。在这一背景下,由于食品农业农村政策的广泛性,如何实现跨领域政策(统一政策)的创发极为关键。在这个意义上,这次省厅重组中新设立的综合食品局能否有效运作值得关注。

此外,农水省的行政资源(人员、预算)中很多是为某一生产领域的政策服务的,如何将这些资源运用于食品政策、农村政策等新的政策领域至为重要。特别是食品、农村政策不仅是以农业生产者,也是以消费者、国民为对象的政策,因此这一领域需要出台更加多样化和灵活机动、迅速处理的政策。但是,农水省的强项,即花费时间阶段性地实施政策、极其细致地与有关各方达成共识的手段,是否仍然有效还是个未知数。集合相关部局组成新的组织,以在各有关部局间取得共识的手段是农水省政策形成过程的特征。这种手段对于需要有关各方之间信息共享、形成共识、找到问题细节等方面十分有效(或者也可称为政策的护送船队方式)。但另一面,其弊端就在于需要充分的时间和劳力,由于基本上以有关各方的共识为基础,因此很难产生大

胆的政策思路,并且为了迁就难以应对的领域,不得不放缓改革的力度与速度。总之,如何构筑新的政策形成过程以适应新的政策领域将是今后需要考虑的问题。

二、共鸣体系的再构建

农水省的政策对象从农业生产者扩展到消费者和国民,在这一过程中要求重新构建将消费者与国民也纳入其中的有效的政策共鸣体系。特别是与消费者及国民进行政策对话,政策立案的参与方式等,进行着各种尝试。

食品农业农村基本问题调查会、食品农业农村政策审议会等均在主页上公开详细的会议记录,提升讨论过程的透明度。食品农业农村基本问题调查会还举办地方公开听证会,广泛收集意见。但是,尽管关于"食"的讨论是离百姓最近的话题,但并没有引起全民性的大讨论,这也体现了国民参加型政策形成实践的难度。

此外,也有诸如"转基因农作物协商会议"这样的普通市民对特定议题进行小组辩论、发表意见并提出建议、提案的先行性尝试。"协商会议"是20世纪80年代中期作为参加型技术评估的方法之一从丹麦开始的,主要包括以下几方面内容。

① 以有关科学技术之特定主题为对象;
② 不由专家、而由从普通市民中公开招募的市民就这一主题进行小组辩论;
③ 专家在公开场合征求说明并回答质疑;
④ 其后,市民辩论小组之间进行讨论,并最终取得共识;
⑤ 公布结果。

这一协商会议的意义包括以下几个方面[①]:
① 开启了普通市民参与技术评估的进程;
② 促进专家与市民之间的沟通;
③ 通过公开市民的协商过程,推动广泛的全民性讨论。

"转基因农作物协商会议"是日本第一次由行政方面策划的协商

---

① 农林水产尖端技术产业振兴中心(2001),《转基因农作物协商会议报告书》。

会议,其成果引人注目。不但报纸对此进行了报道,参加辩论的申请者也比预想多,市民对此的关心程度超出了设想。如何将协商会议这种新政策手段融入现有的政策形成过程,将是今后的重要课题。

三、实现多样化政策

今后,在逐步实现充满活力的经济社会的过程中,如何创造可孕育多样性的环境将会日益重要。这一趋势对农业农村领域也不例外,反而在改革迟缓的农业领域或更有所需求。从消费者需求的多样化趋势中也可以看到,农业已经开始从统一型向多元化转型,农业经营也正在以自由经营为基础寻求经营的选择与集中。此外,在行政中地方分权切实得到发展,并正在摸索适合地方特色的多元化政策。这种状况需要农业政策的行政方式进行转型,即从统一性的政策提示型转向可以包容多样性政策的环境建设型。

为了实现这样的多元性政策,有必要对以往的政策形成过程进行修改。比如,环保型农业就是在地方农业生产者自发性努力的推动下逐步发展的,并存在着多种生产方式。这一点在这项政策启动时就已被列入应关注的事项之中。但同样不可否认,在国家、县市町村的行政部门、农业团体等合力推动政策的过程中,也存在多样性农业反而变质为统一性农业的可能。

农林水产行政通过农水省、农水省地方机构、都道府县、市町村、农业团体等一系列的社会系统,在与有关部局进行紧密协商、合作的基础之上切实稳妥地实行政策。这种以强大的组织能力为基础的政策形成中,政策统一化、排斥多样性的问题亦时有发生。

在本次省厅重组中,农林水产省没有与其他省厅合并,因此有必要进行自我改革以构建新的灵活机动的政策形成过程。但是,自我改革是最为困难的改革方式,即使在大企业中也总会出现问题。今后,农水省如何适应时代变迁,把握时代脉搏以推进自我改革,值得人们关注。

参考文献

饭田繁(1992),《国有林的过去、现在与未来》,筑波书房。

小仓武一(1981),《小仓武一著作集第六卷:超越基本法农政》,农山渔村文化协会。

梶井功、岸康彦(1998),《新农业基本法——走向 21 世纪的课题与建议》,《日本农业年鉴 1998 年版》,家之光协会。

清水哲朗(1998),《国土政策的转型与农村政策的课题》,《农林金融(1998 年 10 月)》,农林中央金库。

铃木信毅(1995),《农林水产省的"环保型农业"》,农政通信会编《日本农业动向 111》,农林统计协会。

堀口健治(1998),《新农业法之探讨与今后的课题》,农政通信会编《日本农业动向 125》,农林统计协会。

农林水产尖端技术产业振兴中心(2001),《转基因农作物协商会议报告书》。

第六章　文部省的政策形成过程

前川喜平

第一节　文部省的组织与人事管理系统

一、文部省的组织

1. 内部部局

文部省由文部省机关及外局的文化厅组成。省机关包括大臣官房、生涯学习局、初等中等教育局、教育助成局、高等教育局、学术国际局、体育局等6个局以及大臣官房下的文教设施部、高等教育局下的私学部等2个部。文化厅则由长官官房及文化部、文化财产保护部组成。

文部省的官职中一般性职位最高者为事务次官，文化厅长官与此平级。文部省没有设置次官级的审议官一职。本省的官房长及6个局的局长、文化厅次长及大臣官房总务审议官与局长级职务平级。大臣官房审议官与部长平级，以负责6个局的形式共设有6人（但学术国际局设有2名，体育局则不设此职。这部分是由于学术国际局管辖范围较宽，部分是因为1名审议官由外务省调动而来。体育局中，专业职员身份的主任体育官相当于审议官的职务）。文化厅长官官房不设官房长，但设有1名负责版权问题的长官官房审议官。大臣官房下设人事课、总务课、会计课（或称"官房三课"）、政策课、调查统计计划课、福利课（称为"官房政策"或"内部官房"）以及文教设施部。各局都有自己的首席课，总管局内的人事、总务及会计业务，这些课被称为

"联络课"。

文部省是由"Ministry of Education, Science, Sports and Culture"翻译而来,最初"学校省"的性质很强。1885年在开始实施内阁制度的同时,第一任文部大臣(1871年文部省即已成立,但以往其最高领导均称为文部卿)森有礼在对文部省职员的训示《自警》一文中表示"文部省拥有全国教育学术的行政权力",其"掌管省务者"被称作"学政官吏"。"学政"的"学"是"学问"的"学"和"学校"的"学"。"学问"在现代用语里兼顾"学习""学艺""学术""科学"等意,而"学校"则意味着"学的校",即为了进行"学问"而设立的"公共设施"。也就是说文部省的起点是执行"学校行政"的部门。日本地图记号中"文"代表学校,也可以作为文部省即"学校省"的佐证。现在的初等中等教育局、教育助成局、高等教育局、学术国际局、体育局都是从学校行政工作中派生出来的(其中,高等教育局与学术国际局由大学行政工作而来)。此外,作为对学校教育的辅助性措施的社会教育由社会教育局负责,从这里派生出的部门就是现在的生涯学习局及文化厅。

文部省中的局多为各个领域的纵向性部门,没有全省横向性的进行政策规划的横向局。生涯学习局某种程度上具备横向性的功能,但现实却是,在原社会教育局进行的社会教育行政之上再加上学校教育行政的一部分工作,在此基础上"包装"了通过学校、家庭、社会等满足国民终身学习要求的"生涯学习"的教育理念(临时教育审议会推出的教育改革理念)。原社会教育局之外增加的学校教育行政包括广播大学及专门学校等各种学校。广播大学(放送大学)实际上是国立大学,但形式上作为特殊法人在生涯学习局创设之际由高等教育局移管而来。此外,也同时从高等教育局私学部接管了专门学校、各种学校的事务。这些举措是为了避免"生涯学习"成为单纯的理念及口号,而将一部分具体政策工具的事务交由其管理。因此,尽管生涯学习局拥有横向分割性的功能,但同时仍具有很多具体的纵向性功能,不得不说对其他局的影响力是很有限的。

可以认为在文部省具有全省横断性功能的只有大臣官房,但传统上文部省的大臣官房对各局并没有很强的影响力,或者可以称之为"小官房制"。负责全省性政策是政策课的工作,但政策课是文部省应临时教育审议会在其最终报告(1987年8月)中要求文部省"加强政策官厅职能"而设置的,其前身是负责中教审事务局业务的"计划室"。政策课尽管是"内部官房"的联络课,但政策课长很多都调动到省外工作(不再回到内部部局),即使在省内进行人事调动也少有能成为其他局联络课长的情况。

但是,近年来大臣官房长和政策课长在省内的地位发生了变化。大臣官房长过去多是从审议官级别晋升为局长级的第一个职务,近年来这种第一任职务多出自总务审议官、文化厅次长、体育局长、教育助成局长等,大臣官房长由局长级官员出任已成惯例。特别是最近,大臣官房长升任事务次官已经连续出现两次(以往一般由初等中等教育局长或高等教育局长升任)。这可能仅仅是人事争斗的结果,但也可以认为是官房在省内地位相对上升的证明。另外,现任政策课长(2000年11月)在出任生涯学习局的联络课即生涯学习振兴课长后,比其他联络课长、官房三个课的课长工龄长,这也说明政策课在省内的地位正在提高。

2. 审议会等

文部省共有15个审议会(《国家行政组织法》第8条规定的机构)。中央教育审议会(中教审)是其中最重要的一个,负责对有关教育、学术、文化等"基本的重要政策"进行调查审议。中央教育审议会是根据1949年《文部省设置法》设立的,也可以说是奉行战后教育改革路线的教育刷新委员会(后改称教育刷新审议会)的后继者。作为几乎涵盖文部省所有掌管事务的审议会,屡次进行了重要答复报告和政策建议。但是,随着学术审议会(1967)、大学审议会(1987)、生涯学习审议会(1990)以及并不属于《国家行政组织法》第8条规定之机构的文化厅文化政策推进会议(1989)等的创建,中教审的管辖范围实质上缩小了。在法律制度上,中教审负责"基本的重要政策",而其他的政策由各领域的审议会负责,但实际上学术、大学、生涯学习(社会教育)、文化等领域已经不再属于中教审负责的范围。结果中教审负责初等中等教育(从幼儿园到高中的学校教育)的组织性质日益浓厚。而负责初等中等教育的教育内容及培训教员的教育课程审议会与教育职员培养审议会成为中教审下属部门的性质愈来愈强。

除了上述提及的审议会,还有与初等中等教育有关的教科用图书检定调查审议会、理科教育产业教育审议会;与高等教育有关的大学设置学校法人审议会;与学术有关的测地学审议会;与体育有关的保健体育审议会;与文化有关的文化财产保护审议会、版权审议会、文化功劳者选拔审议会;与宗教有关的宗教法人审议会等。这些审议会大致具备以下两种功能中的一种:①对某个限定领域的政策进行审议;或②对于文部大臣基于作用法予以许可、认可的行政行为,为确保其中立性、公正性与妥当性而进行检查。其中②的功能对于以与学术自由、信仰自由等精神自由权利有关的领域为行政对象的文部省行政具有特别重要的意义。宗教法人审议会半数以上的委员来自宗教界,其职能就在于当文部大臣根据《宗教法人法》行使权限时对其妥当性进行检查使其不致侵犯信仰自由。再比如根据法律规定,大学学校法人审议会学校法人分科会(前身为私立大学审议会)成员中私立大学有关者必须占 3/4 以上,以检查文部大臣是否会作出损害私立学校自主性的行政行为。

不仅是这种监视具体行政行为的审议会,大学审议会、学术审议会、教育课程审议会,进而中教审等,某种意义上都具备监视政府,以促使政府尊重国民精神自由、开展中立、公正且稳妥的教育行政工作(即露骨的"政治"不会左右教育行政)的功能。

在这个意义上,教育行政中审议会(以及与此类似的会议)的政策审议受到特别的重视。即使进行较小规模的政策修改时,很多情况下也会组织某种会议进行审议。为此,除法律及政令设置的审议会之外还设立了众多的"恳谈会"及"调查研究合作者会议"等。上文提到的文化政策推进会议即属此例。这种私人性质的恳谈会并不具备法律制度上的合议性质,因此也不是需要答复报告或建议等协商后进行统一决策的机构。有一个时期出现了对这种会议会扰乱法令规定的审议会的批评,并在总务厅的主导下进行了整顿,但现在基本上又全面复活。被命名为"某某会议"的会议中,哪些是根据《国家行政组织法》第 8 条规定成立的审议会,哪些是根据大臣的决定设立的私人性质的恳谈会,普通国民不可能分辨清楚。比如,中曾根内阁的临时教育审议会是根据法律设立的审议会,而小渊内阁、森内阁的教育改革国民会议则是私人性质的恳谈会。

3. 设施机构

文部省拥有非常多的设施机构,2000年末文部省定编137782人中136212人为设施机构等的编制(剩余的1570人为内部部局的编制)。

占据大部分文部省设施机构编制的是国立学校。国立学校是根据《国立学校设置法》创立并由国立学校特别会计进行运营的设施机构,其中国立大学99所,国立短期大学22所(其中20所为国立大学的短期大学部),国立高等专门学校54所,国立养护学校1所,宇宙科学研究所、核融合科学研究所、国立历史民俗博物馆等大学共同利用机构14所,以及特殊机构的大学入学考试中心、大学评估及学位授予机构、国立学校财务中心等。不管名称如何,这些机构在《国立学校设置法》上都属于"国立学校"(但是,大学共同利用机构等不属于《学校教育法》上的"学校")。

国立学校以外的设施机构包括隶属文部省省机关的国立教育研究所、国立特殊教育综合研究所、国立科学博物馆、国立奥林匹克纪念青少年综合中心、国立青年之家(13处)、国立少年自然之家(14处)、国立妇女教育会馆等。隶属文化厅的有国立国语研究所、国立博物馆(东京、京都、奈良各1处)、国立近代美术馆(东京、京都各1处)、国立西洋美术馆、国立国际美术馆、国立文化财产研究所(东京、奈良各1处)等。此外,作为《国家行政组织法》上的"特殊机构",在本省设有联合国教科文组织日本国内委员会、日本学士院,在文化厅设有日本艺术院等。其中联合国教科文组织日本国内委员会运作形态与审议会类似,其事务局由学术国际局兼任。

以上的设施机构中,国立学校基本上是以研究者为中心的世界,各设施的领导(校长、所长、馆长等)大多为国立大学的研究学者(文部教官)。其机构组织原则基本上与大学一样,属于研究学者的自治组织,研究者的职务名称也是教授、副教授、助手等,与大学的职务相同。与此相比,国立学校以外的设施机构尽管有很多种类,但其领导(所长、馆长）多来自于文部省的事务官。即使是以研究所命名的机构，也与一般的行政机关并无二致，以研究部长、研究室长、研究员的上下级纵向关系为基本组织结构。东京国立博物馆馆长等几个重要职位则由曾出任事务次官者出任。

文部省没有地方支分部局。地方的教育行政工作均由地方公共团体负责。

4．特殊法人、民法法人

尽管在法律制度上不属于文部省，但文部省管辖的特殊法人很多与设施机构的性质类似，并与文部省的内部部局一同工作。

文部省管理的特殊法人按照部内官制顺序依次为广播大学学园（生涯学习局）、国立教育会馆（教育助成局）、日本育英会、日本私立学校振兴公济事业团（高等教育局）、日本学术振兴会（学术国际局）、日本体育学校健康中心（体育局）、日本艺术文化振兴会（文化厅）等7个。

这些特殊法人的领导（馆长、理事长等）几乎全部都是文部省的退休官员（曾任事务次官及文化厅长官者居多）。此外，事务局长、总务部长等要职则多由文部省的现职官员担当。

文部省管理的民法法人（财团法人、社团法人）几乎全部都是根据《民法》第34条规定的由民间有识之士捐助并由民间人士出于公益目的开展活动的法人，但也有一部分属于政策实施型的民法法人，并与特殊法人同等对待。此外，诸如内外学生中心、日本国际教育协会、国际学友会、联合国教科文组织亚洲文化中心等从事国际业务的法人也较多。

二、文部省的人事管理系统

1．概观

如上所述，文部省的职员定编2000年末为137782人，其内部部局的定编只有1%强为1570人，剩余的99%都在国立学校等设施机构（包括日本学士院及日本艺术院这两所"特别机构"）工作。仅国立学校就有职员13万以上，其中半数以上即7万人为教官（教师）。内部部局、设施机构等有一定数量的技官,多数是建筑职务录用的。国立学校以外的设施机构等有一部分研究官。剩余的约6万人为事务官。内部部局长级以上的职务均为事务官。

2. 高级公务员的人事管理

文部省内部部局每年录用20名左右的高级公务员。其中女性大约2—3人(1995年因录用了7名女性而获得好评)。大多数高级公务员录用者都属于国家公务员Ⅰ种考试中法律、行政、经济等事务系列。技术系列均录用建筑系列者,通常1名,多的年份有2名。其他种类考试的录用每年不同,但均为信息与教育。主管教育行政工作的部门却没有一直录用教育专业人才可能会令人颇感意外,但如后所述,教育领域的专业职务是通过其他途径录用的。

以下将先简述建筑录用的高级公务员技官的人事管理。建筑系列高级公务员的人事管理形式上当然由人事课进行,可实际上却由大臣官房文教设施部负责。建筑技官与事务官之间尽管也进行人事交流,可只停留在部分交流的阶段。建筑技官录用后会被分配到文教设施部的各课一直工作到成为系长,随后在参加工作12—13年时出任地方的国立大学建筑课长等职。在担任课长3年左右,回到本省的文教设施部担任课长助理。随后会以文教设施部的工作为中心,也会调动到其他省厅以及特殊法人,或出任国立大学的设施部长。建筑技官在省内的最高职务是大臣官房文教设施部长,排在第二位的是文教设施部技术参事官。

建筑技官以外的高级公务员不再按照考试种类进行区分,而都按照事务系列进行人事安排。参加工作后一般会被分配到内部部局各课负责法规、计划工作的系。作为系员在两个部门工作后升为系长(多成为负责法规、计划工作的系长)。最近,由于按照工龄应成为系长的职员不足,参加工作3年左右的职员就以系员的身份坐上了系长的位置,这种情况逐渐增多。在从系员到系长这一期间很多职员会有海外经历(留学或在国际组织工作),但尚不及同期间参加工作者的一半。作为系长在2—3个部门工作后,在参加工作8年左右一般会调动到都道府县担任课长的职务。过去,一般在就任课长助理前到都道府县工作,近年来显然是由于按工龄应成为课长助理的职员人数不足,在调动之前就担任课长助理职务的情况也在增加。调动后的职务多为都道府县教育委员会的课长。这十年来也出现了就任知事部局课长的情况,且负责县立大学的职务较多。安排调动到都道府县工作由教育助成局地方课负责。也有在这一期间不前往都道府县工作的情况,即使是这一情况,通常也会派往国立大学事务局及其他省厅以某种形式从事文部省内部部局以外的工作。在派往其他部门工作2年左右,再次回到内部部局从事课长助理的工作。这一期间很多还会在驻外使领馆出任随员。近年来较为典型的方式是,就任都道府县课长职务后在外务省兼职,在外务省研修所进行半年的研修后,担任驻外公使馆一秘的职务。驻外公使馆的任期原则上是3年,因此这种情况下课长助理期间有5年半的时间是在省外度过的。从年龄上看,大体是从30岁前期到30岁中期。很多内部部局课长助理级别的职员出任省外的职务是造成工龄符合内部部局课长助理职务的职员数量不足的重要原因。

从系员到课长助理的人事管理由大臣官房人事课的副长(相当于人事课长助理,但比普通助理资格老,仅次于计划官)制定方案,并在有关各课的课长间传阅征询意见,如果出现反对的意见,人事课副长将重新修改方案。课长级别职员的人事安排由人事课长征求各局长的同意后决定,但局长指名其中意的人选并传达给人事课长的情况似乎也很多。

职员在参加工作13年左右会晋升为计划官或室长。工作18年左右成为课长。事务系列高级公务员如果没有非常特殊的情况,通常会担任一次本省或文化厅内部部局的课长,但近年来一次课长也没有担任过的情况也出现了。在即将成为课长级干部之际,内部部局开始遴选留职者和调任者,会以明确的人事管理方式对同年就职的职员进行筛选。留职者在出任2—3个部门的课长(平级调动)后,在参加工作22—23年这一期间成为局的联络课长(首席课长),并在经过大臣官房三课长及文化厅长官官房总务课长等职后,进入晋升为审议官、部长、局长职务的阶段。这一期间每一阶段都会有1—2名同年参加工作者被调走。关于调任的去处,一般而言,如果出任过课长,则为设施机构的次长、特殊法人的总务部长、规模较小的国立大学的事务局长等,有时也会成为国立大学教员。如果出任过审议官,调任去处则为规模较大的国立大学的事务局长。出任过局长者则成为原帝国大学系列的国立大学的事务局长,规模较小的设施机构的负责人(所长、馆长等)。另外,如果调任到都道府县、指定城市出任教育长等职务时,则存在着不成文的前提,即调任者还会调回省机关内部部局再度出任课长等职,并会进一步晋升。

上述事务系列高级公务员会在全省范围内进行人事调动。诸如昨天还在文化厅负责宗教法人业务的职员今天就开始在教育助成局负责教员培训工作的人事调动极为平常。但是,通过人事调动的不断积累,结果上可能形成某种程度的"自留地"。担任同一项工作的机会可能因出任系员、系长、助理、课长、审议官、局长等而多次出现,其中就有两次、三次就任同一工作的情况。比如在有关版权的行政工作中,某职员先后在版权课担任系员、系长、助理,并最终成为课长。过去从事国际业务的部局也经常出现这种情况,并在文部省形成了被称为"国际派"的职员。但是这种只在国际业务间进行人事调动的情况近年来基本不复存在。总体而言,事务系列高级公务员的人事制度并不像建筑系列技官那样在固定的领域内进行。

3. 普通公务员的人事管理

与高级公务员(Ⅰ种)不同,文部省省机关内部部局并不录用普通公务员,原则上所有的普通公务员均由地方(国立学校以及其他设施机构等)录用(但近年来,内部部局每年会录用若干名Ⅱ种职员以弥补内部部局的人手不足)。文部省基本上不区别对待Ⅱ种职员与Ⅲ种职员,省职、调任等大体上按照工龄进行。

文部省的普通公务员经常会受到好评。内部部局不到1600名的职员中,高级公务员300人左右,专业职员200人,其余为普通公务员。这1000余的普通公务员是从国立学校等6万人中选拔而来的,单纯计算每50—60人中的1人方可成为文部省的普通公务员。

各地国立学校普通公务员中希望到内部部局工作者大约都是20多岁的青年职员,如要去省机关工作必须参加人事课每年进行的调动工作考试。很多情况下，国立学校的庶务课长等管理干部也会鼓励有此想法的年轻职员到"省机关工作"（省机关即"本省"是相对于"外局"、包括设施机构等在内的概念，一般多用于"内部部局"之意）。通过调动工作考试的Ⅱ种、Ⅲ种职员会被分配到大臣官房、各局以及文化厅的内部部局。一旦分配后几乎不会再进行局外调动。作为同一个局的系员在工作的同时学习制度和工作方法，30岁时成为主任，32岁时成为系长，38岁前会就任2—3个系长的职务，这时也几乎不会到局外工作。由此Ⅱ种、Ⅲ种职员在各自的局被培养为专业人才，这与全省性人事调动、作为通才培养的Ⅰ种职员形成了鲜明的对照。

各课都配属主管庶务的课长助理与系长，负责该课的预算总体工作。这一助理、系长的职务由该课普通公务员助理、系长中地位最高通常也是工龄最长的职员就任。由于负责全局的预算汇总，因此各局联络课负责庶务的助理、系长是重要的职务。此外，联络课庶务助理还掌管局内普通公务员的人事管理工作。大臣官房会计课预算班（预算计划调整室及第1—4预算班）发挥着汇总全省预算的作用，因此各班的主查（各班的负责人、课长助理级别）、系长在省内普通公务员助理、系长中也是地位最高的。预算计划调整室长可谓普通公务员中超精英性的职务（与此相同的职务还有人事课的调查官和总务课的国会联络调整室长）。

文部省中，与法规有关的事务由高级公务员负责，与预算有关的事务由普通公务员负责，两者分工非常明确。大臣官房法务课法令审议室室长以下所有职员都是高级公务员，而会计课预算班预算计划调整室长以下均为普通公务员。这种明确的分工导致了应被培养为通才的高级公务员因完全不参与预算相关事务而成为"预算盲"。最近总算在人事安排上为预算计划调整室配置了助理级别和系长级别的高级公务员。

内部部局的系长大约到38岁，会调动出任国立大学事务局等单位的课长职务。在担任两个左右这样的职务后，大约在40岁前期很多会回到内部部局出任课长助理（当然也有不再回到内部部局而在国立大学之间调动工作的职员）。48—50岁如果还在内部部局担任课长助理，则会出任下一个职务，在国立大学事务局等担任部长的职务。

内部部局中能晋升到计划官、室长级别的职员只是极少数。更少数的职员会继续升到课长级别。最近，担任大臣官房会计课预算计划调整室长的极为优秀的普通公务员出任了文化厅国语课长的职务。普通公务员职员的最高、最终职务是原帝国大学系列的国立大学的事务局长。

如上所述，普通公务员基本上在国立大学等设施及内部部局之间调动并不断晋升。也就是说，即使是在内部部局中从事初等中等教育及社会教育等对地方进行指导、建议或发放辅助金的工作，职员与地方之间也没有人事上的关系。因为调动到地方公共团体的职员几乎被高级公务员所垄断。

在普通公务员人事管理上，目前文部省遇到的主要问题就是希望到省机关内部部局工作的青年职员急剧减少。其主要原因包括：①连续性的深夜加班且没有加班费；②既远又狭小的宿舍；③不断在全国各地调动工作。这些恶劣条件使得年轻职员丧失了到东京文部省省机关工作的热情。其社会背景在于一般的日本年轻人已经没有了在组织中竭尽全力向上晋升的上进心，而转向了喜欢在自己认为舒适的环境中享受生活的安定心理。

很多地方职员并不愿意调动后长期在文部省工作，而只希望短期在东京体验新的生活与工作。为了这些职员，文部省设立了"短期借调"制度，即以3年为期限、3年后再返回原单位工作为条件，借调地方职员到文部省工作。3年到期后，对于"可造之材"会劝说其转为"长期调动"。对于尚未下定决心转为长期调动的职员，将劝说他们首先延长短期借调的时间，并通过这种方法尽量确保内部部局的Ⅱ、Ⅲ种职员数量。另外，近年来调动工作的职员中女性正在不断增加。

如上所述，确保调动Ⅱ、Ⅲ种职员到文部省内部部局工作正在变得愈发困难，而同时各省厅又接到了来自政治上要求减少Ⅰ种职员录用人数的压力，因此文部省被经常性的人才短缺所困扰。作为解决的方法，文部省被迫采取了以往从未用过的方式，省机关的内部部局直接录用Ⅱ种职员。这一措施一方面是为了弥补借调职员不足的问题，一方面也是藉此取代录用人数不断减少的Ⅰ种职员。

4. 专业职员

文部省是一般事务系列职员占压倒多数的政府部门,但也存在一定数量的专业领域的职员。这些职员从事着事务系列职员无法替代的重要工作,在文部省行政工作中发挥着不可或缺的作用。

专业职员中数量最多的是前文提到的建筑技官。文部省录用毕业生并进行培养的专业职员只有建筑技官。除此之外文部省并不从新的毕业生中录用专业职员,而是直接录用已接受过培养的人才,或者说采用借调的形式。这种专业职员中教员系列的职员人数较多,并主要被分配到初等中等教育局(一部分体育局)工作。这些职员原本都是公立小学、初中、高中、特殊教育学校的教员并担任过教育委员会指导主事等职务,或者是师范系统的大学、系的教员(副教授职称)。其中,负责文部省教育课程行政工作的"教科调查官"约40人,负责对教材进行公正、中立性检定的"教科书调查官"约50人,教员系列职员在省内最高职位是课长级的"主任视学官"。

学术国际局配备了"学术调查官"等研究者系列的专业职员。这些专业职员全部都是国立大学的现任教师,在接受任命后到文部省兼任学术调查官的工作。由于本职工作是大学的教师,因此每周只在文部省工作两天左右。这一类型职员在省内的最高职位是"学术顾问",但就研究者参与学术行政工作而言,"学术审议会会长"作为最高职位似乎更为合适。

文化厅文化财产保护部有50人左右的"文化财产调查官"。这些文化财产系列专业职员通过与大学、研究机构的人事交流进行录用。该部中美术工艺课长及建筑物课长的职务由专业职员出任,最高职位是审议官级别的"文化财产鉴查官"。

大臣官房调查统计计划课配有数名擅长外语的职员,负责随时调查以发达国家为中心的各国的教育情况。他们都是由大学推荐而来且将来有望成为研究学者的年轻职员,其最高职位为课长助理级别的"外国调查官"。

文化厅文化部国语课有若干名"国语调查官",最高职位是课长助理级别的"主任国语调查官"。

文化厅文化部宗务课配备 2 名调查宗教问题的专业职员,均为东京大学宗教学科、印度哲学科推荐而来的青年研究者。

高等教育局医学教育课配有护理学的专家以及从事过护士具体工作的职员。

5. 与其他省厅的人事交流

文部省原本如同独立王国,与其他省厅的人事交流并不积极。日本的中央省厅中有两种类型,一种是向其他省厅派出人员的所谓"帝国"省厅,一种是接收其他省厅派出人员的所谓"殖民地"省厅,但现在的文部省并不属于上述任何一种。而战前的文部省是内务省的"殖民地",当时的文部省被称为一半由内务省派出职员、一半由官立学校教官组成的混合编队,并没有形成可称为"文部官僚"的拥有稳定认同感的官僚集团。战后曾出任文部事务次官、内阁官房副长官、随后成为参议院议员、文部大臣的剑木亨弘是高等文官考试合格后直接参加文部省工作的"最早的文部官僚"。他由于无论如何也想从事教育行政工作故而到文部省工作,可却似乎遇到了人们对他这一选择的好奇与不解:"喜欢什么也不用到文部省工作啊。"战后,随着内务省的解体,才逐步形成了文部省自己培养的文部官僚集团。不知是否是出于优先确立"文部官僚"认同感的原因,文部省无论对于接收其他省厅派来的职员、还是向其他省厅派出职员,都持消极态度。值得一提的是派出职员为总务厅(前总理府)青少年对策总部次长的职位,接收方面为由外务省职员出任负责学术国际局(联合国教科文组织)工作的大臣官房审议官(联合国教科文组织日本国内委员会是设置在文部省还是外务省的争执中,最终决定设置在文部省之际,同时规定委员会事务局长由外务省派出职员出任,其后尽管形式上多少出现了变化,但保留至今的就是这个审议官的职位)。除此之外还有少数助理级别以下、主要派往总理府(包括外局)工作的职员,而几乎没有接收其他省厅职员的情况。

但是,近年来文部省与其它省厅的对等交流也在逐渐增加。自与劳动省进行了首次高级公务员的系长间人事交流之后,文部省先后与通产省、邮政省、大藏省、建设省、厚生省等进行了高级公务员之间的工作交流，并从系长发展到了计划官、室长级别。当然，与科学技术厅之间的大规模交流是以文部省合并科学技术厅为目的而开展的。

第二节　文部省的政策形成过程

一、政策的"批准"过程

1. 决策过程

本节首先介绍文部省"批准"政策的过程（一般称为"政策决定过程"）。这是由于制度框架已十分成熟，便于说明。

在政策的"批准"中，通常最后进行的是形式上的决策过程。主管课的主管系长起草草案，由此开始，依次经过主管助理、主管课长、局内有关课长、审议官、局长、有关局的有关课长、审议官、局长、大臣官房总务课法令审议室室长、总务课副课长、总务课长、大臣官房长、事务次官、政务次官，并最终呈交文部大臣裁决。尽管是以大臣名义进行的行政行为，但根据《文件裁决规定》（训令），日常事务的决策权很多会下放到事务次官、官房长、各局长等。当然，以局长名义下发的文件由该局长，课长名义下发的文件由该课长裁决即可通过。

对于细小不重要的事项，有时会立即进行草案的起草工作。但是按照惯例，多少带有政策性意义的事项在传阅草案之前就要向直至最终裁决者的各级有关方面进行说明，并获得同意。此外，在制度和政策上管辖与某事项有关内容的部局（相关局长及相关课长）也会在事前进行合议（这一过程亦可看作"共鸣"，但归于"批准"似更为恰当）。具有重要政策意义的事项即使是以局长名义进行的（即局长被授以决定权限的事项），也要向上级（直到大臣）进行说明并征得同意。到底应征得超过《文件裁决规定》所拥有裁决权者几级以上的上级同意，习惯上视临场感觉而定，如果难以判断，则交由拥有裁决权者决定即可。

2. 送交会议的附议

内阁是合议制机关，从理论上看只有通过内阁会议方能进行政策决定。事务次官会议即以此为前提确认各省厅同意的场所。公平交易委员会等独立行政委员会等也是合议制的机关。而包括文部省在内的各省厅属于以大臣或长官为最高决策者的独任制机构,因此不举行会议未必就无法进行决定。但实际上在每个省厅均设置了各种会议,即将其作为最终决策的过程,也是为了通过这些会议在省厅内形成共识。

文部省通过文部大臣裁定等设立的会议如下。

(1) 省议

其目的在于"审议文部省管辖事务中特别重要的决策",由大臣主持召开,没有例会日期。成员包括大臣、政务次官、事务次官、文化厅长官、大臣官房长、大臣官房总务审议官、各局长、文化厅次长、文教设施部部长、私学部部长、大臣官房人事课长、大臣官房总务课长、大臣官房会计课长。省议通常在讨论预算申请内容及决定时召开,尽管其结果将左右大臣的方针,但至今几乎没有出现过进行实质性讨论的情况。

(2) 局长会议

其目的在于"审议文部省管辖事务中的重要事项,并进行联系",由事务次官主持,例会原则上每周一(15:00—)召开,但无法召开会议的情况也不在少数。会议成员包括除大臣、政务次官、文化厅长官之外的省议成员。会议以事务次官主导各局长的形式进行,主要内容包括审议法案、政令案、重要的省令案、告示、审议会咨询、回复报告等。一般不会退回提交的事项,但有时事务次官会提出两三个要求。

(3) 联络课长会议

其目的在于"联系、调整文部省管辖事务中的重要事项",由大臣官房总务课长主持召开。例会原则上每周一(10:15—)召开。会议成员包括大臣官房人事课长、大臣官房总务课长、大臣官房会计课长、大臣官房政策课长、大臣官房文教设施部指导课长、各局联络课长、文化厅长官官房总务课长、大臣官房总务课宣传室室长。对法案、政令案、省令案、重要告示、审议会咨询案、回复报告案、记者发布会等事项进行附议。各事项原则上由主管课长(微小事项由课长助理)进行说明。局长会议审议事项原则上应先由联络课长会议进行附议。事项的下审查由总务课法令审议室进行,事前将上呈总务课长。但是,会出现根据事项内容退回审议结果的情况,退回的事项由该事项主管课根据退回意见重新修正。(这一过程也可认为是"共鸣",但考虑到退回事项实属例外,故将其看作"批准"阶段的审查更为妥当。)

(4) 局议

上述三个会议都是根据大臣裁定设置的,而局议却并没有可以决策的制度依据,只是局及相当于局的组织(比如所谓的"内部官房")出于局内联络协调的目的召开的。参加者基本上包括局长、审议官、各课长,有时也包括设置了部的局中的部长、规模小的局则计划官、室长也会参加局议。按照惯例,所有局的局议都在每周一举行的局长会议之后(局长会议暂停的周则在联络课长会议之后)择机召开,但实际上很多局并不是每周召开。局议尽管是在提交预算概算申请草案时的政策"批准"过程中的一个环节,但通常其主要机能只是局内的联络与调整。

二、政策的内发性"创发"及"共鸣"过程

1. 纵向分割组织的"创发"与"共鸣"

(1) 政策"创发""共鸣"制度化的程度

"创发""共鸣"过程并不像上述"批准"过程那样存在着明确的制度框架。上司、同僚、部下一起在小酒馆边喝边"创发"出政策的情况比较多。当然,恐怕哪个省厅都是一样的,"创发""共鸣"都不会像"批准"那样形成制度。

但文部省的特别之处在于,政策创发基本上都是以各局、各课的纵向分割形式进行的。其他局、课原则上不会干涉超出其管辖范围的事务。官房会根据大臣、执政党的意向进行干预,但基本上是临时性的,并不存在诸如其他省厅的"法令审查委员会"制度以及列入年度日程的"新政策听证"制度等情况。

并不发达的横向分割性组织意味着文部省政策"创发""共鸣"过程的制度化程度与其他省厅相比相对较低。

(2) 法令、预算两系统与"横向分割系列""纵向分割系列"

各课的政策创发进一步按照各课长助理——各系的直线型结构进行。办公座位距离较近的助理与系长日常即进行讨论、研究考虑各种大大小小的政策方案。一般而言课长总会有自己的政策想法,但现实中的政策创发一般通过各自的助理——系长与课长之间的交流进行。

通过政策形成的各个阶段,文部省中明确划分出法令事务与预算事务两个系统。前者通过大臣官房总务课法令审议室与事务次官、大臣联系,后者通过大臣官房会计课预算计划调整室与事务次官、大臣建立联系。这两个系统在各课中也明确分为法规计划主管助理—法规计划主管系以及预算庶务主管助理—预算庶务主管系两个系列。

法规计划主管系与预算庶务主管系在各自的课中具有"横向分割"的特点,他们接受其他"纵向分割系"的咨询,为其提供建议,并负责横跨各系的文件。

"纵向分割系"的工作中"执行"政策的比重较大,因此没有精力对自身的日常工作进行进一步评估,并提出从根本上进行改善、改革(或废除中止)的方案(即政策性创发)。在这方面,法令相关事务的法规计划主管助理及系长、预算相关事务的预算庶务主管助理及系长将发挥一定的作用。换而言之,"纵向分割系列"重视维护现行制度、执行现行政策,而"横向分割系列"则考虑如何改善、改革制度政策(但这只是理想状态,在实际工作中,很多情况下 1 名课长助理兼顾"纵向分割系列"与"横向分割系列"工作,同时"横向分割系列"兼顾"纵向分割系列"的情况也较多)。

通过安排负责政策实施的"纵向分割"工作及负责政策计划的"横向分割"工作,最终掌握课内全盘工作的只有课长,反而言之,课长在其管辖的行政领域中兼备"制度政策守护者"及"制度政策改革者"的双重身份。课长在省外扮演"守护者"的角色,而在省内则变身为"改革者"。在接受电视采访时,中央省厅的课长等经常解释现行制度政策的正当性,并给世人留下了僵硬顽固的官僚印象,但该课长内心或许正在想"必须改变这一制度政策"。如果在审议会等正式过程中已涉及到政策制度的修正工作时,或许可以作出"某某省绝没有认为现状就是完美的,正在探讨尽快改善的方法对策"等表态,但如果尚未达到这一阶段,课长则只有扮演肯定现行制度政策的负面角色。

(3) 从发现、发掘政策课题到形成政策具体构想的过程

从发现、发掘政策课题到形成政策具体构想(更接近政策创发过程中源头的部分)的过程中,文部省内重要的制度框架包括:①来自相关部门、团体的听证及会议;②调查研究;③审议会及恳谈会。这些基本上均在纵向分割型组织中进行。

① 听证会、会议等

第一,通过都道府县、指定城市以及国立大学及其他设施机构等的听证会以及召集这些团体、机构的会议,通过出差等方式掌握这些团体机构的需求。

文部省的所有行政工作必然会有基层单位,也拥有众多在基层工作的职员。比如初等、中等、高等教育的基层就是中学、大学的教室;社会教育行政工作的基层就是公民馆、青少年教育团体等;学术行政工作的基层就是大学、研究所的研究室、实验设施等;文化行政、体育行政的基层就是剧场、体育运动场等。这些基层单位均在从事学术自由、表现自由等追求精神自由领域的各种活动。为此,在文部省的行政工作中,有必要随时尊重基层的自主性与独立性,并根据基层的意向实施政策,也必然以"累积型""自下而上型"的政策形成为中心。此外,文部省的所有政策在其实施阶段都必须以某种形式对基层产生影响。因此文部省行政中,无论是政策的计划还是实施都必须与基层负责人进行充分的意见沟通,而听证会及会议就是这种意见沟通的重要手段。

国立大学等设施机构的主管课通常会在每年6—7月就下一年度这些设施机构的工作计划、预算草案等举行听证,从中进行取舍,选中的内容将列入文部省的预算概算申请。比如国立的医科大学、医学系、大学医院的预算由高等教育局医学教育课,培养教员的国立大学、系、附属学校的预算等由高等教育局大学课教育大学室,国立青年之家及少年自然之家的预算则由生涯学习局青少年教育课分别进行听证。

都道府县等地方公共团体与文部省之间并没有文部省与国立大

学等那样紧密的累积型关系。对都道府县的听证的目的大多在于分配辅助金等政策上，但听证同时也是掌握基层需求的机会，并关系到下年度后的政策。

文部省每年都会经常性地召集国立大学及都道府县举行会议，大多数会议的主要目的在于将文部省的政策传递给基层（有时也出于基层负责人交换信息的目的），同时也是文部省了解基层需求的机会。

② 调查研究

第二，通过委托大学、地方公共团体、各领域专家等进行调查研究，发现、发掘并分析政策议题。

很多情况下，调查研究是在认识到出现了某些政策议题（或议题的"萌芽"）时首先采取的措施。在采取委托研究的形式时，受委托部门多为大学、民间智库、研究团组、地方公共团体等。有时还会在一部分基层进行某些新教育方法、新课题先端工作的试点。还有一些情况下，多名专家与有关人士会作为"调查研究合作者"受到委托，以会议形式进行调查研究。尽管形式上与私人恳谈会基本相同，但实质却更接近于审议会。

调查研究一般为期一年至两年。调查结果经整理后将与修改法令等制度改革以及作为新工作内容获取预算等具体政策挂钩。实际上在总结调查研究结果时，往往同时考虑下一阶段（具体的政策创发）的工作，经常出现经过调查研究经审议会等探讨后进入下一阶段的情况。

很多情况下，调查研究的结果（设立合作者会议时会制定"合作者会议报告"）会以局长通知的形式传达至都道府县等有关部门，而通知本身就是在实施敦促基层解决新议题的政策（除了发出通知，有时文部省也没有其他有效的政策手段）。

③ 审议会与恳谈会

第三，通过审议会及恳谈会探讨并提出政策构想。

在政策议题非常明确（以"咨询"的形式得到明确）的情况下会通过审议会及私人恳谈会的形式进行审议，根据惯例这将与政策构想的探讨与提出挂钩。

审议会被称为"政府（公务员）的遮羞布"，并被认为是官僚主义的温床以及寻求加强政治领导的行政改革的障碍。但是在文部省的行政工作中，审议会的作用非常大，没有审议会是不可想象的。

如前所述，以精神自由领域为政策对象的文部省行政工作中，审议会在确保中立性、公平性与妥当性的问题上发挥了重要作用。而这里提到的重要性则是指在"批准""检查"政策过程中发挥的作用。需要再一次强调的是，文部省的审议会在政策的"创发"中也具有重要的意义。

从教育改革基本方针等重大政策直到通知、通告等重在修改的小政策（其中当然也包括诸如学习指导要领等极为重要的通告），文部省的很多政策创发都来自于审议会及私人恳谈会等的审议。文部省的审议会及恳谈会绝不是单纯地为官僚制定的政策"盖章"的机构。当然，出台的政策方案既包括文部省官员提出的，也有审议会委员提出的。在审议会等会议中，委员或文部省官员提出的各种政策思路都会得到长时间的实质性探讨，绝不会只对提交的政策方案简单地盖上批准的印章。甚至从实际情况上看，文部省审议会反而是某一政策领域的专家、有关人士及代表政策受益者之国民立场等人士参与政策形成过程的组织。从公务员的角度看，审议会等会议也是获得仅靠自身难以提出的新政策思路的宝贵机会。

审议会的答复报告及恳谈会的报告一旦提交，大多数情况下文部省会将这些报告通知有关各方。这也反映出这些报告在体现文部省政策的同时，也包含了很多在文部省权限内无法处理、解决的内容。本来审议会的答复报告应是针对文部大臣"在某问题上本人（文部大臣）应如何行事"的咨询而进行"您（文部大臣）应做到什么"的答复报告，但在最近的答复报告中，很多都是就有关文部大臣权限之外事宜的"地方公共团体应做到什么""期待大学做出……""希望家庭……企业……"等内容。如果从审议会本来的作用上看，这种记述理应属于"别论"，但可以说审议会如此直接提出呼吁已成为了一种行政手段。

2. 横向分割组织的"创发"与"共鸣"

由于文部省内部部局基本属于纵向分割性质且分为法令相关事务与预算相关事务两大系统，因此从结构上看，很难出台作为文部省统一政策或将各种政策手段有机结合的综合性政策。但如下所述,文部省也采取了克服这种纵向分割弊端的措施。

(1) 审议官、部长会议

与省议一样由大臣裁定设立的"审议官、部长会议"是政策创发共鸣过程中的制度化横向分割组织。该会议以"就文部省管辖事务中之重要事项的计划等进行协商与联络"为目的,由大臣官房长领导,大臣官房总务审议官负责全面管理。成员包括大臣官房长、大臣官房总务审议官、主管各局的大臣官房审议官、文教设施部部长、私学部部长、文化厅文化部部长、文化厅文化财产保护部部长、大臣官房人事课长、大臣官房总务课长、大臣官房会计课长及大臣官房政策课长。关系到批准政策的省议各种会议的庶务工作由大臣官房庶务课法令审议室负责,而大臣官房政策课则负责审议官、部长会议的庶务工作。按照规定应在每个月的第一、第三个周二召开,但实际上很少召开,每年只在编辑教育白皮书时召开数次,且活动较为低调。

(2) "教育改革计划"、省内会议、省内项目组

如上所述,很难说审议官、部长会议就发挥了人们期待其发挥的作用。为此,文部省也在努力通过其他形式推动全省统一性的政策。

其中之一就是 1997 年 1 月制定的"教育改革计划"。根据这一计划,官房将各局开展的教育改革内容汇总为一份文件,以在从设定政策课题及政策目标到推动政策、政策管理等全过程中确保文部省的政策连贯性,同时以浅显易懂的形式告知国民,以期早日实现政策目标。这一计划自制定后已经多次修正,成为官房打破来自保守倾向的局、课的障碍的有力手段。

此外,灵活运用以推动 IT 革命等特定领域的政策调整为目的的省内会议(大多为课长级官员),也可发挥其政策创发共鸣机制的职能。

在省内(局内)设立项目组则是目的性更为明确的贯穿特定政策的创发、共鸣、批准等全过程的方式,即将现有纵向分割组织无法完成的工作交由省内(或一个局内)优秀人才(通常为助理级别以下)组成的团组处理。在准备制定将导致制度、政策出现重大变化的法案时,经常使用这种手段。项目组成员在从事项目组工作时不参与其原所

属课的工作,另外,在项目组中也不会代表其原所属课的利益。

制定"教育改革计划"、召开省内会议、设置省内项目组等方法在政策"创发"过程中均发挥了各自相应的作用,但这些并不是发现、发掘政策课题等从政策起点开始进行的创发活动,反而是在接受课题后对其进行具体解答、变成法律条文、将具体政策日程化,是从政策的"具体化"或"显现化"阶段后才开始的。政策课题的发现、发掘则基本上由纵向分割组织进行。

(3)"政策计划联络会议"与"新政策听证"的尝试

1993年,文部省推出了成立以大臣官房政策课(当时的课长为野角计宏)为中心的旨在政策计划立案的横向分割组织,以强化从发现、发掘政策课题开始的政策形成职能的新方针,其主要内容就是成立"政策计划联络会议"以及实施"新政策听证"制度。

"政策计划联络会议"由大臣官房政策课长领导,成员包括大臣官房各课、各局、文化厅联络课中负责政策计划的计划官、室长级别的职员。其目的在于集中这些中层骨干职员(几乎全部为高级公务员)的智慧,综合利用各课局间的各种横向政策手段以推动新政策的计划工作。

"新政策听证"旨在以大臣官房政策课为中心,收集各局以及文化厅对新政策的看法及尚处于萌芽状态的政策思路。根据听证结果总结出的新政策方案将在政策计划联络会议上展开进一步的研究。

根据政策,文部省内各项工作由不同课室负责,预算由会计课、法令由总务课、税制由政策课主管。如何在各局、各课被分置于不同系统的现状中实现综合统一的政策计划过程,政策课尝试将"新政策听证制度"作为"向社会开放的窗口",以向文部省的行政工作注入时代的新风。

听证在预算、法令、税制等年度日程表制定之前进行,在新政策听证制度中发现并通过政策计划联络会议制定的政策将会进入各政策程序。

此外,当时的政策课为了提高省内年轻职员的政策计划能力,以学习预算、法令、税制、财政投资融资、地方财政政策等制度与程序为目的,频繁召开各政策主管课的助理级别职员担任讲师的"政策手段学习会"。

这一系列措施都是为了回应临教审最终答复报告中文部省应加强政策官厅职能的要求,因此可以说都是文部省内部实现政策"创发"与"共鸣"体系制度化的尝试。

但很遗憾的是,这一制度大约持续了三年却最终未能形成稳定的制度框架。其原因主要包括:第一,省内没有形成充分的共识。在接受听证的课看来,他们无法摆脱"政策课的听证程序纯属多余,只是又重复了一遍预算(及法令、税制)工作"的看法。政策计划联络会议的成员也难以消除"不能对其他局评头论足"的意识。

第二,当时大臣官房政策课的实力不足。首先,其在省内的地位与权限不足。比如,行政监察直至今日仍由总务课负责,而由政策课负责也未尝不可。此外人员也存在不足的情况(尽管有人才)。1993年是中教审没有开展活动的时期,政策课有余力推动上述"政策官厅化"的计划,但中教审开始活动后政策课立刻成为"中教审事务局",没有了向其他工作分配人员的余力。

第三,更为根本的原因在于学校教育与大学制度历史悠久,文部省在这一成熟的制度中形成了与基层持续保持紧密联系的行政体系。在充分形成的已有制度框架中,通过纵向分割组织以及基层的不断积累,以渐进主义、递增主义方式推动政策的方法已成为文部省业已巩固的行政手段。

三、政策的外发性"创发"与"共鸣"过程

1. 来自"政界"的创发

在论述文部省的内发性政策创发以及共鸣机制后,下文将论述外发性政策创发及随之产生的共鸣。

首先论述来自政界的创发,主要包括执政党(特别是文教相关政策审议机构的文教部会)以及文部大臣的创发。

(1) 执政党的创发

正如文部省被揶揄为"霞关的宫女"所体现的,长期以来文部省就是习惯于从属外部权力的"唯上主义"官厅。文部省在各个历史时期

相继被形容为战前的"内部省文部局"、二战期间的"陆军省文部局"、战后的"GHQ文部局"以及55年体制后的"自民党文部局"等。在日本,的确存在着"行政是政治的侍女"的说法,文部省的行政工作就是这一说法的真实写照。如果是这样,现在实无必要提倡"政治主导"。文部省这一传统的背景在于国民教育的学校教育本来就带有意识形态,反映了每个时代的统治性意识形态及政治权力,可以说权力、意识形态与学校教育之间存在着密不可分的关系。

正因为如此,长期以来文部省的政策中不乏政治主导的外发性创发。其中从20世纪60年代后期到70年代前期,自民党文教部会聚集了西冈武夫、河野洋平、藤波孝生、盐崎润、森喜朗等一批年轻政治家,并开展了非常活跃的活动。这些自民党文教族政治主导政策的硕果就是公立学校教员工资的飞速改善、对此提供支持的《人才确保法》的制定、私立学校补助制度的正式开始以及《私立学校振兴补助法》的制定等。以惊人的精力推动各项文教政策的上述年轻议员因此被称为自民党的"关东军"。

政治主导的外发性创发最新的一个例子就是《护理等体验特例法》的制定。这项法律是以田中真纪子为中心的国会议员进行提案,于1997年以议员立法形式制定的。在少子化等的影响下,1998年后全国每年录用的中小学校教员总数已经降到了1万人以下(2000年录用数为6400人),而每年约有8万名大学师范课程毕业并取得中小学校教师执照的毕业生。根据该法的规定,作为获得教师执照的条件,将有义务在福利设施从事护理工作等至少7日以上。

(2) 大臣的创发

文部大臣进行的政策创发算不算"外发性"创发尚有争议,但在官僚组织的"文部省"看来文部大臣是外在性的存在。这在大臣更迭时事务次官的致辞中充分得到表现:"本人与全体职员非常荣幸地在文部省迎接某某大臣的到来。"

文部大臣经常进行政策创发。大臣时常会发出诸如"做这件事如何,去研究一下"等指示,而事务次官、局长及所有职员都应努力促使这些指示成为现实。但实际上这些指示并不一定能实现。首先是因为大臣的任期较短。如果接任的大臣对上一位大臣想开展的工作没有兴趣,可能指示随着大臣的更迭就迅速销声匿迹了,也就是说由于任期较短,立项尚未实现就可能遇到更迭。此外,经常可能出现的情况是,由于大臣对现状的认识与对制度的理解出现偏差,导致职员作出大臣指示的内容缺乏实现可能性的判断。这种情况下,文部省职员会多次说明"不可能的理由",即使大臣表现出"为什么不可能,怎样才可能"等疑问,只要职员反复坚持"无论怎样都难办,就算这样去做,也会因某某理由而难以完成",最后基本上大臣都会产生"那就算了"的想法。

大臣创发政策得以实现的条件首先最重要的是,大臣切实了解时代的变化与民意走向,从大局出发进行判断。尽管在既存的制度及制度框架下职员或许可以为问题的最佳解决方法提供正确答案,但是在今天,社会需要什么样的变化是政治应该回答的问题。对于政治家的这种判断,通情达理的职员会带着尊重予以执行。但问题是能否获得"通情达理的职员"的支持,至少必须获得事务次官、官房长、主管局长三人中一人的支持。如果这三者联合起来抵制,即使主管课长干劲十足,也不可能实现大臣的意愿。反而言之,这三者中即使只有一人与大臣产生共鸣并付诸于行动,主管课长再消极事态也会向前发展。

2. 政府横向性审议会等的创发

作为外发性创发,政府会成立临时或常时性的审议会以探讨政策立案。

这些审议会包括根据法律、政令设置的审议会以及根据内阁决议设置的恳谈会等。与文部省关系密切且常时设置的会议包括科学技术会议以及男女共同参与审议会。临时性设置但却对文部省行政工作产生重大影响的,包括根据行政改革需要逐步建立的临时行政调查会、行政改革审议会等审议会(各省基本上也是如此)。

这些审议会与在文部省设置的审议会的政策创发不同。文部省方面并不是从最初就主动、积极地进行参与,很多情况下是被动地对被强加的创发进行反应,自然这种反应很容易是消极的。与行政改革有关的审议会多属于这种情况,在进入寻求共鸣、批准过程时,也会极不情愿地采取最低限度的应对措施。

从 1984 年到 1987 年设立了三年的临时教育审议会（以下简称临教审）就是这种政府横向性的审议会，而其性质与其说是政府横向性的，更应说是在文部省之上设置的政策创发机构。临教审作为直属内阁首相的审议会，是中曾根首相（当时）不顾文部省的反对而设立的（准确地说向国会提交了设置的法案）。在这个意义上，可认为是首相进行的政策创发。首相将香山健一等身边的"悍将"派到审议会出任委员，挑起了围绕"教育自由化"的激烈论争。作为论争的结果，审议会提出了三个理念：①重视个性的原则；②向社会学习体系转型；③应对变化。并在此基础上进行了四次答复报告，对此后教育行政产生了极为重要的影响。但是，中曾根前首相仍不满足，似乎还认为"临教审是失败的"。这恐怕是因为被中曾根设想为"战后总决算"一环的《教育基本法》修正并没有列入临教审的议程。

四、文部省政策形成过程的特征

上文对文部省政策的创发、共鸣与批准过程进行了概述，下文将简述文部省政策形成过程的一般特征。

第一，累积基层需求是政策形成的主流。基层是指初等、中等教育行政工作中的学校（公立学校）及教育委员会，高等教育行政工作中的大学（国立大学）。文部省通过听证会及会议等形式反复积累掌握基层的需求，并考虑解决这些需求的政策，以及在这些政策中决定优先顺序。这种方式的一个问题是这些基层被固定地认定为是制度性的（组织、团体），从而导致除此之外的基层受到了忽视。比如，以升学、补习为目的的学塾以及接收拒绝上学儿童的自由学校等长期以来都不被认为是"基层"而没有列入政策的考虑范围。

第二，重视政策的连续性。这是由于文部省是以"教育"活动为对象的。教育从本质上而言是需要一定时间的活动。此外，判断其效果也需要一定的时间。比如，义务教育包括小学六年及初中三年，因此判断义务教育的成果至少也需要九年的时间。如果在这一期间屡次改变学校制度以及教育内容、教育方法，那么就难以判定制度、教育内容及方法究竟效果如何。此外，对于每一个孩子而言，这九年都是无法取代的九年，因此频繁改变制度与政策而招致混乱也绝非好事。为此,教育政策只能采取基本上持续执行以往政策的同时加以必要的修正这一渐进主义式的方法。

第三,有必要在国民中取得广泛的共识。这是由于文部省负责的公共性教育是以所有国民为对象的。为此,教育行政中的政策形成将通过审议会等场合长时间地进行。

因此,有时会发生制度改革的基层等不及修改政策制度即独自开始改革的事情。比如宫崎县立五濑中学(初高中)就率先试行了公立中学初中高中连读制。

第四,与第三点有关,某个政策思路从在正式场合提出直到作为实际政策开始创发、共鸣、批准过程,这一期间所耗时间较长。比如,与谢野文部大臣主导创发并形成政策的初中高中连读制在1971年中教审的答复报告中就已提及,其后在临教审中也提出了"六年制中学"的建议。这一想法存在了近三十年,并始终伴随着激烈争论。由此可以看出,或许这就是为了在国民间达成共识所必要的时间。

第五,也是对上述四点的佐证,即来自政界的外发性政策创发影响力较大。这是由于公共性教育政策不可避免地伴随着意识形态。今天,统治日本公共性教育的意识形态可以说是以《日本国宪法》及《教育基本法》所表现的个人尊严与平等为基础的民主主义。尽管如此,在此基础上,掌握政权的政治势力必会将其主张的意识形态反映到公共性教育之中。此时会引起其与教育中立性要求之间的摩擦,也可能会导致与基层需求脱节。此时文部省的教育行政工作就会在"政治"与"教育"间徘徊,教科书检定就时常出现这种现象。

第三节　文部省政策形成的案例

一、大臣的政策创发——与谢野馨文部大臣

自民党与社会党组成联合政权后,成立了村山内阁。面对这一文部省官员做梦也无法想象的政局发展,与谢野馨文部大臣为丧失了政策方向感的文部省官僚指明了政策方向。再加上他担任大臣长达405日(1994年6月30日—1995年8月7日,很少有大臣的任期能超过一年),以及很幸运地与当时的事务次官以及官房长意气相投,所以大

臣自身的创发很多都最终成为了重要政策。

与谢野文部大臣创发的政策大小各异,其中也有无法得到省内外共鸣而未能实现的政策,比如天皇陵的发掘调查。与谢野文部大臣出于应批准对天皇陵进行发掘调查以利于日本古代史研究的考虑,曾请求宫内厅解除对天皇陵发掘调查的禁令,但宫内厅并没有回应,接受大臣指示的文化厅也对与宫内厅共事没有多大的兴致,故而导致了这一设想的落空。

与谢野文部大臣创发并最终成为实现的主要有三项政策:①大学跳级制度及初高中连读制;②申请解散奥姆真理教与修改《宗教法人法》;③处理国旗国歌问题以及改善与日教组的关系。

1. 大学跳级制度与初高中连读制

大学跳级制度与初高中连读制都是经与谢野文部大臣创发并在其卸任后得到实现的政策。

大学跳级制度首先引起共鸣的是在视察千叶大学的偶然机会中结识的丸山工作校长。在视察中与丸山校长进行会谈之际,丸山校长介绍了千叶大学的跳级入学计划。随后,与谢野大臣指示文部省高等教育局就跳级进行制度改革的可行性研究,高等教育局尽管对跳级入学的制度化未必积极,但文部省内却存在着与大臣共鸣的强势人物。其中就包括当时的中央教育审议会会长、前东京大学校长有马朗人,以及当时的官房长。1997 年 6 月的中教审答复报告记载了跳级入学制度化的议题,在接受了中教审的答复报告后,文部省通过修改省令的形式建立了跳级入学的制度,而千叶大学在这一制度下进行了全国首次跳级入学考试,1998 年 4 月,第一批三名跳级生进入千叶大学学习。

初高中连读制也是在与谢野文部大臣与有马中教审会长的相互共鸣中得以实现的。这两人在结识前即抱有同样的想法,因此也很难明确说到底是其中的哪一位创发了这项政策。但至少与谢野大臣将有马会长视为值得信赖的共鸣者。此时,文部省的一部分官员接受了这一创发,与之产生共鸣,在促成省内各有关部局共鸣(尽管未必是积极的共鸣)的过程中,当时的官房长发挥了重要的作用。与跳级入学一样,初高中连读制也写入了1997年6月的中教审答复报告,1998年6月还为此修改了《学校教育法》。1999年4月宫崎县立五濑初中及高中在全国率先推行公立学校初高中连读制,转变为中等教育学校(中专学校),成为基层灵活运用新制度的具体事例。

2. 申请解散奥姆真理教与修改《宗教法人法》

奥姆真理教策划的地铁沙林事件(1995年3月)发生时正是与谢野文部大臣在任之际,事件发生后,与谢野大臣在申请解散奥姆真理教(宗教法人)的过程中也发挥了积极的主导作用。法院可以下达解散宗教法人的命令,但能够提出申请的行政单位是主管部门与检察官。当时,尽管东京都(知事为青岛幸男)是奥姆真理教的主管部门,但是却没有任何申请解散奥姆真理教的必要信息。为此,与谢野大臣主动与法务省联系,促成了检察官与都知事联名提交解散奥姆真理教的申请。

此外,奥姆真理教事件充分暴露了《宗教法人法》的不足,为了使主管部门掌握宗教法人的活动,在出现紧急情况时获取情报,与谢野大臣进行了修改《宗教法人法》的政策创发,目的在于拥有必要最低限度的法律手段。这时尽管大臣官房产生了共鸣,主管该法的文化厅却没有直接共鸣。为此,研究修改《宗教法人法》的项目组最初并没有设在文化厅而是设在了大臣官房。开始地点在文部省一层(文化厅在6层),随着修改这一大方向基本确定,项目组移至6层,与文化厅宗务课联合制定法案。该项目组包括众多计划官、助理、系长级别的高级公务员(以往宗务课除课长外并没有配属高级公务员)。此外,为了就修改《宗教法人法》获得宗教界的同意,还向宗教法人审议会征求意见(由于原本不属于审议事项因此不是咨询)。由于审议会一部分宗教界委员的强烈反对,审议遇到了重重困难(在审议的最后阶段,文化厅次长甚至恳求委员以便审议作出结论)。1995年9月,审议会终于提交了认可修改的报告。

在法案的具体修改阶段,进行创发的与谢野大臣已不再是文部大臣而出任了自民党的宣传部长,但仍致力于向媒体说明、宣传法案的内容。当时,一部分政界、媒体对法案的修改产生了误解,认为这项法案旨在对支持在野党的特定宗教法人加强管制并进行威慑,但与谢野等执政党干部对此进行了通俗易懂的说明,对消除这些误解、获得媒体总体上的支持起到了重要作用。在国会审议法案时,与谢野也在委员会上第一个进行质询,但质询更像是在国民与各党派面前巧妙解释与说明修改《宗教法人法》的要点,并实质性地决定了此后法案审议的基调。综上所述,与谢野大臣在《宗教法人法》的修订中,持续并实质性地参与了创发、共鸣、批准等各个阶段,并最终促成了该法案于1995年12月通过。

3. 处理国旗国歌问题以及改善与日教组的关系

在自民党社会党联合政府中被委以学校教育行政重任的与谢野文部大臣发挥的重要主导作用主要包括:第一,对学校教育中升国旗唱国歌的问题表明了政府的正式见解;第二,将改善文部省与日教组的关系纳入了轨道。

学校教育中升国旗唱国歌的问题对于自民党、社会党联合政府的村山内阁而言,属于稍有不慎极可能导致满盘皆输的棘手难题。由于日本社会党的重要支持组织——日教组反对在学校"强制"升国旗、唱国歌,而以往的自民党政府始终试图将学校升国旗、唱国歌的工作"义务化",因此如果在这一问题上政府内阁出现不一致,将成为在野党绝好的攻击材料。1994年10月在众议院预算委员会的答辩中,没有事前通知就提及了这一问题,当时有议员质问"指导学校在开学典礼、毕业典礼时升国旗、唱国歌是一项义务"这一政府方针是否出现了变化,对此村山首相表示"并不强制",而文部大臣则回答"是义务",由此质问者以首相与文部大臣的回答不一为由在委员会上进行了追究。随后政府针对这一问题发表了正式的统一见解,而这就是与谢野文部大臣的创发结果。统一见解包括两个重点:第一,教员指导升国旗唱国歌属于法律义务;第二,接受国旗国歌指导的儿童、学生是否认同"日之丸"为国旗、《君之代》为国歌最终属于"内心自由"的范畴,对于这一内心的领域不能进行强制。这是政府第一次明确了对第二点的统一见解。这也挽救了在这个问题上没有形成统一认识的村山内阁。

在改善与日教组关系的问题上,与谢野拥有非常明确、强烈的意识,即希望消除在教育界不可能有结果的意识形态对立。与谢野大臣在指示主管部局与日教组就和解进行具体协商的同时,还与日教组的横山委员长进行了多次会谈。当时的事务次官从开始就赞同大臣创发的方针,产生共鸣并着手展开工作。对和解的共识作为与谢野大臣与横山委员长之间个人信赖关系的核心不断稳步发展,并最终推动1995年秋日教组改变了其活动方针。文部省与日教组关系的改善也促使横山委员长被任命为中教审委员(接受任命时横山辞去委员长职务)。文部省其后推出了各种缓和规定及分权化的计划与政策,制定并实施了各种重视学校自主性、自律性及扩大基层裁量权的政策,这些都是以文部省与日教组关系的改善为前提条件的。

综上所述,与谢野文部大臣对后55年体制中的文部省行政工作中的政策修改进行了极为重要的创发,并在共鸣、批准过程中也全力支持。同时,在除此之外的一些具体、并不非常重要的政策上则信任职员,放手由职员执行,这种态度又获得了职员的信任。此外,在重要政策的创发上获得了事务次官以及官房长等身居要职的强力共鸣者的支持也十分重要。

二、择校自由化——政府横向性审议会等的外发性创发

1. 临时教育审议会中的"教育自由化"与文部省的应对

临时教育审议会包括根据首相官邸(中曾根首相)意向任命的委员及文部省任命的委员。其中,根据首相官邸意向任命的委员中极具战斗精神且挑战以往文部省行政官员的人士被称为"悍将",其代表人物就是当时的学习院大学教授香山健一。在临时教育审查会成立之前,提供政策建议的民间组织"观察世界京都座谈会"发表了通过建立学校与选择学校自由化将市场竞争原理引入学校教育的主张,即"教育自由化"的"学校教育活性化7项建议",香山就是该"座谈会"的成员。除香山外,"座谈会"还有其他几位成员作为委员与专门委员参与了临教审的工作。香山从临教审成立之初就极力提倡自由化,对配给型、护航型的教育行政体制进行了彻底批判。

当时文部省认为,学校教育(特别是义务教育)应奉行接受教育机会均等的理念,由国家、地方共同团体负责实施(私立学校仅是例外的

存在),由于择校自由化会导致学校间差距的扩大以及升学考试竞争的激化,因此并不欢迎自由化。当时的文部省初等中等教育局长(在随后出任事务次官期间因利库路特事件被起诉的高石邦男)就在临教审的听证会上直接反对自由化。

由于香山等自由化论者多被分在第一部会,而支持以往教育行政的反自由化论者多集中于第三部会,因此围绕自由化的争论演化成审议会内部部会之争。

围绕自由化进行的论争最终以"教育自由化""重视个性的原则"的表述形式出现在临教审的答复报告中,并被置于教育改革三项理念中最重要的位置(其他两项为"向社会学习体系转型"与"应对变化")。答复报告将"重视个性的原则"定义为"尊重个人尊严与个性、自由、自律、自我负责的原则"。而选择型、竞争型(而不是配给型、护航型)的学校教育则是"自由、自律、自我负责的原则"的必然结果与要求,可以说"教育自由化"的思想以这种叙述方式保留了下来。

"教育自由化"具体内容之一的自由择校以"修改学区制度"的形式被写入了第三次答复报告(1987年4月),但其内容却十分有限。文部省根据这一答复报告发出通知(同年5月),通知中对修改学区制度的记述只停留在"有必要进行探讨"的层面上。

2. 行政改革委员会的意见与文部省的应对

尽管仍是教育改革的议题,但自由择校问题在随后的十年被束之高阁,也没有成为中央教育审议会等的审议事项。

但是1994年成立的行政改革委员会却将这一问题作为放宽规制的一环重新提了出来。在行政改革委员会"有关放宽规制的意见(第二次)"中,认为"市町村教育委员会的配套措施仍不充分",并向政府提出了"应彻底奉行弹性选择学校的精神""引导进行各种努力""继续收集并提供有关措施的信息"等建议。

在行政改革委员会的推动下,文部省终于接受了建议,开始表现出推动弹性学区制度的积极姿态。

1997年1月,文部省公布了教育改革规划,在"教育制度改革与培养全面人才"大项中的"教育制度的弹性化"项目下设置了"学区制度弹性化"这一小项,明确了以下方针:"在根据市町村等实际情况并充分考虑学生家长的意向之上,为了便于从1997年开始积极灵活地运用公立小学、中学学区制度,将推动汇总并提供有关学区弹性化事例及信息的工作。"

与此同时,文部省向各教育委员会发出"弹性运用学区制度"的通知(1997年1月),指示"继续注意对教育的影响,并努力推动学区制度的弹性运用","各市町村教育委员会应根据地区实际情况,运用各种手段充分考虑家长的意向"。同年9月,文部省制作并向各地教育委员会发放了《学区制度运用事例集》。

3. 促进放宽规制三年计划与文部省的应对

1997年12月行政改革委员会到期结束工作,1998年起在由所有内阁成员组成的行政改革推进总部下,成立了由民间有志人士组成的放宽规制委员会以推动这项工作。

1998年3月内阁会议决定的"促进放宽规制三年计划"中,对文部省提出了更为严厉的要求:"接到通知后,市町村教育委员会应在指定就读学校的方案、应就读学校的变更及学区外就学的弹性运用状况、事例集的利用情况等方面继续努力。同时,从告知所有家长的观点出发,持续性地宣传择校弹性化的宗旨等,以期进一步推动这项政策。"与1996年12月的行政改革委员会意见相比,加上了"告知所有家长"的内容。

根据这一建议,文部省修订教育改革计划时(1998年4月),在"实现可发扬个性进行多种选择的学校制度"大项下增设了"公立小学、中学学区的弹性化"小项,表示"为了继续向家长宣传择校弹性化的精神,在定期制作事例集的同时,将利用国立教育会馆的信息网提供信息"。

4. 经济战略会议答复报告

自由择校问题上的外发性创发同样也在经济政策的层面进行。在经济战略会议答复报告《日本经济再造战略》(1999年2月)"构建'健全的创造性竞争社会'"大项下的"培养创造性人才的教育改革"小项中，建议"将多校选择制引入没有竞争的统一性义务教育中，赋予学生可以根据其本人特点选择学校的自由。并据此促进学校间的竞争，同时许可各校制定各自的多样性教学计划以培养多种人才。"

5. 文部省态度的变化和市町村的动向

文部省对择校自由化的态度出现了以下变化。①在临教审的审议过程中强烈反对，但是②临教审发表答复报告后，态度转变为"有必要研究……学区制度的修改"，③其后将其束之高阁约十年，④在行政改革委员会意见发表后，作为教育改革的课题，表示将"学区弹性化"作为"教育制度弹性化"的一环加以"推动"，⑤"放宽规制三年计划"出台后，将广泛宣传"择校弹性化"的宗旨作为"可进行多样选择的学校制度"之一环，首次使用了以往谨慎回避的"选择学校"的说法。

选择学校的问题在法律上属于管理"就学事务"的市町村教育委员会的权限，文部省所拥有的法律政策手段只有提供信息等指导、建议。但重要的是，文部省的"态度"转变对市町村等基层产生了重大影响。换而言之，文部省表明"态度"本身就是一种实施政策的方法。

从市町村的动向上看，文部省遵照行政改革委员会的意见发行事例集（1997）时，适用选择学校制度的仅限于特别认可学校制度（以保留人口稀疏地区的学校为目的，对学区外就学予以特别许可的制度）、调整学区制度（以调整各学校学生人数为目的，仅限于学区交界处的居住者可选择学校之制度）等极为有限的范围。但是，随着文部省态度的变化，出现了正式采用选择学校制度的自治体。东京都品川区从2000年开始将小学分为4个区域并分别实行选择学校制度，2001年开始在中学实行选择制度。足立区从1995年开始实施"指定学校变更制度"，2001年开始在区内全域实施完全自由选择制度。丰岛区及日野市也从2001年开始实施学校选择制度。如上所述，以东京为中心的城市地区正在快速推广选择学校制度。

6. 选择学校政策形成过程的性质

如上所述，文部省选择学校政策是在教育改革及放宽规制的大背景下，以应对政府横向性审议会反复提出的建议的形式，或者说是一步步被推动、呈阶段性向前发展的。可以说这是被动地对外发性创发进行反应,以"被共鸣"的形式形成政策的一个案例。

在这种情况下,与外部直接接触的大臣官房首先进行共鸣,间隔一定时间后主管部局(初等中等教育局)进行共鸣。共鸣的程度也是官房较大(比如在接受行政改革委员会意见后,1997年大臣官房制定的"教育改革计划"中使用了"学区弹性化"的说法,而同期初等中等教育局发出的通知则使用了比前者更为谨慎的"学区制度的弹性运用"的说法)。

此外,1984年设立的临教审提出的"教育自由化"一环的"选择学校自由化"设想历经十五年才终于成为政策,这也是文部省行政工作中政策形成时间间隔较长的一个事例。

后　记

本章内容均为笔者基于个人经验及个人见解所成。其中肯定会存在对事实的误解以及解释、分析上的错误。本章涉及的个人及有关记述内容均未征询其本人意见,而是根据笔者的判断。此外,笔者尽管在文部省工作二十余年,但只参加过50余个课中6个课的工作。因此本章描述的文部省必然有片面之处。

本章从2000年10月开始动笔,2001年4月收笔,所有记述均为2001年1月5日之前的内容。2001年1月6日省厅重组后,衷心期待在原文部省与原科学技术厅的行为方式及组织特点不断磨合的过程中,新的文部科学省更具创造力、更富有生气。

第七章 自治省的政策形成过程

幸田雅治

第一节 自治省概要

一、自治省成立经纬

1874年，成立了主管地方行政、选举、警察、土木、卫生等事务的内务省。其后，尽管社会福利及卫生部门随着厚生省的成立被划分了出去，但其他部门仍然由内务省集中管理直至第二次世界大战结束。战争结束后，盟军总司令部将管理警察及地方行政的内务省视为战前中央集权统治的核心，故将其解体，内务省七十五年的历史也落下帷幕。盟军总司令部对地方行政部门的处理格外严厉，内务省地方局管理的地方行政财政工作按照不同领域被分成四个组织（总理厅官房自治课、地方财政委员会、全国选举管理委员会、国家消防厅）。但是，其后政府内部和地方公共团体都出现了分别成立地方行政与地方财政部门将阻碍地方自治发展的意见，为此，1949年总理厅官房自治课与地方财政委员会合并成立了地方自治厅。随后，如同1953年、1955年地方制度调查报告、1959年行政审议会报告中所指出的，由于地方行政占据了国家行政工作量中的大部分并发挥着重要作用，因此在中央仅仅依靠总理府的一个外局来处理这些事务并不符合实际情况。1960年7月1日，包括外局消防厅在内的自治省成立，在省厅重组之前（2000年12月）的省厅中，自治省是最晚建立的。

如上所述，自治省是战后被分割成四部分、在对地方行政充满热情的人们的艰辛努力下才得以复活的省。因此在职员的意识中,自治省传承原内务省(地方局)的认同感很强。但另一方面,战后成立的自治省却是与战前统管警察行政、拥有知事任命权等中央集权型的内务省完全不同的政府机关。在《日本国宪法》中,新宪法保障了地方自治制度,因此自治省虽身为中央省厅,但地方自治却是其存在的最大意义,自然具有将地方公共团体视为伙伴并为其服务的动机。在这一点上,自治省与其他省厅差别很大。

二、组 织

截止到 2000 年 12 月,自治省的组织除 4 个局(大臣官房、行政局、财政局、税务局)外,还设立了作为外局的消防厅。此外,自治省的设施机构还包括自治大学校、消防研究所、消防大学校。2000 年自治省定编(省厅重组前)为 598 人(其中消防厅 160 人),是所有省中编制最小的。除了没有派驻地方的机构,最晚成立也是原因之一。

自治省的工作管辖范围较广,涉及地方自治制度的计划立案、地方公共团体的财政对策、对地方建设的支援等有关地方行政、财政制度的各个方面,特别是近年来在推进地方分权的活动中发挥了主导作用。2000 年度地方财政规模达到了 89 兆日元,从年度支出的角度看达到了国家财政规模的 2 倍,在支持与居民生活紧密相关的行政服务的同时,地方公共团体的作用日益增加。

各局具体的工作分担如下。首先,大臣官房负责全省性的政策计划、立案及综合调整、机构、人事、预算、国会对策、宣传等。其中,总务课、会计课、文书课、宣传室管辖的机构、人事、预算、国会对策、宣传等工作属于传统的官房的业务,由官房长作为这些部门的主管局长统一管理。但计划室、国际室、地区政策室、信息政策室等 4 个室所管辖的全省性计划、立案以及综合调整等业务,却由总务审议官作为这些部门的主管局长进行统一管理,并形成了基本上独立于官房长的直线型管理。因此,大臣官房大致可分为两个体系,后者管辖的部门被称为官房 4 室。

行政局负责与《地方自治法》《地方公务员法》有关的工作,在对地方自治制度进行计划、立案的同时,还从事着完善促进地方分权的行政体制、推进市町村合并、管理《居民基本台账法》《居民基本信息法》)、构建新的居民基本信息网络系统等工作。

财政局管辖与《地方财政法》《地方交付税法》有关的工作,通过地方财政计划向全国各地方公共团体提供财政保障的同时,对地方财政制度进行计划立案。

税务局管辖与地方税法有关的工作,进行地方税制的计划立案。

如上所述,自治省各局原则上并不是应对地方行政各领域(福利、教育、国土开发等)的纵向分割局,而是对作为地区综合行政工作主体的地方公共团体的行政工作进行相应的制度政策计划立案的横向分割局。其中,行政局的选举部是一个例外。选举部属于纵向分割局,管理着与《公职选举法》《政治资金归正法》有关的工作,对国家选举及地方选举等选举制度进行全局性的计划立案。选举部原本为全国选举管理委员会,在 1952 年与自治省合并之际,作为自治省的内部部局成为选举局。1968 年中央省厅进行组织精简及合理化、所有省厅均削减 1 个局之际,选举局被行政局合并,并降格为部。

其次,作为外局的消防厅,负责全国消防部门的消防、急救、救助活动,建立地震、台风等自然灾害以及大型石油企业造成的灾害等事故灾害的防灾体系等政策。消防厅与自治省一样没有派出机构,而对消防行政工作进行计划立案。

三、会　议

自治省省内的各种会议可分为包括自治行政工作与消防行政工作在内的全省性会议以及各个部门、各个部局的会议等。

1. 省议

省议对自治省管辖业务中的重要事项进行审议与决策。成员包括大臣、政务次官、事务次官、官房长、总务审议官、局长、部长、审议官、自治大学校校长、消防厅的消防厅长官、次长、审议官、消防研究所所长、消防大学校校长、课长级别的总务课长、文书课长、会计课长、消防厅总务课长等。事务局由官房总务课担任。根据内部规定,省议将根据需要召开。但实际上每年只在对预算概算申请及地方行政财政重点政策进行最终决定的 8 月召开一次。

2. 局课长会议

局课长会议根据内部规定分为例会与临时会议，实际上每月召开一次，会议内容由有关课提出申请。局课长会议主要是向自治省内干部通报各种信息，并不讨论特定的政策议题。事务局与省议一样由官房总务课担任。成员包括事务次官、官房长、政务审议官、局长、部长、审议官、自治大学校校长及各课长、消防厅的消防厅长官、次长、审议官、消防研究所所长、消防大学校校长及各课长等。

由此可见，局课长会议及省议形式的成分较多。除了这些会议，事务次官召集与某个特定政策议题有关的干部在事务次官室举行的"干部会议"相对而言较为频繁。这个会议虽没有正式的定位，但各局却往往在此进行实质性讨论并作出最终的政策判断。

3. 主管课长会议

主管课长会议每周召开一次，各局的主管课长（官房总务课长、官房计划室室长、行政局行政课长、行政局公务员部公务员课长、行政局选举部选举课长、财政局财政课长、财政局公营企业一课长、税务局计划课长、消防厅总务课长）聚集一堂交换信息。事务局与省议、局课长会议一样由官房总务课担任，总务课长负责会议进程。会议议题大致分为下达各课的联络事项及全省性事项交换意见等两类。联络事项以总务课向各课传达与各课相关的事项为主，交换意见的内容也多由负责组织及人事管理的总务课长提出有关省厅重组、信息公开等方面的议题，在参加者之间进行自由讨论。因此，尽管并非只具备传递信息的职能，但与局课长会议一样，主管课长会议并不就特定的政策议题进行讨论研究。

4. 局议

一般而言，局议的召开情况大致如下。定期的局议每周一早上召开一次讨论一周的日程，由主干（助理级别）以上的干部参加，日程讨论后将交流各种信息。临时性局议由准备提交讨论事项的课负责日程安排。如果有具体需要处理的事项,局议每天都会举行。出席成员除负责该事项的课的职员外,还包括局长、审议官、各课长、课长助理等,即使不能全员参加,主管课长也可根据具体情况召开。谁必须出席会议由主管课长进行判断。局议上,包括课长助理在内,不管与主管方有无关系均可自由发言,在讨论的基础上最终由局长决定。因此,临时性局议提出的事项比起接受各课检查,依靠集体智慧的侧面更强。消防厅厅议与局议的运作相同。

其次,有关地方财政计划的财政局局议的情况大致如下,11月下旬向大藏省递交下一年度的收支预算情况,开始与大藏省进行有关地方财政的交涉。进入12月后,依次进行财政局财政计划官与大藏省地方财政主管主查、财政局财政课长与大藏省地方财政主管主计官、财政局审议官与大藏省主计局次长之间的交涉,并视情况升级到大臣之间交涉。国家财政与地方财政如同车的两个轮子,因此与其他省厅向大藏省提出预算要求不同,在地方财政交涉中,自治省与大藏省进行平级交涉。在这一系列的过程中,自治省内部由局长、审议官、财政课长、财政计划官、各有关课长组成的局议也随时召开。

四、人事管理系统

自治省的职员按照国家公务员录用考试的Ⅰ种、Ⅱ种、Ⅲ种分别进行录用。除了每年1—2名消防厅录用的技官之外,只录用事务官。

表7-1 自治省人事制度分组

事务官	Ⅰ种行政职务、法律职务、经济职务(全省)
	Ⅱ种、Ⅲ种事务官(全省)
技官	Ⅰ种化学职务、建筑职务、电气职务、土木职务等(消防厅)

Ⅰ种事务官(即高级公务员)每年录用15—16名,自治省人事管理系统的特点,就是不断在省机关与地方之间调动工作。由于自治省没有派出机构,这里所称的"地方工作",就是在都道府县、政令指定城市、市町村等工作。尽管因人而异,大约省机关工作与地方工作的时间各占一半。在省内,年轻的Ⅰ种事务官被称为"见习"。这是从内务

省时代开始使用的用语,而今天在日本中央省厅中还日常性使用旧日行政用语的只有继承内务省地方局衣钵的自治省。尽管究竟有何意义并不明确,或许如同课长见习、干部见习等用语一样,未必有特殊的含义。因此,"见习"是指晋升到出任地方共同团体管理职务的职员,还是指晋升到课长助理级别的职员亦因人而异。

Ⅰ种职员的标准人事管理模式如下。首先,每年4月录用后正式分配到自治省的各课,但到7月末之前均接受人事院的联合研修以及自治省内的研修等,在做好成为国家公务员的心理准备以及了解地方行政的总体情况后,当年8月1日起全体新参加工作的职员均被派往全国各都道府县,在各都道府县的市町村课及财政课以末席主事的身份参加地方行政的实务工作。这一期间的地方工作经验也是最早的工作经历,对于这些职员在以后工作中根据地方行政的现实制定政策将很有帮助。自治省非常重视Ⅰ种职员参加工作后随即在地方行政部门工作大约两年以培养其拥有"地方思维"的这一时期。

在都道府县工作大约两年后,该职员回到东京在自治省从事有关地方行政财政各种政策的立案工作以及与地方公共团体的协调工作,并视情况借调到其他省厅,或赴海外留学。在参加工作7—8年之际,会出任地方都道府县的课长级别职务或市的部长级别职务,作为地方行政最前线的管理干部,从事具体政策的计划立案、长期计划的制定以及财政等工作。在地方出任都道府县的课长后再次回到东京,出任自治省各部局的课长助理,并从事地方行政财政制度的计划立案工作。在这一期间,也会与其他省厅进行人事交流,或在驻外使领馆工作等。其后,尽管具体情况各不相同,但在参加工作的第15—18年这一期间,基本上会出任都道府县的部长或市的副市长等地方公共团体的干部职务。随后再次回到东京,出任自治省的课长、审议官、局长等自治省干部,有些还会出任都道府县的副知事职务。总而言之,在中央与地方之间反复调动工作是自治省人事管理系统的基本特征。比如,某局长的职务履历为在A县地方课担任财政课主事,随后回省由自治省事务官晋升到主查,出任B县课长,再次回省出任自治省助理并晋升到理事官,随后出任C指定都市局长,回省出任自治省计划官并晋升到课长,随后出任D县部长,回省后出任自治省课长并晋升到自治省审议官直至局长。

之所以采用这种人事管理系统,是因为对于地方行政财政制度的计划立案而言,了解地方实际情况、理解地方立场是必不可少的。因此,在自治省中,尽管没有系统性征求地方公共团体意见的特殊机制,但是职员们的地方工作实际经验可以成为政策形成基础的地方需求的表达。此外,这种在中央与地方间经常性反复调动的人事管理系统,也有助于在自治省与地方公共团体之间建立牢固的关系纽带。在中央与地方频繁反复调动,必然会导致高级公务员出任省机关课长助理职务的时间比其他省厅短,但在地方担任年轻管理层职员所积累的有关具体政策立案、制定长期计划以及财政工作等各方面的工作经验,在很多方面都将有利于日后在自治省机关工作时的协商能力与协调能力。

自治省由于没有派驻地方的机构,因此不能像其他省厅那样从地方分支机构或设施机构中吸引优秀人才,以前都是让都道府县等地方公共团体的职员到自治省工作,根据情况还会直接录用为自治省职员。现在,希望到自治省工作的地方职员越来越少,因此Ⅱ种、Ⅲ种职员的录用也相应有所增加。

第二节 自治省政策形成的基本过程

一、特 征

与其他各省厅相比,自治省的政策形成过程有以下几个特点。第一,其他省厅基本上是站在国家的立场上计划行政政策,而自治省则处于与国家需求所不同的地方需求代言人的立场。国家行政与地方行政紧密相连,有时国家根据地方的需求制定政策,有时地方会服从国家的需求,很难在考虑政策时将这两者截然区分。但是,不可否认,两者思维的出发点是不同的。此外,从自治省的成立过程可以看到,自治省是在内务省解体后,负责地方行政工作的组织行将不存之际才得以成立,也是地方自治关系各方的夙愿。在成立过程中,地方自治关系各方曾设想将"(自治省)建设为管理可与国家财政相匹敌的地方财政以及三千余个地方公共团体的组织,必须拥有与大藏省比肩的地位与权威",受到这种思想的影响,在中央省厅中,自治省经常从地方的角度出发反对或修改各省厅提出的法案及政策,站在所谓政府内在野党的立场开展活动,格外引人瞩目。但从1990年左右开始,自治省逐渐开始与有关省厅进行合作,参与各种政策的实施。具体而言,自治大臣作为各省地方政策提案的法律主管大臣进行参与,自治省单独实行的政策与建设省、农水省、厚生省等的政策进行结合等。但是,即使在这样的情况中,自治省仍然发挥着推动适应地方需求的政策、并作为地方代言人的协调作用。

第二个特点是自治省作为执行地方财政这一横向性综合政策的政府部门,同时也管理着与此相关的地方自治制度、地方财政制度、地方公务员制度等所有相关制度。与其他省厅的工作不同,尽管普通国民经常很难理解自治省到底从事何种工作,但原本自治省从事制度建设的色彩就很浓厚。同时也是由于其制度建设以地方公共团体自身制度以及规定国家与地方间关系的制度等有关行政内部事务为主,少有和国民生活直接相关的内容,为此政策也多少不引人瞩目。进而言之,自治省几乎没有牵扯到业界既得利益的工作,在政策形成中外部合作者(包括施压者)的影响力与其他省厅存在着质的不同。此外,作为横向性的政府部门,自治省也在有意识地发挥其克服纵向性行政弊端之作用的同时开展工作。最近,仅靠一个省的政策无法解决的问题正在增多,而拥有地方财政措施权限的自治省在纵向性省厅之间进行协调的事例也随之增加。

在上述作为政府部门的特征基础之上,自治省政策形成的特点可概括为以下几点。

第一,作为制度建设型政府部门,在维护地方自治各种基本制度并积极代言地方需求的同时,还具有寻求完善地方自治制度的强烈能动性。因此自治省的政策形成同时具有计划型及基层型的性质。本章所述的基层型与计划型将使用以下概念。在进行新的政策立案时存在两种政策思维,一种是解决当今社会存在的各种具体问题及应对社会变化(比如社会福利政策),一种是指引并实现将来社会应有的发展方向(比如全球环境政策)等。第一种即为根据现有基层及基层需求形成政策的基层型,第二种则为自行规划将来发展方向的计划型。

如果按此进行分类,从推行尚未完成的地方分权各种政策为典型代表的自治省基本上属于计划型。同时,由于自治省完全没有地方分支机构,因此当然会进行适合地方行政工作这一来自基层各种需求的政策立案,这一点与其他计划型省厅一样。在这个意义上,自治省也同时具备基层型政策形成的侧面。

以最近自治省推进信息通信技术的政策为例。为了建设旨在推动地方公共团体行政网络化的厅内局域网以及实现人手一台计算机的设想,2001年度作为地方财政措施为此拨款300亿日元。这一措施也是基于都道府县及市町村的希望,从地方首长、市长会等场合都出现了"想积极予以配合,请一定纳入地方财政措施"的基层需求,上述措施即是对这种需求的回应。另一方面,同样是推动信息通信技术政策,为了鼓励居民学习信息通信技术的基础技能,从国费中拨款545亿日元作为促进信息通信技术学习特别支付金(可供大约550万人学习信息通信技术基础技能),这也可被认为是方向引导性政策。根据这一想法,信息通信技术学习特别支付金以国费为财源、都道府县将10/10的辅助金交付市町村。但是,这是回应来自基层的地方行政需求的政策,还是规划未来发展方向的政策,的确很难进行明确的区分。比如通过实施《地方分权一括法》得以实现的"废除委托机构事务"就同时兼具基层地方行政需求及规划理想的制度设计这两个侧面。

如上所述,自治省的一大特点是全面综合管理地方行政财政制度,因此即使将自治省与通产省等其他计划型省厅分为一类,其政策形成的内容也相差很大。

第二,自治省管辖所有有关地方行政财政的制度,且拥有实现政策的各种手段。比如,实施新政策时所需的地方财政措施就由自治省财政局管辖,而不必像其他省厅那样新实施的政策中需要财源的政策必须记载在概算要求里。总之,不会出现在政策形成中必然要与预算挂钩的情况,这一点与其他省厅截然不同(反而言之,在自治省内部存在着分配地方财政的审定过程)。此外,地方的需求也通过在省内工作且具备都道府县、市町村工作经验的职员以及省内的讨论等在相当程度上提升了成熟度。在这种状况下,政策的内容在省内确定后的实现过程中,尽管也需要省外有关方面的共鸣,但在这之前的过程中,创发与共鸣的省内政策形成过程占据了很大比重,这也是自治省的一大特征。

二、重点政策

每年自治省全省性的政策为"地方行政财政重点政策"。每年4月开始自治省分两大系列对此进行讨论。一是以各课为单位各组织按照纵向直线型系列进行讨论,二是以课长助理级别的职员脱离各自所属的课室组成横向性项目组(以下简称"助理PT")进行讨论。这两个系列的讨论同时平行进行,助理PT这一横向性讨论的方式从1986年开始,其目的在于激发省内的政策讨论。

重点政策讨论由大臣官房计划室(计划室的负责局长为总务审议官)筹划进行。首先,计划室于4月上旬征集课长助理的个人建议(征集期限为一个半月左右),同时在计划室内探讨主要的政策议题。4月下旬到5月初,根据议题的多少设立相应的助理PT。议题根据当年的情况分为围绕几个特定议题深入讨论以及设定抽象议题进行广泛讨论等两类。原则上自治省内的所有助理都将属于某个PT,进行约两个月的探讨,并总结出新的政策。由于助理分别属于不同的课,因此PT的讨论总在晚上进行。个人建议及助理PT的报告将会在6月下旬召开的重点政策干部会议上进行报告,在征求干部意见的基础上,值得研究的新政策会发回该政策的主管课,并与直线型组织的重点政策讨论日程合二为一。

在2001年度的重点政策中即加入了不少助理PT讨论的内容。比如探讨地方信息通信技术议题的助理PT在个人信息认证方面就整理出了今后应开展工作的内容、时间表以及与此相对应的省内机制建设和制度框架。在吸收了上述报告的政策思路后,重点政策中出现了如下表述:"在推动建设与中央政府认证基础配套的地方公共团体组织认证基础的同时,推动对构建个人电子认证基础之正式制度框架的探讨。""21世纪地方自治之基础自治体重组政策"的助理PT在以下四方面进行了探讨:①引入新的基础自治体概念(不以公共基建为必须的基础自治体);②将居民的自我责任与自治体的经营责任挂钩(处理市町村的坏账);③明确受益与负担;④以自我责任及自我决定原则为前提的市町村再建(广域行政组织的治理及合并)。在干部会上,出现了认为"这些都是颇有意义的观点,应召集专家学者进一步讨论"的意见,在重点政策中也相应地出现了"在推动地方分权与市町村合并基础上(进行)关于新地方自治机制之研究"的内容,并在"日本新生特别经费"中申请了研究会的活动经费预算。"推进三省厅职能合并优势之政策"的助理PT提交了"支持国家与地方在政策评估、行政评估问题上的合作"的报告,在重点政策中则记述为"在推动地方公共团体进行行政评估的同时,寻求地方公共团体的行政评估与国家政策评估之间的合作与协作。"

另一方面,各课直线型系列的讨论在4月某个合适的时间以课为单位开始,总结后的议题审议案6月下旬前提交计划室。7月初开始,以局为单位,依次进行主管、相关课长会议审议以及干部会议的审议(通常各召开3—4次)。在这个过程中,以计划室为中心,经与政务次官、大臣交换意见后,根据需要确定重要议题的具体内容。与此同时,自治省也与全国知事会等地方六个团体以及自治省相关团体进行非正式的意见交换,以提升重点政策的成熟度。议题审议结束内容也确定后,为了对重点政策的文件进行审议,同样召开主管、有关课长会议以及干部会议(通常每年各一次)。主管、有关课长会议的成员包括各局各部的主管课长以及成为议题审议对象的课的课长,干部会议成员包括事务次官、官房长、总务审议官、局长、部长、计划室长、总务课长、会计课长、文书课长、宣传室室长以及成为议题审议对象的课的课长。

干部会议结束后,会进行以大臣为首的干部意见交流会,随后召开干部扩大会议,并进行省议的正式手续,最终确定地方行政财政重点政策。干部扩大会议的成员除干部会议成员外,还包括审议官、各局各部的主管课长、自治大学校校长、副校长、部长以及消防厅长官及次长、审议官、消防研究所所长、消防大学校校长、消防厅总务课长。历年来省议在8月上旬至中旬进行。其后,经过与地方六团体的正式意见交流会以及向有关议员说明后,8月下旬在执政党的地方行政部会与预算的概算申请一同进行报告,获得批准,8月末正式公布。对重点政策的讨论是自治省政策形成最重要的定期性讨论。重点政策每年会以"平成某某年度地方行政财政重点政策"的形式总结下一年度的重点政策,但当年即可实施的政策则不会等到下一年度而会立即予以实施。

　　此外,如上所述,由于自治省的很多政策并不与预算挂钩,重点政策的决定过程中并不会讨论预算申请的是非曲直。但是,新政策中的地方财政措施是否可行、是否写入重点政策等则需要与财政局进行协商。协商方式如下:首先,各局各部在6月下旬截止日期之前向计划室提交重点政策的议题审议案的同时,也会向财政局财政课报告。财政局就新制定的或新补充的政策中需要财政措施的内容对各局各部进行听证,在仔细检查其内容后,召开局议汇总作为财政局的意见。在主管、有关课长会议以及干部会议上进行议题审议时,财政课长及财政局长会会传达这些意见并由会议进行讨论。各局各部在接受意见后对政策的内容进行修改。由于地方财政措施是在年度末确定,因此在重点政策中原则上不会使用诸如"采取财政措施"等让人联想到将切实执行财政措施的措辞,但政策方向性已达成一致的内容将在重点政策中写明创建该项制度的内容。9月以后,有关该项制度的具体框架、财政措施的手段等详细内容将在负责该项工作的局提交给财政局的提案基础上进行协商,并在年末地方财政对策出台的时期公布财政措施的具体内容。

三、预　算

　　由于自治省没有基层单位,所以几乎没有直接实施的建设项目,除了消防厅的消防防灾设施等建设费辅助金等,几乎没有辅助金的预算。除了上述关于地方财政计划与大藏省的交涉(所谓的地财交涉)外,预算(一般岁出)几乎全部都是研究会经费等事务费,向大藏省申请预算的工作在全部工作中的比例极小。并且来自地方交付税、交付金这一部分财源尽管算在自治省"所管(经费)合计"之中,但这是地方公共团体的财源,并不属于政府一般岁出的范畴。

　　因此,预算概算的申请工作会在各课进行事务性讨论确定内容后向会计课提交,根据日程平稳进行。实际上在这一过程中几乎不会发生政策性争论。8月预算概算申请的内容与重点政策一同提交扩大干部会议、省议进行审议,但这只是形式上的。在这之前的主管课长会议、干部会议上会对重点政策进行审议,却不会对自治省预算进行特别讨论。因此在自治省中,有关预算的讨论在政策形成过程中发挥的作用极其有限。

四、创　发

如上所述,在讨论重点政策之际,课长助理级别职员的创发已形成体系,除此之外的日常性创发主要由课长及课长助理进行。基于在地方公共团体的工作经验,将长期以来在头脑中形成的意见变成政策,以及根据与地方公共团体的日常接触经验就管辖业务进行创发的情况最多。局、部的主管课长向具体负责的课长提出讨论要求的情况尽管也存在,但可作为案例者并不多。最近,经局长、部长提议进行的创发也在增加。另外,也有大臣进行创发的情况。当大臣有地方公共团体工作实际经验(比如曾任地方领导)或本身即为地方自治关系者(曾参加党的地方行政部会活动或众议两院地方行政委员会工作)时,就会尝试具体落实自己以往主张的政策,从而发出开展讨论等的工作指示。最近,在主张"国家存在的基础是国土,因此,国土保全应是政府、国民的努力方向。应本着全国进行国土保全的观点,考虑如何促进农山渔村地区的活力与发展"的上杉自治大臣的指示下,作为国土保全对策动用了总额为2100亿日元的地方财政就是一例。1997年9月,上杉大臣就任自治大臣,而发表概算要求与重点政策是在就任前的8月底,出于为采取地方财政措施作准备的目的,10月在省内设立了"国土与地区活力化构想"项目组,进行短期集中讨论,并于地方财政对策决定后的同年12月19日由大臣发表了对策概要。

被动性创发包括国会议员、地方公共团体相关者(地方领导、地方议会议员、地方公共团体干部等)、民间组织等的创发。由于工作性质的关系,很多情况下,自治省会对地方公共团体提出的提案进行探讨并使其成为政策。1988年竹下登内阁时根据竹下登首相的想法进行的"故乡创生工程"(或称1亿日元工程)、1999年自公政权时期自治省开展的由公明党提出的地方振兴券工程等,都属于接受政界创发后实施的政策。

五、共　鸣

经各课创发的思路、政策等通过省内的直线型管理体系逐层向上级呈报以寻求共鸣。一般在局议的会议上进行讨论,包含重点政策的政策在接受审议时有关课之外的部门也可以自由提出意见,除此之外的政策会与有关课进行调整(需要地方财政措施的政策有必要与财政局进行调整),但除了局议外,并没有其他定期或特别设定的政策讨论会议。自治省组织小,上下级关系近,省内共鸣过程可以在较短时间内完成。

外部共鸣基本上与其他省厅一样,包括对审议会的咨询、研究会、恳谈会等的召开以及向国会议员的说明等,还特别重视全国知事会、全国市长会、全国町村会等各级别的议长会议(即所谓的地方六团体)。尽管全国的地方公共团体有三千三百余个,地区情况各不相同,意见也各不相同,地方六团体可以形成统一意见的情况并不多,但自治省仍会经常留意各种地方意见。

六、批　准

尽管批准、拥有最终决定权限者为大臣,但在这一过程中局长发挥着核心作用。重要事项之外,没有必要呈交大臣决定的事项原则上由局长作出决定。

当伴随着《地方自治法》的修改而进行新制度的建立或修改时,会开展地方制度调查会等对审议会的咨询并接受答复报告等工作,除此之外与其他省厅相同。

第三节　事　例

作为政策的创发、共鸣,在内部自发性创发事例中将分别说明与其他省厅的合作项目、省内直线型管理的创发并导致新的制度立法以及内部自发性创发与被动性创发相互作用等三个事例。

一、邀请外国青年来日语言教学项目("JET 项目")

　　JET 项目以地方为单位,以推动国际交流及充实语言教学为目的,邀请各国青年来日,在日本全国的初中及高中从事语言教学并在地方公共团体进行国际交流等,JET 就是取"在日交流与教学计划"的英文名称(The Japan Exchange and Teaching Program)第一个字母而成。根据这一从 1987 年开始的计划,现在每年约 40 个国家 6000 余名外国青年在日本全国各地进行教学交流,并成为世界上规模最大的人员交流项目之一。该项目由自治省、外务省及文部省联合实行,三方分工明确,自治省负责制定向地方公共团体分派 JET 项目吸引来日的青年以及决定邀请的国家,地方财政措施承担 JET 项目青年的报酬、旅费等必要经费;文部省负责 JET 项目青年的研修及在学校给予教学指导等工作;外务省则通过驻外使领馆承担在外国招募及选拔 JET 青年的工作。项目的实施主体是都道府县及市町村,并作为地方公共团体的单独工作予以实施。根据这一项目,在语言教育方面对学生产生了极好的影响,并为地区社会的国际化作出了重大贡献。在对中央省厅行政工作的"纵向"性进行批判的风潮中,这一计划可谓各省厅合作最成功的范例。

　　JET 项目是自治省在接到外务省、文部省的合作请求后启动的,其背景之一就是在当时日美贸易摩擦的影响下,接连不断地出现了进口外国汽车充当公用车及消防车、用外国物品替代现有用品等对地方公共团体的要求。面对这种被动状况,产生了地方公共团体有必要对外开放,让外界了解地方实际情况的想法。其二,市长会等提出了国际交流等新的课题。由此自治省也在探讨有没有比仅由地方领导、议员等出访更进一步的国际交流方式,在省内率先出现了除地方公共团体在海外设置联合事务所之外还应采取新政策的呼吁。最早在 1984 年的重点政策干部会上,就曾将国际交流作为一个重点议题进行自由讨论,但当时认为时机尚未成熟而没有最终成为重点政策。其后,在 1984 年下半年到 1985 年上半年之间,当时的官房长(当时尚未设置总务审议官一职)与计划室长之间就这一计划的思路形成了共识,其参考对象就是当时文部省、外务省各自以单独辅助事业的名义邀请英、美各 300 名青年到公立学校的项目,并探讨在其之上将邀请范围扩展到其他国家的制度框架。从 1985 年春开始,JET 项目开始实施。外务省赞成自治省的提议,认为"应将此作为国家计划加以推进"。但是,文部省担心如果实施该计划,现有的辅助项目将会终止,且大规模的普及与扩大将可能导致学校出现混乱,在经过艰难协调后,最终三方达成了一致。这一过程中自治省对外务省和文部省的立场为"并不是自治省的计划,而是地方公共团体的计划,是三个省厅从各自的立场出发予以支持的问题"。

在与重点政策的关系上,1985 年夏天发表的重点政策中,第一次设置了"应对国际化社会"的项目,表示"为了应对国际化的进展,促进地区的国际交流,将推动邀请外国青年与地方居民进行交流、教授语言等文化经济活动的国际交流计划"。1986 年 4 月,三省厅协调结束后召开地方公共团体参加的说明会,同年 12 月驻外使领馆开始接受报名,1987 年 8 月 JET 项目第一年共有 850 名 JET 项目青年来日,标志着计划正式开始。

二、居民基本信息网络系统

居民基本信息簿是由市町村管理、汇总记载居民姓名、生日、住址等信息的居民登记证系统。居民基本信息网络系统则是在居民登记证上追加了居民登记证号码这一新的记载内容。根据这一系统,在这个号码的基础上,居民可以在登记的市町村范围之外处理有关居民登记证的事务,并且可以向国家等机关部门提供居民本人的各种信息。旨在引进居民基本信息网络系统的"居民基本信息法修正案"于 1999 年提交国会,但执政党与在野党围绕这一修正案的是非曲直产生了严重对立,直到 1999 年 8 月 12 日国会会期的最后阶段才得以通过。

居民基本信息是处理有关居民居住信息的公证、选举人名单的登录、国民健康保险、国民年金、儿童补助等事务以及市町村中任何有关居民的事务的基础,也是为了增进居民生活方便性以及市町村的行政合理化。此外,在居民基本信息事务上,各市町村很早就开始寻求利用计算机提高工作效率。根据 1985 年《居民基本信息法》的修改,在法律制度上使通过磁盘整理居民登记表成为可能,现在几乎所有市町村的居民基本信息都实现了计算机化管理。另一方面,一旦都道府县和国家机关等要对有关居民的事务进行处理,由于没有居民的个人信息,就需要居民持居民信息登记表的复印件前来办理。在这种状况下,随着信息通信技术的发展,逐渐形成了一种认识,即在采取保护个人信息措施的基础之上,在市町村被有效利用的居民基本信息是否可以作为地方公共团体的共同系统实现网络化,以便都道府县及国家机关利用,同时居民可省去提交居民信息登记表复印件才可办理有关事务的步骤,行政机关也可以大幅度精简事务、工作更为合理,进而向居民提供高质量的服务。1992 年,由行政局干部进行创发,在局内成立了内部研究会。1994 年,赞成 1992 年创发干部(94 年时已不在行政局工作)意见的以行政局长为首的行政局干部认为应认真考虑这一问题,并开始探讨正式成立研究会。1995 年 3 月该研究会发表了中期报告。但是,中期报告受到了媒体等"将导致全体国民身份号码制""在手续上没有充分保障隐私的手段"等的批评。

在上述批评下,研究会在第二年度大规模扩充了成员,各大媒体的社论委员、解说委员等均受邀参加,并顺延了最初决定的提交最终报告的时间,再一次进行了彻底讨论。结果 1996 年 3 月发表的最终报告对中期报告的内容进行了大幅修改,其重要的不同之处包括:第一,中期报告中,身份号码是每人一个专用号码,因此才导致了全体国民号码制的批判,而在最终报告中,身份号码变更为旨在建立计算机网络所用的电子地址号码。因此,这不再是一生都不会改变的号码,而仅仅代表在电子网络中的位置,号码的变更也成为可能。第二,在保护个人隐私方面,记入了根据 OECD 理事会八原则的保护措施。因此,尽管媒体仍批评最终报告还存在着保护个人隐私上的问题,但均以《对信息加以保护的考虑》《通过法令限定利用法 数据禁止向民间提供》等标题进行了报道,表明了对该系统的相当程度的理解。1996年后,为了就这一系统征集更广泛的意见,并活跃今后的讨论,自治省成立了各界人士可自由发表意见的自治大臣恳谈会。参加恳谈会的成员包括大学教授、经济界、劳动界、媒体、知事等各界知名人士,恳谈会上提出的意见以报告书的形式于 1996 年 12 月发表。1997 年 6 月,自治省公布了"居民基本信息法修改法案",1998 年 2 月发表了法案提纲,同年 3 月向国会提交了法案,并在随后召开的国会上进行了实质性讨论,1999 年 8 月 12 日该法案得以通过。在国会审议期间,在野党指责该法案"等同于全体国民身份号码制",并提出"制定包括民间部门在内的综合性个人信息保护法是先决条件",因此围绕该法案执政党、在野党出现了尖锐对立,以致直到国会的最终阶段才得以通过。参议院采用了省略委员会表决而直接在参议院总会上表决的特殊方式,并于国会闭会前一天通过法案。而在国会就保护个人信息问题进行辩论的基础上,众议院对法案进行了进一步修正,为法案增加了一条"为了全面完善个人信息的保护,将迅速采取必要措施"的附则。

作为省内共鸣,在发表中期报告之前的阶段,财政局、税务局尽管没有特别予以合作,却也存在着如进一步发展不会持有异议的氛围。但 1995 年在开始完成最终报告书、相应机制也日趋完善后,财政局就居民基本信息网络系统的地方交付税措施问题,大臣官房从如何可以灵活运用未来电子政府、电子自治体的基础的角度,各自展开了调查研究,积极完善全省性的合作机制。如前所述,为了获得外部的共鸣、特别以获得媒体理解为重点,自治省开展了扩充研究会委员、通过大臣恳谈会广泛征集各界有识之士的意见等各种活动。

三、《地方分权一括法》

《地方分权一括法》1999 年 7 月在国会通过,并于 2000 年 4 月开始施行。这部法律的目的是推动以往中央集权型的行政体系实现重大转型,构建符合 21 世纪国家地方建设的行政基础体系。其中,国家重点承担其在国际社会中继续生存等国家应有的责任,而贴近居民生活的行政工作则尽可能委托地方公共团体,即实现充分发挥地方公共团体自主性并以此为根本的新型国家地方体系。而以此为中心的改革,就是废除日本中央集权型行政体系核心的上级机关委派工作制度,同时从根本上改革国家对地方公共团体的管控方式,实现国家介入地方公共团体的规则化以及简约化。上级机关委派工作制度就是都道府县知事以及市町村长作为国家的下级机关,在国家的总体性指挥监督权下处理"国家事务"的机制。废除这种关系后,国家与地方公共团体之间不再是以往的上下、主从关系,而发展为对等、合作的新型关系。地方公共团体处理的事务也全部为"地方公共团体的事务",这种新的事务区分重组为自治事务(自治体工作)及法定受托事务(接受国家委托的工作)。

明治时建立并实施一百余年的地方制度——上级机关委派工作制度的废除对于地方自治而言具有划时代的意义。长期以来屡次尝试却始终未能实现的这一举措之所以能够实现,其关键就在于如何克服固执于将上级机关委派工作制度作为国家管控地方手段的中央省厅的抵抗。在涉及这一问题之前,首先对《地方分权一括法》的制定过程进行简单的回顾。《地方分权一括法》的起点可追溯到1993年。当时,政治改革与地方分权都是社会舆论的热点,1993年6月,众议院、参议院通过了"关于推进地方分权的决议",同年7月总选举后,自民党、共产党之外政党组成的联合政府成立,细川内阁开始执政。10月第三次行政改革审议会就地方分权的立法化进行了答复报告。在答复报告的促动下,全国知事会、各地方公共团体等出现了实现地方分权的探讨、议会决议、报告等各种动向。1994年5月,羽田内阁在政府的行政改革推进总部中设立了地方分权部会,1995年5月,村山内阁通过了在五年内制定《地方分权推进法》的法律。根据这一法律,7月地方分权推进委员会(以下简称"分权委员会")开始工作并向政府提出劝告,政府基于这一劝告通过内阁会议决定了地方分权推进计划,并根据这一计划实施立法工作。实际上从国会决议开始到进行立法花费了六年的时间。

在以上过程中,《地方分权推进法》的颁布及分权委员会的活动是整个进程的关键。首先,国会决议促使《地方分权推进法》的出台,在这个意义上属于政治主导,特别是第三次行革审的作用很大。关经联会长宇野收出任第三次行革审会长代理后,在他和其他委员的强烈意志下,1993年5月设立了以宇野为首的项目组,根据小组讨论的内容,同年9月以项目组为中心,行革审委员亲自起草并向审议会提交了草案。随后,第三次行革审于同年10月提出了最终答复报告,答复报告包含了诸如要求内阁首相发挥强有力的领导力;今后一年左右的时间内制定大纲方针,并据此制定法律等明确记述具体方法的内容。这在政府的答复报告中实属特例。由于委员在迫使行革审事务局放弃抵抗后直接完成了应进行立法化的答复报告,这对推动《地方分权推进法》的制定起到了决定性作用。在这一过程中,与上述活动同步开展的是自治省专门组织以行政局长为首的行政局干部针对政治家的游说工作。而宇野也出任于1994年4月成立的第二十四次地方制度审议会会长的职务,同年11月,提出了有必要制定《地方分权推进法》的答复报告。

其次,上级机关委派工作制度的废除从1963年的地方制度调查会的答复报告开始,地方六团体多年来不断诉求却始终未能实现,但通过分权委员会这一手段最终成为现实,其理由可归纳如下。分权委员会与由事务局主导进行听证等一般性的常规委员会不同,其运作通过委员对各省厅进行听证等形式,由委员主导进行。审议内容也逐一经过分权委员会的讨论加以确定,并完成报告。分权委员会制定劝告的工作从1992年4月开始,为了加强调查审议机制,第一,设立了直属分权委员会的行政关系研究小组、辅助金税财源研究小组、地方行政体制研究小组等三个研究小组(地方行政体制研究小组在第一次劝告后设立)。这些研究小组由行政法学者、行政学学者、政治学学者委员、专业委员、参事等组成。这些小组制定了制度性议题的改革方案草案。第二,采用了小组听证方式(促膝交谈式的交涉方式)。分权委员会本着尽可能使劝告的内容在现实中实现的考虑,没有采用在审议会上进行听证并交换意见的常规方式,而采用了分权委员会少数谈判代表与有关省厅的少数负责人坐在一起进行长时间对话的方式。包括238次小组听证会在内,分权委员会一共召开了737次(截止到1998年末),这也是前所未有的。综上所述,分权委员会的调查审议方式与以往的政府审议会等方式不同,实现了分权委员会、委员的彻底主导,尽管可谓特例,却可以说是将对立伊始即激化的问题变为可实现政策的一种有效手段。

最后,本章将简单涉及法案化阶段在内阁内政审议室设立地方分权一括法主管室(分室)的问题。这一分室由从自治省、总务厅及建设省、厚生省、农水省等有关省厅临时调动而来的共12名职员组成。这种组织性方式是由于《地方分权一括法》涉及475部需修正的相关法律,并且是约4000页的法制史上最大的法案,因此集结各省厅职员、进行法制化工作是高效的方式。更重要的是,法案化工作的组织在内阁中设立意义非同寻常。第一,在内阁内政审议室中设立的优势在于,该项工作在内政审议室室长的领导下,可以较为容易地促使各省厅遵从工作方针。各省厅上级单位的内阁内政审议室的方针与和其他省厅同级的自治省进行的各省协商不同。最近也由于跨省厅间的事项以及较难调整的事例不断增加,内政审议室接手这类工作,在内政审议室内设立分室的方式越来越多地得到了运用。第二,成为官房长官的直线型组织一部分后,分室与首相官邸建立了直接联系,并可以利用内阁官房的名义开展工作。从完成法案的制定、国会审议直到通过的过程中,通过有效利用首相官邸的官房长官—内政审议室室长—地方分权一括法案主管室这一直线型组织管理形式,极大地推动了政策的实现。在地方分权一括法案的问题上,官房长官的存在也非常重要。

第四节　地方自治行政的问题与展望

最后,本节将简述地方自治行政的问题与展望。

一、开展基于地方行政财政需要长期性展望的政策

战后日本地方的行政体系基本上是中央集权性的。这一体系对实现国家最低生活水准(national minimum)、经济复兴、经济的高速增长等发挥了有效作用。但是,现在国民的价值观日趋多样化,今后也有必要尊重地方社会的个性,而地方也将本着自主、自立的精神制定并实施各种政策。基于这样的考虑,制定了《地方分权一括法》,在国家与地方的责任分担上进行了一定程度的制度改革。然而即使是在这次分权改革中,税务财政方面的改革也没有丝毫的进展。

这次分权改革仅仅是构建真正的地方分权社会的第一步,依然存在着很多问题。首先,为了彻底贯彻地方公共团体承担责任、进行决策的原则,就有必要对现在的地方公共团体在税收与岁出之间的巨大差距进行改革,并削减作为诱导地方公共团体政策以实现特定目的之手段的辅助金。此外,还有必要涉足地方公共团体的行政体制问题。

在真正的地方分权时代中，市町村作为基本自治体，将是地方社会运作的主体以及贴近居民生活的福利、环境、教育等领域中从事综合行政服务的主体，并将成为地方自治的中心。但是，要做到这一点，市町村的自制能力的提升是必不可少的。因此，尽管根据《地方分权一括法》及其后各种政策的实施，采取了进一步鼓励市町村合并的政策，但为了充实市町村的行政，仍需要更为积极的措施。

今后有必要继续努力解决以上问题。为了实现国民生活的真正富裕，重要的是必须始终考虑何为适宜的地方行政财政制度，并以此为基础探讨政策。因此有必要展望将来的地方行政财政需求，从长远角度积极进行新政策的计划立案。

二、开展切实反映居民意愿的地方行政制度及政策

为了实现地方自治，就必须确保"团体自治"与"居民自治"。团体自治是指应给予地方公共团体相对于国家的单独地位（法人格），使其拥有与国家相分离、独自运营政治、行政的权限与责任。居民自治是指地方社会的政治、行政以地方居民的参加为基础，在居民的意志与责任下进行。

目前，在促进地方分权的努力中，委托、转让权限、辅助金的整顿及合理化、废除上级机关委派工作制度等与团体自治有关的政策占了很大比重。今后，修正国家与地方的税财源分配等确立团体自治的政策依然重要，但由于居民与地方公共团体之间紧密的信赖关系是支撑地方自治的基础，因此居民自治政策的重要性将进一步上升。此外不可否认的是，长期以来，在居民的意识中，并没有把有关地方自治制度的议论作为与自身相关的领域，或并没有与居民关心程度较高的行政领域相联系。自治省在计划、立案新政策时，尽管政策内容越来越多地考虑到了居民的立场，但更多的情况下基本上还抱有居民是政策受益者的意识。但今后在对政策进行计划、立案的创发及共鸣过程中，有必要随时关注居民的意识并探讨如何将这些意识反映到地方行政中。

三、综合调整职能的新方向

随着地方分权的发展,今后为了地方可以自行执行其真正需要的行政,有必要探讨针对各省厅政策的综合调整功能。但是,有关地方行政的行政领域关系到所有的省厅。一个省厅作为横跨所有行政领域的政策综合部门进行各种调整,现实中是很困难的。另外,自治省最初是制度官厅色彩浓厚的省,但逐渐转变成为综合计划官厅,尽管拥有地方财政措施的权限并据此调整跨省厅的政策,但并不能认为是像国土厅等以综合调整为基本职能的调整型官厅。

在这次省厅重组中,作为强化内阁职能的一环,新设立了内阁府。内阁府将为国家行政中的重要事项指明方向,并据此进行积极协调,以帮助内阁发挥综合战略职能。此外,内阁官房及内阁府除进行直接的综合协调外,根据需要还可以指定进行协调的省厅,并对必要的相关省厅间的政策调整进行归总。而自治省与总务厅、邮政省合并组成总务省,将以超越各省厅的立场进行政策评估以确保政策的综合性及客观性,并将在新的机制中继续摸索地方行政综合调整职能的理想模式。

参考文献

自治省(1971),《自治省 10 年历程》。
地方自治 100 年史编辑委员会(1993),《地方自治 100 年史》,地方财务协会。
铃木俊一(1997),《回顾地方自治 50 年》,行政出版。
西尾胜(1998),《新地方自治法讲座 12 卷:地方分权与地方自治》,行政出版。

第八章　法务省的政策形成过程

高口努　城山英明

第一节　法务省的组织及管理业务

一、总论

法务省在管理民事、刑事等基本法制的同时，也管理刑事政策以及有关保障国民权利义务的业务。

法务省的内部组织包括大臣官房以及民事局、刑事局、矫正局、保护局、诉讼局、人权拥护局、入国管理局等7个局。大臣官房除秘书课、人事课、会计课外，还设置了司法法制调查部。此外，外局有公安调查厅，设施机构有法务综合研究所。

法务省的地方支分部局包括分布全国的法务局、矫正管区、地方更生保护委员会以及地方入国管理局等。

遍布全国的检察厅并不是法务省的外局，而是设置在法务省的"特别机构"。

二、各局的组织及所管业务

1. 大臣官房

大臣官房包括司法法制调查部1个部，秘书课、人事课、会计课、设施课等4个课，以及厚生管理官。司法法制调查部设有司法法制课及调查统计课等两个课。

大臣官房设有总务审议官 1 名、官房审议官 4 名、官房参事官 6 名。官房审议官负责民事局、刑事局、矫正局及入国管理局，官房参事官负责会计课、设施课、民事局、刑事局、矫正局、诉讼局及入国管理局。

秘书课负责法务大臣等的秘书工作、各部局所管行政工作的综合调整、与国会的关系、宣传、涉外等业务。

人事课除负责职员编制、工资、任免等人事工作外，还管理司法考试管理委员会的业务性工作以及考试的实施工作。

会计课负责法务省全省预算的制定、执行、决算、会计监查等工作以及管理省机关的收入、支出工作。

设施课负责法务省管辖的国有资产的管理以及设施建设、修缮等的计划、设计以及实施工作。

司法法制调查部设有司法法制课及调查统计课。司法法制课负责的事项包括有关司法法制的法令立案；有关外国法律师业务、债权管理回收行业以及以此为前提的内外司法制度的调查研究；有关法务工作的各种资料、法令判例的收集、整理、编纂及发行；根据法务大臣的咨询对有关民事、刑事以及其他法务基本法进行调查审议的法制审议会的日常业务工作等。有关债权管理回收行业的业务，是随着1998年10月以创设民间服务业制度为主要内容的债权管理回收行业特别措施法经议员立法形式通过后，新增加的管辖内容。以往只有律师才被允许从事债权回收行业的工作，但民间服务业制度则在法务大臣许可制的前提下使该行业向民间解禁，在采取措施防止暴力团等反社会势力渗入的同时，通过对获得许可者的规定、监督，确保债权回收过程的公平性并促进不良债权的处理。对这一债权回收行业的许可认可监督是法务省唯一基于行业法进行的监督行政业务。调查统计课则管理法务省所管各种统计资料的发行工作。

厚生管理官管理共济工会工作以及职员的福利、提升效率、养老金、灾害补偿等工作。

2. 民事局

民事局负责有关登记、户籍、国籍、委托保管、公证、司法书士、土地家屋调查士等的管理工作,并负责有关《民法》《商法》以及《民事诉讼法》等民事基本法令的制定、修改、废除等法令案制定的立法工作。

民事局设有第一课、第二课、第三课、第四课、第五课等五个课以及参事官室。第一课即总务课,管理全局的庶务、人事管理、会计等工作。作为民事局的重要业务即登记业务,大致可分为房地产登记业务及公司法人登记业务。前者由第三课、后者由第四课管理。第三课除房地产登记业务以外,还管理司法书士以及土地家屋调查士业务。第四课则同时掌管委托报关业务。第二课管理户籍业务,第五课管理国籍业务。

《民法》《商法》以及《民事诉讼法》等民事基本法令的制定改正业务由参事官室负责。参事官室由负责民事局的官房审议官(同时为参事官室负责人)、负责民事局的官房参事官以及4名参事官组成,基本上起到幕僚的作用。最近成年残疾人保护制度、债权让渡等级制度的创设等民事局中法令改正工作主要由参事官室进行,但《房地产登记法》《商业登记法》《户籍法》《国籍法》等的修正则由主管这些业务的各课负责。

3. 刑事局

刑事局管理的业务主要包括检察权的指挥监督业务、检察厅组织及运作的计划立案与实施、刑事的法令计划及解释、罪犯引渡及国际联合搜查等。

刑事局设有总务课、国际课、刑事课、公安课、刑事法制课等五个课。总务课负责全局的庶务、人事管理、会计工作以及检察厅的组织及运作业务。国际课负责引渡罪犯、国际联合搜查以及其他有关刑事的国际合作。刑事课负责普通刑事、环境、选举、交通、财政经济相关事件的检察工作。公安课负责公安、劳动、风纪、药物、暴力团、外国人等相关事件的检察工作。刑事法制课则负责有关刑事的法制综合性计划工作。《刑法》《刑事诉讼法》《少年法》等的改正工作主要由刑事法制课负责,在刑事局也配有基本上发挥幕僚职能的3名参事官从事修改法律的工作。

4. 矫正局

矫正局负责矫正设施（监狱、少年监狱、拘留所、少年院、少年鉴别所以及妇女辅导院）的保安警备、工作、教育、医疗以及卫生等对被收容者的管理业务以及有关管理方法的调查研究，即负责在设施内罪犯的管理问题。

矫正局设有总务课、保安课、工作课、医疗分类课及教育课等 5 个课。总务课负责全局的庶务、人事管理、会计以及有关矫正制度的法令的计划立案工作。保安课负责矫正设施的保安警备工作。工作课负责矫正设施的工作业务。医疗分类课负责被收容者的医疗工作，教育课负责被收容者的教育业务。

除此之外，还设有作为独立机构的矫正研修所，对矫正设施的工作人员进行培训与研修。

5. 保护局

保护局负责矫正设施收容者的假释等业务，对假释犯、采取保护观察措施的缓刑犯及少年等的保护观察业务，以及有关恩赦、犯罪预防活动等业务。

保护局设有总务课、调查联络课、观察课、恩赦课以及参事官室。总务课负责全局的庶务、人事管理、会计等业务，调查联络课负责保护司的工作，观察课负责保护观察业务，恩赦课负责恩赦业务，参事官室负责有关保护观察制度的法令的计划立案业务。

6. 讼务局

讼务局管理与国家相关的争讼，即国家或行政厅成为当事者的诉讼业务。由于《关于与国家相关的争讼中法务大臣之权限的法律》规定了"法务大臣代表国家并指挥行政厅"从事国家或行政厅成为当事者的诉讼，因此讼务局承担了这一部分的业务。

讼务局设有总务课、民事讼务课、行政讼务第一课、行政讼务第二课以及租税讼务课等五个课。总务课负责全局的庶务、人事管理、会计以及与国家相关的争讼的调查、资料收集以及整理等业务。民事讼务课负责有关民事的争讼。行政讼务第一课负责有关财政金融、产业、建设、运输以及通信相关的争讼业务。行政讼务第二课负责法务、外事、文教、选举、劳动、福利以及警察行政相关的争讼业务。租税讼务课负责租税的赋税处理以及征收等相关的争讼业务。

7．人权拥护局

人权拥护局负责旨在保障国民基本人权的侵犯人权事件的调查、处理，人权问题商谈、人权思想的普及与启蒙、法律援助等业务。

人权拥护局设有总务课、调查课及人权启发课等三个课。总务课负责全局的庶务、人事管理、会计以及人权拥护委员会等的有关业务。调查课负责调查侵犯人权事件等业务。人权启发课负责人权思想的普及与启蒙以及法律援助的相关业务。

8．入国管理局

入国管理局负责外国人及日本人的出入境审查、居住在日本的外国人的管理、外国人的强制遣返、难民认定以及外国人登录等相关业务。

入国管理局设有总务课、政策课、入国在留课、审判课、警备课、登录课等6个课。总务课内设有参事官室、难民认定室、出入境情报管理室。总务课负责全局的庶务、人事管理、会计等业务，政策课负责出入境管理政策的计划、立案业务。入国在留课负责有关进入日本的外国人的在留资格、时间等业务。审判课负责有关审判的业务。警备课负责强制遣返外国人的有关业务。登录课负责外国人登录的有关业务。此外，参事官室负责入国管理局管理的出入境管理、《难民认定法》的修改业务，难民认定室则负责入境难民的认定业务。

9．检察厅

（1）组织

检察厅总管拥有刑事案件搜查、决定起诉或不起诉权限的检察官的有关业务，设有最高检察厅、高等检察厅、地方检察厅以及区检察厅。

根据《国家行政组织法》及《法务省设置法》，检察厅并不是法务省的外局，而是设置在法务省的"特别机构"。这也是由于根据《检察厅法》保障检察官的身份、法务大臣就具体案件只可以指挥监督检察院院长的制度（《检察厅法》第 14 条），检察厅拥有相当于法院的独立地位。而在中央省厅改革后出台的新《法务省设置法》中进一步明确规定了检察厅为设置在法务省的"特别机构"（第 14 条）。

最高检察厅在全国只有 1 所，以对应最高法院。高等检察厅在全国有 8 所（东京、大阪、名古屋、福冈、广岛、仙台、札幌、高松），与各高等法院相对应。地方检察厅设置在各都道府县的首府，以对应各地方法院。区检察厅对应简易法院，在全国主要市区町设置了 438 所，主要负责处理简易法院管辖的比较轻微的刑事案件。

检察厅的组织视各检察厅的规模有所不同。比如东京地方检察厅除事务局及总务部外，作为负责搜查工作的部门，还包括专门处理警察送交的一般刑事案件的刑事部、专门处理交通有关事件的交通部、主要负责激进派事件等破坏公共安全之稳定的公安部、负责渎职、逃税等经济案件、贪污案件的特别搜查部等。此外，规模较大的检察厅会设置负责要求公判案件的公判审理的公判部，并配备专门负责公判的检察员以期提高办案效率。

（2）人员

在检察厅工作的职员包括检察官及检察事务官。检察厅的干部职务全部由检察官担任。

检察厅的最高领导为最高检察厅的领导即检事总长，负责指挥监督检察厅所有的职员。最高检察厅的第二号人物是次长检事。高等检察厅的领导称为检事长，全国共有 8 位。检事长与检事总长及次长检事皆为认证官。地方检察厅的领导为检事正、拥有 2 名以上检事及副检事的区检察厅设有上席检察官，很多情况下由当地的地方检察厅次席检事兼任。

检察官大致可分为检事和副检事。检事通常从司法考试合格且司法修习生修习结束后的职员中任用，录用工作由法务省人事课统一进行。此外还会从检察官特别考试合格者中任用。有三年副检事工作经验者可以参加检察官特别考试。副检事尽管主要是在区检察厅工作的检察官,实际上不仅如此,在接受地方检察厅的检察官业务命令后也会在地方检察厅负责一部分案件。

检察事务官在检察官的指挥下进行犯罪搜查、持逮捕令进行逮捕、征收罚款等业务。比如,作为基层事务官与检察官2人1组进行搜查、受理警察送交的刑事案件、保管、处理物证等。还会被分配到事务局部门,从事该检察厅的人事管理、会计等业务。

10. 公安调查厅

公安调查厅是法务省的外局。根据《破坏活动防止法》,公安调查厅对具有暴力破坏活动危险的组织进行调查,调查结果如果认定有必要采取措施,将向公安审查委员会提出限制该团体活动、解散该团体等处理措施的申请。此外,根据《大规模无差别杀戮行为团体管制法》,对于过去曾进行过大规模无差别杀戮行为、现在仍被认定为存在危险因素的团体,在向公安审查委员会提出申请观察处分以及防止再发处分措施的同时,基于观察处分的决定进入该团体的设施进行检查等。这是1999年《大规模无差别杀戮行为团体管制法》实施后新增加的业务。

公安调查厅的组织由内部部局、设施机构以及地方支分部局组成,内部部局包括总务部、调查第一部及调查第二部共三个部,设施机构包括公安调查厅研修所,地方支分部局则包括遍布全国的8个公安调查局以及43个公安调查业务所。

11. 法务综合研究所

作为法务省的一个设施机构,法务综合研究所是包括研究部门与研修部门的法务省的研究研修机构。除了对矫正局以外的法务省职员进行研修,还负责每年发行犯罪白皮书。法务综合研究所在牛久、大阪、名古屋、广岛、福冈、仙台、札幌、高松等八个地区设有分所。

12. 地方支分部局

法务省的各种地方支分部局包括设在全国多处的法务局、矫正管区、地方更生保护委员会、地方入国管理局等,主要负责法务省管辖业务的具体实施。

(1) 法务局、地方法务局

法务局负责登记、户籍、国籍、委托保管等民事行政业务,在事关国家的诉讼中作为国家代理人进行诉讼,人权意识的宣传启蒙活动以及针对侵犯人权事件的保护人权等。在全国设有8个(东京、大阪、名古屋、福冈、广岛、仙台、札幌、高松)法务局以及42所地方法务局。各法务局、地方法务局还设有支局及办事处。

(2) 矫正管区

全国分为8个(东京、大阪、名古屋、福冈、广岛、仙台、札幌、高松)矫正管区,其下设有矫正设施(监狱、少年监狱、拘留所、少年院、少年鉴别所以及妇女辅导院)。

矫正管区是在法务省管辖业务中负责监狱、少年监狱、拘留所、少年院、少年鉴别所及妇女辅导院业务的地方支分部局。监狱(58所)、少年监狱(8所)以及拘留所(7所)是收容接受惩役、监禁、拘留等刑罚的被拘禁者、被拘留者以及接受死刑的被拘留者,并对这些人采取必要措施的矫正设施。少年院(53所)收容家庭法庭作出监护判决的少年,并对其进行矫正教育。少年鉴别院(52所)收容家庭法庭判处采取观察监护措施的少年,并对家庭法庭进行的少年调查、审判及监护判决的少年的资质进行鉴别,对家庭法院、少年院院长、地方福利保护委员会以及保护观察所所长以外者要求的少年进行资质鉴别。妇女辅导院(1所)收容根据《卖春防止法》给予辅导措施者,并对其更生进行必要辅导。

(3) 地方更生保护委员会、保护观察所

各高等法院所在地设立了地方更生保护委员会(8所)以及在各地方法院所在地设立保护观察所(42所),以便直接从事保护观察的工作。保护观察官从事保护观察的业务,但直接面对保护观察对象的是被称为"保护司"的全国约5万名志愿者。

(4) 地方入国管理局

为了从事入境管理,在全国设有3处入国者收容所。出入境管理的地方设施机构包括地方入国管理局(8所)、支局(5所)及办事处

(81所)。

此外,外国人登录等业务作为法定委托业务由各市町村负责。

第二节 法务省的人事管理系统

一、职员人事管理系统的双重结构

法务省的职员人事管理为"检事"与"事务官"的双重结构。检事本应在检察厅工作,但根据《法务省设置法》附则第2条的规定,法务省编制中的144人为检事。尽管法律上检事只是作为特例在法务省工作,但实际上法务省的要职基本上由检事独占,另外除此144人外还有检事在法务省工作,因此出现了"检事"与"事务官"双重结构的现象。

具体而言,包括事务次官在内,局长以上的职位均由检事担任(过去入国管理局长由外务省官员出任,现已为检事)。此外除负责矫正局以外的审议官也均为检事。因此,与其他省厅不同,国家公务员Ⅰ种职员不可能晋升到局长以上的职位,若要成为法务省的干部,必须是检事。

实际上课长也几乎全由检事出任。除司法法制调查部调查统计课长外,官房各课的课长、局的首席课长即各局的总务课长(民事局为第一课长)也均为检事。其他课长职位中检事所占比重各局并不相同,但民事局、刑事局、讼务局所有的课长均为检事,其他各局中,保护局4个职位中的2个(总务课长、恩赦课长)、人权拥护局3个职位中的2个(总务课长、调查课长)、入国管理局6个职位中的2个(总务课长及入国审判课长,政策课长为外务省借调官员)由检事出任。而矫正局除总务课长外均由事务官出任课长。公安调查厅的干部也由检事担任,长官、次长以及多个部长的职位均为检事。

二、组织、人事的纵向分割

法务省的组织纵向分割性很强。基本上各局都是独立运作。局之间的工作合作几乎没有。这也是法务省被称为"有局无省"的原因。

法务省纵向分割的一个理由是每个局的职员都有各自的出身母体，每个局的重要岗位均由其出身母体的职员占据。刑事局职员来自于检察厅，民事局、讼务局、人权拥护局三局来自于法务局及地方法务局，矫正局来自于监狱等矫正设施，保护局来自于保护观察所，入国管理局来自于地方入国管理局等。

　　为此，在法务省内部，跨局间的人事调动实属例外。基本上，法务局出身者在民事局、讼务局、人权拥护局三局，检察厅出身者在刑事局，监狱等矫正设施出身者在矫正局，保护观察所出身者在保护局，地方入国管理局出身者在入国管理局工作。但是，最近在人事交流的名义下，参加工作不满十年的Ⅰ种职员缓慢但却切实地开始了不同局之间的人事调动。此外，民事局、讼务局、人权拥护局三局因其职员的出身母体均为法务局，故被称为"民事三局"，只有这三个局之间的人事调动较为频繁。但是，工作上的合作却几乎没有，基本上均在各局内完成。

三、检事的人事管理

　　检事从司法考试合格者中任用。司法考试合格者将在司法研修所进行司法研修后被法务省录用并分配到各检察厅工作。其中数人（特别是在就读大学期间即已通过司法考试者）会在检察厅工作后，在30岁左右赴法务省工作。此时的身份是"局付""部付"及"课付"（比如民事局付、刑事局付、司法法制调查部付、秘书课付等），这些不是直线型管理而是幕僚性质的职务，在职位上相当于其他省厅的课长助理。但是，他们比法务省事务官的课长助理（被称为辅佐官）的级别高。因此检事不需经过系员、系长就直接升到课长助理的级别。局付的人数因局而异，刑事局以及民事三局（民事局、讼务局、人权拥护局）人数较多，在各局法令的计划立案、国会对策等方面发挥着核心作用。此外，由于在本省工作的检事编制有限，不少检事在形式上被任命为东京地方检察厅检事而实际上却在法务省工作。

　　也有法官被任命为检事的情况。比如，民事局付、讼务局付、人权拥护局付基本上都是法官出身。刑事局付尽管人数不多但也有法官出身者。出于三权分立的原则，法官不能直接参与行政工作，因此需要从"法官"转职为"检事"(基本上为东京地方检察厅检事)。最近,法官调职到法务省以外行政官厅的情况增多,出于同样的理由,也都在转职为检事后再前往各省厅工作。

经过局付后,通过选拔者晋升为参事官、课长,此后再次通过选拔者则进一步晋升为审议官、局长等。

法务省的人事管理与其他省厅较大的不同之处是(官僚的)最高领导并非事务次官,而是检事总长,事务次官只是到达检事总长这一职务的一个阶段。成为检事总长的晋升模式为刑事局总务课长→大臣官房人事课长→地方检察厅检事正→大臣官房长→刑事局长→事务次官→东京高等检察厅检事长→检事总长。

刑事局长之外的有关局长职务的人事管理基本上为,矫正局长、保护局长以及入国管理局长为检察官出身者(过去入国管理局长为外务省职员),民事三局的局长为法官出身。民事三局的局长通常是从民事局的局付、课长工作经历者中选拔担任,最近,讼务局长以及人权拥护局长也出现了讼务局的局付、课长工作经历者升任的情况。

司法法制调查部部长、秘书课长、会计课长、司法法制课长等既有检察官出身者也有法官出身者。人事课长为检察官出身。各局的总务课长中,民事局及讼务局的总务课长为法官出身,其他各局的总务课长为检察官出身。

检察厅部长以上的干部均为检事,法务局的干部中,东京、大阪、名古屋、福冈法务局长以及各法务局的讼务部部长由检事出任。

如上所述,法务省中,如果不是检事,基本上就不可能获得课长以上的职位,此外由于检事的局付比事务官的课长助理级别更高,因此检事的地位在事务官之上,从而形成了法务省职员的双重结构。

四、事务官的人事管理

事务官的人事管理各局存在着极大的不同,但由于法务省省机关中的干部职位几乎全部被检事占据,因此事务官主要作为地方支分部局的干部发挥作用。法务局、矫正设施、保护观察所、地方入国管理局的局长、所长基本上由事务官出任(但是,东京、大阪、名古屋、福冈法务局长由检事出任)。

1. Ⅰ种职员的人事管理

法务省录用Ⅰ种职员形式上由官房人事课统一进行,但录用的面试由各局总务课(民事三局为民事局第一课)进行,因此实际上是各局进行录用。对职员而言,录用的局就成为其"出身局",一旦被录用,基本上只在出身局及其地方支分部局工作。此外,不同的录用局决定了不同的"出身母体",民事三局、矫正局、保护局、入国管理局的录用者其出身局分别是法务局、矫正设施、保护观察所以及地方入国管理局,在赴地方工作时,也均在其"出身母体"的地方支分部局工作。而刑事局不录用Ⅰ种职员。

2000年Ⅰ种职员的录用人数为23人,其中民事局3人、矫正局13人、保护局3人、入国管理局4人;按照职务种别分类,分别为行政职务1人、法律职务9人、经济职务2人、心理职务6人、教育职务2人、社会职务3人。心理职务、教育职务以及社会职务为矫正局及保护局录用。

Ⅰ种职员参加工作后,不管出身局为何,在参加工作第10年将进行一次被称为"Ⅰ种轮换"的工作调动,除自己的出身局及地方支分部局之外,还将在其出身局之外的局及官房各课工作。何时晋升到系长职务每个局各不相同,与其他各局相比,晋升较快的是入国管理局,参加工作5年后升为系长。但Ⅰ种轮换结束前的第7—8年基本上所有局的Ⅰ种职员均可升为系长。近年来省厅间的人事交流日益活跃,作为系长级职员或在升任助理级之前调动到其他省厅工作的情况正在增加,Ⅰ种轮换的时期即参加工作第10年之前同年参加工作的Ⅰ种职员几乎以同样的速度得到晋升,但经过这一时期后,晋升的速度因局、因人会出现很大的差别。

升任至课长助理级的时期各局也不尽相同。晋升最迅速的是入国管理局,参加工作后第12—13年即可升为课长助理级的"法务专门官"。其后会升至课长助理(辅佐官、上席辅佐官、总管辅佐官等),也有职员无法晋升到省机关课长助理而在地方支分部局长期工作。

课长助理级之后,经过室长、参事官等职在50岁时晋升为课长。担任课长后,由于除矫正局之外省机关已无事务官的职位,因此会出任地方支分部局的局长、所长以及部长等职。事务官的最高职位中，民事三局为仙台法务局长（现为广岛法务局长），矫正局为东京矫正管区长，保护局为关东地方更生保护委员会委员长，入国管理局为东京入国管理局长。

矫正局及保护局录用的心理职务、教育职务以及社会职务的Ⅰ种职员中，有些从参加工作起就不在省机关工作，而是在基层利用自己的专业知识、技能作为专业职员从事工作直至退休。

综上所述，Ⅰ种职员的晋升远较其他省厅缓慢，但也存在几乎所有职员均可一直工作到退休年龄的优点。另外，民事三局的录用者尽管在退休年龄前即退职，但退职后还可被任命为地方的特任公证人。

2. Ⅱ种、Ⅲ种职员的人事管理

法务省的Ⅱ种、Ⅲ种职员的录用各局不尽相同，但均由法务局、检察厅、矫正设施、保护观察所、地方入国管理局等地方支分部局录用，目前为止，尚没有法务省省机关录用的情况。

尽管各局不同，Ⅱ种、Ⅲ种职员在被各地方支分部局录用后，在被称为"中等科研修""高等科研修"等根据工作经验、年数而定的研修中的成绩优秀者大约在30岁前会调动至法务省省机关工作。调动前往的局原则上是管辖其原所属地方支分部局的局，也有分配到大臣官房各课的情况。在调动至省机关后，各局尽管有所不同，但经过主任一职后，35岁左右将升为系长。担任系长数年、并在随后出任各原所属地方支分部局课长等职后，通过选拔者在45岁左右会晋升为省机关的课长助理级的法务专门官，其后升为课长助理（辅佐官），作为辅佐官工作数年后，通过进一步选拔者将历任上席辅佐官、总管辅佐官以及室长等职，其后升为各原所属地方支分部局的领导，并一直工作到法定退休年龄。

但是，法务省的课长职务并不一定全部由检事或Ⅰ种职员出任，司法法制调查部调查统计课长、矫正局的数个课长职位由Ⅱ种或Ⅲ种职员出任。

在检察厅工作的Ⅱ种、Ⅲ种职员被称为"检察事务官"，从事辅佐检事的工作。检察事务官的工作大体分为人事会计以及搜查两类。

人事会计工作的事务官经任各检察厅的人事课长、会计课长等职后，最终可升为事务局长。搜查工作的事务官历任搜查官、主任搜查官、次席搜查官等之后，最终可晋升为首席搜查官。

2000年法务省共录用282名Ⅱ种职员，各地方支分部局录用者数为法务局180人、检察厅56人、矫正设施3人、保护观察所32人、地方入国管理局11人。另外，2000年录用的Ⅲ种职员为97人，各地方支分部局录用者数为法务局21人、检察厅59人、矫正设施1人、保护观察所2人、地方入国管理局14人。

3. 法务教官、刑务官、入国警备官

除国家公务员考试合格者之外，法务省还单独录用法务教官、刑务官及入境警备官。由于这些官职的职员需要高度的专业性，或是通常的国家公务员考试难以确保招录人数的职种，因此法务省单独实施考试及录用。

法务教官相当于Ⅱ种职员，原则上在少年鉴别所及少年院工作。法务教官在少年鉴别所工作时，将对送到少年鉴别所的少年进行保护，并使其心理稳定以接受审判。同时，为了有助于鉴别少年的资质，还将从事面试、商谈等其他工作。在少年院中，为了让收容的少年平稳回归社会，进行生活指导、娱乐指导以及其他矫正教育工作。现在，法务教官在少年鉴别所约有900人，少年院约有2200人。

刑务官相当于Ⅲ种职员。在监狱、少年监狱以及拘留所工作，负责指导囚犯以及监狱、拘留所的保安警备工作。现在，在全国各地的监狱、少年监狱以及拘留所大约有15000名刑务官从事上述工作。

入国警备官相当于Ⅲ种职员。在地方入国管理局工作，从事对非法入境者进行拘留、送至收押设施、决定驱逐出境并将其遣返国籍所在国等工作。

第三节　法务省政策形成过程的特点

一、"纵向分割"性的政策形成——会议、官房的现状

如前所述，法务省是纵向分割性很强的组织。由于各局业务基本

上是独立的,因此每项具体政策的形成都在各局进行。也就是说,每项政策的最终决策很多情况下是在各个局的"局议"上作出的。

局议通常由局长、审议官、课长、参事官、局付参加。相对规模较小的人权拥护局,课长助理也参加会议。但是,这些局议并不必然是正式化、定期化的,而存在着应对议题临时召开的倾向。

全省性的决策包括全省干部汇聚一堂的"省议"以及各局总务课长定期召开的"总务课长会议"等,但前者是在申请概算时形式上召开的会议,后者也不具备对某项政策作出决定的性质。

法务省政策形成中大臣官房基本上只发挥着充当对外联络窗口的作用,对全省性的政策进行形式上的归总,基本上不会进行全省性政策的计划立案。

法务省认识到其不存在可以在全省范围内协调政策的部门这一问题,于1995年新设立了总务审议官的职位并在大臣官房秘书课设立了"计划室",终于成立了负责全省性政策业务的部门。但是,由于计划室实质上只从事法律援助以及有关中央省厅改革的有关工作,因此在中央省厅改革中,总务审议官的职位由其他职位替代,"计划室"也改组为以对各局的政策进行评估为中心的"政策评估计划室"。

二、被动性

法务省管理有关民事、刑事等的基本法律制度,由于民法、刑法等基本法具有反映日本基本法律制度及国民对法制的感情等特性,因此除商法外,只要没有重大的社会变动、不出现因重大事件而导致新的社会要求的情况,几乎不会进行修正。因此,这些法律的修正只在舆论呼声高涨、国内外强烈要求的情况下才会进行。可以说法务省积极、主动进行修改法律的计划、立案的情况非常之少。

除基本法律的修改之外,各地方支分部局在基层不断积累的经验是政策立案的根本。比如,法务局根据登记件数,检察厅根据犯罪件数、监狱根据收容人数,入国管理局根据出入境人数的增减等情况,进行增加职员、扩充设施等政策计划立案。因此,法务省的特点之一就是省机关主导实施的政策较少。进一步而言,对于这些行政需求(登记件数、犯罪件数、收容人数)的增减,行政方面至少在短期内进行控制较为困难,因而只能是被动的。

三、审议会等的作用——法制审议会等的慎重审议

法务省的行政具有事后解决的特性,被动色彩浓厚,政策的计划立案也多以被动的形式进行。为此,与其他行政省厅不同,几乎没有利用审议会积极推动政策的情况。

法务省的审议会包括法制审议会、民事行政审议会、矫正保护审议会、人权保护推进审议会、检察官特别考试审查会、副检事选拔审查会、公证人审查会以及中央更生保护审查会,其中,对政策进行审议的审议会包括法制审议会、民事行政审议会、矫正保护审议会以及人权拥护推进审议会。其他审议会主要负责任用特任检事的选拔考试、任用副检事的选拔考试、任免公证人、对地方更生保护委员会决定提出的不服审查进行裁定等,均是出于慎重履行法律手续的目的而设置的。即使在进行政策审议的审议会中,人权拥护审议会是根据议员立法制定的《人权拥护推进基本法》而设立的为期五年的审议会,而民事行政审议会以及矫正保护审议会处于几乎不加利用的状态。

在法务省政策制定中占重要地位的审议会只有法制审议会。该审议会对民法、刑法等法律制度之基础的基本法律进行政策审议以及立案准备。除总会外,还包括刑事法分会、民法分会、民事诉讼法分会、商法分会、国际司法分会、少年法分会以及破产法分会等七个分会。其委员除若干民间人士外,基本上由法官、检察官、律师等法曹三者以及法律学者组成,法务大臣出任会长,法务事务次官也是其成员。除上述成员外,其成员还包括内阁法制局长官、法官中的最高法院事务总长以及东京高等法院长官、检察官中的次长检事以及东京高等检察厅检事长,法律权威聚集一堂。通过法制审议会的审议,法曹三者间的利害关系得到协调。此外,尽管该审议会还具备在见解激烈对立的法律学界争取共识的职能,但由于审议会决定的事项作为政策的最终决定不会再进行更改,反而成为法制审议会的审议非常慎重、缺乏速度的一个原因。

此外,在正式的法制审议会进行审议之前,主要在局的层面上有关各方会召开"意见交流会",这也是有关各方间慎重制定审议会日程

的机会。比如,在后述的《少年法》修正的案例中,1996 年到 1998 年,法务省刑事局、最高法院业务总局家庭局、日本律师联合会联合举办了"少年审判意见交流会"。这种意见交流会并不仅限于法曹三者之间,在最近的围绕交通事故过失的意见交流会上,刑事法、行政法的研究者、媒体、支援受害者组织等均进行了广泛参与。

但是,最近经常可以见到的议员立法中,也存在着省略这一过程的情况。

四、"律师会"的存在

如在前文中业已提及的,法务省的政策形成中计划立案一般而言都较为迟缓,其原因之一就是律师会(日本律师联合会即"日辩联")的存在。

如上所述,法务行政被动性很强,此外,由于律师与检事一样也是法曹界的一员,因此律师的联合组织"日辩联"的意向极大地影响着法务省的政策立案。反而言之,会出现因日辩联反对而导致法务省的政策立案难以推行的情况。

具体而言,由于日辩联的相关者也可成为法制审议会这一法务省基本法制计划立案咨询部门的成员,因此基本法制的计划立案如果无法与日辩联达成共识就很难顺利进行。此外,在预先进行的意见交流会中日辩联也经常发挥重要作用。

特别是在基本法律的修改问题上,法务省试图推进的政策往往会与日辩联的利益冲突,因此会遭到日辩联异常强烈的反对,导致法务省无法推进所希望的政策立案,这也是法务省政策立案缓慢的重要原因之一。

第四节 案例研究

一、修改《少年法》之政策形成过程

2000 年 11 月 28 日第 150 次国会通过了《少年法部分内容修正法》(以下简称《修正少年法》)。《少年法》于 1948 年公布(1949 年开始

实施),尽管很早就开始不断出现修改的争论,却从未进行过实质性的修改。近年来在青少年严重犯罪连续出现的背景下,终于在半世纪后启动了大规模的修改工作。

《少年法》修正的争论一直存在。20世纪50年代中期到60年代中期,为了应对大龄少年严重犯罪的增加,1950年(原文有误,应为1970年)6月法务省向法制审议会发出咨文,希望修改《少年法》,增设青年层(18岁、19岁)这一年龄段,并与青年层以下年龄的少年区别对待。法制审议会少年法分会经过六年以上的审议,于1976年11月发表中期报告。根据这份报告,1977年6月法制审议会向法务大臣提交了中期总结报告。但是,这一方针其后遭到了以日辩联为主的强烈反对。而70年代中期后,低年龄层少年犯罪取代大龄少年犯罪的现象呈现上升趋势,因此对法律的修改也不了了之。

1. 政府提交《少年法部分内容修正法》的创发与共鸣

(1) 被动性创发

1999年3月,政府向第145次通常国会提交了《少年法部分内容修正法》,但随着2000年6月众议院解散而成为废案。政府进行创发的这一修正案其直接背景是1995年1月发生的山形体操垫致死事件。在这一事件中,1名中学1年级男生在体育馆内被体操垫裹住导致窒息死亡,6名少年被送至家庭法院。在家庭法院,这些少年翻供,否认其在搜查阶段的自白,最终家庭法院对其中3人作出不予处分的决定,另外3人给予保护措施。但是,成为保护对象的3人抗诉后,接受抗诉的高等法院不仅认定抗诉3人,还认为家庭法院裁定不予处分的3人在搜查阶段的自白也是可信的(但是被家庭法院裁定不予处分的3人没有更正这一判决的机会),最高法院也维持了这一裁定。这一事件由于媒体的广泛报道而引起社会的高度关注,其结果,少年审判中事实认定手续遭到了严厉的批评。

在这种社会舆论下,1996年11月至1997年11月,法务省刑事局、最高法院业务总局家庭局、日本律师联合会三方召开了11次"少年审判意见交流会",试图在会上明确现状中的问题。此外,从1998年1月至7月又召开了8次意见交流会,探讨立法的必要性及立法内容。在这一过程中,1997年5月又发生了神户市内中学生连续杀伤儿童事件,社会对少年犯罪的关心进一步增加,并出现了表达这种关注的具体行动。1997年12月,因少年犯罪失去子女的家长组织了少年犯罪受害当事者之会,并于1998年4月向法务大臣提交了要求修改《少年法》的请愿书。(这份请愿书关注的不仅是认定事实,涉及面更为广泛。)

在这种状况中,在有必要尽快对《少年法》进行整改以进一步完善少年审判事实认定手续的认识下,1998年7月法务大臣向法制审议会提出咨询。接受咨询后,法制审议会少年法分会于同年7月至12月召开10次会议,集中讨论并通过了《进一步完善少年审判事实认定手续之少年法整改纲要(草案)》。1999年1月在法制审议会总会上通过了该草案,并就其内容向法务大臣进行了报告。草案内容包括引进裁定合议制度、检察官参与某些特定事件、引进国家指定陪同者制度、保护观察时间延长至12周、给予对检察官的抗诉权、建立保护措施结束后的救济手续、引进向受害者等通报少年审判结果的制度等。

在接受答复报告后,1999年3月内阁会议决定了政府的《少年法部分内容修正法》并提交第145次国会。

(2) 共鸣的动向

与上述行政方面的行动相呼应,政治方面也出现了新的动向。特别是1997年5月神户市内发生的中学生连续杀伤儿童的事件,进一步引起了社会各界对少年犯罪的高度关注。

在这种状况下,1997年10月自由民主党政务调查会法务分会司法制度特别调查会下设立了少年法小委员会,1998年4月发表了《少年法修正中期总结》。其内容包括:第一,将完善事实认定手续作为需要尽快修改的事项(当时行政方面正在进行法曹三者间的协商,但这份报告指出,为了早日实现《少年法》的修改,视情况也会将议员立法作为可考虑的选项之一)。第二,将下调《少年法》年龄、公开提供少年审判信息的方法等作为今后应加以探讨的课题。在制定这份报告时,小委员会积极广泛征求了受害者家属、媒体等各方面的意见。

1998年12月末公布的少年法修正小委员会报告,在对此前法制审议会少年法分会提出的《进一步完善少年审判事实认定手续之少年法整改纲要(草案)》为中心的行政方面的准备工作表示关注(即表明事实认定手续问题将暂时不会采取议员立法的方式)的同时,明确了今后《少年法》的修改方向,即下调《少年法》的适用年龄,采取向受害者等公开审判信息等关怀受害者的措施,明确家长的责任等。

经过上述一系列活动后,1999年3月第145次通常国会上政府提出的《少年法部分内容修正法》尽管得到了执政党的一定支持,但是由于在野党的反对,审议屡次拖后,最终随着2000年6月众议院解散而成为废案。

2."刑事诉讼法及检察审查会法部分修正法案"及"保护犯罪受害者等的刑事手续附随措施法案"的创发及共鸣

(1)被动性创发

在社会对少年犯罪日益关注的背景下,1998年12月公布的自由民主党政务调查会少年法修正小委员会报告中的一个焦点问题就是关怀犯罪受害者的必要性。

根据这种社会动向,1999年3月法务大臣向业务部门发出指示,要求早日探讨建立刑事手续中保护犯罪受害者等相关法规的问题。由于有关行政部门认为在刑事手续中保护犯罪受害者的问题应广泛征求意见进行全面讨论,因此1999年7月至8月在法务省的官方网站上登载了征集意见纲要。从收集到的各方意见可以看出,大多数意见支持建立保护犯罪受害者的各种制度。此外,1999年秋公布的犯罪白皮书也刊出了有关犯罪受害者问题的特集。

在经过上述探讨后,1999年11月末,法务大臣向法制审议会发出了咨文,要求确保在刑事手续中妥善关怀犯罪受害者并进一步推动保护犯罪受害者的法制建设。此后,法制审议会于2000年2月末向法务大臣提交了《关于旨在刑事行使手续中保护犯罪受害者的法规建设纲要》的报告。

随后,法务省根据该报告制定了"刑事诉讼法及检察审查会法部分修正法案"及"保护犯罪受害者等刑事手续附加措施法案",2000年3月中旬经内阁会议决定后提交第147次国会。

(2) 共鸣

上述法案中保护犯罪受害者的宗旨是在社会高度关注的情况下由政治方面主导提出的。因此，该法案与政治方面的共鸣、在国会的审议均很顺利。2000 年 4 月、5 月，众议院、参议院一致通过了上述两个法案。

4. 议员提案的《少年法部分内容修正法》的创发与共鸣

(1) 被动性政治创发

如上所述，1999 年 3 月第 145 次通常国会上政府提出的《少年法部分内容修正法》尽管得到了执政党的一定支持，但是由于在野党的反对，审议拖后，最终随着 2000 年 6 月众议院解散而成为废案。

但是，2000 年度少年犯罪案件频发，也愈发引起社会的关注。比如，2000 年 5 月 1 日，爱知县丰川市内 17 岁的少年刺死 1 名家庭主妇并使其丈夫重伤，5 月 3 日，1 名 17 岁少年劫持了从佐贺开往福冈的高速公路巴士，刺死车内 1 名家庭主妇并致 4 人受伤。

在 2000 年 6 月众议院选举过程中，政治家们更切身地体会到了社会对这一问题的关注。为此，众议院选举后的 2000 年 7 月，执政党的自由民主党、公明党、保守党设立了"执政党政策责任者会议少年问题项目组"（麻生太郎众议院议员任负责人）。项目组于 2000 年 9 月提出了《少年法》的修改方针，其内容主要包括明确犯罪必将受到惩罚等观念以培养少年的守法意识，同时与成为废案的先前政府提交的草案不同，主张应本着维护社会责任的自觉精神，下调可进行刑事处罚的年龄，扩大对受害者的关怀等（接受受害者的意见陈述、对记录的阅览、复印等）。

基于这一执政党的修改方针，2000 年 9 月末，《少年法部分内容修正法》以议员提案的形式提交。其内容包括修改少年犯罪事件的处罚方式（可给予刑事处罚的年龄从 16 岁下调到 14 岁）、少年审判事实认定手续的合理化、充实对被害者的关怀（建立家庭法院征求受害者意见的制度，向受害者通知少年审判结果的制度，受害者可以阅览、复印记录的制度）等三个主要方面。其中少年审判事实认定手续的合理化基本沿承了前政府提案的内容，其他均属于新增加的内容。

(2) 国会中的共鸣

这一法案经过众议院法务委员会的审议后于 2000 年 10 月末在众议院表决通过。在随后的参议院法务委员会的审议过程中，经部分修正于 11 月末在参议院大会上表决通过，并随着众议院通过同意参议院修改内容的决议后，法案最终得以成立。

在这一过程中，最初反对的民主党也转为支持。这是因为在 2000 年 6 月众议院的选举中，包括在野党在内的政治家都切身感受到了社会对少年犯罪问题的关心。

二、《民事法律援助法》制定中的政策形成过程

1. 背景与历史

2000 年 4 月 21 日第 147 次通常国会通过了《民事法律援助法》。民事法律援助制度是为了使资力薄弱的民事纠纷当事者可以在诸如要求退出土地家居及离婚诉讼中维护自己的权利，对其律师费用进行法律援助的制度，也是体现《宪法》第 32 条切实保障国民接受审理之权利的精神。

民事法律援助制度始于 1958 年，由以律师为主的财团法人法律援助协会（以下简称法律援助协会）实施，并由法务省从国库辅助金中支付经费。国库辅助金的金额 1988 年前维持在 7000 万至 8000 万日元这一幅度内，在日辩联施加的压力下，1987 年辅助金开始增加，1989 年度突破了 1 亿日元，但是，此后每年的增额在 2000 万日元左右，始终难以实现大幅度的增加。

2.《民事法律援助法》的创发与共鸣

由于日本的法律援助远较其他国家落后，因此法律援助协会长期以来始终主张有必要充实包括制定《法律援助法》在内的各种制度。1976 年，该协会提交了法律援助制度研究会报告，提出制定《法律援助法》的必要性，并对援助的内容及运作主体进行持续性的研究。1979 年，日辩联的司法制度调查会首次发布调查报告，也开始了建立法律援助制度委员会、法律援助制度改革促进总部等有关法律援助制度的

研究。可以看出，《法律援助法》的制定是在日辩联的主导下推动发展的。

在日辩联的推动下，法律援助协会与法务省主管法律援助事务的人权拥护局从1988年12月起联合举办非正式的研究会，1990年后日辩联也参加了研究会。

20世纪90年代后，日本泡沫经济破灭，个人及企业宣布自行破产的现象急速增加，在这一背景下，法律援助协会进行的民事法律援助工作的潜在需求也随之增加，但由于国家对法律援助协会的辅助金始终控制在较低水平，日辩联的不满日益强烈。在这种状况下，1993年3月日辩联通过大会决议，宣布将推动法律援助的立法化。同年6月众议院法务委员会理事会表态，指出为了进一步充实、发展法律援助制度，政府应进行正式的调查研究。在这种氛围中，法务省也被迫采取措施应对法律援助制度的根本改革。

(1) 共鸣的动向

众议院法务委员会理事会表态之后，法务省于1994年11月在省内成立了"法律援助制度研究会"，以对适合日本司法制度的法律援助制度进行调查研究。这一"法律援助制度研究会"负责人为一桥大学法学部教授竹下守夫（当时），东京大学法学部教授伊藤真为负责人代理，成员包括大学教授、律师、最高法院事务总局、法务省有关人员。其中，法务省有关人员以总务审议官、司法法制调查部部长、民事局长、人权拥护局长为首，由官房秘书课、司法法制调查部、民事局、人权拥护局等局的职员组成，包括官房在内的这一横向性业务团组在法务省中也属特例。此外，该研究会的庶务工作不是由主管法律援助的人权拥护局、而是由官房秘书课的计划室承担，体现了法务省全省对这一问题的重视态度。1998年3月，该研究会提交报告，建议国家对民事法律援助承担责任与义务。

在这一期间，预算上也发生了很大变化。1995年1月阪神大地震发生后，出于房屋倒塌等将导致法律纠纷增多的预测，法务省申请并获得了与阪神大地震有关的国库辅助金追加预算，从而在1995年制定了远超过经常性辅助金额（1995年度为2亿5000万日元）的3亿3000万元预算。其后，以计入震灾辅助金形式的辅助金大幅度增加,1999 年度达到了 9 亿 4000 万日元。

1999 年 4 月及 5 月在国会审议《司法制度改革审议会设置法》时,通过了应充实包括将民事法律援助制度法制化在内的有关制度建设的附带决议。同年 6 月,在内阁设立司法制度改革审议会,民事法律援助制度成为审议的重要内容,同年 11 月,该审议会发表了有关民事法律援助的会长谈话,在寻求对民事法律援助制度进行综合系统审议的同时,要求政府将《民事法律援助法》的立法作为紧急事项。

由此,政府也开始采取制定《民事法律援助法》等充实法律援助制度的各项措施。

作为日辩联,除了充实民事法律援助制度,还主张通过国费对刑事嫌疑犯辩护援助、少年监护事件的陪伴援助等提供援助并形成制度,但这些主张与法务省的见解对立,因此放弃了早日实现制度化的设想,只制定了《民事法律援助法》。

(2) 国会的共鸣

经过以上过程,2000 年 2 月,"民事法律援助法案"提交至第 147 次国会。同年 4 月,国会表决通过该法,同月 28 日公布。该法主要内容包括:①在明确民事法律援助事业基本框架的同时,明确了关于该事业国家及日辩联等的责任义务;②确定了从事民事法律援助事业的法人条件,采用法务大臣可以指定符合条件之法人的制度(法人指定制度),规定了指定法人从事民事法律援助活动中,国家对其业务、会计以及人事的监督权限;③在制定法人从事民事法律援助活动的费用问题上,从法律上给予了国家进行补助的根据。在众参两院法务委员会上,还提出了宣传、推广及扩充民事法律援助制度等内容的法案附带决议。2000 年 10 月法律援助协会被指定为民事法律援助的指定法人。

三、比　　较

以上对与刑事相关的《少年法》修改中的政策形成和与民事相关的制定《民事法律援助法》的政策形成进行了探讨。这些案例的特点大致可归纳如下。

直到 1999 年 3 月政府提出《少年法部分内容修正法》之前,《少年法》的修正问题可谓典型的政策形成过程,即修正的主张很早即存在,但由于包括日辩联在内的反对,实际上修正进程迟迟难以开始。此外,1993年山形体操垫致死事件发生后,社会上对此问题的讨论再次变得热烈,1996年到1998年的意见交流会、1998年至1999年初的法制审议会审议等,仍耗费了大量时间。但是政府提案成为废案后,在社会强烈关心的背景下,执政党主导的政策形成进程步伐加快,讨论的内容也比行政方面讨论的内容更为激进,并于2000年后半期迅速通过了法案。另一方面,犯罪受害者保护相关法律的成立过程中,却带有中性的特点,即最终经过法制审议会的过程由政府提案促成立法。但该法修正的创发却来自于大臣自上而下的方式,法务省在针对法制审议会的咨询之前即在主页上征求意见,法制审议会上的审议也异常迅速,实属少见。

从日辩联多年来的愿望始终难以实现这一点上看,《民事法律援助法》的制定也是一个典型的政策决定过程。1988年法务省人权拥护局与法律援助协会的非正式研究会开始活动后也耗费了许多时日(1990年日辩联也参加了研究会)。而法律援助制度研究会上的讨论也从1994年一直持续到1998年。1995年阪神大地震相关的国家辅助金的增加、1999年与司法制度改革审议会的合作,才使得《民事法律援助法》的制定迅速实现。

第五节 今后的课题

一、机动迅速应对的必要性

长期以来法务省政策形成过程的特征之一就是政策形成过程被动且慎重。但是,从最近修改《商法》的动向中可以看出,法务省的政策形成过程正在要求更快的速度。此外,《少年法》的修改过程表明,不仅是单纯依靠传统政策形成主体的法曹三者之间慎重达成共识,还有必要应对来自社会的普遍关注。因此,正如在犯罪受害者保护等有关法律的准备过程中所见到的,为了应对这种社会的普遍关注,有必要开发一些诸如利用主页征求民意、征求受害者团体意见等新的能动性方法。

二、与司法制度改革相呼应

现在政府推动的"司法制度改革"是法务省最大的政策议题。

由于法官、检察官、律师等法律界人士数量极为稀少,日本的司法制度长期以来不断受到诸如"对国民封闭的遥远存在""国民不易理解、不易利用的制度""律师、法院高高在上""在社会、经济的急速变化中没有充分满足国民对司法制度更迅速、更专业的期待"等各种批评。由此可见,日本的司法制度出现了所谓的制度性疲劳,并随之出现了制度改革的必要性。

另外,长期以来日本律师、法院没有被充分利用的原因之一就是不愿意进行诉讼的国民性。但是近年来日本发生了各种变化,特别是在国际化及放宽规制改革的推动下,可以预见,今后日本社会将由事前规定型转向事后检查型,因此拥有检查各种社会活动之功能的司法的作用将比现在更为重要,对司法的潜在需求将会日益明显。

为了使日本司法的职能符合社会需求,1999年6月内阁设立了"司法制度改革审议会",以期明确21世纪日本社会中司法应发挥的作用,并对实现国民易于利用的司法制度、国民参与司法制度、法曹的发展方向及其职能的充实强化、其他司法制度改革及必要的基本政策等内容进行调查审议。

"实现国民易于利用的司法制度"是司法制度改革审议会的重要审议事项之一,而维持高质量"法律界人士的大幅度增加"对于其实现是必不可少的。因此法律人士的适当增加是司法制度改革审议会的重点审议项目。日本法律界人士约为21000人,与此相比,美国约为940000人,英国约为83000人,德国约为111000人,法国约为36000人,差距很大。在增加法律界人士的问题上,法务省表现出了以往未曾有过的积极态度,过去司法考试的合格者约为500人,现在增加到约1000人。此外,为了增加合格者中的年轻人,施行了从应试三次以内的一定数量的应试者中选拔合格者的措施。但是,大幅度增加司法考试合格人数的方针受到了日辩联的强烈反对而未能实现。

在增加法律人士数量的问题上,司法制度改革审议会以大学(包括研究生院)中法学教育的作用、司法考试制度、司法修习制度、法曹的继续教育方式等为中心进行了综合系统的探讨,不仅对法律人士的适当数量,更对设立培养法曹的职业学校等法学教育方式进行了根本性的讨论(2001年6月12日提交了最终意见书)。

为了实现国民易于利用的司法制度,而对缺乏资力者进行诉讼费用援助等法律援助制度的扩充等问题也是审议会的重要审议事项,而2000年4月制定的《民事法律援助法》暂时解决了这一问题。

三、应对信息化社会

应对信息化社会需求是法务省民事局推动的重要政策,主要包括"在线信息登记提供制度"以及"商业登记基础电子认证制度"。

在信息登记问题上,自1988年设立通过计算机系统登记房地产的登记所以来,房地产登记以及商业登记的数量逐日增加,其中半数以上的登记所通过计算机系统进行登记工作。这种登记信息通过电子化成为可能的政策就是"登记信息的在线化"以及"商业登记基础电子认证制度"。

在线提供登记信息制度就是普通利用者可以通过自宅或业务所的计算机,利用网络对从事房地产登记业务的登记所(计算机厅)计算机系统保存的登记信息进行检索确认的制度,其目的在于通过不必亲自去登记所即可确认信息的方法提高对国民的行政服务水平。

在1998年3月内阁会议决定的政府推进放宽规制三年计划中,这一制度被视为应修改法律的必要措施。根据该计划,为了实现这一制度,法务省向国会提交了有关通过网络提供登记信息的法案,并于1999年12月通过(2001年4月1日开始实施)。

此外,商业登记基础电子认证制度是指为了确保利用网络的电子贸易社会中贸易的安全与畅通,指定法务局登记官将发行"电子证明书",以电子化的证明取代以往法人代表的"印章证明"及"资格证明"。随着2000年4月公布的《商业登记法部分修正法》的部分实施(与《商业登记法》修正相关部分),这一制度于2000年10月启动。

该制度的具体操作如下,全国将通过网络统一发行电子证明及其有效性的证明,并指定东京法务局作为从事上述工作的电子认证登记所,法人代表向被指定为从事电子认证业务的登记所提交印章后,即可利用电子认证制度。

这一制度与作为政府"电子化政府"构想的一环加以推进的政府认证基础工程（GPKI）合作，通过政府认证部门之间的相互认证，使电子认证登记所发行的法人代表的电子证明在向各省厅进行电子申请时均可使用，从而成为支持政府IT化政策以及"电子政府"工程的基础，在通过网络普及电子商务、电子申请的同时，广泛运用于社会经济活动的各个领域。

综上所述，为了应对信息化社会，今后将在全国的法务局中逐步扩大提供在线登记信息服务的登记所以及从事电子认证业务的登记所，以进一步充实面向国民的行政服务。

四、推动维护人权的政策

推动日本维护人权的政策也是今后法务省政策的一大课题。在人权拥护局设立的为期五年的"人权拥护推进审议会"对人权进行了探讨。日本的人权问题包括部落民歧视问题、学校欺辱弱者、体罚、智障者问题、歧视外国人问题等长期存在的人权问题，以及随着日本社会变化出现的高龄者问题、男女共同参与、性骚扰、家庭暴力、虐待儿童等新问题。

法务省以人权拥护局为中心，主要由法务局的人权拥护部、地方法务局的人权拥护课以及法务局、地方法务局支局从事维护人权的工作，他们与受法务大臣委任的全国约14000人的人权拥护委员统称为"人权拥护机构"。这一法务省的维护人权机构会调查涉嫌侵犯人权的事件中是否存在侵犯事实，存在侵犯时会对加害者及有关者说明尊重人权的思想、寻求理解，借此救济受害者并防止侵犯的再度发生。1996年7月设立了"人权调解专门委员制度"，对于因侵犯人权造成当事者之间纠纷的人权侵犯事件，从人权拥护委员中获得指名的人权调解专门委员将对当事双方进行说服、建议，并根据需要提供解决方案等。

但是，这些针对侵犯人权事件的措施即使极为强力，也仅是没有强制力的"劝告"，并不会对解决问题产生实效性的作用，此外，这种劝告的措施极少，几乎全部成为人权商谈事件。法务省维护人权机构对包括人权问题启蒙教育在内的人权问题的处理中几乎没有发挥过作用。

另一方面,有关日本维护人权的行政工作至今为止均以同和问题（即部落民歧视问题）为中心,实际上,不仅法务省,总务厅地区改善对策室也在同和问题的行政工作中发挥着核心作用。在这种状况下,政府于1987年制定的有效期五年（1992年延长五年）、有关同和政策的最后一个特别法——《有关地区改善对策特定事业的国家财政特别措施法》《地对财特法》）在到期的前一年,即1996年对同和问题基本方针进行了修改。1996年5月,设置在总务厅的地区改善对策协议会发表了意见报告,针对开展消除歧视意识教育的问题,在对以往同和教育及启蒙活动中积累的成果及手段进行评估的基础上,建议应将其作为进行尊重基本人权的人权教育之一环加以推动与再建构。根据这一报告,1996年7月内阁决定将消除歧视意识的同和问题教育、地区改善对策特定事业等重新构建为具备普遍性的人权教育。

在这种形势下,也由于当时的桥本内阁与积极推动维护人权的社会民主党组成了联合政府,1996年12月制定了《人权拥护政策推进法》,根据该法,法务省设立了为期五年的"人权拥护推进审议会",集中就综合促进国民相互理解、尊重人权理念的教育政策的有关基本事项及充实人权受到侵犯时受害者的援助政策之基本事项等两点进行咨询,在该法的有效期限内进行调查审议并作出结论。

在第一点的问题上,不仅法务大臣,文部大臣以及总务厅厅长也接受了咨询,并于1999年进行了答复。答复报告认为,进一步推动人权教育及启蒙活动、努力促使尊重人权的理念充分扎根于每一位国民的意识中极为重要,建议有必要充实进行人权教育的国家、地方公共团体等实施主体间的横向网络,进一步推动合作。

在第二点的问题上,法务大臣接受了咨询,并于2001年进行了答复,要求建立独立于政府的人权援助机构——人权委员会。但是,日本已经存在着个别行政领域中的人权援助制度,比如有关女性就职歧视问题的各都道府县劳动局及机会平等调解委员会,关于虐待儿童的儿童相谈所以及援助受害者的专门组织等。如何具体处理与这些业已存在部门的关系,如何具体界定维护人权与最终解决纠纷手段的审判制度之间的关系等,这些都是函待解决的课题。

特别值得一提的是,长期以来负责维护人权行政工作的部门是本应主要进行登记业务的法务局,而在全国超过1万人的法务局职员中,只有大约100人负责维护人权的工作。这种薄弱的人事管理体制实际上极大地阻碍着侵犯人权事件的解决。因此,为了建设具有简易性、机动性、实效性的人权援助制度,如何对现存维护人权机构进行重组整合将是重要的政策议题,其发展动向值得密切关注。

第九章 防卫厅自卫队的政策形成过程

小原成司　彦谷贵子　城山英明

第一节　防卫厅自卫队的组织与人事管理系统

一、组　织

防卫厅（防卫厅于 2007 年 1 月 9 日升格为防卫省，自卫队名称不变——译者）与自卫队同属一个行政组织，作为管理陆海空自卫队的行政组织时称为防卫厅，作为执行日本防御任务、展开部队行动的军事组织时则称为自卫队。

上述行政组织、军事组织这两个侧面分别由《防卫厅设置法》《自卫队法》即"防卫二法"进行规定，这是与其他行政官厅的不同之处。《防卫厅设置法》是以作为行政机构的防卫厅的设置目的、管辖业务、机构组织为中心的法律。而《自卫队法》则规定了自卫队的任务、部队的编制组织、行动、自卫队员的身份等。

防卫厅的任务是"为了保卫日本的和平与独立，维护国家安全，对陆上自卫队、海上自卫队以及航空自卫队进行管理，并进行与此相关的业务"（《防卫厅设置法》第 4 条）。而自卫队的任务则是"为了保卫日本的和平与独立，维护国家安全，其主要任务是在发生针对日本的直接侵略及间接侵略时进行防御，并根据需要维持公共秩序"（《自卫队法》第 3 条）。也就是说防卫厅自卫队是以防卫厅为静、自卫队为动的表里一体的关系。

防卫厅的组织如图 9-1。防卫厅厅机关（防卫设施厅除外）由内部部局(长官官房、防卫局、运用局、人事教育局、经理局、装备局等6个部局,2001年省厅重组后经理局与装备局合并成立管理局,共计5个局)、审议会等(公正审查会、自卫队离职者就职审查会,省厅重组后上述两审议会合并为防卫人事审议会,并新设了防卫供应审议会)、设施机构(防卫大学校、防卫医科大学校、防卫研究所)、特别机构(幕僚监部、统合幕僚会议、自卫队的部队及机构、技术研究总部、契约总部)组成。

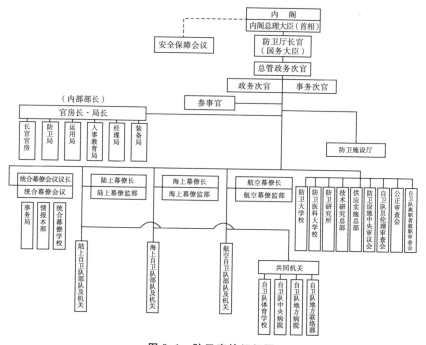

图 9-1 防卫厅的组织图

译者说明:"统合幕僚会议"即"参谋长联席会议","统合幕僚会议议长"即"参谋长联席会议主席","幕僚监部"即"参谋部","幕僚长"即"参谋长"。

出处:《2000年防卫白皮书》,110页。

防卫厅长官在内阁首相的指挥监督下总管自卫队各业务。在防卫厅长官之下设置了防卫政务次官(现在为防卫厅副长官、防卫厅长官政务官)、防卫事务次官(辅助防卫厅长官管理厅务及监督各部局机构的工作)及10名参事官(接受防卫厅长官的命令,辅佐长官制定有关防卫厅所管事务的基本方针,现为防卫参事官)。参事官中的6名(现为5名)为内部部局的官房长及各局长,实际上与内部部局形成一个整体以辅佐防卫厅长官。

辅佐防卫厅长官的机构包括内部部局、陆、海、空幕僚监部(即各军种参谋部——译者)以及统合幕僚会议。根据2000年版《防卫白皮书》,"内部部局负责自卫队各基本业务。各幕僚监部属于各自卫队的参谋机关,陆海空各幕僚长(参谋长)作为各自卫队队务的最高职业军官辅佐防卫厅长官。此外,统合幕僚会议由统合幕僚会议议长以及陆海空各军幕僚长组成,出动部队作战或出动作战以外的大规模灾害等需要进行联合使用部队时,在对自卫队进行指挥命令以及统一部署、使用联合部队等方面辅佐防卫厅长官。"

从外者的角度看,防卫厅的特征,也是不易理解之处,就是三个机构(内部部局、各幕僚监部、统合幕僚会议)之间的关系。因此,本章将首先对这三者的组织、任务进行概述,进而论述三者间的相互关系。

1. 内部部局

内部部局(内局)相当于其他省厅中统一省机关官房、局等组织的部门。内局的工作主要从政策出发,辅佐防卫厅长官对防卫厅各种工作进行基本方针、计划、制度的制定,其典型的工作包括法令的修改、废除、制定预算等。根据《防卫厅设置法》,内局所管辖的事务包括以下内容:

① 有关防务及警戒事务的基本内容及其调整;

② 有关自卫队的行动、陆海空自卫队的组织、编制、编成、装备以及部署等事务的基本内容;

③ 有关①②事务所必要的资料以及情报的收集整理;

④ 有关职员的人事管理、礼仪、军装、经费、收入的预算、决算以及会计及会计监查等工作;

⑤ 职员的补充、工作、执行管辖事务所必要的教育训练、保健卫生;获得及管理与管辖事务有关的设施;与管辖事务有关的装备、舰船、飞机、食粮、其他所需品的供应、补给、管理、劳务;有关装备研究开发等基本内容;

⑥ 在⑤的事务中,与自卫队执行任务所必要的装备等、上级决定的有关劳务等供应合同的原价计算及监查等相关工作;

⑦ 防卫厅掌管业务中不属于其他部门的业务。

内局由1个官房及防卫、运用、人事教育、经理（会计）、装备等5个局组成（现在为防卫、运用、人事教育、管理等4个局），在官房等各局的关系中，防卫局处于中心位置。

与很多国家一样，防卫厅管辖事务的核心是防务政策。与拥有多个政策领域的其他中央省厅相比，这也是防卫厅的特点。为此，内部部局的官房各局是按照防务政策的某个侧面进行工作分配的。其中，负责防务、警戒的基本内容，即防务政策之根本的防务构想及实现构想之手段的防务建设的防卫局，就拥有实质上的综合调整、管控能力。其结果，防卫局制定并介入内部部局相当大部分的政策，根据惯例，防卫局长也由比官房长工龄更长、资格更老的官员担任。

但是，近年来出现了政策重点由防务力建设（建设防务能力）转向自卫队的运用（使用防务能力）的趋势。1997年将防卫局的一部分管辖事务抽出成立了运用局（同时，人事局与教育训练局合并为人事教育局），就体现了这种趋势。在这种趋势下，今后可能会出现因运用局影响力扩大、统合幕僚会议职能强化而在厅内各部门间产生复杂的相互关系的可能性。

2. 统合幕僚会议（简称统幕）

统合幕僚会议与美国的统合幕僚会议职能相同，是对陆海空自卫队的使用进行统筹调整的防卫厅长官辅佐机关。统合幕僚会议议长由各自卫队部队的最高首长陆上幕僚长、海上幕僚长、航空幕僚长轮流出任。联席会议的决定由主席、各军幕僚长通过合议作出。统合幕僚会议设有统合幕僚会议事务局、情报总部以及附属机构的统合幕僚学校，陆海空各自卫队均派出自卫官、事务官出任这些部门的职员。（海陆空派出的人员比例，上校以上为1∶1∶1，但中校以下军官的比例则较为灵活，相对而言陆上自卫队的比率较高。此外主席、事务局长、情报总部部长、统合幕僚学校校长4个职务将分配给3个自卫队。）

统合幕僚会议的任务如下：
① 制定综合防务计划并调整各幕僚监部制定的防务计划；
② 制定综合警戒计划并调整各幕僚监部制定的警戒计划；

③ 制定综合后勤补给计划并调整各幕僚监部制定的后勤补给计划；

④ 制定综合训练计划并调整各幕僚监部制定的训练计划的方针；

⑤ 自卫队出动时对其进行指挥、命令及综合协调；

⑥ 使用根据《自卫队法》第22条第1项规定组成的特殊部队（在进行防务、治安时）时对其进行指挥命令；

⑦ 有关防务情报的收集及调查；

⑧ 其他防卫厅长官命令的事项。

1995年11月安全保障会议及内阁会议决定的《新防卫大纲》中，提出了充实统合幕僚会议的职能以统一、有机运用自卫队的方针。在这一方针的推动下，统合幕僚会议开始加强其职能。具体而言，1998年4月对《防卫厅设置法》进行部分修改后，除出动自卫队用于防卫、治安外，防卫厅长官认为有必要统一使用自卫队的其他场合时，统合幕僚会议也可以辅佐防卫厅长官对自卫队进行指挥命令及统一协调。

在统合幕僚会议中设置了以下组织（"第一""第二"的任务、名称为世界通用），其中第二参谋室随着情报总部的设立被废止并作缺号处理。

（统合幕僚会议事务局）

① 第一参谋室：联席会议的庶务工作、事务局的总务工作、人事管理、会计工作等

② 第三参谋室：制定、调整年度统一防务计划、综合训练计划方针、各军种联合行动等

③ 第四参谋室：制定、调整统一后勤补给计划

④ 第五参谋室：制定、调整统一防务计划，装备体系的研究、数理性的分析评估

（情报总部）

1996年新设立的情报总部重组汇总了各部门的情报组织，对国际军事形势进行综合分析，并向防卫厅有关部门提供各种军事情报。此外还发挥着政府情报组织的作用，还出现过情报总部部长及防卫局长直接向内阁首相报告的情况。情报总部是由防卫局调查第一、第二课

以及各军种幕僚监部调查部的调查第一、二课的相关部门、统合幕僚会议第二参谋室(负责情报)以及被称为"调查别室(调别)"的陆上自卫队幕僚监部调查部调查第二课别室整合而成。情报总部设有将官级的部长、内局官房审议官兼任的副部长以及总务、计划、分析、图像、电波、紧急事态部(紧急事态部于2000年末设立)。

(统合幕僚学校)

传授作为高级指挥官、高级参谋履行职务所必要的统一运用自卫队的知识、掌握其技能的教育训练机构。学生为陆海空三军自卫队的中校级军官,教育期间为36周。还另设有以高级军官为对象的短期特别课程。

3. 各幕僚监部的组织及与部队、机关的关系

陆上、海上、航空各幕僚监部是设置在防卫厅厅机关的防卫厅长官的辅佐机构。同样是防卫厅长官辅佐机构的内部部局负责基本的政策性行政事务,而幕僚监部则根据防卫厅长官指示的基本方针及政策大纲,负责各自卫队部队方面的更为专业、技术性的事务。具体而言,各幕僚监部负责各自卫队的以下事务:

① 有关防务及警戒的计划立案;

② 教育训练、行动、编制、装备、配置、情报、会计、供应、补给以及保健卫生、职员的人事管理、补充计划的立案;

③ 部队有效运作的调查研究;

④ 部队等的管理运营的调整;

⑤ 执行防卫厅长官决定的方针及计划;

⑥ 防卫厅长官命令的其他事项。

各幕僚监部属于拥有各自监理部、人事教育部、防务部、调查部、装备部、技术部、首席卫生官以及监察官下的课的直线型组织(陆上自卫队略有不同,人事教育部分成人事部与教育训练部,不设首席卫生官而设卫生部,另外没有技术部)。陆上自卫队幕僚监部建立之初仿效美国陆军的"野战军"模式,部与课为并列的参谋组织,但考虑到业务调整中的效率,1977年改革为现行组织。(部队各师团司令部尽管有若干差异,但部——1部—4部及课——总务、会计、设施、通信均并

行设置。）

　　幕僚监部的工作人员由以自卫官为中心的事务官及技官等组成。幕僚长（将官级）下设副幕僚长，副幕僚长除辅佐幕僚长外，在幕僚长出现事故或不在时代替其履行幕僚长的职务。各部部长为准将（将补），课长为少将或上校，班长及室长为上校。一般而言，自卫队干部约半数以上会在幕僚监部工作一次，的确存在着在幕僚监部与部队之间不断调动实现班长→课长→部长的晋升方式。此外，2000 年 5 月防卫厅搬迁到市谷后，陆海空幕僚监部与内部部局、统合幕僚会议均在同一栋建筑物内。（防卫厅大楼从下至上依次为陆上自卫队、海上自卫队、内部部局、统合幕僚会议、航空自卫队的楼层。）

二、人事管理系统

　　防卫厅自卫队与其他省厅在人事制度上最大的不同有三点，第一，职员数量大、种类多（自卫官及事务官等）；第二，自卫队的教育选拔制度；第三，退休（即退役）年龄的年轻化。

1. 职员数及职业种类

　　在防卫厅自卫队工作的职员中，除长官、政务次官（现为副长官、2 名长官政务官）、在防卫设施厅劳务部工作的职员外，与行使武力等有关的职员均被称为自卫队员（特别职务的国家公务员）。自卫队员大体分为进行防务行动时参加部队军事行动的自卫官以及参事官、事务官（包括参事官——现为防卫参事官、书记官、部员、事务官、技官、教官、书记、技手）。从人数上看，自卫官为 265737 人，事务官等（事务官、技官、教官、书记、技手）24369 人，参事官等（参事官、书记官、部员）279 人，自卫官的数量（2000 年 3 月数据）占压倒性多数。除定编的自卫队队员外，还包括快速反应预备役自卫官（4372 人）、预备役自卫官（47900 人）、预备役自卫官补（2001 年新设，2002 年开始征募）、防卫大学校学生以及防卫医科大学校学生等。

　　（预备役自卫官与快速反应预备役自卫官）

　　防卫厅对退役自卫官中的志愿者进行选拔后录用预备役自卫官，期限为从录用当日起的 3 年（到期后如愿意可顺延 3 年），陆海空共录用约 46000 名预备役自卫官。预备自卫官通常每年会接受 20 日（现为 5 日）以内的军事训练，在接到防务征调命令后成为自卫官，进行后方警戒及后勤工作。快速反应预备役自卫官是只有陆上自卫队采用的制度，现在约录用了 3400 人。与预备役自卫官不同之处在于快速反应预备役自卫官属于陆上防务力量基本体制中的一部分，训练天数为 30 日，除防务征调外在救灾活动时也会被征调，补助较多，此外雇佣快速反应预备役自卫官的企业还会得到一定的补偿（每人每月 42700 日元）。

（预备役自卫官补）

这一制度旨在给予国民更多接触自卫队的机会，并建设及扩大防务基础，稳定确保将来预备役自卫官的能力，有效利用民间优秀的专业技术等。预备役自卫官补从没有自卫官经历的志愿者中录用，在 3 年以内经过 50 日以内的必要教育训练后录用为预备役自卫官。该制度预定于 2001 年进行宣传与招募，2002 年开始录用及军事培训。

表 9-1　防卫厅职员构成（2000 年 3 月 31 日数据）

防卫厅职员	特别职务	防卫厅长官		
		总管政务次官		
		政务次官		
		自卫队队员	定编内	事务次官
				参事官等　　　　279 人
				事务官等　　　24359 人
				自卫官　　　265737 人
			定编外	快速反应预备役自卫官　4372 人
				预备役自卫官　　47900 人
				防卫大学校学生
				防卫医科大学校学生
				非在编职员
	一般职务	定编内		事务官等　　　　89 人
		定编外		非在编职员

上表的参事官（现为防卫参事官）等防卫厅人事制度的构成要

素——参事官、书记官、部员等均为防卫厅独有的官名。① 如前所述，参事官负责辅佐防卫厅长官制定防卫厅的基本方针，定编为10人，但其中6人（现5人）为官房长与局长。书记官由防卫审议官（现为官房审议官）及课长出任。部员则相当于其他省厅的课长助理。

2. 自卫官的录用、教育及晋升

自卫官招募征兵、录用的一大特征是在地方公共团体的合作下，由设置在所有都道府县的自卫队地方联络部（全国共50所、北海道4所）进行。此外，参军的资格、范围也各不相同，包括军官候补生（干部候补生）、士官候补生（军曹候补生）、二等陆、海、空军士等。参军后，通过军事教育训练掌握军事知识、提高军事技能，同时，通过工作实绩、考试等获得向上晋升的机会。

自卫官的教育、晋升体系的特点是，通过多次的教育、考试决定晋升。（在此仅以军官候补生为例予以说明）以军官（干部自卫官）为例，从防卫大学校、一般大学以及部门内选拔出的干部候补生在干部候补生学校（陆上自卫队在前川原、海上自卫队在江田岛、航空自卫队在奈良）学习后，赴各部队实习（队副），经过1年的教育后成为少尉（三尉）。（一般大学的大学毕业生会延长6个月的实习时间，被任命为少尉军衔时防卫大学校毕业生与一般大学毕业生的比例约为6∶4。）在一个岗位上的工作时间约为2年，在这一点上与其他省厅的职员一样，但由于在全国各地的部队间调动，因此搬家的次数必然较多。（如果子女处于升学考试时期，很多情况下会单身赴任。）

各自卫队决定军官职务种类（参照表9-2）的时间各不相同，陆上自卫队与航空自卫队是在军官候补生学校毕业时，海上自卫队则在海上实习结束后。下一轮课程是从少尉晋升到上尉（一尉）期间的初级干部、中级干部教育课程（BOC）。陆海空自卫队稍有不同，但在这一

---

① 书记官、部员是内部部局特有的官职。书记官"接受命令从事事务工作"，部员则是"接受命令参与计划事务工作"，从制度中的定位看，二者均作为辅佐防卫厅长官及参事官（现为防卫参事官）的参谋，机动性地分担事务工作，在所负责的领域中，在适当的责任与权限下，从事政策计划立案与实施工作。但在实际工作中，书记官基本上为内部部局的防卫审议官（现为官房审议官）、课长，部员为内部部局的官房计划官及室长、班长等，与其他省厅的审议官、课长、课长助理基本上没有大的差别。

课程中均要接受其职业种类的全面训练,在成为中尉或上尉之后接受高级干部课程(AOC)。到这些课程为止,所有军官候补生接受的是共通教育,而决定晋升速度的是在上尉或少校阶段的指挥参谋课程(陆为 CGS,海空为 CS)。从各司令部、部队的上尉、少校中选拔出来的军官将到干部学校学习(具体学习战略、战术、战史、协同作战、语言等)。是否能被选拔上这门课程、选拔后在学校的考试成绩将决定未来的晋升顺序及可能性。此外,在作为陆上自卫队语言教育机构的小平学校,陆上自卫队每年约有 60 人学习普通课程,40 人学习高级课程。

表 9-2 自卫官的职业种类

	职业种类(科)
陆上自卫队	普通科、装甲科、野战特科、高射特科、航空科、设施科、通信科、武器科、军需品科、运输科、化学科等
海上自卫队	航海船务、射击、水雷、机械、通信、飞行、航空管制、舰船维修、补给、设施、情报、法务、卫生、气象海洋等
航空自卫队	飞行、航空管制、高射运用、通信电子、武装、维修、情报、程序、气象、补给、设施、运输、会计等

自卫队在组织外的教育包括国内及海外的留学制度。以陆上自卫队为例,2000 年 12 月有 47 人在国内大学及研究生院学习,6 人在美国的大学研究生院学习,此外,还有留学生在外国军事院校学习(CGS 级别 10 人——其中 5 人在美国,AOC 级别 13 人,PKO 课程 1 人)。海上自卫队与航空自卫队同样也有多人在国内外的大学研究生院、外国军事院校(以美国为主)学习。

另外,除在内局、其他省厅(外务省为主)、内阁官房工作外,陆上、海上、航空自卫队共向日本驻各国大使馆派遣了 46 名驻外武官(2000年 12 月)。

自卫官的人事管理问题上,幕僚长拥有上尉以下级别自卫官的任免权,中校、少校根据幕僚长的报告,上校以上则是防卫厅长官征求幕僚长的意见后进行任免。

3. 任期制与早期退休制

与普通公务员相比,防卫厅自卫队的另一大不同之处是"任期制"

与"早期退休制"。任期制是指2—3年进行一次任命的制度,"早期退休制"即退役是比普通公务员退休年龄更早的制度。从组织活性化的角度理解"任期制",从部队精干强力的角度理解"年轻退休制",可以认为这两个制度都是必要的。退休年龄因军衔高低而各不相同,从下士到中士53岁,上士到上尉为54岁,少校、中校为55岁,上校56岁,准将及将级军官为60岁。

由于每年会产生因任期结束退役的较为年轻的任期制自卫官和很多年轻的退役自卫队员,为退役官兵提供就业支援就成为自卫队极为重要的课题。具体措施包括,对预定退役官兵进行职业适应性检查(根据队员的适应性进行就业指导的检查)、技能训练(大型特种车辆、信息处理技术、机动车维修、危险品处理等有助于退役后再就业的各种技能)、再就业教育等。此外,今后年轻退役者将不断增加,防卫厅计划推动就业信息的网络化以及公营部门录用等举措。根据1999年8月《自卫队法》的部分修改,引入了新的再任用制度,分阶段地提升再任用的年龄上限,从2013年起自卫队员可以工作到65岁。

近年来社会上对退役防卫厅自卫队干部的再就业成为防卫厅与军工企业勾结攀扯温床的批评日益增加。实际上,对退役干部(军官自卫官)再就业去向的最新研究也印证了到相关企业再就业的确存在着一定的模式。在这些批评下,通过《自卫队法》的上述修改,扩大了防卫厅长官批准方可再就业的范围,同时还规定了防卫厅须向国会报告再就业批准状况的义务。此外,根据自卫队离职者就职审议会(现为防卫人事审议会离职者审查分会)的意见,在制定具体的批准标准、增加审查人员的同时,根据2000年11月有关行政命令的修改,该审查会的委员全部来自防卫厅之外的专家学者。①

---

① 以往自卫队离职者就职审查会(现为防卫人事审议会离职者审查分会)5名委员中的3人是防卫厅、人事院及总务厅职员。2001年7月后为大学教授2人、律师1人、社团法人理事长1人、经团连常务理事1人。如果审查会认定定年退役制自卫官及事务官的离职者在两年内就职于营利企业或团体,且该就职企业与防卫厅之间存在着"密切关系",离职者即成为审查对象。判断标准为:①自卫队员离职之日起5年内进行了登记、或申请登记的企业(以下称为登记企业);②在商法上登记企业的子公司;③非登记企业但与防卫厅有密切关系的企业,比如与防卫厅曾有高额合同的企业等。

4. 非自卫官的录用、教育及晋升

自卫官以外的职员除国家公务员Ⅰ种考试合格者外，防卫厅还自行举办招聘考试（防卫厅Ⅰ种——技术系列、Ⅱ种、Ⅲ种等），进行包括技术系列在内的录用工作。后者录用的职员中经过高级研修后可走上管理岗位。以下将简述事务官（内部部局的防卫参事官、书记官及部员等）的情况。

（1）录用

在事务官中，被录用为内部部局等的干部候补职员的Ⅰ种事务系列职员，均来自于国家Ⅰ种事务系列考试的合格者（即所谓的高级公务员）。最初即由内部部局录用是其特点。

Ⅰ种技术系列、Ⅱ种、Ⅲ种事务系列职员则从防卫厅独自实施的防卫厅Ⅰ种考试、防卫厅Ⅱ种考试以及防卫厅Ⅲ种考试的合格者中进行录用。内部部局几乎不会进行录用，陆海空自卫队、技术研究总部、供应实施总部（现为契约总部）、防卫大学校、防卫医科大学校等各种机关是最先的录用单位。录用人数每年Ⅰ种技术系列约20名，Ⅱ种约100名，Ⅲ种200—300名，其后可能会视具体情况等调动到内部部局工作。

（2）教育

Ⅰ种事务系列职员并不会被作为自卫官那样的特定领域专家加以培养，而是要求其积累防务政策整体性的工作经验。此外，与自卫官不同，不采用学校式的集体教育，而与其他省厅一样，以在职培训为基本方式，通过各种研修、留学、出差等培养职员各方面的综合素养。

具体而言，研修包括参加工作后的初任研修及参加工作第三年后的约7—9个月的长期研修（防务理论研修、自卫队部队研修、英语研修）。

有关留学的制度，现在同年参加工作者中的过半数职员在参加工作第四年后出任年轻系长级别时会进行一年以上的海外留学，也有在国内大学研究生院从事学习的情况。另外，在成为部员级别职员后也会有比较短的留学机会，参加工作十年以上的骨干、资深部员会得到前往美英等国防大学、智库、国防部进行研修的机会。

在前往其他省厅工作的问题上,与其他省厅一样,会向首相官邸、内阁官房等众多省厅派遣从系长到课长级别的各级别职员。

Ⅱ种职员、Ⅲ种职员的培训体系以在职培训为基本方式,包括中级研修(以培养将来的系长级别官员为目的)、高级研修(以培养将来的骨干干部为目的)、高级干部研修(以拓宽骨干干部视野、知识面为目的)的统一研究计划,完成这些研修的职员将会以内部部局为中心从事各种工作,并借此打开成为管理层干部的大门。此外,尽管没有自卫官各种职业种类的概念,但很多情况下职员会被培养为擅长工作计划、会计预算、人事管理、情报等各领域工作的人才。

(3) 晋升

Ⅰ种事务系列职员在参加工作后的两年中作为基层职员(系员)进行工作,第3年接受上述研修。大约在第4—5年成为系长,第六年同年参加工作者同时被任命为部员。成为书记官(课长等)大约是在参加工作20年,随后逐级晋升至审议官、防卫参事官(局长等)。在此期间,尽管前往防卫设施厅、供应实施总部(现契约总部)、技术研究总部等部门工作的职员也不在少数,但与其他省厅的Ⅰ种录用职员相比,赴地方工作的机会并不多。此外,没有在各自卫队的幕僚监部及部队工作的Ⅰ种事务系列职员。(但有前往统合幕僚会议下的情报总部或自卫队地方联络部工作的机会。)调动工作的间隔约为两年。

Ⅱ种、Ⅲ种职员的晋升速度更为缓慢,除了在各部门工作,还有在各自卫队幕僚监部及部队从事事务官工作的机会。调动工作的间隔大约为两年。Ⅰ种、Ⅱ种、Ⅲ种职员的退休规定与自卫官相同。

第二节 防卫厅自卫队政策形成的基本过程

一、会 议

防卫厅的基本会议可参见表9-3。

其中,参事官会议(现为防卫参事官会议)是由"在防卫厅长官的命令下,就制定防卫厅管辖事务基本方针等辅佐长官"的参事官(现为防卫参事官)组成的会议。防卫参事官定编10人,其中过半数的6人

(现为 5 人)为内部部局的官房长及局长,其他也是文职官员。

除上述参事官外,防卫设施厅长官、并非参事官的代表职业军人的统合幕僚会议议长、陆海空各军幕僚长也参加这一事务次官主持的参事官会议,大致每周召开一次,除讨论重要事项外(事务层面的决策),还会对防卫厅自卫队的基本问题进行自由讨论。

此外,作为事务层面的会议还有各局负责总务的课长(首席课长)级别的庶务主管课长会议(现为庶务主管课长等会议)、各局庶务主管课首席部员(官房计划官)级别的计划官会议、各局庶务主管课及有关课年轻部员级别的法令审查会议等。其中,庶务主管课长会议、法令审查会议是例行会议,而计划官会议则进行政策思路的创发及讨论。计划官会议不包括各幕僚监部人员,但防卫设施厅等会派员参加。

此外,在内局、各幕僚监部以及统合幕僚会议层面上,有主管局长级别的"某某部局长会议"(参加者包括内局长、各幕僚监部及统合幕僚会议的部长、在主管局的主持下随时召开),主管课长级别的"某某课长会议(比如运用、调查、防务等)"(参加者为内局、各幕僚监部及统合幕僚会议的主管课长,在内局主管课的主持下随时召开)以及以防卫局、运用局部员级别为中心的防卫运用联络会议等。如上所述,防卫厅通过厅内各机关纵向、横向性的责任者会议,寻求情报共享。

表 9-3 全厅(特别是内局)政策形成的主要会议

| 厅议 | 防卫厅长官 | 根据防卫厅长官指示随时召开 | 防卫厅长官、政务次官(现为副长官、政务官)、事务次官、参事官(现为防卫参事官)、设施机构领导、各幕僚长、统合幕僚会议议长、技术研究总部部长(技本长)、供应实施总部部长(调本长,现为契约总部部长)、设施厅长官 | |

续表

会议	主持	频次	参加者	备注
参事官会议（现为"防卫参事官会议"，如果只限相关参事官参加则为"相关防卫参事官会议"）	事务次官	原则上每周一次	事务次官、参事官（现为防卫参事官）、事务次官指定的其他官员（现为设施厅长官、统合幕僚会议议长、各幕僚长）	
庶务主管课长会议（庶务课长会议，现为庶务主管课长等会议）	防卫审议官（现为长官官房审议官）	原则上每周一次	防卫审议官（现为官房审议官）、长官官房总务课长（现为文书课长）、内部部局庶务主管课长、统合幕僚会议一室计划调整官（现为室长）、各幕僚监部总务课长、防卫审议官指定的其他官员	
法令审查会议	法规课长（现为文书课法令审议官，课长级别）	随时	法规课长（现为文书课法令审查官）、内局各局庶务主管课、相关课的法令主管部员	在厅内审议、调整法令、训令
局议	各局长	随时（由各局决定）	局长、防卫审议官（现为官房审议官）、各课室长	在各局举行
计划官等会议	官房计划官（官房总务课，现为文书课）	原则每周一次	防卫厅长官计划官总务课（现为文书课）、秘书课、防卫政策课、运用计划科、人事第一课、会计课、装备计划课（现为管理课）等	
先任部员会议	官房计划官（各局庶务课）	由各局决定	官房计划官（庶务课）、先任部员（各课室）	

二、政策形成的基本过程

1. 创发

防卫厅自卫队的政策创发分为内部部局进行的创发、各自卫队幕僚监部进行的创发以及各自卫队部队经由幕僚监部进行的创发。但是,由于内部部局的各课管辖着防卫厅"政策的基本"内容,因此所有的重要政策都需要内局或通过内局得到防卫厅长官(视情况需最高指挥官的内阁首相即首相)的批准。

长期以来,一般而言自卫队整体基本政策很多都来自于内部部局的创发。这是由于历史上各自卫队的行动领域分工明确,某军种的自卫队的政策需求很难成为全体性的政策。但是,近年来随着统合幕僚会议功能的强化,出现了诸如"内局的各幕僚监部化"以及"各幕僚监部的内局化"等现象,相互关系更为错综复杂。

2. 共鸣

创发的思路与政策相关者之间的共鸣分为与外部的共鸣以及内部共鸣。与其他省厅一样,与外部的共鸣主要通过有效利用外部专家学者等参加的审议会等。此外,在政府内部的共鸣优势还会通过内阁官房内阁安全保障与危机管理室(现内阁官房副长官补)主管的安全保障会议进行协调、决定。因此内阁官房副长官的作用很大。

内部共鸣体系主要是根据事件性质不定期但却频繁召开的依主管者级别设立的协调会议。

如果是一般性法令、训令等的修正、废除等情况(防卫厅自卫队执行的法令中,直接规定、管制国民权利、义务以及国民生活的法令很少),则由内局专门进行研究并实施。主管部员负责与其他有关部局进行事务性调整(详见后述),其后逐层召开内局各局庶务主管课(首席课)以及有关课年轻部员组成的法令审查会议、庶务主管课长会议(现为庶务主管课长等会议)、参事官会议(现为防卫参事官会议)、厅议等。这一系列会议中很多是主要事务性调整结束后的手续性会议。

实际上,这种事务性调整很多是在内局、各幕僚监部、各机关之间频繁召开的临时性的主管者会议上进行探讨的。厅内一般性政策的调整首先召开内局、各幕僚监部主管级别的调整会议（内局为主管部员级别，各幕僚监部为主管参谋级别，大致为少校—上校），在此基础上经过先任、班长级别的调整会议（内局为各课先任部员、各幕僚监部为班长级别——上校）、课长会议、局部长会议（内局为局长、审议官，各幕僚监部为部长）后，大多数情况下大体方针即可确定。这是由于防卫厅已形成了一种体系，即各级别会议的讨论内容及其结果经过各部局的纵向系列汇总到局长、部长级干部处，并将在随后的高级别会议上明确主要论点及对立的意见。其后将在参事官会议（现为防卫参事官等会议）、厅议上进行讨论。

在各种会议上，很多情况下内局发挥着主要的协调作用。这是由于内部部局的编制及组织形态就是发挥解决自卫队各种问题的职能（例如部队的运用、人事管理、供应等），而各幕僚监部是从属于各自卫队的组织，如要将各自卫队的某些政策变为防卫厅全厅的政策（需要防卫厅长官的裁决），就必须与内局的主管部局进行协调。另外，内局实际上承担着就实施的政策向执政党、政府各部门进行说明、寻求协调，以及完成国会答辩所需资料等最终性对外说明的责任。但是，在例如申请预算等需要进行详细说明时，各幕僚监部的负责人会与内局负责人一同前往，而关于航空管制等技术性事项各幕僚监部负责人将直接与外部进行协调。

由于应在职业军人（各幕僚监部）之间发挥协调职能的统合幕僚会议事务局的权限、职能较弱（只拥有调整权限，不能参与各自卫队的预算、人事管理，且实际上并不拥有军队，因此搜集情报较为困难，这实际上也是世界各国军队幕僚监部面临的共同问题，防卫厅目前正在加强这部分功能），因此无法控制各幕僚监部。其结果就是统合幕僚会议事务局的负责人与各幕僚监部的负责人同时参加上述各种会议。但是，即使上述方法在防务力建设等议题上可行，这种个别式的处理方式是否足以应对联合国维持和平行动等今后的新课题尚有疑问。

各部局间进行具体协调时，内局主要从政策及法律的角度，各幕僚监部主要从职业军人的角度对调整内容进行探讨。

3. 评估

很多情况下，防卫厅政策在实际部队运用时会频繁进行改动。考虑到战后自卫队从未被卷入战争这一事实,这种频繁改动难免会让人觉得不可思议。但是,防卫厅内部始终维持着反馈体系,即从大规模的部队行动到小规模的部队训练,在事后必定会总结教训与反思的事项,并反映在其后的计划立案中。比如,阪神大地震的救灾活动中暴露了自卫队实时情报搜集能力的不足,随后就装备了直升机图像传送设备。制度上也是如此,法律修改后,自卫队不必等待地方公共团体的请求即可进行一定程度的救灾活动等。最近,在1999年能登半岛不明船只事件发生后,防卫厅也进行了反思总结,不仅在装备和使用上,包括修改法律在内的各个方面都在进行探讨。同年东海村核事故后,《自卫队法》也追加了对核事故提供救援的内容。

第三节　防卫厅自卫队政策形成的案例

一、一般性政策形成过程——防卫计划大纲

1. 创发

前大纲制定二十年后,防卫厅制定了《1996年后防卫计划大纲》。由于冷战结束、以美苏两国为中心的东西方阵营的军事对峙瓦解等重大变化,出现了应扩大自卫队作用的主张,即自卫队除了保卫日本这一主要任务外,也要在应对大规模灾害、参加国际和平合作行动等有利于稳定的安全环境的构建中发挥作用。1995年11月防卫厅制定了新大纲以取代旧大纲,并明确了今后日本防务力量的发展方针。

在新大纲的制定中,基于冷战结束后国际形势急剧变化这一认识,并出现了希望自卫队进一步应对灾害的行政需求这一变化,经历了以内局为中心进行创发,各幕僚监部对此予以响应,探讨各自卫队的具体举措,进而在防卫厅、政府对防卫大纲进行修改的同时予以批准的过程。

这种横跨陆海空自卫队的基本政策一般是由内部部局进行创发的。新大纲也是由内局防卫政策课为中心进行创发准备工作的。

对形势进行判断的具体变化始于1990年中期防卫力整备计划(1991年—1995年)的制定。制定后的1991年—1992年,成立了"日

本防务讨论会"探讨各种意见。通过实务工作组的研究及防卫厅、大藏省的学习会,1994年后逐步明确了新大纲的内容。

2. 共鸣

在与外部的共鸣方面,新大纲的制定过程中利用了外部专家学者等组成的审议会制度。在首相的指示下,成立了由专家学者、民间有志之士组成的"防卫问题恳谈会"。或许因为日本安全、军事方面的学者专家并不多,因此该恳谈会还包括了财界等不同行业的有关人士(当然也包含推动社会共识的意图)。此外,政府内部共鸣则是通过内阁官房内阁安全保障及危机管理室主管的安全保障会议以及内阁会议进行协调并决定的。

由于当时是联合政权,政策调整还经过了联合政权的政策协调过程,并在这个过程中对新大纲的内容进行了修改。

作为上述正式过程的前提,防卫厅内部的共鸣体系就是根据事件性质不定期但却频繁召开的依主管者级别设立的协调会议。新大纲在内局、各幕僚监部具体负责者协调会议(内局为主管部员级别,各幕僚监部为主管参谋级别)的调整基础上,通过先任、班长级别的协调会议(内局为各课先任部员、各幕僚监部为班长级别),课长会议,局长部长会议(内局为局长、防卫审议官,各幕僚监部为部长),由事务次官、各局长、各幕僚长等组成的参事官会议,并最终在大臣主持召开的厅议中作出决定。

二、单年度的政策形成过程——防务预算的形成过程

防卫厅自卫队进行的年度工作之一是每年制定年度业务计划(业计)。依照《1996年后防卫计划大纲》的要求,防卫省将大致每五年制定一次中期防卫力整备计划(中期防),根据中期防的方针制定单年度的业务计划,明确每年度应实施的防务力装备与维护等事项的目标及方法,并作为预算试算及实施的基础,因此与防务预算的制定、实施关系密切。在内局中,防卫局在这些方面发挥着主导性作用。防卫局计划课对年度业务计划的基本事项进行研究,并对各幕僚监部要求的下一年度业务计划的方案进行审定。管理局会计课则负责计划课管辖

之外部分（例如人事费、伙食费等所谓的"后勤"部分）的审定及归总。在这个意义上，内局对各幕僚监部的工作进行审定，而在各幕僚监部中，负责这项工作的防卫部防卫课与内局及各幕僚监部的关系一样，负责对各自卫队主要部队提出的业务计划进行审定，而各主要部队（主管部局）则汇总其下属各部队的业务计划要求。

当然，业务计划所有的事项均来自于基层部队自下而上提出的要求，一部分内容不仅经过内局的审定，视内容还会由内局进行计划立案，与各幕僚监部交换意见进行协调，最终列入业务计划。（参见部队行动中的政策决定过程，见后述。）

典型的预算制定过程如表9-4。

表9-4　预算制定过程的典型事例

1月：部队向幕僚监部提交业务计划要求
2月：预测每年的形势走向→制定基本计划→决定方针
3月：各幕僚监部防卫课对部队提交的业务计划及各幕僚监部的计划进行汇总整理
4月—5月："幕僚监部内部一审""幕僚监部内部二审"（幕僚监部会议：各幕僚监部内部进行审议研究）
5月末：各幕僚监部向内局提交预算草案
6—7月："内局一审""内局二审"（内局进行审议研究）
7月：自民党国防三部会等执政党党内审议
8月：概算申请参事官会议：召开有关概算申请的厅议
8月末：提交大藏省（现财务省）
9—12月：针对大藏省（现财务省）主计局就概算申请提出的听证内容，内局、各幕僚监部课长及负具体负责人进行说明
12月：自民党政调审议会、国防三部会、执政党三党负责人会议进行听证
　　　内部通知大藏原案（现财务原案）
　　　再次交涉（局长、大臣）
　　　安全保障会议
　　　内阁会议决定政府预算案

三、部队行动的政策决定过程

1. 部队行动计划

防卫厅每年会制定防务警戒计划(年防),以规定一旦发生来自外部的武装进攻及间接侵略等其他治安方面的重大事件时,自卫队所采取措施的基本内容。首先由统合幕僚会议制定年度综合防务计划,得到防卫厅长官批准后,各自卫队(幕僚长)根据综合防务计划制定各自的防务警戒计划,得到防卫厅长官批准后,各主要部队再根据各自卫队的防务警戒计划制定各自的年度防务警戒计划。

此外,在自卫队参加救灾计划的问题上,以内阁首相为主席的中央防灾会议根据《灾害对策基本法》第34条等的规定,明确了推动日本防灾事业所必须之各种政策的基本防灾体系、防灾工作、迅速进行灾后重建工作等内容。其中有关防卫厅的部分由内局通过防卫厅厅内的调整予以决定。此外,根据防灾基本计划,防卫厅制定防卫厅防灾工作计划,在这一计划中,各部门将在其管辖范围内采取相应的防灾措施及防灾工作体制,准备各种器材,加强教育训练等。此外根据南关东等地区的特殊情况,在与有关地方公共团体进行磋商后还制定了针对这些地区的单独的地震防灾计划。

2. 部队作战行动各种命令的起草与颁布

在发生来自外国武力进攻等紧急事态时,针对事态的内容,根据上述计划,防卫厅长官将颁布各种行动命令。这些命令均为内局及各幕僚监部视内容具体起草,经过防卫厅长官的裁决后发出。此外,接受命令者为各自卫队的主要部队(防卫厅长官直辖部队)。

自卫队部队作战行动的基本命令包括内局起草的命令(甲命令)、幕僚监部起草的包括军事专业意见在内、经与内局协商后发出的命令(乙命令)。尽管甲命令与乙命令并非按照事件进行分类,但正如1999年3月能登半岛可疑船只事件之际发出的海上警戒行动令及其执行所显示的,针对第一次出现的事件、政策上的重要事项等多颁布甲命令,由相应部局起草命令,除海上警戒行动外,还包括派遣国际紧急救援部队以及国际和平合作部队等。作为乙命令,包括部队训练命令等部队执行防卫厅长官决定的训令等。但无论哪种命令,在发出的同时,各幕僚长会进一步发出具体指示,各部队在指示下由部队首长对下属部队发出命令。此外,在各自卫队联合行动应对战事时(在防卫厅长官的指挥下组成联合部队时),防卫厅长官对该部队的指挥将通过统合幕僚会议议长实施。

有关命令内容的调整问题,实际上无论是甲命令或乙命令,与内局运用部局及各幕僚监部防卫部之间的一般政策形成过程一样,都会进行事务级别的调整。

甲乙命令的起草尽管没有具体的标准,但在警察机关难以应对或无法应对时颁布维持治安或海上警戒行动命令,海外发生灾害时在法律问题上与外务大臣等磋商后派遣国际紧急救援队,以及在海外治安局势恶化时派遣部队护送日本侨民回国等问题上,由于与负责这些任务的政府有关部门(警察、外交部门)的政策协调十分重要,因此对于政策上高度重视的事项多颁布甲命令。

表9-5 根据《自卫队法》进行防御行动时的主要流程

(发布防御行动战备命令时)
① 向内阁首相的安全保障会议①提出要求批准采取防御行动的报告
↓
② 安全保障会议作出相当于批准防御行动进入战备状态的报告
↓
③ 防卫厅长官通过总理府(现为内阁府)请求召开内阁首相批准防御行动战备命令的内阁会议

---

① 为了在政府层面上统一形势认识以及决定日本的应对方针,将有必要召集相关阁僚进行协商。如果认为某事态属于"涉及国防的重要事项"及"处理重大紧急事态的事项"时,内阁首相将召开安全保障会议。
(安全保障会议成员)
一 根据《内阁法》第9条规定指定的国务大臣
二 外务大臣
三 大藏大臣(现为财务大臣)
四 内阁官房长官
五 国家公安委员会委员长
六 防卫厅长官
七 在根据《内阁府设置法》第19条第2项规定设置经济财政政策主管大臣时的经济财政政策主管大臣
参照《安全保障会议设置法》(1986年法律第71号)

↓
④内阁会议批准防御行动战备命令
↓
⑤防卫厅长官向部队发出防御行动战备命令
↓
(以下为不发布防御行动战备命令时的手续)
⑥内阁首相向安全保障会议发出是否进行防御行动的咨询
↓
⑦安全保障会议作出可以进行防御行动的答复
↓
⑧内阁会议决定发出防御行动命令
↓
⑨向国会申请批准防御行动命令
↓
⑩国会批准防御行动命令
↓
⑪内阁首相向防卫厅长官发出进行防御行动的命令
↓
⑫防卫厅长官接到进行防御行动命令后,向部队发出必要命令
↓
⑬内阁首相宣布进行防御行动的命令、行动地区以及其他必要事项
↓
⑭防卫厅长官通知有关都道府县知事行动部队等的指挥官的官职、姓名以及其他必要事项
↓
﹡⑮事后向国会申请批准(在事前没有得到国会批准即发出防御行动命令时,特别是出现紧急事态的情况时)

如果国会通过不批准防御行动的决议,或已没有行动必要时,内阁首相必须立即命令自卫队撤回(《自卫队法》第76条第3项)。

此外,当有必要发布防御行动战备令时,在发出防御行动命令前的哪个阶段颁布防务行动战备令会随着不同事态及形势的发展而有所不同。比如,在出现突发事件等极其紧急情况时,如表9-6中(﹡)所显示的,也存在着没有发出防御行动战备命令即有必要直接下达防御行动命令的情况。

当国内遭受间接侵略或其他紧急事态发生,警察无法维持治安时(《自卫队法》第78条),或都道府县知事提出申请、事态迫不得已时(《自卫队法》第81条),内阁首相可以向自卫队下达出动的命令以维护国内治安。

此外，防卫厅长官在局势紧迫并可预测将根据《自卫队法》第78条的规定发布治安出动命令且有必要应对这一局面时，经过内阁首相的批准，可以向全体自卫队或部分自卫队发出出动战备命令（《自卫队法》第79条）。

治安出动时主要手续的流程如表9-6。

表9-6 《自卫队法》等规定的治安出动时的主要流程

① 向内阁首相的安全保障会议提出要求批准采取治安行动战备的咨询
↓
② 安全保障会议作出相当于批准进行治安行动战备的答复
↓
③ 防卫厅长官通过总理府（现为内阁府）请求召开内阁首相批准治安行动战备命令的内阁会议
↓
④ 内阁会议批准治安行动战备命令
↓
⑤ 防卫厅长官向部队发出治安行动战备命令
↓
（根据要求采取治安行动时）
⑥ 都道府县知事与都道府县公安委员会进行协商
↓
⑦ 向内阁首相提出出动部队的请求（通过最近的基地司令等）
↓
⑧ 防卫厅长官向内阁首相汇报该请求
↓
⑨ 内阁首相向安全保障会议发出是否进行治安行动的咨询
↓
⑩ 安全保障会议予以相当于命令治安行动的答复
↓
⑪ 防卫厅长官通过总理府（现为内阁府）请求召开内阁首相批准治安行动战备命令的内阁会议
↓
⑫ 内阁会议决定下令治安行动以及要求事后国会批准（通过命令进行治安行动时）
↓
⑬ 内阁首相向防卫厅长官发出进行治安行动的命令
↓
⑭ 防卫厅长官接到进行治安行动命令后，向部队发出必要的命令
↓
⑮ 内阁首相宣布进行治安行动的命令、行动地区以及其他必要事项
↓

⑯ 卫厅长官通知有关都道府县知事行动部队等的指挥官的官职、姓名以及其他必要事项
　↓
　（通过命令进行治安行动时）
⑰ 事后向国会申请批准（命令下达后 20 日内）
　（根据要求进行治安行动时）
⑱ 在事态平息后向都道府县议会进行报告

在国会批准治安行动的问题上，如果国会通过不批准的决议，或认为没有行动的必要时，内阁首相必须立即命令自卫队撤回（《自卫队法》第 76 条第 3 项）。

在进行防御行动、治安行动时，自卫队作战部队在遵守法令的同时，还必须根据随时变化的形势以及基层的实际情况采取恰当的行动。这种情况下，在国际法、国际惯例以及日本法令的范围内，通过根据政策判断规定部队可采取行动的限度，使部队可以较为顺利地按照政府方针进行行动，也有必要减轻部队首长进行政策判断所承受的责任。出现这种情况时，将需要正确运用《有关制定部队行动基准的训令》(1999 年 12 月 4 日，防卫厅训令第 91 号）规定的部队行动基准。

第四节　防卫厅自卫队政策形成的特征

一、总体特征

从经济学的角度看，防卫厅自卫队提供的行政服务属于"纯粹的公共财物"。普通国民几乎没有可以明确感受到正在消费这种公共财物（除了救灾、PKO 等）的机会。普通国民、防卫厅以外的人士对防卫厅的"行政需求"与其他省厅相比很少，而防卫厅更多受到外国等海外形势的影响。此外，其政策目标实施的手段基本上只有自卫队，这也是不同于其他省厅的独特之处。

如果暂且搁置宪法上的争论，自卫队是由非职业军人身份的防卫厅长官掌管其所有事务的军事组织。在理论上，如果没有法律规定、防卫厅长官命令或明确的委任，即使是最基层的部队也不可展开任何行动。这是不以任何基本政策、防卫预算、部队使用的变化等为转移

的。在这一原则下,给予各自卫队部队(或各幕僚长等)多少决定权、执行到何种程度,就这些问题发出训令及长官命令的同时履行对国会等外部的说明责任等,这些都是防卫厅长官应承担的职责。而各自卫队的幕僚监部在防卫厅长官授予的决定权之下,向各部队发出指示及命令,在实施中央决定的政策的同时确定基层部队的决定权范围。现实中这种阶层结构一直渗透到基层部队的层面。

此外,防卫厅自卫队的政策形成过程究竟应归于哪一类型,非常难以确定。比如,考虑到防卫厅的基本政策,即日本防务基本方针的有关内容几乎与普通国民的行政需求无缘这一事实,就必然会走向"计划型"的形成过程,内局应发挥其他省厅官房组织的作用。但是,防卫厅也会出现"基层型"政策形成的情况,比如具体运作、装备的改进等第一线部队的需求。而派遣维和部队及国际紧急救援队等需对国际社会需求及国内形势进行反复探讨研究后方可实施的政策则多为"涉外型"的政策形成过程。

如上所述,属于军事组织的防卫厅自卫队重视自我完结性,很多情况并不适用于一般的国内法令(比如自卫队的战斗车辆不适用于《道路运送车辆法》,并有自己的安全标准),因此必须规划并制定防卫厅独自的政策,政策形成也会根据内容出现复合性。如果将自卫队的每一项职能看作是各省厅中拥有责任与权限的内局中的各主管部局,则可能更易理解。由于内局可以称为防卫厅的官房组织,因此内局与各自卫队的关系类似于各省厅与其相关业界的关系。各省厅(各局)进行政策计划、立案时不可能出台无视业界(各自卫队)的政策,但也不会只根据业界(各自卫队)的需求开展工作。以下将简述内局具备的各种政策形成过程类型的特点。

二、"计划型"侧面

防卫厅政策的特点之一就是政策的行政需求并非必然来自普通国民。当然,有关地方公共团体存在着自卫队完善其救灾体系的行政需求,但防卫厅的主要任务是制定实施有关日本安全的防卫政策,因此有必要对国际形势、国内形势进行综合判断后实施政策。比如日本的基本防务构想、积极构建安全环境主要由内部部局进行创发。这是由于各幕僚监部是各自卫队的专业军事参谋组织，负有从防卫厅全局角度制定政策以及内部部局参谋就防卫厅自卫队行动的"对外说明责任"（比如参事官作为政府参考人参加国会答辩）。因此，日本所面临的国际形势、国会的讨论、社会舆论的动向等各方面的信息都将汇总到内部部局，而各幕僚监部（自卫队）是执行各项政策的实质上的主角，并从这一立场出发提供专业性的军事意见。

三、"审定型"侧面

厅内的预算审定部门是多重设置的。预算申请来自第一线部队时，按照部队→上级司令部→幕僚监部→内局预算（业务计划）主管部局的顺序在每一级对申请进行审定。在其他省厅会由官房会计课对预算进行一元化的内部审定。而在防卫厅，第一线部队使用的武器等装备经费由防卫局计划课、其他经费以及经费汇总则由经理局（现为管理局）会计课进行一元化管理。审定方面会以各幕僚监部、各机关（接受审定方）所提供的信息为基础全面研究预算要求，从全厅的角度统一考虑并作出结论。在这一时期，会对预算申请与防卫厅既存或新政策之间的整合性进行充分讨论。

四、"基层型"侧面

如上所述，作为军事组织的自卫队如果没有法令上的根据以及非职业军人的防卫厅长官的指挥命令，无法开展活动。但是，在诸如部队训练、武器的运用及试验研究等部队权限范围内的改善活动内容的领域中，很多新的政策及想法来自于基层部队（包括技术研究总部等研究机构）。进而言之，在与一般国民生活的关系相对密切的救灾、支援民间建设等领域，也有基层第一线部队的创发引导全局性政策的情况。即使是规模较小的活动，防卫厅也经常探讨其教训及值得反思之处，并根据需要向上级组织反映，只要不违反既有的法令命令，上级机关一般也对这些创发采取宽容的态度。

当然，自卫队没有战争的实战经验，尽管如此，自卫队将始终通过保持这种体系来提升自卫队的整体能力。

五、"涉外型"侧面

自卫队部队支援的民间建设、救灾等活动从根本上其承担者应是地公共团体、联合国等以及受灾国家要求派遣国际维和行动部队或国际紧急救援队等，均属于来自外部的需求。这种调整既有小规模救灾活动等根据现场判断迅速应对的情况，也有诸如维和行动等行动，需要从有关省厅、执政党、有关国家搜集情报，在分析的基础上探讨防卫厅自卫队应对的基本方针，并进行各种与外部的协调以及与各幕僚监部的协调。在这种情况下，内局在决定基本方针后，应作为厅内有关各局以及与外部有关部门等的综合协调机构发挥作用。

第五节 防卫行政的课题与展望

防卫行政在以下四个方面尚需进一步改善。

第一，组织上的课题。首先，目前对外关系以及包括非军事性安全在内的广义安全主要由内阁官房、防卫厅以及外务省管辖。如何调整这三者间的关系将非常重要。

其次，防卫厅自卫队内部也存在着如何协调内局、统合幕僚会议以及各幕僚监部之间关系的问题。历史上内局、各自卫队等活动领域分工明确。但是近年来，出现了诸如"内局的幕僚监部化"以及"各幕僚监部的内局化"的现象，相互关系日益复杂。因此，在确保文官统制（civilian control）的同时如何构建内局、统合幕僚会议、各幕僚监部之间的关系也是一个重要课题。

比如应发挥协调各幕僚监部间关系作用的统合幕僚会议事务局的权限、职能较弱（只拥有调整的权限，无法介入各自卫队的预算、人事等安排）。各幕僚监部的这种自律性在以建设防务力量为主的时代或许尚可为之。但是，在维和行动等也成为防务政策议题的今后，就需要包括运用局（现改名为运用规划局——译者）在内的各幕僚监部之间进行更为实质性的协调与合作。此外，在财政结构改革中削减支出的压力下，各幕僚监部之间将不可避免地在防务力建设上通过合作、协调以有效利用资源。

第二，财政方面的问题。防卫行政工作中同时存在着五年修订一次的中期防卫力整备计划以及单年度预算这两个政策决定过程。在近年来财政结构改革的压力下，如何促使这两者的有机结合、如何改革单年度的预算制定过程日益重要。

第三，人事管理方面的问题。长期以来，防卫行政的作用只被限定在国土防御上。但是，近年来防务的作用逐渐扩展到维和行动、防务交流、与联合国的合作、军备管理与军控等领域。此外，防务力的作用在深度上也从应对常规兵器深入到应对情报战、难民问题、海外撤侨等领域。为了应对这些新的变化，如何在人才培养上进行改革是一个重要课题。

第四，法制方面的问题。不仅是有事法制（战时法制），为了对应新出现的网络战、区域警戒等新课题，有必要对单独自卫权、集体自卫权的传统概念进行再探讨。

附　录　防卫厅的隐语

防卫厅使用的隐语中，除频繁使用霞关其他省厅也在使用的诸如"合议""lecture""玉""填塞""demarcation""short-notice"等外，还使用一些旧的军用语以及美军用语等军事用语。大致包括：

＊"marbeau-""弊公司""我公司"：防卫厅。

＊"tenioha"：细节描述。

＊"承担"：予以批准，并努力推进政策。（被用于"内局不会负责这一问题"等场合）

＊"推倒"：推翻政策方案（"通过"的反义词）。

＊"听候指示"：进长官办公室听候指示之意。比如"听候次官办公室指示"是指"尽管（因进行说明等）需前往次官办公室，但根据次官秘书的指示而在所在课等待"（反义词是该干部在次官接待室等候的"准备前进"）。

＊"正面站立"："成为主要负责人"之意。

＊"（后方）支援"："予以合作"之意。

＊"正版"：经过批准、没有变更余地的文件。比如"明日答辩资料

的正版"等。

　　*"丸建"：在防卫厅不是指建设省，而是会计检查院之意。

　　*"见习"：指国家公务员Ⅰ种录用职员（高级公务员）中参加工作1—3年、尚未成为系长的年轻职员，有时也指防卫厅录用的所有高级公务员。

　　*"消极检查"：文件内容并不包括组织意见，仅限于罗列图表、数字以及确认事实关系。

　　*"拜托事务"：在传达尽管不是命令、意见，但如果可以接受则希望得到同意的事项时使用。

　　*"甩手掌柜"：政策立案等不经过研究原封不动地送交其他部局。

　　*"先任（部员）"：首席部员之意，相当于其他省厅的"总管（助理）"以及外务省的"首席（事务官）"。

　　*数字：1称为"一"（日语）、2称为"二"、0称为"零"，特别是用日语数字念法表示24小时制的时间较多。比如"课长'lecture'从二一三零开始"即是"向课长汇报从21时30分开始"。这种用法的好处在于可以避免口头或电话中出现"一"及"七"在日语发音中的混淆（旧军用语）。

　　*字母的表示参照下表。与数字一样，为了避免出现"d"与"e"的混淆，很多情况下使用口头拼读进行确认的方法（军事用语）。

A	Alfa	N	November
B	Bravo	O	Oska
C	Charle	P	Papa
D	Delta	Q	Quebec
E	Eco	R	Romeo
F	Fork slot	S	Sierra
G	Golf	T	Tango
H	Hotel	U	Uniform
I	India	V	Victor
J	Juliet	W	Whisky
K	Kilo	X	Xray
L	Lima	Y	Yankee
M	Mike	Z	Zulu

（各自卫队存在若干不同）

第十章 财政会计制度

足立伸

第一节 国家财政制度概要

一、国家财政概观

一般而言,国家活动的经济侧面被称为财政,为了应对国家的各种活动,财政也有多种形式。比如国家财政支出的形式极为广泛,既有国家公路建设等国家自行从事的事业支出,也有地方公路建设、道路公团的高速公路建设等由国家向地方共同团体、特殊法人提供辅助金等以弥补地方公共团体及特殊法人从事上述事业的支出之不足。进而言之,既有这种经济性公共事业投资性质的支出,也有人事费、国防经费等经常性支出。而财源将通过租税、公债、负担金、出售国有资产等方式获得。此外,国家为了提供行政服务,或者出于租税的物纳等原因在保有各种形式的资产的同时,也进行财政投资、融资等金融活动。从经济学的角度看,国民经济中财政的功能尚有值得商榷之处,但一般可包括出于公共目的对资源进行分配、所得的再分配以及实现经济的稳定与适度增长。(贝塚、馆 1973,第 7 页)。

二、国家的财政制度

尽管财政包括多种活动,但《宪法》规定了日本财政的根本制度。《宪法》专门为财政设置了一章,首先作为财政的基本原则,规定了必须在国会决议的基础上行使处理财政问题的权限这一财政上的议会主义原则,即财政民主主义,这也是日本财政制度的根本所在。《宪法》之所以对财政进行特别规定,是由于财政发挥着在经济上支持所有国家活动的作用,也是国民委托国家实施的统治权的重要组成部分(宫泽 1995,第 105 页)。与以市场交易为基本的民间经济活动相比,财政的特征就是国家基于国家权力或其公信力筹措财源,并根据政策判断使用筹措到的财源(杉村 1982,第 2 页)。《宪法》规定的财政制度的基本原则正是基于这一特征制定的。

在《宪法》中,作为财政政策国会决议原则的具体实施,规定了必须基于法律征收租税等的租税法定主义,以及国费支出、国家债务负担必须经过国会决定,以彻底贯彻财政民主主义。预算决算等制度就是基于财政问题的议会主义原则而建立的。作为预算、决算基础的国家会计制度是由《宪法》《财政法》《会计法》等规定的彻底遵循财政民主主义的高效制度。比如,在《宪法》与《财政法》中,预算决算制度就是从国会客观、严格管控国家财政支出的角度出发,以国家应将每一会计年度的所有现金收受都计入预算为原则,国会通过预算进行事前管控、通过决算进行事后监督的有效制度。此外,国家负担的债务以法律及预算的形式需经过国会的讨论决定。另一方面,《宪法》还规定了不经过国会议决而由内阁承担责任进行支出的预备费制度,从而明确了财政问题上国会议决原则使用的范围。此外,财政国会议决原则也适用于国有资产的管理、处理以及国家债权的管理。比如在《财政法》中,规定作为国有资产支付手段的不进行利用及等价交换之国有资产的转让、借贷等,或国家免除债权等事项必须基于法律进行。

此外,在《宪法》及《财政法》规定鉴于财政的重要意义应向国民及国会公开财务信息。

在其他方面,作为《宪法》规定的财政原则之一,皇室财产及费用必须经国会议决并在利用公共财产上受到限制。

三、国家预算制度

针对会计年度政府政策的实施,政府将对照必要的经费以及支付经费所需的财源,在钱款方面进行系统规划,这也是预算的性质。为此,预算内容不仅包括岁出、岁入预算,还规定了政府实施政策所必须的债务负担权限等,再加上继续费、负担国库债务、累计结余可跨年度使用费,明确政府担保限额及公债发行对象经费等,构成了预算总则。

作为预算制度的原则,通常包括总计预算主义、会计年度独立原则、单年度主义等极为重要的内容。

作为预算的计入方法,可以采用两种方式,一种是将一个会计年度中所有经费都按照岁出计算,将一切收入都计算为岁入,即岁出与岁入总计预算主义;一种是扣除支出产生之收入的纯计预算主义,而财政法明确采用了总计预算主义。比如,国家自身开展公共事业建设的直辖事业时,从与该事业有很强利益关系的地方公共团体的事业经费中征收一部分作为负担金,这时有必要将该事业所必须的全部经费计算为岁出预算,其负担金计入岁入,而不认可只计入从事业所需经费中扣除地方公共团体交纳的负担金后的金额。采用这种总计预算主义是基于明确全部预算以由国会进行议决这一财政民主主义的要求。

《财政法》实行各会计年度经费由该年度岁入支付的会计年度独立计算原则。这一原则在于通过每一会计年度将岁出与岁入明确联系在一起,同时明确每一会计年度内岁入的用途,以避免出现因岁出与岁入缺乏对应性而导致的丧失财政健全性的事态。可以说这个目的与后述的具有客观性、绝对性等特质的现金收付制同时得到了贯彻。比如,如果将未收金也计入岁入,即使积累了相当数量的担保金,也必然会对会计年度独立原则的维持财政健全性这一功能产生影响。

此外,单年度主义容易与会计年度独立原则混同,实际上这是根据《宪法》规定,国会必须在每一个会计年度对预算进行议决这一确保议会对预算审议权的原则。

(参考1:岁入岁出预算的内容)

如上所述,预算由岁出岁入预算等构成。其中岁入岁出预算占据中心地位。与收入及支出相关的各部局等组织对岁入岁出预算进行了具体划分,这些部局根据岁入的性质又将岁入预算区分为部、部中细分出款、款下则区分为项。岁出预算根据其目的细分为项(《财政法》第23条)。因此,在岁入岁出预算中,区分这些组织是为了明确对分配给各省厅的预算负有最终负责的各省厅最高负责人领导下承担预算执行责任的部局,且这并不一定要严格符合各省厅设置法上的部、局划分。岁出预算根据组织进行区分,并进一步根据目的细分为项,此时多会写明与预算内容相对应的目的。由于预算各异,因此反映预算内容的项也有不同形式。比如,在防务预算中会出现"平成某年度甲型警备舰建造费"等名称极为具体的项目,也会有某省日常经费一括立项的"某某省机关"名称的项目。这一现象除了涉及预算目的应具体细化到何种程度的问题,也是同一目的经费应恰当地具体处理到何种程度的问题,因此需要对每一项预算的内容进行具体判断。

四、国家的会计分类

预算发挥着从财政上支持国家活动的职能。为了从财政面上一览每一会计年度的活动,从准确掌握财政状况、确保财政健全性的角度看,通过单一的会计进行统一财会管理是比较理想的。这也被称为单一会计主义或预算单一原则。

但是,国家的活动多样且复杂,单一会计很可能会使财政方面对国家开展事业的支持与评估不甚明确。因此,《财政法》规定,与国家基本会计制度的普通会计相区别,作为例外可以通过法律认可设置特别会计。具体而言,在开展的特定事业拥有特定资金并使用这些资金时,仅限于当拥有其他特定岁入并且在财务管理上特定岁出需要与一般的岁入岁出区别处理的情况下,可以设置特别会计制度。目前共有38种特别会计。

五、公债制度

人们大多会关注预算制度中岁出方面的问题,但是岁入方面公债的发行原则也具有重要意义。《财政法》明确规定,国家的岁出原则实行根据租税进行支出,也就是非举债主义或健全财政主义。这是出于对二战前财政运营为了筹措军费而过度依赖公债的反省,而规定采用健全财政主义(杉村 1982,47 页)。但是,作为例外,《财政法》认可发行公债作为筹措公共事业费、出资金、贷款的财源,这也被称为建设公债原则。在制定《财政法》时,对提出此项建议的理由进行了以下说明:"为了避免滥发公债导致国家债务膨胀,并因此危及全体财政的基础,发行公债必须是有限度的。但是,公共建设或出资金、贷款等自身存在偿还性质者、具有不会被滥用而进行偿还性质者,即用于生产性方面以及资本性支出时,将被许可发行公债,包括公共事业费、贷款或出资金等。"一般而言,这些特别认可的公债均被认为是可成为国家资产并可从这些资产中长期受益,从世代间公平的角度认为是合理的且会受到健全财政主义原则的限制(杉村 1982,48 页)。但是,20 世纪70 年代中后期石油危机后为了应对经济景气低迷,作为《财政法》的特例,开始发行旨在为经常性经费提供资金的公债。以此为开端,与《财政法》规定的建设公债相对照,开始发行基于《财政法特别法》的"赤字公债"。特别是最近,由于连经常性经费都无法通过税收填补的极端性岁出与税收不平衡状况成为常态,为此还制定了便于每一年度发行作为《财政法》特例的公债的法律,也因此出现了《财政法》的规定实际上已形同虚设的批判。进而言之,《财政法》的原则是以财政均衡为前提的,并不包含推动建设公债实施对象的公共建设的思想。

对公债的限制,除了《财政法》的均衡财政主义之外,还包括禁止日本银行(即日本中央银行)接收公债,即所谓在市场中消化的原则。这是由于在二战前、二战期间,发行的大量公债均由日本银行接收,从而导致了严重的通货膨胀,这一规定正是出于对这段历史的反省(杉村 1982,53—54 页)。《财政法》制定之时的《日本银行法》使得日本政府可以很大程度上干预日本银行的活动,因此这一规定才具有意义。但今天,由于《日本银行法》明确规定了日本银行的独立性,这一规定反而可能变成限制日本银行施展政策的障碍,其意义也自然受到了质疑。尽管如此,这条规定在进行限定性解释上是有合理性的。

为了偿还公债,设立了国债整理基金作为减债基金,公债以 60 年偿还为前提进行运营。

(参考 2:《财政法》第 4 条规定的公债政策的经济合理性)

在什么是理想的公债政策问题上,存在着基于凯恩斯理论要求积极采取公债政策的看法,也存在着至少从长期看否定公债政策的景气调整职能(被称为李嘉图的非道德化命题等)的看法等,对公债政策的有效性存在着各种意见。此处并不涉及这些讨论,但即使按照李嘉图的观点,以公债发行最终将蚕食将来的民间消费为前提,一般而言,公共投资作为代替民间投资的手段,通过实施具有外部经济性的公共事业获得的界限效应会超过民间投资。如此而言,通过发行公债进行的公共投资将会提升社会全体资本积累的水准(Blanchard & Ficher 1989, pp. 129—135)。因此《财政法》第 4 条规定投资性经费的财源限定于发行公债的建设公债原则是具有合理性的。但是,如果通过实施公共事业获得的界限效应小于通过民间投资获得的界限效应,发行建设公债至少从国民经济全局的角度看也就失去了经济合理性。但是,在这种情况下,通过以建设公债为财源的公共事业获得的效应也应在考虑外部经济性之后进行判断,并有必要注意到这种判断并非易事。

另一方面,从世代公平的角度追求建设公债原则的合理性时,被加重负担的下几代人的意向并没有在对发行建设公债进行判断的当今国会上得到反映。从这个意义上,由于现在的世代取代了将来世代的判断,因此在判断发行建设公债时应慎重行事。

(参考 3:创设减债制度的过程及其有效性)

日本的减债基金创设于 1878 年,在此之前国库备有公积金用于偿还国债等,1875 年国库准备金中的第二类作为偿还内外国债资金。但是,这些减债基金并不是现在的法定减债制度,国债偿还的规则也没有确立(大藏省 1926,第 9 卷 45 页)。

其后,1904 年日俄战争爆发,需要大量的战争经费,政府通过发行公债来解决大部分军费的来源,其中大半依赖发行外汇国债。很多日俄战争的公债偿还期限短,利息高,因此用于偿还本息的财政负担极为沉重。1905 年为将日俄战争公债中利息高的内债借换为外汇债务而访问英国的高桥是清财政委员在当地明确了以下方针:"为了清算政府外汇债务的偿还,将设置整理基金,并计划通过这一方针在三十年左右偿还所有的国债。"这一发言后,为了"在整理、偿还公债的问题上,确定切实稳定的方针、巩固财政基础,并以此稳定内外市场,维持公债的内外信用度"(大藏省 1936,第 11 卷 422 页),政府设置了国债整理基金,每一会计年度都转入相当的金额以确保用于偿还的财源。1906 年公布《国债整理基金特别会计法》,确立了当今减债制度的基础。

对两次世界大战期间债务国在外债及从海外借款方面不履行偿还义务的实证研究表明，没有陷入债务不履行的债务国（比如日本）在之后利率等方面并未获得更有利的条件，同时流向债务国的资金流通量也在减少（Eichengreen 1989，p.137）。从这个意义上，通过设立国债整理基金提升海外投资家对日本国债的信心这一目的是否现实还值得怀疑。

六、国家的会计制度

国家会计制度也是符合财政民主主义观点的制度。一般而言，国家会计采用"现金收付制"，与此相对照，企业会计原则上采用"权责发生制"。但是，根据《财政法》的规定，"收入就是国家……的现金支付"（《财政法》第2条第1项），并且把"其他处理财产及新债务负担产生的"费用也作为收入（《财政法》第2条第2项）。因此，政府所有的资产销售收入以及公债金收入也被计入岁入，这与企业会计中以计算某一期间的损益情况为目的的现金收付制不同，国家会计中的"现金收付制"发挥着与现金流通量同样的机能。

这种国家会计中的财会方法是因为国会执行严格的财政管理，注重现金收受的客观性与确定性，并是实现这一目的的手段。各会计年度的经费实行以该年度岁入支付这一会计年度独立原则，同时，这一原则不承认为未确定岁入提供相应的支出，从而发挥着防止财政健全性丧失的机能。也就是说，现金收付制的特色就是单纯性与明确性。换而言之，由于客观性与确定性，通过采用现金收付制，国会才可能对财政进行严格的管理。与此相对照的是，如果采用权责发生制，则不可否认裁量性将随之扩大。比如，企业会计原则中认可的定额法、定率法等各种折旧方法用来从法律上测定国家拥有的所有资产是很困难的。此外，在准备金的计入问题上，是否需要计入、计入的金额判断等方面若要排除裁量性实际上是不可能的。因此，从国会对财政进行彻底管理的角度看，现金收付制有其独有的优点。

此外，在企业会计中，一般费用是指"通过企业获利行为从企业流出的总价值"或"消费成本"，收益则是指"通过企业获利行为流入企业的总价值"或"不仅通过提供或销售企业生产的产品、商品、服务等流入价值的增加,还包括通过交易资产以外的资产销售以及交换获得的盈利以及负债有利结算的盈利"(黑泽 1982)。比如,诸如购入非偿还资产时,其价额不计入费用的同时,借款也不可能计入收入。而在《财政法》中,通过决定总计预算主义原则,国库各会计中现金的流出流入均计入作为岁入及岁出的预算,并以此服从国会的管理,从这一点也可以看出,租税等收纳以及国家费用支出等财政问题通过议会议决预算受到国会严格的行政管理,并反映为现金收付制。此外,如上所述,在《财政法》中,在企业会计中相当于费用的债权免除等通过特别规定,有必要基于法律、由与预算这一财政管制手段不同的国会管制予以处理。此外,国有财产的管理等由《国有财产法》规定。

  从国会对财政进行管理的角度出发,如果按照上述思路判断国家会计制度中的现金收付制是合理的,那么未必会出现不服从由现金收付制进行国会管理的情况。比如,需要国会进行议决的并不是国家所有的现金支付,而只限于"用于填充国家各种需要"的现金支付。委托金的支付与偿还、邮政储蓄金的支付与偿还等由于不属于弥补国家需要之支付,因此不需要进行国会议决。并且作为财政投资融资借贷的现金支付,由于属于随金融形势变动不断增减的被动性金融资金而不易进行数量规定,根据《财政法》第 44 条规定的资金支付方式,不计入预算。因此,即使是国家进行的现金支出也有不适用于国会议决的情况,亦可理解为《宪法》也想定了当出现国会议决缺乏合理性时,国会议决原则将不再适用的情况。

  如上所述,如果将《宪法》以及《财政法》中的现金收付制规定理解为国会对财政进行管理的手段,那么作为对国家会计进行财会管理的手段,现金收付制并不是随时需要的。比如,被称为企业特别会计的特别会计(造币局、印刷局、国有林业事业、酒精饮料专卖事业、邮政事业等特别会计)的岁出岁入预算根据现金收付制制定。但另一方面,各特别会计的设置法也规定了引入企业会计因素的会计方式,在实施全面折旧措施的同时,计入未支付金及未收付金,采用了权责发生制的会计方式。考虑到企业特别会计是以国家垄断性行业自收自办为前提的企业性行为,国会对其的财政管理方式就是在各特别会计维持根据现金收付制的预算及决算形式的同时,基于企业性经营判断更可促使有关事业高效运营这一观点,促使企业特别会计通过权责发生制而非现金收付制处理其会计事务。此外,不仅限于企业特别会计,《邮政储蓄特别会计法》及《简易生命保险特别会计法》等特别会计也采用权责发生制进行会计事务,这也是基于同样的理由。另一方面,如果从国会进行财政管理的角度判断预算与会计事务采用同一方式是合理的,那么预算、决算与会计事务均将采用现金收付制。比如,诸如事业特别会计的公共事业等投资性事业的会计,由于其岁入的相当部分来自于由税赋财源组成的普通会计转入的款项等原因,也按照现金收付制进行会计事务。另一方面,如从事国民年金等保险事业的保险特别会计等,鉴于征收保险金的现状,在继续以现金收付制为基本制度的同时,未收纳金以及担保金的计入等部分采用了权责发生制的会计处理方式。

(参考4:特殊法人等的会计制度)

日本存在着众多实际上从事行政事务的特殊法人。特殊法人是根据《民法》《商法》以及《有限公司法》之外的法律设立的法人(除国家、地方公共团体以及继承法人外)的总称,即"根据法律直接设立的法人,根据特别法应设立的从事特别活动的法人"(《总务厅设置法》第4条)(川村 1991,484 页)。以下将以后者为主简述现行会计制度。日本现有 78 个特殊法人,其中包括诸如 NTT、JT 等很难说是代理行政事务的特殊公司,同时除特殊法人外,经主管大臣认可设立的认可法人甚至公益法人等也都在从事行政事务。在日本,特殊法人、认可法人、公益法人为数众多且承担行政事务,其背景在于 1969 年制定《编制法》后,公务员的编制受到了限制,此外,还希望通过给予政府之外的机构以一定裁量权并从事行政事务,从而提高事务工作的效率。从这个意义上讲,这与后述的新公共管理理论存在着共通之处。

有关特殊法人的会计制度,财政制度审议会于 1987 年制定了以由国家出资或接受辅助金的特殊法人以及认可法人为对象的"特殊法人等会计事务标准"。该标准规定,即使是特殊法人基本上也应按照企业会计的标准进行会计事务,但对接受辅助金的会计事务则有特殊规定。

(参考5:独立行政法人的会计制度)

1998年《独立行政法人通则法》成立,2001年4月起独立行政法人开始工作。独立行政法人是国家将政策的计划立案功能与实施功能分开,将某些长期以来由国家实施的事务与事业交由独立的法人,为提供高效率的行政服务而设立的。2001年4月创设了57个独立行政法人。这一制度的基本政策框架体现在行政改革会议最终报告(1998年12月)中,其概要具体如下。

第一,主管大臣对独立行政法人的监督及干预仅限于相关法人的业务以及组织运营的基本框架。从《宪法》规定的财政民主主义的立场出发,国家将进行一定程度的干预,但这种干预应是最低限度的且不应有损于独立行政法人的自律性与自主性。

第二,主管大臣设定中期目标,独立行政法人的负责人将根据中期目标制定中期计划。中期计划应获得主管大臣的认可,主管大臣也应就此与负责财政的大臣进行磋商。

第三,财务会计。

① 原则上采用企业会计原则。

② 有关运营经费,将根据一定规则进行计算并支付。

③ 因法人的经营努力而产生的剩余款项,可以在中期计划规定的使用范围内使用。

④ 中期计划结束时的累计剩余款项将由主管大臣进行处理。

⑤ 独立行政法人应按年度制定预算、决算,并提交主管大臣,主管大臣将进行必要的确认。

《独立行政法人通则法》在规定以上内容的同时,还就独立行政法人的主管大臣应决定的中期目标规定如下。

① 中期目标的实行期间;

② 业务运营效率化的事项;

③ 提高向国民提供之服务及其他业务质量的事项;

④ 改善财务内容的事项;

⑤ 其他业务运营的重要事项。

《通则法》还进一步规定,独立行政法人在根据中期目标制定中期计划中应规定以下事项。

① 完成业务效率化这一目标所应采取的措施；

② 完成提高向国民提供之服务及其他业务质量这一目标所应采取的措施；

③ 预算（包括人工费的估算在内）、收支计划以及资金计划；

④ 短期借款的限度额；

⑤ 在转让重要财产或提供担保时的计划；

⑥ 剩余款的用途（假定通过经营效率化产生之剩余款的全部或部分返还独立行政法人）；

⑦ 有关其他主管省省令规定的业务运营的事项。

此外，在与各独立行政法人相关的法律中包括以下内容：①独立行政法人的业务范围，②资本，③董事数量，④中期计划结束时公积金的处理方法，⑤长期借款的权限以及政府担保等。而《通则法》对制定的中期计划及运营费辅助金等的事项则没有具体的规定。

基于上述原则，独立行政法人的会计标准将遵循企业会计原则。但总务厅成立的研究会于2000年2月决定了独立行政法人会计标准，其中提到，鉴于独立行政法人的运营依赖政府提供的辅助金等特殊情况，其会计事务将不会原封不动地照搬企业会计原则。同时应制定借贷对照表及损益计算报告，并计算根据企业会计原则的收益以及国家出资金及无偿使用国有财产等所产生的机会成本，并据此制作"行政服务实施成本计算报告"。

七、国库制度与国库金管理

国家通过财政活动保有现金、有价证券、房地产、物品等各种财产。作为这些财产权的主体即国家通常被称为国库。国库并不是国家的独立组织，仅仅是将国家作为财产权主体的称呼，并不具备法人格。

属于国家的现金被称为国库金，现在对其出纳保管进行一元化管理。这一国库统一原则一方面旨在有效、统一使用国库金，一方面也旨在国家会计的明确化与公正化。国库金的管理负责人为大藏大臣，出纳保管则全部由日本银行操作（《会计法》第34条），操作用现金作为日本银行的存款。日本银行通过对其保有的国家存款进行计算收支来开展国库金的出纳会计事务。

(参考6：国库制度的变迁以及国库记账制度的变迁)

国库金制度的变迁可追溯到1873年的金谷出纳顺序(太政官达)。金谷出纳顺序，形成了日本国库管理的规定。当时，在岁出方面，大藏省每个月向各省厅支付普通经费，其经费由各省厅自行管理。在岁入方面，上缴金也暂由各省厅受理并进行管理。为此，各省厅均指示银行及富商进行出纳事务。其后制定了会计法令，在大藏省设立了进行国库金出纳事务的机构(出纳寮)，即国有金库制度。每月大藏省向各省厅支付必要经费的制度一直持续到1882年《会计法》的修改。从1882年起，尽管确立了各省厅应出纳的现金均由大藏省管理的原则，但各省厅仍以受大藏省委托的形式延续以往对国库金的管理。这一各省厅管理国库金的制度一直持续到1886年出台了《岁入岁出出纳规则》(内阁令)。根据《岁入岁出出纳规则》，岁入、岁出的现金支付均集中由大藏省管理，从而确立了国库的一元化管理。此外，从1890年开始委托日本银行进行国库金出纳事务(大藏省1936，第2卷1—7页)。根据1921年《会计法》的修正，日本银行进行国库出纳事务，国库金也以政府存款形式由日本银行保管。

国库金管理的记账制度也随着上述国库金管理制度的变迁而变化。1876年制定的《大藏省出纳条例》中表示"应规定所有有关计算的账簿以及记载方法均按照'记账'方式进行"，在《计算簿记条例》(1878)中明确了复式簿记的方式："各省厅的所有现金出纳计算均应根据复记法记入账簿"，"根据复记法采用将现金出纳分左右两栏分别标注贷借字样进行对比记录的形式"。当时大藏省正在聘用外国专家指导推进国库金出纳的现代化与西方化，并在一般企业采用西方式簿记法之前就率先引进了复式簿记法。如上所述，大藏省与各省厅间国库金出纳的复式簿记之所以必要，是因为各省厅独立管理各自的国库金，因此有必要记录与大藏省之间的国库金往来。比如，根据1882年制定的《修订记簿组织例言》，要制作"经费预算结余表"，其中将应从大藏省接受的金额记录为借入方，而将将来应支出的金额记录为借出方。

复式簿记"以对一次交易进行双重记录为开端，贯彻记录的双重平衡性（借贷均衡的原则），直至最终结果的表示均采用平衡原则"（黑泽 1982），基本上以具有等价报酬性的交易为主要对象。因此，在包括大量征税或辅助金支出等不包含等价报酬性财政活动的国库金记账中，其意义相对较小。但尽管如此，明治初期采用复式簿记方式的理由来自于上述的国库制度，其后，随着国库制度向国库金集中管理转型，复式簿记的必要性变小时，记账方式也随之改变。根据1890年制定的《会计规则》，采用以计算整理各省厅预算及其执行的收支金额为目的的"科目整理"簿记方式，"科目整理"的簿记将按照预算额、执行额、余额等进行分类记账。

第二节 新公共管理与财政制度以及国家会计制度改革

一、基于新公共管理理论的行政改革

新公共管理是英国、新西兰等国通过行政实务基层形成的革新性行政理论，通过引入民间企业的经营手段实现行政的效率化（大住1999，第1页）。新公共管理理论是代理人理论、交易人费用理论等新制度主义经济学与经营管理学的融合模型（山本1999，第3页）。前者基本上是将论证股份公司中股东与经营者关系的公司治理理论以及契约理论运用于国民与政府间的关系。国民或者其代表者——议会（进而言之议会内阁制中的内阁）由于信息不对称性等原因无法完全监视、控制政府，因此可能会出现政府较之国民利益优先政府自身利益的情况。鉴于这种可能，该理论主张成果管理型契约体系的有效性以及公司等组织（这时即政府）的最佳规模。后者则主张通过扩大经营者裁量范围等赋予经营者以动机。

基于新公共管理理论的各国行政改革模式各异，但究其本质，均为通过将市场原理运用于政府来提高行政的效率。其具体手段中的主要内容可包括新西兰采用的在政府内部建立部长与行政官员之间的契约制度，通过政策评估实现由重视政策决定过程、执行过程的目的意向向重视结果的转型。还有在很多国家特别是英国推行的将政府市场化，通过民营化、强制性竞争投标制将行政业务委托民间，将民间资金、经验运用于PFI等业务，进而通过向代理、内部市场化等的转

型明确业务应承担的责任及收支情况。

二、新公共管理与财政制度、国家会计制度改革

如同在新公共管理中所显示的,当政府引入市场原理时,将市场中价格发挥的作用运用于政府是不可或缺的,因此自然会重视对政策结果及业绩进行货币数量性的评估,即将政府实施政策等所需的成本理解为货币量,进而通过与政策的益处进行比较,使之运用于行政的效率化及政策评估。而在这种将行政成本计为货币量的情况下,仅关注现金流转已不充分,还需以权责发生制解决。

此外,尽管存在着国家会计与以掌握期间损益为目的的民间企业的会计不尽相同等的议论,但从准确掌握国家行政活动成本的角度看,也不能忽视权责发生制性会计的优点。英国、新西兰、澳大利亚等国均接受权责发生制的会计可以切实掌握行政成本的观念,并将权责发生制作为财政制度及国家会计制度改革的核心。当然,如后所述,这些国家并非没有认识到通过运用权责发生制掌握行政成本存在局限性的问题,此外如新西兰在提倡新公共管理之前即已开始进行国家会计改革等所显示的,国家会计制度改革并非必然与新公共管理划等号,应将新公共管理视为行政外包与提高效率的手段之一。

三、运用权责发生制掌握行政成本及其局限性

1. 掌握行政成本及其局限性

在运用权责发生制计算行政成本之际,整理与期间损益概念有关的内容必不可少。企业会计中的期间损益计算以计算对应收益的成本为基本,而在成本计算中,"尽管希望将所有的成本都计入产品,但由于(销售费用与一般管理费用被计入成本)是不可能的,作为必要的'恶',不得不建立被称为期间成本的成本概念"(冈本 1990,第 107—108 页),所以要求对收益与成本进行期间性的核算。这种企业会计中的成本收益处理方式如果运用于行政之中计算行政成本,就有必要首先明确行政中收益的概念。而如果将政府提供行政服务作为收益的概念,就有必要对行政服务进行货币数量性质的评估,但是,行政服务

具有外部经济性,且尚不存在掌握外部经济性的统一方法。不考虑外部性的成本计算、注重资源消费过程的权责发生制会计用于掌握行政成本原本并非不可能,但即使将行政活动不可避免的外部性舍弃后掌握行政成本,是否可以期待其对政策评估及预算分配的决策作出有意义的贡献,颇值得疑问。此外,即使关注资源消费过程,是否就可以掌握合理的行政成本更是一个值得探讨的问题。比如,日本的养老金制度是由强制性征收的保险金以及税收财源的国库分担运作的,从而兼备着眼于未来的强制储蓄以及对各世代间的所得进行再分配的双重性质。美国联邦会计准则咨询委员会(Federal Accounting Standards Advisory Board,1990 年由财政部部长、会计检查院院长以及行政管理预算局长等筹建,对联邦政府的会计概念及标准进行研究,并对财政部、会计检查院、行政管理预算局进行政策建议)的部分意见认为,采用重视工资后付性质的企业养老金制度的企业会计原则不适合照搬到强制性征收的社会保险税上,并且美国政府的资产负债表中没有计入养老金负债(Financial Report of the United States Government)等情况。对此日本也应对如何掌握养老金制度的成本进行探讨。此外,将税收作为收益概念在理论上尽管可行,考虑到税收的经常性,这种情况基本上等同于现在的现金收付制性质的会计事务,因此对于掌握行政成本很难说具有重要意义。

总之,如果不对行政服务进行货币数量性的评估,就无法测算与此对应的行政成本,也就无法开展对以行政成本为基本的政策评估。因此,如果将权责发生制运用于财政制度与国家会计制度,并借此掌握行政成本,那么为了对其为行政服务带来的益处进行数量把握,就有必要对其计算方法作进一步的探讨。

但是,如果国家在对预算进行决策时,其初衷并不在于获得收益,而是从稳定经济、分配资源、对所得进行再分配等观点进行判断,那么成本分配也应基于同样的观点,从而即使基于"成本收益对应原则""资源消费过程"掌握行政成本,最终可得出何种结论也会存在问题,这种想法是可以理解的。但是,在充分认识到掌握行政成本的方法存在不足的基础上,将其作为确保预算分配效率的判断标准之一,加以合理利用,其实用性也未必需要完全否定。

2. 现金流转会计的必要性

值得注意的是,即使改革国家会计制度,引进权责发生制,现金流转会计也是必不可少的。这不仅因为现金流转的管理是必须的,从上述财政处理由国会议决的观点看也是必要的。从确保议会对财政的管理这一点出发,以权责发生制为基本的管理在理论上也是可行的。以权责发生制为基础编制预算的新西兰、澳大利亚,政府也向国会提出基于现金基额的预算。而英国的国家会计制度在 1999 年 7 月根据《政府资源会计法》(Government Resources and Account Act 2000)进行了修改,从 1999 年开始制定资源会计决算报告(resource accounts),2001 年度开始执行资源预算,资源会计即"各省获得、保有或被处理的资源(resources acquired, held or disposed of by the department)"以及"各省使用的资源(the use by the department of resources)"的详细记录,似乎表明向权责发生制的转型。但实际上,以往以现金流转为基础编制预算及决算的工作仍在继续(H. M. Treasury 1998)。这也可以认为是岁入没有采用权责发生制而继续采用现金收付制的必然结果。总之,今后的资源会计决算或预算会发生何种变化,有必要关注其发展动向。

在制定权责发生制为基础的会计或以现金流转为基础的会计时,在制定过程中相应的成本均会增加。因此,有必要在与对引进权责发生制会计的预算可能得到的益处进行比较后,探讨预算制度改革是否恰当。在美国,PPBS(Planning, Programming, Budget System)由于没有收到预期的效果且事务负担极大而最终失败。有鉴于此,今后有必要充分掌握运用权责发生制的成果及成本。

3. 根据成本预算进行决策

收费道路建设中的每一个工程,是可以利用推算将来现金流转、并部分退返到现有价值来进行收支计算这一资本预算(capital budgeting)方式并将其作为决策模型的。资本预算具有可与现行国家会计制度中基于现金收付制的预算直接挂钩的优点,此外,根据资本预算也可以掌握行政成本。但是,可以运用资本预算的事业有限,并且仍有必要注意到预测将来现金流转的困难性、舍弃外部经济效应所带来的问题等制约因素。

四、新公共管理与财政的机能

新公共管理的目的在于通过扩大行政管理者的裁量性提高行政效率。为此,在对财政提出资源分配、所得再分配、调整景气等与新公共管理的目标相对立的职能时就会发生问题。比如,对于企业而言,折旧不仅发挥着成本因素、收益因素等功能,还发挥着作为自身金融手段的功能。而如果在要求折旧发挥自身金融功能的同时,还期待其发挥景气调整功能及资源分配功能,这也意味着判断将会产生矛盾。特别是为了提高行政运营效率而重视每个行政部门自主性时,将与景气调整及资源分配功能产生较大隔阂。因此,如果不期待财政发挥在小国或地方自治体的景气调整及资源分配中的重要作用,那么新公共管理在行政效率化方面的意义将十分重大,但是在财政作用较大的国家,引进新公共管理难免会产生新的弊端。

当然,毫无疑问,以存在尚未解决的问题为由推导出否定权责发生制的结论必须慎之又慎。但必须注意到,由于行政服务的评估手段还存在一些没有解决的技术性问题,仅仅根据新公共管理通过权责发生制制定预算仍将很难充分发挥预算分配效率化等优点。

第三节　日本财政制度以及国家会计制度的改革

一、财政制度以及国家会计制度改革

在日本,各方面都在讨论国家会计制度改革的问题。其中包括通过权责发生制编制资产负债表,明确国家的财政状况,并致力于预算有效支出的主张(加藤 1999)。也包括应将权责发生制等企业会计原则引入国家会计以明确财政状况的主张(经济战略会议最终报告 2000)。产生这些主张的原因之一就是人们认识到,以现金收付制为基础的现行国家会计制度在公开国家财政状况方面并不充分。进而言之,由于日本预算及决算均采用现金收付制,导致无法正确表明国

家将来的债务与保有资产的价值,并由此导致只关注单年度收支而缺乏中长期的视野。

但是,如上所述,当前日本以现金收付制为基础的预算是考虑到现金收付制的客观性与绝对性以确保国会的财政管理这一财政民主主义思想的产物,与准确把握行政成本的新公共管理理念有所不同。因此,忽视日本现行财政制度的成立经纬来讨论引进权责发生制会计的问题并不恰当。

另一方面,将新公共管理理念运用于进行政策评估、提高财政效率、寻求谋求行政财政改革十分重要。为了合理实施政策评估,通过权责发生制性质的会计掌握行政成本具有重要意义。因此,有必要与预算、决算等财政制度分开,将其作为政策评估的会计方式加以探讨。

此外,从公开财政信息的角度看,应制定国家的借贷对照表,并通过借贷对照表明确政府的财政地位。因此有必要充实有关提高财政透明度的改革尝试。

二、政策评估与预算、会计制度

1. 政策评估与预算制度

政策评估应反映到预算中并寻求预算的效率化。另一方面,在有关政策评估与预算的关系上必须注意到,外国尽管在预算编制过程中引入了政策评估,并且新西兰率先进行了在政策评估中计算每项支出的预算额并计入预算的尝试,但随后引进该体系的却只有澳大利亚。而新西兰等国尽管将每项支出的成本也计入预算,但实际上几乎所有的都是经常性开支,只是对每项产出进行预算积算,因此与日本的预算编制并无大的区别(足立 2000)。

新西兰、澳大利亚等国由于将对支出的政策评估与预算直接挂钩,因此每项支出都基于权责发生制将成本计入预算。但也有意见指出,作为这一制度前提的资产合理评估十分困难且在实施上存在问题(United States General Accounting Office 2000,Ch4)。此外,有意见认为,基于权责发生制的成本计入预算对于与扩大行政裁量权一体的业绩管理(performance-focused accountability system)是有效的(United States General Accounting Office 2000,Ch3;大住 1999,第 5

章),但有些意见认为正因为如此,预算反而变得更为复杂,从而可能导致透明度的丧失(United States General Accounting Office 2000, Ch3)。但是应该注意到,以扩大行政裁量权提高行政效率的作法其必要条件是合理进行业绩管理。而如果不能在政策评估中合理设定目标,就无法期待其发挥应有的效果,并可能反而成为刺激行政肥大化的因素。综上所述,将政策评估与预算直接挂钩的尝试只在少数国家进行过,鉴于需要更全面地考虑问题,在公共事业项目计划等适用政策业绩评估的政策领域里,不断充实评估手段是必不可少的。

2. 政策评估与行政效率化

各国的政策评估手段各有所长,但推动行政财政改革是采用政策评估的根本目的。尽管政策评估是以实现行政效率化为前提的,但如果舍弃这一点而引入政策评估,就难免会只将向国民提供财务、服务等特定政策作为政策目标,长此以往,将会出现越来越多的政策目标,并成为制度及政策膨胀的理由,从而招致与行政效率化相反的结果。因此,政策评估在不错误设定政策目标的同时,考虑政策实施的成本也十分重要。

3. 跨多年度的政策评估

政策评估反映到编制预算中,并对追求预算的效率化具有重要意义。特别是在新西兰等根据新公共管理进行改革的国家中,跨多年度的预算制定与政策评估组合进行,从政策评估的角度看,不仅重视单年度的预算,重视需要跨越多年度的行政活动也有其合理性。因此有必要在维持政策评估以外的单年度主义等必要的现行制度的同时,进一步探讨可将政策评估反映于跨多年度预算制定过程的方法。

在日本,公共事业、福利、防务、ODA等很多领域都采用了制定多年度计划的方式,也应考虑将这些计划的制定与政策评估结合进行。

4. 公开政策评估过程加强问责制度

有关政策评估的方法,各国都处于发展阶段。在日本,即使在采用政策评估的情况下,在首先进行试点工作的同时也有必要将试点工作向国民、国会公开,并根据国民、国会的反馈不断提高政策评估的质量。以何种形式从政策评估的视点进行分析,探讨公开包括政策评估过程在内的各种信息,同样也是加强问责制度所需要的。

5. 努力实现数量化

某些行政活动是有可能对通过提供行政服务对所期待的益处等进行货币数量性掌握的,也存在相对容易计算行政成本的行政领域。对于这些行政活动,从促进其效率化的角度出发,应通过对掌握行政成本、费用及有利之处的比较进行分析,对此进行试点研究具有重要意义。此外,这些适合数值化的领域往往也是适合民营化的领域,因此为了与委托民间企业所需成本进行比较,判断是否应民营化,对行政成本进行数值测算十分重要。

参考文献

Blanchard, Olivier & Fisher, Stanley(1989), *Lectures on Macroeconomics*, MIT Press.

Eichengreen, Barry(1989),"The U. S. Capital Market and Foreign Lending, 1920—1955", in *Developing Countries Debt and Economic Performance* (Jeffrey Sachs ed.), Univ. of Chicago Press.

Department of Treasury(1999), *Financial Report of the United States Government 1999*.

Federal Accounting Standards Advisory Board(1999), *Accounting for Social Insurance Appendix A-Basis for Conclusions*.

H. M. Treasury(1998), *Resource Accounting Manual*.

United States General Accounting Office(2000), *Accrual Budgeting-Experiences of Other Nations an Implications for the United States*.

足力伸(2000),《新西兰将政策评估反映于预算》,《国际租税研究》第 6 号。

大藏省(1926),《明治财政史》,财政经济学会。

大藏省(1936),《明治大正财政史》,财政经济学会。

大住庄四郎(1999),《新公共管理》,日本评论社。

冈本清(1990),《成本计算(四订版)》,国元书房。

贝塚启明、馆龙一郎(1973),《财政》,岩波书店。

加藤秀树(1999),《首次计算日本国家资产负债表》,《文艺春秋》5月号。

川村俊雄(1991),《特殊法人:注释民法(2)》,有斐阁。

经济战略会议最终报告(2000),《日本经济再生战略》。

黑泽清主编(1982),《会计学辞典》,东洋经济新报社。

杉村章三郎(1982),《财政法(新版)》,有斐阁。

宫泽俊义(1955),《日本国宪法》,日本评论社。

山本清(1999),《国家会计——各国动向以及对日本的启示》,日本银行金融研究所 IMS 讨论稿。

第十一章 政策形成过程与人事管理系统

木方幸久

可以说,专门论述政策形成过程与公务员人事管理系统之关系的研究并不多。

但是,如果把政策形成过程看作是人与人交流的结果,那么人事管理系统在以下两点上对政策形成过程施加着重大影响。首先,可以向政策形成的基层提供什么类型的人力资源,其次,如何赋予政策形成的官员以工作动机。此外,如果从政策的有效性将会影响到国民对政策形成过程的信赖程度这一角度看,确保人们信任参与这一过程的人才意义十分重大。因此,有关这方面的研究在着重理解省厅政策形成过程中的活动性的同时分析其局限性,并论述中央省厅改革的背景。

本章将首先根据上述观点简述目前人事管理系统的特点,并在此基础上探讨其与以往政策形成过程是如何关联的。其次,针对政策形成过程的变化,人事管理系统是如何进行改革的。最后,将通过组织人、工作人模型对政策形成与职业官僚之间的关系进行理论分析。

第一节 以往人事管理系统概观

国家公务员的人事管理系统是以《国家公务员法》(1947年法律第120号,以下简称《国公法》)为中心的法律体系所规定的。

在对人事管理系统进行概述时,会出现各种观点。比如,西村(2000)将公务员制度的特征归纳为以下五点:①通过战后改革实现了民主化;②以较快的速度巩固了资格任用制度;③彻底的中立性;④劳动基本权利的严格制约;⑤人事行政的分权性质。

但是,本章将主要以政策形成与职业行政官员的相互关系为中心梳理以往的人事管理系统。①

一、人事管理系统的构造

1. 录用

国家公务员的录用原则上采用考试形式。但也有例外,根据人事院规则规定的官职在人事院批准后,采用选拔的方式(《国公法》第36条)。

但是现实中,录用的主流是人事院为主实施的定期统一考试合格的大学毕业生,而中途录用者始终是少数。

人事院进行的考试中,国家公务员考试被分为Ⅰ—Ⅲ种。Ⅰ、Ⅱ种的考试对象为大学本科毕业生,Ⅲ种的考试对象为高中毕业生。Ⅰ种考试细分为28种专业类,其中除行政、法律、经济外,技术系列被分为25种(截至2000年),此外,外务公务员考试(Ⅰ种及专业职员)由外务省作为考试机构单独实施(Ⅰ种截至2000年)。

在制度上,外部人才的中途录用中,省机关系长级别以上者可不经过考试而通过选拔予以录用(《人事院规则》8—12第83条第1项)。此外,为了促进通过选拔进行中途录用,1998年3月制定了规定这一待遇特例的《人事院规则》(1—24),并于同年4月开始实施。

2. 能力开发、人才培养

国家公务员的能力开发以通过参加工作的实务培训(OJT)为基本,各省厅会进行与其工作内容相对应的各种研修,而人事院除有权对研修进行调查研究、制定计划外,还展开政府各部门间横向性的内

---

① 本章的论述中,有关制度、运用的实际情况很多是以1998年7月公务员制度调查会公布的调查资料中的分析为基础的。有关制度的论述除第三节之外,均尽可能根据2001年4月的资料进行了修正。此外,2001年4月独立行政法人制度的创建将会导致对以往人事管理系统的重大变革,但由于这主要涉及政策实施,因此不作为考察对象。

容广泛的研修活动(《国公法》第 3 条第 2 项、第 71 条第 3 项、第 73 条)①。此外,总务省人事、恩给局实施政府横向性的各种启发教育工作。

针对Ⅰ种考试录用者的研修除在录用后首先进行新参加工作者的短期共同研修外,从 1997 年开始展开包括授课、讨论课、在福利设施及地方自治体进行研修在内的为期 9 周的新参加工作者行政研修。

各种人事交流也可属于通过多种 OJT 的能力开发活动。

3. 晋升管理、人才配置

根据《国公法》第 33 条第 1 项的规定,在国家公务员的任用(录用及晋升)方面采用业绩主义:"所有职员的任用将基于本法律以及人事院规则的有关规定,根据其考试成绩、工作业绩以及其他被实际证明的能力予以实施。"

其中,晋升的决定不通过考试而是通过基于工作业绩的选拔结果。

在晋升管理、人才配置上,各省厅大多按照Ⅰ—Ⅲ种录用考试的种类、事务官及技官等各种人事团组为单位进行。

与此相关,行政部门内部的Ⅰ种考试录用职员与Ⅱ、Ⅲ种考试录用职员的晋升速度存在差距,这也是经常被媒体提到的所谓高级公务员系统。此外,同样是Ⅰ种考试录用者,事务官与技官的晋升速度也存在差异,往往前者比后者的晋升速度更快。这种现象也与重视通才的人才培养体系及组织结构有关。

此外,局长级别以上官员的人事关系需要内阁会议的批准。

时常引起人们批评的问题是考试分类造成的封闭性,在区分事务系列及技术系列的同时,特别是技术系列更进一步被细化成 25 种以上的考试类别。

各种人事交流也十分活跃,特别是 1994 年 12 月的内阁会议决

---

① 公务员制度调查会《公务员制度改革基本方向报告》(1999 年 3 月)指出:"有关研修的问题将在明确任命权拥有者、人事院以及内阁首相各自作用的基础上,在始终关注任命权拥有者实施之研修的实际进展的同时,三者间进行紧密合作,以期高效、有效地实施",作为其具体政策,内阁首相"应对高层干部进行有关内阁重点政策的必要研修"。

定,在省厅间的人事交流方面,将来有望成为行政骨干力量的职员原则上应在出任本省厅课长职务前前往其他省厅、国际组织等工作两次以上(应尽量在其他省厅工作一次以上)。

4. 薪酬、退休金

有关国家公务员的薪酬制度,在职务阶段制的思维模式下,采取由官职及责任决定相应薪酬的职务薪酬原则(《国公法》第62条),工作业绩将反映在制度、晋升、特别加薪、勤勉补助等各个方面。

《普通职务职员薪酬法》(1950年法律第95号,以下简称《普通职务薪酬法》)上的薪酬表,现在为10种18表。这些薪酬表如行(一)薪酬表由11个职务职别以及每一职别中的20—30级别薪酬组成,薪酬通过职别与级别加以区别。此外,《普通职务任期制研究员的录用、薪酬及工作时间特例法》(1997年法律第65号)中2个表、《普通职务任期制职员的录用及薪酬特例法》中1个表等,规定了只有薪酬级别的薪酬建议表。

薪酬水平则根据以民间为基准的原则,通过人事院的劝告等措施,使公务部门全体性的薪酬水平与民间部门保持均衡。

退休金制度是由《国家公务员退休补助法》(1953年法律第182号)规定的,退休金以退休时的月薪为基础,乘以根据工龄确定的支付率,由于具有以长期工作为前提的奖励长期工作的性质,支付率也反映了工龄的长短。

5. 人事评价

国家公务员的人事评价以反映薪酬与晋升管理为主要目的,以工作考核为中心每年进行一次(《国公法》第72条)。工作考核通常包括工作业绩、性格、能力以及适应性等因素。人事评价主要由工作中的领导进行,很少采用被评定者也参与评定的方式,评价结果原则上不向接受评定者公开。这也出现了认为工作考核制度"很难说充分发挥了作用"的意见(公务员制度调查会《公务员制度改革之论点整理》,1998年7月)。

6. 退休管理

国家公务员的退休年龄除特殊职业外均为 60 岁（《国公法》第 81 条之 2），而事务次官级别的官员作为特例为 62 岁（《人事院规则》11—8）。此外，根据《国公法》第 75 条第 1 项的规定，国家公务员"如果不是出于法律或人事院规则规定的原因，不可在违反其意愿的情况下降职、停职及免职"，从而保障了国家公务员的身份。

此外，在前往营利组织再就业的问题上，《国公法》第 103 条第 2 项规定，即使在特殊法人再就业也将受到历次内阁会议决定的限制。

国家公务员的人事制度中，出于组织新陈代谢等考虑，以 I 种考试录用者为中心的提前退休已形成惯例。

7. 服务

国家公务员作为为国民服务的人员，基于应为公共利益工作的原则，按照规定，将禁止出现导致公信力丧失或下降的行为（《国公法》第 99 条），政治性行为受到限制（《国公法》第 102 条），与私人（营利）企业脱离关系（《国公法》第 103 条），限制参与营利企业以外的实业或事务（《国公法》第 104 条）等。

此外，违反上述服务义务时将予以惩戒处分。

8. 分权性

国家公务员的任命权归各省厅大臣所有，在以《国公法》为中心的法律框架中，原则上行政事务分担管理单位的各省厅也进行人事管理。具体而言，任命权拥有者拥有任用（录用、晋升、降职、转职、调职等）、身份（离职、退职、免职、停职、复职、降职等）、惩戒等权限。

另一方面，《国公法》规定了作为中央人事行政机关的人事院以及内阁首相的作用。前者"从事提出有关薪酬与其他工作条件改善以及人事行政改善等的劝告，处理职务阶段制、考试及任免、薪酬、研修、身份、惩戒、投诉等工作，维持职业道德确保有关其他职员的人事行政的公正性，保障职员利益等工作"（《国公法》第 3 条第 2 项）。后者则"从事有关职员效率、福利及服务等工作（第 3 条第 2 项规定的人事院所掌管事务除外）"（《国公法》第 18 条之 2）。

二、运用特点

下文将分析国家公务员人事管理系统在运作中的若干特征。鉴于上述各省厅人事管理的分权性,这些特征在对照计划型、审定型、基层型、涉外型等各省厅工作特性时会存在微妙的差别,但本章将在中央省厅的概括性共同特点的层面上予以分析。

1. 中途录用的困难性

行政部门内外人才流动性较少造成了一定的封闭性,究其原因可以包括以下几个方面,即通过以长期连续雇佣为前提的对长期工作的各种鼓励机制,年轻职员的人才流失相对较少,在包括政策形成在内的行政实务中,通过组织内的关系技能即"不仅完成特定工作,也可就自身管辖范围之外的问题与同僚交涉,并可圆满协调部下意见分歧的能力"(青木 1992),重视优秀人才,因此未必会积极开展中途录用外部人才的工作。

除了上述原因以外,一旦开启中途录用程序,几乎会自动产生对长期连续雇佣的负担,因此长期以来并没有积极利用中途录用方式。

此外,行政组织中干部职位相对较少,也造成了如何给予被录用的专业人才以持续性待遇这一问题上的困难。

2. 重视通才的人才培养

长期以来,国家公务员的干部职员被要求的技能从大的意义上可以说是协调能力。也就是说,通过组织内的关系技能,在省厅共同体①内就政策促成一致的能力。这种能力如要富有成效,则在很大程度上有赖于人际关系、信息搜集能力以及在组织内主要业务领域的广泛的工作经历。目前,事实上被作为干部候选的Ⅰ种考试录用职员不断进行着1—2年的短期人事调动,尽可能多地积累各种工作经验,这种作法长期以来具有一定的合理性。

但是,其反作用就是通过这种人才培养方式培养出的人才很难获

---

① 省厅共同体的概念参照森田(1996)。

得在行政内外通用的专业能力,从而缺乏机动性。

3. 高级公务员体系

尽管有些评论从历史角度认为高级公务员制度是战前高级文官考试身份制度的残渣余孽,但从本质上看,高级公务员体系受到批评的根本原因很大程度上是上述人事评价的困难性造成的,也就是说由于事后性的人事评价,进行所有人均可接受的有限干部岗位的录用选拔工作在技术上十分困难,因此才采取了明确的入口选拔制度。

此外,晋升竞争采用所谓的"淘汰竞争",即使存在着缺乏广泛竞争带来的活力的缺陷,但也有降低竞争成本的效果。

但是,如果与国际上进行比较,比如与英国的快速晋升制度(Fast stream)、法国的 EPA(国立行政学院)的毕业生、德国高级职务职业生涯模式(Laufbahn)等相比,可以发现因考试种类导致的相对不同的晋升速度这一特点。而其中受到批评的是,如同直到课长阶段前同期参加工作者同时晋升这一现象所体现的,Ⅰ种考试录用职员的筛选工作并不充分。此外,Ⅱ、Ⅲ种考试录用职员中只有极少数可以晋升也是问题之一。

4. 工龄型的晋升、涨薪

决定晋升的选拔工作、特别是涉及到政策形成的国家公务员时,由于人事评价极为困难,很难根据常年性的能力提升进行能力测定,因此很多情况人事评价体现了工龄型晋升体系的特点。

涨薪也是如此,由于工作考核的困难性等,以常年性提升能力为前提的定期涨薪与晋级挂钩,在结果上成为了工龄色彩浓厚的制度。

5. 非制度性人事评价

与被批评为没有充分发挥作用的工作考核为中心的制度性短期评价不同,晋升及人才配置受到了重视。这一由大臣官房人事负责人统一管理的工作,不仅是根据直属上司的评价,还包括职场中的总体评价在内的长期、多元的人事信息,在同年参加工作者中逐渐分出能力高低,从而形成非制度性的长期、相对性的评估。可以说从关系技能的积累以及维持长期性工作动机的角度看,这种评价方法与以往的人事管理系统是相辅相成的。

6. 再就业的斡旋

国家公务员的人事管理中,以组织新陈代谢为目的、以Ⅰ种考试录用职员为中心的法定退休年龄之前即提前退休的制度已形成惯例。由于就业市场的封闭性以及基于关系技能而难以仅靠自身再就业等原因,退职者所属省厅经常会安排退休职员的再就业单位,这也受到媒体的批判。

综上所述,人事管理系统相互关联,相互补充,通过提供人才、维持动机和确保信赖等三个方面,对政策形成过程发挥着影响。

三、人事管理系统的条件

本部分将对形成上述人事管理系统的规模问题、政治任命问题进行概述。

1. 组织、编制管理与职员构成

日本行政的组织及编制管理在国际上也是极为严格的。在组织方面,以《国家行政组织法》(1948年法律第120号)为基本法,通过以总量限制为基础的差额补足制度彻底控制部门、编制的增加,另一方面,在编制上也通过《行政机关职员定编法》(1969)进行总量控制,并多次削减编制,同时严格审查新增编制。其结果是日本国家公务员占总人口的比例在发达国家中始终处于最低水准。①

从职员构成上看,1999年末,适用于《普通职员薪酬法》的职员数为499051人,适用行政职务薪酬表(一)的职员数为228594人,约占45.8%。此外,如果按照录用考试类别区分,适用行政职务薪酬表(一)的职员中Ⅰ种考试等为11262人。如果按照职务级别区分,适用

---

① 在国家公务员的编制上,在《行政机关职员定编令》(1969年政令第121号)第1条第1项中,将《行政机关职员定编法》(1969年法律第33号)第1条第1项规定的内阁机关、内阁府及执行各省所管辖业务的经常性职务的正式职员设定为509952人(截至2001年8月)。有关组织、编制管理的详细分析参见木方幸久《总务厅、行革审议机构的政策形成过程》第二节(城山英明、铃木宽、细野助博等编著 1999)。

行政职务薪酬表(一)的职员中,直接参与政策形成过程的课长助理级别(7 级)以上者为 48465 人,约占 21.2%。其中,Ⅰ种考试为 6915 人。此外,省厅官房审议官级别以上、适用指定职务薪酬表的职员为 1742 人。

2. 政治性任用

最后,尽管可能与本书的分析对象稍有偏差,但仍将占用一些篇幅简述政治性任用的问题。

事务次官级别以下(含事务次官)的职业行政官员属于《薪酬法》上的普通国家公务员,也是上述保证身份及各种待遇系统的对象。而内阁成员(阁僚)、政务次官(2001 年之前)、大臣秘书官等则属于特别职务国家公务员,不适用于上述保证身份及各种待遇系统,也就是所谓的政治性任用的职位。

政治性任用是确保政治管控行政的手段之一,并对各国政策形成过程中政治与行政的关系产生重大影响。

与拥有 3500 个包括课长(处长)级别职员在内的政治性任用职位的美国相比,在大臣、政务次官(2001 年之前)、秘书官、总理助理等政治性任用始终处于少数的日本,政策形成的特色就是长期以来职业行政官员更多地参与其中。

第二节　以往人事管理系统与政策形成过程

在上一节的基础上,本节将从人才与政策形成过程、动机与政策形成过程、信赖与政策形成过程等三个方面论述以往国家公务员的人事管理系统与政策形成过程的关系。

一、人才与政策形成过程

村松(1994)认为官僚制中领导层的主要工作是人事管理以及"外交"(对外交涉)。

也就是说,通过与外部的交涉,为部下创发的政策方案提供实现的可能性,并最终促成实现,这是行政领导干部的主要使命。

在研究政策形成过程中政治与行政的关系时,职业行政官员在利益关系的调整中可以发挥多大的作用是一个重点。长期以来,与美国相比,或者与政界接触问题上受到严格限制的英国相比,日本的职业行政官员相对而言在利益调整上发挥着较大的作用。

比如,在村松(1981)的调查中,绝大多数的各省厅课长以上级别的官员均认为"晋升到局长的必要资质"是"可以说服、团结他人的能力"。此外,根据真渊(1987)以各省厅课长以上级别官员为对象的访谈调查,约半数的人认为行政的作用就是"调整利害关系"①。

如上一节所述,行政领导干部进行的协调工作尤其体现在重视通才教育、旨在培养具备优秀协调能力之行政领导干部的人事管理系统中。当然,这种培养的前提是确保统一录用考试合格、具备一定水准的均质性人力资源,而在政治性任用的范围、作用均有限的情况下,也可以说行政领导干部的这种作用是政治与行政的关系中所需要的。

但是,目前政策形成中与课长级别以上官员的协调能力相对应的一个重要特征就是骨干级职员的初始性创发。在政策实施第一线的这一级别职员的创发,在配合预算编成而开展的新政策思路政策、自发性提案制度的政策框架下得到进一步推动,特别是对于Ⅰ种考试录用者而言,参加工作年份相近者的相对性评估也会成为工作的动机。此外,由于Ⅰ种考试录用者相对较快的晋升模式,20 岁—30 岁前期的年轻职员进行的创发逐渐增多,也对政策形成的质量产生了某种影响。进而言之,参与政策形成的人才中很多都是法律系毕业,可以想象,这将会对政策计划立案中的想法等产生某种制约。

其次,纵向分割现象。只要官僚组织从根本上而言是为了实施政策的系统,明确职务分工、保证指挥命令的统一性是理所当然的。②但是,如果这种必然性出现在政策的计划立案中,如本节下面将要论述的,即使通过非正式的人际关系网络进行若干修正,纵向分割现象仍将是综合性政策形成的一个阻碍因素。

有关省厅间的纵向分割问题,始终存在着通过内阁等对政府各部

---

① 根据同一份调查,第二为是基础建设,第三为是社会变革,第四为的政策的立案与实施。

② 在《国家行政组织法》(1948 年法律第 120 号)中规定了各府、省首长的分担管理原则(同法第 5 条第 1 项)。

门进行全局性综合人事管理的主张。但是在这一点上,如何寻求与分权性人事管理的效率性之间的均衡将是非常复杂的问题。

另一方面,很多意见指出一部分技术系列职种人事团组的过细划分导致了省厅内纵向分割的弊端。比如,2000年版的《公务员白皮书》(人事院编)中就指出:"长期以来,在Ⅰ种技术系列考试中,以专业为中心对考试种类进行了细致划分,录用后的培养也与此相对应。有些意见认为,这成为部门主义弊端的原因。"

二、动机与政策形成过程

官僚制是等级管理制度的功能性组织,这也是为了通过指挥命令的统一性以确保效率。这样的组织原本就最适合于执行上意下达性的政策。同时,诸如智库等平面性智囊组织应适合于日本官僚制传统承担的政策形成过程。但是,日本的官僚制却将其原有使命的执行政策的等级管理制度转用到了政策形成中。为此,日本官僚制的政策形成通过正式的职务分担以及形成与职务关系无关的非正式信息共享型、全员参加型的共识得以发展。

这种非正式的信息共享被村松(1994)称为"高级公务员关系网",是典型的在Ⅰ种考试录用者之间形成的人际关系网络。因此,以集中于官房各课以及各部局总管课的法令系统为主的Ⅰ种考试录用者通过人际关系网,在某种意义上在纵向与横向上对各自掌管的业务进行渗透,从而参与政策形成,因此这一非正式的体系承担着重要职能。①

如上节所述,日本的国家公务员(职业行政官员)的数量与其他发达国家相比相对较少。另一方面,如果不仅只执行政策,也在相当程度参与政策形成的话,那么可以认为日本国家公务员与其活动量相比效率非常之高。而之所以可以达到这一点,是由于省厅拥有全省性的重点目标,在这个目标的指引下全省可作为一个整体进行动员的独特的总动员体系。②

根据战后《国公法》的制定,日本的公务员制度至少在形式上改为

---

① 这一系统最为典型并升格为正式制度的例子可谓过去通商产业省中的法令审查委员制度。

② 最大限动员体系的概念参见村松(1994)。

以美国式职务级别制为基础的制度。但是,这一制度至今仍未完全扎根,其理由一般认为是由于日本的组织、人事传统不易适应这一制度。但除了这种文化论角度进行的评价外,也是由于日本与美国的组织结构不同所致。美国一般将政策形成与实施分离,并将前者作为政治(政治家及政治性任用者)的专有领域。

这种政策形成中进行最大限度动员的体系是以参与其中的职业行政官员长期的高昂士气(动机)为前提的。日本型晋升管理制度的驹型晋升模型可以有效说明这一点。

稻继(1996)认为国家公务员、特别是Ⅰ种考试录用者的晋升模式非常类似于将棋中的驹。① 即通过工龄型晋升体系,在相当长的时期内(视情况可至省机关课长级别)同年参加工作者连续同时晋升,其后在通向最高职位的事务次官职位的过程中逐步淘汰。在这种模型中,竞争会持续二十年以上,几乎所有的人都会抱着成为事务次官等高级官员的希望,毫无疑问,这与支持着最大限动员的长期高扬的动机是息息相关的。

此外,如果最大限动员是通过某种人际关系网络实现的,在形成这种密切的人际关系之上,也可以认为封闭型的雇佣体系为此提供了某种前提条件。

另一方面,长期且相对性的人事评价、重视工龄的待遇、保证身份、再就业等针对公务员的社会性评价存在着意见分歧,其中也包括认为这些保证了工作动机的观点。②

---

① 稻继(1996)进而认为Ⅱ、Ⅲ种考试录用职员也属于驹型晋升模型,并称之为"双重驹型"晋升管理。

② 也有就这一点进行的经济学分析。比如,铃木(1999)用淘汰理论分析对长期以来通商产业省Ⅰ种事务系列职员为对象的晋升、评估等人力资源管理机进行了研究并得出以下结论:①异质性很强的日本中央各省厅的工作无法进行绝对性评估,相对性评估对于给予工作动机更为合理;②工龄主义的人事管理由于考核评估对象限定在参加工作的同一年份,因此可降评估价成本并确保评估的妥当性;③最终阶段设定了"晋升或退休"这一最大跨度的待遇差,从而也最大限度地促进了获取晋升机会的努力;④在淘汰制中被淘汰的职员也足以认识到工作中获得的高度充实感、社会地位以及与其努力相符合的退休后的待遇报酬;⑤1—2年的短期轮换岗位通过设立多个淘汰阶段,会对评估产生调整效果,此外也可以使行政职员尽量体会到对"复仇赛"(通过调动工作,在新的工作岗位早日取得业绩或挽回以前岗位时的失误等)的期待,从而最大限度地调动了职员努力工作的动机。

三、信赖与政策形成过程

在以往的政策形成过程中,并没有实施并管理信息公开、行政手续等的想法,官僚制的裁量度较大。此外,在以往的政治与行政的关系中,人们认可行政的传统自律性,国民也信任职业行政官员的专业性及中立性。

如果这种信赖与人事管理系统相关联,则从以下三个方面体现为不成文的体系。第一,尽管《国公法》规定了服务内容,但为了在伦理上不招致国民对利益相关各方互相勾结的疑虑,比起施以详细行为规范等法律规则,更期待职业行政官员的自律性。第二,即使出现了丑闻等有必要进行惩罚的事件,处分的具体内容也会根据《国公法》在一定的基准内由各省厅自行判断并实施。第三,在政策没有取得显著效果时,一般而言并不会对政策立案者进行短期性的问责,而是会反映在中长期的人事评价中。

第三节　人事管理系统的改革动向

1999 年 3 月,公务员制度调查会发布《公务员制度改革基本方向报告》(以下简称《基本报告》),提出应对国家公务员的人事管理系统进行全面、根本性的改革。

《基本报告》从"开放化""多样灵活化""透明化""重视能力与实绩""重视自主性"等五个方面提出了进行改革的政策建议。

① 开放化:扩大中途录用,扩大Ⅱ、Ⅲ种职员的录用。

② 多样灵活化:引进混合型人事管理制度,缓和人事管理的规章制度。

③ 透明化:增加再就业的透明度,明确处罚标准。

④ 重视能力与实绩:不进行考试分类、不考虑工龄的晋升管理等。

⑤ 重视自主性:引进旨在鼓励职员加强自身修养的停职制度等。

此外,人事院"新时代公务员人事管理研究会"也于 1998 年 3 月发表了建议全面改革人事管理系统的报告。

这一系列政策建议出台的背景是人们开始认识到，在高速增长期发挥了重要作用的官僚制的政策形成能力已无法充分应对低速增长期的行政要求，而应取代以往的扩展性行政，将有限的资源用于决定政策的优先顺序。

例如在 2000 年版的《公务员白皮书》（人事院编）中，将公务员与政策形成的关系总结如下：

"（前略）……在公务员问题上，长期以来在经济增长与追赶欧美这一全民共同的目标下，以官员主导的行政体系十分有效，公务员在战后的经济复兴期、高速增长期、稳定增长期都适时适度地开展了应对各个时期的行政工作，这是值得肯定的。

但是，在泡沫经济破灭、全球化急速发展的转型期中，行政导致失败的事例层出不穷，人们开始对由均质性人才组成的公务员集团的政策计划能力以及重视调整的行政手段产生了怀疑。尽管大多数公务员仍然诚实勤奋地工作，但应起到模范作用的领导干部却不断发生丑闻，长期以来国民对公务员廉洁、干练的信赖感出现了动摇。"

在所谓的行政失败事例中就包含着若干政策方面的内容。比如，计划立案缺乏专业性、与一部分人事团组封闭性的关系、与退休者再就业所在企业的关系等。在这种状况以及上述建议下，近来，在下述三个方面与中央省厅改革同步展开了改革方案的实施或更为具体的探讨：第一，参与政策形成的人才；第二，参与政策形成人才的动机；第三，对参与政策形成人才的信赖。

一、参与政策形成人才的确保与培养

1. 人才的多样化

从扩展政策计划立案范围、增加更有效政策决定的可能性的角度看，网罗多样性人才参与政策形成过程的优点明显，并为此采取了一系列措施。

（1）录用Ⅱ、Ⅲ种考试职员

为了扩大对Ⅱ、Ⅲ种考试职员的录用，1999 年 4 月设立了"Ⅱ、Ⅲ种考试职员录用联系协商会议"，在积极配合该项工作的同时，有计划

地开展以系长级别以及课长助理级别为主要培养对象的行政研修（特别课程），系长级别研修、课长助理级别研修分别于1999年及2000年开始实施。

（2）《官民交流法》

从培养具备广泛视野的人才这一角度出发，根据1997年3月人事院意见书制定的《国家与民营企业之间人事交流法》（《官民交流法》）于1999年12月颁布，2000年3月开始实施。该法的宗旨在于"培养可灵活、切实处理各种行政课题，具备必要知识与能力的人才"以及"通过接受民营企业职员为公务员并从事公务工作，以促进行政运营的活力"，并使为期三年内（必要时可延长至五年）的官民双向人才交流成为可能。

（3）《任期制职员法》

与本次中央省厅改革相关并引人注目的改革之一是《任期制职员法》的制定与实施。

《基本报告》在探讨改革时提到的一个试点就是"开放化"，其中在录用外部人才的问题上，基本报告提出"为了应对经常变化的行政问题，切实确保可以从不同角度、不同思维进行政策计划立案的多样性人才、具备官民通用的全面能力的专业人士将是重要课题"的基本方针，并建议建立新的任期制任用制度。

政府在这一建议以及2000年8月人事院意见书的基础上，进行了立案工作，同年11月制定并开始实施《任期制职员法》。

根据《任期制职员法》，对于富有专业知识经验或远见卓识者可以以五年以内为任期录用为普通职务的国家公务员，其薪酬也可按照规定予以特例处理。这一规定将以往只限于研究员等职务的任期制录用制度的运用范围扩展到参与政策形成的普通行政职务。特别是在录用专业知识经验丰富或有远见卓识者时，其薪酬可以在《普通职务薪酬法》中指定职务薪酬表12号（一般职务的最高额）的范围内决定。这一制度在减轻长期持续雇佣制度下雇佣者、受雇者双方的负担感的同时，通过减少优秀人才在报酬方面可能遇到的障碍，推动行政部门中途录用制度的活力。

在这次中央省厅重组中，为了实现强化内阁机能这一重组的主要目的,从如何将日本全国的人才都招募到内阁中枢这一立场出发,主要利用了《任期制职员法》的制度。①

2. 确保综合性

确保人事方面的综合性对于解决政策形成中纵向分割的弊端十分重要,为此,加强了以下几方面的措施:

(1) 确保省厅内的综合性

为了实施综合性政策,从 2001 年起,经常被认为是造成省厅内部门主义原因之一的过于细分化的国家公务员录用Ⅰ种考试中的技术系列分类考试由 25 种合并为 13 种。

(2) 确保省厅间的综合性

为了确保可综合应对国内外问题的人才,从 2001 年开始,废除了外务公务员录用Ⅰ种考试,合并为国家公务员录用Ⅰ种考试。

此外,开始了干部等人才信息综合管理系统"人才信息数据库"的筹备工作。②

二、维持参与政策形成人才的动机

1. 彻底贯彻能力、实绩主义

为了维持参与政策形成人才的动机,其重点在于晋升待遇上实行彻底的能力、实绩主义,并在以下几方面采取了推动措施。

---

① 截至 2001 年 1 月,内阁府根据该法对经济社会综合研究所所长、政策总管官等 14 人以及内阁官房、金融厅各 1 人共计 16 人实现了任期制的人事任用。其后,总务省行政评价局的评价监视调查官由现职公认会计师、经济产业省的知识产权政策室课长助理由现职律师出任等,截止到同年 5 月 8 日,共录用了 31 人(《日本经济新闻》晚报,2001 年 5 月 8 日)。

② 从预防省厅纵向分割弊端的角度出发,由内阁统一组织Ⅰ种考试录用职员的方式经常成为议论的话题。对此《基本报告》认为"在录用单位的问题上,基于在一定业务领域确保并培养具备专业知识及工作热情的人才以及根据每位职员的适当能力及实绩评价进行人事管理的考虑,应维持各省单独录用等现有制度","所谓的统一录用会对上述确保合适人才及人事管理造成很多障碍,因此应在关注新行政体制中改革纵向分割弊端的进展之上,根据需要具体研究。"

(1) 改革晋升管理

在晋升问题上,如前文所述,除了加强Ⅱ、Ⅲ种考试职员的录用工作外,《基本报告》还建议进行不遵循工龄原则的晋升管理以及对干部的严格选拔等。2000年《公务员人事管理改革报告》指出:"为了彻底贯彻基于能力与适应力的工作分配、晋升管理,促动公务活动的活力……有必要……修正Ⅰ种考试录用职员依照工龄予以晋升的人事管理。"

(2) 改善待遇

在待遇问题上,基本报告中建议缩小薪酬曲线中连续工作年份因素的影响。其后,基于人事院的劝告,开始采取以"早期涨薪型"为目标的重视中层职员的薪酬表改革措施。

在上述背景下,《2000年薪酬报告》中出现了如下描述:"第一,在以职员工作职责为基本的同时,将以随着工龄增加而得到提升的工作能力以及经验的积累、在工作中发挥出的优异成果及实绩等三点作为基本工资的要素,在此基础上对综合薪酬型的现行薪酬表结构进行根本改革,并对与此相对应的包括各级薪酬构成及特别提薪在内的提薪制度、统一提薪时期等现行做法进行修正。第二,在这一新的政策框架中,在加强省机关课长级别的管理层职员以及因专业知识及经验而担任重要工作的幕僚型职员等的薪酬与业绩挂钩的问题上,将从各方面探讨薪酬表的分类以及薪酬级别的构成方式等。"

2. 探讨人事评价体系

彻底贯彻能力、实绩主义的前提是改革人事评价体系。此外,如要进一步精简行政组织,并延长雇佣时间以解决老龄化社会问题,年轻国家公务员的晋升、提薪制度就将较以往更为严格。考虑到这一背景,为了维持工作动机,建立评价体系的意义将日益重要。

《基本报告》对评价体系提出了以下三点建议:①推动适合于各部局、职务的业绩评估要素的多样化;②设定用于能力评估的能力标准;③引入绝对评估、多面评估以及加分主义评估(在考核时视工作态度及业绩成果适当增加考核分数的组织人事评价方式——译者)等评估方法。2000年5月,总务厅(当时)设立的人事评价研究会在其报告中罗列了更为详细的业绩评估及能力评估方法,同时,作为对此的补充措施,还提出了测试、多面评估等旨在确保职员可接受性及公平性的新方法。此外,2001年3月人事院设立的"能力实绩等评估利用研究会"发表了最终报告书。今后,将在参考这一系列报告的同时,设计具体的人事评价体系。

三、确保对参与政策形成人才的信赖

1. 《国家公务员伦理法》的制定

在与政策形成的关系中,人事管理系统在确保对政策形成的信赖问题上承担着十分重要的作用。因此,1999年8月成立并公布的《国家公务员伦理法》(1999年法律第129号,以下简称《伦理法》)的制定意义重大。

《伦理法》第1条规定:"本法的目的在于,鉴于国家公务员是全体国民的服务者,其职务为国民委任的公务,因此将通过采取必要措施以保持国家公务员的职业道德,避免国民对执行公务的公正性产生质疑及不信任,并以此确保国民对公务的信任。"

在第3条中,对职员应遵守的职业道德规定如下,职员应自觉意识到他们应服务于全体国民,而不只是一部分国民的服务者,不应从事诸如通过职务之便获取信息只使一部分国民受益等对国民不正当歧视的行为,必须随时公正地执行公务。职员应随时公私分明,不能将其职务及地位用于自身或自身所属组织的私人性利益。职员在行使法律授予的权限时,不得有诸如接受该权限实施对象的赠予等招致国民质疑与不信任的行为。

具体而言,第6条规定了省机关课长助理级别以上职员接受赠予的报告义务,第7条规定了省机关审议官级别以上职员从事证券活动的报告义务,第8条规定了省机关审议官级别以上职员收入的报告义务。同时,第4条规定"内阁根据第3条的职业道德原则,规定有关旨在保持职员职业道德的必要事项之政令(以下简称《国家公务员伦理规程》)"。第10条则规定在人事院设立国家公务员伦理审查会,其所管辖事务及权限为就《国家公务员伦理规程》的制定修改及废除等事项准备方案,并向内阁提交意见书。

政府在国家公务员伦理审查会提交意见书后,2000年3月制定了

详细规定国家公务员禁止行为的《国家公务员伦理规程》,并于同年4月1日与《伦理法》同时实施。

2. 改善提前退职惯例等

从确保国民信赖的角度出发,也对屡次受到媒体等批评的国家公务员再就业问题提出了改善方案。

首先,在规定诸如原所属省厅与再就业企业之间如果再就业将会对企业运营产生重大影响时,省机关局长级别以上职员退职后不可到该企业再就业等内容,根据《国公法》严格进行管理的同时,通过引进退职公务员人才库(2000年4月开始试行)以及"公正利用人才系统"(1998年4月)、公布省厅机关课长以上级别的再就业情况(2000年12月)等措施,努力提高退职再就业制度的透明度。

2000年《公务员人事管理改革报告》(人事院)指出"在公务员中,过半数的领导干部在50岁前半期退休,很多情况下他们通过省厅的斡旋在民营企业或特殊法人再次就业,其再就业的方式因省厅与再就业单位之间的攀扯或成为部门主义的成因而受到国民的严厉批评","为了继续保持国民对行政的信赖,有必要对目前公务员领导干部的退休管理进行根本改革",在延长公务员领导干部(或称干部公务员)在职期间的问题上,尝试实施推迟干部公务员退职年龄的目标管理、与能力及工作适应性相配套的干部公务员人事管理(提高晋升年龄、延长在任期间、建立并充实幕僚职务等混合型人事管理)等。

四、其他课题(男女职员共同参与、政治主导)及最新动向

尽管本章没有直接涉及这一问题,但随着男女职员共同参与的积极推动,参与政策形成的女性职业行政官员日益增加。此外,社会老龄化导致的参与政策形成的职业行政官员年龄升高等都可能成为促使政策形成过程产生重大变化的因素。特别是进一步推动男女职员

共同参与政策形成过程中将是一个重要课题。①

此外,在上述行政内部进行改革的同时,政策形成过程中确立政治主导性的改革也在进行。2000年通过的国会审议活性化以及确立政治主导的政治决策体系之法律废除了国会委员会审议中职业行政官员作为政府委员进行答辩的制度,同时决定与2001年1月的省厅重组改革相配合设立副大臣、政务官制度。在这一制度下,副大臣、政务官将对大臣的决策发挥实质性的辅佐作用。这种形式的政治性任命职务的增加必将对以往政策形成过程中的政治、行政关系产生重大影响。

公务员制度改革在2000年12月内阁会议决定的《行政改革大纲》中被列为重要课题,在到2005年为止的集中改革期间内,政府将全力进行根本改革,2001年3月及6月分别制定了《公务员制度改革框架》及《公务员制度改革基本设想》②,今后将进一步予以落实。

第四节 政策形成与职业行政官员(结语)

综上所述,人事管理系统改革正在稳步发展,并有可能导致第一节所述的以往人事管理系统的特点发生重大变化。如果与政策形成

---

① 2000年12月内阁会议决定的"男女共同参与基本计划"加大了女性国家公务员参与政策方针决定过程的力度。根据这一计划,2001年5月人事院发出指示,于6月决定成立旨在"促进录用、登用女性国家公务员"的男女共同参与推进总部。

② 《公务员制度改革基本方案》(2001年6月29日行政改革推进总部决定)的主要内容如下:
建立新的人事管理系统(引进能力等级制度、改革薪金制度、采用新的评估制度);
推进人才的计划性培养及能力开发(灵活运用人才培养课程以及培训计划、在考虑职员自主性的基础上进行公务员的能力开发、扩大女性的录用登用);
确保多样化人才(改革录用考试制度、确保民间人才、积极运用公开招聘制度);
建立恰当的退休管理及再就业的相关规定(制定在营利企业、特殊法人以及公益法人再就业的规定,公开再就业的状况,修改退职金制度);
改善包括缩短加班工作等在内的工作环境;
提升组织的执行能力(机动弹性的组织、编制管理、推进基于目标的业务——明确业务规范、强化计划立案及执行职能);
创设国家战略幕僚;
实现适合于政府各省厅的人事、组织管理;
今后改革的配套措施。

相关联,通过加强内阁职能、确保综合性、透明度等中央省厅重组带来的政策形成过程变化不仅仅存在着被动反应的侧面,人才多样化的扩大亦会促进创造性摩擦[1],增加新政策的计划、立案的可能性等,其自身也存在着积极推动政策形成过程发生变化的侧面。

本节将尝试从理论角度对这次改革进行分析。分析将利用太田(1999)的组织人/工作人模型,通过探求政策形成所需要的人才模型来解析适应这种需要的新的人事管理系统的发展方向。

太田(1999)将因自身所属组织因素或将报酬作为主要欲求的职员称为"组织人",将比起所属组织更倾向参与自身工作并以此作为主要欲求的职员称为"工作人",并通过调查发现,当今受雇者的工作意识正大幅度地从前者转向后者。此外,有的学者在引用最新案例后认为,应向组织与个人的结合停留在适应组织人的间接性基础建设型组织转变,并在人事管理系统的评估、薪酬等方面进行基础建设型的管理改革。这种意见会在多大程度上适于公务部门的政策形成呢?

一、政策形成中的工作人

太田(1996)通过调查发现企业的白领阶层具有强烈的成为特殊型人才的意向。

2000年的《职员薪酬报告》(人事院,以下简称《薪酬报告》)指出:"近年来,不论公务还是民间,在对将来待遇的不透明感中,要求得到与劳动相匹配的回报意识不断高涨,比起组织及职务更在意专业领域以及职业内容,重视兼顾工作与家庭生活等,以青年为中心的个人价值观与就业意识发生了很大的变化,以长期雇用型为前提的将来的晋升晋级已无法为他们提供充足的工作动机。"

从《薪酬报告》的分析中也可以看出,在职员的意识层面上,太田主张的从组织人向工作人转型的倾向总体上也是可以适用于公务部门的。

---

[1] "创造性摩擦"参见 Dorothy Leonard,Susan Straus(1998)。

1. 政策形成(计划立案)与政策实施职能脱钩

在个人与组织的关系上,太田(1999)主张以往的直接统管型组织应向间接管理的基础建设型组织转变。太田将以往直接统管型的组织分为机械性组织(官僚制)与有机性组织。日本的官僚组织中,由于最大限动员体系即所谓的大通间主义,在暧昧的职务划分下,个人在寻求与周围环境协调的同时互相协助,因此组织在组织目的的驱动下形成了一个有机整体,即有机性组织。另一方面,正规性高的机械性组织一般是以美国的职务分类制度为原型的。

有机性组织的日本官僚制作为日本型组织,与大型企业同样高效,对日本经济发展作出了重要贡献,从而受到了高度的肯定。

但是,太田(1999)同时认为,一般而言,有机性组织如要成为在变化剧烈的不确定性环境中发挥功效、提升并发挥个人能力、满足更高层面的精神需求的理想组织,需要满足以下两个条件:①要求个人为全体的目的作出贡献,且作出贡献的责任范围没有限制,或者说要求个人对所作贡献作出不限范围不设定量的承诺;②实现①的前提是组织与个人的目的、目标一致,且个人可以向组织作出承诺,这些条件适合组织人模型,但在某些情况下却未必适合工作人模型。

如第二节所述,日本行政中的最大限动员体系在职员高昂的工作动机的支持下,成为将政策形成与实施有机结合在一起的高效体系。但是,这一系统在以往经济高速增长期以扩展政策为目标的政策形成中有效,但在不确定性增加的环境中追求全新思维的今天,政策实施受制于政策形成(计划立案)、过度倾向于重视政策连续性的弊端日渐显现。

此外,村松(1994)指出,在不限范围、不设定量的日常工作中,进行政策创发的行政官员没有时间积累全方位思维所需的新知识。当然,政策实施与政策形成在最高决策层进行充分整合对于顺利开展行政工作是必不可少的,但是,理想状态应该是去除以往过度一体化的成分,在某种程度上纯化计划立案机能与实施机能。在组织理论上,组织有必要明确区分直线型职务与幕僚型职务的作用,进一步顺行政关系,并充实纯粹的幕僚型职务。换而言之,在严格的组织编制管理下,构建了将政策实施与计划立案有机结合、以最少人数进行工作的最大限动员体系的日本行政中,长期以来纯粹的幕僚型职位只是作为冗余部分而没有得到充分的评价。但是,在不确定性增加的环境下,要求赋予政策形成更多的多样性、灵活性及附加价值的今天,日本的行政在以组织、定编工作流畅化为前提的同时,在政策形成的组织、人员方面也应考虑建立某种冗余制度。

因此,以政策形成与政策实施脱钩为前提,分别负有政策形成或实施职能的职业行政官员基本上应成为适合各种职能的工作人。但是,在实施方面,从稳定、高效提供公务服务的角度出发,以往的有机性组织及官僚制组织是最适合的,因此,要进行多大程度上的改革需要另行探讨。在此只根据本书的宗旨论述政策形成(计划立案)职能这一部分。

2. 工作人的类型

太田(1999)将工作人分为知识专业职务型、半独立型、商务专业职务型、特殊型人才型以及服务者型等五种。但是,参与政策形成的职业行政官员却很难符合上述五种类型中的任何一种。

首先,在"公益"这一为社会性价值作贡献的意义上,以护士等为代表的职员接近于服务型,但同时又是工作标准化程度较低的计划立案型的专业人士,因此并不完全符合服务者类型的标准。

其次,参与政策形成的职业行政官员也可能富于变化。

这一点可以参考公务员制度调查会探讨的有关资料。这份资料明确了以下基本认识:"今后,行政应根据从执行政策过程中形成的对有关社会经济实际情况的认识,通过从中获得的专业性、综合性计划立案能力,为政治主导的决策提供切实稳妥的支持。"(《基本报告》)

在这份资料中,还为理想的21世纪公务员描绘了三种模型,即:

① 对各种政策领域均有一定见解及对外说明能力,并具备组织、人事管理能力的通用型人才;

② 对特定政策领域、业务领域具备熟练知识及技术的专业型人才;

③ 具备行政、民间、学术通用的专业能力的特殊型人才。

并表示"在公务活动上,有必要均衡配置上述各种人才"。

在这里,专业型人才与特殊型人才都具备优秀的专业能力,两者的区别在于前者主要具备与其所属组织有关的能力,雇佣流动性较差。而后者则侧重通用的能力,具有较强的雇佣流动性。

大致而言,这里的通用型人才可理解为以往Ⅰ种考试事务系列的录用者,专业型人才为Ⅰ种考试技术系列以及Ⅱ、Ⅲ种考试的录用者,特殊型人才则指中途录用者(尽管也存在着兼备通用专业能力的职业行政官员,但现阶段人数非常有限)。其中参与政策形成机会较多的职员中通用型人才的比重较高,专业型人才以及特殊型人才比例较低。因此也可以说这是目前政策形成过程中职业行政官员难以充分发挥专业能力的一个因素。

因此作为今后的课题,在以确保一定数量的优秀通才为前提的同时,应首先增加参与政策形成职员中专业型人才与特殊型人才的比重。而上一节所述的促进Ⅱ、Ⅲ种考试录用者及中途录用等就是这种方法的开端。今后在切实推进这些政策的同时,对于Ⅰ种考试事务系列录用者也应通过确立混合型人事管理的模式,努力将其培养为适应性强的专业型人才。

此外,概而言之,行政领域这三种性质不同的类型在以服务者型为基础的同时,专业型人才位于服务者型与专家型之间,而特殊型人才则位于服务者型与知识专业型之间。另一方面,通用型人才与工作人模型之间的亲和度最低,但却与民营企业中的管理层员工有类似之处。因此稻继(1999)指出了商务专业职务型的前景:"今后随着技术、服务的先进化及专业化的发展而形成劳动市场,存在着在既存职业种类中、或作为新的职业种类中,这一类型将可能增加","比如,典型组织人模式的管理层职务就有可能随着条件的变化转变为这一类型","实际上将管理人(经理)作为项目负责人,或者将其定位于诸如欧美国家专事管理的专业人士,那么他们就会成为这种类型的工作人"。尽管对这一主张或许有相当保留的空间,但是否可以将这一类型归结为服务者型与商务专业职务型的中间型呢?如果可以假定这一模型成立,那么每一种模型都有可能存在着各自相应的管理。下文将对此进行探讨。

二、组织与管理

1. 综合形式

在前文中,政策形成是由被称为"政策人"这一独特的工作人承担的,而与其相对应的肩负政策形成职能的行政组织形式及其整合方式是什么呢?

如果简单照搬太田(1999)的说法,从事工作的人们如果实现了工作人化,那么以往的直接统一型组织就会转变为间接统一型的基建型组织。

太田(1999)在指出日本式有机性组织的局限性后,主张向适合工作人模型的基建型组织转型。基建型组织不同于传统的将个人包括在内的组织,而是对组织内的个人活动提供支持。其特征为:①个人不会被要求向组织进行承诺或与组织合为一体;②工作调动障碍较少的开放式组织;③可持续从事专业性工作,并在制度上保证工作所必须的权限及自律性;④完善为工作提供支持的制度;⑤会进行个人之间或部门之间的协调。

但问题在于,如何在基建型组织中为公务部门独特价值观念的"公益"定位。尽管这里的"公益"可以被定义为社会性利益的调和,但不管如何,公益是由政府职能进行担保的。

企业中的间接性整合主要是指每个人通过对各自生产物品的评价在市场上参与竞争,而企业则通过为个人及其生产物品适应市场提供支持而在结果上也追求适应市场。但是参与政策形成过程的职业行政官员追求的公益最终是由政府基于民意决定的。

的确,每个职业行政官员在各自进行的政策立案中,都会通过自己的渠道对公益进行推量,这种做法可能部分上是最佳方法。但是,最终的公益如果没有通过民主过程由政府决定,将是无法确定的。而通过民主过程得到的全体性最佳利益并不是每个职业行政官员的部分最佳之和,这才是民主政治的活力所在。

在这个意义上,参与政策形成过程的职业行政官员的自由无论在什么情况下,其前提都是共同拥有"公益"这一政府制定的全体目标。而工作人化会对公益这一追求的价值的特殊性产生一定制约。因此,比起企业工作人的单纯的间接性整合,行政中整合工作人与组织的关系将更为紧密。

2. 管理的形式

从与政策形成的关联性的角度观察人事管理时,知识管理的思维十分重要。知识型企业运用的这一概念对政策形成部门具有充分的参考价值。

政策形成是显著的知识性行为,并具有可还原为参与政策形成的人才之缄默知识的侧面。只要存在这种还原,参与政策形成的职业行政官员比起重视职务分类制度的显性知识,更会重视基于多种OJT经验的某种缄默知识,这一现象是有一定合理性的。但是,现在的问题是缄默知识的质量,通过以往的组织内部的经验知识难以深化政策形成所需要的专业知识,这就要求职业行政官员具备新的缄默知识。因此,新的缄默知识必须以高度的显性知识为依托,并对其增加个人经验等,从而成为螺旋形上升的不断进化的知识。

此外,领导给予其下属某种使命,或曰任务管理的思维也十分重要。如上所述,负责政策形成的组织以及在其中工作的职业行政官员有必要对公益拥有共同认识,并团结一致实现公益。而确保团结的方法就是领导明确应实现的价值——公益的内容,并为此不断分配各种任务。

3. 具体方法

前文曾指出,参与政策形成的工作人可分为三种类型,即以服务者型为基础的与商务专业职务型之间的中间型(通才)、与专家型的中间型(特殊人才)以及与知识专业职务型的中间型(专业人才)。在探讨适合三种类型的管理方式之前,将首先根据太田(1999)的理论概述有关工作人模型的特征。

首先,服务者型以护士、社会福利部门的调查员等为代表性职业,主要从事公共机关、非营利组织(NPO)的非经济性活动,至少在理念上比起金钱、社会名誉等外在性报酬,更认同向人们提供服务、对社会作出贡献等内在性报酬,或将从接受服务者那里直接得到的回应视为价值。一般而言从个人志向、价值观、工作性质、社会作用等方面,这一类型都不适合于极端的能力主义及业绩主义,反而更多地适合于领取职务薪酬的人。

商务专业职务型以证券分析师、外汇交易经纪人等为代表职业(如前所述,管理职务也被列入这一类型的范畴)。尽管个人的工作并不会直接拥有市场价值,但由于个人对组织的贡献度在某种程度上是明确的,因此形成了以个人为单位的劳动市场,其报酬在理论上由其生产的极限所决定,容易形成与劳动力市场价值联动的年薪制。

专业性以营业、销售等为代表职业,这一类型的人通过运用具有通用性的某些知识以及标准化的职能从事相对固定化的工作,报酬上的差别更容易体现在职务以及熟练程度的差距上而非每个人的业绩。

最后,知识专业职务型除护士、医生等传统职业外,还以研究、技术职务为代表性职业,主要从事创造与应用专业知识的工作。由于其高度的专业性,管理者等组织成员对他们的能力及业绩进行评估存在着局限性,最终会由学会、专家团体等专家进行评估,但专家的评估结果会影响到大众社会。

根据以上概述,下文将以知识管理的思路就确保人才、维持动机、确保信赖等三个基本方面对上述各类型进行分析。

(1) 对通用型人才的管理

追求更先进、更专业的政策形成在需要特殊人才、专业人才等专业性人才的同时,也要求通用型人才较过去对更为广泛的政策具备更多知识并提升将这些知识进行综合运用的能力。对新型通才要求的不仅是经验,更是以更高级的显性知识①为基础的综合调整能力。

为了确保具备这种能力的通才,应以职业行政官员的专业人才为中心,加强多样化的在职培训,并在政策科学及管理理论方面充实脱产培训。此时比起个人的自主性,更有必要创造有利于开展脱产培训

---

① 村松(2000)认为"为了提升专业性,如果法学院要求司法职务者在本科毕业后须再接受两年的专业教育,那么就有必要针对公务员录用者建立(与法学院)相应的考试制度","我认为至少取得硕士学位的官僚才能成为现代官僚"。

的环境。①

在与动机有关的评估问题上,由于多数通用型人才会被录用为管理层的职位,因此可在明确其职务内容的基础上,以是否完成其职责为出发点,在待遇上也暂时以职务薪酬为中心,探讨采取长期性的年薪制的问题。

(2) 针对特殊人才的管理

确保特殊人才的方法包括:彻底进行混合型人事管理;在以前者为前提的特定行政领域增设基于高度专业知识及经验、旨在为政策计划立案提供支持并在专门行政领域执行政策的"专家职务"。人事管理的混合制除了可以培养适应Ⅰ种事务系列录用者条件的特殊人才,还应有助于以往相对较多被培养为特殊人才的Ⅱ、Ⅲ种考试录用职员以及技官的录用。

在评估方面,以对特定工作的熟练程度进行恰当评估为中心,在待遇问题上目前有必要以能力为中心,而专业职务的待遇也有必要缩小与直线型职务之间的差距。

如果要正式建立混合型人事管理系统,则有必要建立某种让专业职员在选择成为通用型人才还是特殊人才时,可根据自己的职业生涯发展规划,在适当的时期进行某种程度的自主选择的制度。

(3) 专业人才的管理

正如上一节所示,在专业人才的问题上正在制度方面进行录用外部人才的改革,期待今后在体现这一宗旨的制度运用上进一步充实。《基本报告》建议设立与上述专业职务并列、拥有特定行政领域专业知识及包括与其相关领域在内的广阔视野、进行能动性政策计划、立案与调整的"政策幕僚职务",这样的职位也应是为接受引进和录用的外部专业人才而设置的。

在有关评估的问题上,专业人才重视在自己所属专业人士集团中

---

① 在《基本报告》中提出了以下建议:①应创建以自己希望到大学研究生院就读、在民间研究机关从事研究等以自我启蒙为目的的长期休假制度,或②在私立大学从事研究教育等有助于公务活动的活性化及职员的能力开发时,应修改许可标准,使得在工作时间内兼职等制度上的灵活性成为可能。

的名誉,因此有必要建立可以反映这些专业人士集团评价的人事评价制度。为此,应对政策的计划立案是如何反映个人的思考及调查这一点进行详细评价,即持有将政策立案作为某种个人创造物进行评估的态度。在待遇问题上,从顺利引进外部人才的角度考虑,有必要将该外部人才所处的专业圈的待遇作为基础加以考虑。

最后,从确保对职业行政官员的信赖这一角度出发,毫无疑问这三者都应严格遵循伦理法的有关规定。另外,规定行政部门应充分履行说明责任的 2001 年 4 月《行政机关所持信息公开法》(1999 年法律第 42 号)也十分重要。从这一点上看,人才的多样化具有重要意义。因为根据该法的实施,职业行政官员为了尽到说明责任,有必要理解国民所拥有的多样化的价值观,这种理解通过职业行政官员的多样化才最有可能实现。此外,与政策评价同步公开政策立案者的信息,以更明确的形式评价其政策效果的尝试也十分重要。①

以通过维持公务纪律、严格的业绩评估确保信赖为前提,应采取适合通用型人才、特殊人才、专业人才可各自最大限度发挥其能力的工作形式。特别是有关幕僚的职位,有必要探讨增加其工作形式灵活性的问题。② 享受自由、充分的时间对于创造性知识的产生是不可轻视的要素,同时通过这些也会要求对"无限制、无定量"的职业行政官员的工作方式进行一定的改变。

4. 政策形成的变化可能性

如上所述,在 21 世纪的行政中,对通用型人才、特殊人才、专业人才按照适当的比例进行配置,并根据各自的价值标准积极参与政策形成,这将会给长期以来过于侧重通用型人才的政策形成带来一定的变化。

比如,今后有可能会得到更多采用的项目组型政策形成中,集中

---

① 据 2001 年 6 月 18 日的《产经新闻》(早报)报道,与政策评价相关联,经济产业省在各部局提交的文件上均注明政策主管者的姓名,并采取了主管者调动后也进行问责的方针。
② 基本报告中就弹性时间制度、扩大裁量劳动制度实施对象范围的问题指出,在充分注意保证国民的同时,在掌握民间部门的普及状况、员工意见的基础上,应研究在相应部门引入这些制度,并对信息化发展带来的诸如居家工作等新的工作形态进行广泛研究。

三种类型的人才是必不可少的。其中通用型人才通过以高级显性知识为背景的逻辑思维技能，从中长期的观点作为协调人参与政策形成。而专业人才则基于职能性技能，以自身职业发展的形式，抱着在短期内实现可见性成果这一明确目标进行参与。特殊人才则将根据其常年积累的专业经验，在如何将计划立案与实施统一这一赋予计划现实性的问题上发挥重要作用。

三、向政策人模型发展

随着参与政策形成的职业行政官员工作人化的进展，从长远上看，有可能出现专业人才与特殊人才合二为一[①]、少数通用型人才负责协调多数专业人才工作的"反转组织"[②]。其中一般起决定作用的将是协调者，特别是在公务部门中，通用型人才有望在"公益"问题上扮演传达领导下达之任务的重要角色。

另一方面，随着信息公开制度的利用，政策信息非对称性将逐步消解，来自行政外部的政策建议也将日趋增加。因此从长远看，今后存在着职业型人才与大学、智库、NPO组织、法律司法界之间形成共同就业市场的可能性。同时，大学正在充实并加强政策科学领域的本科及研究生教育，因此可望超出以往其他行业领域中专业人才的参与形式，而出现专门适合于政策形成的专业人才。这种专业人才与仅仅作为知识专业职务的专业人才不同，而可形成"政策人"这一新的工作人模型。"政策人"始终为公益服务，拥有高度专业的知识，在公益的范围内和比较灵活的环境下从事工作，以自由的思维参与政策形成。对其的评价体系中，政策方案将被视为创造，其业绩与政策科学专业人士集团的内部评估挂钩，从而打破官民学之间的隔阂，逐步形成符合"政策人"自身特点的职业生涯。

但是，这种人才的变化、特别是政策人模型的确立是以就业市场

[①] 具体而言，比如，为磨砺劳动标准行政工作的特殊人才劳动标准监督官的技能、知识及见解，应采取诸如在智库进行有关人事管理研究、在大学进行劳动相关法制的学习等措施，使各特殊人才在以执行公务为基础的同时获得与外部交流的可能性。

[②] "逆转的组织"可参见 James Brian Quinn、Philip Anderson、Sydney Finkelstein（2000）的论述。

的全面工作人化,换而言之,是以个人的进一步自立为前提的。在严峻的雇佣环境中,每个就业者追求自立是极为严酷的选择,但在建设充分的社会保障体系(safety net)的同时推进工作人化将是老龄化、少子化、信息化、国际化背景下就业市场结构改革的方向。这一潮流尽管会因服务于公益这一特殊性而受到若干制约,但公务部门决不会独善其身。今后,有必要将中长期的人事管理系统改革置于就业市场流动性全面增强的大环境中加以考虑。

总而言之,如果政策形成过程归根到底取决于人,那么在中长期人事管理系统改革不断进展,政治主导下的"政策人"与优秀的通用型人才之间可以进行充分合作之际,21世纪的政策形成将会得到进一步的升华。这也正是本书所期待的前景。

参考文献

青木昌彦(1992),《日本经济的制度分析》,筑摩书房。
稻继裕昭(1996),《日本的官僚人事管理系统》,东洋经济新报社。
太田肇(1996),《尊重个人的组织论》,中央公论社。
太田肇(1999),《工作人与组织》,有斐阁。
木方幸久(2001),《Open Administration——21世纪行政之蓝图》,《计划行政24(2)》,日本计划行政学会。
James Brian Quinn、Philip Anderson、Sydney Finkelstein(2000),《专业人才的知性能力管理》,Harvard Business Review 编《知识管理》,钻石社。
城山英明、铃木宽、细野助博编著(1999),《中央省厅的政策形成过程》,中央大学出版部。
人事院编(2000),《平成12年版公务员白皮书》,大藏省印刷局。
人事院编(2001),《平成13年版公务员白皮书》,大藏省印刷局。
铃木宽(1999),《日本中央省厅人力资源管理的现状与将来》,《计划行政22(3)》,日本计划行政学会。
西村美香(2000),《公务员制度》,森田朗编《行政学基础》,岩波书店。
促进效率研究开发中心编著(1999),《向新公务员制度的目标前进》,行政出版。
堀江宏之(1996),《人事管理》,田中一昭编著《行政改革》,行政出版。
真渊胜(1987),《现代官僚的"公益观"》,《季刊行政管理研究》40号,行政管理研究中心。

村松岐夫(1981),《战后日本的官僚制》,东洋经济新报社。
村松岐夫(1994),《日本的行政》,中央公论社。
村松岐夫(2000),《高级官僚的命运》,《人事院月报》6月号,大藏省印刷局。
森田朗(1996),《现代行政》,放送大学教育振兴会。
八代尚宏(1997),《日本型雇用惯例的经济学》,日本经济新闻社。
Dorothy Leonard,Susan Straus(1998),《活用创造性摩擦之管理》,*Diamond Harvard Business Review*,12—1月号,钻石社。

终　章　中央省厅改革(桥本行革)及今后的课题

城山英明　细野助博

第一节　序

本书以及前著《中央省厅的政策形成过程》(中央大学出版部,1999)的研究、分析对象均为2001年1月中央省厅改革开始之前的中央省厅政策形成过程。但是,经过2001年1月起实施的中央省厅改革,历史上形成的中央省厅体系至少在形式上发生了巨大变化。这种变化对本书研究对象会产生多大的冲击将是今后继续研究的课题,但研究历史形成的固定的正式制度其本身就具有重要意义。

在此,本章将对中央省厅改革(桥本行革)的方法、主要内容进行总结。由于这次改革的手段本身就可能成为今后行政的一个模型,因此应予以特别关注。最后本章将在本书各章所有分析的基础之上探讨今后的课题。

本次桥本行革始于自民党等主要政党1996年秋总选举中纷纷作出的进行省厅重组的公约。选举后,同年11月行政改革会议开始工作,1997年9月发表中期报告,同年12月发布最终报告,1998年2月内阁会议决定《中央省厅改革基本法》并提交国会(同年6月成立)。同年6月中央省厅改革推进总部开始工作,9月制定工作方针,1999年1月制定《中央省厅改革大纲》,4月决定中央省厅改革关联法案(《设置法》《独立行政法人通则法》)以及中央省厅改革推进方针(内阁会议决定并向国会提交法案),7月中央省厅改革关联法成立并向社会公布,同年11月内阁会议决定《中央省厅改革施行法》《作用法》、《独立行政法人个别法》(12月确定、公布),2000年6月公布《省厅改革政令》《组织令》《作用法政令》),这一系列的立法工作完成后,2001年1月中央省厅改革正式启动。

第二节 中央省厅改革过程的方式①

一、行政改革会议——首相主导的迅速应对机制及提供后援的事务局成员

1996年11月启动的行政改革会议开始对桥本行革中各种方案、草案进行审议。与以前的第二次临时行政调查会等行政改革组织相比,行政改革会议有以下几个特点。第一,首相出任会长;第二,审议会并非基于法律设置,而是通过行政命令(《总理府本府组织令》的修改以及《行政改革会议令》的公布与施行)设置的。因此可以作为首相的直属部门迅速处理问题,但其组织结构也同时要求首相有必要采取主动(报告书起草阶段尽管召开了计划制度问题小委员会、机构问题小委员会,但没有追加性地运用专门委员制度并进行参与的分会、部会等)。但在与国会的关系上,却存在着正统性的问题。

此外,行政改革会议的事务局由总理助理官水野清事务局长、总务厅出身的八木俊道事务局次长、3名参事官(总务厅、总理府、大藏省各1人)、28名调查官组成。其中,来自各省厅者和民间各14人,并将较年轻、且与其原属省厅少有瓜葛的中央省厅出身者与民间人士组成搭档进行活动,这可谓在组织设计上促进创发的新颖尝试。

二、基本法的制定——确保正统性与设定期限

在发布行政改革会议最终报告后,即着手制定《中央省厅改革基本法》。1997年12月3日行政改革会议最终报告后即开始了制定基

---

① 本节及次节的分析以城山英明(2001)的《行政改革体制与实施上的问题——桥本行革的意义与课题》为基础编写而成。

本法原案的工作，3个月后的1998年2月17日内阁会议决定并提交国会，6月法案成立并公诸于世。这一立法过程的独特性具有双重意义。第一，行政改革会议最终报告的内容原封不动地成为基本法条文。因此这一过程也被称为"没有一丝增减"。第二，通常的内阁立法中，法制局的审查会对法案与既存法令是否匹配等进行深入讨论，但在这次中央省厅改革基本法的审查过程中，仅仅对行政改革会议最终报告的内容是否完全写入法案进行了检查，其结果就是最终报告中暧昧的内容原封不动地成为暧昧的法律。

行政改革会议最终报告经过国会批准后，解决了当初行政改革会议的正统性问题。但也造成了在以后交涉过程中难以在政治上对基本法内容进行大幅修改的局面。此外，在基本法中还为中央省厅改革设定了时间期限。

三、中央省厅改革推进总部——直属首相的体制与参事官的新利用方法

根据《中央省厅改革基本法》，将设立中央省厅改革推进总部以实施中央省厅改革。总部成员包括所有内阁成员，设有总部长（首相）、副总部长2名（官房长官、行革主管大臣——总务厅长官）、总部长助理3名（政务官房副长官2名、事务官房副长官1名），在事务局长下设有事务局（由各省厅抽调而来、全部由高级公务员组成的特殊组织，人数最多时达130人）。事务局长为前总务厅行政管理局长河野昭，次长由来自新日铁的民间人士、总务厅行政管理局出身者、总理府出身者担任。推进总部直属总理的形式对于实施过程中封杀各省厅的抵抗十分重要。

中央省厅改革推进总部值得关注的是事务局中成为实战部队核心的参事官的使用方法。事务局设有较为年轻的课长级参事官14人（其中3人为企业、工会等调派而来的民间人士）。其中6人作为各"方面军"负责各新省厅（分别负责内阁府、福利劳动文部科学、国土交通农林水产、财务经济产业金融、法务外务金融、总务防务）。其余8人发挥着"参谋"的作用（总务主管、计划法制主管、独立行政法人主管2人、工作组织减量主管2人、顾问会议涉外主管、宣传新制度主管，

8人中3人为民间人士,但在实施阶段民间人士的作用并不大)。这14名参事官中11名中央省厅出身者是经过广泛选拔而来(比如总务主管来自大藏省,计划组织法制主管来自通产省,工作组织减量主管中1人来自自治省,但参事官中没有总务厅出身者),充当"方面军"的参事官均负责与其原所在省厅不同的省厅(比如,福利劳动、文部科学省主管为邮政省出身;国土交通、农林水产省主管为厚生省出身;法务、外务、环境省主管为文部省出身)。在这种事务局中,以往的参事官多由总务厅、大藏省等横向分割省厅出身者组成,有效利用纵向分割省厅出身者的尝试几乎没有。而在这一事务局中,在14名参事官组成的参事官日常会议上,会积极讨论横跨各负责领域的事项,并决定众多的事项(推进改革的实施部队"方面军"的6名参事官也频繁举行会议)。

此外,负责各省厅的"方面军"结构也与通常的组织存在很大不同。如上所述,主管参事官负责与其出身省厅不同的省厅,在其领导下还有来自其所负责省厅的计划官,计划官下还有参事官助理。也就是说,在通常的组织中,计划官作为参事官的部下进行工作,而在这一组织中,来自政策实施对象省厅且为其代言者的计划官也是参事官的交涉对手。

在全体操作中,首先计划官与自己所属的省厅进行交涉,参事官进行修正。此外,新省厅之间的业务划分问题上,既存各有关省厅间的交涉与主管计划官之间的交涉同步进行,在取得一定的进展后再交由主管参事官之间进行交涉。实务性的问题在这一层面上很多即可得到解决,如果仍无法解决则上呈至总部助理(事务官房副长官等)、副总部长(官房长官等)。此外,政治化的问题则交由行政改革推进总部,由总部进行实质性决定。

第三节 中央省厅改革内容

一、捆绑式重组——少数阁僚化与内部调整化的尝试

桥本行革的政策课题之一就是"捆绑式重组",即省厅的统一合并与废弃终止,其思路在于借此推动减少阁僚人数、汇集精英,增加内阁

会议的实质内容,提升内阁对各省厅的领导能力,并将有关行政功能集中于统一后的省厅内以提高其协调功能。

捆绑式重组一旦成为既定路线,在究竟哪些部门进行合并整合的问题上就会出现各种主张。

其中,如何处理被分为自治省、建设省、厚生省的原内务省是一个关键问题。在有关这方面的讨论中,的确存在过下述意见,即作为特殊的文官统治(对财政敏感的事务官集团应控制存在扩大支出倾向的技官集团之思想),应将以事务官为中心的自治省与技官发挥重要作用的建设省或厚生省合并。但是最终自治省作为制度型官厅与总务厅合并,而建设省则作为以交通为基础的社会资本型官厅与运输省合并,拥有消费者侧面的厚生省则与拥有生产者侧面的劳动省合并,显示出了寻求某种平衡的重组倾向。

针对邮政省的通信部门也存在着两种改革思路,一是与负责广义上的通讯基础建设的运输省合并,一是与负责广义上的经济行政工作的通产省合并,最终却以合计数量的方式成为总务省的一部分。

总之,通过上述活动进行了一定程度的捆绑式重组。与最初的设想相比,削减阁僚数量的目标在某种程度上得到了实现,但在内部进行调整的目的却只能说是半途而废。当然,无论考虑哪种合并方案的组合,省厅间的组织调整问题都会存在,因此通过捆绑式进行内部调整存在着内在的逻辑问题。

二、内阁职能的强化——《内阁法》改定与内阁府的设立

桥本行革的另一个政策课题是强化内阁的职能,修改了《内阁法》,设立内阁府以确保内阁、内阁官房的主导作用。

具体而言,《内阁法》在以下几方面进行了修改。第一,明确表示内阁将履行"遵循主权在民理念"的职权(第1条),在表明政治主导行政这一态度的同时,明确了内阁主导的正统性。第二,"内阁首相(首相)可就有关内阁重要政策的基本方针以及其他事项进行提案"(第4条),明确了首相的提案权。第三,在内阁的事务上(第12条),"有关经过内阁会议的重要事项的综合调整"是"有关内阁重要政策基本方针的计划、立案以及综合调整等事务",明确了内阁官房的计划立案职

能。第四,在组织管理上,将 3 名内阁官房副长官助理、内阁宣传官、内阁情报官设为特别职务(第 16、17、18 条),总理助理官从 3 人增加为 5 人(第 19 条),秘书官不限于 3 人并设为特别职务(第 19 条),加强了内阁官房的人员基础。

新设立的内阁府具有两个性质。第一个性质与其他省厅相同,分担一部分的行政管理工作。第二个性质是对内阁官房提供后援,以强化内阁职能。《内阁府设置法》第 4 条第 3 项规定了前者的分担管理工作,第 4 条第 1 项规定了后者的内阁统管工作。同时根据该法第 4 条第 2 项的规定,内阁会议决定为内阁重要事项的内容将与第 4 条第 1 项同等对待。内阁府的组织也反映了这两个性质。负责前者分担管理工作的是通常的局,而负责后者内阁统管工作的是政策统管官。此外可以任用特命主管大臣负责内阁统管工作。为了统筹安排行政各部门实施内阁的重要政策,还设置了经济财政咨询会议、综合科学技术会议等负责相关重要政策的会议。

综上所述,在桥本行革中内阁官房的作用得以加强,并为内阁府设定了内阁统管工作的内容以支持内阁官房。较之以往作为总理府外局的综合调整,在形式上作为内阁统管工作的综合协调得到了加强。但是,究竟多大程度上可以发挥实效性的功能,将有赖于内阁府的政策统管官及其支援机制、重要政策会议的使用及其支援机制等。

三、减量——传统型行政管理的应用

在数量上减少公务员编制与行政单位,即减量既能成为可视化的成果,也是强烈的政治要求。旧总务厅公务员编制管理对象共约 84 万人,其中包括约 82 万名普通职务的国家公务员以及防卫厅中非自卫官职员在内的特别职务国家公务员。首先通过计划削减其中的 10%,其后通过成立独立行政法人等外包式手段进一步削减 15% (1999 年 4 月中央省厅改革推进方针明确了包括以上两部分合计削减 25% 的方针)。

在行政组织的削减问题上,行政改革会议最终报告提出"大幅度削减总量,将从现在 128 个(行政组织)削减为接近 90 个的水平","削减近 1200 个课、室中的约 15%,使其达到 1000 个的水平……以省厅

重组5年后进一步削减10%左右为目标,努力最终达到接近900个的水平"。经过当时的小渊首相的决断,官房、局的数量最终定为96个,而课、室的缩编后数量经参事官提交后合计为996个。

在削减审议会数量的问题上,行政改革会议最终报告的表述十分暧昧:"彻底整治并达到必要的最低限度。"但是,在政治层面上要求审议会进行大幅度削减(主管大臣曾表示只要国会决定即可废除审议会的想法,此外,审议会也逐步排除大臣、议员的参加),其结果严格区分了政策性审议会与执行性审议会,前者的数量受到了严格限制(基本上改革前的省厅各保留1个,共计29个),后者也进行了削减,211个审议会最终被削减为90个。在减量的问题上,由于政治上的压力,通过在更广泛的领域运用传统的编制管理方法(一刀切性质的渐进性削减),至少在表面上取得了重大的成果。但是,从确保行政实效性这一行政改革重要目的而言,应如何评价这种方式却是另外的问题了。

四、独立行政法人——重新界定行政与社会之界线

桥本行革也对再次构建行政与社会的界限进行了改革,创立了独立行政法人制度。通过这一制度,以往行政承担的一部分业务与行政相分离,而在行政与社会之间灵活进行。

但是,在判断某个组织是否应实行独立行政法人化时,在分配和安排上却存在着各种困难。具体分配在行政改革会议的最终报告中进行了说明,而事务局则负责进行具体的实施工作。对行政与社会间界限的判断对象包括统计业务、国立大学的定位、是否属于政策研究机构等(如果是政策研究机构则没有必要成为独立行政法人)。比如在统计业务中,前总务厅的统计业务部门成为独立行政法人,而原通产省、农水省的统计业务部门因规模相对较小而没有成为独立行政法人。此外,原通产省的通商产业研究所尽管属于政策研究机构,但却主动、自主性地成为了独立行政法人。此外,实施省厅与独立行政法人的分配也存在着困难。判断基准姑且为是否应是国家从事的业务,但这种基准也是暧昧的。

此外,部分是因为基准的暧昧,在具体操作上,也可以说是作为公务员编制削减的手段、以行政业务的独立行政法人的形式而整体推出

的。但这种情况下,独立行政法人灵活性这一应有的优点是否能真正得到利用就值得怀疑了。

进而言之,位于行政与社会界线上的制度,其本身就是多样性的。例如特殊法人、公益法人等就是这样的例子。因此,真正重建行政与社会的界线时,必须对包括既存组织在内的所有方面进行重组。在这个意义上,设置独立行政法人制度可以说只是作用有限的第一步。因而在小泉政权中,特殊法人、公益法人正成为改革的重要议题。

五、各省内部的重组

1. 内部重组的尝试——农林水产省之案例

诸如原农林水产省、通产省、外务省、法务省等,很多省厅在省厅改革中其外在结构几乎没有变化。但是,这些省厅也利用省厅改革的机会对内部组织进行了重组。比如,农林水产省就同步进行省厅改革与制定作为新政策支柱的横跨粮食、农业、农村建设各政策领域的新《农业基本法》,利用省厅改革的机会,从粮食、农业、农村建设的综合观点对组织结构进行重组。以往兼顾农村公共建设以及改善经营的构造改善局分成了强化前者职能的农村振兴局以及重视后者的经营局(经济局的金融税制职能及农村合作社的职能也被移交至此),农产园艺局、畜产局合并为以农业为对象的生产局,负责食品流通的食品流通局作为负责粮食的部门成为首席局的综合粮食局。也就是说省厅间重组同时成为省厅内重组的机会。但是,这种省厅内重组是否有效将取决于承担这些工作的人才的能力培养等因素。

2. 合并型省厅的尝试——国土交通省之案例

"捆绑式重组"的意图之一就是通过整合,将某一领域的相关行政职能划归到同一省厅以提高调整职能。以此为背景,原建设省与原运输省合并为国土交通省并进行了若干调整。第一,设立了以原建设省建设经济局及原运输省运输政策局为主体的综合政策局,并设立了负责全省计划的计划课。第二,在地方支分部局的层面上,原建设省的地方建设局与原运输省的港湾建设局合并为地方整备局。并且在公共事业的问题上,并不局限于部门,而是在各地方整备局的层面上设定了一定的业务框架。第三,在省厅改革的调整过程中,原各省厅都被非正式地要求予以合作。比如,在与中央省厅改革推进总部交涉前,合并型省厅之间的协调是不可或缺的。此外,在改革实施前的预算制定过程中,合并型省厅之间的联合项目将享受较为优越的待遇,这些都非正式地有助于调整机制的建立。

另一方面,在调整是否不断深化的问题上还存在很多尚难得出明确结论之处。第一,尽管设置了综合政策局,但在应如何加以运用的问题上仍存在很多不甚明朗之处。其组成主体的原建设省经济局与原运输省运输政策局组织性质截然不同(前者属于不涉及建设省业务中公共事业的纵向分割部局,而后者则为具备计划调整职能的横向分割部局),计划职能能否实现制度化将取决于今后的运用。第二,通过合并等推动内部调整化这一举措也有其局限性。比如在有关社会资本建设职能方面仍有必要与农林水产省进行省厅间的协调。

3. 升格——环境省之案例

这次省厅改革还有一个不为人知的主要课题,就是将环境厅"升格"为环境省。具体而言包括两方面的问题。第一,如何处理原环境厅长官作为原总理府外局长官所拥有的综合调整与劝告职能。这是由于环境省与原环境厅不同,不属于直属首相的部门。另外,省厅改革后的体制中,负责综合调整的只有内阁官房或内阁府,根据《国家行政组织法》第 15 条各省厅只负责政策协调。因此,应如何处理环境厅长官对整体性环境政策拥有的职能就成为重要议题。《中央省厅改革基本法》第 24 条中规定,"(环境省)通过加强与有关行政部门间的协调与合作,以期开展综合性环境行政工作"(2 号),"从保护环境的角度出发对其他部门管辖的事务及事业提出必要的劝告"(5 号),"在与综合科学技术会议紧密合作的同时,通过积极利用第 28 条规定的政策调整制度,充分发挥在环境行政工作中的横向调整职能"(6 号)。由此可见,6 号建议利用一般性政策调整的制度,而 5 号则追加规定了劝告权。这也是以环境厅长官的权限为基础的规定(但在逻辑上这并不是必须的,理应继承国土厅长官权限的国土交通大臣就没有这种权限的规定)。在《环境省设置法》中也明确了其所管业务为"有关环境保护基本政策的计划、立案及促进"（4条1号），并规定了"环境大臣在认为极有必要推动有关环境保护的基本政策时，可以对有关行政机构就环境保护基本政策所涉及的重要事项提出劝告，并可要求各机构对基于此劝告而采取的措施提交报告"（5条2号）的劝告权。总之，环境省在与其他省厅一样进行政策调整的同时，也兼备由原环境厅权限继承而来的劝告权。

第二，《中央省厅改革基本法》第24条4号中，目的Ⅰ部列举了基于环境保护目的而应由环境省与其他省厅共同管理的事务。例如化学物质的审查及对制造的规定、防止海洋污染、推动资源的循环再利用、保护臭氧层、控制温室效应气体的排放、保护森林绿地、保护河流湖泊等。但是，一旦进入将具体的共管方法写入法条的阶段，就遇到了各自拥有管辖范围的既存省厅的强烈抵抗。特别是围绕森林、河流问题的争执一直持续到最终阶段。因此，很多内容即使冠以共管之名也是有名无实。

如上所述，环境省并没有仅仅停留在升格为省的阶段，而是通过劝告权以及共管权等获得了在环境问题上对其他省厅的环境相关领域提出批评建议的制度框架。但是，这其中仅仅是名义性的内容还很多，并且如果不存在可以运用这种制度的人才基础，制度的有效性也将是有限的。

第四节　今后的课题[①]

一、确保合并型省厅的合并优点

这次中央省厅改革中，建设省、运输省、国土厅合并为国土交通省，厚生省与劳动省合并为厚生劳动省，文部省与科学技术厅合为文部科学省等，进行了一系列的合并型省厅的改革尝试。但是，仅仅在制度上合并并不能自动确保通过内部化实现调整成本下降的合并优

[①] 本节分析以细野助博（2001）的《中央省厅重组的政策分析——合并的政治算数》及城山英明《行政改革体制与实施上的问题——桥本行革的意义与课题》为基础结合本书各章分析编写而成。

点。能否取得合并优点将取决于以下因素。

第一,在这些合并型省厅中,很多情况下都设置了负责全省政策的部局。比如,国土交通省设立了综合政策局。但是,如何对此加以运用仍存在很多不明之处,综合政策局的构成主体原建设省经济局与原运输省运输政策局的性质极为不同,能否发挥全省性计划的职能仍存在很多未知数。这与没有合并只进行了组织重组的全省性计划责任部门的情况(例如农林水产省的综合粮食局)是一样的。如何培养可承担综合性政策的人才将成为决定全省性计划主管部局有效性的重要因素。

第二,与第一点相关,合并之前的原省厅的组织运作方式或组织文化相互之间存在着重大差异。比如,国土交通省中原建设省是典型的基层型组织,纵向分割色彩浓厚。而原运输省在拥有以港湾局为中心的基层型行为模式的同时,也采取了与放宽规制有关的以运输政策局为中心的计划型行为模式。因此合并后,对原运输省运输政策局那样的计划型职能如何进行重组等,在很多方面仍然不甚明确。而文部科学省中原文部省、原科学技术厅的组织运作方式、组织文化之间的差异更加显著。原文部省以事务系列职员为中心,通过基层型建立了自下而上型的政策形成过程。与此相比,原科学技术厅则以技术系列职员为中心,通过计划型建立了以科学技术基本政策会议为首的自上而下型的政策形成过程。这种不同的组织运作方式、组织文化在合并型省厅中会发生什么变化,将会使合并的优点、缺点一显无疑。从逻辑上看,既可能出现不同手段与文化有机结合、并找到适合每个对象领域的方式的情况,也可能出现原有的有效方法破坏殆尽后就止步不前的局面。最令人担忧的是因省厅合并导致预算与权限膨胀,而出现"大企业病"所特有的拘泥于形式与手续以及调整成本的增加,并陷入功能不全的情况。在这一点上,将形成合并优点的持续性废旧建新与政策评价相结合是非常重要的。

二、通过内阁官房、内阁府确保首相的主导性

桥本行革主要课题之一是加强内阁的职能,为此对《内阁法》进行了修改以确保内阁、内阁官房的主导性,并设置了内阁府。《内阁法》

第4条规定"内阁首相可对有关内阁重要政策的基本方针以及其他事项进行提议",明确了首相的提议权,而内阁的工作(第12条)则是"对有关内阁重要政策的基本方针进行计划、立案与综合调整""对与内阁会议相关的重要事项进行计划、立案与综合调整",明确了内阁官房的计划立案职能。新设立的内阁府除与其他省厅同样具有分担管理职能外,还将对内阁官房提供支持以强化内阁职能。内阁府设置了负责前者分担管理工作的通常的局以及负责后者内阁统管工作的政策统管官。此外,还使得设立特命主管大臣职位以统管内阁事务成为可能。同时,为了统一管理行政各部门对内阁重要政策的执行,设置了经济财政咨询会议、综合科学技术会议等有关重要政策的会议。

如上所述,桥本行革中内阁官房的作用得到了加强,并增加了内阁府的内阁统管工作以支持内阁官房,在形式上内阁统管工作的综合调整能力比以往作为总理府外局的综合调整更强。但是,这一举措的实际效果如何将取决于内阁府政策统管官及对其后援体制(牵制分担管理的各省厅,并视情况构建可与各省厅抗衡的政策知识的供应体系等)以及有关重要政策会议的运用及后援体制。

另一方面,桥本行革的过程本身就可谓极具意义的改革尝试。比如,通过行政改革会议事务局储备优秀的年轻职员(也可以说在某种意义上实验性地将被分隔在各省厅的年轻职员汇集在内阁下构建I种职员的精英团组)以及有组织地利用民间人才(并不是一人二人,而是有组织地录用占全体职员一半的民间人士),对中央省厅改革推进总部中的参事官采用新的利用方法(各省调动而来的参事官负责其原属省厅以外的工作)。这种实践知识尽管也有局限性,但今后仍可继续使用。比如,小泉政权的规制改革会议也着力让事务局负责各工作领域的主管审议官从事与其原属省厅完全无关的工作(比如医疗由国土交通省出身者、教育由厚生劳动省出身者负责),促使事务局积极应对规制改革。①

---

① 《朝日新闻》2001年9月30日。

三、新管理手段的有效利用

这次桥本行革中，引入了基于欧美各国广泛采用的新公共管理（NPM，New Public Management）思维模式的新管理手段。比如，独立行政法人制度的模本就是英国的代理制度，而政策评估制度也是以新公共管理思维模式为基础建立的。

在英国等国家中，评估等新管理手段是作为缓和以往人事管理、财务等方面的过细管理、作为在一定范围内推动人事财务权限的委任工作之补偿而引入的代替性管理手段。此外，作为在代理制度中严格评估完成目标的补偿，在完成目标的方法（人事管理等）上，会给予代理机构很大的裁量空间。

和英国等国一样，日本的独立行政法人及评估制度等新的管理手段在慎重考虑是与缓解财务人事管理这一传统管理手段一定程度的繁琐配套进行，还是单纯地追加设置管理手段的同时，有必要努力确保新管理手段的有效性。比如，有的意见认为独立行政法人的预算审定过程以及为此需要的资料等与以往并无大的差别，如何解决这种现象将十分重要。在运用上的问题同样也出现在政策评估制度中。在这种状况下，第十章详细论述的财政会计制度改革将是不可避免的。

四、人事制度的再构建

对于内阁、内阁府以及各省厅内部负责计划的部局而言，确保可以发挥参谋职能、培养对其他省厅或其他部局的管辖领域也有足够了解、具备横向性政策知识的人才非常重要。而以这次省厅重组中原通产省废除法令审查委员体系为象征，以往与官房权限联系在一起的通才型行政知识已明显无法再继续发挥其以往的作用，换而言之，以往的纵向分割型知识已不足以应对各种现实问题。

此外，在各省厅中不仅是政府内部的流通，获得其省厅组织之外的普遍性专业知识也日益重要。比如，金融管制的部门、信息安全部门就属于此例。

为了适应这种新型人才的培养，审议会等人事制度改革等的重要性与日俱增。如第十一章所述，1999年3月公布的公务员制度调查会

《公务员制度改革基本方向报告》中,将改革内容归总为"开放化"(扩大中途录用、扩大Ⅱ、Ⅲ种的录用等)、"多样化、灵活化"(引进复合型人事管理、缓和人事管理规制等)、"透明化"(再就业的透明化、明确惩处标准等)、"重视能力、实绩"(不按照考试分类、工龄的晋升管理等)、"重视自主性"(引进加强自身修养的停职制度等)。此外,在政治主导下于 2001 年 6 月出台的《公务员制度改革基本设想》(行政改革推进总部决定)中,也讨论了建立新人事管理系统(引入能力等级制度,改革薪酬制度,引进新的评估制度)、推进人才的计划性培养及能力开发(灵活运用人才培养课程以及培养计划、进行考虑到职员自主性因素的能力开发、扩大女性的录用登用)、确保多样化人才(改正录用考试制度、确保民间人才、积极运用公开招收制度)、创设国家战略高参等内容。

但是,尽管确保政府部门拥有一定专业能力已成共识,却始终难以与正式的具体制度改革议论相结合。另一方面,人们激烈讨论的仅存在于缓和人事院考试规章(以往的录用考试中,只将比录用预定人数多 1 倍的人数定为成绩合格者,因此有的议论建议人事院应从数倍于录用预定人数的录用候选者中进行选拔)以及各省厅不应在与民间企业招收新参加工作者的人才竞争中落后等极为有限的几个问题上。①

此外,本书及前著的分析中可以看到,不仅是事务官的通用型人才,如何建立被称为特殊人才的技官人事制度也是长期以来基本上没有正面讨论的重要问题。技官人事制度的问题在于考试分类、人事团组的过度细分以及缺乏充分的晋升机会。尽管考试分类正在逐步简化,但仍没有对这一考试制度进行全面的探讨。众多技官团组中的人才是政府部门的重要资源,这就要求我们必须对其进行有效利用。

另外,人事制度上如何设计组织管理与政策计划之间的关系也很重要。一方面,人事会计等组织管理与政策计划紧密合作的原通产省法令审查委员模式正逐步失去实效性。另一方面,将这两个要素分离的外务省也出现了各种组织管理上的"丑闻"。同时,即使没有出现过如此程度的问题,将预算与法令、政策计划分别处理的文部省、厚生省

---

① 2001 年 12 月制定了《公务员制度改革大纲》(内阁会议决定),将另文对此给予评价。

等也逐渐显现出了各种弊端。在这种状况下，如何在认识上理顺组织管理与政策计划之间的关系将是重要课题。

五、政治优位的意义

人们经常会将桥本行革过程称为"政治优位"（政治相对行政处于优势地位）的过程。的确，如果没有桥本首相等的政治性领导，对如此传统的省厅体系进行重组是不可能实现的。

另一方面也不可否认，省厅数量的削减、公务员裁员、审议会的削减等"数值目标"作为在政治上看得见的成果，存在着趋向自我目的化的侧面，并最终导致出现行政上未必取得实效性结果的事态。捆绑式重组中削减省厅数就是一例。此外，预先树立削减25％公务员数量的数值目标，导致了为满足这一目标而去寻找可成为独立行政法人化的对象的现象。但原本是否应实行独立行政法人应根据其工作性质来判断，而削减一定数量的公务员本身不应成为目的（自我目的化）。进而言之，审议会的削减也存在着将以往行政决定象征的审议会作为"改革"目标的侧面。但是，现代行政的问题日益复杂，绝不会单纯到仅靠政治家或某些行政官员就可充分探讨决定的程度。如果要在充分考虑的基础上进行决定，推动各方专家、有关各方参与政策形成过程就十分重要。如果这样，真正应该进行的并不是审议会的削减，而是审议会的改革（关于审议会人选、人选的基准、谁撰写报告草案等各种审议会工作的改革）。

基于以上各种情况，如何区别应发挥政治领导的局面与应进行专业性多元化探讨的局面，如何重新构筑话语空间同样是重要的课题。

后　记

　　本书是 1999 年出版的《中央省厅的政策形成过程》的续篇。在前著中包括政治学、经济学、行政学对这一问题的理论探讨以及对通产省、国土厅、建设省、厚生省、总务厅、大藏省、外务省、立法辅助机构等 7 省厅 1 机构的政策形成过程进行了"公开黑箱中内容"的研究工作。在执笔过程中，每次都会召开研究会，在研究会上请各省厅的年轻、骨干职员就各省厅的政策形成过程发表研究报告，并在研究会讨论内容的基础上开始执笔。执笔之际大多会请执笔者以外的省厅内部职员进行核查。本书也基本采用了同样的方法。

　　较之前著，本书选取了更多的 9 省厅（科学技术厅、环境厅、运输省、邮政省、农林水产省、文部省、自治省、法务省、防卫厅自卫队）作为研究对象。由于已有先例，也得到了各省厅更多的合作，此外还增加了对财政会计制度、人事管理系统的横向分析。为了各章形成某种程度的统一感，沿用了前著使用的政策形成过程的"创发""共鸣""批准""实施与评估"这一循环关系的写作方式。此外，也尽量在对这些省厅的分析中沿用前著使用过的各省厅行为模式。尽管在本书的执笔过程中历经了省厅重组这一"重大变动"，但不会减少本书的意义。

　　此外，我们计划在今后几年内以"省厅重组的现状与评价"为主题出版第三册。因为"省厅重组后"对中央省厅政策形成过程发生了什么变化及什么没有改变等课题进行实证研究对于思考今后的重组、运用等是必不可少的。

　　令人遗憾的是，就在编者为本书收笔感到快慰、开始撰写后记数日之前，执笔者之一的小原成司（防卫厅长官官房秘书课）却留下妻子与幼女英年早逝，年仅 31 岁。在防卫厅，人们都毫不怀疑小原将成为防卫厅新一代的精英。期冀本书的出版可以慰藉小原的在天之灵。同时，也感谢在小原去世后继续他的工作，完成了审定论文内容等繁琐工作的小原同僚岩田健司对本书的贡献。

最后，谨向欣然允诺提供执笔开始前研究会开会场所的东京财团（日下公人会长）以及中央大学市谷校园（铃木康司校长）等有关各方表示衷心的感谢。此外，中央大学出版部的柴琦郁子女士从本书的字句斟酌直至印刷出版等各个环节都在各执笔者之间进行了出色的协调工作，在此一并感谢。

编　者
2002 年 2 月末日

作者简介

编著者

城山英明　东京大学大学院法学政治学研究科副教授(1965年生,东京大学法学部毕业)

细野助博　中央大学综合政策学部教授,马里兰大学客座教授(1949年生,筑波大学大学院社会工学研究科博士课程退学)

著　者

足立伸

小原成司　＊防卫厅长官官房秘书课课员

川上毅　环境省大臣官房总务课课长助理

木场隆夫　综合研究开发机构　研究开发部主任研究员

木方幸久　中央大学综合政策学部兼任讲师,内阁府大臣官房人事课课员

幸田雅治　自治大学校部长教授

小岛浩司　株式会社三菱综合研究所地球环境研究总部环境研究部主任研究员

小紫雅史　环境省地球环境局总务课主查

近藤胜则　总务省综合通信基础局国际部国际机构室课长助理

高口努　文部科学省初级中级教育局教职员课教员研修计划官

高田昌行　＊中央省厅改革推进总部事务局参事官助理

田中启之　＊邮政省关东电气通信监理局电气通信部部长

东条纯士　环境省大臣官房总务课计划系长

内藤冬美　环境省综合政策局总务课主查
中山元太郎　环境省综合政策局环境影响评价课长助理
彦谷贵子　防卫大学校公共政策科专任讲师
前川喜平　＊文部科学省初等中等教育局教职员课长
牧谷邦昭　环境省地球环境局环境保全对策课长助理
增泽阳子　＊环境省大臣官房政策评价宣传课长助理
松井亚文　环境省大臣官房政策评价宣传课政策系系长
森本英香　环境省环境管理局大气生活环境室室长
吉野议章　环境省水环境部计划课计划法令系系长

执笔者简介无记号者为2002年4月职务，有记号者为执笔时的职务。

编　者

阅读日本书系选书委员会名单

姓名	单位	专业
高原 明生（委员长）	东京大学 教授	中国政治、日本对外关系
苅部 直（委员）	东京大学 教授	政治思想史
小西 砂千夫（委员）	关西学院大学 教授	财政学
上田 信（委员）	立教大学 教授	环境史
田南 立也（委员）	日本财团 常务理事	国际交流、情报信息
王 中忱（委员）	清华大学 教授	日本文化、思潮
白 智立（委员）	北京大学 政府管理学院副教授	行政学
周 以量（委员）	首都师范大学 副教授	比较文化论
于 铁军（委员）	北京大学 国际关系学院副教授	国际政治、外交
田 雁（委员）	南京大学 中日文化研究中心 研究员	日本文化